Hubert Wolf

DER UNFEHLBARE

Hubert Wolf

DER UNFEHLBARE

Pius IX. und die Erfindung des
Katholizismus im 19. Jahrhundert

Biographie

C.H.Beck

Mit 27 Abbildungen und 1 Karte

© Verlag C.H.Beck oHG, München 2020
www.chbeck.de
Umschlaggestaltung: Rothfos & Gabler, Hamburg
Umschlagabbildung: Papst Pius IX., 1875. © akg-images
Satz: Janß GmbH, Pfungstadt
Druck und Bindung: CPI – Ebner & Spiegel, Ulm
Gedruckt auf säurefreiem, alterungsbeständigem Papier
(hergestellt aus chlorfrei gebleichtem Zellstoff)
Printed in Germany
ISBN 978 3 406 75575 0

klimaneutral produziert
www.chbeck.de/nachhaltig

Inhalt

DRITTES KAPITEL
Rom oder nicht Rom
Auf der Suche nach dem rettenden Ufer
87

VIERTES KAPITEL
Bischof, Messe, Priesterseminar
Die Erfindung der Tradition von Trient
119

EPILOG

Man hat in Rom eine neue Kirche gemacht

331

ANHANG

La tradizione sono io

Am Nachmittag des 18. Juni 1870 kam es im Apostolischen Palast des Vatikans zu einer denkwürdigen Szene.[1] Filippo Maria Kardinal Guidi wurde zu einer Privataudienz bei Pius IX. einbestellt, weil er es wenige Stunden zuvor in der Aula der Petersbasilika bei den Diskussionen über das geplante Unfehlbarkeitsdogma auf dem Ersten Vatikanischen Konzil gewagt hatte, darauf hinzuweisen, dass der Papst aus prinzipiellen Gründen nicht allein Glaubenssätze definieren könne. Die heilige Tradition der Kirche verlange vielmehr eine strikte Rückbindung des Pontifex an das Zeugnis der Gesamtkirche. Daher müsse der Papst, bevor er ein Dogma verkündet, unbedingt den Rat der Bischöfe einholen, «damit er von ihnen erfährt, was der Glaubenssinn der Gesamtkirche ist» und ob die infrage stehende Wahrheit wirklich «immer, überall und von allen geglaubt» worden ist.[2]

Pius IX. war über diese Äußerungen des Dominikanerkardinals, den er bislang für einen treuen Anhänger gehalten hatte, völlig außer sich. Er tobte. Guidi, der das cholerische Temperament Pius' IX. gut kannte, machte sich daher auf ein «nahes Unwetter» gefasst, als er sich um fünf Uhr nachmittags von seiner Wohnung im Dominikanerkloster Santa Maria sopra Minerva, in der römischen Altstadt neben dem Pantheon gelegen, zum Vatikan auf die andere Seite des Tibers aufmachte.

«Niemals hätte ich geglaubt», so herrschte der Papst den Kardinal gleich zu Beginn der Audienz unmittelbar nach dem obligatorischen Fußkuss an, «dass Eure Eminenz eine Rede zum Wohlgefallen der Opposition halten würde. Wer hat Sie gelehrt, der Sie von mir zum Kardinalat befördert und dabei aus dem Nichts herausgezogen worden sind, von der päpstlichen Unfehlbarkeit in der Weise zu sprechen, wie Sie es getan haben? Also, Ihrer Ansicht nach hängt der Papst von den Bischöfen ab,

«Ich, ich bin die Tradition, ich, ich bin die Kirche!!» Mit diesen Worten begründete Pius IX. seinen absoluten Anspruch auf Unfehlbarkeit.

wenn er ein Dogma formulieren will?» Darauf Kardinal Guidi: «Heiliger Vater, ich bin bereit, zu verteidigen, was ich gesagt habe, denn ich habe nichts gesagt, was nicht mit der Lehre des heiligen Thomas und Bellarmins übereinstimmt.»[3]

Der Bezug auf Thomas von Aquin war damals ein Totschlagargument, galten doch die Aussagen des großen Theologen des Mittelalters gerade in den Augen der von Pius IX. geförderten neuscholastischen Theologie als wahre und damit nicht hinterfragbare Lehre der katholischen Kirche selbst. Das hieß: Wer Thomas folgte, der war auch katholisch. Wer Thomas widersprach, der war nicht mehr katholisch.

Ein Wort gab das andere. «Nein, das ist nicht wahr», ereiferte sich Pius IX. «Sie haben gesagt, und ich weiß es, dass der Papst verpflichtet ist, für die unfehlbaren Dekrete die Traditionen der Kirchen zu befragen. Nun, das ist ein Irrtum.» Kardinal Guidi: «Es ist wahr, dass ich es gesagt habe, aber es ist kein Irrtum.» Darauf der Papst «erregt»: «Doch, es ist

ein Irrtum, denn ich, ich bin die Tradition, ich, ich bin die Kirche!!» –
«Io, io sono la tradizione, io, io sono la Chiesa!!»[4]

Kardinal Guidi fühlte sich von Pius IX. nicht nur persönlich beleidigt und zu Unrecht abgekanzelt, sondern auch theologisch zum Ketzer sowie zum Feind der Kirche und des Papstes abgestempelt. Dabei hatte er sich bei seinen Ausführungen in der Konzilsaula ausschließlich auf die Tradition der Kirche und speziell auf rechtgläubige katholische Autoritäten berufen. Mehr Orthodoxie, als den heiligen Thomas von Aquin und den bedeutenden Jesuitentheologen Robert Bellarmin als Kronzeugen anzurufen, war in der Tat kaum möglich. Das war dem Papst indes völlig gleichgültig. Wenn die Tradition der Kirche und ihre großen Lehrer gegen seine Ansicht standen, wurden sie einfach ignoriert. Der Papst setzte sich vielmehr selbst an die Stelle der Tradition, ja sogar der Kirche. Entsprechend harsch kanzelte er Guidi ab: «Sie sind meine Kreatur, ohne mich wären Sie noch der obskure Mönch, der Sie gewesen sind, ich habe Sie mit Gnaden und Wohltaten überhäuft – und jetzt gehen Sie in das Lager meiner Feinde und der Feinde der Kirche über und werden zum Häretiker. Sie haben eine Rede gehalten, die verdient, dass Ihre Mitbrüder vom Heiligen Offizium Sie zum Feuer verurteilen.»[5]

Nachdem der Dominikanerkardinal den Audienzsaal verlassen hatte, ließ Pius IX. umgehend seinen Leibarzt rufen. Er hatte sich derart echauffiert, dass er einen Schlaganfall befürchtete. «Dieser Klosterbruder hat mir die Galle hochkommen lassen», rief er aus. Der Doktor fühlte den Puls des Papstes und verordnete zur Beruhigung ein «Abführmittel».[6]

ERSTES KAPITEL

Generalangriff auf die Tradition
Die Verwirrungen des jungen Gianmaria
(1792–1814)

Paris, Jahr 1 der Republik: Beginn einer neuen Zeitrechnung

In Paris, der Capitale der Grande Nation, der Hauptstadt Frankreichs, war mit dem Sieg der Revolution von 1789 eine Tradition an ihr Ende gelangt.[1] Nach Ansicht der revolutionären Chefstrategen war nicht nur das Ancien Régime untergegangen und damit eine ganz neue Zeit von Freiheit, Gleichheit und Brüderlichkeit angebrochen, sondern auch das Christentum als die bestimmende Macht vernichtet worden. Ein radikaler Neubeginn, der zugleich als die alles entscheidende Wende in der gesamten Menschheitsgeschichte propagiert wurde, sollte nun auch in einer Revolution des Kalenders Ausdruck finden und so im ganz normalen Leben der Menschen Tag für Tag erfahrbar werden. Dabei hatten die Revolutionäre die doppelte Bedeutung des Begriffs «Revolution» vor Augen: einerseits die gewalttätige «Umwälzung» der bestehenden sozialen und politischen Ordnung und andererseits den «Umlauf» eines Planeten um sein Zentralgestirn im astronomischen Sinn.[2] So bestimmt die einmalige «Revolution» der Erde um die Sonne die Dauer eines Jahres.

Der französische Nationalkonvent in Paris beschloss in seiner Sitzung vom 24. November 1793 nach Anhörung des Erziehungsausschusses deshalb einen wahrlich revolutionären Kalender, der die christliche Zeitrechnung vollständig ablösen sollte.[3] Seitdem sich das Christentum im fünften Jahrhundert im Imperium Romanum und darüber hinaus endgültig als Staatsreligion etabliert hatte, begann man die Jahre nicht mehr nach den Regierungsdaten der Kaiser, Könige und anderer Herrscher zu zählen, sondern nach dem Datum der Geburt Christi.[4] Diese wurde jetzt als die große Zäsur der Weltgeschichte interpretiert und trennte die gesamte Weltzeit in zwei grundsätzlich verschiedene heilsgeschichtliche Epochen: in die Zeit vor und in die Zeit nach Christi Geburt. Die Menschwerdung Gottes in Jesus von Nazareth bildete den Wendepunkt der Geschichte schlechthin, mit der Inkarnation begann für die christliche Theologie und Weltdeutung die endgültige göttliche Heilszeit. Deshalb sprach man bei Datumsangaben nach Christi Geburt auch häufig vom «Jahr des Heils». In der Folge mussten alle vorher gültigen Zeitangaben in die christliche Zeitkonzeption umgerechnet werden, weil Christus als der Herr der Zeit galt – was nicht immer ganz einfach war.

Und auch das Jahr selbst bildete die christliche Heilsgeschichte ab und wiederholte von Advent und Weihnachten über Karfreitag, Ostern und Pfingsten bis hin zu Allerheiligen die wichtigsten Ereignisse. Dadurch erhielt das Jahr eine feste christliche Struktur, die in den agrarischen Ablauf bestens integriert war. Die Woche stammte, ohne über eine astronomische Entsprechung wie Monat und Jahr zu verfügen, aus dem jüdischen Kalender mit den sieben Schöpfungstagen des Buches Genesis und war in sechs Arbeitstage und einen Ruhetag, den Sabbat, eingeteilt. Dieser wurde durch den Sonntag als ersten Tag der Woche, den Tag der Auferstehung Jesu, ersetzt. Dadurch war die christliche Botschaft und Weltdeutung im wahrsten Sinn des Wortes Jahr für Jahr und Tag für Tag präsent und bestimmte das Alltagsleben von Christen, aber auch von Menschen, die mit Kirche und Glauben wenig am Hut hatten oder diese sogar bekämpften.

Die katholische Kirche war eben auch die Herrin der Zeit, wie zuletzt Papst Gregor XIII. im Jahr 1582 eindrücklich unter Beweis gestellt hatte. Damals glich er den Julianischen Kalender Caesars wieder an die kosmischen Tatsachen an. Der Papst ließ dazu im Oktober einfach zehn Tage aus, um Sonnenstand und Kalender wieder in Deckung zu bringen. Die orthodoxen Kirchen und die Protestanten lehnten die katholische Kalenderreform ab, weil sie keinem Diktat des Papstes folgen wollten, obwohl sie naturwissenschaftlich schlicht richtig war. Sie brauchten mitunter sogar Jahrhunderte, um sie schließlich doch zu übernehmen. Diese Verzögerung tat aber der Kompetenz von Papst und Kirche über Zeit und Ewigkeit – zumindest in deren eigenem Selbstbewusstsein – keinen Abbruch.[5]

Diese christlich-kirchliche Grundierung von Welt und Zeit musste verschwinden, wenn im revolutionären Frankreich dem verhassten Katholizismus endlich der Garaus gemacht werden sollte – davon waren die Macher der Revolution zutiefst überzeugt. «Die Ära der Franzosen» sollte, wie es im ersten Artikel des einschlägigen Dekrets des Nationalkonvents heißt, an die Stelle der endgültig abgelaufenen Ära Jesu Christi treten und rückwirkend mit dem 22. September 1792, der herbstlichen Tagundnachtgleiche, beginnen.[6] Am Vortag, dem 21. September, war die französische Monarchie abgeschafft und die Republik ausgerufen worden.

Das Jahr wurde in «zwölf gleiche Monate von je dreißig Tagen» eingeteilt. Am Jahresende folgten fünf monatsfreie Tage, die zu Ehren der Sansculotten, die während der heftigsten revolutionären Auseinandersetzungen die radikalen Jakobiner unterstützt hatten, Sansculotiden genannt wurden. Die Siebentagewoche, die zu sehr an die biblische Schöpfungsgeschichte erinnerte, wurde abgeschafft und durch drei Dekaden pro Monat ersetzt. Die Dekadentage hatten keine eigenen Namen mehr, sondern wurden einfach durchnummeriert. Der Décadi als zehnter Tag war als Ruhetag vorgesehen. Auf diese Weise sollte insbesondere der Sonntag als Herrentag verschwinden, an dem die Heilige Messe gefeiert wurde. Die Sonntagspflicht trieb nach wie vor viele Gläubige in die Kirchen und setzte sie nach Meinung der Jakobiner immer weiter der Propaganda der verfluchten Pfarrer aus, die als die schlimmsten Konterrevolutionäre galten. Auf diese Weise hoffte der Nationalkonvent den christlichen Lebensrhythmus, der nicht nur das kirchliche, sondern auch das gesellschaftliche und politische Leben dominierte, endgültig durchbrechen zu können.

Hinter der revolutionären Kalenderreform stand zunächst sicherlich die «aufklärerische Lust am glatt und gleichmäßig Teilbaren», insbesondere «an der Ästhetik des Dezimalsystems».[7] Unterschiedlich lange Monate von dreißig, einunddreißig und achtundzwanzig Tagen Dauer und die Siebentagewoche galten als unlogisch. Vor allem der jährlich wechselnde Termin des Osterfestes – immer am Sonntag nach dem ersten Frühlingsvollmond –, von dem wiederum zahlreiche andere christliche Feste und damit auch Termine des öffentlichen Lebens abhingen, war den radikalen Aufklärern ein Gräuel.

Bei den Beratungen im Erziehungsausschuss befeuerten sich aufgeklärter Impetus und radikaler antikirchlicher Affekt gegenseitig, was am

Ende den Ausschlag für die Revolution des Kalenders gegeben haben
dürfte. Es wurde behauptet, die christliche Zeitrechnung habe über
«achtzehn Jahrhunderte lang den Fortschritt des Fanatismus gesichert»
und den «skandalösen Triumph von Hochmut, Laster und Dummheit»
verursacht. Der Mathematiker und entschiedene Kirchenfeind Charles-
Gilbert Romme brachte die Notwendigkeit der radikalen Kalenderreform und den damit verbundenen Beginn einer ganz neuen Epoche so
auf den Punkt: «Die alte Zeitrechnung war die Ära der Grausamkeit, der
Lüge, der Perfidie und des Sklavengeistes» – die Zeit des Christentums
eben. Jetzt schlage die Zeit «ein neues Buch in der Geschichte auf; und in
ihren neuen, majestätischen, einfach-gleichmäßigen Ablauf gilt es mit
kraftvollem Meißel die Annalen des wiedergeborenen Frankreich einzu-
tragen».[8]

Einen derart massiven Angriff hatte die Kirche seit den Verfolgungen
im Römischen Reich nicht mehr erlebt. Vor allem Frankreich hatte über
viele Jahrhunderte als älteste und treueste Tochter Roms und des römischen Katholizismus gegolten. Ausgerechnet hier sollte jetzt der Anfang
vom Ende der christlichen Zeitrechnung und der katholischen Kirche in
Europa und der Welt eingeläutet werden. Eine ganz neue Zeit von Republik statt Kirche, von Vernunft statt Offenbarung, von Wissenschaft statt
Glauben, von Demokratie statt Hierarchie, von mündigen Staatsbürgern
statt unmündigen Kirchenschafen sollte beginnen. Katholische Kirche
und christlicher Glaube sollten keinen Platz mehr haben in der von der
Revolution neu geschaffenen Welt.

Für all das stand der neue Kalender. Eine achtzehn Jahrhunderte
währende Tradition sollte durch den revolutionären Generalangriff endgültig beendet werden. To be or not to be: Für den Katholizismus ging es
ums Ganze. Wie sollte die Kirche auf diese existenzbedrohende Herausforderung reagieren? Konnte sie irgendwie verhindern, dass sich die verunsicherten und verfolgten Gläubigen dem revolutionären Druck beug-
ten und dem Christentum abschworen? Und vor allem: War die Kirche
in der Lage, ihnen neue Hoffnung und Identität zu vermitteln?

Senigallia, 1792 nach Christi Geburt:
Alles bleibt beim Alten

Senigallia, abseits der großen geistigen Ströme und politischen Entwicklungen in den Marken zwischen Rimini und Ancona an der adriatischen
Küste Italiens gelegen, hatte damals gerade einmal achtzehntausend Einwohner.[9] Die Stadt besaß wie jede anständige italienische Stadt einen Bischofssitz und gehörte seit vielen Jahrhunderten zum Kirchenstaat, dem
weltlichen Herrschaftsgebiet des Papstes. Dieser machte zu dieser Zeit
immerhin ein Drittel der italienischen Halbinsel aus und lag wie ein
Sperrriegel zwischen den spanisch dominierten Gebieten im Süden und
den österreichischen Territorien wie der Toskana, der Lombardei und
Venetien in Norditalien. Eine der achtzig Diözesen war Senigallia mit
rund sechzigtausend Katholiken.[10] Die Stadt selbst war einer der wichtigsten Umschlagplätze für Waren aller Art im Kirchenstaat. Die Markt-
freiheit führte dazu, dass Ende des achtzehnten Jahrhunderts Schiffe aus
mehr als fünfzig Herkunftsorten im Hafen anlegten, um Handel in großem Stil zu treiben. Güter aus Russland und Norwegen, aus Dalmatien,
Griechenland und dem Osmanischen Reich wurden hier umgeschlagen.
Nürnberger Kaufleute unterhielten in Senigallia sogar eine feste Handels-
niederlassung. Die wirtschaftliche Dynamik, der freie Handel und die
Begegnung von Menschen aus aller Herren Länder mit ganz unterschiedlichen Sitten, Gebräuchen und religiösen Überzeugungen standen in
einer Spannung zum konservativen Grundzug des politischen und religiösen Lebens in der Bischofsstadt. Einige wenige adelige Familien bildeten hier ein oligarchisches System und teilten die Ämter in Stadt und
Bistum mehr oder weniger unter sich auf.

In Senigallia war aus katholischer Sicht 1792 die Welt noch in Ordnung. Von revolutionären Wirren war an diesem Ort am Rande des Kirchenstaats kaum etwas zu spüren. Die Französische Revolution schien
eine rein französische Angelegenheit zu sein. Eine selbstverständliche
barocke katholische Frömmigkeit prägte das Leben der Gläubigen, die
weltliche Herrschaft des Papstes über die Marken und die Stadt selbst
war unbestritten.

Eine der bedeutenderen Familien dieser Oligarchie, die seit Generationen im Rat der Stadt, in der Bürgermiliz, aber auch im Domkapitel

*Senigallia, an der adriatischen Küste gelegen, war ein bedeutender Handels-
platz. Die regelmäßig stattfindende «Grande Fiera», die große Messe, spielte
dabei eine wichtige Rolle.*

der Bischofskirche eine wichtige Rolle spielte, waren die Mastai Ferretti.[11]
Sie besaßen seit Ende des sechzehnten Jahrhunderts in Senigallia einen
Palazzo und – wie es für eine halbwegs begüterte Familie üblich war –
einige Kilometer entfernt in Roncotelli eine Villa auf dem Land. Die
Mastai führten seit Beginn des achtzehnten Jahrhunderts den Grafentitel
und gehörten damit zum italienischen Provinzadel. Vielleicht waren sie
daher so peinlich darauf bedacht, ihre Rolle an der Spitze der gesellschaftlichen Pyramide der Stadt zu erhalten und gleichzeitig vom Frei-
handel finanziell zu profitieren, nach dem Motto: kirchlich und politisch
streng konservativ, aber wirtschaftlich liberal.

　　In diese Familie hinein wurde am 13. Mai 1792, einem Sonntag-
morgen, gegen sechs Uhr als neuntes und letztes Kind des Grafen Girolamo Mastai Ferretti und seiner Ehefrau Caterina Solazzi di Fano ein
Sohn geboren.[12] Die beiden waren seit 1780 verheiratet und hatten bereits drei Söhne, Gabriele, geboren 1781, Giuseppe 1782 und Gaetano 1783,
sowie fünf Töchter, Maria Virginia, geboren 1785, Maria Teresia 1786,

Die Familie Mastai Ferretti war eine der führenden Familien Senigallias und besaß hier seit Ende des sechzehnten Jahrhunderts einen Palazzo.

Maria Isabella 1787, Maria Tecla 1788 und Virginia Margherita 1790, die alle mit Ausnahme von Maria Virginia, die bereits als Kleinkind starb, ein höheres Lebensalter erreichten.[13] Der jüngste Mastai Ferretti wurde, wie damals üblich, noch am Tag seiner Geburt auf den Namen Giovanni Maria Giovanni Battista Pietro Pellegrino Isidoro getauft, da ein nicht getauftes Kind im Fall seines Todes nach der Lehre der Kirche keine Chance hatte, in den Himmel zu kommen. Die Taufe spendete ein Bruder des Vaters, der Kanoniker Andrea Mastai, der später Bischof des Nachbarbistums Pesaro werden sollte.[14]

Der Taufbucheintrag springt ins Auge. Das gerade wenige Stunden alte Kleinkind wurde mit dem Titel «Illustrissimo Signore» – was wohl am besten mit «Hochwohlgeborener Herr» zu übersetzen sein dürfte – unter Nummer 38 der Täuflinge im Jahre des Herrn 1792 aufgeführt.[15] Dieser hochtrabende Titel wirkt heute für ein wenige Stunden altes Baby etwas lächerlich. Er zeigt aber, dass die althergebrachten Traditionen und vor allem das Standesdenken des Ancien Régime in Senigallia noch

Contessa Caterina Solazzi di Fano, die Mutter Pius' IX.

ungebrochen funktionierten. Von Liberté, Egalité, Fraternité und einer neuen Zeit war hier nichts zu spüren. «Die Macht der Gewohnheit und der Automatismus» führten dem Schreiber der Taufmatrikel, dem Kanoniker Pietro Venturi, offenbar die Feder.[16]

Der Taufbucheintrag des kleinen Giovanni Maria zeigt aber auch noch etwas anderes. Es sind nämlich keine Taufpaten eingetragen, die man sicher aus der Familie oder verwandten Adeligen der Stadt ausgewählt hätte. Stattdessen war die Hebamme Girolama Moroni, die das Kind auch entbunden hatte, Taufzeugin. Das spricht für eine Nottaufe unmittelbar nach seiner Geburt im Palazzo der Familie, die offenbar nicht ohne Komplikationen verlaufen war. Ob Giovanni Maria zu früh auf die Welt gekommen war oder ob sich sein Zustand allgemein als so besorgniserregend darstellte, dass sein Onkel ihn in aller Eile mit Taufwasser besprengte, steht dahin.[17]

Die spätere hagiographische Geschichtsschreibung sollte die Nottaufe weitgehend verschweigen, weil sie für einen künftigen Heiligen wohl nicht angemessen erschien. Immerhin wurde eine schwierige Geburt konzediert, aus der die fromme Mutter selbstredend entsprechende Konse-

*Conte Girolamo Mastai
Ferretti, der Vater Pius' IX.*

quenzen gezogen haben soll: Caterina weihte den Jungen umgehend aus
Dankbarkeit für ihre Hilfe der Jungfrau Maria. Jedenfalls fühlte sich Giovanni Maria von Kindesbeinen an und Zeit seines Lebens unter den besonderen Schutz der Gottesmutter gestellt und brachte ihr eine intensive
Verehrung entgegen.[18]

Während seiner Kinderjahre soll Giovanni Marias Mutter einen großen Einfluss auf ihn ausgeübt haben. Mit seinem Vater verbrachte er, wie
damals für Kinder seines Standes nicht außergewöhnlich, nur wenig
Zeit. Ob aber das fromme Klischeebild von der Mutter eines künftigen
Papstes und Heiligen, die natürlich nicht nur «überaus religiös», sondern
auch eine enthusiastische Marienverehrerin mit einem Hang zu mys-
tischen Erfahrungen gewesen sein musste, der Wirklichkeit entspricht,
steht dahin.[19] Carlo Falconi sieht in der Contessa Caterina Solazzi di
Fano im Gegenteil eine «eiserne Frau», der jeglicher Hang zu Mystik und
spiritueller und religiöser Übersteigerung abgegangen sei.[20]

Die Kinder aus adeligen und großbürgerlichen Familien wurden an

der Wende vom achtzehnten zum neunzehnten Jahrhundert ohnehin
von Ammen und Kindermädchen großgezogen. Das war auch bei Giovanni Maria der Fall. Seine Amme Marianna Chiarini war in Kindertagen seine wichtigste Bezugsperson, die Mutter scheint sich – wie bei
Damen ihres Standes üblich – nicht über Gebühr um ihren jüngsten
Sprössling gekümmert zu haben. Auf die übliche distanzierte Erziehung
seiner Zeit und seines Standes reagierte der spätere Papst wahrscheinlich
mit einem gesteigerten Liebesbedürfnis und einer großen Abhängigkeit
von seinem unmittelbaren Umfeld.

Wie dem auch immer sei: Für die katholische Kirche sollte an eben
jenem Sonntag, dem 13. Mai 1792 Anno Domini, eine neue Zeit an-
brechen und von da ausgehend der Katholizismus neu «erfunden» werden. Im langen neunzehnten Jahrhundert, das die Geschichtsschreibung
von der Französischen Revolution 1789 bis zum Ende des Ersten Welt-
kriegs 1918 dauern lässt, sollte die katholische Kirche eine neue, ganz auf
den Papst in Rom zentrierte Identität erhalten.[21] Denn der kleine «Illustrissimo Signore» Giovanni Maria Mastai Ferretti bestieg im Jahr 1846 als
Pius IX. den Stuhl Petri und wurde 1870 der erste unfehlbare Papst der
Kirchengeschichte. Als erster Nachfolger des Apostelfürsten Petrus verfügte er über einen unbeschränkten Jurisdiktionsprimat über die ganze
Weltkirche. Die römisch-katholische Kirche, wie wir sie heute kennen,
ist ohne Giovanni Maria Mastai Ferretti kaum vorstellbar. Man könnte
sogar sagen, dieser Vicarius Christi hat die Kirche Jesu Christi neu gegründet. Aber bis dahin war es noch ein weiter und nicht unbedingt
geradliniger Weg, und 1792 konnte dies niemand voraussehen.

Von den Vorgängen im Paris des Jahres 1789 hatte man in Senigallia
zwar gehört, aber man schien das Ganze wie auch anderswo in Europa
für eine innerfranzösische Angelegenheit zu halten. Erst als eine Reihe
von Priestern und Ordensleuten, die vor den Verfolgungen aus Frankreich geflohen waren, nach Senigallia kamen und als Augenzeugen und
Betroffene von der Französischen Revolution und ihren Schrecken be-
richteten, fanden sie zahlreiche interessierte Zuhörer. Dadurch wurden
die Pariser Zustände an der Adria bekannt – freilich aus der Perspektive
von Opfern der Revolution.[22] Da rund achtzig Prozent der Einwohner
Senigallias Ende des achtzehnten Jahrhunderts weder lesen noch schreiben konnten und für sie Gazetten und andere Druckschriften als
Informationsquellen ausschieden, kam der «propaganda orale», den

unterschiedlich gefärbten mündlichen Berichten und Predigten, zentrale Bedeutung für die Wahrnehmung der revolutionären Ideen und Vorgänge in Paris zu.[23]

Die Geistlichen hatten Schreckliches erlebt. Die Schilderung der Hinrichtung zweier adeliger Damen – Mutter und Tochter – und der Schwierigkeit, ihnen auf dem Weg zum Schafott die Sterbesakramente spenden zu können, dürfte typisch sein. «Plötzlich bezog sich der Himmel, fern grollte der Donner … Es wehte nun ein heftiger Wind, das Gewitter entlud sich. Schnell aufeinander folgten die Blitze, die Donnerschläge. Es begann zu regnen. Ein Wolkenbruch.» Für Abbé Carrichon ging die Welt unter, der Himmel machte deutlich, was er von der Terreur der Jakobiner hielt. Die Delinquenten wurden, begleitet von einer johlenden Menschenmenge, auf rumpelnden Karren zum Richtplatz geführt. Der Geistliche versuchte, mit den Wagen Schritt zu halten und den adeligen Damen, wie er es versprochen hatte, die sakramentale Lossprechung zu erteilen.

«Als der Karren langsamer fuhr, blieb ich stehen, wandte mich ihm zu und machte Madame de Noailles ein Zeichen, das sie sofort verstand: ‹Mama, Monsieur Carrichon will uns die Absolution erteilen.› Sogleich senkten sie die Köpfe, mit einem Ausdruck von Reue, Freude und Rührung, der mich erbaute. Ich hob die Hand, ließ den Kopf bedeckt und sprach sehr deutlich und mit übernatürlicher Konzentration die ganze Formel der Absolution und die Worte, die ihr folgten. … Von diesem Augenblick an beruhigte sich das Gewitter, der Regen ließ nach; es schien nur niedergegangen zu sein, um die Erfüllung des von beiden Seiten so sehnlich gehegten Wunsches möglich zu machen. Ich segnete Gott, und auch sie taten es. Ihr Gesicht drückte nur noch Zufriedenheit, Abgeklärtheit, Freude aus.»

Auf dem Richtplatz angekommen, wo die «Opferung» stattfinden sollte, nahm Abbé Carrichon mit Ekel die «laute Freude, die abscheulichen Witze der Zuschauer» wahr. «Der Henker und seine Knechte stiegen hinauf und ordneten alles an. Der oberste zog einen blutroten Mantel über seine Kleider. … Besonders der große Knecht war der Gegenstand der Bewunderung und des Lobes der Kannibalen, wegen seiner Tüchtigkeit und Besonnenheit, wie sie sagten. Als alles geregelt war, stieg der alte Mann mithilfe der Henker hinauf. Der Henkermeister packte ihn am linken Arm, der große Knecht am rechten, der zweite bei den Beinen; im

Nu lag er auf dem Bauch, der Kopf wurde abgeschlagen und der völlig bekleidete Körper sofort in einen riesigen Sturzkarren geworfen, wo alles im Blut schwamm; und so ging es immer weiter. Welche entsetzliche Schlächterei! ... Madame d'Ayen stieg als zehnte hinauf. Wie froh sie schien, vor ihrer Tochter sterben zu können, und wie zufrieden die Tochter, der Mutter nicht vorausgehen zu müssen! Der Henker riss ihr die Haube ab. ... Wie rührend, diese ganz in Weiß gekleidete junge Frau zu sehen! Sie erschien viel jünger, als sie in Wirklichkeit war. Sie bot sich dar wie ein sanftes, zartes Lamm, das man schlachten will. Ich glaubte, dem Martyrium einer der heiligen Frauen oder Jungfrauen beizuwohnen, die auf den Bildern von Correggio und Domenico dargestellt sind. Was bei ihrer Mutter passierte, geschah auch bei ihr. ... Und ach! Wie viel rotes Blut schoss aus Kopf und Hals! ... Aber sie ist ja jetzt selig! schrie ich innerlich, als man den Körper in den furchtbaren Sarg warf.»[24]

Paris, 1789 bis 1796: Kirche und Revolution

Von einem prinzipiellen Gegensatz zwischen der Französischen Revolution und der katholischen Kirche konnte ursprünglich jedoch nicht die Rede sein.[25] Denn bei näherem Hinsehen zeigt sich, dass die Geschehnisse von 1789 ohne die Beteiligung von Kirchenvertretern nicht denkbar gewesen wären. Nach Ansicht mancher Forscher haben reformkatholische Kreise gerade in Frankreich die zentralen Ideen der Revolution wie Menschenrechte und Demokratie sogar vorgedacht. Ohne Kirche hätte es letztlich keine Revolution gegeben.

Am Vorabend von 1789 schien die Position der katholischen Kirche in Frankreich trotz einer sich bereits im Verlauf des achtzehnten Jahrhunderts anbahnenden Entchristlichungsbewegung – vor allem unter den Intellektuellen – weitgehend unangetastet zu sein. Der Katholizismus war nach wie vor Staatsreligion. Der Klerus, der neben einhundertfünfunddreißig Bischöfen rund fünfzigtausend Priester im Pfarrdienst, achtzehntausend Stiftsherren und fünfundzwanzigtausend Ordensmänner umfasste, bildete in der feudalen Gesellschaft einen eigenen Stand: bezeichnenderweise den ersten. Geistliche konnten nicht vor ein weltliches Gericht gestellt werden, gleichgültig welches Verbrechen sie sich hatten zuschulden kommen lassen. Ihre Vergehen wurden ausschließlich von geistlichen Richtern untersucht. Der geistliche Stand besaß außerdem rund ein Zehntel des Grund und Bodens in Frankreich. Den zweiten Stand bildeten die Adeligen, den dritten Bürger und Bauern.

Vor allem der erste Stand bildete jedoch keineswegs eine in sich geschlossene Einheit. Vielmehr spiegelten sich die Probleme und sozialen Verwerfungen der gesamten französischen Gesellschaft der damaligen Zeit in den Auseinandersetzungen innerhalb dieses Standes wider. Einen guten Einblick in die vorrevolutionäre Situation des Klerus geben die sogenannten Beschwerdehefte, die der König im Vorfeld der Einberufung der Generalstände 1788 angefordert hatte.

Die Mehrzahl der nichtgeistlichen Autoren der *Cahiers de Doléances* sprach sich für den Fortbestand des Katholizismus als Staatsreligion aus, vor allem, weil sie mit der praktischen Arbeit der Seelsorgegeistlichkeit vor Ort weitgehend zufrieden waren.[26] Heftige Kritik erfuhr dagegen der zurückgezogen hinter Klostermauern lebende kontemplative Ordensklerus, der als nutzlos angesehen wurde, weil er für die einfachen Gläubigen nichts brachte. Die klerikalen Steuerprivilegien sollten abgeschafft und die Erträge des Zehnten künftig sozial-caritativ eingesetzt werden.

Der niedere Klerus klagte in seinen Beschwerdeheften fast durchgängig über eine weitverbreitete Tyrannei der Bischöfe und forderte Versammlungsfreiheit für die Pfarrer sowie eine angemessene Alterssicherung. Landpfarrer und Vikare waren weitgehend verarmt, weil die kirchlichen Abgaben meist direkt an den Bischof gingen, der nur sehr wenig an den Seelsorgeklerus weitergab. Nicht zuletzt deshalb entwickelten sich die wöchentlichen Dekanatskonferenzen der einfachen Geistlichkeit mehr und mehr von frommen Gebetsveranstaltungen zu politischen Treffen und gerieten dadurch immer stärker in eine Opposition zu den meist adeligen Bischöfen. Die Probleme der städtischen Unterschichten und der Bauern auf dem Land, die zu wichtigen Akteuren der Revolution werden sollten, waren im Wesentlichen auch die Probleme der Vertreter des niederen Klerus.

Bei der Bestimmung der Zusammensetzung der Generalstände im Jahr 1789 erhielten alle katholischen Geistlichen mit Ausnahme der Vikare dasselbe Wahlrecht. Für den ersten Stand ergab sich folgende Sitzverteilung: Von den zweihunderteinundneunzig Sitzen fielen zweihundertacht auf Pfarrer, fünfundvierzig auf Bischöfe, zwanzig auf Äbte, zwölf auf Kanoniker und sechs auf Generalvikare – ein klarer Wahlsieg des niederen Klerus. Die Forderung nach einer Abstimmung nach Köpfen statt nach Ständen, die der dritte Stand erhob, lehnte der Klerus zunächst ab. Der dritte Stand war zwar von drei- auf sechshundert Köpfe verdoppelt worden, was aber bei einer nach Ständen getrennten Abstimmung allenfalls von kosmetischer Bedeutung war.

Am 13. Juni 1789 schlossen sich jedoch drei Pfarrer aus dem ersten dem dritten Stand an. Als sich der dritte Stand am 17. Juni schließlich zur Nationalversammlung erklärte, entschieden sich am 19. Juni weitere einhundertneunundvierzig Mitglieder des ersten Standes zum Übertritt in den dritten Stand. Dadurch verhalfen die katholischen Kleriker der parlamentarischen Revolution zum Durchbruch.

Doch schon in der Anfangsphase der Revolution von 1789 bis 1792, die auch als «Reformwerk der Konstituante» bezeichnet wird, verloren die Geistlichen rasch all ihre Privilegien.[27] Das bedeutete vor allem den Verzicht auf den Zehnten und die Preisgabe von Steuer- und Gerichtsimmunitäten. Damit hörte der Klerus auf, als eigener Stand zu existieren: Fortan gab es in Frankreich nur noch Bürger. Auch die katholische Kirche war nicht länger exklusive Staatskirche, denn die Angehörigen aller nichtkatholischen Religionsgemeinschaften erhielten neben der Kultfreiheit auch die zivilrechtliche Gleichstellung und den freien Zugang zu allen öffentlichen Ämtern. Dazu kam die Emanzipation der Juden. Um einen drohenden Staatsbankrott abzuwenden, wurden an der Jahreswende 1789/90 zudem alle Kirchengüter verstaatlicht und versteigert. Allerdings brachte diese Maßnahme nicht den erhofften Erfolg, da das Papiergeld, das zur Beschleunigung des Verkaufs eingeführt wurde, rasch seinen Wert verlor.

Ein entscheidender Schritt auf dem Weg der Revolution war die Erklärung der Menschen- und Bürgerrechte vom 26. August 1789. In «Gegenwart und unter dem Schutz des höchsten Wesens» erklärte die Nationalversammlung siebzehn Grundrechte für verbindlich. In Satz 1 hieß es: «Die Menschen werden frei und gleich an Rechten geboren und bleiben es.» Satz 3 proklamierte: «Der Ursprung aller Souveränität liegt seinem Wesen nach beim Volk.» Und Satz 10 stellte fest: «Niemand soll wegen seiner Ansichten, auch nicht wegen der religiösen, beunruhigt werden.» Zentral ist Satz 11: «Die freie Mitteilung der Gedanken und Meinungen ist eines der kostbarsten Rechte des Menschen.»[28] Ein gewisser Transzendenzbezug ist zwar noch zu erkennen, weil vom «Schutz des höchsten Wesens», dem «Être suprême» die Rede ist, Gott als Ursprung und Quelle des Rechts – wie das nach klassisch-katholischer Vorstellung unverzichtbar war – kommt dagegen nicht mehr vor. Naturrecht und göttliches Recht wurden durch Volkssouveränität ersetzt.

Im Februar 1790 wurden alle Orden und Klöster aufgehoben, weil die Ordensgelübde Armut, Keuschheit und Gehorsam als den Grund- und Menschenrechten widersprechend angesehen wurden. Mit dem Vorwurf der «schwelgerischen und liederlichen Lebensweise» der Mönche und Nonnen wurde ein ganzer Stand pauschal diskreditiert.[29]

Der Katholizismus konnte seine Stellung als französische Staatsreligion nicht halten, was den revolutionären Vorstellungen von der Freiheit der religiösen Bekenntnisse entsprach. Eine Autonomie, die ihr nach ebendiesen Prinzipien eigentlich zustand, erhielt die katholische Kirche aber auch nicht. Hatte im Ancien Régime im Grunde das Prinzip gegolten, dass der Staat ein Teil der Kirche sei, stellte die Nationalversammlung diesen Grundsatz auf den Kopf und erklärte die katholische Kirche zu einem Teil des französischen Staats, die diesem zu dienen hatte. Die Argumentation lief darauf hinaus, zwischen Dogma und Disziplin, also zwischen Glaubenssätzen und der äußeren Organisation der Kirche zu unterscheiden. Der Staat habe deshalb das Recht und sogar die Pflicht, die kirchlichen Institutionen wie alle anderen gesellschaftlichen Einrichtungen im Sinne der Revolution zu kontrollieren und zu reformieren.

So kam es schließlich zur berühmt-berüchtigten «Zivilkonstitution des Klerus» vom 24. August 1790.[30] Nach dem Vorbild der «Urkirche» der ersten drei Jahrhunderte sollten im Sinne des aufgeklärten Utilitarismus nur die «nützlichen» Kirchenstellen erhalten bleiben. Da staatliche und kirchliche Einheiten geographisch deckungsgleich sein sollten, wurden die Diözesangrenzen den Grenzen der Départements angepasst und die einhundertfünfunddreißig historisch gewachsenen und teils bis in die römische Zeit zurückreichenden Diözesen Frankreichs auf dreiundachtzig reduziert. Alle geistlichen Ämter sollten durch Wahl in staatlichen Gremien mit einfacher Stimmenmehrheit besetzt werden. Die Bischöfe wurden durch die Départementswähler, die Pfarrer durch die Mitglieder des Gemeindedistrikts bestimmt. Bei kirchlichen Stellenbesetzungen durften alle Bürger mit abstimmen, weshalb auch Protes-

tanten und Juden an der Besetzung katholischer Pfarreien beteiligt
waren. Alle Bischöfe und Pfarrer hatten einen feierlichen Eid auf die
französische Verfassung zu leisten. Im Gegenzug standen die Geistlichen
als Staatsbeamte auf der Gehaltsliste der Französischen Republik.

Alles kam nun darauf an, ob der Papst die Zivilkonstitution des Klerus und die Erklärung der Menschenrechte akzeptieren würde oder
nicht.[31] Pius VI. zögerte die Entscheidung, ob diese Erlasse mit dem
katholischen Glauben vereinbar waren oder nicht, über acht Monate
lang hinaus, obwohl er insgeheim schon sehr früh entschlossen war,
beide zu verwerfen. Die französischen Bischöfe hatten vom Staat gefordert, zunächst die päpstliche Zustimmung zur Zivilkonstitution abzu-
warten und diese erst dann in Kraft zu setzen. Auf diese Bitte ging die
Nationalversammlung zunächst ein. Als aber am 30. September 1790
Toussaint-François-Joseph Conen de Saint-Luc, der Bischof von Quimper, starb, ordnete das Parlament an, seinen Nachfolger nach den in der
Zivilkonstitution festgelegten Bestimmungen zu wählen. Der von den
Départementswählern zum neuen Oberhirten von Quimper bestimmte
Louis-Alexandre Expilly de la Poipe fand jedoch keinen Bischof, der ihm
die notwendige Bischofsweihe gespendet hätte. Darauf reagierte die
Nationalversammlung äußerst verärgert und verlangte am 27. November
1790 von allen einhundertfünfunddreißig Bischöfen und rund vierund-
vierzigtausend Priestern, innerhalb von acht Tagen den Treueeid auf die
Zivilkonstitution zu leisten. Es kam zum Schisma, und die französische
Kirche spaltete sich in zwei Lager: in den konstitutionellen Klerus, der
den geforderten Eid ablegte, und in den Klerus der Eidverweigerer, der
das ablehnte.

Pius VI. verurteilte schließlich im Breve *Quod aliquantum* vom
10. März 1791 die Zivilkonstitution, ihre Staats- und Kirchenidee und verwarf zugleich die Erklärung der Menschen- und Bürgerrechte.[32] Schon
die Konstitution, die auf eine Vermischung von Religion und Politik bei
strikter Unterordnung der Kirche unter den Staat hinauslief und alles der
Volkssouveränität unterwarf, hatte einen Konflikt von Revolution und
Kirche mehr als wahrscheinlich gemacht. Nun verdammte der Papst die
Revolution und ihre Freiheitslehre in Bausch und Bogen und erklärte die
Behauptung einer angeborenen Freiheit und Gleichheit aller Menschen
für sinnlos. Damit stürzte er die französischen Katholiken endgültig in
einen schweren Gewissenskonflikt und die Kirche als Institution in eine

tiefe Krise. Nur sieben Bischöfe, aber über die Hälfte des Pfarrklerus leisteten den Eid auf die Zivilkonstitution, der Rest verweigerte ihn und war daher heftigen Schikanen und Verfolgungen ausgesetzt.

Trotz gewisser retardierender Elemente im weiteren Verlauf der Revolution, wie etwa der Erklärung vom 7. Mai 1791, wonach Religion Privatsache sei, über die der Staat keine Kontrolle ausüben könne und wolle, hielt die Nationalversammlung grundsätzlich an der Geltung der Zivilkonstitution fest. In der Phase der Terreur kam es zu schlimmen Priesterverfolgungen. Während der Massaker im September 1792 wurden allein in Paris über zweihundert Priester ermordet. In den folgenden Monaten flohen mehr als dreißigtausend Geistliche ins Ausland. Teilweise wirkten Pfarrer, die den Eid verweigert hatten, aber auch im Untergrund weiter. Die revolutionäre Bewegung ging jedoch bald über die konstitutionelle Kirche hinweg, die gut katholisch und gut französisch zugleich sein wollte. Schließlich verlor sie mit der Einführung der Zivilstandsregister am 20. September 1793, die eine Eheschließung vor staatlichen Instanzen vorschrieb, auch noch ihre letzte, entscheidende gesellschaftliche Rolle. Eine ganze Reihe konstitutioneller Priester heirateten, weil sie die Ehe als Menschenrecht betrachteten. Als jedoch viele von ihnen, vor allem auf dem Land, die föderalistische Bewegung unterstützten, die sich gegen das Diktat der Pariser Zentrale wandte, wurden auch diese Pfarrer ab Juli 1793 als Volksfeinde gebrandmarkt. Jetzt kam es im ganzen Land zu einer regelrechten Entkirchlichungsbewegung: Prozessionen wurden verboten, Kirchen geschlossen, Glocken und wertvolles Kirchengerät enteignet, Klöster wie das altehrwürdige Cluny dem Erdboden gleichgemacht.[33]

Diese Dechristianisierung war von der Errichtung eines Gegenkults der Revolution begleitet, der religiöse Rituale säkularisierte und sich mit Trikolore, Bürgereid, Bruderkuss, Freiheitsbaum, Vaterlandsaltar, Menschenrechtstafeln und Revolutionshymnen eine neue Liturgie gab.[34] Dazu kamen die patriotisch bedingten Änderungen von Orts-, Straßen-, Familien- und Personennamen mit christlichen Anklängen, ein republikanischer Katechismus und revolutionäre Gebete. Bei zivilen Trauungen und Bestattungen amtierte der Bürgermeister wie ein Priester, und die Jakobinische Verfassung von 1793 diente als Bibel. Ein Kult der «Göttin Vernunft» wurde an die Stelle der katholischen Messe gesetzt.

Die Revolution hatte sich immer mehr radikalisiert und stellte die alten Autoritäten des Ancien Régime grundsätzlich infrage, insbeson-

dere die absolute Monarchie und die katholische Kirche. Der Katholizismus galt seither, insbesondere im Bürgertum, als prinzipiell rück-
schrittlich und unzeitgemäß. Die entscheidende Frage, die sich aus der
Französischen Revolution für die Katholiken und ihre Kirchenführer
ergab und das ganze neunzehnte Jahrhundert bestimmen sollte, lautete:
Würden sich moderner Staat und katholische Kirche doch irgendwie
miteinander versöhnen lassen? Oder war dies ausgeschlossen? Wenn die
Antwort grundsätzlich negativ ausfiel, dann hatte die katholische Kirche
keinen Platz mehr in der modernen Welt.

Senigallia, 1797: Zwei Welten begegnen sich

Anfang März 1797 marschierte General Napoleon Bonaparte in Senigallia ein.[35] Durch den Frieden von Tolentino war Pius VI. gezwungen
worden, Teile des Kirchenstaats, insbesondere Bologna und Ferrara, an
Frankreich abzutreten. In Paris war die Schreckensherrschaft der Jakobiner mit ihren Massenhinrichtungen und einer immer stärkeren Kirchen-
verfolgung durch die Herrschaft eines fünfköpfigen Kollegialorgans, des
Direktoriums, abgelöst worden, das wieder zu einer gemäßigteren Politik zurückkehrte. Es konnte sich vor allem auf die siegreiche französische Armee stützen: Militärische Erfolge im Ausland nahmen den Druck
aus dem Kessel im Inneren.

Die französischen Truppen unter Napoleon besetzten die Stadt an
der Adria, und die Auswirkungen der Französischen Revolution waren
damit nun erstmals direkt, nicht nur durch die Berichte der geistlichen
Emigranten erfahrbar. Auch die Familie Mastai Ferretti wurde mit den
Folgen des Umsturzes konfrontiert. Im Jahr 5 der neuen Zeitrechnung
kam Paris im Jahr des Herrn 1797 in Senigallia an.

Zu dieser Zeit hielt sich der kleine Giovanni Maria – Gianmaria, wie
die im Familienkreis gebrauchte Kurzform seines Taufnamens lautete –
mit seiner Amme Marianna Chiarini häufig auf dem Landgut der Familie in Roncotelli auf.[36] Er scheint auch Jahre nach seiner schwierigen Geburt immer noch eine äußerst schwächliche Konstitution gehabt und
nur wenig mit gleichaltrigen Jungen gespielt zu haben. Im Gegensatz zu
seinen Brüdern wurde er als Nesthäkchen von allen verhätschelt, und

Als wohlhabende Familie verfügte die Familie über ein Landgut in Roncotelli.
Im Alter von fünf Jahren fiel der kleine Gianmaria dort in einen Brunnen,
konnte aber im letzten Moment gerettet werden.

seine ganze Kinderstube war letztlich weiblich geprägt. Seine Mutter
nannte ihn nicht nur aufgrund seiner weichen Gesichtszüge, die an ein
Mädchen erinnerten, sondern auch aufgrund seines Verhaltens «duches-
sina» – «Prinzesslein».[37]

Genau in diesen Tagen des Oktobers 1797 fiel Gianmaria auf dem
Landgut Roncotelli in einen Brunnen, verlor das Bewusstsein und wäre
fast ertrunken. Im letzten Moment wurde er gerettet. Zum ersten Mal in
seinem noch jungen Leben kam damals wahrscheinlich die Krankheit,
die sein ganzes Leben bestimmen sollte, zum Ausbruch: die Fallsucht
oder Epilepsie.[38]

Später schrieb Mastai Ferretti seine Rettung dem unmittelbaren Eingreifen der Gottesmutter Maria zu.[39] Hätte sie ihn nicht herausgezogen,
wäre er als Kind gestorben, davon war der spätere Papst zutiefst überzeugt. Wenn alles ins Wanken geriet und schließlich vom Einsturz bedroht war, in Gesellschaft, Staat und Kirche, aber auch im persönlichen

Leben, half am Ende nur die Gottesmutter – das war die Lehre, die er im Rückblick aus diesen einschneidenden Erfahrungen des Jahres 5 neuer beziehungsweise 1797 alter Zeitrechnung ziehen sollte.

Gianmaria war offenbar ziemlich durcheinander. So richtig konnte der Fünfjährige – wen wundert es? – offenbar nicht einordnen, was ihm, seiner Familie, Senigallia und der ganzen Welt widerfuhr. Denn in der Zwischenzeit hatte Frankreich nicht nur den gesamten Staat des Papstes, sondern auch Rom, die Ewige Stadt selbst, besetzt, und Papst Pius VI. ins französische Exil verschleppt.[40] Man begann im Hause Mastai daraufhin, intensiv für die Feinde der Kirche und ihre baldige Umkehr zu beten. Gianmaria war traurig über die Entführung und die Passion des «Papa bello», des guten Papstes Pius VI., durch die bösen Franzosen.[41]

Aber viele der jungen französischen Soldaten, die in Senigallia stationiert waren, erschienen dem Jungen gar nicht böse, sondern waren ihm sogar sympathisch. Es waren zwar auch einige Kirchenkämpfer darunter, aber die meisten gingen als Katholiken am Sonntag in die Kirche. Verwirrt scheint Giovanni Maria seine Mutter gefragt zu haben, ob wirklich alle Franzosen böse seien. Und Donna Caterina antwortete: «Nein, zum Großteil sind sie gut und beten mit uns für die Kirche und den Heiligen Vater.» Für die Bekehrung der Anderen «müssen wir aber unsere Anstrengungen beim Beten verdoppeln».[42]

Bei einer eigens inszenierten religiösen Großveranstaltung wurde die wundertätige Madonna von Senigallia, die auch in dieser Notlage helfen würde, so wie sie bisher immer geholfen hatte, mit Gebet, Gesang und Prozession bestürmt. In der Stadt herrschte eine seltsam enthusiastische Atmosphäre: Mit ganz traditionellen katholischen Mitteln, einem Sprung ins Übernatürliche, wollte man dem in der realen Welt stattfindenden Umsturz und dem drohenden Traditionsbruch begegnen. Der junge Giovanni Maria dürfte von seiner Mutter oder wenigstens seiner Amme zu diesem Ereignis mitgenommen worden sein.[43]

Gleichzeitig tat sich aber für den Jungen eine ganz andere Möglichkeit des Umgangs mit den Revolutionären und den Ideen auf, für die die Französische Revolution stand. Giovanni Maria ging nämlich eine enge Freundschaft mit dem Sohn eines «Jakobiners» der Stadt ein, wie man die entschiedenen Liberalen und Revolutionsanhänger damals nicht selten nannte, der zum treusten Gefährten seiner Kindheit und Jugend werden sollte.[44] Wahrscheinlich geht sein späterer Enthusiasmus für die französische Armee und vor allem für Napoleon auf diese Freundschaft zurück.

Zwei einander diametral widersprechende Optionen der Reaktion auf die Revolution lagen damit für Giovanni Maria auf dem Tisch: entweder die Begeisterung für die neuen Ideen und die für sie eintretenden Menschen oder die prinzipielle Ablehnung der Revolution als gottlos und die daraus resultierende Flucht in eine traditionelle katholische Frömmigkeit, die darauf setzte, dass die Gottesmutter auch ganz konkret in dieser Welt helfen konnte, wenn man sie nur intensiv genug verehrte.

Paris, 1799 bis 1806:
Napoleon und das Mysterium der sozialen Ordnung

In Paris nahmen die Ereignisse für die katholische Kirche durch die Ablösung der Jakobiner einen überraschend positiven Verlauf. Eine Militärdiktatur lag in der Luft: Tatsächlich putschte der erfolgreichste aller Generäle, der Korse Napoleon Bonaparte, am 9. November 1799 gegen das Direktorium und konnte schließlich eine Alleinherrschaft errichten. Er leitete umgehend eine Änderung der französischen Kirchenpolitik ein, weil er die katholische Kirche als unverzichtbaren Stabilitätsfaktor seiner Herrschaft betrachtete: «Was mich angeht, so sehe ich in der Religion nicht das Mysterium der Fleischwerdung, sondern einzig das Mysterium der sozialen Ordnung.» Seinen Beratern gegenüber vertrat Napoleon die Position, in einem Staat ohne Religion lasse sich keine Ordnung durchsetzen; eine richtige Religion sei vielmehr der «Impfstoff der Fantasie gegen alle Arten eines zerstörerischen und absurden Glaubens».[45]

In einer Ansprache am 5. Juni 1800 vor der Mailänder Stadtgeistlichkeit legte Napoleon seine Grundsätze erstmals öffentlich dar. Er bezeichnete dabei die katholische Religion als «die einzige», die «einer wohlgeordneten Gesellschaft das wahre Glück verschaffen und die Grundlagen einer guten Regierung befestigen» könne. Gleichzeitig versprach er einen umfassenden staatlichen Schutz für den Katholizismus. Napoleon zeigte sich überzeugt, dass es unter allen Religionen keine gebe, die «sich so den verschiedenen Regierungsformen» anpasse «wie die katholische». Und weiter: «Keine Gesellschaft kann bestehen ohne Moral; es gibt aber auch

keine gute Moral ohne Religion. Folglich gibt die Religion dem Staate
eine feste und dauerhafte Stütze. Eine Gesellschaft ohne Religion gleicht
einem Schiff ohne Kompass. Ein solches Schiff kann weder seinen Lauf
sicherstellen noch hoffen, in den Hafen einzulaufen.»[46]

Wollte der Aufsteiger Napoleon seine neue monarchische Herrschaft
nach den revolutionären Wirren sichern, so war eine kirchliche Legitimation äußerst hilfreich. Dazu musste er aber zuerst das in Frankreich
seit 1792 bestehende Schisma beenden. Aber wie konnte er das katholische Kirchenwesen neu ordnen, ohne auf heftigen Widerspruch von
einer der verfeindeten Seiten zu stoßen? Die «konstitutionelle» staatstreue Kirche, ihre Bischöfe und ihre Pfarrer, wurde vom gläubigen Volk
weitgehend abgelehnt. Sie würde aber einer staatlichen Anordnung jederzeit folgen. Die Eidverweigerer und insbesondere die ins Ausland
emigrierten, royalistischen Bischöfe und Pfarrer, die bei den Gläubigen
in hohem Ansehen standen, würden jedoch eine einseitige staatliche
Anordnung keinesfalls akzeptieren. Im Gegenteil: Ihr Widerstand gegen
die französische Regierung und Bonaparte würde durch einen solchen
Schritt noch größer werden. Für diese Kirchenmänner gab es nur eine
Autorität: den römischen Papst. Er allein konnte den Eidverweigerern
befehlen, sich in den französischen Staat zu integrieren oder gar ihr Amt
aufzugeben – so die grundlegende Einsicht Napoleons. «Wenn es keinen
Papst gegeben hätte, hätte man ihn erfinden müssen», soll er in diesem
Zusammenhang gesagt haben.[47] Wenn es Napoleon gelänge, in einem
Vertrag mit dem Papst die französische Kirchenfrage zu lösen, würde er
dadurch außerdem hohes internationales Ansehen gewinnen und seine
Herrschaft zusätzlich legitimieren können.

Der neue starke Mann Frankreichs ließ deshalb dem neuen Papst
Pius VII. umgehend Konkordatsverhandlungen anbieten.[48] Pius VI. war
1799 im französischen Exil in Valence gestorben, und zu seinem Nachfolger war im März 1800 der kirchenpolitisch pragmatisch agierende
Luigi Barnaba Chiaramonti gewählt worden. Die Verhandlungen standen freilich vor einer ganzen Reihe von Problemen, denn die Restitution
des Katholizismus als Staatsreligion, wie es ihn im Ancien Régime gegeben hatte, war schlicht undenkbar geworden: Die revolutionären Prinzipien des säkularen Staats und der Kultusfreiheit ließen sich nicht mit
einem Federstrich beseitigen. Auch die Wiederherstellung des geistlichen Standes als Verfassungsorgan sowie die Rückerstattung des säku-

larisierten Kirchengutes erwiesen sich als unmöglich, da dies zum größten Teil bereits an Privatleute verkauft war.

Napoleon wollte sich außerdem vom Papst unbedingt das Recht auf freie Bischofsernennung zusichern lassen. Der Klerus sollte ein Beamtengehalt beziehen und dadurch in staatlicher Abhängigkeit gehalten werden. Pius VII. war zunächst nicht bereit, diese Forderungen zu akzeptieren, obwohl ihm klar war, dass er nur durch ein Abkommen mit Napoleon die schlimmsten Folgen der Dechristianisierung bekämpfen und die Kirche in der französischen Gesellschaft halbwegs stabilisieren konnte. Nach langem Hin und Her kam es am 15. Juli 1801 schließlich zur Unterzeichnung des Konkordats.[49]

Den Traum, den Katholizismus in Frankreich wieder zur Staatsreligion zu machen, musste der Papst begraben. Heraus kam die schwammige Formulierung, der Katholizismus sei die «Religion der großen Mehrheit der Franzosen». Entscheidend waren die Neugliederung der französischen Diözesen durch den Heiligen Stuhl (Artikel 2) und die Anordnung des Papstes an alle bisherigen französischen Bischöfe, auf ihr Amt zu verzichten. Davon waren die konstitutionellen Bischöfe, die den Eid auf die Zivilkonstitution geschworen hatten, genauso betroffen wie die oppositionellen Bischöfe, die in ihrem Widerstand gegen die Revolutionsregierung ein Jahrzehnt zuvor der Weisung des Papstes gefolgt waren und die Zustimmung zur Zivilkonstitution verweigert hatten (Artikel 3). Napoleon erhielt das Vorschlagsrecht für alle Bischofsstühle (Artikel 4). Bischöfe und Priester wurden zum Treueeid auf die Verfassung verpflichtet (Artikel 5/6). Im Gegenzug wurde der katholischen Kirche Frankreichs weitgehende innere Autonomie gewährt.

Die konstitutionellen Bischöfe verzichteten ohne größere Probleme auf ihre Ämter, weil die Weisung der Regierung der des Papstes entsprach. Von den Widerstandsbischöfen, die ins Exil gegangen waren, gaben achtundvierzig ihr Amt nach päpstlicher Aufforderung auf, siebenunddreißig weigerten sich jedoch, so dass Pius VII. sie absetzen musste. Durch diesen päpstlichen Akt wurde nach einem knappen Jahrzehnt das Schisma in Frankreich überwunden.

Vor allem zwei Zugeständnisse Roms lösten heftige Kritik aus. Zum einen die Gewährung der Bischofsernennung durch den Staat: Rom argumentierte hier, man habe Napoleon dieses Vorrecht nur aufgrund eines päpstlichen Privilegs gnadenhalber übertragen und könne dieses natürlich jederzeit auch wieder zurücknehmen. Zum anderen die Preisgabe der romtreuen Bischöfe: Dieser Schritt wurde nicht nur als politische Schwäche Roms, sondern vor allem als schwere Ungerechtigkeit interpretiert. Die Oberhirten, die ein Jahrzehnt lang den Kopf für den Papst hingehalten und schlimme Demütigungen und Verfolgungen erduldet hatten, wurden als Dank für ihre Treue ohne viel Federlesens abgesetzt.

Die ehemals selbstbewussten Bischöfe Frankreichs, die im Zeitalter des sogenannten Gallikanismus des siebzehnten und achtzehnten Jahrhunderts ihre Diözesen weitgehend autark und ohne große Einmischung des Papstes geführt hatten, waren nun nicht einmal mehr gefragt worden. Die Bischöfe vor Ort waren unbedeutend, entscheidend war, was Staatsspitze und Heiliger Stuhl aushandelten. Napoleon erkannte allein den Papst als kirchlichen Verhandlungsführer an. Damit war eine wichtige Grundlage für den sogenannten Ultramontanismus des neunzehnten Jahrhunderts gelegt. Denn dem Papst wurde erstmals in der Geschichte von einem Staatsoberhaupt – wenn auch im eigennützigen Interesse – der volle Jurisdiktionsprimat über die gesamte katholische Kirche und vor allem über die Bischöfe zuerkannt.

Die radikalere Richtung der Revolutionäre hatte im Konkordat zwar die Weiterbeschäftigung der verheirateten katholischen Priester nicht durchsetzen können, sie erzwang jedoch *77 Organische Artikel* als verbindliche staatliche Interpretation des Textes, die Napoleon gemeinsam mit dem Konkordat zur Ratifizierung vorlegen musste.[50] In diesen Artikeln nahm der Staat einen Teil der Zugeständnisse vor allem im Hinblick auf die interne Autonomie der Kirche wieder zurück. So wurden etwa das staatliche Placet für päpstliche Dekrete (Artikel 1), die Verpflichtung der Theologen auf die gallikanischen Artikel (Artikel 24), die Vorschrift, keine Synoden ohne staatliche Zustimmung abzuhalten (Artikel 4), das Verbot der Einrichtung von Nuntiaturen ohne Regierungserlaubnis (Artikel 2) und der *Recursus ab abusu*, also die Möglichkeit zur Anrufung der Staatsgewalt gegen einen Missbrauch der Kirchengewalt (Artikel 6–8), wieder eingeführt und die Bischöfe einer strengen Kontrolle durch das Kultusministerium unterstellt (Artikel 16). Der Protest Pius' VII. gegen die *Organischen Artikel* und den Bruch des Konkordats, der aus ihnen resultierte, blieb folgenlos.

Das Konkordat hatte eine freie Ausübung der katholischen Religion zugestanden, die *Organischen Artikel* griffen dagegen massiv in das Innenleben der katholischen Kirche ein. Diese Art des Vorgehens sollte im Hinblick auf die deutschen Staaten typisch für das Verhältnis von Staat und Kirche im neunzehnten Jahrhundert werden, die die Verhältnisse durch Konkordate und Zirkumskriptionsbullen ordnen sollten. Mit schöner Regelmäßigkeit brauchte man den Papst zur Neuerrichtung von Diözesen, die häufig mit dem historischen Herkommen brachen und den neuen staatlichen Gegebenheiten – Diözesangrenzen sollten den Landesgrenzen entsprechen – angepasst wurden. War dies geschehen, erließen die Staaten ganz im Sinne der *Organischen Artikel* Gesetze mit dem sprechenden Titel: «Die Regelung des staatlichen Aufsichtsrechtes über die katholische Landeskirche betreffend.»[51]

Auf Grundlage des Konkordats und der *Organischen Artikel* konnte wenigstens die äußere Organisation der Kirche in Frankreich, die durch die Revolution weitgehend zerstört worden war, stabilisiert werden.[52] Verschiedene Gesetze Napoleons erhöhten zudem das Prestige der katholischen Kirche. So durften etwa die Kinder wieder die Namen von Heiligen erhalten, was die Jakobiner streng verboten hatten. Außerdem wurden einige weibliche Kongregationen und Orden, die in der Krankenpflege und Mädchenbildung tätig waren, wieder zugelassen. Einkehrtage, Wallfahrten, katholische Zeitungen, Zeitschriften und Hauskalender etablierten als Gegenbewegung zur Dechristianisierung der Revolution vor allem auf dem Land im Laufe der Jahre eine neue kirchliche Frömmigkeit. Allerdings wurden insbesondere gebildete gesellschaftliche Kreise Frankreichs davon nicht erfasst. Zum 1. Januar 1806 gab Napoleon den Revolutionskalender auf und kehrte zur christlichen Zeitrechnung zurück. Damit war nach dem radikalen Angriff auf die katholische Kirche von 1792 wenigstens ein gewisser Rahmen für ihren Fortbestand gegeben.[53]

Senigallia, 1799 bis 1814: Alles gerät aus dem Lot

In der Stadt an der Adria ging das Leben des jungen Giovanni Maria seinen gewohnten Gang, zumindest in religiöser Hinsicht, denn die kirchlichen Institutionen funktionierten nach wie vor. Von einem Bruch

mit der kirchlichen Tradition wie in Frankreich war in Senigallia nichts
zu spüren. So empfing Gianmaria am 6. Juni 1799 das Sakrament der Firmung. Und im Jahr, in dem die Säkularisation der Reichskirche in
Deutschland endgültig beschlossen werden sollte, am 2. Februar 1803,
ging er zur Ersten Heiligen Kommunion. An diesem Tag schenkte seine
Mutter ihm ein Medaillon mit der Madonna della Speranza. Nach Auskunft seiner Seligsprechungsakten soll Giovanni Maria an diesem Tag
zum ersten Mal den Wunsch in sich verspürt haben, Priester zu werden.[54] Ob dies historisch zutrifft oder ob es sich nicht doch eher um eine
nachträgliche fromme Stilisierung handelt, steht dahin.

   Einen Höhepunkt und eine willkommene Unterbrechung des Alltags
stellte ohne Zweifel der Besuch Pius' VII. in Senigallia am 21. und 22. Juni
1800 dar. Der neue Papst war wegen der Besetzung Roms durch französische Truppen in Venedig unter österreichischem Schutz gewählt
worden und befand sich auf dem Weg in die Ewige Stadt. Er logierte im
Bischofspalast, wo ihm auch die Familie Mastai Ferretti vorgestellt
wurde. Offenbar übte der Papst einen enormen Eindruck auf den kleinen
Gianmaria aus. Pius VII. «blieb *sein* Papst, die magische Personifikation
der Dynastie der Vikare Christi».[55]

   Die nächsten sechs Jahre vom Oktober 1803 bis zum Oktober 1809
verbrachte der junge Mastai als Schüler des Internats der Piaristen in
Volterra.[56] Die Bischofsstadt lag in der Provinz Pisa im Großherzogtum
Toskana außerhalb des Kirchenstaats rund einhundertsiebzig Kilometer
von Senigallia entfernt. Nur in den großen Ferien im Herbst kam Giovanni Maria für sechs Wochen zu seiner Familie nach Senigallia zurück.
Seine Brüder Giuseppe und Gaetano, die als Kadetten in der österreichischen Armee gedient hatten, waren inzwischen zum Nobelgardisten des
Großherzogtums Toskana und zum Offizier der Päpstlichen Armee aufge-
stiegen.

   Der Vorschlag, Gianmaria nach Volterra zu schicken, ging auf den
Bruder des Vaters zurück, den Domherren an der Kathedrale von Senigallia, Andrea Mastai Ferretti, der den Jungen auch getauft hatte. Dieser
war mit einigen Patres, die dort als Lehrer tätig waren, persönlich bekannt, was letztlich den Ausschlag für die Wahl des Internats gegeben
haben dürfte. Die schulische Ausbildung am Kolleg San Michele dauerte
sieben Jahre und war in drei Zyklen eingeteilt.[57] Die zweijährige «Gram-
matikschule» diente vor allem dem Unterricht in Italienisch, der Grund-

legung von Geschichte und Geographie sowie einer ersten Einführung in Latein und Griechisch. Die folgende «Scuola d'Humanità» vertiefte drei Jahre lang die Sprachkenntnisse in Italienisch, Latein und Griechisch sowie die Studien in Geschichte, Geographie und Mythologie. Die abschließende zweijährige «Scuola di Rettorica» wandte sich der höheren Mathematik und experimentellen Physik sowie der Philosophie zu. Als Wahlfächer kamen Französisch, Gesang, Bildende Kunst, Architektur und Musik hinzu. Gianmaria lernte Bratsche und Flöte spielen. Rhetorische Übungen, Disputationen und Theaterspielen gehörten zum ganzheitlichen Ansatz. Die Lehrer achteten in Schule und Internat auf strengste Disziplin, wie der spätere Papst im Rückblick mehrfach betonte. Giovanni Maria scheint insgesamt aber eher nur mittelmäßige Leistungen erzielt zu haben. Orthographie und Syntax sollten auch in seiner Zeit als Papst äußerst fehlerhaft bleiben.[58] Neben der gymnasialen Ausbildung ging es den Piaristen vor allem um eine religiöse Formung ihrer Zöglinge, die von einer besonderen Marienverehrung geprägt war.

Die intensive Verehrung der Gottesmutter konnte die Jugendlichen jedoch nicht vollständig gegen den Charme des Bonapartismus immunisieren. Der Faszination, die Napoleon, der neue Kaiser der Franzosen und erfolgreiche Feldherr, auf zahlreiche junge Menschen ausübte, erlag auch Giovanni Maria, auch wenn die hagiographische Geschichtsschreibung dies gerne bestreitet.[59] Der Verfasser der Jugendbiographie Pius' IX., der italienische Journalist Carlo Falconi, hat den jungen Mastai sogar als einen «glühenden Napoleonisten» bezeichnet. Vor allem die Aura Napoleons als genialer Feldherr scheint Giovanni Maria in ihren Bann gezogen zu haben. Falconi konnte in der Bibliothek Mastais zahlreiche Werke über Kriegsführung und ihre Technik, über die Geschichte von Schlachten und militärische Strategie nachweisen, die er wahrscheinlich in seiner Gymnasialzeit anschaffte und die von einer «Passion für militärische Lektüre» Zeugnis ablegten. Gianmaria scheint mit der Besetzung Senigallias und der Marken durch französische Truppen und der Vereinigung dieser an sich päpstlichen Gebiete mit dem neuen Königreich Italien durchaus einverstanden gewesen zu sein.[60]

Über die Zeit in Volterra zogen dunkle Wolken, denn vor allem in den Jahren 1807 bis 1809 hatte Giovanni Maria immer häufigere und schlimmere epileptische Anfälle. Sein Heimatbischof Kardinal Fabrizio Testaferrata Sceberras schrieb 1818 im Rückblick auf diese Zeit, Giovanni

Maria sei damals von «Anfällen in hoher Frequenz» heimgesucht worden.[61] Er selbst sprach von «wiederholten epileptischen Anfällen», die mit «anhaltenden Schwindelattacken» und «Taubheitsgefühlen im Kopf» einhergingen.[62] Auch nach Abklingen der Anfälle sei er «stets von einer Schwäche seines Gedächtnisses gequält worden», die zu einer «Konfusion der Gedanken» geführt und ihn daran gehindert habe, eine Idee konsequent zu Ende zu verfolgen, was sich als «prinzipielles Hindernis, den Heiligen Studien zu obliegen», erwies.[63] Gianmaria geriet in den «Schraubstock» dieser Krankheit, die er selbst und zahlreiche Zeitgenossen eindeutig als Epilepsie identifizierten.[64]

Mastais Jugendbiograph, Carlo Falconi, führt eine ganze Reihe von Eigenschaften wie «extremer Gefühlsüberschwang und leichte Beeindruckbarkeit, Impulsivität und Unbeständigkeit, Hang zum Überschwang, eruptive Ausbrüche des Jähzorns, fortdauernde geistige Verwirrung, autoritär-despotisches Verhalten», die er im weiteren Leben von Mastai ausmachen zu können glaubt, auf die Epilepsie zurück.[65] Diese einseitige Sichtweise, die Epilepsie für alle negativen Charaktereigenschaften Mastais verantwortlich zu machen, ist genauso wie die Versuche der anderen Seite, die Krankheit und ihren Verlauf herunterzuspielen, problematisch. Weder die eine noch die andere Lesart wird der schwerwiegenden Erkrankung wirklich gerecht. Giovanni Maria Mastai Ferretti steht schließlich in einer langen Reihe von herausragenden Persönlichkeiten der Weltgeschichte, die ebenfalls Epileptiker waren, allen voran Napoleon Bonaparte.

Die Anfälle waren so schlimm, dass Giovanni Maria im Oktober 1809 ein Jahr vor Abschluss der schulischen Ausbildung von einem Pater des Piaristenkollegs persönlich von Volterra nach Senigallia zurückgebracht werden musste. Ohne Begleitung wäre diese mehrtägige Reise wohl kaum zu bewerkstelligen gewesen. Der junge Mastai war am Boden zerstört und fühlte sich in seiner Heimatstadt eingesperrt. Jeder kannte ihn, und jeder kannte sein Leiden. Es schien für ihn keine Perspektive mehr zu geben. Die Krankheit stand einer weltlichen und gleichermaßen einer geistlichen Karriere im Wege. Wer konnte sich schon ein Mitglied einer militärischen Garde oder einen kommunalen Beamten vorstellen, der ständig im Dienst umfiel? Aber auch ein Priester, der mit dem Allerheiligsten in der Hand am Altar zu Boden stürzte, war nicht denkbar. Epilepsie war nicht umsonst ein Weihehindernis, wer daran litt, konnte nicht Priester werden.[66] Der Vorhang in Volterra zu und kein Weg offen – so lautete die traurige Einsicht.

Eine dauerhafte Rückkehr nach Senigallia konnte aber auch keine Lösung sein. Wenn sich irgendwo ein Türchen auftun konnte, dann doch in Rom, der Stadt der unbegrenzten Möglichkeiten. Gianmarias Onkel Paolino, ein weiterer Bruder des Vaters, war an der Kurie tätig, verfügte über beste Kontakte zu den wichtigsten Adelsfamilien der Stadt und wohnte im Quirinalspalast, der damaligen eigentlichen Residenz der Päpste in Rom.

Deshalb ging Giovanni Maria, nachdem die epileptischen Anfälle etwas nachgelassen hatten, noch im Winter 1809 zu seinem Onkel nach Rom. Dieser Aufenthalt wurde in der Forschung unterschiedlich gedeutet: Yves Chiron behauptet, gestützt auf die Seligsprechungsakten, Giovanni Maria sei nach Rom gegangen, um hier Studien für eine künftige klerikale Laufbahn zu beginnen.[67] Carlo Falconi dagegen sieht den jungen Grafen eher in der Rolle des Touristen in der Ewigen Stadt, der über die Netzwerke seines Onkels erste Verbindungen zu adeligen Familien knüpfen wollte – eine spätere Heirat nicht ausgeschlossen.[68] Die Gefangennahme Pius' VII. und seine Verschleppung nach Frankreich durch Napoleon machten der ganzen Sache – gleichgültig, ob es eine Kavalierstour oder ein Studienbeginn war – allerdings ein rasches Ende.

Der kranke Jugendliche kehrte deshalb desillusioniert nach Senigallia zurück. Aber die Stadt seiner Kindheit erschien ihm nun noch fremder. Auch seine Familie hatte sich verändert. Der Zusammenbruch der alten Ordnung infolge der Französischen Revolution hatte auch die Mastai Ferretti in Senigallia erreicht. Der Vater hatte alle seine Ämter verloren und war politisch ohne Einfluss. Das vom Großvater ererbte Vermögen hatte sich in Luft aufgelöst. Die für die standesgemäße Verheiratung seiner Schwestern notwendigen Mitgiften waren kaum noch aufzubringen. Was er in den nächsten Jahren genau trieb, ist unklar. Einen festen Plan scheint er jedenfalls nicht gehabt zu haben. Offenbar wollte Giovanni Maria aus den engen moralischen und kirchlichen Vorgaben des Elternhauses ausbrechen und die Freiheit der Revolution auch im eigenen Leben umsetzen. Falconi bezeichnet ihn sogar als «‹Dandy› aus Protest».[69] Er suchte Zerstreuung beim Reiten, Ballspielen und in der Musik.

Auf jeden Fall ist eine Reihe von Versuchen bezeugt, irgendwie in eine militärische Laufbahn hineinzukommen. Am liebsten wäre er sogar in ein napoleonisches Regiment eingetreten, zur Not hätte es auch die österreichische Armee getan.[70] Wiederholte epileptische Anfälle machten das aber ebenfalls unmöglich. Auch Interventionen eines Freundes, der zur Entourage Napoleons gehörte und eine Ausnahmeregelung für Mastai erreichen wollte, war kein Erfolg beschieden.

In diesen Zusammenhang gehört auch eine Liebesgeschichte, die heftige Auseinandersetzungen in der Historiographie ausgelöst hat. Es geht um die Affäre mit einer Freundin Gianmarias aus Kindertagen, Giacinta Marchetti, die inzwischen mit dem Grafen Francesco Milzetti, einem Colonel der französischen Ehrengarde des Königreichs Italien, verheiratet war. Carlo Falconi liest aus den Briefen des achtzehnjährigen Mastai an die fast gleichaltrige Giacinta eine «verbotene Liebe» zu einer verheirateten Frau heraus.[71]

Die apologetische Literatur sucht diese Deutung mit allem Nachdruck zurückzuweisen. Ein künftiger Papst und Heiliger musste vor derartigen sexuellen Anfechtungen natürlich absolut gefeit geblieben sein. Eine Verliebtheit des jungen Grafen zur «amabilissima contessina», wie sie aus den Briefen an Giacinta durchaus spricht, konnten aber auch die Verteidiger Mastais nicht leugnen und versuchten deshalb, die schmachtenden Formulierungen auf die Ebene einer reinen Minne zu heben. Giovanni Maria habe in Giacinta einfach das «Ideal einer Frau» gesehen und sie entsprechend unschuldig als für ihn unerreichbar verehrt.[72]

Der französische Journalist und Historiker Yves Chiron argumentiert ganz auf dieser Linie, wenn er feststellt, dass die Briefe nie die Grenzen des Anstands überschritten hätten. Eine gewisse Verliebtheit Giovanni Marias in Giacinta musste er aber dennoch einräumen und zugeben, dass sich der junge Mastai in den Jahren zwischen 1810 und 1814 eher wie «ein weltlicher junger Mann aufführte als ein zukünftiger Priester».[73]

Die Briefe sprechen jedenfalls eine recht eindeutige Sprache. So berichtet Gianmaria Giacinta in einem Schreiben beispielsweise von den Versuchen einer Mutter, ihn mit ihrer Tochter zu verkuppeln: «Nach meiner Rückkehr aus der wunderbaren Stadt Bologna habe ich mich gar nicht mehr aus der Heimat entfernt, und ich musste bis jetzt gegen die Angriffe einer Mutter ankämpfen, die mich verpflichten wollte, ihre Tochter (von der Ihnen Giuseppe erzählt hat) zu heiraten. In Wahrheit habe ich mir nie ein Eheversprechen aus dem Mund ziehen lassen, und ich war auch nie in ihrem Haus gewesen; ich werde nur wohl so unvor-

*Der junge Graf Giovanni
Maria Mastai Ferretti im
Alter von achtzehn Jahren.*

sichtig gewesen sein, sie in den vergangenen Monaten mit einigem Interesse angeschaut zu haben und ihr im Theater im Beisein der Mutter einige Besuche abgestattet zu haben. Aber genug davon, ich bin dem Sturme entkommen, und ich lege ein Gelübde ab, von jetzt an die Jungfern mit dem heiligen Auge des Eremiten anzuschauen. Ich muss das auch den verheirateten Frauen gegenüber tun, weil es notwendig ist, während es auf der Welt *eine* gibt, die mich allen anderen gegenüber gleichgültig macht.»

Mastai unterstreicht das «eine» in seinem Brief an Giacinta und fährt fort: «Meine Mutter grüßt Sie von Herzen und dankt Ihnen, dass Sie sie in Erinnerung behalten: Sie selbst hat sich inzwischen wieder vollständig erholt. Meine Schwägerin und Giuseppe grüßen Sie … Apropos, ich weiß nicht, ob Sie wissen, dass die Giraldi Mutter eines schönen Jungen geworden ist und dass der Ehemann höchst zufrieden ist. Der Wunsch, zurückzukommen, um Sie wiederzusehen, ist sehr groß, aber ich weiß nicht, wann ich ihn werde umsetzen können: Gewiss ist, dass eine zweite Reise den Begierden[74] aller beider mehr entsprechen würde. Unsere Abgeordneten haben so wenig zum Vorteil der Messe erreicht, dass ich gerade die Hoffnung verliere, dass Sie zu der Gelegenheit nach Senigallia

kommen werden. Seien Sie erneut versichert. Ihr ergebener Freund, Giovanni M. Mastai.»[75] Es war ohne Zweifel eine Liebesbeziehung, sie blieb
aber, nach allem was wir wissen, platonisch.

Für die Jahre von 1809 bis 1814 in Senigallia kann man bei Gianmaria
mit einigem Recht von einem «Jahrfünft der Verwirrung» sprechen.[76]
Die Langeweile und Monotonie in der Stadt an der Adria haben ihm die
Perspektivlosigkeit seiner Situation noch einmal drastisch vor Augen
treten lassen. Sein Leben schien vorbei, bevor es richtig begonnen hatte.
Alle gesellschaftlichen Ablenkungsversuche wie Konzerte, Flöten- und
Bratschenspiel oder Ausritte zu Pferd in die Umgebung der Stadt konn-
ten ihn nicht trösten, der Traum einer glücklichen Liebe blieb unerfüllt,
dandyhaftes Auftreten war nichts als eine hohle Fassade. Eine tiefe
Melancholie war die Folge. Nachdem alle Versuche gescheitert waren,
scheint der Zweiundzwanzigjährige im Laufe des Jahres 1814 mit dem
Gedanken gespielt zu haben, eine geistliche Karriere einzuschlagen, was
er aber sofort wieder verwarf. Resignierend schrieb er an einen Freund:
«Das Beste wäre, die Soutane anzuziehen und das Kollar zu nehmen.
Aber unglücklicherweise fehlt mir jede Berufung.»[77]

ZWEITES KAPITEL

Neue Ordnung in alten Bahnen
Vom untauglichen Grafen zum begnadeten Bischof
(1815–1840)

Napoleon, Giovanni Maria Mastai Ferretti und ihr Papst

Während sich der junge Graf Giovanni Maria Mastai Ferretti in Senigallia seinem Weltschmerz hingab und von 1809 bis 1814 ein «Jahrfünft der Verwirrung» durchlebte, musste das Oberhaupt seiner Kirche, Papst Pius VII., fünf Jahre im französischen Exil verbringen. Napoleon hatte den Chiaramonti-Papst nicht nur als Bischof von Rom abgesetzt, sondern ihm auch seine weltliche Herrschaft genommen und den Kirchenstaat als Département mit dem französischen Kaiserreich vereinigt. Auch eine Römische Kurie mit Gerichtshöfen und Kongregationen gab es in dieser Zeit nicht mehr. Sogar die Archive der Römischen Inquisition und der Indexkongregation waren nach Paris abtransportiert worden. Deshalb konnten viele entscheidende Fragen nicht geregelt werden. So steuerte etwa die katholische Kirche in Deutschland, der seit dem Reichsdeputationshauptschluss von 1803 und der darin beschlossenen Säkularisation jede rechtliche Grundlage entzogen war, immer mehr in ein Seelsorgedesaster hinein.

Dabei hatte Pius VII., der am 14. März 1800 in Venedig zum Papst gewählt worden war, alles versucht, um sich irgendwie mit Napoleon zu arrangieren und die Folgen der Französischen Revolution für die Kirche produktiv zu verarbeiten.[1] Sein oberstes Ziel war, so pragmatisch wie irgend möglich die schwer angeschlagene Kirche wenigstens halbwegs zu stabilisieren. Die Krönungsreise, die Pius VII. von Venedig durch halb Italien nach Rom führte, brachte den sonst so fernen Papst erstmals als Person den katholischen Massen näher und wurde in Zeiten des Umbruchs in einer bisher nicht gekannten Weise zum Stabilitätsanker der Gläubigen.

Ein Grundzug seines Pontifikats fällt sofort ins Auge: Pius VII. war anders als viele seiner Vorgänger und Nachfolger in der Lage, zwischen Politik und Religion, zwischen Wesentlichem und somit Unaufgebbarem und Unwesentlichem und damit Wandelbarem in seiner Kirche zu unterscheiden. Das gab ihm die Möglichkeit, flexibel auf politische Herausforderungen zu reagieren und auf diesem Feld auch Kompromisse einzugehen. Das Konkordat mit Frankreich und die Absetzung aller französischen Bischöfe im Jahr 1801 auf Wunsch Napoleons legen davon beredtes Zeugnis ab.

Trotz massiver Bedenken fuhr der Papst im Jahr 1804 zwar zur Kaiserkrönung Napoleons nach Paris, war aber in den folgenden Jahren nicht bereit, die Ehe des jüngsten Bruders des Kaisers, Jérôme Bonaparte, zu scheiden und der französischen Kontinentalsperre gegen England beizutreten. Der Papst wollte politisch neutral bleiben. Im Februar 1808 ließ Napoleon daher erneut Rom besetzen. Das konnte Pius VII. nicht hinnehmen: Am 10. Juni 1809 exkommunizierte er die «Räuber des Patrimoniums Petri», also des Kirchenstaats.[2] Daraufhin wurde der Papst zunächst nach Savona in Ligurien und später ins französische Exil nach Fontainebleau südlich von Paris verschleppt.

Während seiner Gefangenschaft war Pius VII. massiven Repressalien ausgesetzt. Immer wieder versuchte Napoleon, den Papst dazu zu bringen, offiziell auf den Kirchenstaat zu verzichten und romkritische Bischöfe zu akzeptieren, die er für Frankreich nominiert hatte. Am 25. Januar 1813 fand sich der durch Krankheit geschwächte Papst schließlich bereit, seine Unterschrift unter das Konkordat von Fontainebleau zu setzen, in dem er allen Forderungen Napoleons entgegenkam. Doch schon am 28. Januar widerrief Pius VII. diesen Akt der Schwäche. Napoleon schäumte vor Wut, publizierte das Konkordat trotz des päpstlichen Widerrufs und ließ den Papst in Isolationshaft nehmen.

Im Januar 1814 ordnete Napoleon die Freilassung Pius' VII. an und gab ihm am 10. März auch den Kirchenstaat wieder zurück. Für Napoleon Bonaparte selbst wendete sich in diesen Tagen das Blatt grundsätzlich: An der spanischen Front rückten die Engländer bis zur französischen Grenze vor. Auch in Frankreich selbst regte sich erstmals seit langem öffentlicher Widerspruch gegen den Kaiser. Die Rekrutierung neuer Soldaten stieß auf erhebliche Schwierigkeiten, so dass Frankreich den gegnerischen alliierten Streitkräften nur eine unterlegene und schlecht ausgebildete Armee entgegensetzen konnte und die Hauptstadt Paris am 31. März 1814 eingenommen wurde. Napoleon verlor jegliche Unterstützung in Armee und Politik, musste abdanken und wurde im April 1814 auf die Insel Elba verbannt.

Für den Papst wurde die Rückreise aus dem Exil zu einem Triumphzug. Sein Widerstand gegen den «Usurpator» und die «Bestie Bonaparte» hatte ihm eine hohe moralische Autorität eingebracht. Das sollte nicht nur die Wiederherstellung des Kirchenstaats erleichtern, sondern letztlich auch zur Grundlage der Entwicklung werden, die zur Unfehlbarkeit und zum Jurisdiktionsprimat des römischen Bischofs führte. Der Papst galt als Fels in der Brandung der Moderne. Auch dadurch bereitete Pius VII. den Pontifikat Pius' IX. vor. Die Heilige Allianz des Wiener Kongresses brauchte für ihre Restaurationspolitik und Ordnungsvorstellungen einen Identitätspunkt und fand ihn im Märtyrerpapst Pius VII.

Pius' Rolle als Widerstandskämpfer hatte aber nicht nur langfristige Auswirkungen auf die Geschichte, sondern beeinflusste auch unmittelbar die Biographie des jungen Mastai Ferretti. Der Papst machte nämlich auf seiner triumphalen Rückreise von Frankreich im Mai 1814 in Senigallia Station. Am Abend des 12. Mai suchte er sogar den Palazzo Mastai auf, wo er auf Giovanni Maria traf – ausgerechnet am Vorabend von dessen 22. Geburtstag.[3]

Das Erscheinen des Papstes in der Stadt an der Adria wirkte auf den jungen Grafen wie ein heller Stern, der das Dunkel der Melancholie vertrieb. Zumindest gab es jetzt einen gerechten Grund, der Langeweile Senigallias und der Kontrolle durch die Eltern wenigstens kurzfristig zu entkommen. Er entschloss sich, zusammen mit anderen jungen Männern aus Senigallia Pius VII. nach Rom zu begleiten, um beim triumphalen Einzug in der Ewigen Stadt an der Piazza del Popolo dabei sein zu können.

Religiöse Motive für die Romreise Mastais lassen sich nicht erkennen, auch wenn die papale Hagiographie in der Begegnung Gianmarias mit dem Pontifex maximus ausgerechnet am Vorabend seines Geburtstages ein Zeichen der göttlichen Vorsehung sehen will und deshalb den

Pius VII. kehrte am 24. Mai 1814 im Triumphzug nach Rom zurück. Mit dabei: Giovanni Maria Mastai Ferretti, der die Chance ergriff, der Enge und Mono-tonie seiner Heimatstadt zu entkommen und in Rom Zerstreuung zu finden.

13. Mai 1814 zum Tag der geistlichen Wiedergeburt Giovanni Marias stilisiert.[4] Tatsächlich war mit diesem Tag überhaupt nichts entschieden, weder eine Berufung zum Priestertum noch eine Weichenstellung Rich-tung Pontifikat nach dem Motto: Papst trifft seinen künftigen Nachfol-ger. Es ging Gianmaria Mastai in erster Linie um sich selbst und seine unverhoffte Emanzipation aus den Zwängen Senigallias, wie ein Brief an Giacinta vom 13. Juni 1814 belegt: «Eine plötzliche Entscheidung einiger Senigallesi, wie etwa der Cherubinis, brachte mich dazu, mich ihrem Vorhaben anzuschließen und sie zu begleiten, um am Empfang Seiner Heiligkeit seitens der Römer teilzunehmen; dabei habe ich mich sehr vergnügt.»[5] Die politische Bedeutung des Sturzes Napoleons, die daraus resultierende Freiheit der Völker Europas und der kirchlich-religiöse Sinn der Befreiung und Rückkehr des Papstes nach Rom wurde Gian-maria offenkundig nicht bewusst.

Die anfängliche Begeisterung für Rom war schnell verflogen. Zwar wurde Gianmaria von seinem Onkel Paolino in zahlreiche Adelsfamilien der Stadt wie die der Orsini, Colonna, Doria oder Piancini eingeführt, aber rauschende Feste und weltliche Zerstreuungen gab es in der Ewigen Stadt kaum. Die einzigen Feiern, die stattfanden, waren religiöser Natur, wie etwa die Zeremonie zur Wiedererrichtung des Jesuitenordens am 7. August 1814 oder die Eröffnung der Volksmission am 15. August durch eine endlos lange Predigt von Giovanni Marchetti auf der Piazza Navona. Der junge Mastai schrieb deshalb an einen Freund: «Obwohl ich mich wegen des Mangels an Veranstaltungen nicht sehr erholen kann, genieße ich zumindest eine totale Freiheit.»[6]

Auch wenn Gianmaria nicht verrät, worin die «perfettissima libertà», die totale Freiheit, bestand, müssen selbst hagiographisch orientierte Historiker zugeben, dass es in den römischen Monaten zu weiteren Liebschaften kam. So scheint sich der junge Graf sogar mit einer gewissen Teodora Valle Tota oder Antonia Tota verlobt zu haben, wie sogar die Seligsprechungsakten einräumen müssen.[7]

Am 26. Februar 1815 kam dann doch noch einmal überraschend Bewegung in die römische Szene und die Weltpolitik gleichermaßen, als Napoleon aus dem Exil auf Elba an die Macht zurückkehrte. Der Kirchenstaat und Rom gerieten erneut in Gefahr, als Napoleons Schwager Joachim Murat von Neapel aus Richtung Rom marschierte. Pius VII. floh deshalb am 22. März nach Genua, konnte aber bereits wieder am 7. Juni nach Rom zurückkehren, noch bevor die berühmten «Hundert Tage» Napoleons mit der Schlacht von Waterloo am 18. Juni 1815 und seiner endgültigen Abdankung am 22. Juni ihr Ende fanden.[8]

An eben jenem 26. Februar 1815 floh auch Giovanni Maria Mastai Ferretti. Allerdings brach er nicht auf, um die Welt zu erobern, sondern er zog sich in das Ordenshaus der Passionisten der heiligen Johannes und Paulus auf dem römischen Monte Celio zurück, um zu sich selbst zu finden. Seine Exerzitien sollten bis zum 12. März dauern.[9] War das die Wende? Hatte er endlich erkannt, wozu er seine Freiheit nutzen sollte?

Während Napoleon die Welt in Aufruhr stürzte, Pius VII. aus Rom floh und Mastai Ferretti sich hinter Klostermauern zurückzog, ging es in der österreichischen Hauptstadt um die Zukunft Deutschlands, Europas und nicht zuletzt der katholischen Kirche: Hier tagte der Wiener Kongress. Die Französische Revolution und die Napoleonischen Kriege hatten die europäische Staatenwelt durcheinandergewirbelt und vor allem die deutsche Landkarte radikal verändert. Vor allem die geistlichen Staaten, die Fürstbistümer und Fürstabteien, aber auch der Kirchenstaat des Papstes waren verschwunden. Welche Landstriche zu welchen Bistümern gehörten und wie das Verhältnis der katholischen Kirche zu den neu entstandenen gemischtkonfessionellen Staaten sein sollte, war ungeklärt. Verantwortlich für all das war die Säkularisation.

Säkularisation und Säkularisationen

Einen derart radikalen Angriff auf Christentum und Kirche wie in Frankreich hat es in Deutschland nicht gegeben. Zwar wurde auch hier mitunter heftige Kritik am Christentum geäußert, sie traf aber in einem Land mit verschiedenen christlichen Konfessionen nie die katholische Kirche allein. Nichtsdestotrotz wurde sie von aufgeklärten Philosophen im Gegensatz zum Protestantismus nicht selten als die zurückgebliebene Form des Christentums diffamiert. Dennoch kam es geistesgeschichtlich gesehen auch in Deutschland zu Säkularisierungsprozessen. Die Dominanz des Christentums und der Kirchen für die Deutung von Welt und Wirklichkeit wurde immer mehr infrage gestellt. Von dieser ideengeschichtlichen Säkularisierung ist die realpolitische Säkularisation zu unterscheiden, bei der es um den Verlust von Macht und Besitz der Kirchen ging.[10]

Bereits im Verlauf des siebzehnten und achtzehnten Jahrhunderts waren im Heiligen Römischen Reich Deutscher Nation zahlreiche Säkularisationsprojekte diskutiert worden.[11] Eine ganze Reihe weltlicher Fürsten beabsichtigte, ihre maroden Finanzen durch die Verstaatlichung von Klöstern und anderem kirchlichen Besitz zu sanieren. Diese Vorhaben wurden allesamt nicht realisiert, weil Kaiser und Reichsstände vor einem daraus resultierenden grundsätzlichen Umbau der Struktur des Reiches und der Reichskirche zurückschreckten.

Die Säkularisation, zu der es schließlich infolge der Französischen Revolution kam, basierte auf unterschiedlichen Rechtsgrundlagen.[12] Die linksrheinischen Gebiete waren 1792 von Frankreich besetzt worden. Davon betroffen waren unter anderem die Hochstifte von Speyer, Worms, Mainz, Trier, Lüttich, Stablo-Malmedy und Prüm. Für die Säkularisation dieser geistlichen Territorien galt französisches Recht.

Für die rechtsrheinischen Gebiete dagegen fand der Grundsatz Anwendung: Deutsche Fürsten, die linksrheinisch Verluste hinnehmen und Gebiete an Frankreich abtreten mussten, sollten rechtsrheinisch aus Kirchengut entschädigt werden. Preußen, Hessen-Kassel, Württemberg, Baden und Bayern hatten dies in Geheimverträgen 1795/96 gegen die Zusage der Neutralität von Frankreich zugesichert bekommen. Nach dem zweiten Koalitionskrieg wurde der Grundsatz Abtretung links gegen Entschädigung rechts – ursprünglich im Verhältnis eins zu eins gedacht – auch völkerrechtlich im Frieden von Lunéville von 1801 verankert.

Es kam in seiner Folge zum berühmt-berüchtigten Reichsdeputationshauptschluss von 1803.[13] Neben der Vermögenssäkularisation, die alle Hochstifte, Domkapitelsgüter, Abteien, Stifte und Klöster traf, wurde eine Herrschaftssäkularisation aller reichsunmittelbaren geistlichen Territorien verordnet. Die Hochstifte als weltliche Herrschaftsgebiete der Fürstbischöfe wurden aufgehoben, eine tausendjährige Tradition kam so an ihr Ende. Die Diözesangrenzen – als geistlicher Bereich der Bischöfe – sollten jedoch bis zu einer grundsätzlichen Neuregelung erst einmal in Kraft bleiben. Nur Pfarr- und Schulgüter, die der Finanzierung der Seelsorge und der Elementarbildung dienten, sowie fromme Stiftungen blieben von der Säkularisation verschont. Der Umfang der Entschädigungsmasse war gewaltig: Sie umfasste fünfundzwanzig Fürstbistümer, vierundvierzig Reichsabteien, zweihundertsiebenundachtzig landsässige Abteien, einundvierzig Reichsstädte, insgesamt ein Gebiet von knapp hunderttausend Quadratkilometern mit 2,4 Millionen Einwohnern.

Die Folgen der Säkularisation und Mediatisierung waren einschneidend: Die Zahl der reichsunmittelbaren Territorien – ohne die rund dreihundert Reichsritter – sank von etwa tausend auf nur noch fünfunddreißig. Der Flickenteppich auf der Landkarte, vor allem im Südwesten des Reiches, verschwand. Dadurch wurde eine wesentliche Voraussetzung für das Entstehen moderner, nun gemischtkonfessioneller Flächenstaaten geschaffen.

Die Entschädigung blieb aber nicht beim Verhältnis von eins zu eins stehen: So erhielt Preußen das Fünffache seiner linksrheinischen Verluste, Hessen-Darmstadt das Achtfache, Baden sogar das Zehnfache. Die geistlichen Territorien fielen meist an protestantische Dynastien, mit Ausnahme von Bayern, so dass es zu einem konfessionellen Ungleich-

gewicht kam. Die meisten Katholiken wurden zu Untertanen evangelischer Herrscher. Das Ende der Reichskirche bedeutete nicht selten einen
sozialen Rückschritt und für manche katholische Gebiete sogar eine Art
Reagrarisierung, verbunden mit einem Niedergang von Kultur und Bildung. In Deutschland kam es im Gefolge der Säkularisation zu einem
landeskirchlich geprägten, absolutistischen Kirchenregiment mit einem
zumindest faktisch auch auf die Katholiken ausgedehnten Summepiskopat protestantischer Fürsten, bei dem der Landesherr jurisdiktionell auch
zugleich der oberste Bischof seiner katholischen Landeskirche war.[14]

Es war ein gewaltiger Traditionsabbruch. Die katholische Kirche in
Deutschland stand vor einem völligen Neubeginn: Sie wurde durch die
Säkularisation auf ihre geistlichen Aufgaben reduziert. Die daraus resultierende Chance einer Erneuerung der Seelsorge war aber mit der Gefahr
einer vollständigen Abhängigkeit vom protestantischen Staat verbunden.
Nicht selten bot sich nur der Hilfeschrei nach Rom zum Nachfolger Petri
als einziger Ausweg aus der evangelisch-staatlichen Bedrängnis an. Die
katholische Kirche wurde endgültig zur Konfessionskirche und das neunzehnte Jahrhundert zum eigentlichen Säkulum der Konfessionalisierung,
in dem sich die unterschiedlichen Bekenntnisse erneut verfestigten und
scharf voneinander abgrenzten.[15] Wer verfolgt wird, kann sich kaum noch
Toleranz leisten.

Noch weitreichendere Folgen sollte allerdings die geistige Säkularisierung haben. Die Religion wurde aus zahlreichen Bereichen der Gesellschaft wie Schule, Armen- und Krankenfürsorge verdrängt, was aber
im Gegenzug im katholisch gebliebenen Segment zu einer Resakralisierung und Verkirchlichung in nie dagewesenem Maße führte. Hier sollte
die katholische Kirche auf lange Sicht tatsächlich neu erfunden werden.

Zunächst aber mussten nach dem Kahlschlag der Säkularisation auf
organisatorischem Gebiet neue kirchliche Strukturen und Institutionen
geschaffen werden. Nach dem Reichsdeputationshauptschluss von 1803
war die Neuordnung des Verhältnisses von Kirche und Staat durch ein
Konkordat eine absolute Notwendigkeit.[16] Allerdings bestand sowohl
innerhalb der Kirche selbst als auch bei den staatlichen Partnern große
Uneinigkeit über Natur und Inhalte eines solchen Vertrags: Reichserz-
kanzler Karl Theodor von Dalberg trat mit Nachdruck für ein Reichskonkordat ein, da er die Kirchenverfassung als Teil der Reichsverfassung
betrachtete, die zum Erhalt der Einheit Deutschlands beitragen könne.

Alle Hoffnungen auf einen Erhalt des Heiligen Römischen Reiches Deutscher Nation hatten sich zudem als trügerisch erwiesen. Franz II. nahm 1804 den Titel eines erblichen Kaisers von Österreich an und legte 1806 die deutsche Kaiserkrone nieder. Der Rheinbund unter Napoleons Protektorat, dem sechzehn süd- und westdeutsche Fürsten beitraten, löste sich mit dem Sturz des Korsen wieder auf, so dass auch kein Bundeskonkordat zustande kam.

In Wien war man ohnehin prinzipiell gegen ein Reichskonkordat und strebte separate Verhandlungen für ein österreichisches Sonderkonkordat mit Rom an. Die Mittelstaaten wie Württemberg, Baden und Bayern wollten je eigene Landeskonkordate mit dem Ziel alleruntertänigster katholischer Hof- und Landesbischöfe. Die größeren protestantischen Staaten – insbesondere Preußen – lehnten ein Konkordat mit dem Papst dagegen grundsätzlich ab. Sie favorisierten eine einseitige staatliche Regelung der katholischen Kirchenangelegenheiten durch Organische Artikel nach französischem Vorbild. Kleinststaaten wie etwa das schwäbische Fürstentum Fürstenberg, die für eigene Landesdiözesen zu klein waren, unterstützten Dalbergs große Lösung, um nicht vom kirchlichen Territorialismus der größeren Staaten aufgesogen zu werden.

Die Römische Kurie nahm seit 1803 mit unterschiedlichen Partnern Verhandlungen auf, weil sie strikt gegen ein Konkordat mit dem Reich, dem Rheinbund oder später dem Deutschen Bund als Ganzem war und ein Wiedererstarken der selbstbewussten deutschen Bischöfe mit einem dominanten Primas an der Spitze einer erneuerten einheitlichen deutschen Kirche fürchtete. Wegen der napoleonischen Kriege und der wiederholten Gefangenschaft des Papstes wurde eine Lösung der Kirchenfrage aber immer wieder vertagt. Erst über ein Jahrzehnt später sollte sie auf dem Wiener Kongress zur Sprache kommen.

Entscheidung vertagt: Der Wiener Kongress 1815

Der Wiener Kongress tagte vom 18. September 1814 bis zum 9. Juni 1815.[17] Seine Hauptaufgabe war die Schaffung einer stabilen europäischen Friedensordnung, die ein Wiederaufflammen der Revolution verhindern sollte. Dazu gehörte auch die Lösung der Deutschen Frage, die nach dem Ende des Deutschen Reichs 1806 entstanden war. Aus kirchlicher Perspektive standen zwei Themen im Mittelpunkt: die Frage der Reorganisation der deutschen katholischen Kirche nach dem Kahlschlag der Säkularisation und das Problem einer Wiederherstellung des von Napoleon aufgelösten päpstlichen Kirchenstaats.[18]

Die katholische Kirche war in Wien durch drei Repräsentanten vertreten, die jedoch keineswegs einer einheitlichen Position folgten. Für den Papst war Kardinalstaatssekretär Ercole Consalvi anwesend, für die ehemaligen geistlichen Fürsten sprachen die sogenannten Oratoren, und für den Fürstprimas des Rheinbundes Karl Theodor von Dalberg war Ignaz Heinrich von Wessenberg, der Generalvikar des Bistums Konstanz, präsent, der eine weitgehende Unabhängigkeit der Bischöfe von Rom anstrebte. Diesen drei kirchlichen Gruppen standen auf politischer Seite die Gesandten der einzelnen Regierungen gegenüber.

Consalvi verlangte eine völlige Freiheit der Kirche für die Erfüllung ihres seelsorgerlichen Auftrags, die vollständige Wiederherstellung des Kirchenstaats als Voraussetzung für die Freiheit des Papstes, die Wahl der Bischöfe durch die Domkapitel statt einer staatlichen Ernennung sowie ein Bestätigungsrecht Roms für alle höheren kirchlichen Ämter. Eine Einmischung des Staats in innerkirchliche Angelegenheiten sollte grundsätzlich ausgeschlossen sein. Ferner sollten die Staaten die Neueinrichtung von Klöstern durch eine Dotation mit Grundstücken ermöglichen und alle säkularisierten Kirchengüter, soweit sie noch nicht verkauft waren, zurückerstatten. Rom wollte jedoch auf gar keinen Fall eine Wiedererrichtung der alten Reichskirche mit einem Primas an der Spitze und aus Angst vor einem Wiederaufleben des alten fürstbischöflichen Selbstbewusstseins auch kein Reichskonkordat.

Hier war sich Consalvi mit den Landesregierungen einig. Denn auch diese strebten keine neue Reichskirche an, sondern einzelne, voneinander unabhängige Landeskirchen. Sie wollten keine mächtige zentrale kirchliche Instanz in Deutschland in der Person eines Primas und bevorzugten deshalb Einzelverhandlungen mit dem Papst. Die einzelnen Fürsten setzten nach dem Modell der evangelischen Landeskirchen auf eine möglichst weitgehende Zuständigkeit des Staats auch in kirchlichen Angelegenheiten. Der Papst sollte lediglich bei der Einrichtung der Diözesen, der Domkapitel und der Bestätigung der gewählten Bischöfe eine Rolle spielen dürfen.

Wessenberg dagegen verlangte den Abschluss eines Konkordats für den gesamten Deutschen Bund und die Zusammenfassung aller Diözesen in einer Reichskirche unter einem Primas. Entgegen allen römisch-kurialen Verdächtigungen wollte er keine romfreie deutsche National-kirche schaffen, wohl aber vermeiden, dass die katholische Kirche im künftigen Deutschen Bund zersplittert und den Staaten gegenüber machtlos würde. Eine Ausstattung der Bischofssitze und Domkapitel mit Grund und Boden, die Garantie eines Mindestsatzes an Einkünften für Bischöfe, Domkapitel und bischöfliche Verwaltungen sowie die Er-richtung von Priesterseminaren durch die Regierungen waren für ihn unverzichtbar. Schließlich trat Wessenberg für eine Beibehaltung der bisherigen Bistümer in ihren alten Grenzen mit allenfalls moderaten Anpassungen ein.

Die Oratoren setzten sich dafür ein, alle vakanten Bischofssitze durch den Papst besetzen zu lassen. Nach der Wiederherstellung der Domkapi-tel sollte dann wieder das alte Bischofswahlrecht der Kapitel gelten. Die Verstaatlichung der Vermögen sollte rückgängig gemacht werden, nicht aber die Säkularisation kirchlicher Herrschaft. Hier zeigt sich eine neue Konzentration der Kirche auf ihre seelsorgerlichen Aufgaben.

Rom und die Landesfürsten waren sich einig in der Ablehnung eines Bundeskonkordats. In anderen Fragen wie etwa der Priesterausbildung verteidigte Consalvi dagegen die Autonomie der Kirche, während die Landesherren diese ihrer Landeshoheit unterstellen wollten. Im Hinblick auf die weltliche päpstliche Herrschaft hatte der Kardinalstaatssekretär auf ganzer Linie Erfolg. Der Kirchenstaat wurde wiederhergestellt, aller-dings unter der Bedingung, dass er an europäische Vorstellungen von einem modernen Staat herangeführt wurde. In der Deutschen Frage da-gegen endete der Kongress wie das Hornberger Schießen.

Zwar kam es am 8. Juni 1815 als Ergebnis langwieriger Verhandlungen zur Verabschiedung der Bundesakte, die den Deutschen Bund als locke-ren Staatenverband ins Leben rief. In Artikel 16 wurde aber lediglich die Religionsfreiheit für alle Untertanen zugesichert. Die Verschiedenheit der Konfessionen sollte keinen Unterschied in Bezug auf die staatsbür-gerlichen Rechte mehr bedeuten. Offen blieb jedoch die künftige Rechts-stellung der katholischen Kirche und ihre Finanzierung.[19] Da eine einheitliche Lösung für die deutsche Kirche nicht zustande kam, sollte es den Einzelstaaten überlassen bleiben, die katholischen Kir-

chenangelegenheiten entweder im Alleingang zu regeln oder mit Rom zu
verhandeln. Auch über ein Dutzend Jahre nach der Zerschlagung der
Reichskirche war die Organisation der katholischen Kirche in Deutschland ungeklärt. Traditionen zu beenden war eben leichter, als neue auf
den Weg zu bringen. Der Vorhang zu und alle Fragen offen.

Entscheidung vertagt: Mastai in Rom 1815

Als Gianmaria seine Exerzitien auf dem Monte Celio beendete, erfuhr er
von der militärischen Bedrohung Roms durch die Truppen Murats. Das
muss ihm einen ziemlichen Schock versetzt haben, denn Pius VII. sah
sich erneut zur Flucht aus seiner Stadt gezwungen. Überdies war Mastais
Bruder Giuseppe als Offizier sogar Mitglied der feindlichen Armee, die
auf Rom marschierte. Damit mussten alle Karrierechancen im päpstlichen Rom – gleichgültig ob sie in eine geistliche oder weltliche Richtung tendierten – hinfällig werden. Dem Bruder eines Feindes würden
alle Türen verschlossen bleiben.[20]
     Es spricht viel dafür, dass der junge Mastai auch nach seiner spirituel-
len Einkehr noch beabsichtigte, Antonia Tota zu ehelichen. Allerdings
konnte er ihr nach wie vor keine ausreichende Versorgung bieten. Die
rasche Rückkehr des Papstes und vor allem der Erfolg von Kardinalstaatssekretär Consalvi in Wien schien im Laufe des Sommers 1815 dann
doch einige Perspektiven zu eröffnen, denn die Wiederherstellung des
Kirchenstaats und die Restrukturierung der Römischen Kurie schufen
eine Reihe neuer Stellen und Ämter.[21] So wurde im kirchlichen Bereich
nicht nur die Römische Inquisition wiedererrichtet, sondern auch alle
anderen Kongregationen der Kurie nahmen ihre Arbeit wieder auf.
Zusätzlich wurde sogar die Kongregation für die Außerordentlichen
Kirchlichen Angelegenheiten geschaffen, die zum wichtigsten Organ der
päpstlichen Politik werden sollte.
     Im weltlichen Bereich boten Rechtsprechung und Militär neue Kar-
rierechancen. Insbesondere die Päpstlichen Garden boten sich dabei als
Betätigungsfeld für katholische Adelige an.[22] Auch Mastai versuchte, Zugang zur Päpstlichen Nobelgarde in Rom zu erhalten. Doch ohne Erfolg.
Wegen seiner Epilepsie war er zu diesem Dienst nicht geeignet. Nach

Auskunft der Seligsprechungsakten soll Pius VII. ihm die Entscheidung in einer Privataudienz mitgeteilt haben, weil er Giovanni Maria persönlich kannte.[23] Der Papst habe versucht, den enttäuschten jungen Grafen zu trösten, und ihn ermahnt, auf Gott zu vertrauen. Nach der Audienz habe Mastai im Vorzimmer den späteren heiligen Vinzenz Pallotti getroffen, der drei Jahre später zum Priester geweiht wurde und 1835 die Pallottiner gründete, eine Gesellschaft apostolischen Lebens für Priester, Ordensleute und Laien. Als Gianmaria «völlig entmutigt und betrübt und mit großen Tränen in den Augen» in die Antecamera kam, fragte Pallotti ihn «nach dem Grund all seiner Betrübnis», und er antwortete ihm, «dass all seine Hoffnungen, Mitglied der Päpstlichen Nobelgarde werden zu können, sich in nichts aufgelöst hätten». Pallotti habe ihn ermutigt und zu ihm gesagt: «Au lieu de garder, tu seras gardé» – «Statt dass du behütest, wirst du behütet werden.»[24]

Im Letzten vermochten aber weder die aufmunternden Worte Pius' VII. noch der geistliche Zuspruch Vincenz Pallottis den jungen Grafen wirklich zu trösten. Eine Zukunft in Rom schien sich für ihn definitiv nicht eröffnen zu wollen. Im November 1815 reiste er zurück in den Schoß der Familie nach Senigallia.[25]

Entscheidung getroffen: Die Wiederherstellung des Kirchenstaats

In Rom standen Pius VII. und sein Staatssekretär Consalvi vor einer Herkulesaufgabe.[26] Sie mussten den Worten Taten folgen lassen, denn in Wien hatte große Skepsis gegenüber der Restitution des Kirchenstaats geherrscht. Da die deutschen Bischöfe ihre verlorenen Herrschaftsgebiete nicht zurückerhielten, hätte es nahegelegen, mit dem weltlichen Herrschaftsgebiet des Papstes ebenso zu verfahren. Hier spielte aber ein ganz anderes Thema die entscheidende Rolle, das später als Römische Frage in die Geschichte eingehen sollte: Brauchte der Papst zur Ausübung seiner geistlichen Aufgabe als Oberhaupt der katholischen Weltkirche einen eigenen Staat? Oder konnte er diese Aufgabe auch als Untertan eines weltlichen Souveräns wahrnehmen? Wäre er als Bürger Frankreichs oder Italiens dafür wirklich frei genug?

Zunächst hatten sich in Wien fast alle führenden Mächte Europas

gegen eine Restauration des Kirchenstaats ausgesprochen und dafür eine
ganze Reihe von Gründen vorgebracht: Zum einen stand nach dem Sturz
Napoleons mit den päpstlichen Gebieten ein Drittel der Landmasse Italiens zur freien Disposition. Fast alle der großen europäischen Staaten
hätten sich gerne wenigstens Teile davon einverleibt, insbesondere Spanien vom Süden oder Österreich und Frankreich vom Norden her. Der
Papst war auf realpolitischem und militärischem Gebiet im Grunde
wehrlos, weil er weder über eine eigene Armee noch über eine effiziente
Staatsverwaltung verfügte.

Zum anderen entsprach der Kirchenstaat in keiner Weise den Vorstellungen von einem modernen Staat, wie sie sich seit der Französischen
Revolution herausgebildet hatten: Es gab hier einen absoluten Monarchen, den Papst; das Kardinalskollegium als Senat war auf eine rein bera-
tende Funktion reduziert; von einer konstitutionellen Monarchie konnte
keine Rede sein. Auch existierten weder eine Standes- noch eine Volksvertretung etwa im Sinne einer Ersten und Zweiten Kammer. Ferner
waren die Entscheidungsabläufe an der Kurie völlig undurchschaubar;
man sprach damals nicht umsonst spöttisch vom «Sultanat Rom».

Außerdem gab es in Rom eine Vermischung von weltlicher und geistlicher Gerichtsbarkeit. Führende Positionen wurden nur mit Klerikern
besetzt, auch in reinen Verwaltungsämtern waren ausschließlich Geistliche tätig. Selbst für niedere Posten brauchte man als Mindestvoraus-
setzung die Subdiakonatsweihe, die als Entrée-Billett für den geistlichen
Stand galt. Die fachliche Eignung spielte dabei kaum eine Rolle, entscheidend war allein die Weihe. Neuzeitliche Professionalisierung sah anders
aus. Den Päpsten war es auch nicht gelungen, das Räuberunwesen, das im
Kirchenstaat grassierte, wenigstens halbwegs unter Kontrolle zu bringen.
Mit einem Wort: Es herrschten chaotische Zustände, die einem staatlichen, aber auch landwirtschaftlichen und gesamtökonomischen Wiederaufbau massiv im Weg standen.

Am Ende gab das diplomatische Geschick von Kardinalstaatssekretär
Ercole Consalvi den Ausschlag. Seine Strategie, den Fürsten Pius VII. als
Märtyrer und Garant der alten Ordnung zu präsentieren, ging auf.
Gleichzeitig gelang es ihm, eine Reihe von Staaten dazu zu bewegen,
diplomatische Beziehungen mit Rom aufzunehmen und Botschafter mit
dem Heiligen Stuhl auszutauschen, was eine entscheidende politische
Aufwertung des Papstes und seines Staats bedeutete. Jetzt hing alles von

der Umsetzung der versprochenen Reformen ab, wenn der Kirchenstaat halbwegs Anschluss an die europäische Entwicklung halten wollte.

Tatsächlich erließ Consalvi nach seiner Rückkehr nach Rom umgehend eine Art rudimentärer Verfassung für den Kirchenstaat, die Durchführung der zugesagten Reformen blieb jedoch im Keim stecken. Die Politicanti als Partei Consalvis, der es um maßvolle politische Reformen ging, konnten sich gegen die Zelanti, die religiösen Eiferer an der Kurie, nicht durchsetzen. Letztere schreckten auch nicht vor Schlägen unter die Gürtellinie zurück und diffamierten den Staatssekretär als verkappten Jakobiner, der in den Provinzen und Städten des päpstlichen Staats die verdammte Französische Revolution von oben nachholen wolle.

Der Adel des Kirchenstaats paktierte eher mit den Zelanti, weil diese seine Vorrechte garantierten, während die Politicanti um Consalvi durch ihre Reformmaßnahmen das Feudalsystem abmildern wollten, um eine größere wirtschaftliche Dynamik zu erreichen. Ein großer Teil des römischen Bürgertums und Teile des jüngeren Klerus hatten sich durch Kollaboration mit der französischen Besatzungsmacht während der Zeit Napoleons kompromittiert, so dass Consalvi in Rom selbst kaum auf Reformkräfte zurückgreifen konnte. Daher kam es zu keiner grundlegenden Umgestaltung des Kirchenstaats im neuzeitlichen Sinn; dieser sank vielmehr auf das Niveau eines mittelalterlichen Feudalsystems zurück. Er galt nicht umsonst als das rückständigste politische Gebilde Europas.

Die Stadt Rom hatte um 1815 etwa einhundertfünfunddreißigtausend Einwohner.[27] Innerhalb der vierundzwanzig Kilometer langen Stadtmauern, die Rom komplett umschlossen, war nur etwa ein Drittel der gut vierzehn Quadratkilometer umfassenden Stadtfläche bebaut. Auf dem Forum Romanum – einst der politische und religiöse Mittelpunkt des Römischen Weltreiches – grasten Kühe und Ziegen. Etwa achtzig Prozent der Römerinnen und Römer waren Analphabeten, eine allgemeine Schulpflicht existierte nicht.

Auch wenn die Reformen nicht recht vorangingen, wurde den Römern zu Beginn des Jahres 1816 deutlich vor Augen geführt, dass ihr Landesherr, der Papst, das Ruder in der Ewigen Stadt wieder übernommen hatte. Zunächst inszenierte Pius VII. am 4. Januar die Rückkehr der von Napoleon verschleppten Kunstwerke und Statuen, die er mit großem Aufwand auf öffentlichen Plätzen und in Museen aufstellen ließ. Das kulturelle Erbe war von der Seine wieder zurück am Tiber. Dann veranstaltete der Papst ein Konsistorium, eine Versammlung aller Kardinäle, in dem er eine ganze Reihe neuer Purpurträger ernannte. Unter ihnen befanden sich Annibale Della Genga, der mit dem Kardinalat gleichzeitig den Bischofssitz von Senigallia erhielt, sowie Francesco Saverio Castiglioni, dem der Bischofssitz von Cesena übertragen wurde.

Entscheidung getroffen: Mastai in Rom 1816

Im Februar 1816 kam der junge Mastai nach Rom zurück.[28] Jetzt waren die Aussichten auf eine geistliche Karriere ganz andere als noch wenige Monate zuvor. Seinem neuen Heimatbischof, Kardinal Della Genga, war er von seinem Onkel Paolino schon vorgestellt worden. Giovanni Maria hatte den überzeugten Zelante bereits mehrmals getroffen. Die Chemie zwischen beiden schien zu stimmen. Und tatsächlich sollte Della Genga zu einem der entschiedensten Förderer des jungen Grafen aus Senigallia werden. Gleichzeitig war Mastai aber auch mit Kardinal Castiglioni bestens bekannt, der als überzeugter Politicante sowie Anhänger Consalvis galt und sich nachdrücklich für Reformen in Kirchenstaat und Kurie einsetzte. Dies zeigt: Gianmaria und seine Familie hielten sich alle Optionen offen. Die Netzwerke des geistlichen Onkels Paolino bezogen liberale und konservative Gruppen und Personen gleichermaßen mit ein.

Tatsächlich muss in diesen Tagen bei Mastai der Entschluss gereift sein, Priester werden zu wollen. Pietro Caprano, der am 8. März 1816 zum Titularerzbischof von Iconium geweiht wurde, scheint dabei eine wichtige Rolle gespielt zu haben. Der spätere Kardinal hatte sich seit dem Vorjahr zu so etwas wie dem geistlichen Mentor Mastais entwickelt. Am 30. März war die Entscheidung auf jeden Fall gefallen, denn an diesem Tag schrieb Giovanni Maria an Giacinta: «Ich werde Ihnen jetzt eine Nachricht mitteilen, die Ihnen sehr extravagant erscheinen wird und deren Resultat Sie vielleicht nicht zustimmen werden. Mein Habitus hat sich total verändert, mein Lebenssystem ist ein völlig anderes geworden, und klerikal gewandelt, hoffe ich eine kirchliche Karriere durchlaufen zu können.»[29] Und am 20. April kam er in einem weiteren Schreiben an

Giacinta auf das Thema zurück. Jetzt führte er aus, was er unter kirchlicher Karriere genau verstand. Anders als für einen jungen Adeligen damals üblich, lehnte er eine Laufbahn im «Prälatenkreis» ab, stattdessen wollte er einfacher Seelsorgepriester werden. Für eine Karriere in den höchsten Ämtern der Römischen Kurie, der sogenannten Prälatur, war die Priesterweihe nicht unbedingt erforderlich, es genügte die Subdiakonatsweihe. Eine ganze Reihe der höchsten Positionen waren überdies Kaufämter, die eine adelige Familie für einen ihrer Söhne als Versorgungsposten erwerben konnte.[30]

Ob es sich bei diesem Schritt um eine echte Berufung zum Priestertum oder eher um eine Notlösung handelte, ist umstritten. Während die Apologeten die göttliche Vorsehung am Werk sehen, die Gianmaria ausgerechnet am 26. Februar 1815, dem Tag der Rückkehr Napoleons von Elba, seine Exerzitien beginnen ließ, in denen die entscheidende Weichenstellung zum Priestertum bereits erfolgt sei, stellt Falconi die spirituelle Dimension dieser Entscheidung grundsätzlich infrage.[31] Die Briefe an Giacinta ließen jeden Enthusiasmus und jede Begeisterung für das Priesteramt vermissen. Vor allem fehle jeder Hinweis auf Gott als den Spender der Gnade der Berufung zum Priester. Deshalb spricht der Jugendbiograph Mastais von einem «fast atheistischen Autor» der Briefe an Giacinta, der eher defätistisch davon überzeugt sei, «dass es auf dieser Welt kein Glück gibt».[32]

Mastai begann sein Studium der Theologie und des Kirchenrechts in der Ewigen Stadt am Collegium Romanum und an der römischen Universität Sapienza.[33] In ein Priesterseminar, wie eigentlich für angehende Geistliche vorgeschrieben, trat er nie ein. Pius VII. hatte ihn kurzerhand davon dispensiert. Er zog von der Wohnung seines Onkels im Quirinal in die Casa delle Missione der Kamillianer, wo er von seinem Diener betreut und gepflegt werden konnte.[34] Die epileptischen Anfälle waren zwar zurückgegangen, beeinträchtigten den Vierundzwanzigjährigen aber immer noch. Er gab selbst zu, dass ihm das Studium infolge von Konzentrationsmängeln, die er auf seine Krankheit zurückführte, schwerfiel.

Viel wichtiger als die akademische Vorbereitung auf die Priesterweihe war für Giovanni Maria die praktische caritative Arbeit im Ospizio Tata Giovanni.[35] Diese Sozialeinrichtung für verwahrloste Jugendliche war 1784 gegründet worden und erhielt 1816 von Pius VII. eine neue Struktur.[36] Leiter der Einrichtung war der Kanoniker Cesare

Storace, der zugleich zum Seelenführer Mastais avancierte. Storace widersetzte sich nachdrücklich den Plänen des jungen Grafen, in die wiedererrichtete Gesellschaft Jesu oder einen der zahlreichen Missionsorden einzutreten. Die Erfahrung der Gemeinschaft gleichgesinnter junger Männer im Umfeld Storaces sollte für Mastai prägend werden. Lebenslang blieb der spätere Papst abhängig vom Zuspruch und der freundschaftlichen Zuwendung von Menschen um ihn herum. Das machte ihn leicht steuerbar.

Ein entscheidendes Hindernis auf dem Weg zur Priesterweihe bestand aber nach wie vor: Ein Epileptiker konnte nicht in den Heiligen Stand eintreten. Mithilfe seiner Gönner im Kardinalskollegium, insbesondere seines Heimatbischofs Della Genga, konnte dieser Stein jedoch aus dem Weg geräumt werden. Pius VII. erteilte ihm nach Interventionen Della Gengas den notwendigen Dispens vom Weihehindernis der Epilepsie: Mastai durfte mit der Auflage, die Heilige Messe nie alleine zu zelebrieren, geweiht werden.

Am 5. Januar 1818 erhielt er die vier niederen Weihen.[37] Am 19. Dezember 1819 folgte der Subdiakonat, am 7. März des folgenden Jahres die Diakonenweihe und schließlich am 10. April 1819 die Weihe zum Priester. Am folgenden Tag feierte Giovanni Maria Mastai Ferretti seine Primiz in der Kirche Sant'Anna dei Falegnami, die zum Ospizio Tata Giovanni gehörte. Auch finanziell ging es bergauf: Am 24. Februar 1817 war er zum stellvertretenden Leiter der Agentur, die Senigallia wie alle größeren Orte des Kirchenstaats in Rom unterhielt, um die eigenen Interessen bei ihrem Staatsoberhaupt, dem Papst, zu vertreten, ernannt worden. Er erhielt ein Jahresgehalt von sechzig Scudi, was in etwa den jährlichen Einkünften eines Arbeiters entsprach, während ein Kurienprälat auf knapp zweitausend Scudi kam.[38]

Als in Deutschland noch alles drunter und drüber ging, die Organisation der Kirche immer noch nicht gesichert war, hatte Mastai nach der Restauration des Kirchenstaats und des Papsttums in der alten Ordnung seinen Platz gefunden. Er war Priester geworden mit doppeltem Dispens – in Rom also alles wie immer, wie vor der Revolution.

Mission erfüllt: Kirche und Staat in Deutschland

Im Deutschen Bund war dagegen nichts so wie immer. Eine einheitliche Regelung der Kirchenfrage war auf dem Wiener Kongress gescheitert. Die protestantischen Fürsten und Rom hatten in einer unheiligen Allianz den Abschluss eines Bundeskonkordats verhindert. Deshalb lag der Ball im Feld der einzelnen Regierungen.

Während das Kaisertum Österreich die Neuordnung seiner katholischen Kirche nach dem Vorbild Josephs II. und seiner Diözesanregulierung nach 1815 selbst in die Hand nahm, verhandelten die Königreiche Preußen, Württemberg und Bayern sowie Hannover separat mit Rom.[39] Die kleineren Staaten warteten zunächst ab, wie diese Gespräche ausgehen würden.

Die vorwiegend protestantischen Fürstenhäuser in Preußen, Hannover und Württemberg beabsichtigten, das Verhältnis des Staats zur katholischen Kirche nach den Prinzipien des aufgeklärten Absolutismus zu organisieren. Während die rechtliche Verwaltung der katholischen Landeskirchen staatlichen Stellen unterstehen sollte, blieb dem Bischof als Weiher und Salber lediglich übrig, geistliche Handlungen vornehmen zu dürfen. Ein striktes Staatskirchenregiment wurde vor allem durch Juristen vertreten. Die theologischen Berater der Regierungen waren meist durch die reformkatholischen Ideen des Episkopalismus geprägt. Für sie stand der Schutz der Würde des Bischofsamtes gegenüber neuen römischen Ansprüchen im Vordergrund.

Mit Bayern konnte Rom am 5. Juni 1817 ein Konkordat abschließen, in dem die katholische Konfession als Staatsreligion festgeschrieben und die beiden Kirchenprovinzen München und Freising sowie Bamberg errichtet wurden.[40] Einen bayerischen Primas lehnten sowohl Rom als auch München ab. Die Bischöfe mussten fortan einen Treueeid auf den König ablegen. Auch einige Klöster sollten wiedererrichtet werden. Der katholische König und seine Nachfolger erhielten vom Papst das Recht zur Nomination, das heißt des verbindlichen Vorschlags, der Bischöfe, Domdekane und aller in den päpstlichen (ungeraden) Monaten frei werdenden Domkanonikate. Rom konnte diese Kandidaten nicht ablehnen, sondern musste sie ernennen. Bischöfe und Domkapitel sollten vom Staat besoldet werden.

Es kam jedoch zu massiven Protesten von evangelischer Seite und seitens der aufgeklärten bayerischen Bürokratie gegen dieses Konkordat. Daher wurde es nach französischem Vorbild zusammen mit einem Religionsedikt erlassen, das die im Konkordat der Kirche gewährten Rechte wieder einschränkte. Dem Staatsrecht wurde bei gemischten Angelegenheiten wie Ehe oder Schule der Vorrang vor dem Kirchenrecht zugestanden. Die Gleichberechtigung aller christlichen Konfessionen sollte im neuen gemischtkonfessionellen Bayern sichergestellt werden. Die zahlreichen Widersprüche zwischen Konkordat und Religionsedikt blieben im gesamten neunzehnten Jahrhundert Gegenstand des Streits zwischen Staat und Kirche in Bayern.

Mit Preußen kam kein Konkordat zustande, da das protestantische Herrscherhaus die katholische Kirche und den Papst nicht als ebenbürtiges völkerrechtliches Subjekt anerkannte. Nach längeren Verhandlungen erfolgte stattdessen der einseitige Erlass einer päpstlichen Bulle, die von der preußischen Regierung «unbeschadet» der königlichen «Majestätsrechte» gebilligt und so in preußisches Staatsrecht übersetzt wurde.[41] Die Bulle *De Salute animarum* vom 16. Juli 1821 regelte vor allem die Neuerrichtung und Umschreibung der Diözesen: Es wurden die Kirchenprovinz Köln mit den Suffraganen Trier, Münster und Paderborn sowie die Kirchenprovinz Gnesen-Posen mit dem Bistum Culm errichtet. Breslau und das Ermland wurden unmittelbar dem Heiligen Stuhl unterstellt.[42]

Weil man in Preußen anders als in Bayern mit seinem katholischen Souverän das Nominationsrecht keinem evangelischen König einräumen wollte, wurde das Bischofswahlrecht den Domkapiteln zuerkannt. Allerdings regelte das an die Domkapitel gerichtete Breve *Quod de fidelium* vom selben Tag die staatliche Mitwirkung: Zwar handelte es sich im Prinzip um ein freies Wahlrecht der Domkapitel, aber diese würden sich – so der Papst – vor der Wahl versichern, dass der zu Wählende dem preußischen König «nicht minder … genehm» ist.[43] Faktisch wählten während der Geltung der Bulle in Preußen zumindest in den bedeutendsten Diözesen Köln und Breslau die Domkapitel jeweils den Kandidaten, den der staatliche Kommissar ihnen als Wunschkandidat des Königs genannt hatte. Nach preußischem Vorbild kam es auch in Hannover zu einer römischen Bulle, die anschließend staatlich gebilligt wurde.[44]

Nachdem die großen protestantischen Staaten Hannover und Preußen zu eigenständigen Übereinkommen mit der Kurie gekommen waren, schlossen sich die protestantischen Mittelstaaten unter Führung Württembergs und Badens in den sogenannten Frankfurter Konferenzen zusammen.[45] Sie wollten eine gemeinsame Plattform für die Verhandlungen mit Rom schaffen und verständigten sich 1820 in der «Frankfurter Kirchenpragmatik» auf strikte staatskirchliche Grundsätze, die auf eine Totalkontrolle der katholischen Landeskirchen hinausliefen.[46] In den Unterhandlungen mit Rom ließen sich diese radikalen Vorstellungen jedoch nicht durchsetzen. Um ein Scheitern zu vermeiden, zogen die protestantischen Regierungen die Kirchenpragmatik zurück und verabredeten, diese nach Errichtung der neuen Diözesen durch den Papst als einseitiges Staatsgesetz zu erlassen. Nach langem Hin und Her kam es mit der päpstlichen Bulle *Provida solersque* vom 16. August 1821 schließlich zur Errichtung der Oberrheinischen Kirchenprovinz mit dem Erzbistum Freiburg (für Baden und Hohenzollern) und den Suffraganbistümern Rottenburg (für Württemberg), Mainz (für Hessen-Darmstadt), Limburg (für Nassau und die Freie Stadt Frankfurt) sowie Fulda (für Kurhessen).[47]

Mission gescheitert: Als Gesandtschaftssekretär in Chile

Während sich die Verhandlungen zwischen Staat und Kirche in Deutschland hinzogen, ging im Leben des jungen Priesters Mastai alles seinen geordneten Gang. Er studierte weiter, engagierte sich als Seelsorger im Ospizio Tata Giovanni und galt bald sogar als recht guter Prediger. Über allem stand jedoch ein geheimer Wunsch: Er wollte als Missionar den Glauben in der Welt verbreiten.

Nachdem das Ringen um die Berufswahl ausgestanden war, scheint es ihm gesundheitlich deutlich besser gegangen zu sein. Die epileptischen Anfälle ließen in ihrer Heftigkeit offenbar nach. Jedenfalls schrieb er am 29. Mai 1819 an Kardinal Della Genga: «Ich bin sehr glücklich wegen des erhabenen Zustandes, in den der Herr mich versetzt hat. Um nichts anderes bete ich zu ihm, er möge mir die Gnade erteilen, mir bei der Durchführung meiner Aufgaben zu helfen. Für all das muss ich ihm danken und insbesondere für das eindeutige Wunder der zurückgegebenen Gesundheit.»[48]

Giovanni Marias Sehnsucht nach einer Missionsreise sollte sich völlig überraschend erfüllen.[49] 1818 hatte Chile seine Unabhängigkeit vom Spanischen Reich erklärt, und der starke Mann des lateinamerikanischen Landes, General Bernardo O'Higgins, wollte auch die kirchliche Organisation neu gestalten.[50] Pius VII. beschloss 1821, eine römische Verhandlungsdelegation nach Chile zu senden, um all diese Fragen vor Ort zu klären.

Zunächst war Pietro Ostini, Professor an der Accademia dei Nobili Ecclesiastici, als Leiter der politischen Mission vorgesehen, der eng mit Storace und Mastai befreundet war. Als Mastai von der bevorstehenden Lateinamerikareise erfuhr, war er sofort Feuer und Flamme und wollte Ostini unbedingt begleiten. Durch seine kurialen Netzwerke gelang es ihm, zum Auditor ernannt zu werden, der als Gesandtschaftssekretär und zweiter Mann hinter dem Gesandten eine zentrale Rolle in einer Apostolischen Nuntiatur beziehungsweise Delegatur spielte. Mastai behielt dieses Amt trotz des heftigen Widerspruchs seiner Mutter, die an Kardinalstaatssekretär Consalvi geschrieben hatte, die «Schwäche seiner Kräfte» lasse eine solche Aufgabe nicht zu.[51] Auch als Ostini von seinem Amt zurücktrat und der damalige Auditor der Wiener Nuntiatur, Giovanni Muzzi, die Leitung der Mission übertragen bekam, verzichtete Mastai nicht.

Als Sekretär des päpstlichen Gesandten sollte sich Mastai die Chance bieten, vielfältige Frömmigkeitsformen des lateinamerikanischen Katholizismus kennenzulernen. Die kirchenpolitischen Probleme, die sich aus der Loslösung ehemaliger Kolonien von ihrem Mutterland ergaben, erforderten eine Regelung des Verhältnisses des Staats zur katholischen Kirche und insbesondere der Besetzung der Bischofsstühle. Aber dahinter steckte ein Grundproblem: Konnte Rom die neue, aus einer Revolution hervorgegangene Regierung anerkennen, ohne dadurch die Spanische Krone zu brüskieren?

Am 3. Juli 1823 begann die Reise.[52] Die Delegation fuhr mit der Kutsche über Florenz nach Genua, wo sie am 17. Juli ankam. Bevor sich Muzzi und Mastai einschiffen konnten, kam es zu einer überraschenden Unterbrechung: Pius VII. starb am 20. August. Gewählt wurde am 28. September 1823 Mastais Heimatbischof Annibale Della Genga, der sich Leo XII. nannte. Nun hing alles davon ab, ob der neue Papst die Politik der Verhandlungen mit revolutionären Staaten fortführen oder dem spanischen Wunsch folgen würde, diese schlicht zu ignorieren.

Leo XII. sprach sich umgehend für eine Fortführung der Mission aus, und so konnte die «Eloisia» am 5. Oktober in See stechen. Als sie am 13. in Palma de Mallorca anlegte, wurden Muzzi und Mastai von den spanischen Behörden verhaftet, die eine Weiterfahrt nach Chile unbedingt verhindern wollten. Nach diplomatischen Verhandlungen zwischen Rom und Madrid kamen beide schließlich am 21. Oktober wieder frei. Die «Eloisia» legte in Richtung Gibraltar ab, von wo aus sie am 27. zur Atlantiküberquerung in See stach. Über die Kapverdischen Inseln ging es, begleitet von heftigen Stürmen, Richtung Lateinamerika. Am 1. Januar 1824 lief das Schiff in Montevideo ein. Von Buenos Aires aus ging es über eintausendfünfhundert Kilometer quer durch den Kontinent und über die Anden bis nach Santiago de Chile, der neuen Hauptstadt des unabhängigen Landes.

Kurz nach Ankunft der Gesandtschaft wurde in Santiago der kirchenfreundliche General O'Higgins gestürzt und durch den «Freimaurer» Ramón Freire y Serrano ersetzt, der in kulturkämpferischer Manier versuchte, die kirchlichen Angelegenheiten eigenständig zu regeln. So hob er eine ganze Reihe kirchlicher Festtage mit einem Federstrich auf und beabsichtigte, ohne Konsultation Roms Bischöfe zu ernennen. Das nahm Muzzi zunächst einmal hin. Mastai führte unterdessen ein ausführliches Tagebuch, in dem er anschauliche Beschreibungen der Landschaft, insbesondere der Fauna und Flora Lateinamerikas, lieferte. So war der Río de la Plata «überreich mit Fischen gefüllt, die meisten davon schmecken jedoch absolut nicht. Die Gegend ist fruchtbar, aber die ungeheure Masse an Ameisen ist eine Plage, die einen Ausbau der Landwirtschaft behindert, weil die Erträge zu gering bleiben. Sein größter Reichtum vor der Revolution war das Vieh. Da gab es Farmer mit einer Million Tieren ... Aber Moskitos und Stechmücken sind im Sommer wirklich eine Plage.»[53]

Außerdem räumt Mastai in seinen Aufzeichnungen spirituellen Überlegungen breiten Raum ein. «Wenn ich den Mangel an Dienern der Kirche bedenke, fühle ich mich dazu hingezogen, in Montevideo zu bleiben, besonders von der Idee bewegt, mich dem Seelenheil der Eingeborenen auf dem Lande zu weihen. Ich sprach darüber mit einem eifrigen Priester, und er wies mich auf die spirituellen Gefahren hin, die einem einzelnen Seelsorger drohen, besonders, wenn er noch recht jung sei.»[54]

Im Herbst 1824 beschloss die Regierung Chiles, die Güter aller kirchlichen Gemeinschaften im Land zu verstaatlichen und alle Ordensangehörigen auszuweisen. Der Apostolische Delegat Muzzi musste einsehen, dass alle Nachgiebigkeit nichts nutzte, und bereitete die Rückreise vor. Sein Sekretär wäre trotz aller Warnungen gerne als Seelsorger in Chile geblieben, doch Muzzi lehnte das apodiktisch ab. Unverrichteter Dinge verließen sie am 30. Oktober 1824 Chile, segelten in einem furchtbaren Sturm um Kap Horn und erreichten am 4. Dezember Montevideo. Am 18. Februar 1825 schifften sie sich gen Europa ein; die Rückreise führte über die Kapverden und die Kanaren nach Gibraltar, in dessen Hafen sie am 6. Mai einliefen. Am 25. Mai ging es weiter Richtung Genua, wo sie am 5. Juni eintrafen und sich zwei Wochen in Quarantäne begeben mussten. Während der Sommermonate besuchte Mastai seine Mutter in Senigallia, um sich von den Strapazen der Reise zu erholen. Erst am 20. November 1825 traf er wieder in Rom ein.

Die Mission war ein Schlag ins Wasser, und ihr Scheitern wurde Muzzi als Apostolischem Delegaten zugeschrieben. Man warf ihm vor, der chilenischen Regierung gegenüber zu langmütig gewesen und nicht entschieden genug gegen die Schritte Freires vorgegangen zu sein. Interessanterweise gab niemand dem Auditor Mastai eine Mitschuld an dem Fehlschlag, auch nicht Della Genga als Papst. Mastais eher auf die Seelsorge abgehobenen Gedanken deckten sich ohnehin weitgehend mit den Vorstellungen Leos XII. So schrieb der in Genua residierende Kardinal Luigi Lambruschini am 2. April 1825 an den Kardinalstaatssekretär Leos XII., Giulio Maria Della Somaglia: «Der gute Graf Mastai ist ein Junge voll echten apostolischen Geistes; ich kenne sein Herz: Dieses hat er mir während seines kurzen Aufenthalts in Genua ganz geöffnet. Und zu Ihrer Befriedigung kann ich Ihnen sagen, dass Gott in jenem höchstreinen Herzen sehr viel arbeitet und es mit den Strömen des Lebensfeuers seiner himmlischen Liebe erfüllt.»[55] Lambruschini hatte bei der Begegnung in Genua Mastai um präzise Berichte über die Reise gebeten, die er auch regelmäßig erhielt. Deshalb lässt sein Urteil aufhorchen. Von den diplomatischen Tugenden eines Uditore, die man erwarten würde, kein Wort. Stattdessen hymnische spirituelle Ergüsse. Durch das Ausweichen in das Übernatürliche konnte Lambruschini den Anteil des jungen Mastais an der politischen Mission natürlich auch minimieren – nach dem Motto: Er ist halt ein Missionar und kein Diplomat. Und das hörte ein Zelant auf dem Papstthron sicher gerne.

Bischöfe in Deutschland werden gewählt …

Wie in Chile war auch in Deutschland die Errichtung von Diözesen ein zentrales Thema. Eigene Bischöfe hatte man aber etwa in der Oberrheinischen Kirchenprovinz nach der päpstlichen Bulle *Provida solersque* von 1821 mit der Neuumschreibung der Bistümer aber immer noch nicht. Zwar führten Generalvikare und Weihbischöfe die Geschäfte weiter und spendeten die nötigen Weihen und Firmungen, aber dies war ein Provisorium. Die entscheidende Frage nach der Art und Weise der Bischofsstuhlbesetzung war zwischen den Staaten und Rom heftig umstritten und daher zunächst ausgeklammert worden.[56] Die protestantischen Mittelstaaten strebten nach dem Vorbild des bayerischen Konkordats, wo Rom dem katholischen König ein Nominationsrecht zugestanden hatte, ein staatliches Ernennungsrecht für die Bischöfe an. Rom konnte dieses einem evangelischen König aber keineswegs gewähren und hätte am liebsten die freie päpstliche Ernennung der Oberhirten durchgesetzt. Als Kompromiss griff man doch wieder auf das seit dem Mittelalter praktizierte Bischofswahlrecht der Domkapitel zurück, das allerdings mit einem Ausschließungsrecht «minder genehmer Kandidaten» durch den Landesherrn kombiniert war.

Leo XII. erließ dazu am 11. April 1827 die Bulle *Ad dominici gregis custodiam* und das Breve *Re sacra* vom 28. Mai 1827 an die Domkapitel der Oberrheinischen Kirchenprovinz.[57] Das Kapitel musste dem König oder Großherzog eine Liste geeigneter Kandidaten vorlegen, aus der dieser alle Prätendenten, die ihm missfielen, streichen konnte. Daher sollten die Domherren von vornherein nur solche Bischofskandidaten nominieren, von denen sie überzeugt waren, dass sie auch die Zustimmung der Regierung erhalten konnten. Formal wählte also das Domkapitel den Bischof; faktisch wurde aber nur Bischof, wer dem König genehm war. Kirche und Staat mussten sich also auf Kompromisskandidaten einigen, wollten sie sich nicht gegenseitig blockieren. Wie das in der Oberrheinischen Kirchenprovinz funktionierte, zeigt ein Blick in die Diözese Rottenburg.[58]

Für die erstmalige Besetzung des Bischofsstuhls einigte sich der König direkt mit dem Papst. Nachdem Rom mehrfach liberale Kandidaten der Stuttgarter Regierung wie den ehemaligen Konstanzer Generalvikar und Chefunterhändler des Rheinbunds auf dem Wiener Kongress Wessenberg abgelehnt hatte, erhielt man aus Rom die Nachricht, der Papst würde Johann Baptist von Keller ohne weitere Schwierigkeiten zum Bischof von Rottenburg machen, wenn der König einverstanden wäre. In Rom hielt man Keller offenbar für einen Ultramontanen, in Stuttgart dagegen für einen Staatskirchler. Beide sahen in ihm aber einen schwachen Mann, beide hofften, ihn steuern zu können. Keller wurde als erster Bischof der Diözese am 20. Mai 1828 feierlich in Rottenburg inthronisiert, nachdem er zuvor einen Revers unterschrieben hatte, in dem er die staatlichen Hoheitsrechte über die katholische Landeskirche Württembergs akzeptieren musste.

Was sich dahinter verbarg, sollte bald deutlich werden. In der Oberrheinischen Kirchenprovinz wurden am 30. Januar 1830 in allen Staaten gleichlautende «Landesherrliche Verordnungen» über «die Ausübung des oberhoheitlichen Schutz- und Aufsichts-Rechts über die katholische Landeskirche» erlassen, die die Bestimmungen der «Frankfurter Kirchenpragmatik» von 1820 fast wörtlich übernahmen und so für ein rigides protestantisches Staatskirchenregiment sorgten.[59]

In Württemberg wurde die Bestimmung besonders radikal angewandt. Ein dem Staat unterstellter Katholischer Kirchenrat kontrollierte Bischof und Ordinariat bis hin zur Korrespondenz des Bischofs mit anderen Mitgliedern des Episkopats und der Römischen Kurie. Am gravierendsten wirkte sich das königliche Patronat über fast alle Pfarreien aus. Der Bischof konnte so gut wie keine Pfarrei selbständig besetzen. Der König ließ nur staatstreue, ökumenisch orientierte Geistliche zu, ultramontan eingestellte Vikare hatten dagegen kaum eine Chance auf eine Pfarrei und damit ein Auskommen. Auch die Ausbildung der Theologen lag völlig im Einflussbereich des Staats. Die Prüfungen nahm ein Mitglied des staatlichen Kirchenrats und nicht ein Vertreter des Bischofs ab. Von der einstigen fürstbischöflichen Herrlichkeit war nicht mehr viel übrig.

... und ein Bischof in Rom ernannt

Ganz anders in Rom und im Kirchenstaat. Hier musste der Papst keinerlei Rücksicht auf weltliche Regierungen oder gar evangelische Fürsten nehmen. Er war Herr im eigenen Haus und konnte zum Bischof ernennen, wen er wollte.[60] Und der neue Papst Leo XII. hatte eine klare Vorstellung, wie katholische Oberhirten künftig auszusehen hatten: Es sollten keine Diplomaten oder Politiker sein, sondern eifrige Seelsorger, Zelanti wie er selbst eben. Und der junge Graf Mastai Ferretti war ein Kirchenmann nach seinem Herzen.

Leo XII. war von «rigorosem Reformgeist» erfüllt.[61] So strebte er eine Wiederbelebung der ausländischen Studienkollegien in Rom, vor allem auch des Collegium Germanicum an, um möglichst viele angehende Priester zum Theologiestudium nach Rom zu locken.[62] Es ging um eine weltweite Verbreitung der römischen als der einzig wahren katholischen Theologie. Eine internationale Klerikergeneration sollte heranreifen, die ihre Ausbildung ausschließlich in Rom erhalten hatte und die römische Kirchenkonzeption nach draußen, in die Weltkirche, tragen konnte.[63]

Die Früchte dieser Bemühungen sollte aber erst sein Nachnachnachfolger Pius IX. ernten. Kardinal August Graf von Reisach, zunächst Bischof von Eichstätt, dann Erzbischof von München und Freising und schließlich Kurienkardinal und enger Vertrauter des Papstes in Rom, war der erste deutsche Student am wiedereröffneten Germanicum gewesen. Gemeinsam mit zahlreichen anderen in Rom ausgebildeten Geistlichen sollte er zu einer Hauptstütze der Zentrierung der katholischen Kirche auf den Papst und zu einem entscheidenden Wegbereiter der päpstlichen Unfehlbarkeit werden.

Leo XII. war ein religiöser Papst, aber nicht wirklich politisch begabt. So konnte er die Auswirkungen seines Handelns auf die komplizierte Situation in den unterschiedlichen europäischen Ländern und seinem eigenen Staat kaum abschätzen, und lag häufig genug daneben. Die Wirtschaft im Kirchenstaat kam weitgehend zum Erliegen: Seine Rückständigkeit sollte in diesem Pontifikat ihren absoluten Höhepunkt erleben. Die Folge der politischen und ökonomischen Misere waren zahlreiche Aufstände, vor allem in der Romagna, die brutal niedergeknüppelt wurden und zu weiteren revolutionären Unruhen führten, die der Papst noch radikaler niederwerfen ließ. Es kam zu einem Teufelskreis. «Selbst den Zeitpunkt seines Todes am 10. Februar 1829 verzieh das römische Volk dem ungeliebten Papst nicht: Wegen der Trauerfeierlichkeiten wurden die Feiern und Vergnügungen des Karnevals verboten.»[64]

Der Della Genga-Papst war ein moralischer Rigorist: streng gegen sich und andere. 1825 rief er ein Heiliges Jahr aus, um Rom zu einer Heiligen Stadt im wahrsten Sinn des Wortes zu machen. Dazu verbot er selbst den Karneval und ließ eine ganze Anzahl von Gläubigen ins Gefängnis werfen, weil sie ihren österlichen Pflichten – der Osterbeichte und Osterkommunion – nicht nachgekommen waren. Außerdem führte er zahlreiche neue Wallfahrten ein, denen er selbst zum Teil zu Fuß oder gar barfuß voranging. Dazu kam bei Leo XII. ein ausgeprägter Hang zu einem übersteigerten Mystizismus, das heißt zur Wahrnehmung übernatürlicher Ereignisse, und eine Neigung zu übernatürlichen Erklärungen.

Diese Haltung zeigt sich exemplarisch an seinem Umgang mit dem römischen Kloster von Sant'Ambrogio. Die Äbtissin des römischen Franziskanerinnenkonventes Maria Agnese Firrao war wegen «falso misticismo» und «angemaßter Heiligkeit» verurteilt worden. Dahinter verbarg sich sexueller und religiöser Missbrauch von Abhängigen und insbesondere die Verehrung einer noch lebenden Frau als Heilige, die vorgab, tagtäglich mit der Gottesmutter zu kommunizieren. Leo XII. war von dieser Nonne und ihrem Kloster derartig begeistert, dass er sich in Anspielung auf seinen Papstnamen sogar als «der kleine Löwe» seiner Schwestern bezeichnete. Regelmäßig besuchte er auch das Gnadenbild der Gottesmutter in der Klosterkirche, in der die Allerseligste Jungfrau auf wundersame Weise «aus ihrem Bild» regelmäßig mit ihm sprach. Die übernatürlichen Weisungen der Gottesmutter und ihre Interpretation durch die Äbtissin von Sant'Ambrogio waren für den Papst von zentraler Bedeutung.[65]

Das Pontifikat Leos XII. brachte für die klerikale Karriere Giovanni Maria Mastai Ferrettis entscheidende Fortschritte. Nach der Rückkehr aus Chile machte Leo XII. ihn zum Präsidenten des Hospizes von San Michele a Ripa, der größten und bedeutendsten sozialen Einrichtung des päpstlichen Roms, in der täglich über eintausendzweihundert Menschen versorgt wurden.[66] Giovanni Maria wurde damit zu so etwas wie dem Caritasdirektor des Papstes ernannt.[67] Er lernte Krankheit, Armut und Not aus erster Hand kennen und ließ sich darauf auch ein, denn er galt bald als sensibler und begabter Armen- und Krankenhausseelsorger.

Mastai Ferretti wurde als persönlich äußerst sympathischer, den Menschen zugewandter kirchlicher Amtsträger wahrgenommen – Eigenschaften, die ihm später als Papst zugutekommen sollten. Er konnte mit Gläubigen aus allen Schichten – auch und gerade den unteren – gut umgehen, galt als äußerst kommunikativ und verfügte über eine Ausstrahlung, die Menschen in ihren Bann zog.

Noch wichtiger für den weiteren Weg Mastai Ferrettis wurde eine weitere Entscheidung Leos XII.: Er ernannte ihn am 24. April 1827 überraschend zum Erzbischof von Spoleto im mittelitalienischen Umbrien.[68] Den neuen Oberhirten charakterisierte der Papst aus diesem Anlass als einen «Mann begabt mit Ernst, Klugheit, Gelehrsamkeit, Erfahrung und perfekt in der Ausübung aller kirchlichen Funktionen».[69]

Am Pfingstfest, das 1827 auf den 3. Juni fiel, wurde der fünfunddreißigjährige Mastai Ferretti in der Basilika San Pietro in Vincoli in Rom von Kardinal Francesco Saverio Castiglioni zum Bischof geweiht.[70] Ob Mastai sich den späteren Papst Pius VIII., der als Reformer galt und in einem gewissen Spannungsverhältnis zu dem Zelanten Leo XII. stand, selbst als Konsekrator gewünscht hatte und ob man, falls das der Fall sein sollte, daraus auf eine gewisse kirchenpolitische Verwandtschaft schließen kann, steht dahin. Jedenfalls nahm der junge Erzbischof seine Diözese am 1. Juli 1827 in Besitz und begann sofort mit einer pastoralen Reorganisation. Im Mittelpunkt seiner Bemühungen stand ohne Frage die Erneuerung der Priesterausbildung.

Zu der kleinen Diözese in Umbrien gehörten damals rund fünfundvierzigtausend Gläubige. Auf Visitationsreisen besuchte Mastai im Laufe von drei Jahren alle einhundertzweiundsiebzig Pfarreien seines Bistums, die zum Teil schwer zugänglich im Apennin lagen. Das war für einen Bischof eher ungewöhnlich. Offenbar orientierte sich der junge Erzbischof am Vorbild des heiligen Karl Borromäus, dem man nachsagte, das Ideal eines um seine Schäfchen sorgenden Hirten, ganz nach den Vorstellungen der Reformdekrete des Konzils von Trient, mustergültig umgesetzt zu haben. Auf jeden Fall machte sich Mastai Ferretti als energischer und volkstümlicher Bischof und Seelsorger einen Namen.[71]

In der Zeit, in der Erzbischof Mastai seine Diözese visitierte, starb sein Gönner Leo XII. am 10. Februar 1829. Auch während des kurzen Pontifikats seines Nachfolgers Pius' VIII. bereiste Mastai seinen Sprengel weiter und entwickelte dabei eine besondere Sensibilität für die sozialen

*Giovanni Maria Mastai
Ferretti mit fünfunddreißig
Jahren als Bischof von
Spoleto.*

und politischen Probleme. Sogar für die nationale Einigungsbewegung
Italiens, die auch im Kirchenstaat immer mehr Anhänger gewann,
scheint er ein gewisses Verständnis aufgebracht zu haben. Das verschaffte
ihm selbst bei den Anhängern des Risorgimento einigen Respekt, was
für einen katholischen Bischof recht ungewöhnlich war.[72]

Pius VIII., der bereits bei seiner Wahl gesundheitlich schwer angeschlagen war, konnte den von seinen Wählern erhofften Kurswechsel
nicht vollziehen. Immerhin versuchte er, das von Leo XII. installierte
strikte Polizeiregiment im Kirchenstaat etwas zu mildern. In der großen
Kirchenpolitik war er zu Kompromissen bereit und wollte zum pragma-
tischen Kurs Consalvis zurückkehren. So setzte er alles daran, die «Fun-
damentalopposition» der Römischen Kurie und der katholischen Kirche
gegen die Moderne zu überwinden.

Dem Papst war jedoch kein durchschlagender Erfolg beschieden, die
Spielräume in Rom waren einfach zu klein, wieder blieben die notwendigen Reformen auf der Strecke: «Wenn dieser Pontifikat das Maximum
an Reformwillen und Innovation darstellte, zu dem die Kurie sich auf-
raffen konnte, wie sollte es dann im Verhältnis Papsttum und Außenwelt
weitergehen?» – so fragten zahlreiche Staatsmänner besorgt.[73]

Die Julirevolution und Roms Kampf gegen die Gottlosen

Die Welt drehte sich weiter – sie hatte sich bereits in den letzten Monaten des Pontifikats Pius' VIII. vernehmlich zu Wort gemeldet. Wieder war es Frankreich, wieder Paris, wo eine Revolution ausbrach, die ganz Europa und nicht zuletzt auch den Staat des Papstes erschüttern sollte.[74] Die strikt restaurative Politik des Bourbonen Charles X. Philippe stieß auf immer größeren Widerspruch des französischen Bürgertums. Als der König im Juli 1830 das Parlament auflöste, die Privilegien des Adels wiederherstellte und eine rigide Pressezensur verordnete, kam es vom 27. bis 29. Juli 1830 zu Aufständen von Bürgern, Handwerkern und Studenten. Charles X. musste fliehen, der Bürgerkönig Louis Philippe wurde installiert, mit ihm begann die Herrschaft des liberalen Bürgertums in Frankreich. In Rom erkannte Pius VIII. ohne dynastische Scheuklappen den Bürgerkönig umgehend an, was ihm den Hass der Traditionalisten in der Kurie einbrachte.

Durch die Erfolge der «drei glorreichen Tage», wie man die Julirevolution bald nannte, erhielt die freiheitlich-liberale Bewegung in ganz Europa neuen Auftrieb. So kam es in Deutschland vor allem in Sachsen, Hannover, Braunschweig und Hessen zu Unruhen, die dazu führten, dass neue Verfassungen erlassen wurden. In Polen gab es einen Aufstand gegen die russische Regierung, der vom Zaren brutal niedergeschlagen wurde. Die südlichen Niederlande lösten sich als Königreich Belgien ab. Hier hatten Katholiken und Liberale im Namen der Freiheit gemeinsame Sache gegen die Protestanten gemacht.

Die katholische Publizistik allgemein interpretierte die Julirevolution schnell als Kampf der «Gottlosen gegen die katholische Kirche». In den französischen Bürgern sah man «Vandalen und blutrünstige reißende Tiger» am Werk. Tatsächlich war es am 29. Juli zum Sturm auf das Erzbischöfliche Palais in Paris gekommen, und im Februar 1831 wurde die Kirche Saint Germain-l'Auxerrois verwüstet.[75]

Aber auch Rom selbst und der Kirchenstaat blieben von den Auswirkungen der Revolution nicht verschont.[76] Unmittelbar nach dem Tod Pius' VIII. hatte es bereits Unruhen in der Ewigen Stadt gegeben. Und nach der Wahl Gregors XVI. am 2. Februar 1831 ging ein Flächenbrand durch die päpstlichen Staaten: Am 3. Februar erklärte Modena seine Unabhängigkeit, am 4. Februar folgte Bologna, wo die päpstlichen Wappen zerstört und die Trikolore aufgepflanzt wurde, am selben Tag Imola, Faenza und Forlì sowie Cesena, Rimini und Ravenna. Zahlreiche andere Städte im Kirchenstaat schlossen sich der revolutionären Bewegung an. Ihr gemeinsames Ziel war es, die feudale päpstliche Herrschaft abzuschütteln, liberale Verfassungsstrukturen zu etablieren und letztlich einen einheitlichen Nationalstaat zu errichten.

Gregor XVI. gelang es nur mithilfe österreichischer Truppen, die Aufstände in seinen Landen niederzuschlagen, was ihn zum Feindbild des Risorgimento, der italienischen Einigungsbewegung, machte. Nachdem im Kirchenstaat durch radikale Repressionen Friedhofsruhe eingekehrt war, versuchte der Papst ein strikt reaktionäres Programm in Staat und Kirche umzusetzen, das künftig jeden revolutionären Gedanken – geschweige denn Umsturz – unmöglich machen sollte. Genau dafür hatten ihn die Zelanti, die Partei der Eiferer, schließlich gewählt.

Unter Gregor XVI. begann man in Rom selbst in größerem Umfang die Ideen der Ultramontanen zu rezipieren.[77] Diese Bewegung für eine stärkere Orientierung an dem «jenseits der Berge», *ultra montes*, liegenden Rom war nördlich der Alpen entstanden. Allerdings bot die Persönlichkeit des gestrengen Mönchpapstes, der als spröder Typ beschrieben wird und eher unsympathisch wirkte, keine ideale Projektionsfläche für ultramontane Sehnsüchte und Hoffnungen. Aber im Hinblick auf die Neuerfindung des Papsttums nach der Krise des achtzehnten Jahrhunderts war sich der neue Papst mit ultramontanen Theoretikern nördlich der Alpen wie Joseph de Maistre durchaus einig. Bereits 1799 hatte Mauro Cappellari – wie Gregor XVI. mit bürgerlichem Namen hieß – ein Werk unter dem bezeichnenden Titel *Il trionfo della Santa Sede* vorgelegt und hier den «Triumph des Heiligen Stuhls» über die verhasste Moderne gefeiert.[78] Er propagierte die absolute Unveränderlichkeit der Regierung der Kirche, die im Papst und seiner Unfehlbarkeit gipfele. Die einzig wahre Regierungsform war für Cappellari die Monarchie, der einzig wahre Monarch auf der Welt war der Papst, der deshalb unfehlbar sein musste.

Dieses theoretische Konzept von 1799 wollte Gregor XVI. drei Jahrzehnte später in seinem Pontifikat ohne Abstriche in die Praxis umsetzen, und genau das erwarteten die Hardliner von ihm. Es steht für einen extremen Papalismus, eine absolute Papstmonarchie und die gleichzeitige Abwertung aller kollegialen Elemente der Kirche sowie für eine grundsätzliche Abwehr aller Neuerungen und Reformen. Das alles galt diesem Papst als Teufelswerk. Sein Regierungsprogramm lässt sich als einzige Defensive beschreiben. Es ging ihm um eine scharfe Abgrenzung zwischen dem Katholizismus und allen geistigen und politischen Anliegen der Moderne. Katholizismus und Moderne einschließlich der Demokratie wurden für grundsätzlich unvereinbar erklärt, was zahlreiche Katholiken, die in modernen Verfassungsstaaten lebten, wie etwa die Belgier, in arge Bedrängnis stürzte.

Die theologischen Lehrverurteilungen und Bücherverbote dieses Papstes waren umfassend, Indexkongregation und Inquisition bekämpften kaum noch evangelische Häretiker, sondern wurden immer mehr zu innerkirchlichen Disziplinierungsorganen. In Rom wurde die sogenannte Neuscholastik zur einzig wirklich katholischen Theologie erklärt. Alles sollte sich auf Dogmatik und Moraltheologie konzentrieren, während die historischen Disziplinen wie Bibelwissenschaft und Kirchengeschichte in die Domäne der Protestanten abgeschoben wurden und schon von daher vielen suspekt waren.

Unter Gregor XVI. und seinem Staatssekretär Luigi Lambruschini entwickelten sich die päpstlichen Nuntiaturen immer mehr zu Denunziaturen. Die Gläubigen wurden ausdrücklich ermutigt, ihre liberalen Pfarrer und Bischöfe in Rom anzuzeigen. So sollten insbesondere Bischöfe, deren Wahl und Ernennung nicht in der Hand des Heiligen Stuhls, sondern des Staats und der Domkapitel lagen, diszipliniert werden. Jeder selbstbewusste Episkopalismus sollte von vornherein unterdrückt werden. Die katholische Kirche hatte Papstkirche, nicht Bischofskirche zu sein.

Auch in der weltlichen Regierung seines Kirchenstaats agierte Gregor XVI. absolut intransigent. So lehnte er das Risorgimento in Bausch und Bogen als unkatholisch ab und brachte dadurch die gerade im Entstehen begriffene italienische Nation gegen sich auf. Und selbst minimale politische Forderungen innerhalb des Kirchenstaats, wie die Mitverantwortung von Laien in der Verwaltung auf kommunaler Ebene, wurden als verbrecherisch diffamiert.

Um den Kampf gegen Revolution und Umsturz besser koordinieren zu können, entwickelte sich eine reaktionäre politische Achse Wien-Rom, oder besser: eine Entente zwischen Staatskanzler Klemens Wenzel von Metternich und Papst Gregor XVI. Schon ein oberflächlicher Ver-

gleich der Politik der Kurie unter dem Cappellari-Papst mit derjenigen
Österreichs nach dem Ende des Wiener Kongresses und vor allem nach
der Julirevolution von 1830 zeigt auffällige Parallelen. So entsprechen
sich weitgehend die Begründung der berühmt-berüchtigten Karlsbader
Beschlüsse 1819 zur Einführung der Präventivzensur bei Zeitungen in
Deutschland und die Argumente der Verurteilung von Meinungs- und
Pressefreiheit durch Gregor XVI. 1832. Das Informationssystem, über
das die Römische Kurie nicht zuletzt durch die Nuntiaturen verfügte,
stand dem Polizei- und Bespitzelungssystem des Wiener Staatskanzlers
kaum nach.

Überdies dürfte zwischen Metternich und Gregor XVI. eine gewisse
Geistesverwandtschaft bestanden haben, denn sie hatten extreme Angst
davor, dass sich die Ereignisse von 1789 wiederholen könnten. Die Französische Revolution war für beide eine Chiffre für den Umsturz der gottgewollten Ordnung, für politisches Chaos und geistige Entwurzelung
der Menschen. Steigerte sich der Papst in ein regelrechtes Revolutions-
trauma hinein, so lautete das Ceterum Censeo des österreichischen
Staatskanzlers: Und übrigens meine ich noch, dass wir alles tun sollten,
um jeden Anflug einer Revolution im Keim zu ersticken. Heinrich von
Treitschke sprach mit Blick auf die Revolutionsangst Metternichs sogar
von der «fixen Idee eines Geisteskranken».[79]

Angesichts dieser Ausgangslage ist der Gedanke naheliegend, dass
nicht nur jeder für sich – Gregor XVI. in Kirchenstaat und Kirche, Metternich in Staat und Gesellschaft – die Revolution und die sie tragenden
Ideen und Kräfte bekämpfte, sondern dass beide ihre antirevolutionären
Aktionen auch abstimmten. Eine solche Allianz lag auch deshalb nahe,
weil Gregor XVI. militärisch von Österreich abhängig war, um die revolutionären Kräfte im Kirchenstaat niederzuhalten. Im Gegenzug inspi-
rierte der österreichische Staatskanzler lehramtliche Äußerungen des
Papstes und wurde von der Kurie als ehrlicher Makler immer dann ein-
geschaltet, wenn es Probleme zwischen dem Heiligen Stuhl und unterschiedlichen europäischen Regierungen in Kirchenfragen gab.

Nicht zuletzt dürfte Metternich die beiden Schlüsselenzykliken des
Pontifikats angeregt haben: *Mirari vos* 1832 und *Singulari nos* 1834.[80]
Beide Verlautbarungen richteten sich im Wesentlichen gegen Hugues
Félicité de Lamennais, der eine Annäherung von Kirche und Freiheit so-
wie von Demokratie und Glauben propagierte. Das konnte Gregor XVI.

nicht durchgehen lassen: Gewissens- und Pressefreiheit wurden als «pestilentissimus error», als pesthaftester Irrtum, verurteilt. Die Verteidigung der Zensur in den päpstlichen Lehrschreiben sanktionierte staatliche Verordnungen wie die Karlsbader Beschlüsse.

Damit wurde eine wesentliche Option, die Annäherung der katholischen Kirche an die aus der Französischen Revolution hervorgegangene Moderne, von Rom prinzipiell ausgeschlossen – eine für das weitere Schicksal der katholischen Kirche im neunzehnten und zwanzigsten Jahrhundert geradezu tragische Entscheidung. Nicht «Altar und Freiheit» war das Ziel, sondern die Verbindung von Thron und Altar. Wenn die katholischen Monarchien irgendwann stürzen würden, würde der Papst als Herrscher des Kirchenstaats fast zwangsläufig mit stürzen. Die Chance, die katholische Kirche mit dem Volk und der Demokratie zu verbinden, verspielte Gregor XVI. endgültig. Es verwundert deshalb nicht, dass die Kirche bis nach dem Zweiten Weltkrieg brauchen sollte, um ein halbwegs positives Verhältnis zur Demokratie zu entwickeln.

Mastais Revolutionspolitik zwischen Spoleto und Imola

Am 23. Februar 1831 erreichte die Revolution auch Spoleto, den Bischofssitz Giovanni Maria Mastai Ferrettis.[81] Die kommunalen Beamten, die wie überall im Kirchenstaat vom Papst ernannt waren, wurden für abgesetzt erklärt und durch eine provisorische Regierung aus vier Laien ersetzt. Der Erzbischof scheint zunächst dazu tendiert zu haben, den Aufstand mithilfe päpstlicher Truppen niederzuschlagen. Es handle sich, so schrieb er am 24. Februar 1831 an den Kardinalstaatssekretär, um rund fünfhundert bewaffnete Aufständische, und wenn «die päpstlichen Truppen zur Schlacht entschlossen sind, dann ist ihnen der Sieg sicher».[82] Da Rom jedoch keine Truppen schickte, drohte die Situation in Spoleto zu eskalieren. Auch Mastai selbst geriet in Gefahr und floh am 26. März 1831 aus der Stadt in das Kapuzinerkloster von Leonessa, das zwar kirchlich zu seiner Erzdiözese gehörte, aber politisch gesehen im Königreich Neapel lag.

Bereits am 29. März konnte er zurückkehren, weil die überwiegende Mehrheit der Bewohner seiner Bischofsstadt sich der Revolution nicht angeschlossen hatte. Vielmehr war es ihnen gelungen, die fünfhundert Aufständischen zum Niederlegen ihrer Waffen zu bewegen. Doch schon am 31. März trafen etwa dreitausend weitere Revolutionäre in Spoleto ein. Diese Carbonari bildeten eine Guerilla gegen die päpstlichen und österreichischen Truppen. Es gelang Mastai, sie zu bewegen, die Waffen niederzulegen, um ein Blutvergießen zwischen Brüdern zu verhindern. Darüber hinaus weigerte er sich konsequent, der Rebellion verdächtigte Mitglieder seiner Stadt und seines Bistums an die österreichische Garnison auszuliefern. Dies wäre kaum möglich gewesen, wenn Mastai nicht einerseits ein gewisses Ansehen bei den Liberalen und Revolutionären genossen und andererseits auch genügend Stehvermögen gegenüber den österreichischen Truppen besessen hätte.

Insgesamt zeigte der Erzbischof eine überraschende Milde im Umgang mit gescheiterten Revolutionären. Dies dürfte vor allem darauf zurückzuführen sein, dass sein Bruder Giuseppe, der Offizier in der Armee Murats gewesen war, sich ebenfalls den Aufständischen im Kirchenstaat angeschlossen hatte und von päpstlichen Truppen gefangen gesetzt worden war. Umgehend schrieb Giovanni Maria dem Kardinalstaatssekretär und bat um Gnade. Gleichzeitig besorgte der Erzbischof für den französischen Prinzen Louis Napoléon – den späteren Kaiser Napoléon III. –, der sich ebenfalls den Revolutionären im Kirchenstaat angeschlossen hatte und in Spoleto gestrandet war, einen Schweizer Pass, der diesem die Ausreise ermöglichte.[83] Diese Rettung vor den Häschern des Papstes sollte Louis Napoléon nicht vergessen.

Anders als in weiten Teilen des Kirchenstaats, wo es zu blutigen Auseinandersetzungen kam, hatte Mastai Ferretti die Revolution in Spoleto auf friedliche Weise beendet. Warum aber wurde er nach einem solchen Erfolg von Gregor XVI. am 19. November 1832 vom Erzbistum Spoleto in das Bistum Imola transferiert? Sollte er «wegen seiner liberalisierenden Gesinnung versetzt und dergestalt gemaßregelt werden», oder wollte ihn der Papst im Gegenteil «durch Beförderung zu einer besseren Diözese belohnen»?[84] Oder kam Gregor XVI. einem Wunsch Mastais entgegen, der sich nach den Tumulten erholen wollte und für den die Versetzung nach Imola trotz der formalen Herabstufung vom Erzbischof zum Bischof eine Beförderung darstellte? Giovanni Maria Mastai Ferretti selbst scheint darum gebeten zu haben, sich ganz von der bischöflichen Verantwortung zurückziehen zu dürfen.[85]

Jedenfalls trat Giovanni Maria Mastai Ferretti sein neues Amt in Imola am 9. Februar 1833 an, nachdem er vorher eine Wallfahrt zum Marienheiligtum von Loreto unternommen hatte.[86] Mit einem Posten, an dem er sich erholen konnte, durfte er dabei allerdings nicht rechnen. Wegen der heftigen Nachwirkungen der Revolution galt das Bistum in der Romagna damals als besonders anspruchsvoll. Immerhin war Pius VII. vor seiner Wahl zum Papst im Jahr 1800 für fünfzehn Jahre hier Bischof gewesen.

Imola lag im Einflussbereich von drei miteinander konkurrierenden Parteien. Erstens die österreichische Partei, die glaubte, nur durch eine noch engere Bindung an Habsburg Recht und Ordnung garantieren und so auch die päpstliche Herrschaft sichern zu können. Zweitens die radikalen Verteidiger des Papstes und des wahren Glaubens, die nicht nur um jeden Preis die absolutistisch-hierokratische weltliche Herrschaft des Papstes erhalten wissen wollten, sondern zugleich einem übersteigerten geistlichen Papalismus im ultramontanen Sinne frönten. Drittens die meist verkürzt die «Liberalen» genannte Partei, die das Ende des Kirchenstaats und seine Eingliederung in den neuen italienischen Nationalstaat anstrebte, ohne dabei die geistlichen Kompetenzen des Papstes infrage zu stellen.

Wo stand der neue Bischof von Imola in dieser komplexen Gemengelage?[87] Er war zweifellos kein Liberaler, auch wenn er als bekennender Italiener Sympathien für die italienische Einigungsbewegung gehegt haben dürfte. So zeigte er sich zwei Napoleon-Verehrern unter seinen Diözesanen gegenüber besonders nachsichtig, als Hardliner aus Rom ihre Bestrafung verlangten. Aber die Antwort auf die Frage, wie man den Papst und seinen Staat positiv in einen italienischen Nationalstaat integrieren konnte, kam tatsächlich der Quadratur des Kreises gleich. Mastai lehnte aber auch den Fanatismus der religiösen Eiferer ab, deren Ansichten der Mehrheit der Gläubigen in Imola kaum noch zu vermitteln waren. Im Hinblick auf allzu viel Nähe zu Österreich, das von vielen als Besatzungsmacht empfunden wurde, auch wenn sie «nur» die päpstliche Herrschaft sichern sollte, blieb Mastai ebenfalls zurückhaltend. Er sorgte sogar dafür, dass die österreichischen Truppen das Priesterseminar, das sie als Kaserne genutzt hatten, räumen mussten.

Mastai fand offensichtlich durch seinen «seelsorgerliche[n] Eifer, spontane Menschlichkeit und Kontaktfähigkeit», aber auch durch sein

«Organisations- und Führungstalent» einen Draht zu den Anhängern aller Richtungen und gewann durch «seine Güte und sein versöhnendes Wesen auch die Sympathien der Liberalen für sich».[88] Als Bischof begleitete er auch zum Tode verurteilte Revolutionäre ganz selbstverständlich zur Guillotine, was für die «Frommen» ein handfester Skandal war. Die österreichische Partei in Imola denunzierte Bischof Mastai daraufhin beim Kardinalstaatssekretär in Rom als Gegner der österreichischen Truppen und der päpstlichen Polizei, die für Recht und Ordnung sorgen sollten. Als Mastai Ferretti durch römische Freunde von dieser Anzeige erfuhr, bot er dem Hauptdenunzianten aus Imola in entwaffnender Direktheit an, Taufpate seines Sohnes zu werden. Dieser war entsetzt: «Wie? Ein Liberaler als Pate meines Kindes? Niemals! Niemals!» – soll er ausgerufen haben.[89]

War das auch der Grund dafür, warum Mastai so lange auf seine Ernennung zum Kardinal warten musste? Mit dem Bischofsstuhl von Imola war nämlich traditionell der rote Hut verbunden. Giovanni Maria erhielt diesen aber erst am 23. Dezember 1839 und zunächst auch nur «in pectore», also im Geheimen, im Herzen des Papstes. Erst im folgenden Jahr, am 14. Dezember 1840, wurde seine Aufnahme in die Schar der Kardinäle öffentlich gemacht.[90]

Damit war der im Jahr 1 der Revolution geborene Grafensohn aus Senigallia endgültig im Zentrum der Macht der katholischen Kirche angekommen. Er gehörte zu den rund sechzig Kardinälen, die den Senat des Papstes bildeten und in absehbarer Zeit vor die Aufgabe gestellt sein würden, den Nachfolger Gregors XVI. wählen zu müssen. Schon bald würde er darüber mitentscheiden können, welche Richtung die katholische Kirche in politischer und religiöser Hinsicht in der Epoche nach der Französischen Revolution einschlagen sollte. Da aber seit einem halben Jahrtausend im Konklave stets nur Kardinäle und ausschließlich Italiener gewählt worden waren, war Giovanni Maria Mastai Ferretti automatisch ein Papstkandidat. Die Quote stand immerhin bei eins zu sechzig.

Aber war er im Jahr des Herrn 1840 wirklich schon entschieden, wie die richtige Antwort seiner Kirche auf die Herausforderungen der Moderne lauten musste? Verfügte er vielleicht über ein Patentrezept zum Umgang mit dem 1789 verkündeten und 1830 erneuerten Traditionsbruch? Oder nahm der junge Bischof und Kardinal ganz selbstständ-

lich Anteil an den großen geistig-religiösen, theologischen und kirchenpolitischen Suchbewegungen seiner Zeit und den ganz unterschiedlichen
Antworten, die Katholiken in der ersten Hälfte des neunzehnten Jahrhunderts auf diese entscheidenden Fragen gaben?

DRITTES KAPITEL

Rom oder nicht Rom
Auf der Suche
nach dem rettenden Ufer

Das Leichenbegängnis der als tot ausgerufenen Kirche

«Wir haben zu betrachten, wie in den Stürmen der großen Französischen Revolution und den aus ihr hervorgegangenen Kriegen ... die alte mehr als tausendjährige äußere Gestalt der Kirche von dem Erdboden verschwand. ... Wir haben zu betrachten, wie in den Gräueln der Revolution ... der alte Glaube und die alte sittliche Kraft in den katholischen Völkern und in den Führern der Völker einer außerordentlichen Schwächung und Erlahmung unterlagen, wie ganze Völker das Kleinod ihres heiligen Glaubens zu verlieren schienen; wie sie an die Grenzen des vollendeten Abfalls ... hingeführt wurden und sich hinführen ließen. ... Wir haben zu hören das wilde Freudengeschrei und die siegestrunkenen Prophezeiungen der Feinde Gottes und seiner heiligen Kirche, dass schon die Morgenröte des Tages heraufgezogen, ... an dem das Christentum weggetilgt sein werde von dem Boden Europas, über den es doch durch volle achtzehn Jahrhunderte die unermesslichen und unversieglichen Ströme seines Lebens ausgegossen hatte.»[1]

Mit diesen pathetischen Worten beschrieb der strengkirchliche Kirchenhistoriker Pius Bonifazius Gams in der Einleitung zu seiner 1854 erschienenen *Geschichte der Kirche Christi im neunzehnten Jahrhundert* die Katastrophe, in die die Französische Revolution die katholische Kirche gestürzt hatte. Dabei seien nicht nur ihre äußeren Institutionen zerstört worden, sondern sogar der christliche Glaube selbst. Die Kirchengeschichte dürfe aber nicht beim Wehklagen über diesen furchtbaren Traditionsabbruch stehenbleiben, sondern müsse in erster Linie zeigen,

«wie aus dem Gräuel der Verwüstung, wie aus den Trümmern der nie-
dergesunkenen Herrlichkeiten Keime eines neuen katholischen Lebens
allenthalben emportrieben».[2] Denn es habe sich gezeigt, dass «die tot-
geglaubte und tausendmal als tot ausgerufene Kirche, zu deren Leichenbegängnis sich bereits so vieles teilnehmende Volk aus allen Völkern und
Geschlechtern eingefunden hatte, dennoch lebe, dass sie ein frischeres
und unverwüstlicheres Leben in sich trage».[3]

Für Bonifazius Gams stand völlig außer Frage, worin dieses unver-
wüstliche Leben, die Substanz bestand, an die die Kirche nach der Revolution anknüpfen konnte. Es war der einheitliche, in sich geschlossene
Katholizismus, der sich nach der Reformation unter der Leitung der
Päpste herausgebildet hatte und erst durch die Ereignisse von 1789 zerstört worden war.

Ein Katholizismus oder viele Katholizismen?

Genau über diese ganz selbstverständliche Annahme des Benediktiners
Bonifazius Gams eines tridentinischen Einheitskatholizismus, der vom
Ende des sechzehnten Jahrhunderts bis zum Vorabend der Französischen Revolution in einer ungebrochenen Kontinuität existiert habe,
ist es in der Forschung zu teils heftigen Kontroversen gekommen.

Die ultramontane Kirchengeschichtsschreibung des neunzehnten
Jahrhunderts ging ohne Abstriche von dem Modell einer einheitlichen
katholischen Kirche unter päpstlicher Leitung aus, weil man nur so die
strikte Konzentration der Kirche auf den Papst und die rigorose Zentralisierung auf Rom in ihrer eigenen Zeit historisch begründen konnte.
Interessanterweise hat die These eines einheitlichen frühneuzeitlichen,
auf den Papst konzentrierten Katholizismus im letzten Drittel des zwanzigsten Jahrhunderts Unterstützung von profanhistorischer Seite erhalten. Durch die vergleichende Untersuchung der drei christlichen Konfessionen – Katholizismus, Luthertum und Calvinismus –, die nach der
Reformationszeit miteinander in Konkurrenz standen und daher aus
Gründen der Abgrenzung zur inneren Einheit gezwungen gewesen
waren, entwickelten vor allem Wolfgang Reinhard und Heinz Schilling
das sogenannte Konfessionalisierungsparadigma.[4] Im Zuge der Ausbil-

dung der frühneuzeitlichen Staaten und der in diesem Zusammenhang notwendigen Sozialdisziplinierung der Untertanen kam dieser These zufolge der Religion oder genauer: der Konfession eine entscheidende Rolle zu, so dass sich die Konfessionen dogmatisch verfestigten und voneinander abgrenzten. Dieser Prozess der Konfessionalisierung fand «bei Calvinisten, Katholiken und Lutheranern sachlich weitgehend und zeitlich einigermaßen parallel» statt.[5]

Diesem Ansatz nach lassen sich die Ursachen der strikten Vereinheitlichung der einzelnen Konfessionen im Letzten auf die Entstehung mehrerer christlicher Kirchen zurückführen, die je für sich einen absoluten Wahrheitsanspruch erhoben. Jede innerkirchliche Pluralität und Toleranz gegen Abweichler verboten sich von vornherein, wollte man als geschlossener religiöser Kampfverband gegen die anderen Konfessionen siegreich sein. Angestrebt war ein konfessionell korrektes Verhalten der Gläubigen. Dazu notwendig waren ein eindeutiges Glaubensbekenntnis und präzise ethische Vorgaben, die Beseitigung aller internen Unklarheiten, «die Implementierung und Geltendmachung der derartig geklärten Normen durch geeignete Akteure und Institutionen» – hier kam der möglichst einheitlichen Ausbildung der Pfarrer und Bischöfe als Multiplikatoren die entscheidende Rolle zu –, eine entsprechende Propaganda der eigenen Lehre durch Katechismen und Bilder sowie die Unterdrückung abweichender Meinungen durch strikte Zensur, die penible Kontrolle der Gläubigen durch Zwangs- und Überwachungsmaßnahmen wie etwa die jährliche Beichtpflicht und nicht zuletzt die verpflichtende Teilnahme der Gläubigen an religiösen Festen und Riten.[6]

Tatsächlich erfüllte die katholische Kirche diese Kriterien, die für alle drei christlichen Konfessionen gleichermaßen gelten, in besonderer Weise. Vor allem verfügte sie mit dem Papsttum über einen Einheitspunkt, der den dezentral organisierten, landeskirchlich geprägten reformierten und lutherischen Kirchen abging. Außerdem musste sie weder Pfarreien neu gründen noch Diözesen neu umschreiben noch das Weiheamt neu erfinden – das alles war bereits gegeben und musste allenfalls angepasst werden. Die evangelischen Konfessionen mussten hingegen ihre Ämter, Strukturen und Institutionen weitgehend neu schaffen. Deshalb spricht aus katholischer Perspektive zunächst viel für einen konfessionellen Einheitskatholizismus in der Frühen Neuzeit.[7]

Diese Position hat heftigen Widerspruch erfahren. Der Schweizer

Frühneuzeithistoriker Peter Hersche setzte dem Bild eines konfessionalisierten Einheitskatholizismus eine äußerst vielgestaltige barocke katholische Kirche entgegen. Er zeigt, wie wenig selbst rigide Disziplinierungsinstanzen wie Beichte und Inquisition in der Frühen Neuzeit wirklich ausgerichtet haben und wie locker beispielsweise das Sexualverhalten der Katholiken blieb, die sich nur sehr bedingt an moralische Vorgaben hielten. Hersche macht *Muße und Verschwendung* – so der Titel seiner zweibändigen Untersuchung von 2006 – als Hauptcharakteristika des Barockkatholizismus aus, der sich jeder Effizienzmaximierung im Sinne eines einheitlichen Kampfverbandes entzogen habe. Das zeigt er exemplarisch am Beispiel des katholischen Wallfahrtswesens. Hier ging es eben nicht in erster Linie um ein Instrument der Aktivierung und konfessionellen Abgrenzung der Wallfahrer, sondern um «ein religiöses Freizeitvergnügen», um Muße und Verschwendung eben.[8]

Der Tübinger Kirchenhistoriker Rudolf Reinhardt ging sogar noch einen Schritt weiter und sprach für die Kirchengeschichte der Frühen Neuzeit statt vom Einheitskatholizismus im Singular ausdrücklich von Katholizismen im Plural.[9] Dabei nahm er innerkirchliche Reformbewegungen wie den Gallikanismus, Febronianismus, Episkopalismus und Jansenismus in den Blick, die sich gegen eine Gleichsetzung der katholischen Kirche mit dem Papsttum und Rom gewehrt hätten. Reinhardt argumentierte dagegen an, dass diese innerkirchlichen Strömungen von einem großen Teil der kirchlichen Historiographie als antikirchlich beziehungsweise unkatholisch diffamiert würden: «Schon die Endsilbe ‹-ismus› zeigt – oder besser: soll zeigen – dass ‹Ideologien› vorliegen.» Selbst in «gutwilligen Darstellungen» schimmere immer noch «ein Misstrauen» gegen diese innerkatholischen Reformbewegungen durch.[10]

Die Thesen von der Konfessionalisierung und von den pluriformen Katholizismen scheinen auf den ersten Blick unvereinbar zu sein. Bei näherer Betrachtung lassen sie sich jedoch zusammenführen:[11] In der katholischen Kirche der Frühen Neuzeit gab es beide Strömungen, eine Tendenz zur strikten Vereinheitlichung und eine Tendenz zum katholischen Pluralismus, einen zentripetalen, auf Rom und den Papst orientierten, und einen zentrifugalen, eher auf die Ortskirchen und die Bischöfe ausgerichteten Katholizismus. Beide Katholizismen haben im Laufe des siebzehnten und achtzehnten Jahrhunderts miteinander um die Vorherrschaft gerungen, beide sind miteinander zum Teil in heftige

Auseinandersetzungen geraten. Beiden darf die Rechtgläubigkeit aber nicht abgesprochen werden.[12]

Zentripetale und zentrifugale Kräfte

Tatsächlich versuchte die katholische Kirche spätestens seit dem Konzil von Trient, auf die Herausforderungen der Reformation durch eine Klarstellung ihrer theologischen Positionen und eine Vereinheitlichung ihrer Verfassung und Liturgie zu reagieren.[13] Da sich das Tridentinum zu lange hingezogen hatte, musste das Konzil die Durchführung seiner Reformbeschlüsse nach seinem Abschluss 1563 ohnehin weitgehend dem Papst überlassen. Daher übernahm Rom die Einführung eines einheitlichen Messbuchs und Breviers für das Stundengebet der Priester und Ordensleute. Auch die Aufgabe der Buchzensur wurde der Römischen Inquisition und der Indexkongregation überlassen, weil der explodierende Buchmarkt eine fortdauernde Kontrolle und Aktualisierung des Trienter *Index der verbotenen Bücher*, der schwarzen Liste des Vatikan, erforderte. Die angestrebte Vereinheitlichung des Katholizismus war auch mit der Tendenz zu einer Verkirchlichung von Bereichen verbunden, die eigentlich in die Kompetenz weltlicher Obrigkeiten gehörten. So versuchte die katholische Kirche zum Beispiel, das Asylrecht gegen eine staatliche Rechtsprechung wieder einzuführen. Konfessionelle Erkennungszeichen, für die Rom eintrat, sollten den wahren katholischen Glauben von der protestantischen Häresie auch nach außen sichtbar abgrenzen. Das Verbot des Laienkelchs bei der Kommunion, die Einschärfung des priesterlichen Zölibats und die gezielte Förderung der Fronleichnamsprozession als Demonstration katholischer Überlegenheit waren dabei die wichtigsten katholischen Eigenheiten.

Dazu kam eine Aktivierung der Kirche und der Katholiken auf breiter Front. Nicht mehr zuerst Christus, sondern die Kirche und ihre Heiligen, vor allem diejenigen, die sich im Kampf gegen die Protestanten hervorgetan hatten und deshalb von den Päpsten zu den Ehren der Altäre erhoben worden waren, wurden zu bevorzugten Objekten katholischer Frömmigkeit – wie etwa die Jesuiten der ersten Generation, Ignatius von Loyola oder Franz Xaver. Das Bild der Ecclesia militans, der streitenden Kirche mit dem Papst an der Spitze, wurde überall propagiert.[14]

Alle einschlägigen katholischen Reformen waren mit einer unverkennbaren Tendenz zur Romanisierung der katholischen Kirche gepaart. Zunächst kam es zu einem theologischen Romanismus, der dem Papst mehr und mehr das Lehramt in der Kirche zusprach und es den Theologen entzog. Der Jesuitenkardinal Robert Bellarmin sorgte an der Wende zum siebzehnten Jahrhundert auch für eine Desavouierung der Ökumenischen Konzilien, die bisher Christus und die Kirche repräsentiert hatten. Nach Bellarmins neuer römischer Konzilsdoktrin verloren die Konzilien jede Autonomie. Sie sollten nur noch gültig sein, wenn sie vom Papst einberufen, geleitet und bestätigt wurden.[15] Dazu kam ein emotionaler Romanismus: Katholischsein sollte künftig bedeuten, römisch-katholisch zu sein. Der Katholik hatte zuerst den Papst zu lieben, und dann erst Christus. So, wie man es in Rom machte, war es richtig.

Die größten Auswirkungen dürfte aber der institutionelle Romanismus gehabt haben.[16] Den Päpsten gelang es im Verlauf des siebzehnten und achtzehnten Jahrhunderts, zahlreiche Nuntiaturen in unterschiedlichen Ländern neu zu errichten. Dadurch sollten vor allem die Bischöfe vor Ort kontrolliert und der römischen Überwachung unterstellt werden. Ferner wurden die Oberhirten aufgefordert, alle fünf Jahre zur Visitatio ad limina, an die Schwelle der Apostelgräber nach Rom zu kommen, was freilich kaum ein französischer oder deutscher Bischof in jener Zeit einmal getan hat.

Ziel war jedenfalls eine Zentralisierung der katholischen Kirche auf Rom. Die Kurie beanspruchte immer mehr Kompetenzen, die bislang bei den Bischöfen als Nachfolger der Apostel gelegen hatten. Die Kurienreform Sixtus' V. von 1587 sollte nicht nur den Papst von der Kontrolle der Kardinäle unabhängig machen, sondern zugleich den neu geschaffenen Kongregationen weltweite Kompetenzen verschaffen.[17] Es entstand ein neuer, auf Rom konzentrierter katholischer Universalismus. Nicht zuletzt durch die Kolonialisierung Lateinamerikas verstand sich die katholische Kirche mehr und mehr als Weltkirche. Rom und der Papst fühlten sich dabei für die Indios genauso zuständig wie für die Europäer.[18]

Gegen diese Vereinheitlichungstendenz stand eine ganze Reihe von Katholizismen, die den Katholizismus im ursprünglichen Wortsinn von «katholon» – umfassend und deshalb pluriform – verstanden.

Der wirkmächtigste dieser alternativen Katholizismen war der Gallikanismus, der vor allem die französische Kirche und ihr gespanntes Verhältnis zu Rom am Vorabend der Revolution bestimmte.[19] Dabei ging es
aber nicht nur um spezielle Freiheiten, die die französische Kirche seit
dem Mittelalter für sich beanspruchte, sondern auch um eine alternative
Ekklesiologie. Diese Grundsätze fanden ihre klassische Formulierung in
den vier Thesen der berühmten *Declaratio Gallicana* des französischen
Klerus von 1682.[20] Im ersten Satz wurde ein königlicher Gallikanismus
formuliert, wonach dem Papst keinerlei Kompetenz im weltlichen Bereich zukam. Der französische König und alle Herrscher hätten ihre
Gewalt unmittelbar von Gott. Der Papst könne sie weder einsetzen noch
die Untertanen vom Treueeid entbinden, was Rom stets für sich beanspruchte. Der zweite Satz stand für den konziliaren Gallikanismus und
bestätigte die Fortgeltung der Beschlüsse der Reformkonzilien des fünfzehnten Jahrhunderts im Hinblick auf die Superiorität des Konzils über
den Papst. Die Versammlung der Bischöfe und eben nicht der Bischof
von Rom allein repräsentierte Christus und die Kirche.

Aus dieser konziliaren Ekklesiologie wurde im dritten Satz der *Declaratio Gallicana* die Folgerung für einen kirchenrechtlichen Gallikanismus gezogen: Die Vollmacht des Papstes könne nicht unbeschränkt ausgeübt werden, sie sei vielmehr an das hergebrachte Kirchenrecht und die
überlieferten Rechte der Bischöfe als Nachfolger der Apostel gebunden.
Jeder Anspruch auf einen päpstlichen Jurisdiktionsprimat wird daher als
römische Anmaßung verworfen. Damit wurde vor allem der Anspruch
Roms strikt zurückgewiesen, sich in die Ernennung der französischen
Bischöfe, die dem König zustand, einzumischen.

Der vierte Satz schließlich bestand auf einem Gallikanismus der
Lehre. «Auch in Fragen des Glaubens» sei das Urteil des Papstes nicht
verbindlich, «wenn nicht die Zustimmung der Kirche hinzugetreten ist».
Für Lehrentscheidungen sei der Konsens der Gesamtkirche, die durch
die Bischöfe repräsentiert werde, absolut notwendig. Vor allem diese
Bestimmung sollte bei der Installierung eines unfehlbaren Papstes auf
dem Ersten Vatikanum 1870 die Gemüter erhitzen.

Eine bedeutende Alternative zum Romanismus stellte auch der sogenannte Jansenismus dar.[21] Hinter diesem Begriff verbirgt sich ursprünglich die *Gnadenlehre* des katholischen Bischofs Cornelius Jansenius, die
1640 als Buch erschien. In Anlehnung an den heiligen Augustinus legte

er bei der Frage der Erlösung des Menschen sehr viel Wert auf die göttliche Gnade und relativierte die Möglichkeiten der menschlichen Freiheit.
Damit rückte er in der Frage, wie der Mensch vor Gott gerecht werden
könne, in die Nähe evangelischer Positionen. Das brachte ihm und vor
allem seinen Anhängern den Vorwurf des Kryptoprotestantismus ein.

Vor allem die Jesuiten sahen ihr Erziehungskonzept, das ganz auf die
Aktivierung des menschlichen Willens setzte, gefährdet. In Frankreich
bildete sich eine starke jansenistische Partei, die bald als «parti dévot»
verschrien war. Diese «Frömmler» setzten auf ein strenges, gottgefälliges
Leben, das auf klaren moralischen Prinzipien beruhte. Sie verspotteten
die Jesuiten wegen ihres Laxismus, die gerade als Beichtväter des Königs
und des Adels fast alles für erlaubt erklärten. Wozu gab es schließlich das
Sakrament der Beichte?

Das führte zu einem heftigen kirchenpolitischen Streit, der die Kirche Frankreichs zu zerreißen drohte. Hierbei unterstellte man den Janse-
nisten, grundsätzliche Gegner der Politik Ludwigs XIV. zu sein. Deshalb
waren sie bald heftigsten Verfolgungen ausgesetzt. In Holland bildete
sich seit 1723 schließlich eine eigene jansenistische Kirche, die über hun-
dertfünfzig Jahre später zur Basis für die altkatholische Kirche werden
sollte, die nach dem Ersten Vatikanischen Konzil entstand.

Der Leibarzt der Kaiserin Maria Theresia, Gerard van Swieten, war
ebenfalls Jansenist. Und sogar in Italien und an der Kurie selbst bildeten
sich im Laufe des achtzehnten Jahrhunderts jansenistische Zirkel, die
allerdings mit der Gnadenlehre des Jansenius nichts verband. Es handelte sich vielmehr, wie etwa bei Ludovico Muratori oder Kardinal
Angelo Quirini, um fromme Kirchenreformer, die sich an Theologie,
Kirchenverfassung und Frömmigkeit der alten Kirche orientieren wollten, um dem veräußerlichten Papsttum, das vorwiegend an seinem
eigenen Machterhalt als italienisches Fürstentum interessiert war, einen
alternativen Katholizismus an die Seite zu stellen.

Ein weiterer zentrifugaler Katholizismus verbirgt sich hinter dem Begriff des Febronianismus.[22] Damit ist im Grunde die Wiederentdeckung
des Bischofsamtes im achtzehnten Jahrhundert gemeint. 1763 erschien
unter dem Pseudonym Justinus Febronius eine lateinische Kampfschrift
über den *Zustand der Kirche und die Grenzen der päpstlichen Vollmacht.*
Hinter dem Verfasser verbarg sich der Trierer Weihbischof Nikolaus von
Hontheim, der im Auftrag der deutschen Erzbischöfe geschrieben hatte.

Auslöser seines Werkes war der Versuch Roms, in München eine Nuntiatur zu errichten, die weitgehende Aufsichtsrechte über die deutsche Kirche und ihre Bischöfe erhalten sollte.

Febronius entwickelte eine episkopale Ekklesiologie, die er den Anmaßungen eines römischen Primats strikt entgegenstellte. Christus selbst habe die Bischöfe eingesetzt und ihnen als Nachfolgern der Apostel eigene Vollmachten göttlichen Rechts gegeben, die ihnen niemand nehmen könne, auch kein Papst. Notfalls müssten sich die Bischöfe gegen die Übergriffe der Römischen Kurie auch politisch wehren und ihre althergebrachten Freiheiten gemeinsam mit den katholischen Fürsten, insbesondere dem Kaiser als geborenem Schutzvogt der Kirche, verteidigen. Der innerkirchliche Ort ihres Widerstandes gegen einen päpstlichen Einheitskatholizismus sei aber das Ökumenische Konzil, dem Febronius in der Tradition des Konzils von Konstanz sogar die Kompetenz zuschrieb, einen Papst abzusetzen.

Auch die Binde- und Lösegewalt in der Kirche, die die Päpste sich mehr und mehr exklusiv anmaßten, kam nach Ansicht der vier deutschen Erzbischöfe von Mainz, Trier, Köln und Salzburg jedem Bischof für seine Diözese in umfassender Weise zu. Ihre Position legten sie 1786 in der sogenannten Emser Punktation nieder: Die Bischöfe selbst könnten von allen Ehehindernissen, von den feierlichen Ordensgelübden und sogar vom Zölibat dispensieren. Die Römische Kurie würde damit weitgehend überflüssig werden. Nicht mehr eine falsch verstandene Einheitlichkeit, die im fernen Rom konzipiert wurde, sondern die vielgestaltigen Erfordernisse vor Ort, die der zuständige Bischof einer sachgemäßen Lösung zuführte, sollten die pluriforme katholische Bischofskirche künftig auszeichnen. Drei Jahre nach der Emser Punktation brach die Französische Revolution aus und verhinderte eine dauerhafte Umsetzung der hier formulierten Ideen.

Der sogenannte Josephinismus, der auf die Kirchenpolitik Kaiser Josephs II. zurückgeht, wurde von der ultramontanen Kirchengeschichtsschreibung besonders harsch beurteilt.[23] Joseph II. nahm die Kirche in den Ländern der Habsburgermonarchie unter strenge Obhut und entwickelte ein rigides Staatskirchenregiment. Seiner Ansicht nach hatte die Kirche in erster Linie dem Staat und seinen Bürgern zu dienen. Was diesem Ziel widersprach, wurde abgeschafft.

Der Kaiser ergriff eine Vielzahl von Maßnahmen: Das Toleranzedikt

ließ in Österreich neben der katholischen Kirche erstmals auch andere
Konfessionen zu. Klöster, die nicht in Schule und Krankenpflege tätig
waren, wurden aufgehoben. Alte Diözesangrenzen wurden modernen
staatlichen Erfordernissen angepasst und zahlreiche Pfarreien und Kirchen vor allem in nur schwer zugänglichen Gebieten der Alpenregion
neu errichtet, damit niemand länger als eine Stunde zum Gottesdienst
unterwegs war. Für ein zeitgemäßes Theologiestudium wurden in den
habsburgischen Ländern zehn Generalseminarien errichtet und der
Fächerkanon um die historisch arbeitenden Disziplinen Exegese und
Kirchengeschichte erweitert, um die bis dahin übliche Konzentration
auf Dogmatik und Moraltheologie aufzubrechen. Wallfahrten, Feiertage
und Prozessionen wurden reduziert. Die Pfarrmesse am Sonntag mit
Predigt und Christenlehre sollte den Mittelpunkt katholischen Lebens
bilden, die Pfarrer sah Joseph II. weniger als Kultverwalter, sondern eher
als Hirten und Lehrer.

Man hat Joseph II. vorgeworfen, die Kirche der Staatsallmacht unterworfen und ihre Freiheit auf bis dahin einmalige Weise missachtet zu
haben. Sicher waren seine Reformen von einer großen Ungeduld geprägt;
er wollte zu viel auf einmal und überforderte nicht selten Pfarrer und Ge-
meinden. Im Grunde knüpfte Joseph II. aber an die alte Tradition der besonderen Verantwortung der Kaiser für die Kirche an, die von Karl dem
Großen bis mindestens Karl V. reichte. Der Josephinismus war letztlich
ein Reformkatholizismus, der die barocke Kirche nach dem Vorbild der
Urkirche umgestalten und dem erstarrten römischen Einheitskatholizismus einen modernen aufgeklärten österreichischen Katholizismus an die
Seite stellen wollte.

Damit ist bereits das Stichwort für einen weiteren zentrifugalen Katholizismus gefallen: die katholische Aufklärung.[24] Auch wenn aufgeklärtes Denken und katholischer Glaube von vielen Theologen und
Historikern des neunzehnten und zwanzigsten Jahrhunderts für grundsätzlich unvereinbar erklärt wurden, zeigt die neuere profanhistorische
und theologiegeschichtliche Forschung, dass es eine spezifisch katholische Aufklärung gegeben hat. Sie hat sich weitgehend von einem lange
Zeit dominierenden einheitlichen Systembegriff der Aufklärung verabschiedet und geht stattdessen von oft «nur schwer auf einen gemeinsamen Nenner zu bringenden Strömungen» innerhalb der Aufklärung
genannten Geistesbewegung aus.[25]

Natürlich hielten katholische Aufklärer am Glauben an die Offenbarung Gottes in Jesus Christus fest, versuchten aber «einen geläuterten Glauben zu schaffen», der für moderne Menschen plausibel war. «Die Definition, man habe am Wunderglauben festgehalten, die Wundersucht jedoch bekämpft, berührt zwar nur einen schmalen Ausschnitt, deutet aber doch einen Zug an, der für die katholische Aufklärung weithin typisch ist.»[26]

Von entscheidender Bedeutung waren daher Reformen im Bereich der Priesterausbildung und der Liturgie, eine Stärkung von Predigt, Bibellektüre und Katechese sowie eine effizientere kirchliche Verwaltung. Der Mensch und seine Sorgen im Diesseits – nicht erst seine Seligkeit im Himmel – sollten im Mittelpunkt kirchlichen Handelns stehen. Dazu kamen der Glaube an die Kraft der Vernunft auch in religiösen Fragen und ein Zukunftsoptimismus, der von Fortschrittsoptimismus angetrieben war. Eine ganze Reihe adeliger Fürstbischöfe der Reichskirche taten sich als aufgeklärte Reformer hervor, die vor allem den Bildungsstand ihrer Untertanen zu heben versuchten. Insbesondere die zahllosen Feiertage – in manchen katholischen Gegenden bis zu einhundert pro Jahr – und barocke Frömmigkeitsformen wie Wallfahrten, die nicht selten in alkoholischen Exzessen endeten, waren ihnen ein Dorn im Auge.

Aber auch in Rom selbst kam aufgeklärtes Gedankengut an. Eine ganze Reihe von Kardinälen des achtzehnten Jahrhunderts trafen sich in Salons, um aufgeklärte Autoren zu lesen. Sogar ein Papst, Benedikt XIV., der von 1740 bis 1758 auf dem Stuhl Petri saß, stand aufgeklärten Ideen nahe. Er unterhielt einen Briefwechsel mit Voltaire und versuchte, die Kurie effizienter zu organisieren. Jedenfalls «beherrschte er» – wie Volker Reinhardt resümiert – «den modischen Jargon der Aufklärung genauso gut wie die Fachsprache der Kanonisten, sprach Kritik offen aus, konnte aber auch selbst Tadel einstecken. Von allen markanteren Persönlichkeiten der Kurie schien er den Ideen der Aufklärung am nächsten zu stehen – zu nahe, wie nicht wenige meinten.»[27]

Austreten oder katholisch bleiben – aber wie?

Im Jahr 1789 war also nicht die alte tausendjährige Gestalt der katholischen Kirche untergegangen, wie Bonifazius Gams und in seinem Gefolge zahlreiche strengkirchliche Historiker behauptet haben. Der römische Einheitskatholizismus, den die Französische Revolution zerstört haben soll, hat sich vielmehr als ein Ammenmärchen erwiesen. Tatsächlich hatte das Papsttum ausgerechnet am Vorabend der Revolution einen Tiefpunkt seiner Geschichte erreicht.[28] Die Pontifikate der Barockpäpste waren von einer ausufernden Vetternwirtschaft und einem grassierenden Nepotismus geprägt, was ihrer moralisch-religiösen Autorität massiven Abbruch tat. Vor allem die Sicherung des Kirchenstaats als weltliches Herrschaftsgebiet machte die Päpste zum Spielball der kleinen italienischen und der großen europäischen Machtpolitik.

Die größte denkbare Demütigung der Päpste, den sprichwörtlichen Supergau, stellte aber die Aufhebung des Jesuitenordens durch Clemens XIV. im Jahr 1773 dar, zu dem die europäischen Regierungen den Papst zwangen.[29] Der Papst beraubte sich dabei seiner entschiedensten Fürsprecher, der mobilen Eingreiftruppe, die er überall flexibel einsetzen konnte. Nicht umsonst hatte die Gesellschaft Jesu neben den drei klassischen Ordensgelübden Armut, Keuschheit und Gehorsam ein spezielles viertes Gelübde: den absoluten Gehorsam gegenüber dem Papst.[30] Wer also nach dem Traditionsabbruch, den die Revolution für Kirche und Katholizismus bedeutete, wieder an die Situation vor 1789 anknüpfen wollte, für den boten sich historisch gesehen das Papsttum und der von diesem repräsentierte romzentrierte Einheitskatholizismus gerade nicht an.

Jedoch lagen in der Kirchengeschichte vor 1789 vielfältige Anknüpfungspunkte bereit, um den revolutionären Traditionsabbruch zu überwinden – für die Kirche insgesamt, für die einzelnen Katholiken und nicht zuletzt auch für Giovanni Maria Mastai Ferretti. Es handelte sich um «Keime» im Plural – um noch einmal auf das Bild von Bonifazius Gams zurückzukommen –, die für eine neu erblühende bunte katholische Blumenwiese hätten stehen können, und nicht nur um eine einzige Samensorte im Singular, die lediglich langweilige römische Monokulturen hervorbringen konnte.

Wie konnte man mit der prinzipiellen Infragestellung von Kirche und Glauben nach der Revolution umgehen? Verdrängen und einfach zur Tagesordnung übergehen, als ob nichts geschehen wäre, war kaum möglich. Im Grunde gab es zwei prinzipielle Alternativen:

Entweder man gestand seine Niederlage ein, stellte sich auf die Seite der Kirchengegner und ihrer säkularen Weltdeutung, sagte christlichem Glauben und katholischer Kirche Ade und begann 1792 post Christum natum tatsächlich mit dem Jahr 1 der Revolution. In einer ganzen Reihe europäischer Länder und besonders im französischen Bürgertum wurde verstärkt diese Alternative gewählt.[31] Hier entwickelte sich die «Laïcité» unter Intellektuellen zu einem weitverbreiteten Grundprinzip. Eine Entkirchlichungs- und auch Entchristlichungsbewegung erfasste breite Bevölkerungsgruppen in nie dagewesenem Ausmaß – vor allem in den Städten. In den meisten europäischen Gesellschaften blieb dagegen vor allem bei den Unterschichten weitgehend eine positive Kirchlichkeit erhalten, während sich nicht wenige Mitglieder des Großbürgertums vom Katholizismus abwandten und sich vermehrt in eine Art humanistische Bildungsreligion flüchteten.

Oder man versuchte, irgendwie eine neue katholische Identität zu finden, mit der man die Herausforderungen bewältigen und als Katholik auch unter den geänderten Umständen weiterleben konnte. Diese zweite Alternative lief darauf hinaus, trotz des Traditionsabbruchs katholisch zu bleiben, dabei aber seine Identität neu zu definieren. Dafür gab es jedoch kein Patentrezept. Vielmehr bot sich eine ganze Reihe von Möglichkeiten an, die alle auf den vielfältigen vorrevolutionären Traditionen der katholischen Kirche beruhten. Denn eine neue katholische Identität ließ sich nur im Anschluss an und in Berufung auf die Tradition schaffen. Im Wesentlichen standen dafür fünf Möglichkeiten zur Verfügung.

Erste Option: Restauration

«Im Namen der heiligen und unteilbaren Dreieinigkeit. Ihre Majestät, der Kaiser von Österreich, der König von Preußen und der Kaiser von Russland, haben infolge der großen Ereignisse, die den letzten drei Jahren ihr Gepräge gaben, und insbesondere der Wohltaten, welche die göttliche Vorsehung den Staaten erwiesen hat, deren Regierungen ihr

Vertrauen und ihre Hoffnung allein auf sie setzten, die innige Überzeugung von der Notwendigkeit gewonnen, ihre gegenseitigen Beziehungen auf die erhabenen Wahrheiten zu gründen, welche uns die ewige Religion Gottes des Heilandes lehrt.»[32]

Mit diesen Formulierungen beginnt die Gründungserklärung der Heiligen Allianz vom 26. September 1815, die als wichtigstes Dokument der Restauration in Europa nach dem endgültigen Sturz Napoleons gilt.[33] Auf die Frage, wie es überhaupt zur Katastrophe von 1789 und zu fünfundzwanzig Jahren Krieg und Schrecken in Europa kommen konnte, gaben die Monarchen eine eindeutige Antwort. Statt auf die christliche Religion, das Naturrecht und das Gottesgnadentum habe man sich auf Volkssouveränität, Vernunft und Menschenrechte gestützt. Damit so eine Katastrophe nie mehr passieren konnte, musste man zurück zum Status quo ante, musste man sich vor allem wieder auf Christentum und Kirche stützen. Die alte Koalition von Thron und Altar und das Gottesgnadentum wurden als Allheilmittel angesehen.

Daher erklärten die drei Monarchen «feierlich, dass der gegenwärtige Akt nur den Zweck hat, im Angesicht der ganzen Welt ihren unerschütterlichen Entschluss zu bekunden, zur Richtschnur ihres Verhaltens im Innern ihrer Staatsverwaltung wie im politischen Verhalten nach außen nur die Vorschriften dieser heiligen Religion, die Vorschriften der Gerechtigkeit, der Liebe und des Friedens anzunehmen … Die drei verbündeten Monarchen selbst halten sich nur für die von der göttlichen Vorsehung mit der Regierung … Beauftragten, sie bekennen dabei, dass die Nation der Christen, zu der ihre Völker als Glieder gehören, in Wirklichkeit keinen anderen Oberherrn hat, als den, dem allein alle Macht zu eigen gehört, weil in ihm allein alle Schätze der Liebe, der Erkenntnis und der unermesslichen Weisheit liegen, nämlich Gott, unseren göttlichen Erlöser Jesus Christus, das Wort des Allerhöchsten, das Lebenswort.»[34]

Von diesem politisch motivierten Restaurationsprogramm profitierten die katholische Kirche und das Papsttum in besonderer Weise, wie der Staatsrechtler Carl Ludwig von Haller schon 1816 in seinem Standardwerk *Restauration der Staats-Wissenschaft* hervorhob.[35] Denn die Kirche hatte sich als einzige Institution der Erklärung der Menschenrechte und den falschen revolutionären Freiheiten widersetzt. Die Restauration des Kirchenstaats sollte ein Zeichen der politischen Wertschätzung für das Papsttum als Bewahrer der alten Ordnung sein.

Alles, was die Revolution als veraltet, dem Licht der Vernunft widersprechend und mit den Menschenrechten inkompatibel erklärt hatte, galt den Anhängern der Restauration als zeitgemäß, gottgewollt und dem Heil der Menschen zuträglich. So wurde das katholische Mittelalter als organisch gewachsene Einheitskultur entdeckt und die Reformation zur Vorläuferin der Revolution erklärt. Die ständische und agrarische Ordnung, in der jeder Mensch von Gott seinen festen Platz angewiesen bekam, galt als ideales Modell. Das kontemplative Mönchtum, das sich ausschließlich dem Gebet hingab und keinerlei praktischen Nutzen in Bildung und Krankenpflege anstrebte, erfuhr eine neue, bislang unbekannte Hochschätzung. In der kirchlichen Kunst und Architektur traten an die Stelle der lichtdurchfluteten Kirchen des Klassizismus die auf mystische und geheimnisvolle Raumerfahrung setzende Neugotik und die Neoromanik.

Alles sollte in der Restauration wieder so werden, wie es vor der Katastrophe gewesen war. Es ging um die schlichte Rückkehr zum Althergebrachten und Bewährten, um den Traditionsbruch zu heilen und eine stabile Brücke über diesen garstigen Graben zu legen. Dabei lag es in der Natur der Dinge, die Zustände vor 1789 zu idealisieren und gleichzeitig zu vereinfachen. Ein vielgestaltiger Katholizismus bot sich dafür wesentlich weniger an als ein überschaubarer Einheitskatholizismus.

Zweite Option: Romantik

Die alten Türme sah man längst schon wanken,
Was unsre Väter fromm gebaut, errungen,
Thron, Burg, Altar, es hat sie all' verschlungen
Ein wilder Strom entfesselter Gedanken.
    Der wühlt sich breit und breiter ohne Schranken,
Ein Meer, wo zornigbäumend aufgeschwungen
Die trüben Fluten Fels um Fels bezwungen,
Und alle Rettungsufer rings versanken.
    Doch drüberhin gewölbt ein Friedensbogen,
Wohin nicht reichen die empörten Wogen,
Und unter ihm ein Schiff dahingezogen,
    Das weiß nichts von der Wasser wüstem Branden,
Das macht der Stürme Wirbeltanz zuschanden –
O Herr, da lass uns alle selig landen![36]

Joseph von Eichendorffs *Das Schiff der Kirche* ist typisch für die Hinwendung der Romantik zum Katholizismus.[37] Der bestürzenden Erfahrung der Revolution, die alles ins Wanken gebracht, Kirche, Staat und Gesellschaft in absolute Unruhe versetzt hat, setzt Eichendorff die vermeintliche Sicherheit des christlichen Glaubens und vor allem der katholischen Kirche entgegen. In der Gefahr des Nihilismus, der Zerrissenheit und des Weltschmerzes richtete sich die romantische Sehnsucht auf das Natürliche, auf emotional gewachsene Beziehungen wie Familie und Gemeinschaft. Dabei galt ihm die katholische Kirche als einzige Gemeinschaft, die durch die Irrungen und Wirrungen der Geschichte hindurch ihre Identität bewahrt hat. Nicht umsonst war der Protestantismus etwa für den Dichter Novalis ein toter Buchstabenglaube, der «keine herrlichen, großen Erscheinungen des Überirdischen» mehr kannte.[38] Damit verband sich ein Sinn für das Irrationale und die religiöse Innerlichkeit. Die katholische Volksreligiosität, in der man das Echte und Unverdorbene zu finden hoffte, wurde wiederentdeckt.

Freilich wurde die Romantik keine Massenbewegung, sondern beschränkte sich auf einige intellektuelle Kreise, unter denen die sich sukzessive von einem aufgeklärten in einen romantischen Zirkel verwandelnde Familia sacra in Münster, die Wiener Gruppe um Clemens Maria Hofbauer, der Görres-Kreis in München, der Mainzer Kreis um die Zeitschrift *Der Katholik* und die zweite Generation der sogenannten katholischen Tübinger Schule hervorstachen.[39] Von besonderer Bedeutung wurde der Zirkel um Johann Michael Sailer, der sich seit 1800 an der Universität Landshut formierte und später zum Kern der Münchener Romantik um König Ludwig I. werden sollte. Sailer ging es um ein verinnerlichtes Christentum, das romantische Empfindsamkeit mit lebendiger Kirchlichkeit verband. Allerdings deutete sich bei dem Moral- und Pastoraltheologen und späteren Bischof von Regensburg in der Begegnung mit der sogenannten Allgäuer Erweckungsbewegung bereits ein Hang zum romantisch motivierten Mystizismus an.[40]

Dieser sollte bei Joseph Görres und Clemens Brentano einen unbestreitbaren Höhepunkt erreichen. So zeigte sich Görres in seiner *Christlichen Mystik* überzeugt davon, dass ein intensiver Glauben an Gott und Jesus Christus körperlich sichtbar werden könne. Er war von der Realität der Wundmale stigmatisierter Frauen, die in der Zeit der Romantik verstärkt auftraten, vom Wohlgeruch, der die Leichname von Heiligen umgab, und von ekstatischen Erfahrungen überzeugt.[41] Brentano war von den Stigmata der Seherin Anna Katharina Emmerick derartig fasziniert, dass er seit 1818 fünf Jahre lang fast täglich an ihrem Bett weilte, um «in tausenden von Manuskriptseiten ihre Visionen» niederzuschreiben.[42]

Ein einfaches Zurück zum Alten, wie es die Romantiker in ihren Dichtungen als Utopie formuliert hatten, erwies sich als unmöglich. Die harte Wirklichkeit verlangte nach einer Bewältigung, die letztlich nur durch eine Flucht in eine erträumte heile Welt gelingen konnte. Dazu musste man die Vergangenheit entweder zur guten alten Zeit stilisieren, in der die Welt noch in Ordnung gewesen war. Alle tatsächlichen Mängel der Kirche in der Epoche vor 1789 durften dann keine Rolle spielen. Oder, falls das nicht ausreichen sollte, blieb die Möglichkeit, eine ideale katholisch-mystische Gegenwelt zur harten unchristlichen Realität der Gegenwart im Sinne einer Wiederverzauberung der Welt zu konstruieren.[43]

Dritte Option: Aufklärung

Oberschwaben, in den zwanziger Jahren des neunzehnten Jahrhunderts: Ein junger Bauer wird auf dem Feld von einem heftigen Gewitter überrascht. Er steigt auf das Sattelpferd, um möglichst rasch den rettenden Hof zu erreichen, da trifft ihn «ein zackiger Blitz». Er ist sofort tot. Der Ortspfarrer von Kirchdorf an der Iller, Ritter Michael von Jung, hat die Beerdigung und die Grabrede zu halten, die er wie immer gereimt und zur Laute vorträgt. Die praktischen Lehren und ethischen Konsequenzen, die die Hinterbliebenen und die ganze Gemeinde aus dem Todesfall ziehen sollen, stehen dabei im Vordergrund der Verkündigung:

Indessen soll sein Unglücksfall
Uns weise Vorsicht lehren;
Zwar können wir dem Blitzestrahl
Das Schlagen nicht verwehren:
Wir können seinem Schlag jedoch
Bei Zeiten noch entgehen,
sobald wir ein Gewitter hoch
am Himmel kommen sehen.

Bis hierher gibt der Pfarrer schlicht bäuerliches Erfahrungswissen weiter, das seinen Zuhörern seit Generationen bestens vertraut war. Dann folgt jedoch eine überraschende Wende. Denn Michael von Jung wirbt mit Nachdruck für eine Erfindung Benjamin Franklins, die es zwar schon seit 1752 gibt, die sich aber auf dem Land noch nicht durchgesetzt hat:

> Am besten schützt uns allemal,
> Ein guter Blitzableiter,
> Er zieht an sich den Blitzestrahl,
> Und lässt ihn nicht mehr weiter.[44]

Die klassische katholische Reaktion fehlt in der Predigt völlig, denn der Schutzschirm des Wettersegens wird nicht mehr aufgespannt. Stattdessen wird ein Loblied auf den technischen Gewitterschutz gesungen. Die naturwissenschaftliche, rational zu erklärende Ableitung von elektrischer Energie durch Metalldrähte tritt damit an die Stelle der sakramentalen Abwehr von Blitz und Donner, die nur durch Gottes wunderbares Eingreifen in die Natur zu erklären ist.

Blitzableiter statt Wettersegen, Technik statt Gott, Wissen statt Glauben: Damit ist ein grundlegender Wandel der katholischen Frömmigkeit und des christlichen Weltverständnisses beschrieben. Pfarrer verstanden sich vielfach nicht mehr als Sakramentenspender und Verwalter des kirchlichen Gnadenschatzes, sondern als Volksaufklärer und Moralisten. Aufgeklärte katholische Pfarrer sprachen lieber über die Wirksamkeit verschiedener Dünger für die Steigerung der Ernteerträge, statt feierliche Ösch- und Flurprozessionen mit Feldsegnungen durchzuführen, die ihnen als magische Rituale erschienen. Damit wurde zwar implizit die Kompetenz der Kirche, die Welt zu deuten und zu erklären, infrage gestellt, aber die bei traditionsverhafteten Kreisen verhasste Aufklärung zumindest in den Kirchenraum hineingetragen.

Aufgeklärtes Gedankengut war nach der Revolution in breite katholische Kreise eingedrungen.[45] Man konnte zwar an Überlegungen und Konzepte von vor 1789 anknüpfen, aber eine spezifisch katholische Aufklärung erreichte ihren Höhepunkt erst in der ersten Hälfte des neunzehnten Jahrhunderts. Anders als im achtzehnten Jahrhundert standen bei katholischen Aufklärern nicht mehr abstrakte und theologische Fragen wie das Gottesbild, die Offenbarung oder das Verhältnis von Theologie und Philosophie im Mittelpunkt des Interesses. Vielmehr ging es jetzt im Zuge einer anthropologischen Wende vor allem um pastorale Reformen, die ganz konkret das Leben der Katholiken durch Anwendung rationaler Prinzipien verbessern sollten.

Der Konstanzer Generalvikar Ignaz Heinrich von Wessenberg wurde zum Inbegriff eines katholischen Reformers.[46] In erster Linie sorgte er für eine Klerusreform im Sinne aufgeklärter Prinzipien. Er strebte gebildete Pfarrer an, die auf Augenhöhe mit den Bürgern diskutieren konnten. Neben dem eigentlichen Studium richtete sich sein Blick vor allem auf die Fortbildung der Priester: Jeder Seelsorger musste wöchentlich in seinem Dekanat an der Pastoralkonferenz teilnehmen und dort regelmäßig die Bücher, die er gerade las, vorstellen. Wessenbergs Pastoralreform wandte sich gegen die Veräußerlichungen der barocken Frömmigkeit und den oberflächlichen Mechanismus des Rosenkranzgebets. An die Stelle von Wallfahrten sollte ein gut gestalteter Pfarreigottesdienst mit verständlicher Predigt treten. Gleichzeitig setzte er sich für die Abschaffung der lateinischen Liturgie und die Verwendung der Muttersprache sowie für ein Ende des Pflichtzölibats ein, der den Menschenrechten widerspreche. Die regelmäßige Abhaltung von Synoden sollte zu einer Demokratisierung der katholischen Kirche beitragen.

Eine ganze Reihe katholischer Intellektueller sah für sich nur die Möglichkeit, die Prinzipien von Christentum und Katholizismus mit modernem Denken und aufgeklärter Philosophie, Glaube mit Vernunft zu versöhnen. So wie es im Zuge der sogenannten Hellenisierung des Christentums im dritten und vierten Jahrhundert zu einer produktiven Verschmelzung der biblischen Botschaft mit der griechischen Philosophie gekommen war, so musste im neunzehnten Jahrhundert eine katholische Aufklärung möglich sein.

Vierte Option: Staatskirchentum

«Es sind Jahre verflossen, seit der Papst durch die Macht der Ereignisse ... wieder in den Besitz des Kirchenstaats und zugleich in die Lage versetzt worden ist, mit voller Freiheit für das Wohl der katholischen Kirche zu handeln und die Wunden zu heilen, welche ihr die Unbill der Zeiten geschlagen hat. Demungeachtet ist dafür vonseiten des Papstes weniger geschehen, als man von seinem Berufe hätte erwarten können, bei weitem weniger, als selbst von den verschiedenen Regierungen, namentlich auch von evangelischen Regenten, dafür gewollt und zum Teil auch getan wurde.»[47]

Mit diesen Formulierungen eröffnete der württembergische Gesandte Carl August Freiherr von Wangenheim am 24. März 1818 die Frankfurter Konferenzen der Oberrheinischen Staaten. Der evangelische König von Württemberg, Wilhelm I., und seine Regierung waren von ihren katholischen Beratern davon überzeugt worden, dass er nach dem Ausfallen des Papstes ganz im Sinne Josephs II. die entscheidende Verantwortung für seine katholische Landeskirche habe. Deshalb errichtete der König eigenständig ein Generalvikariat und unterstellte diesem alle zu Württemberg gehörenden Teile aus fünf Diözesen.

«Es ist von mehreren deutschen evangelischen Fürsten, welchen durch die Vorsehung die Regierung katholischer Untertanen anvertraut wurde, eingesehen worden, dass eine ihrer ersten Pflichten darin bestehe, das Wohl der katholischen Kirche zugleich mit dem Wohle des Staats, in welchem jene äußerlich gegründet, sicherzustellen.»[48] Hinter diesen Aussagen stand ein eindeutig staatskirchliches Programm.[49] Die Regierung war für das Wohl all ihrer Bürger zuständig. Weil dazu auch die kirchliche Grundversorgung gehörte, musste der Staat, selbst wenn er protestantisch dominiert sein sollte, auch für katholische Bischöfe und gut ausgebildete Pfarrer sorgen. Diese enge Verbindung von Staat und Kirche unter staatlicher Führung wurde aber nicht nur von Staatsrechtlern im Auftrag der Regierungen propagiert, sondern auch von zahlreichen katholischen Theologen und Pfarrern, die bald als «Staatskirchler» und «Josephiner» diffamiert wurden.

Zwei Ziele standen im Vordergrund: Erstens wollten die Josephiner durch die enge Anbindung an den Staat episkopalistische und kollegiale Tendenzen gegen Ansprüche eines römischen Zentralismus durchsetzen. Zweitens waren sie daran interessiert, dass der evangelische Staat sie vor römischen Maßregelungen schützen und ihnen einflussreiche Stellen in Kirche und Kirchenverwaltung verschaffen konnte.

Es bot sich also ein eher pragmatisches Arrangement mit den neuen Umständen an. Die großen Gewinner des Umsturzes waren die neuen Staaten, die infolge von Revolution und Säkularisation entstanden waren und an die Stelle der alten Konfessionsstaaten traten. Gerade wenn sie eine protestantische Bevölkerungsmehrheit besaßen, mussten sie alles daransetzen, die Katholiken zu integrieren, um Kulturkämpfe zu vermeiden. Dabei waren sie auf die Mitarbeit staatstreuer Katholiken angewiesen. Auch die neuen Nationalstaaten, die sich nach und nach in Europa etablierten, brauchten die Mitarbeit ihrer katholischen Bürger und griffen für ihre Legitimation nicht selten auf das religiöse Symbolsystem zurück. Hier sahen die sogenannten Staatskirchler den entscheidenden Ansatzpunkt für eine neue Stabilisierung des Katholizismus. Nach ihrer Ansicht brauchte der Staat unbedingt die Kirche, die Landeskirchen aber brauchten auch den Staat – notfalls zum Schutz gegen Einflussnahmen von außen.

Fünfte Option: Ultramontanismus

«Das Christentum beruht gänzlich auf der Souveränität des Papstes. Man kann deshalb als Prinzip der politischen und sozialen Ordnung … die folgende Kette von Vernunftschlüssen aufstellen: Es gibt weder eine öffentliche Moral noch einen nationalen Charakter ohne Religion, – es gibt in Europa keine Religion ohne Christentum, – es gibt kein Christentum ohne Katholizismus, – es gibt keinen Katholizismus ohne Papst, – es gibt keinen Papst ohne den ihm zukommenden unbedingten Vorrang.»[50]
Niemand hat die Autorität des Papstes eindrücklicher beschrieben als der französische Staatstheoretiker Joseph de Maistre. Sein Werk *Du Pape* von 1819 sollte zur Programmschrift einer innerkirchlichen Bewegung werden, die die Kirche in bislang nie dagewesener Weise auf Rom und den Papst ausrichtete: des Ultramontanismus.[51] Am Ende seiner Ausführungen läuft de Maistre noch einmal zu großer Form auf:
«O heilige Kirche von Rom! … Du verbreitest das Licht bis zu den äußersten Enden der Erde … Deine Lehren reinigen die Wissenschaft von jenem Gifte des Stolzes und der Unabhängigkeit, welches sie allemal gefährlich und oft unheilbringend macht. Deine Päpste werden bald allgemein ausgerufen werden als die höchsten Agenten der Menschenbildung, die Schöpfer der europäischen Monarchie und Einheit, die Bewahrer der Wissenschaft und der Künste; die Gründer und geborenen Beschützer der bürgerlichen Freiheit; die Vernichter der Sklaverei, die

Feinde des Despotismus, die unermüdlichen Stützen der Souveränität, die Wohltäter des menschlichen Geschlechts.»[52]

Die Ultramontanen lehnten eine Zusammenarbeit mit protestantischen Christen strikt ab, erst recht, wenn sie mit ihnen in einem gemischtkonfessionellen Staat zusammenleben mussten. Die romantische Flucht in eine Traumwelt war ihnen ebenso zu wenig wie das bloße Zurück zur guten alten Zeit. Sie wollten aus den Trümmern der katholischen Kirche, die die Revolution übriggelassen hatte, etwas ganz Neues schaffen: einen möglichst straff gegliederten, strikt einheitlichen antimodernen katholischen Kampfverband, möglichst mit einem unfehlbaren Oberbefehlshaber an der Spitze.

Anders als der Romanismus nach dem Konzil von Trient ging der Ultramontanismus nicht von Rom aus. Er entstand, wie der Name schon sagt, an der Peripherie und wurde erst im Laufe der Zeit in Rom rezipiert. Der liberale Katholik Alexis de Tocqueville beschrieb diesen Zusammenhang so: «Der Papst wird stärker von den Gläubigen dazu angetrieben, absoluter Herr der Kirche zu werden, als sie von ihm, sich seiner Herrschaft zu unterstellen.»[53] Dazu trug bei, dass sich die Gläubigen angesichts eines wachsenden Antiklerikalismus und einer zunehmenden politischen Defensive des Papsttums immer stärker mit ihrem Papst identifizierten. Es sollte aber bis 1846 dauern, bis der Ultramontanismus «von einer von bestimmten Kreisen auf Rom ausgerichteten Erwartungshaltung zu einer vom Papst und Kurie gesteuerten Uniformitätserwartung» werden sollte.[54]

Zunächst war der Ultramontanismus ein Phänomen literarischer Eliten. Erst als die Reorganisation der katholischen Kirche in den europäischen Ländern weitgehend abgeschlossen war und immer mehr Katholiken ein rigides Staatskirchenregiment ihrer Regierungen beklagten, wurde er auch für breitere katholische Kreise zu einer Utopie. Auch hier sollte die Beschwörung von Tradition und Traditionen und notfalls ihre Erfindung eine entscheidende Rolle spielen. Im Kampf vor allem gegen die protestantischen Staaten erträumten sich die Ultramontanen Rom als einen starken Bündnispartner gegen die Unterdrückung. Zugleich entwarfen sie ein Idealbild von Rom als heiliger Stadt, die nicht mehr nur der organisatorische Mittelpunkt der katholischen Kirche, sondern ihr emotional-religiöses Zentrum werden sollte.

Die Liturgie, die in Rom gefeiert wurde, war die Richtige, die Heiligen, die man in Rom verehrte, waren wirklich heilig. Rom wurde zum himmlischen Jerusalem verklärt und der Papst zum Felsen Petri stilisiert, an dem sich alle wilden Wogen des Bösen machtlos brechen. Insbesondere wurden romanische Frömmigkeitsformen wie die Herz-Jesu-Verehrung oder die Maiandachten für Deutschland neu entdeckt. Für diese Ultramontanisierung spielten die 1814 wieder zugelassenen Jesuiten in Europa und Lateinamerika eine entscheidende Rolle. Die päpstliche Realität in Rom entsprach jedoch kaum den ultramontanen Projektionen. Die Stadt war heruntergekommen, der Kirchenstaat galt als das rückständigste Gemeinwesen Europas überhaupt, und vor allem entsprachen die Päpste kaum den hehren Vorstellungen, die man sich von ihnen machte.

Bis zur Julirevolution waren die Grenzen zwischen den fünf innerkirchlichen Richtungen wenigstens zum Teil fließend. Katholische Romantiker konnten für ein aufgeklärtes Bildungsideal eintreten, und mancher Staatskirchler kannte nicht nur seinen Joseph II., sondern auch die gallikanischen Artikel. Eine ganze Reihe von katholischen Aufklärern entwickelten sich mit den Jahren zu Romantikern und später zu Ultramontanen. Der Publizist Joseph Görres ist dafür ein sprechendes Beispiel: Er wurde vom jakobinischen Revoluzzer zum Propagandisten des Papstes. Im Laufe des Vormärz entwickelten sich aus diesen fünf Gruppierungen jedoch mehr und mehr zwei verfeindete Kirchenparteien.[55] Auf der einen Seite standen die Liberalen, die aufgeklärte und staatskirchliche Ideen mit episkopalistischen und konziliaren Traditionen der Kirchengeschichte zu einem Gesamtkonzept verbanden. Ihnen ging es um eine grundsätzliche Versöhnung von Kirche und Moderne, von Glauben mit Vernunft und letztlich auch von Katholizismus und Nationalstaat. Auf der anderen Seite standen die Ultramontanen, die restauratives und romantisches Gedankengut zu dem Idealbild einer einheitlichen zentralistischen Kirche mit dem Papst an der Spitze zusammenführten. An der Wende vom neunzehnten zum zwanzigsten Jahrhundert sollten diese beiden Gruppen unter dem Etikett «Modernisten» und «Integralisten» beziehungsweise «Antimodernisten» firmieren.

… und Giovanni Maria Mastai Ferretti?

«Im Hause von Mastai sind selbst die Katzen liberal.» Dieser immer wieder kolportierte Ausspruch soll auf den erzreaktionären Staatssekretär Gregors XVI., Kardinal Luigi Lambruschini, zurückgehen. Eine klare Zuordnung ist jedoch schwierig.[56] Auf jeden Fall wird damit unterstellt, dass Giovanni Maria Mitte der vierziger Jahre des neunzehnten Jahrhunderts mit seiner ganzen Sippe eindeutig zur Partei der Liberalen gehörte. Eine solche Zuordnung ist aus römischer Perspektive nicht verwunderlich: War nicht sein Bruder Giuseppe 1815 mit dem Heer Murats Richtung Rom marschiert, um die Ewige Stadt noch einmal für Napoleon zu besetzen? Und war nicht derselbe Giuseppe Mastai Ferretti auch bei den Aufständen gegen die päpstliche Herrschaft im Kirchenstaat 1832 dabei gewesen?

Aber was meinte Lambruschini genau, wenn er auch Giovanni Maria einen Liberalen nannte? Hielt er ihn für einen verkappten Aufklärer, der für eine Trennung von Kirche und Staat eintrat? Oder war in seinen Augen jeder ein gottloser Liberaler, der auch nur moderate Sympathien für die italienische Einigungsbewegung aufbrachte? Und wie passt diese harsche Bewertung der vierziger Jahre zu dem äußerst positiven Votum, das derselbe Lambruschini als Erzbischof von Genua zwanzig Jahre zuvor über den jungen Priester Mastai am Vorabend seiner Chile-Reise abgegeben hatte, in dem er ihn für einen guten Jungen und reaktionären Parteigänger gehalten hatte?

Giovanni Maria Mastai Ferretti entzieht sich einer allzu schlichten Einordnung in eine fertige kirchenpolitische Schublade. Folgt man Lambruschini, dann hätte er sich überraschend entwickelt: vom jungen restaurativ eingestellten Geistlichen zum liberalen Bischof und Kardinal. Aber vielleicht gehörte er auf unterschiedlichen Feldern auch zu unterschiedlichen kirchlichen Richtungen, so dass er etwa in der Frage des Risorgimento liberal, im Bereich von Glaubenslehre und Moral dagegen ultramontan eingestellt gewesen sein könnte.

Am wenigstens beeinflusst war Mastai sicher von den Gedanken einer katholischen Aufklärung. Weder gab es in seiner Heimatstadt Senigallia eine Museumsgesellschaft oder einen vergleichbaren aufgeklärten Zirkel, noch ist es wahrscheinlich, dass einer seiner Lehrer in Volterra Immanuel Kant gelesen, geschweige denn diesen im Philosophieunterricht behan-

delt hat, noch wurde er während seiner Vorbereitung auf die Priesterweihe in Rom mit aufklärerischem Gedankengut konfrontiert. Zwar wurden auch kirchliche Internate in Italien nach der Jahrhundertwende von
aufgeklärten und vor allem revolutionären Ideen in eine gewisse Unruhe
versetzt und davon auch junge Kleriker angesteckt. Von dem Zögling
Giovanni Maria wird jedoch nichts Derartiges berichtet.[57]

In seiner römischen Zeit war Mastai Ferretti sogar mit einer ganzen
Reihe von einflussreichen Kirchenmännern befreundet, die die Aufklärung als philosophische Grundlage der Revolution schlicht für Teufelswerk hielten. Zu ihnen gehörte vor allem Monsignore Paolo Polidori, der
als Mitglied der Accademia di Religione Cattolica maßgeblichen Einfluss
auf den jungen Priester und späteren Bischof ausüben sollte.[58] Nach Polidori entstehen alle religiösen Irrtümer aus vier aufgeklärten philosophischen Systemen – dem von John Locke in England, Immanuel Kant in
Deutschland, Thomas Reid in Schottland und aus dem französischen
Eklektizismus – und können nur durch eine erneuerte thomistische
Philosophie überwunden werden. Polidori zufolge war die Aufklärung
allein von Rom aus erfolgreich zu bekämpfen: «Rom als Zentrum der
religiösen Einheit und der Unfehlbarkeit ist der Ort, an dem sehr viel
Gutes vollbracht werden kann, um dieses auf der ganzen Welt verbreiten
zu können.»[59]

Während seiner römischen Studienzeit scheint auch Filippo Anfossi
einigen Eindruck auf Mastai gemacht zu haben. Der Dominikaner, der
1817 zum Magister Sacri Palatii, zum einflussreichen päpstlichen Haus-
theologen, erhoben wurde, verteidigte mit Nachdruck das seit dem siebzehnten Jahrhundert eigentlich überholte geozentrische Weltbild und
wies alle aufgeklärt-naturwissenschaftlich begründeten Versuche der
Römischen Inquisition zurück, die Indizierung Galileo Galileis aufzu-
weichen und ein heliozentrisches Weltbild angesichts der Faktenlage zu
akzeptieren.[60] Dadurch geriet für ihn die Wahrheit der Bibel in Gefahr,
denn im Buch Josua stand eindeutig, dass die Sonne sich bewegte und
nicht die Erde.[61] Anfossi zeigte sich überrascht, dass jetzt sogar die
oberste Glaubensbehörde «die Interpretation der Heiligen Schrift nicht
mehr vom Heiligen Geist, sondern von Systemen der Philosophen und
Astronomen abhängig» mache. Dabei sei doch der «Heilige Stuhl das
glückliche Land, das immer dasselbe sagt und seine Empfindungen dank
der wahrhaften Auffassung der Schrift nie ändert».[62]

Ganz anders sah es mit den praktischen Auswirkungen der Revolution aus. Der junge Giovanni Maria war von Napoleon und seinen militärischen Erfolgen begeistert. Wie viele Jugendliche seiner Zeit hielt er Bonaparte für ein Genie. Der junge Graf war mit Söhnen von jakobinischen Familien in Senigallia befreundet, die eine republikanische Umgestaltung der Stadt und eine Loslösung der Marken vom Kirchenstaat anstrebten. Er erlebte Mitglieder der französischen Revolutionstruppen, die seine Heimatstadt besetzten, gerade nicht als gottlose Teufel, sondern als fromme Katholiken, die am Sonntag in die Kirche gingen. Als junger Mann scheint er mit der Regierung der Franzosen im Kirchenstaat und dem modernen Staatsaufbau, der auf dem Code Napoléon basierte, sehr zufrieden gewesen zu sein. Er betrachtete Paris und nicht Rom als die Kapitale der Welt und wäre gern in den französischen Staatsdienst eingetreten, am liebsten als Offizier. Hier lassen sich bei dem jungen Grafen sogar staatskirchliche Züge feststellen.

Jedenfalls zeigte er sich mit Anfang zwanzig nicht unbedingt als ein entschiedener Verteidiger der weltlichen Herrschaft des Papstes. So war im Mai 1814 völlig unklar, wer künftig in den Marken herrschen würde: Wieder Pius VII. oder doch weiter Frankreich direkt oder indirekt? «Über solche Dinge verliere ich aber nicht den Schlaf und bleibe bei der Tatsache, dass es uns heute besser geht als früher.»[63] Vielleicht wurden hier gewisse Sympathien für die kommende italienische Einigungsbewegung grundgelegt.

Die Romantik als eine überwiegend im deutschsprachigen Raum anzutreffende literarische und geistesgeschichtliche Bewegung scheint Mastai dagegen fremd geblieben zu sein. Einen romantischen Zirkel hatte es weder in Senigallia noch in Volterra gegeben, auch in Rom scheint man von der neuen Richtung erst spät Kenntnis genommen zu haben. Zwar wurden Friedrich Schlegel und Zacharias Werner im August 1816 Mitglieder der Accademia di Religione Cattolica, kamen aber nie selbst in die Ewige Stadt. Vor allem der Redemptorist Clemens Maria Hofbauer, um den sich in Wien ein romantischer Kreis gebildet hatte, versuchte, seine Ordensoberen in Rom vom Nutzen der Bewegung für eine Restauration katholischer Überzeugungen in der postrevolutionären Gesellschaft zu gewinnen.

Giovanni Maria wurde 1823 unter dem Pseudonym Cleomene Matapèo Mitglied der Accademia dell'Arcadia, einer Vereinigung von Dichtern und Literaten, die sich den Idealen des Klassizismus verschrieben hatte.[64] Da man keinen Romantiker persönlich kannte, so gut wie keine romantischen Werke selbst gelesen hatte und Hofbauers Versuch, die Potentiale der Romantik für den Katholizismus in Rom zu verdeutlichen, weitgehend folgenlos blieb, sahen die Arkadier die Romantik bald als Gegner und literarisches Manifest gegen die Klassik an. Sie galt als demokratisch orientiert und stellte daher in den Augen der Accademia-Mitglieder, die ausschließlich Adelige waren, eine Gefahr dar. Mastai Ferrettis Jugendbiograph Falconi, der die Quellen zu den Arkadiern ausführlich untersucht hat, kommt für den jungen Mastai zu einem ähnlichen Ergebnis: Er war ein Anhänger des Klassizismus in Musik, Kunst und Literatur, was seiner konservativen Grundstimmung entsprach. Romantik war für Giovanni Maria dagegen etwas Neues und Unbekanntes, auf das er sich nicht einließ.[65]

Ein Zug der Romantik, der sich vor allem bei Clemens Brentano, Joseph Görres, aber auch bei Johann Michael Sailer zeigt, war Mastai Ferretti dagegen vertraut, auch wenn er ihn nicht unmittelbar mit Romantik in Verbindung gebracht haben dürfte: der Hang zum Mystizismus und zu außergewöhnlichen religiösen Phänomenen. Das fing bei den blinzelnden Madonnen seiner Kindheit an, ging über die wundersame Rettung des Fünfjährigen aus dem Brunnen und führte bis zur Heilung von der Epilepsie, die die Mitte Zwanzigjährige auf ein übernatürliches Eingreifen der Gottesmutter zurückführte.

Visionen, Prophezeiungen, Erscheinungen der Allerseligsten Jungfrau und anderer Heiliger und vor allem stigmatisierte Frauen faszinierten Mastai Zeit seines Lebens. Sie waren für ihn übernatürliche Zeichen in der Natur, Wunderbeweise für Gottes gnadenhaftes Handeln in dieser Welt. Als Erzbischof von Spoleto sah er die Erscheinung des heiligen Kreuzes am Himmel. 1830 war er sogar überzeugt, gesehen zu haben, wie sich der Leichnam der seligen Klara in ihrem Grabesschrein bewegt habe.[66]

In seinem Kirchen- und Gesellschaftsverständnis sowie in seinem theologischen Grundkonzept – sofern er über ein solches aufgrund seines eher dünn ausgefallenen Studiums überhaupt verfügte – dürfte Mastai ab 1816 eher der restaurativen Richtung zuzuordnen sein. Schon in Volterra zeigte sich der Schüler Giovanni Maria, als in der Stadt egalitäre Tendenzen aufkamen, der Würde seines Standes durchaus bewusst. Mit der von der Revolution propagierten klassenlosen Gesellschaft und der Gleichheit aller Menschen konnte er wenig anfangen. Der Adel und die Standesgesellschaft galten ihm als gottgewollt – trotz seiner Begeisterung für den Aufsteiger Napoleon.

Auch wenn er in seiner Jugendzeit, vor allem im «Jahrfünft» der Desorientierung, Sympathien für die Revolution und moderne Ideen gezeigt hatte, hielt sich die restaurative Grundtendenz bei ihm durch. Nach seiner Entscheidung zum Priestertum verstärkte sie sich sogar noch. In frühen Predigten bezeichnete Mastai den Teufel sogar als den ersten Revolutionär. Schon 1817 war er Mitglied der Società dell'Amicizia Cattolica geworden.[67] Das Programm dieser Gesellschaft war strikt restaurativ; ihr Motto lautete: «Treue und Obödienz den obersten Gewalten gegenüber, jeder aber in Ausübung des je eigenen Amtes: Papst oder König.» Dahinter stand das Konzept eines strikten Legitimismus. Außerdem mussten die Mitglieder ihren Treueeid auf den Papst Jahr für Jahr neu ablegen.[68] Die Übergänge zwischen einer restaurativen und einer ultramontan-papalen Einstellung waren hier fließend.

Am deutlichsten dürften sich die reaktionären Überzeugungen des jungen Mastai im Tagebuch seiner Chile-Reise zeigen. Die Unabhängigkeitserklärungen der lateinamerikanischen Staaten von ihren Mutterländern bezeichnete er durchweg als Revolutionen. Er malte das Gespenst des frevelhaften und blasphemischen Charakters aller Umstürze an die Wand, die zu einer Zerstörung der alten gottgewollten Ordnung führten. Zunächst würden die Könige stürzen, dann der Papst, schließlich Religion und Kirche vernichtet werden. Für Giovanni Maria ahmten die Anführer der neuen Republiken in ihrer Kirchenpolitik nur die unseligen Beispiele von Heinrich VIII. von England und Kaiser Joseph II. nach. Am Ende «zielen die aktuellen unabhängigen Regierungen nur darauf ab, die Religion unmittelbar zu zerstören».[69]

Mit der Angst vor wahrhaft teuflischen Revolutionen in Südamerika verbanden sich bei dem jungen Auditor aber auch antisemitische Züge. Für Mastai war die Loslösung vom legitimen König Spaniens ein Werk der Hölle, und der Präsident Chiles Ramón Freire galt ihm als Handlanger des Teufels. «Seine Physiognomie ist israelitisch. Er empfing uns mit einer widerlichen herrscherlichen Aufgeblasenheit.»[70]

Mastai vertraute seinem Diarium an, dass es sich bei den Repräsentanten der neuen lateinamerikanischen Staaten um illegale Regierungen handelte, mit denen der Heilige Stuhl eigentlich nicht verhandeln konnte. Nur das Seelenheil der Gläubigen, die geordnete Kirchenstrukturen brauchten, legitimierte für ihn eine solche Mission wie die nach Chile. Für ihn war und blieb Ferdinand VII. von Spanien der einzig legitime Herrscher, und insgeheim hoffte Mastai darauf, dass dieser mithilfe der Heiligen Allianz die Revolutionäre in Südamerika genauso niederwerfen könnte, wie er es in Spanien selbst bereits geschafft hatte.

Am 5. Mai 1825 schrieb der Auditor an Kardinalstaatssekretär Giulio Maria Della Somaglia: Möge Gott in seiner Güte dafür sorgen, «dass Amerika die alte Ordnung zurückgegeben wird, während ihr Mangel der Religion ungeheuer schadet».[71] Ohne dieses klare Bekenntnis zur Restauration als Rückkehr zur alten gottgewollten Ordnung hätte der reaktionäre Leo XII. Mastai nach dem Scheitern der Chilemission wahrscheinlich nicht in Gnaden in Rom aufgenommen und ihn wenig später auch noch zum Erzbischof gemacht.

Äußerungen zu ultramontanen Autoren wie de Maistre oder Haller sind von Mastai nicht überliefert, was nicht wirklich überrascht, gab es doch zunächst nur vereinzelt Übersetzungen dieser Autoren von jenseits der Alpen. Dennoch scheint Mastai durch die Vermittlung von Giovanni Marchetti, der sich als erfolgreicher Autor hervortat und die Ideen der französischen und deutschen ultramontanen Vordenker auf Italienisch popularisierte, mit ihren Gedanken bekannt geworden zu sein. Der junge Giovanni Maria hatte ihn wahrscheinlich 1815 in Rom kennengelernt und war von ihm begeistert. Für Marchetti war der Papst die oberste Triebfeder aller Geschichte, er allein konnte als oberster Souverän Ordnung und Recht garantieren. Dazu benötigte er aber nicht nur Jurisdiktionsvollmacht, sondern im Letzten auch Unfehlbarkeit.[72]

Zu diesem Befund will die oben zitierte Äußerung Kardinal Lambruschinis aus den 1840er Jahren, die Mastai Ferretti als einen ausgemachten Liberalen charakterisiert, nicht recht passen. Allenfalls eine gewisse Sympathie für das Risorgimento und ein entschiedener seelsorgerlicher Einsatz für Revolutionäre und Kämpfer für die nationale Einheit Italiens könnten als liberale Anwandlungen verstanden werden. Im Polizeistaat Gregors XVI. galt jede menschliche Regung schnell als häretisch und gefährlich für die althergebrachte Ordnung.

Und wie passt die Versetzung Mastais von Spoleto nach Imola im Jahr 1832 ins Bild, ausgerechnet in dem Jahr, in dem er sich als Für-

*Pius IX. im Kreis
seiner Brüder
Gabriele, Giuseppe
und Gaetano.*

sprecher der Aufständischen einen Namen gemacht hatte, als Bischof
verurteilte Revolutionäre ganz selbstverständlich zum Schafott begleitete
und diese unangenehme Aufgabe nicht wie andere Oberhirten irgendwelchen Patres überließ?[73] Kam Gregor XVI. damit tatsächlich einem
Wunsch Mastais nach, der sich nach den Tumulten in Spoleto erholen
wollte und für den die Versetzung nach Imola daher eine Beförderung
dargestellt habe?[74] Und wie kann man dann die erst überaus späte Ernennung zum Kardinal im Jahr 1840 erklären?[75]

Wahrscheinlich brachte Mastai Ferretti seine Position zwischen den
Parteien und Richtungen selbst am besten auf den Punkt, als er als
Bischof von Imola schrieb: «Ich hasse und verabscheue von Grund auf

die Gedanken und Taten der Liberalen, aber der Fanatismus der sogenannten ‹Papalini› ist mir sicher nicht sympathisch. Die richtige christliche Mitte, und nicht die heute in Mode befindliche teuflische, das ist
der Weg, den ich mithilfe des Herrn einschlagen möchte – aber wird es
gelingen?»[76] Aber was war mit diesem dritten Weg zwischen den Extremen der Liberalen und Intransigenten bei Mastai genau gemeint?

VIERTES KAPITEL

Bischof, Messe, Priesterseminar
Die Erfindung der Tradition von Trient

Die Katze kommt aus dem Sack

Für den *Katholik,* das wichtigste Presseorgan der deutschen Ultramontanen mit dem sprechenden Untertitel «Eine religiöse Zeitschrift zur Belehrung und Warnung», gab es keinen dritten Weg neben ultramontaner und liberaler Orientierung. 1841 erschien in zwei Teilen eine umfangreiche Besprechung zu den wichtigsten Publikationen über das Konzil von Trient – doch darum ging es nur vordergründig. Tatsächlich verlangte der Artikel von seinen katholischen Lesern eine grundsätzliche Stellungnahme für oder gegen «die hohe Wichtigkeit» des Tridentinums, «zumal für die jetzige Zeit».[1]

Seit Luthers Thesenanschlag im Jahr 1517 und der damit beginnenden Reformation hatte die Idee eines Ökumenischen Konzils zur Lösung der Krise eine entscheidende Rolle gespielt.[2] Luther selbst betrachtete das Konzil anfangs noch als Appellationsinstanz gegenüber dem Papst. Zwei Jahre später schied eine allgemeine Synode für ihn jedoch als Schiedsgericht aus: Konzilien können irren, stellte er lapidar fest. Für Kaiser Karl V. und vor allem für die deutschen Reichsstände blieb die Konzilsidee aber von entscheidender Bedeutung. Fast jeder Reichstagsabschied endete mit dem Satz: Alle Beschlüsse in Kirchenfragen würden nur so lange gelten, bis binnen Jahresfrist ein Konzil eine endgültige Lösung gebracht hätte. Kaiser und Stände drängten auf die Einberufung einer solchen Kirchenversammlung; die Päpste dagegen taten alles, um genau dies zu verhindern, weil sie seit den Konzilien von Konstanz und Basel im fünfzehnten Jahrhundert, die versucht hatten, ihre Macht zu beschränken, Angst vor solchen Generalsynoden hatten.

Deshalb dauerte es bis 1542, bis Paul III. endlich ein Konzil nach
Mantua einberief, das aber nicht zustande kam. Erst 1545 trat das Konzil
in Trient zusammen. Da die Beratungen mehrfach unterbrochen wurden, sollte es mit Unterbrechungen fast zwanzig Jahre lang dauern.[3] Auf
die erste Tagungsperiode von 1545 bis 1548 folgte eine zweite Sitzungs-
phase, die von 1551 bis 1552 dauerte. Nach einem Jahrzehnt Pause trat das
Konzil schließlich 1562 bis 1563 zu seiner letzten und entscheidenden
Sessio zusammen. Für eine unmittelbare Antwort auf die Herausforderungen der Reformation war es nun zu spät. Deshalb stellte sich das
Konzil vor allem zwei Aufgaben, die sich auch in der Gestalt seiner
Dekrete widerspiegelten: In dogmatischen Beschlüssen legte Trient die
wesentlichen Lehrinhalte des katholischen Glaubens dar; in Reformde-
kreten ging es um eine grundsätzliche Erneuerung der Kirche. Für über
drei Jahrhunderte bis zur Einberufung des Ersten Vatikanischen Konzils
1869 blieb das Tridentinum das Konzil schlechthin.

Das Konzil von Trient habe, so fährt der Rezensent im *Katholik* fort,
nicht nur im sechzehnten Jahrhundert den Protestantismus in «allen seinen Schattierungen und Variationen auf immer von sich ausgeschieden»,
sondern auch eine «unabänderliche Norm» für die katholische Kirche gesetzt. Das Tridentinum habe «den Neuerungssüchtigen» für «alle Zukunft
die gehörige Schranke gezogen, welche zu durchbrechen es sie nicht ge-
lüsten darf, solange sie nicht ihren Verband mit der allgemeinen Kirche
aufgeben wollen».[4]

Das heißt im Klartext nichts anderes als: Nur wer das Konzil von Trient als alleinigen Bezugspunkt nimmt und es so auslegt wie wir Ultramontanen, gehört zur katholischen Kirche. Wer dies nicht tue, wie andere
kirchliche Richtungen, insbesondere die Aufklärer, Josephiner und Liberalen, oder wer falsche Kompromisse suche, schließe sich selbst aus. Das
Tridentinum verlange einen unveränderlichen Einheitskatholizismus, der
jede Differenzierung, jeden weiteren Inkulturationsprozess und jede neue
Aktualisierung von Tradition ausschließe. «Erst jetzt begann sich ein
Image von Trient herauszubilden und durchzusetzen, das die Abwehr
jeglicher Form von kirchlicher Erneuerung legitimieren sollte. Die Erinnerung an Trient diente fortan dazu, den Katholizismus als antimoderne
Gegengesellschaft zu stabilisieren.» Die historische Tatsache, dass Trient
ein einmaliges «Innovationsprogramm zur Erneuerung der Kirche erarbeitet» hatte, wurde im neunzehnten Jahrhundert schlicht verdrängt.[5]

Der anonyme Verfasser des Artikels im *Katholik* beklagt die Verdunkelung der Beschlüsse des Konzils von Trient im achtzehnten und der ersten Hälfte des neunzehnten Jahrhunderts. Dabei seien die Reformdekrete «in vielen erheblichen Stücken nachgerade daran, sich als wohlbegründete Gerechtsame und Institutionen der Kirche geltend zu machen». Erst jetzt, im Jahr 1841, beginne die eigentliche Rezeption und Umsetzung des Tridentinums: «Die Freunde kirchlicher Ordnung und geregelten Fortschrittes berufen sich auf die Satzungen dieser heiligen Synode, und werden es täglich mehr inne, um wie viel besser es in Deutschland, um die Kirche sowohl als um die Sittlichkeit im Staate, stehen müsste, wenn man statt des ewigen Experimentierens und Projektenmachens sich hätte die Mühe geben wollen, die weisen Vorschriften der Kirche zu vollziehen.» Vor allem das Herumdoktern an der ewigen tridentinischen Liturgie wird bitter beklagt: «Es entstand eine trostlose Leere.»[6]

Scharfsinnig bemerkt der Rezensent, dass sich im Grunde genommen neben den Ultramontanen auch alle anderen Richtungen und Parteien in der katholischen Kirche auf das Tridentinum berufen, es aber natürlich ganz anders auslegen als die Strengkirchlichen. Dies erklärt der anonyme Verfasser natürlich für illegitim. Die Ultramontanen beanspruchen das Auslegungsmonopol: Nur so, wie sie sich auf Trient berufen, ist es richtig, alle anderen Formen der Trientrezeption sind daher falsch.

Als Beispiel für einen katholischen Aufklärer wird auf den Konstanzer Generalvikar Ignaz Heinrich von Wessenberg und seine Konzilsdeutung verwiesen, der, wie der Rezensent schreibt, zur «anderen Seite» gehöre und «mit entschiedener Vorliebe zu ebendieser Kirchenversammlung» zurückkehre «und sich an ihren Beschlussnahmen über die Interessen der Gegenwart zu orientieren» suche.[7] Was etwas gewunden formuliert nichts anderes heißt als: Wessenberg instrumentalisiere im Interesse der Gegenwart und ihrer Gestaltung die Autorität des Tridentinums in seinem Sinne. Diese Bezugnahme auf Trient sei vor allem deshalb falsch, weil sie sich mit einem antirömischen Affekt, einem «blinde[n] Eifern gegen den Stuhl Petri» verbinde, was der ursprünglich papalen Intention des Tridentinums nicht entspreche.[8]

Damit war die Katze endlich aus dem Sack: Das Konzil von Trient interpretierte nur richtig, wer es im Sinne eines unabänderlichen Einheitskatholizismus auslegte. Einer radikalen Umdeutung des Trienter Konzils

stand damit Tür und Tor offen. Dabei sollte der Pontifex maximus den
ultramontanen Denkern insbesondere in Frankreich und Deutschland
zunächst nur als Projektionsfläche für ihre Vorstellung von der wahren
Tradition dienen. Aber dazu brauchte man in Rom den richtigen Mann
an der Spitze. Dem Sehnsuchtsort Rom sollte ein Sehnsuchtspapst entsprechen. Weder Leo XII. noch Gregor XVI. entsprachen jedoch dem
vermeintlich «tridentinischen» Idealbild von einem Papst, von dem alle
Macht in der Kirche ausging. Solange es keinen solchen Papst gab, war
man darauf angewiesen, die Kirche im Sinne des «Mythos Trient» als
Geburtsstunde eines Einheitskatholizismus neu auszurichten. Die Erfindung dieses Mythos Trient, der zunächst ohne «tridentinischen» Papst
auskam, spielte für den Katholizismus im neunzehnten Jahrhundert die
entscheidende Rolle. Ohne das erfundene Tridentinum, ohne das unhis-
torische Idealbild von Inhalt und Funktion des Konzils von Trient, das
man für die Kirchenpolitik der Gegenwart brauchte, würde die katholische Kirche auch heute ganz anders aussehen.

Das «tridentinische» Seminar wird erfunden

Hart umkämpft war vor allem die Ausbildung der zukünftigen Priester.[9]
Denn mit der Wende vom achtzehnten zum neunzehnten Jahrhundert
war es in Mitteleuropa zu erheblichen Verwerfungen in der Universitäts-
landschaft gekommen. Die Kirche war ab 1803 mit dem Phänomen
«staatlicher» Universitäten konfrontiert, auf die sie, ganz anders als in
früheren Jahrhunderten, nur noch einen geringen Einfluss hatte. Kirchengeschichtlich gesehen kann man das neunzehnte Jahrhundert
deshalb als das «Jahrhundert des Seminarkonfliktes» bezeichnen. Die
Alternative Tridentinisches Seminar oder staatliche Hochschulfakultät
bestimmte die Diskussion um die Konkordate während und nach dem
Wiener Kongress 1815, im Vormärz, in den Jahren nach der Achtundvier-
ziger-Revolution, im Kulturkampf und nicht zuletzt im sogenannten
Modernismus um die Wende zum zwanzigsten Jahrhundert.

Augustin Theiners *Geschichte der geistlichen Bildungsanstalten* von
1835 wurde zur wichtigsten Programmschrift der Anhänger des Tridentinischen Seminars. Theiner, später Präfekt des Vatikanischen Geheim-

archivs, stand während seiner Studienzeit in Breslau zunächst aufgeklärten kirchenkritischen Ideen nahe. Den päpstlichen Primat, das
priesterliche Amt und vor allem das Zölibatsgesetz unterzog er einer
ätzenden Kritik und landete zusammen mit seinem Bruder Johann
Anton auf dem *Index der verbotenen Bücher.*

Doch während eines längeren Aufenthaltes im römischen Seminar
von Santo Eusebio 1832 wandte Theiner sich einer entschieden römischen Kirchlichkeit zu. An diesem geborgenen Ort hatte er ein Bekeh-
rungserlebnis. Das Allheilmittel gegen die böse moderne Welt mit all
ihren Anfechtungen war für ihn seither die Abgeschiedenheit eines
Tridentinischen Seminars, während die Universität, an der er in Breslau
studiert hatte, mehr und mehr zu einer Institution wurde, die dem «fri-
volen zu dem Heidentume sich hinneigenden Geist» Tor und Tür öffnete.[10] Theiners Schlussfolgerung lautete: Die Gründung von Seminarien, «wie solche durch den heiligen Eifer und die göttliche Erleuchtung
der Väter des Konzils von Trient geschaffen worden, … bildet … für
Deutschland die große Hauptfrage der Gegenwart».[11]

Für den Niedergang des kirchlichen Lebens in Deutschland seit dem
hohen Mittelalter machte der Breslauer Theologe vor allem die Universitäten verantwortlich: Ohne Universität kein Dr. Martin Luther, ohne
Luther keine Reformation, ohne Reformation keine Kirchenspaltung.
Diese Fehlentwicklung in Priesterausbildung und Kirche hatte nach
Theiners Ansicht jedoch das Tridentinum als Konzil der Gegenreformation korrigiert. Es habe «fremdartige, durch die Schuld früherer Zeiten
in die Kirche eingedrungene Elemente» beseitigt, zu denen er ausdrücklich die Universitäten zählte.[12] Daher habe das Tridentinum für jeden
Priesteramtskandidaten die Ausbildung in einem Seminar verbindlich
vorgeschrieben und den Besuch der Universitäten verboten. Leider jedoch seien diese klaren und strengen Vorschriften nicht erfüllt worden.
Namentlich die Aufklärer hätten das Tridentinum bewusst sabotiert, um
die Priester zu Verkündern des «gottvergessenen heidnischen Weltgeis-
tes» zu machen. Deshalb fragte er: War es «ganz natürlich, dass man es
vorzog, die angehenden Zöglinge des Priestertums auf die Universitäten
zu schicken, wo alle christlichen Elemente bis auf den letzten Funken
sich verloren haben, und unter der Sonne der stolzen, gottvergessenen
Wissenschaft und der ungezügelten Freiheit der Zeitgeist mit allen seinen Lüften sich eine bleibende und stets wachsende Herrschaft gegrün-

det hat? Umsonst legt man dem ungebändigten, von Leidenschaften durchwühlten Jünglinge das für ihn so drückende Joch unserer Seminarien auf.»[13]

Sechs Monate noch so gutes Tridentinisches Seminar könnten Jahre der antikirchlichen universitären Luft nicht mehr verdrängen. Durch das Universitätsstudium würden so viele echte Priesterberufungen im Keim erstickt. Für Theiner war klar: Nur wenn alle Priesteramtskandidaten ihre gesamte Ausbildung in einem Tridentinischen Seminar erhalten, nur wenn jegliches Universitätsstudium für Theologen verboten wird, oder kurz: nur wenn die Beschlüsse des Konzils von Trient hinsichtlich der Priesterausbildung endlich buchstabengetreu realisiert werden, nur dann wird die katholische Kirche die Krise von Aufklärung und Revolution überwinden, die Ursachen des Priestermangels beheben und einer erfolgreichen Zukunft entgegengehen. Nun musste der Patient nur noch die verordnete Medizin schlucken, um gesund zu werden.

Der Versuch, Theiners Ideal der Priesterausbildung in Deutschland in die Praxis umzusetzen, führte zu harten Konflikten. Die Bischöfe von Speyer und Eichstätt, Nikolaus von Weis und Karl August Graf von Reisach, bezogen sich in ihren Auseinandersetzungen mit dem bayerischen Staat und den Universitätstheologen ausdrücklich auf Theiners Programmschrift oder übernahmen wörtlich Theiners Argumentation, ohne dies anzugeben.[14]

Reisach hatte als einer der ersten deutschen Theologen nach der Säkularisation am Collegium Romanum, der späteren Universität Gregoriana, studiert und war 1830 Rektor des Kollegs der Propaganda Fide in Rom geworden.[15] Das dort praktizierte Modell der Priesterausbildung für ausländische Missionare verband schulische Ausbildung mit geistlicher Seminarerziehung. In den Ferien konnten die künftigen Missionare schon aus rein praktischen Gründen nicht nach Hause fahren: Die Entfernungen waren zu groß. Reisach übertrug dieses Modell einfach auf bayerische Verhältnisse. Die Seminaristen durften in den Ferien nicht nach Hause, aber nicht aus Gründen der Entfernung, sondern um sie von ihren Familien und somit von der verderbten Welt fernzuhalten. Die Argumentationsgrundlage für die Errichtung solcher Seminarien und für die Absicht, in Zukunft allen Alumnen das Theologiestudium an einer Universität zu verbieten, bildete wiederum das Konzil von Trient. Stand nicht im Bayerischen Konkordat von 1817 der Satz, die Bischöfe dürften in ihren Diözesen Seminare «juxta normas Concilii Tridentini», gemäß den Regeln des Konzils, errichten?[16] Der Staat verstand darunter Seminare für Priesteramtskandidaten, die hier nach dem Hochschulstudium für höchstens ein Jahr zur Weihevorbereitung und praktischen Ausbildung lebten. Reisach hingegen legte das Seminardekret des Konzils von Trient antiuniversitär aus, damit die Überheblichkeit des «deutschen Professorentums» endgültig vernichtet werde. Erst wenn überall Tridentinische Seminare durchgesetzt und die Beschlüsse des Konzils von Trient unverkürzt Wirklichkeit geworden seien – so Reisach weiter –, sei es aus mit der «Universitätsdiktatur».[17]

Im abgelegenen Eichstätt hatte Reisach mit diesem Modell Anfang der vierziger Jahre Erfolg. Als er aber versuchte, dieses Konzept in ganz Bayern durchzusetzen, leistete die Münchener Regierung massiven Widerstand und trat entschieden für die theologischen Fakultäten ein. Schließlich wurde Reisachs Stellung nicht zuletzt wegen der Seminarfrage in Bayern unhaltbar. Ludwig I. und sein Sohn Maximilian II. von Bayern versuchten ihn daher zum Kurienkardinal nach Rom wegzubefördern zu lassen, um an der kirchenpolitischen Front zuhause endlich Ruhe zu haben. Als Reisach dann von Rom aus erneut die Gründung eines Tridentinischen Seminars betrieb, dieses Mal im bayerisch-pfälzischen Speyer, nahm die Regierung die Universitätstheologen wieder demonstrativ in Schutz. Die Kritik des Münchener Kirchenhistorikers Ignaz von Döllinger scheint in den Kreisen der bayerischen Regierung gehört worden zu sein. Er bezeichnete die Lehrer dieser Anstalten als «theologische Dilettanten» und die Seminare selbst als «eine aus dem Stegreife notdürftig zusammengestoppelte Winkelschule, eine Art theologische Strohhütte, zu welcher der Bischof das Material nimmt, wie es ihm gerade vor den Füßen liegt».[18] Der Siegeszug der Tridentinischen Seminarien war in Bayern somit in seinen Anfängen steckengeblieben.

Aber nicht nur im katholischen Bayern, auch in Württemberg kam es zu heftigen Auseinandersetzungen um die Priesterausbildung.[19] Das ehemals rein protestantische Württemberg hatte durch die Säkularisation zu Beginn des neunzehnten Jahrhunderts etwa fünfhunderttausend katholische Untertanen dazugewonnen. Nach dem kurzzeitigen Versuch, in Ellwangen ein Generalvikariat und eine Katholisch-Theologische Fakultät zu etablieren, entschied sich König Friedrich I. für die Einbindung der katholischen Theologie in die Landesuniversität in Tübingen. Für die angehenden Priester wurde mit dem Wilhelmsstift ein Konvikt in direkter Nachbarschaft zur Universität geschaffen. Das eigentliche Priesterseminar für die praktische Ausbildung nach dem Studium befand sich fortan am neuen Bischofssitz in Rottenburg. Im Interesse des konfessionellen Friedens wollte man ökumenisch gesinnte katholische Geistliche ausbilden lassen, die sich im evangelischen Tübingen ihre konfessionellen Kanten abschleifen lassen mussten. Die Katholisch-Theologische Fakultät an der evangelischen Landesuniversität und das Wilhelmsstift, das ein Konvikt und kein Tridentinisches Seminar war, gerieten mehrfach ins Kreuzfeuer der Kritik. Die klaren und eindeutigen Vorschriften des Konzils von Trient würden hier mit Füßen getreten. Nach langen Auseinandersetzungen siegte auch in Württemberg das Universitätsstudium der Priester über das Tridentinische Seminar.

Ganz anders war die Lage in Hessen-Darmstadt.[20] Nach dem Zusammenbruch des alten Kurfürstentums Mainz in den Napoleonischen Kriegen gründete Bischof Joseph Ludwig Colmar bereits 1805 für die neue Diözese Mainz ein Tridentinisches Seminar. Nach der Neugliederung der Oberrheinischen Diözesen 1821 errichtete die Hessische Regierung mit Zustimmung des neuen Mainzer Bischofs Joseph Vitus Burg jedoch an der Universität Gießen eine Katholisch-Theologische Fakultät. Das Mainzer Seminar wurde in seiner bisherigen Form aufgehoben und als Ordinandenseminar auf die unmittelbare Weihevorbereitung reduziert. Das Studium in Gießen war für alle Alumnen des Bistums Mainz seit 1830 verbindlich vorgeschrieben. Für zwei Jahrzehnte war die Aufgabenverteilung von Fakultät und Seminar damit klar geregelt. Zu einer radikalen Wende kam es jedoch mit dem Amtsantritt von Bischof Wilhelm Emmanuel von Ketteler. Bereits wenige Tage nach seiner Bischofsweihe am 25. Juli 1850 leitete er entscheidende Schritte zur Wiedererrichtung eines Tridentinischen Seminars in Mainz und zur Aufhebung der Gießener Fakultät ein. Zu Ostern 1851 verbot er allen Priesteramtskandidaten den Besuch der Gießener Hochschule und verpflichtete sie, ihre Ausbildung ausschließlich im Mainzer Seminar zu absolvieren. Die Hessische Regierung versuchte, dies zu verhindern, da es faktisch das Ende der Fakultät in Gießen bedeutete. Ihre Studenten rekrutierten sich nämlich ausschließlich aus Mainzer Priesteramtskandidaten. Ketteler aber stellte das Ministerium in Darmstadt vor vollendete Tatsachen.[21] Die Gießener Fakultät ging im Sinne des Konzils von Trient unter – wie übrigens bereits 1833 auch die Katholisch-Theologische Fakultät in Marburg den Vorschriften des Tridentinums hatte weichen müssen.[22]

Die Argumentationsketten der Protagonisten der Seminarausbildung des Klerus im neunzehnten Jahrhundert waren identisch gestrickt: Wir berufen uns erstens auf die unangreifbare objektive Autorität des Konzils von Trient, während unsere Gegner subjektivistischen Ansichten huldigen. Zweitens ist es nach der Lehre des Tridentinums und somit nach der Lehre der Kirche verbindlich vorgeschrieben, in jeder Diözese ein Tridentinisches Seminar zu errichten. Jeder Priesteramtskandidat muss drittens seine Ausbildung in einem solchen Seminar absolvieren, da das Tridentinum diesem Modell das Monopol der Priesterausbildung verliehen hat. Viertens sind folglich Katholisch-Theologische Fakultäten an Universitäten nicht erlaubt und deshalb aufzuheben.

Gültig sein konnte dies nur, wenn das Konzil von Trient im sechzehnten Jahrhundert tatsächlich so gelehrt hatte, wie es die Anhänger des sogenannten Tridentinischen Seminars im neunzehnten Jahrhundert behaupteten. Ansonsten hätten sie schlicht eine Tradition erfunden, die es historisch nicht gab, oder die Geschichte durch einen Mythos ersetzt.

Dekrete des Konzils von Trient zum Ersten

Dem Tridentinum ging es in der Mitte des sechzehnten Jahrhunderts darum, die Ursachen zu bekämpfen, die zu Reformation und Kirchenspaltung geführt hatten. Als ein Hauptübel sahen die Konzilsväter den katastrophalen Bildungsstand des Weltklerus an.[23] Da sich die Geistlichen in der Regel aus einfachen Bevölkerungsschichten rekrutierten, ließ ihre finanzielle Lage ein teures Studium an einer Universität kaum zu. Einem Priesteramtskandidaten blieb nichts anderes übrig, als bei einem Pfarrherrn zwei Jahre in die Lehre zu gehen, bevor er sich beim Bischof zur Weihe anmelden konnte. Es liegt auf der Hand, dass man beim Weiheexamen kaum mehr als Grundkenntnisse in liturgischem Gesang verlangen konnte, die Fähigkeit, die liturgischen Bücher an der richtigen Stelle aufzuschlagen und wenigstens genügend Lateinkenntnisse, um nicht «in nomine patria et filia et spiritus sancti» taufen zu müssen. So ungenügend ausgebildete Priester waren den Herausforde-

rungen der Reformation kaum gewachsen. Nur wenn sich dies radikal
änderte und der katholische Klerus durch bessere Ausbildung den Reformatoren Paroli bieten konnte, nur dann hätte die katholische Kirche
eine wirkliche Chance zu überleben.

Die Konzilsväter diskutierten verschiedene Wege zur Beseitigung
des Missstandes. Ein kaiserlicher Reformvorschlag forderte die Gründung von möglichst vielen Universitäten und dazugehörigen Kollegien
durch die Bischöfe. Alle Priesteramtskandidaten sollten in Zukunft die
Möglichkeit haben, ihre Studien an einer Universität zu absolvieren.
Viele Teilnehmer des Konzils sahen in diesem Vorschlag zwar die ideale
Lösung, konnten sich jedoch wegen der immensen Kosten nicht dazu
durchringen. Zu so hohen finanziellen Opfern waren die Fürstbischöfe
trotz Bedrohung durch die Reformation dann doch nicht bereit.

Man einigte sich schließlich auf einen Kompromiss zwischen pasto-
raler Notwendigkeit und finanzieller Machbarkeit. Um wenigstens eine
halbwegs vernünftige Grundausbildung aller angehenden Kleriker sicherzustellen, sollten die Bischöfe verpflichtet werden, Seminarien oder Kollegien in ihren Diözesen zu errichten, wie es im Seminardekret vom
15. Juli 1563 heißt.[24] Die Rede ist dort von bedürftigen Knaben aus einfachen Familien, denen die finanziellen Voraussetzungen für ein Universitätsstudium fehlten. Sie sollten im Alter von zwölf Jahren ins Seminar
aufgenommen werden. Als Unterrichtsfächer wurden vorgeschrieben:
Grammatik, Kirchengesang, Heilige Schrift, Führung der Kirchen-
bücher, Homilien von Heiligen, Einführung in die Sakramentenspendung, «besonders, was zum Hören der Beichten hilfreich erscheint», und
«andere gute Künste».[25]

Schon die Entstehungsgeschichte des Seminardekrets zeigt, dass das
Konzil keinen Monopolanspruch für die Tridentinischen Seminarien in
der Priesterausbildung verordnen wollte. Im ersten Entwurf hatte noch
gestanden, allen Alumnen sei der Besuch des Seminars vorgeschrieben.
Dieser Passus entfiel in der Endredaktion. Jetzt hieß es nur noch: Alle
Bischöfe haben ein Seminar einzurichten.[26]

Im Seminardekret kommt die Universität als Ausbildungsstätte an-
gehender Priester zwar nicht ausdrücklich vor, doch daraus kann man
nicht schließen, dass das Tridentinum das Universitätsstudium der Kleriker verworfen hat. «Wäre aus dem Schweigen [des Dekrets selbst] eine
solche Folgerung zu ziehen, dann hätte die Synode auch das Lehren von

scholastischer Theologie und Philosophie, von Dogmatik, Moral, Kirchenrecht und Kirchengeschichte verboten; denn in der Aufzählung der Lehrfächer sucht man diese Disziplinen vergebens. Ja sogar die Abhaltung von Exerzitien, welche heute zum eisernen Bestand der Seminarerziehung gehören, wäre dann gegen das Tridentinum» – wie Sebastian Merkle es unübertrefflich formuliert hat. Zudem werden im Seminardekret die Begriffe «Schola», «Collegium» und «Seminarium» synonym verwendet.[27] Hätte das Tridentinum die Seminarerziehung als einzig legitime Konzeption angesehen, dann hätte es die Universitätsstudien für angehende Priester ausdrücklich verbieten müssen. Stattdessen forderte das Konzil in anderen Dekreten sogar ausdrücklich eine Universitätsausbildung für Kleriker oder führte das Universitätsstudium als Alternative zur Seminarerziehung an. So sollten die Ämter von Bischöfen und Archidiakonen sowie die Hälfte der Domkapitel in Zukunft mit Doktoren beziehungsweise Lizentiaten der Theologie besetzt werden.[28] Und in der 23. Sitzung des Konzils, in dem besagtes Seminardekret beschlossen wurde, kam es zu einer weitreichenden Bestimmung: Niemand darf vor dem vierzehnten Lebensjahr eine kirchliche Pfründe besitzen, wenn er sich nicht entweder in einem Klerikalseminar oder in einer anderen Schule oder in einer Universität mit Erlaubnis des Bischofs auf dem Weg zum Empfang der höheren Weihen befindet.[29] Damit sind drei alternative Modelle der Priesterausbildung vom Tridentinum für legitim erklärt worden.

Eine universitätsfeindliche Tendenz, wie sie die Anhänger des Tridentinischen Seminars im neunzehnten Jahrhundert behaupteten, ist in den Texten des Tridentinums und ihren Vorstufen nicht zu erkennen. Die intransigenten Katholiken im neunzehnten Jahrhundert instrumentalisierten das Konzil von Trient, um ihr eigenes kirchenpolitisches Süppchen zu kochen. Sie brauchten eine unangreifbare Autorität, um ihren Kampf gegen die verhassten Universitäten und deren wissenschaftliche Theologie führen zu können. Die angeblichen Beschlüsse der heiligen Synode mussten dafür herhalten, die wahren Absichten der vermeintlichen Anhänger des Tridentinums zu kaschieren. Deshalb ist das Tridentinische Seminar als Institution mit Monopolanspruch eine Erfindung des neunzehnten Jahrhunderts und hat mit der Seminaridee des Tridentinums kaum mehr als den Namen gemein.

Mastai, Fehlanzeige

Für Giovanni Maria Mastai Ferretti spielte die Frage Seminar oder Universität bei seiner Entscheidung zum Priestertum und seiner Ausbildung zum Kleriker überhaupt keine Rolle. Das liegt nicht nur daran, dass er wegen seiner angeschlagenen Gesundheit vom Besuch eines Priesterseminars prinzipiell dispensiert wurde, privat wohnen konnte und sogar über einen Diener zur Unterstützung verfügte. Vielmehr war das Tridentinische Seminar nach 1814 in Rom überhaupt kein Thema. Der Papst war nach dem Wiener Kongress wieder der Landesherr in der Stadt und dem Kirchenstaat. Deshalb gab es keine staatlichen Universitäten in Händen einer fremden, vielleicht sogar protestantischen Obrigkeit. Staat und Kirche bildeten nach wie vor eine Einheit, und der Kirchenstaat galt als letzter Konfessionsstaat in Europa. Die Hochschulen waren genauso päpstlich wie alles andere in Rom. Und auf gefährliche evangelische Studenten traf man hier ohnehin nicht.

Die harten Konflikte zwischen Seminar und Universität entstanden zudem erst im Laufe der zwanziger und dreißiger Jahre, auch wenn das Thema in den bayerischen Konkordatsverhandlungen der Jahre 1816/17 bereits eine Rolle gespielt hatte. Theiners Programmschrift mit ihrer Idealisierung des römischen Seminars Santo Eusebio erschien nicht umsonst erst 1835, als Mastais Ausbildung zum Priester schon lange abgeschlossen war. Aber auch danach gab es den prinzipiellen Widerspruch zwischen Tridentinischen Seminaren und Universitäten, von dem die Seminarprotagonisten in Deutschland ständig sprachen, in Rom gerade nicht. Ausgerechnet das Collegium Germanicum, die ultramontane Kaderschmiede für deutschsprachige Kleriker in Rom schlechthin, war kein geschlossenes Tridentinisches Seminar, sondern eher ein College. Die Vorlesungen fanden außerhalb des Hauses, an einer Universität, nämlich dem Collegium Romanum, statt.

Die Auseinandersetzungen um die Erfindung des Tridentinischen Seminars durch die Ultramontanen nördlich der Alpen bekam Mastai zwar nicht direkt mit, weil das Thema in seiner eigenen klerikalen Ausbildung keine Rolle gespielt hatte. Er war selbst nie in einem Priesterseminar. Seine bischöfliche Tätigkeit in Spoleto und Imola lässt aber erkennen, wie groß sein Anliegen war, die Priesterausbildung zu verbessern und die Seminare zu reformieren. Dies belegt: Da Rom, das Papsttum und vor allem die römische Priesterausbildung sich nicht als Identifikationspunkt für die ultramontanen Konzepte von Kirche und Nachwuchsformierung anboten, musste man für die Erfindung eines antiuniversitären Priesterbildes auf das Konzil von Trient und seine angeblichen Vorschriften ausweichen.

Der «tridentinische» Bischof wird erfunden

«Ein knapp anliegend steifleinerner Habit statt des alten, reichgestickten Purpurmantels; ein Rohrstengel statt des Zepters verlorener Landesherrlichkeit, dazu die Dornenkrone der Dienstbarkeit: Ecce Ecclesia Germanica.»[30] In den Worten des wohl einflussreichsten katholischen Publizisten seiner Zeit wird der Kontrast zwischen der alten prächtigen Reichskirche und dem armseligen Zustand der katholischen Kirche in Deutschland nach 1803 überdeutlich. Joseph Görres beschrieb den Übergang vom machtbewussten Fürstbischof der Germania Sacra mit Zepter und Herrschermantel zum ärmlichen, vom Staat abhängigen Bischof im schäbigen Talar in der Zeit nach der Säkularisation. Allerdings wandelte sich nicht nur der Fürstbischof zum Staatsknecht, mithin seine politische und gesellschaftliche Funktion, sondern es kam auch auf dem geistlichen Feld zu einem folgenschweren Umbruch: Aus selbstbewussten Nachfolgern der Apostel wurden Papstknechte, die man jetzt «tridentinische» Bischöfe nannte.[31]

Kein geringerer als Reichskanzler Otto von Bismarck brachte es am Ende dieser Entwicklung treffend so auf den Punkt: «Der Papst übt nicht mehr, wie bisher, einzelne bestimmte Reservatrechte aus, sondern die Fülle der bischöflichen Rechte ruht in seiner Hand; er ist im Prinzip an die Stelle eines jeden einzelnen Bischofs getreten ... Die Bischöfe sind nur noch seine Werkzeuge, seine Beamten ohne eigentliche Verantwortlichkeit; sie sind den Regierungen gegenüber Beamte eines fremden Souveräns geworden.»[32]

Wie dieser Wandel des Erscheinungsbilds, der Macht und der Sozialstruktur des Episkopats beurteilt wird, hangt davon ab, wie man die Säkularisation bewertet. Einige Kirchenhistoriker und katholische Pro-

fanhistoriker wie Georg Schwaiger, Heribert Raab oder Rudolf Lill sehen
die Entwicklung prinzipiell positiv: Die Kirche und namentlich die Bischöfe seien durch die Säkularisation von allem weltlichen Ballast befreit
worden und hätten sich endlich wieder ihren eigentlichen seelsorgerlichen
Aufgaben zuwenden können. Eine lang überfällige Entfeudalisierung des
Bischofsamtes habe sich vollzogen, statt des Geburtsstands habe sich auch
hier endlich das Laufbahnprinzip durchsetzen können. Mit einem Wort:
Das in Deutschland durch die Doppelstellung der Fürstbischöfe seit
dem sechzehnten Jahrhundert konsequent verhinderte «tridentinische
Bischofsideal» sei im neunzehnten Jahrhundert endlich Wirklichkeit geworden. Aber wie verlief diese Entwicklung im Einzelnen?

Fürstbischof von Breslau und Worms, Hoch- und Deutschmeister,
Fürstpropst von Ellwangen, Koadjutor in Mainz und Kurfürst-Erzbischof
von Trier, später dann von Mainz – das sind nur die wichtigsten Ämter,
die einer der «erfolgreichsten Pfründenjäger» der Germania Sacra innehatte: der 1664 geborene Franz Ludwig von Pfalz-Neuburg, der für einen
weitverbreiteten Typus des Fürstbischofs der frühneuzeitlichen Reichskirche steht, deren Selbstverständnis sich in fünf Punkten knapp zusam-
menfassen lässt:[33]

Erstens ihre Doppelstellung: Fürstbischöfe waren nicht nur Bischöfe
der katholischen Kirche, sondern auch Fürsten des Heiligen Römischen
Reiches. Sie standen nicht nur einem geistlichen Sprengel, der Diözese,
vor, sondern besaßen zugleich ein weltliches Herrschaftsgebiet, das sogenannte Hochstift. Meist ging es den hochadeligen Herren vor allem
um die Temporalia, also die weltlichen Güter und Rechte, so dass sie die
damit verbundenen Spiritualia, also die geistlichen Aufgaben, eher ver-
nachlässigten.

Zweitens ihre Auswahl: Bei den Bischofskandidaten stand kaum einmal die geistliche Eignung des Prätendenten oder gar so etwas wie «Berufung» im Vordergrund. Viele nachgeborene Prinzen aus den großen
Dynastien waren kaum geeignet für den geistlichen Stand und mussten
im Interesse der Reichskirchenpolitik einer Dynastie zum Teil in die
geistliche Laufbahn gezwungen werden, selbst wenn damit der Aufstieg
zur Kurfürstenwürde verbunden war. Nicht selten wurden die Kandidaten eines Hauses während eines laufenden «Wahlgeschäfts» ausgewech-
selt. Gleichgültig, ob Prinz X oder Y zum Bischof gewählt wurde, Hauptsache die Dynastie Z kam in diesem Hochstift ans Ruder. Die Reichskirche

und ihre Bischofsstühle wurden so zum Spielfeld dynastischer Reichskirchenpolitik.

Drittens ihre Weihe: Eine Reihe hochadeliger Bischöfe der Germania
Sacra empfing nie eine höhere Weihe, geschweige denn die Bischofsweihe. Andere ließen sich erst viele Jahre nach dem Amtsantritt weihen,
wie etwa Joseph Clemens von Bayern. Zahlreiche Fürstbischöfe der Dynastien Habsburg, Wittelsbach-Bayern, Pfalz-Neuburg oder Lothringen
besaßen nur die Subdiakonatsweihe, so dass sie die liturgischen Funktionen, die mit dem Amt eines Bischofs verbunden waren, nie selbst
ausüben konnten. Diese Art bischöflicher Selbstvergewisserung und
symbolischer Selbstinszenierung blieb ihnen vorenthalten. Fürstliches
Hofzeremoniell und adelige Selbstdarstellung beim edlen Waidwerk entsprach eher ihrem Selbstverständnis. Die Realität der geistlichen Fürstbischöfe ließ die tatsächlichen Anforderungen des Konzils von Trient an
Bewerber um hohe geistliche Würden mitunter wie puren Hohn erscheinen: Weder verfügten alle über die entsprechende Weihe, noch wiesen
sie das Mindestalter von dreißig Jahren auf oder hatten ein Theologiestudium absolviert; Pfründenkumulation, vom Tridentinum ebenfalls
verboten, war an der Tagesordnung.

Viertens ihre Eigenständigkeit: Um Rom scherten sich die Fürstbischöfe relativ wenig. Den Papst brauchte man allenfalls für die Wahl-
bestätigung, und auch dieses Recht hätte man dem römischen Pontifex
am liebsten streitig gemacht. Mit Hinweis auf die Abwehr des Protestantismus versuchten die katholischen Dynastien, ihn für die Gewährung
von Genehmigungen wie Eligibilitätsbreven oder Dispensen vom Kumulationsverbot – die erfolgreichsten Pfründenjäger kamen auf bis zu fünf
Diözesen gleichzeitig – zu gewinnen. Stimmte der Heilige Vater einer
Ämterkumulation einmal nicht zu, blieben die vom Domkapitel gewählten hochadeligen Herren nicht selten trotzdem als Bischöfe im Amt.

Fünftens ihr Selbstverständnis: Aus der adeligen Herkunft der Fürstbischöfe lassen sich letztlich auch die zentrifugalen theologischen und
kirchenpolitischen Kräfte und Tendenzen herleiten, die, außer in der
gallikanischen Kirche, nirgendwo sonst so ausgeprägt waren wie in der
Germania Sacra. Die Fürstbischöfe der Reichskirche standen für einen
alternativen Katholizismus im Gegensatz zum konfessionalisierten
Romanismus. Hinzu kam, dass sie die landeskirchliche deutsche Eigenständigkeit gegen den römischen Zentralismus hochhielten.

Mit dem Reichsdeputationshauptschluss von 1803 änderte sich vieles für den deutschen Katholizismus, insbesondere aber für die Reichskirche und ihre Bischöfe, denen schlagartig ihre Hochstifte und damit ihre Fürstenwürde genommen wurden. Da Rom in Allianz mit den deutschen Territorialfürsten auf dem Wiener Kongress 1815 die Wiedererrichtung einer einheitlichen deutschen Kirche verhinderte, hatten es die neuen Oberhirten mit einem für sie zuständigen Landesherrn zu tun, dessen Untertanen sie geworden waren. Eine ganz neue Situation für einen Bischof, der bisher stets sein eigener Herr gewesen war.

Die meisten adeligen Herren kamen damit nicht zurecht, resignierten und zogen sich, versehen mit Leibrenten, auf ihre Landsitze zurück. Nur wenige konnten mit der rein geistlichen Funktion etwas anfangen. Damit begann eine bischofsarme Zeit. So waren 1814 von den vierundzwanzig Bistümern der früheren Reichskirche nur noch fünf besetzt, in einigen anderen amtierten Weihbischöfe, das heißt Hilfsbischöfe ohne volle Leitungsfunktion, in den meisten jedoch nur Generalvikare.[34] Für diese Bischöfe der ersten Generation nach der Säkularisation waren fünf Kennzeichen charakteristisch:[35]

Erstens ihre Abhängigkeit vom Staat: Die meisten Bischofssitze unterstanden – mit Ausnahme Bayerns – protestantischen Herrschern. Weil diese aber die katholischen Zeremonien nicht selbst ausüben konnten, brauchten sie einen geweihten Bischof, der jedoch keinerlei rechtliche Vollmachten haben sollte. Die Grundtendenz des evangelischen Staatskirchenregiments war in fast allen Staaten des deutschen Bundes rigide, die Spielräume für die Bischöfe sehr eingeschränkt, auch eine innere Autonomie der katholischen Kirche – etwa für Gottesdienstordnungen, Katechismen, Pfarrexamen – kaum gegeben. Die Zensur von Hirtenbriefen und katholischen Zeitungen und das staatliche Monopol bei der Besetzung der Kirchenstellen (königliches Patronat) taten ein Übriges, um den Bischöfen ihre Stellung als abhängige Staatsdiener drastisch vor Augen zu führen.

Zweitens ihre neue Verortung in der Kirche: Die Säkularisation veränderte die Vorstellung von Kirche. Vor Ort wurden Diözesankonzepte entwickelt, die sich einerseits eng an den Staat anlehnten, andererseits eine starke ortskirchliche Komponente besaßen und jede Einflussnahme des Heiligen Stuhls zurückwiesen. So kam es in Deutschland zu einem Gemisch unterschiedlicher Systeme, weil weder ein extrem staatskirchliches noch ein radikal episkopalistisches Konzept für sich allein funktionieren konnte.

Drittens ihre Kompromissfähigkeit: Es dauerte fast drei Jahrzehnte, bis die katholische Kirche in Deutschland mit ihren Bistümern und im Verhältnis zum Staat neu geordnet war. Die Bischöfe dieser ersten Generation nach der Säkularisation waren meistens Kompromisskandidaten zwischen Staat und Kirche. Weder Rom noch die meist evangelischen Regierungen hatten in einer ersten Runde ihre Wunschkandidaten durchbringen können. Was in der Reichskirche noch möglich war, schied jetzt von vornherein aus: Ohne Zustimmung der Kurie konnte in Deutschland niemand mehr Bischof werden. Ohne Zustimmung des (evangelischen) Landesherrn allerdings ebenfalls nicht. Die Bischöfe gerieten dadurch in eine doppelte Abhängigkeit, weil sich ihr Bischofsamt sowohl aus den wachsenden Ansprüchen des Papstes als auch aus dem Summepiskopat des evangelischen Fürsten als absolutistischer Landesherr ableitete. Sie waren zu Untertanen zweier Herren geworden.

Viertens ihre Dialogbereitschaft: Die Bischöfe der ersten Generation nach 1803 konnten sich nicht in eine seit Generationen tradierte Rolle flüchten, sie mussten vielmehr ihre Rolle neu erfinden. Im Ringen um die Neudefinition der eigenen Position in den modernen gemischtkonfessionellen, säkularen Nationalstaaten waren sie gezwungen, zu Diplomaten zu werden. Sie traten in den Dialog mit dem Staat ein, aufgeschlossen gegenüber dessen Erfordernissen, aber gleichzeitig die Interessen der Kirche wahrend. Angesichts der Umstände mussten sie zu Rom und zu den protestantischen Staaten die gleiche Distanz wahren und sahen sich doch oft dazu gezwungen, sich im Interesse ihrer Diözesen zuerst mit den zuständigen Staatsbehörden vor Ort zu arrangieren. Tatsächlich findet sich in dieser Generation kaum ein Bischof, dessen administrative und organisatorische Fähigkeiten nicht gelobt worden wären. Aber nicht nur im Umgang mit dem Staat erwiesen sich diese Bischöfe als Ireniker und Pragmatiker, sondern auch in der Begegnung mit anderen Konfessionen. Damit folgten sie der Tendenz nachaufklärerischer intellektueller Führungseliten, die zunehmend das Trennende der Konfessionen zu überwinden versuchten. Ein schönes Beispiel für den gelungenen Dialog zwischen Staat und Kirche ist der Kölner Erzbischof Ferdinand August Freiherr von Spiegel.

Fünftens ihre ungerechte Beurteilung: Für diese Generation von

Bischöfen hat die katholische Kirchengeschichtsschreibung so gut wie
ausschließlich die negativen zeitgenössischen Urteile der Ultramontanen
aufgegriffen und dabei ihre stark eingeschränkten realen Aktionsmög-
lichkeiten völlig aus dem Blick verloren. So wurde der Mainzer Bischof
Burg von seinem römisch-kurial gesinnten Zeitgenossen Heinrich von
Brentano als ein «physisch und moralisch schielender» Mensch voller
List, Verschlagenheit und Tücke charakterisiert.[36] Als «böswilligen Ver-
räter, der nicht durch den Heiligen Geist, sondern durch staatliche
Förderung wie ein Spitzbube und räudiger Hund kirchliche Karriere»
gemacht habe, zeichnet ihn einer der Hauptinformanten der Luzerner
Nuntiatur.[37] Der zum Schlegelkreis gehörende Pfarrdirektor an der
Frankfurter Liebfrauenkirche Franz Lothar Marx rechnete ihn zu den
«Modekanonisten und Modebischöfen», die nichts als Unglück für das
Land bedeuteten.[38] Der Luzerner Nuntius Carlo Zen schließlich nannte
Burg «einen der schlechtesten Priester Deutschlands».[39]

Bei all diesen Urteilen geht es um Burg als Gegner einer kirchenpolitischen Partei, die sich als «tridentinisch» inszenierte und mit der
katholischen Kirche gleichsetzte. Weil Burg kein ausgewiesener Ultramontaner war, obwohl er vom Papst als Weihbischof und Bischof von
Mainz bestätigt wurde, galt er für sie automatisch als Feind der wahren
Kirche. Joseph Vitus Burg teilt das Schicksal einer ganzen Generation
von Kirchenmännern.[40] Er und mit ihm eine ganze irenische, bürger-
lich-spätaufgeklärte Bischofsgeneration wurden pauschal als Feiglinge
und falsche Vermittlungstheologen gebrandmarkt; sie dienten der ultramontan geprägten Historiographie als dunkle Folie, auf der sie ihre
Helden der wahrhaft «tridentinischen» Bischofsgeneration umso heller
darstellen konnten.

Und so sieht der Prototyp des wahrhaft tridentinischen Bischofs
aus:[41] Er ist der gute Hirte der ihm anvertrauten Herde, der stets in seiner
Diözese residiert und als Vorbild die geistliche Erneuerung und Frömmigkeit befördert, der sich dabei mit einem fast kindlichen Gehorsam
Rom und dem Heiligen Vater hingibt und auch das Martyrium im Kampf
mit dem gottlosen protestantischen Staat nicht scheut. Zu einer solchen
Lichtgestalt der zweiten Generation von Bischöfen nach der Säkularisation wurde Clemens August Droste-Vischering, der Nachfolger Graf
Spiegels in Köln. In ihm sahen nicht nur die zeitgenössische strengkirchliche Publizistik, sondern auch weite Teile der kirchenhistorischen For-

schung in Deutschland das tridentinische Bischofsideal erstmals voll verwirklicht: Sie konnten ihren Kirchenkampf nur deshalb beginnen, weil die erste Bischofsgeneration nach 1803 die Folgen der Umwälzung bewältigt und die katholische Kirche in Deutschland nach dem Traditionsabbruch von Revolution und Säkularisation wieder halbwegs stabilisiert hatte.

Als Arena des Kampfes bot sich die «Mischehenfrage» an, bei der eine bisher weitgehend unproblematische Praxis der Einsegnung gemischtkonfessioneller Ehen plötzlich zum Rechtgläubigkeitskriterium erhoben wurde.[42] Was der Kölner Erzbischof Spiegel erlaubt hatte, wurde von seinem Nachfolger Erzbischof Droste-Vischering verboten. Es kam 1837 zum berühmten «Kölner Ereignis» mit der Verhaftung Droste-Vischerings und vor allem ihrer gekonnten publizistischen Vermarktung durch Joseph Görres. Dieser entwarf ein völlig neues ultramontanes Bischofsideal, das er aber als ganz traditionelles, immer schon bestehendes «tridentinisches» Bischofsbild ausgab. Wo Tradition draufsteht, ist eben meist eine Neuerfindung drin.

Görres verglich in seiner weitverbreiteten Schrift *Athanasius* den Kölner Erzbischof mit dem gleichnamigen Patriarchen von Alexandrien, der seit 328 wegen seines mutigen Eintretens für den wahren Glauben vom römischen Staat verfolgt worden war. Athanasius habe den Bann der staatlichen Allmacht durch sein Martyrium, das in einer Verbannung nach Trier bestand, gebrochen. Im neunzehnten Jahrhundert sei mit Droste-Vischering ein neuer Athanasius auferstanden. Durch sein «Opfer der Hingebung» werde die wahre römisch-katholische Kirche siegen, während für das evangelische Preußen im Kirchenkampf die Frage «Sein oder nicht sein?» lautete. «Der Zauber ist gebrochen, der Bann ist gelöst.»[43]

Was zeichnete einen solchen idealen «tridentinischen» Bischof, einen neuen Athanasius aus? Es war, wie die ultramontane Publizistik immer wieder hervorhob, sein absoluter Gehorsam gegenüber Rom. Dieses Bischofsbild wurde im neunzehnten Jahrhundert zum einzig wirklich katholischen erklärt. Diesen neuen Lichtgestalten der zweiten Nach-Säkularisations-Generation stellte man als Kontrast die erste Bischofsgeneration der «Dunkelmänner» und «unkatholischen Versager» als negative Folie gegenüber.

Eine praktisch parallele Entwicklung lässt sich im Italien des neunzehnten Jahrhunderts feststellen. Auch dort galt – ganz im Sinne des historischen Konzils von Trient – der wirkliche Hirte seiner Herde als idealer Bischof. Aber dieses Ideal wurde nach und nach überformt. Angesichts der italienischen Einigungsbewegung und des drohenden Verlusts des Kirchenstaats war der wirklich tridentinische Bischof jetzt ein entschiedener Kämpfer für die Rechte des Papstes. Er galt als Festungskommandant, der den hereinbrechenden Stürmen der Neuzeit trotzte und Seit an Seit mit dem Stellvertreter Christi in Rom gegen den verderblichen Zeitgeist kämpfte, wie er sich in Nationalismus, Liberalismus und Sozialismus zeigte.[44]

In Frankreich war, auch wenn es paradox klingt, Napoleon der Geburtshelfer des ultramontanen Bischofsbilds. Er hatte 1801 den Papst gebeten, alle bisherigen französischen Bischöfe abzusetzen, auch diejenigen, die zehn Jahre lang genau der Weisung des Papstes gehorsam gefolgt waren und dafür in den Untergrund oder ins Exil getrieben worden waren. Damit waren erstmals in der Geschichte Frankreichs die Bischöfe der Kompetenz und in diesem Fall auch der Willkür des Papstes absolut und ohne Ausnahme unterstellt. Und genau dadurch wurde das Jahrhunderte alte episkopale und gallikanische Selbstverständnis der französischen Bischöfe empfindlich geschwächt.

Dekrete des Konzils von Trient zum Zweiten

Doch konnten sich die Propagandisten des «tridentinischen» Bischofsideals des neunzehnten Jahrhunderts wirklich auf das Konzil von Trient und seine Dekrete berufen? Anders als beim Tridentinischen Seminar gab es kein spezielles Dekret über die Bischöfe. Vielmehr war das Thema den Konzilsvätern so wichtig, dass sie immer wieder auf die Aufgabe der Bischöfe zu sprechen kamen. Für das Konzil hing der Erfolg der Reform und damit ihr Überleben angesichts der protestantischen Bedrohung entscheidend von den Bischöfen ab.

Anders als die Kirchenfürsten der Renaissance, die sich eher als Lebemänner und Mäzene verstanden hatten, sollten die neuen Bischöfe sich als wirkliche Seelsorger erweisen, als die guten Hirten der ihnen anvertrauten Herde, als Vorbilder in Leben und Glauben. Ihnen sollte es nicht um Pfründen und Bereicherung gehen, sondern sie mussten erfüllt sein von ihrer geistlichen Aufgabe. Dazu hatten sie in ihrer Diözese zu residieren, auf jede Ämterhäufung zu verzichten, regelmäßig der Eucharistie vorzustehen und selbst zu predigen. Sie sollten die Sakramente der Firmung und Priesterweihe spenden, jährlich ihre Diözesen visitieren, Diözesansynoden abhalten und alle drei Jahre an Provinzialsynoden teilnehmen, um den Zusammenhalt im Episkopat zu stärken.[45]

Die Väter von Trient sprachen den Bischöfen die entscheidende Rolle bei der Durchsetzung der Reform zu. Weil sie «als Nachfolger an die Stelle der Apostel getreten» und, «wie der Apostel selbst sagt, vom Heiligen Geist eingesetzt» seien, um «*die Kirche Gottes zu leiten*».[46] Das Bischofsideal des Konzils von Trient im sechzehnten Jahrhundert und das «tridentinische» Bischofsideal des neunzehnten Jahrhunderts stimmten zwar darin überein, dass der seelsorgerlichen Aufgabe der Bischöfe eine zentrale Rolle zukommt. Sie unterschieden sich jedoch in zwei wesentlichen Punkten:

Zum Ersten: Der ideale Bischof des Konzils von Trient war ein selbstbewusster Episkopus eigenen Rechts, der sich seiner Würde als Nachfolger der Apostel bewusst war und seine Kompetenzen aus der Bischofsweihe und nicht aus irgendwelchen päpstlichen Fakultäten bezog. Für dieses episkopale Verständnis stand beispielhaft Karl Borromäus als Bischof von Mailand, der in seinem eigenständigen, romkritischen Verhalten als «Muster eines tridentinischen Bischofs» galt.[47] Der «tridentinische» Bischof des neunzehnten Jahrhunderts hingegen war nichts anderes als ein päpstlicher Oberministrant, der sich geradezu ängstlich an Rom und den Papst anlehnte. Von einem eigenständigen episkopalen Selbstbewusstsein und einer besonderen Würde als Nachfolger der Apostel war kaum noch etwas übrig.

Zum Zweiten: Ein idealer Bischof des Konzils von Trient hatte jährlich Diözesansynoden zu feiern. Im neunzehnten Jahrhundert verbot Rom aber den sogenannten «tridentinischen» Bischöfen ausdrücklich, solche Synoden einzuberufen. Man war Zusammenkünften des Diözesanklerus gegenüber äußerst skeptisch und befürchtete, es könne im Kontext der Spätaufklärung zu papstkritischen Kundgebungen und Forderungen nach mehr Demokratie in der Kirche kommen.

In dem von der Römischen Kurie alle paar Jahre versandten Formular für die sogenannten «Relationes Status», in denen jeder Oberhirte über

den Zustand seiner Diözese berichten musste, wurde jeder gefragt, ob er
den Vorschriften des Tridentinums entsprechend jährlich eine Synode abgehalten und an den Provinzialsynoden teilgenommen habe. Im neunzehnten Jahrhundert wurde von ihm aber erwartet, dass er, so paradox es
auch war, beide Fragen negativ beantwortete.[48] Die Berufung auf ein
tridentinisches Ideal wurde damit ad absurdum geführt. Nicht umsonst
führte der Konstanzer Generalvikar Ignaz Heinrich von Wessenberg das
Konzil von Trient und seine verpflichtende Vorschrift zu Diözesan- und
Provinzialsynoden gegen die Anmaßungen der Päpste des neunzehnten
Jahrhunderts ins Feld, als er *Die grossen Kirchenversammlungen des 15. und
16. Jahrhunderts* darstellte. Wer sich auf den Boden des Trienter Konzils
stelle, der könne auf Synoden eine Reform der Kirche an Haupt und Gliedern endlich verwirklichen, nachdem sie bislang aus falscher Schonung
gegen die «hergebrachte päpstliche Gewalt» unterlassen worden sei.[49]

Es kam damit zu einer ultramontanen Aufladung und Uminterpreta-
tion des tridentinischen Ideals eines Bischofs. Dieser war im neunzehnten Jahrhundert ganz selbstverständlich ein ultramontaner Bischof. Ein
solcher Papstknecht konnte aber im Sinn des Konzils von Trient kein
tridentinischer Bischof sein. Denn das Konzil hatte sich bewusst gewei-
gert, eine Unterordnung der Bischöfe unter den Papst zu definieren, was
manche Väter durchaus gefordert hatten.

Mastai, der Sache nach

In Rom und im Kirchenstaat hatte im achtzehnten Jahrhundert der Typ
des Fürstbischofs genauso dominiert wie in Frankreich oder in Deutschland. Es ging für die Mitglieder adeliger Familien hier wie dort vor allem
um eine Prälatenkarriere und die Ansammlung möglichst vieler Pfründen, um sich und der eigenen Familie ein komfortables Leben zu finan-
zieren. Um Bischof oder Kardinal zu werden, musste man jedoch nicht
unbedingt die Priester- oder gar die Bischofsweihe empfangen haben. Es
genügten Beziehungen, oder noch besser: die Verwandtschaft mit der
Familie des Papstes. Notfalls konnte man sich ein Bistum, ein Amt an der
Kurie oder auch den roten Hut mit Geld kaufen. Die Investition musste
sich dann natürlich im Laufe der Amtszeit amortisieren.[50]

Diesen Prälatentyp gab es auch noch nach der Wiederherstellung der päpstlichen Herrschaft nach 1815. Er dürfte anders als in Deutschland sogar die erste Generation nach der Französischen Revolution in Rom bestimmt haben.[51] Den Typ des bürgerlichen Staatsbischofs sucht man im restituierten Kirchenstaat vergeblich, da es keinen von der Kirche unabhängigen Staat gab. Giovanni Maria Mastai Ferretti gehörte zum dritten Bischofstyp, dem tridentinischen Seelsorgebischof. Er hatte sich eindeutig gegen eine Prälatenkarriere entschieden. Er wollte, nachdem alles andere ausgeschieden war, einfach nur Seelsorgepriester werden. Damit entsprach er ganz dem neuen Ideal, das Leo XII. ausgegeben hatte. Dieser Gönner Mastais, der sich «auf eine Erneuerung und Weiterentwicklung des Bischofsamtes im pastoralen Sinn festgelegt hatte, suchte vor allem nach Klerikern, die trotz ihrer Adelstitel … den Karriereweg über die Prälatur ausgeschlossen hatten, um sich dem priesterlichen Dienst zu widmen».[52] Deshalb ernannte der Papst 1826 zuerst Mastais Gesinnungsgenossen Chiarissimo Falconieri und Gabriele Ferretti zu Bischöfen. Ein Jahr später folgte Giovanni Maria Mastai Ferretti selbst, weil er und seine Freunde dem Bischofsideal Leos XII. geradezu idealtypisch entsprachen.

Aber tridentinisch im Sinne der ultramontanen Ideologen nördlich der Alpen hätten weder Mastai noch Leo XII. diesen Typ eines Oberhirten genannt. Und eine besondere Rombindung brauchte man Bischöfen des Kirchenstaats auch nicht eigens einschärfen, Gehorsam dem Papst gegenüber war Teil ihres Amtsverständnisses. Eine Versetzung von einem Bischofsstuhl auf einen anderen wie im Fall Mastais von Spoleto nach Imola und ihre demütige Annahme gehörten ebenso selbstverständlich dazu. Es war das römische Bischofsbild der Zelanti, das – auch wenn es nicht so hieß – gut zum tridentinischen Bischofsideal der Ultramontanen des neunzehnten Jahrhunderts passte, nicht aber zum selbstbewussten Bischof des Konzils von Trient.

Die «tridentinische» Messe wird erfunden

«Nun sag, wie hast du's mit der Religion?» Während man bisher mit der klassischen Gretchenfrage aus Johann Wolfgang von Goethes *Faust* nach dem Glaubensbekenntnis gefragt hat, wird nun die Frage «Wie hältst du es mit der tridentinischen Messe?» zum Kriterium der Rechtgläubigkeit. Die Antwort auf die Frage wurde im Verlauf des neunzehnten Jahrhunderts mehr und mehr entscheidend für die Zugehörigkeit zum einen oder anderen Lager. Nicht selten wurde und wird das Tridentinum in emotional geführten Auseinandersetzungen auf seine Liturgie reduziert.[53]

Dabei gehen Anhänger wie Gegner der tridentinischen Messe wiederum von einer einheitlichen und ununterbrochenen Umsetzung der lateinischen Liturgie in der ganzen Weltkirche aus. Das Konzil von Trient dekretierte, so glaubt man, ein Messformular, und umgehend wurde überall nur noch nach diesem Ritus zelebriert. Für die Traditionalisten kommt ein weiterer entscheidender Aspekt hinzu: Für sie ist die tridentinische Messe des Messbuches von 1570 nichts Neues, vielmehr verschaffte das heilige Konzil von Trient in ihren Augen dem uralten, unveränderlichen Ritus des Messopfers, den Jesus Christus als ewiger Hoher Priester eingesetzt hatte, wieder unbeschränkte Gültigkeit. Es war für sie eine Reform zurück zu den Ursprüngen der alten reinen göttlichen Liturgie: Die Heilige Messe konnte man nicht erneuern oder gar irgendwelchen zeitbedingten Umständen anpassen, von Inkulturationsprozessen oder der Verwendung der Volkssprachen ganz zu schweigen.

Deshalb hat Trient einerseits die lateinische Übersetzung der Heiligen Schrift, die sogenannte Vulgata, zum verbindlichen Bibeltext erklärt, und nicht etwa das hebräische oder griechische Original, und andererseits das Sola-scriptura-Prinzip der Reformation zurückgewiesen und neben der Heiligen Schrift die Tradition als zweite Erkenntnisquelle für Theologie und Kirche etabliert. Im Dekret vom 8. April 1546 gingen die Trienter Konzilsväter davon aus, dass als «heilbringende Wahrheit und Sittenordnung» nur angesehen werden darf, was «in den geschriebenen Büchern» der Bibel *und* den «ungeschriebenen Überlieferungen» der Kirche enthalten ist.[54] Also kann eine Glaubenswahrheit, die sich zu irgendeiner Zeit nur in der kirchlichen Tradition findet und nicht zugleich in der Heiligen Schrift, nicht definiert werden. In den ersten Entwürfen hatte noch gestanden, eine solche Wahrheit könne sich *entweder* in der Schrift *oder* in der Tradition finden, in der Schlussfassung hatte man sich dann aber auf ein *sowohl* als *auch* geeinigt, um dem protestantischen Vorwurf einer Entwertung und Relativierung der Heiligen Schrift entgegenzutreten.[55]

Doch auch die tridentinische Messe ist ein Mythos, eine erfundene Tradition. Zunächst gibt es streng genommen das tridentinische Messbuch und somit auch die tridentinische Messe gar nicht. Das Konzil von Trient hatte zwar mit Arbeiten über die Liturgie begonnen, diese jedoch nicht abschließen können. Deshalb beschloss die Synode, dass die konziliare Vorbereitung «Seiner Heiligkeit, dem Papst in Rom, vorgelegt wird, damit durch dessen Urteil und Vollmacht die Angelegenheit abgeschlossen und veröffentlicht wird».[56] Nach fast zwanzigjähriger Dauer – mit langen Unterbrechungen – war es dem Tridentinum nicht gelungen, einen eigenen *Index der verbotenen Bücher*, ein eigenes Brevier und einen eigenen Katechismus, geschweige denn ein eigenes Missale zu konzipieren. Dem Konzil als Kirchenversammlung fehlte wie allen seinen Vorgängern die Exekutive, um seine Beschlüsse in die Praxis umzusetzen. Es musste die eigentlich entscheidende Detailarbeit am Messbuch der Römischen Kurie und letztlich dem Papst überlassen.

Deshalb ist die sogenannte tridentinische Messe auch kein Kind des Konzils von Trient, sondern Roms und der Päpste. Es handelt sich nicht um einen von den Konzilsvätern aus unterschiedlichen Ländern gebilligten Ritus, sondern um den lokalen römischen Messritus, der ursprünglich nur einer neben vielen anderen war. Er wurde nun leicht modifiziert für die ganze katholische Welt vorgeschrieben. Papst Pius V. bezog sich im Jahr 1570 bei der Veröffentlichung des *Missale Romanum* zwar ausdrücklich auf den Auftrag des Tridentinums, es war aber «keine völlige Neuschöpfung, sondern vielmehr eine Herstellung des alten Brauches der römischen Kirche mit zeitgemäßen Änderungen».[57]

In der katholischen Liturgiewissenschaft herrschte lange Zeit die Meinung vor, mit dem Konzil von Trient habe eine «Periode der ehernen Einheitsliturgie und Rubrizistik» begonnen. Das Tridentinum habe in der Liturgie für «Ordnung, Stabilität, Objektivität und Uniformität» gesorgt.[58] Der Erfurter Liturgiewissenschaftler Benedikt Kranemann hat jedoch nachgewiesen, dass die Vorstellung einer tridentinischen Einheitsliturgie von 1570 bis zum Zweiten Vatikanischen Konzil nicht haltbar ist: «Nicht Jahrhunderte des Stillstands, sondern ein Nebeneinander recht unterschiedlicher Rezeptionen der römischen Liturgie, zudem von Aufbrüchen und Reformen in den verschiedenen Ortskirchen ist zu beobachten, das sich bis in das neunzehnte Jahrhundert hinein keineswegs auf einen römischen Zentralismus reduzieren lässt.»[59] Auch das *Römi-*

sche Messbuch von 1570 selbst blieb über die Jahrhunderte ebenfalls nicht völlig unverändert. Vielmehr nahmen die Päpste immer wieder Modifikationen vor: so schon 1604 Clemens VIII., 1634 Urban VIII., 1884 Leo XIII. und 1920 Benedikt XV. Zuletzt modifizierte Johannes XXIII. am Vorabend des Zweiten Vatikanischen Konzils das tridentinische *Missale* noch einmal.[60]

Außerdem wurde mit diesem *Missale* keineswegs eine römische Einheitsliturgie geschaffen und für die ganze Kirche verbindlich vorgeschrieben. Vielmehr sollten alle lokalen liturgischen Traditionen, die mindestens zweihundert Jahre zurückreichten, neben der tridentinischen Messe weiterbestehen. Deshalb blieben vor allem die Eigenliturgien der großen mittelalterlichen Orden wie der Prämonstratenser, Kartäuser, Karmeliter und Dominikaner erhalten und wurden über Jahrhunderte weiter praktiziert, ohne in Rom auf Widerspruch zu stoßen. Dazu kamen der Mailändische oder Ambrosianische Ritus, der in großen Teilen der Diözese Mailand und im Bistum Lugano auch nach 1570 Verwendung fand, sowie der Mozarabische oder Altspanische Ritus, der in Spanien, insbesondere in Toledo, in Geltung blieb. In Braga im Norden Portugals, in Köln, Trier, Münster oder Lyon wurden weiter eigenständige Diözesanmessbücher benutzt. In der westfälischen Diözese beispielsweise erschien das letzte eigene Messbuch, das *Missale Monasteriense*, im Jahr 1835.[61]

Erst im Verlauf des neunzehnten Jahrhunderts wurden diese Eigenliturgien mit dem Hinweis, das Konzil von Trient habe verbindlich den Gebrauch des *Missale Romanum* als Einheitsliturgie vorgeschrieben, weitgehend unterdrückt. Wieder wurde dem Tridentinum eine Absicht untergeschoben, die weder das Konzil noch Papst Pius V. verfolgt hatten. Es ging beiden um die Sicherung des Kernbestands der katholischen Messe. Deshalb verboten sie Liturgien, die erst im Umfeld der Reformation entstanden waren. Nur diese sollten durch die tridentinische Messe ersetzt werden – deshalb die Zweihundertjahresfrist. In gut katholischer Weite wurden aber alle anderen älteren Liturgien erlaubt.

Benedikt Kranemann spricht für das neunzehnte Jahrhundert zu Recht von einer «Romanisierung» der Liturgie. «Doch drängt sich die Frage auf, ob diese noch als Umsetzung der nachtridentinischen Reformen verstanden werden darf oder nicht anders interpretiert werden muss.»[62] Die Antwort auf diese Frage ist aus kirchenhistorischer Perspektive klar: Erst die Ultramontanen des neunzehnten Jahrhunderts machten mit ihrer strikten Ausrichtung der ganzen Kirche auf Rom der liturgischen Vielfalt ein Ende. Sie propagierten einen römischen Einheitskatholizismus, den sie vor allem rituell und liturgisch absichern wollten. Dazu erfanden sie die tridentinische Einheitsliturgie. Der Mythos Trient, das erfundene Konzil von Trient, erwies sich wieder einmal als stärker als das historische Tridentinum.

Der «tridentinische» Einheitskatholizismus

Die Fragen nach tridentinischer Messe, tridentinischem Bischofsideal und Tridentinischem Seminar laufen am Ende auf die entscheidende Frage nach einer «tridentinischen» Ekklesiologie hinaus.[63] Für die Ultramontanen des neunzehnten Jahrhunderts und die von ihnen entwickelte «tridentinische» Kirchenkonzeption war klar, dass es immer einen Primat des Papstes gegeben und dass insbesondere das Konzil von Trient diesen bekräftigt hatte.[64] Diese Behauptung ist jedoch eine Fiktion.[65] Denn das Trienter Konzil verfolgte überhaupt keine einheitliche ekklesiologische Konzeption.[66] Vielmehr rangen auf dem Tridentinum ganz unterschiedliche Kirchenkonzepte miteinander. Die französischen Konzilsväter plädierten für die Fortgeltung des vom Konzil von Konstanz 1414 erlassenen Dekrets *Haec sancta*, in dem die Vorrangstellung des Konzils über den Papst definiert worden war.[67] Die Vertreter der Kurie wollten dagegen die überragende Stellung des Papstes in der Kirche mit der Formulierung «universalis ecclesiae episcopus», der Papst als Universalbischof, umschrieben haben. Die spanischen Väter wiederum wünschten sich, die bischöfliche Residenzpflicht als göttliches Recht einzustufen, um zu verhindern, dass der Papst die Bischöfe mit schöner Regelmäßigkeit davon dispensieren konnte.

Der Streit war heftig. Im Frühjahr 1563 drohte das Konzil wegen dieser ekklesiologischen Differenzen auseinanderzubrechen. Deshalb verzichteten die Konzilsväter darauf, in den Dekreten eine ausgefaltete Ekklesiologie zu formulieren. Weder das Verhältnis zwischen Konzil und Papst noch das von Primat und Episkopat bestimmten sie genauer. Sie ließen bewusst vieles offen und vertraten so im Grunde ein ganz wei-

tes katholisches Konzept von Kirche, in dem sogar einander widersprechende Ansichten Platz fanden. Die papale Ekklesiologie des Ersten
Vatikanums sollte sich, allen anderslautenden Beteuerungen zum Trotz,
nicht auf das Tridentinum berufen können. Die weite tridentinische Kirche hatte wenig mit der vatikanischen Enge des neunzehnten Jahrhunderts gemein, auch wenn sie selbst sich «tridentinisch» nannte.[68]

Nicht umsonst wurde in der Konstitution *Pastor aeternus* vom 18. Juli
1870, die die Unfehlbarkeit des Papstes verkündete, kein einziges Mal auf
irgendein Dekret des Konzils von Trient Bezug genommen. Es waren
vielmehr die Gegner der päpstlichen Unfehlbarkeit, nicht die Anhänger,
die sich auf Trient beriefen. Die Minorität sah das in Trient Definierte als
Grenze an, über die nicht hinausgegangen werden könne. Angesichts der
für Katholiken äußerst schwierigen Situation im neunzehnten Jahrhundert dürfe man den Gläubigen «nicht größere Lasten als die tridentinischen Väter auferlegen».[69] Insofern waren die Gegner des Unfehlbarkeitsdogmas die wirklichen tridentinischen Väter, die sich bewusst in die
Tradition dieses Konzils hineinstellten, während die Verfechter des Unfehlbarkeitsdogmas zwar als Tridentiner gelten wollten, aber eigentlich
Neuerer waren, die einen Bruch mit dem Konzil von Trient vollzogen.
Zugespitzt könnte man deswegen formulieren: Wer heute, etwa als Fürsprecher der tridentinischen Messe, durch und durch «tridentinisch»
sein möchte, müsste eigentlich das Erste Vatikanum und das Unfehlbarkeitsdogma ablehnen.

Mastai, zwischen römischem Sein und Schein

Die Frage, ob Giovanni Maria Mastai Ferretti als Priester eine tridentinische Messe lesen oder einem anderen katholischen Messbuch folgen
sollte, stellte sich für ihn nicht. Denn eine Alternative zum tridentinischen Messbuch, das nichts anderes als das alte römische Missale war,
gab es in seinem Umfeld nicht. In Rom und im Kirchenstaat existierten
keine bis ins neunzehnte Jahrhundert tradierten und praktizierten alternativen Liturgien, wie etwa in Deutschland oder Spanien. Es gab das römische Messbuch. Danach wurde die Messe gelesen und Ende. Natürlich
auch von Mastai Ferretti.

In Rom war eine papale Auslegung von Trient von Anfang an ganz selbstverständlich. Das Reformpapsttum hatte schließlich entscheidende Anstöße für die Umsetzung der Konzilsdekrete im sechzehnten und beginnenden siebzehnten Jahrhundert gegeben. Und da es im Kirchenstaat keine vom Papst unabhängigen Bischöfe gab, konnte eine Spannung zwischen einer episkopalen und einer papalen Ekklesiologie, deren Auflösung Trient wegen der Angst vor einer Kirchenspaltung gescheut hatte, erst gar nicht aufkommen – auch nicht im neunzehnten Jahrhundert. Der Papst war der Herr der Bischöfe, aber das war er eben nur im Kirchenstaat, und hier war er es immer schon gewesen. Eine Beschwörung von Trient war nicht nötig.

Und auch Mastai hat sich als Erzbischof von Spoleto und Bischof von Imola ganz selbstverständlich in diese Rolle eingefunden. An der papalen Auffassung der katholischen Kirche gab es bei ihm keinerlei Zweifel. Wenn er als Bischof Kritik am Papst übte, dann allenfalls an dessen Ausübung der weltlichen Herrschaft im Kirchenstaat, auch wenn er diese selbstredend nicht prinzipiell infrage stellte. Die geistliche «Kompetenzkompetenz» des Papstes stand für ihn unverrückbar fest. Dafür brauchte es kein Tridentinum – weder real noch erfunden. Vieles, was Mastai Ferretti in seiner römischen Realität des neunzehnten Jahrhunderts begegnete, bis heute «tridentinisch» genannt wird und sich mit der Autorität des Konzils von Trient umgibt, hat historisch gesehen wenig bis gar nichts mit dem Konzil zu tun, sondern stellt eine Instrumentalisierung des Tridentinums dar.[70]

Diesen Vorgang kann man auch als «Invention of Tradition» beschreiben, als Erfindung einer Tradition. Das von Eric Hobsbawm und Terence Ranger für die Nationalstaaten im neunzehnten Jahrhundert eingeführte Konzept der erfundenen Tradition, also von historischen Fiktionen, die vorgeben, immer schon Teil der eigenen Geschichte gewesen zu sein, erlebte eine Blüte in den achtziger Jahren des zwanzigsten Jahrhunderts im Kontext des sogenannten Konstruktivismus, für den letztlich alles «Konstruktion» und «Erfindung» ist.[71] Man hat Hobsbawm vorgeworfen, implizit zumindest zwischen «erfundenen Traditionen» und «authentischen Traditionen» zu unterscheiden, ohne genau zu klären, was letztere sein sollen. Gerade diese Frage, ob letztlich alle Traditionen erfunden sind oder ob es auch echte, tatsächliche Traditionen gibt, hat durchaus ihre Berechtigung. Dem in der Luft liegenden Vorwurf, einen im neunzehnten Jahrhundert «erfundenen Katholizismus» gegen einen «wahren, auf echten, lebendigen Traditionen beruhenden Katholizismus» zu setzen, muss die Kirchengeschichtsschreibung begegnen und zeigen, dass sie sehr wohl in der Lage ist zu unterscheiden, welche Traditionen historisch verbürgt sind und welche nicht. Dazu muss sie ihr ganzes historisch-kritisches Instrumentarium anwenden und untersuchen, welche historische Aussage sich an welcher Quelle orientiert.[72] Im Falle von «Traditionen» muss man ihre Überlieferungsgeschichte durch die Jahrhunderte nachzeichnen. Denn dann werden die Kontinuitäten und Diskontinuitäten, die Unterdrückungen und Wiederentdeckungen, aber auch die Erfindungen und Uminterpretationen quellenmäßig deutlich.[73]

Das Konzept der Invention of Tradition ist inzwischen modifiziert und weiterentwickelt worden. So spricht etwa Benedict Anderson von «Imagined Communities», von Gemeinschaften, die durch Phantasie und Einbildungskraft entstehen.[74] José Casanova sieht den großen Traditionsabbruch der Französischen Revolution durch die Stiftung von neuer Identität mittels Neuerfindung oder wenigstens radikaler «Reformulierung» überwunden.[75] Auch für den Bereich der Religionen ist das Konzept mehrfach angewandt worden. Das ist nicht wirklich verwunderlich, weil Tradition für viele Glaubensgemeinschaften das Instrument par excellence ist, um Gegenwart, Vergangenheit und Ursprung miteinander in Verbindung zu bringen.[76] Im Grunde geht es dabei immer um Kontinuitätsfiktionen, die eine Verbindung zwischen der krisenhaften Gegenwart zu einem Gründungsmythos, einem von den Göttern abstammenden Urahn oder einer archaischen idealen Urzeit herzustellen versuchen.[77]

Die theoretischen Überlegungen Hobsbawms, Andersons und Casanovas sowie die praktischen Anwendungen des Konzepts im Feld der Religion machen es möglich, ein erstes Raster von Faktoren beziehungsweise Phasen für eine mögliche «Invention of Catholicism» im neunzehnten Jahrhundert zu skizzieren:

1. Die Wiederentdeckung von Traditionen allgemein und speziell die Invention of Tradition wird stets durch eine Katastrophe oder zumindest eine große Krise ausgelöst, die die Identität der eigenen Gruppe oder der eigenen Religion massiv infrage stellt. Als größte Gefahr wird die Assimilation an den Zeitgeist angesehen.

2. Aus der Bedrohung resultiert die Frage, wie man die Identität der

eigenen Gruppe bewahren kann. Die Antwort liegt auf der Hand: durch die Berufung auf Tradition und gegebenenfalls deren Erfindung, die die besondere und exklusive – oft gerade auch religiöse – Auserwähltheit der eigenen Gruppe herausstellt und so den Kontakt zu einem heiligen Stifter oder einem zentralen Heilsereignis aktualisiert.

3. Dafür sind aber Traditionsmanager erforderlich, die die verunsicherte Stimmung in der Gemeinschaft aufnehmen und darauf mit der Beschwörung der Tradition als «Illusion der Dauerhaftigkeit» (Woody Allen) reagieren, denn Traditionen erfinden sich nicht von selbst.

4. Um die eigene Gruppe zusammenzuhalten und ihr nach der Krise eine neue Selbstsicherheit zu verleihen, müssen die Traditionen der äußeren Gegner bekämpft und schlechtgemacht werden: Ihre Herkunft ist zwiespältig, ihre Traditionen sind minderwertig und allesamt nicht echt.

5. Damit können die eigenen Anhänger zugleich zu einem besonderen Gehorsam verpflichtet werden, damit sie bereit sind, Verleumdung, wirtschaftliche und politische Nachteile und sogar Verfolgung und Tod für die «gerechte Sache» auf sich zu nehmen. Auch der politische, religiöse und sogar militärische Kampf gegen die Anderen kann damit legitimiert werden. So bringt die Beschwörung der Tradition eine ungeheure normative Kraft hervor, die es ermöglicht, Verhaltensweisen, Werte und Normen kollektiv einzuüben und im Gedächtnis der Gruppe zu festigen.

6. Identitätssicherung durch Tradition beziehungsweise Traditionserfindung funktioniert nach innen aber nur dann, wenn strikte Einheitlichkeit herrscht und Abweichler konsequent ausgemerzt werden. Jede Form von Pluralismus und Ambiguität innerhalb der eigenen Gruppe wird unterdrückt. Laue Mitglieder innerhalb sind gefährlicher als offene Gegner außerhalb. Sie treten für faule Kompromisse mit dem Zeitgeist oder der Mehrheitspartei ein.

7. Erst die Berufung auf eine potentiell ewige Tradition macht – so paradox es auch klingen mag – die Legitimation von Innovationen und Reformen und somit Fortschritt möglich. Eine Institution wird im Zuge der Invention of Tradition nicht selten ganz neu definiert, gibt sich dabei jedoch als uralt aus. Daraus ergibt sich ein neuer Konflikt, denn einerseits kann es notwendig werden, die Tradition in

immer neuen Reformulierungen neuen Herausforderungen anzupassen. Andererseits sind aber die Traditionsmanager darauf aus, nach Abschluss der erfolgreichen Neuerfindung von Tradition diesen Prozess stillzustellen. Lebendige Tradition läuft Gefahr, zum Traditionalismus zu erstarren, alternative Erfindungen von Tradition werden verteufelt.[78]

Die Katastrophe der Französischen Revolution wurde von manchem Katholiken als noch schlimmer empfunden als die Katastrophe der Reformation. Wieder brauchte man als Referenzpunkt eine möglichst unangreifbare traditionelle Legitimationsgröße. Da die Päpste in der ersten Häfte des neunzehnten Jahrhunderts nicht nur wegen fehlendem Charisma ausfielen, sondern vor 1870 auch noch nicht über den Jurisdiktionsprimat und die Unfehlbarkeit verfügten, die ihnen die Kompetenz zur Einheitsstiftung rechtlich, politisch, emotional und spirituell verliehen hätten, blieb nur die Berufung auf das letzte Ökumenische Konzil der Kirchengeschichte als unanfechtbarer Autorität übrig, auch wenn es bereits über zweieinhalb Jahrhunderte zurücklag: das Tridentinum. Mit ihm konnte man alles und jedes legitimieren, insbesondere auch den Mythos Einheitskatholizismus in Priesterausbildung, Bischofsbild, Liturgie und schließlich Lehre.

Die Neuerfindung des Tridentinums im neunzehnten Jahrhundert unterstellte diesem Konzil eine grundsätzlich antimoderne Tendenz und stilisierte es zum «restaurativen Bollwerk gegen die böse Gegenwart».[79] Dabei war das historische Konzil von Trient, folgt man dem Mainstream der sozialgeschichtlichen Forschung, ein Katalysator für Moderne und Modernisierung erster Ordnung.[80] Aus der historischen Ambiguitätstoleranz des Konzils von Trient wurde die tridentinische Intoleranz des neunzehnten Jahrhunderts.[81] Das Konzil wurde neu erfunden und diente – anders als von der Synode selbst intendiert – zur Legitimation eines «tridentinischen» Katholizismus, auf dem zwar Trient draufstand, in dem aber der Papst drin war, wenn auch zunächst das Idealbild eines Papstes in Erwartung eines Pontifex, der endlich in der Lage war, die ihm von den Ultramontanen angebotene «tridentinische» Hülle zu füllen.

Das kreative Erfinden von «tridentinischen» Traditionen wurde dadurch erleichtert, dass die entscheidenden Quellen zum Konzil von Trient der Forschung nicht zugänglich waren. Erst nach der Öffnung des

Vatikanischen Geheimarchivs durch Leo XIII. 1881 konnte die Görres-Gesellschaft ihre monumentale Aktenedition *Concilium Tridentinum. Diariorum, Actorum, Epistularum, Tractatum* beginnen.[82] Erst damit konnte das Konzil von Trient Gegenstand ernsthafter historischer Forschung werden.

Dass es im neunzehnten Jahrhundert mehr um das imaginierte denn um das historische Konzil von Trient ging, zeigt auch der fast völlige Ausfall der Feier der historischen Konzilsjubiläen.[83] Zur Dreihundertjahrfeier der Konzilseröffnung 1845 fand immerhin eine kleine Veranstaltung in Trient statt.[84] Die Feierlichkeiten zur Vierhundertjahrfeier 1945 sollten ursprünglich ein ganzes Jahr dauern. Wegen der Folgen des Zweiten Weltkrieges wurden sie auf wenige Tage reduziert. Zum vierhundertfünfzigsten Jahrestag des Abschlusses des Konzils von Trient im Jahr 2013 fand in Freiburg im Breisgau ein großes internationales Symposium statt, auf dem die Wirkmächtigkeit des «Mythos Trient» noch einmal akzentuiert und hervorgehoben wurde.[85]

Die Katholizismenvielfalt der ersten Hälfte des neunzehnten Jahrhunderts war den Ultramontanen, die zunächst nur eine Partei unter vielen Kirchenparteien mit ihren ganz unterschiedlichen Reaktionen auf die von ihnen als Erzfeind identifizierte Moderne gewesen waren, ein Dorn im Auge. Sie strebten eine einheitliche katholische Front gegen die verdammte Neuzeit an. Dazu mussten sie die historische Fiktion eines Einheitskatholizismus vor der Katastrophe von 1789 erfinden, um so die innerkirchlichen Abweichler disziplinieren und zur Not als unkatholisch diffamieren und exkludieren zu können. Erst Pius IX. sollte aber zu dem wirklich «tridentinischen» Papst im Sinne der ultramontanen Konzilsmonopolisten werden. Und dieser Papst nahm Trient und die tridentinische Tradition tatsächlich in die Hand und setzte diese sogar mit sich selbst gleich. Die katholische Welt wartete sehnlichst auf einen Pontifex maximus wie Giovanni Maria Mastai Ferretti.

FÜNFTES KAPITEL

Der liberale Papst
Geschichte eines Missverständnisses
(1846–1858)

Zelanti und Politicanti:
Die Papstwahlen nach der Französischen Revolution

Am 1. Juni 1846 starb nach sechzehnjährigem Pontifikat im Alter von einundachtzig Jahren Gregor XVI., der «stählerne Kamaldulenserpapst».[1] Er galt als abgehoben von den Sorgen der Menschen in Rom und war verhasst wegen seiner harten Restaurationspolitik im Kirchenstaat, weswegen sein Ableben kaum jemanden von seinen Untertanen mit wirklicher Trauer erfüllte. Sein Sterben wurde zu einem «Symbol für einen Pontifikat, der immer mehr isoliert und seiner Zeit entfremdet gewesen war», und der die Distanz nicht weniger Menschen zu Papst und Kirche vergrößert hatte.[2]

Es war zum fünften Mal seit der Französischen Revolution und zum fünften Mal im Leben von Giovanni Maria Mastai Ferretti, dass ein neuer Papst gewählt werden musste. Pius VI. war der Papst seiner Kindheit gewesen, Pius VII. war er in Senigallia bei dessen Rückkehr aus dem Exil begegnet, Leo XII. hatte ihn zum Bischof ernannt, Pius VIII. hatte ihm die Bischofsweihe gespendet, und Gregor XVI. schließlich hatte ihm den roten Hut aufgesetzt.

Alle vorhergehenden Konklaven hatte Mastai Ferretti wie die meisten Katholiken mehr oder weniger intensiv von außen beobachtet. Diesmal sollte alles ganz anders sein, diesmal war er selbst dabei, denn als Kardinal gehörte er zum exklusiven Kreis der Papstwähler und war sogar selbst Kandidat. Dem Kardinalskollegium stand seit achthundert Jahren das alleinige Papstwahlrecht zu, und seit sechshundert Jahren hatten die

Eminenzen jeweils einen der ihren auf den Papstthron gesetzt. Seit vierhundert Jahren waren außerdem nur Italiener gewählt worden.[3]

Die Zahl der Kardinäle war durch die Kurienreform Sixtus' V. im Jahr 1587 von rund dreißig auf siebzig erhöht worden, in Anlehnung an die siebzig Jünger Jesu. Allerdings hatte kaum ein Papst das volle Ernennungskontingent ausgeschöpft, so dass dem Kardinalskollegium durchschnittlich zwischen fünfzig und sechzig Mitglieder angehörten. Aufgrund ihres nicht selten fortgeschrittenen Alters oder ernsthafter Erkrankungen zogen meist noch weniger Eminenzen in das Konklave ein. Für die seit 1179 notwendige Zweidrittelmehrheit galt aber nicht die Zahl der Mitglieder des Kardinalskollegiums, sondern die Zahl der abgegebenen Stimmen.

Das Papstwahldekret Gregors XV. von 1621 schrieb eigentlich vor, dass der neue Pontifex stets in der Sixtinischen Kapelle unter dem Jüngsten Gericht Michelangelos gewählt werden sollte, um den Kardinälen ihre besondere Verantwortung symbolisch vor Augen zu führen. Seit dem achtzehnten Jahrhundert hatte sich als Wahlort aber mehr und mehr der Quirinalspalast, die eigentliche Residenz der Päpste in Rom, etabliert. Der Komfort für die Kardinäle, die während des Konklaves eingeschlossen wurden, war dort größer als in den mittelalterlichen Gemäuern des Vatikan.

Das freie Wahlrecht der Kardinäle war in jener Zeit durch die sogenannte Exklusive beschränkt.[4] Dahinter verbarg sich die Möglichkeit zu einem einmaligen Veto, das die katholischen Mächte Europas – Österreich, Spanien und Frankreich – jeweils gegen einen unliebsamen Kandidaten einlegen konnten. Sprach einer der drei Kronkardinäle, die die drei katholischen Fürsten im Kardinalskollegium repräsentierten, die Exklusive aus, was meist erst kurz vor Erreichen der notwendigen Zweidrittelmehrheit geschah, war der Kandidat erledigt. Alle Kardinäle konnten überdies das Recht des sogenannten Akzesses nutzen. Nach Bekanntgabe des Ergebnisses eines Wahlgangs konnten sie ihre Stimme verändern und zu einem ihnen aussichtsreicher erscheinenden Kandidaten hinzutreten. Davon wurde im achtzehnten und neunzehnten Jahrhundert ausgiebig Gebrauch gemacht.

Papstwahlen in der Frühen Neuzeit wurden zwischen den Anführern der verschiedenen Parteien im Kardinalskollegium ausgehandelt. Meistens bildeten die von einem Papst ernannten Eminenzen unter den Kardinalnepoten eine solche Fraktion. Sie waren «ihrem» Pontifex und seiner Familie zu Dankbarkeit verpflichtet und bereit, einen Kandidaten der Familie zu wählen. Nicht in erster Linie die Eignung für das höchste Amt in der Kirche oder eine ausgezeichnete Frömmigkeit waren die entscheidenden Kriterien, sondern Netzwerkpflege gemäß «dem zeitgenössischen Ethos von *pietas* und *gratitudo*», von Treue und Dankbarkeit.[5]

Die entscheidende Frage war, ob diese weitgehend auf Patronage beruhende Mentalität auch bei den Papstwahlen nach der Französischen Revolution fortdauerte. Zeichneten sich in den vier ersten Konklaven seit 1789 vielleicht neue Gesetzmäßigkeiten und Gewohnheiten ab, die für die erste Papstwahl, an der Giovanni Maria Mastai Ferretti aktiv teilnehmen würde, von Bedeutung sein konnten?

Pius VI. war am 29. August 1799 in französischer Gefangenschaft gestorben. Da Rom von französischen Truppen besetzt war, konnte das Konklave nicht in der Ewigen Stadt stattfinden.[6] Man fürchtete um die Freiheit der Papstwahl. Bereits zwei Jahre vor seinem Tod hatte der Papst deshalb den Kardinälen erlaubt, in jeder beliebigen Stadt, die unter dem Schutz eines katholischen Souveräns stand, zur Neuwahl seines Nachfolgers zu schreiten, sobald eine größere Anzahl von Eminenzen dort eingetroffen sein würde. Kaiser Franz II. bot daraufhin Venedig als Wahlort an, das im Jahr zuvor von den Habsburgern annektiert worden war.

Von den sechsundvierzig damals noch lebenden Kardinälen fanden sich im November immerhin vierunddreißig in der ehemaligen Dogenstadt ein und bezogen am 1. Dezember 1799 die Konklaveräume im Benediktinerkloster San Giorgio. Konklavesekretär wurde Ercole Consalvi, Auditor an der Römischen Rota, dem zweithöchsten kirchlichen Gericht, der später als Kardinalstaatssekretär Karriere machen sollte.

Zwei Monate lang blockierten sich zwei Gruppen im Kardinalskollegium: Die eine Richtung wollte unbedingt einen politisch gemäßigten Kandidaten durchsetzen, die andere dagegen einen kompromisslos religiösen Papst. Hier wurde erstmals die Spaltung des Kardinalskollegiums in zwei unversöhnliche kirchenpolitische Parteien sichtbar, die für das gesamte neunzehnte Jahrhundert bestimmend war.[7] Auf der einen Seite standen die Zelanti, die Eiferer, die politisch für eine vollständige mittelalterlich-feudale Restauration des Kirchenstaats und der katholischen Kirche insgesamt eintraten. Sie setzten dabei ihre Hoffnungen vor allem auf die Habsburger als katholische Schutzmacht. Aufklärung und Französische Revolution in ihren praktischen Auswirkungen sollten einfach ausgeblendet werden, in der Lehre der Kirche ohnehin alles beim Alten bleiben. Auf der anderen Seite standen die Politicanti, die sich den veränderten politischen und geistigen Bedingungen so weit anpassen wollten, wie es mit der katholischen Glaubenslehre vereinbar schien. Die Verpackung konnte man ruhig ändern, wenn sich dadurch die wesentlichen Inhalte sichern ließen. Die Politicanti traten für gemäßigte Reformen in Verwaltung und Gerichtsbarkeit sowie für eine bürgerliche Mitverantwortung in den Städten des Kirchenstaats ein. Auch im Bereich der Lehre wollten sie aus der absoluten Erstarrung herauskommen und in ein produktives Gespräch mit den geistigen Strömungen der Zeit eintreten.

Auf Vorschlag des Konklavesekretärs Ercole Consalvi wurde schließlich mit Luigi Barnaba Chiaramonti, dem Benediktinerkardinal und Bischof von Imola, ein gemäßigter Politicante als Kompromisskandidat gefunden. Man hielt ihn für einen «milden und gemäßigten, von politischen Banden freien, aber dem Umsturz nicht allzu feindlichen» Kardinal.[8] Eine Delegation aus Zelanti und Politicanti handelte mühsam seine Erhebung zum Papst aus. Im letzten Moment konnte Consalvi auch noch eine Exklusive des Kaisers abwenden, dem der Kandidat als zu frankreichfreundlich erschien. Am 13. März 1800 wurde Chiaramonti schließlich von allen Kardinälen in einer Art Adorationswahl durch die Verehrung mit Fußkuss gewählt.[9] Am nächsten Tag erfolgte die eigentliche Abstimmung mit Stimmzetteln, die freilich nur noch eine Formsache war. Der Benediktiner erhielt dreiunddreißig Stimmen – alle, außer seiner eigenen – und nannte sich Pius VII. in Erinnerung an seinen Vorgänger Pius VI. Als seinen Kardinalstaatssekretär bestimmte er den eigentlichen Papstmacher Ercole Consalvi, der sich als entschiedener Reformer erweisen sollte.

Pius VII. wurde seinem Ruf als gemäßigter Politicante gerecht. Nach seinem Tod am 20. August 1823 begann das nächste Konklave am 2. September.[10] Die dreiundfünfzig Kardinäle versammelten sich im Quirinalspalast in Rom. Weil sich die liberalere Gruppe der Kardinäle und die katholischen Staaten Europas aber nicht auf einen gemeinsamen Kandidaten verständigen konnten, gewannen die Zelanti mehr und mehr die Oberhand. Doch auch sie konnten ihren eigentlichen Wunschkandidaten Kardinal Antonio Gabriele Severoli nicht durchbringen. Als dieser

am 21. September siebenundzwanzig Stimmen erhielt und auf die Zweidrittelmehrheit zusteuerte, sprach Kardinal Giuseppe Albani im Namen
des österreichischen Kaisers die Exklusive aus und schloss Severoli damit vom Papstamt aus. Darüber waren seine Anhänger zutiefst verärgert
und schlossen sich noch enger zusammen. Es ging ihnen vor allem darum, den verhassten Kardinalstaatssekretär Pius' VII., Ercole Consalvi,
und seine liberale Politik abzustrafen. Als der exkludierte Severoli Kardinal Annibale Della Genga als Kandidaten vorschlug, hatte Österreich
sein Veto bereits verbraucht, und weder Spanien noch Frankreich waren
bereit, diese Karte zu ziehen.

Della Genga erhielt am 28. September vierunddreißig Stimmen und
wurde somit zum Papst gewählt. Aus Verehrung für Papst Leo den Großen nannte er sich Leo XII. Bei seiner Wahl war er siebenundsechzig
Jahre alt und kränklich. Dennoch ernannte er einen zweiundachtzig-
jährigen Greis zu seinem Kardinalstaatssekretär und machte damit deutlich, dass er allein regieren wollte. Er stellte nicht nur Consalvi kalt,
sondern mit ihm auch alle anderen liberalen Kurienkardinäle, die er
wegbeförderte und durch strenge Zelanti ersetzte.

Nach einem Pontifikat von nur fünfeinhalb Jahren starb Leo XII., der
die Erwartungen der Zelanti in ihn voll erfüllt hatte, am 10. Februar 1829.
Das nächste Konklave begann am 23. Februar und fand erneut im Quiri-
nalspalast statt.[11] Fünfzig von achtundfünfzig Kardinälen nahmen an der
Papstwahl teil. Wieder war das Wahlkollegium in Zelanti und Politicanti
gespalten. Das Konklave zog sich bis zum 31. März hin, dann schaltete
sich der österreichische Staatskanzler Fürst von Metternich massiv ein.
Das zeigt, wie durchlässig die Mauern des Konklaves in dieser Zeit waren.
Metternich gelang es, den Kandidaten der gemäßigten Partei Francesco
Castiglioni durchzusetzen, der schließlich mit siebenundvierzig Stimmen
gewählt wurde. Aus Dankbarkeit gegenüber Pius VII. gab er sich den Namen Pius VIII. Zugleich machte er aber durch die Namenswahl deutlich,
dass er sich dem pianischen und somit aufgeschlosseneren Kurs seiner
Vorgänger mit diesem Namen verpflichtet wusste.

Schon bei seiner Wahl schwer krank, war Pius VIII. nur ein Pontifikat von gut eineinhalb Jahren vergönnt, so dass ihm nicht genügend Zeit
blieb, einen grundsätzlichen Kurswechsel zu vollziehen. Er starb bereits
am 30. November 1830. Am 14. Dezember bezogen fünfundvierzig Kardinäle erneut das Konklave im Quirinalspalast, um miteinander fünfzig

Tage lang heftig zu streiten und endlose Wahlgänge ohne jedes Ergebnis durchzuführen.[12]

Während die Papstwähler eingeschlossen waren, brodelte es heftig in Rom und im Kirchenstaat, weil die Julirevolution auch die Ewige Stadt in Aufruhr versetzte. Ein Umsturzversuch gegen die päpstliche Herrschaft lag in der Luft, weshalb eigentlich eine rasche Papstwahl dringend geboten gewesen wäre. Die liberale Partei der Politicanti, die von den katholischen Staaten unterstützt wurde, war sich jedoch nicht einig, und die Zelanti konnten zunächst keinen ihrer Kandidaten durchbringen. Schließlich verhängte Spanien die Exklusive gegen Kardinal Giacomo Giustiniani, einen aussichtsreichen Bewerber aus den Reihen der Eiferer, der damit aus dem Rennen war. Die Zelanti waren gezwungen, sich auf einen neuen Kandidaten zu einigen, und begannen nun, den Kamaldulensermönch Mauro Cappellari zu unterstützen. Schließlich knickte Österreich ein, gab seinen Widerstand gegen die Wahl eines Zelanten auf und verzichtete auf das geplante Veto gegen Cappellari. Damit war der Weg frei. Cappellari wurde am 2. Februar 1831 zum Papst gewählt und nannte sich Gregor XVI. nach Gregor VII., dem großen Vorkämpfer für die Freiheit der Kirche im elften Jahrhundert.

Die ersten vier Papstwahlen des neunzehnten Jahrhunderts zeigen, dass es, anders als in der Frühen Neuzeit, nun keine Nepotenparteien mehr gab. Politisch standen sich in den Konklaven eine französische und eine österreichische Partei gegenüber, wobei die letztere meistens konservativer ausgerichtet war. Spanien spielte im Gegensatz zur vorrevolutionären Zeit keine Rolle mehr. Entscheidend wurde mehr und mehr die kirchenpolitische und theologische Positionierung der Papstwähler, die entweder für eine «papauté inflexible» oder eine «papauté réformiste» eintraten, wie es in den französischen Quellen der Zeit heißt.[13] Damit sind die Zelanti und Politicanti treffend umschrieben.

In nur vier Wahlgängen zur Zweidrittelmehrheit

Von den zweiundsechzig Mitgliedern des Senats der katholischen Kirche zogen nach dem Tod Gregors XVI. gemeinsam mit Giovanni Maria Mastai Ferretti fünfzig Eminenzen ins Konklave ein, das am 15. Juni 1846

Mastai Ferretti traf am 12. Juni 1846 in Rom zum Konklave ein. Einer Legende nach ließ sich eine Taube auf seiner Kutsche nieder, was als göttliches Zeichen seiner künftigen Papstwahl verstanden wurde.

begann und zum letzten Mal im Quirinalspalast stattfand, der heute Sitz des italienischen Staatspräsidenten ist.[14] Vierunddreißig Stimmen waren mindestens für die Zweidrittelmehrheit notwendig. Nach den Erfahrungen der letzten Papstwahlen befürchtete man erneut eine lange Dauer des Konklaves.

Bereits der erste Wahlgang am Morgen des 15. Juni brachte eine große Überraschung. Anders als bei den vorhergehenden Konklaven, bei denen sich die Stimmen in den ersten Wahlgängen auf verschiedene Kandidaten verteilt hatten, gab es «ein dramatisches Duell» zwischen den beiden Gruppen, die sich dieses Mal von Anfang an auf zwei Personen konzentrierten: Der ehemalige Staatssekretär Gregors XVI., der reaktionäre Kardinal Luigi Lambruschini, erhielt fünfzehn Stimmen, neun direkte und sechs durch Akzess, Kardinal Mastai kam dagegen auf dreizehn Stimmen, acht direkte und fünf durch Akzess. Die übrigen Stimmen waren zerstreut. Lambruschini wurde vor allem von österreichfreundlichen Kardinälen unterstützt, die mit «der Vorherrschaft Österreichs in Italien einverstanden waren» und deshalb das Risorgimento strikt ablehnten. Dazu kam die landsmannschaftliche Gruppe der Genueser im Heiligen Kolleg, die unbedingt einen der ihren auf dem Papstthron sehen wollten.[15]

Beim zweiten Wahlgang am Nachmittag des 15. Juni fiel der Anteil Lambruschinis auf dreizehn, acht direkte und fünf Akzessstimmen, während Mastai auf siebzehn Stimmen kam, zwölf direkte und fünf durch Akzess. Die kleine Gruppe der unabhängigen Kardinäle, die vom ehemaligen Staatssekretär Tommaso Bernetti angeführt wurde, hatte sich dem als «gemäßigt liberal» geltenden Bischof von Imola angeschlossen.[16]

In der Nacht scheinen intensive Gespräche unter den Kardinälen stattgefunden zu haben. Für ein angeblich geplantes österreichisches Veto gegen Mastai, von dem in der Forschung immer wieder die Rede ist, gibt es keinerlei Belege.[17] Es gab jedoch tatsächlich Pläne für eine österreichische Exklusive. Diese hätte sich aber gegen Kardinal Tommaso Bernetti gerichtet, falls dieser aussichtsreich im Rennen gelegen hätte. Er war aus Wiener Sicht ein von «Gallomanie» befallener extremer Anhänger Frankreichs und Gegner Habsburgs.[18] Im dritten Wahlgang am Morgen des 16. Juni kam Mastai bereits auf siebenundzwanzig Stimmen, achtzehn direkte und neun durch Akzess. Damit war er nur noch sieben Stimmen von der Zweidrittelmehrheit entfernt. Lambruschini dagegen fiel auf elf Stimmen zurück, sieben direkte und vier durch Akzess.

Im vierten Wahlgang am Nachmittag des 16. Juni erhielt Mastai sechsunddreißig Stimmen, siebenundzwanzig davon direkt und neun durch Akzess. Lambruschini fiel auf zehn zurück, acht direkte und zwei durch Akzess. Damit war Giovanni Maria Kardinal Mastai Ferretti, der Bischof von Imola, mit der notwendigen Zweidrittelmehrheit zum Papst gewählt. Zur Erinnerung an seinen Vorgänger in Imola, Kardinal Castiglione, der für kurze zwanzig Monate als Pius VIII. auf dem Stuhl Petri gesessen und ihn zum Bischof geweiht hatte, nannte er sich Pius IX. Damit wollte er sich offenbar in die Reihe der gemäßigteren Pius-Päpste des Jahrhunderts einfügen und sich gegen die Zelantipäpste Leo XII. und Gregor XVI. positionieren – jedenfalls glaubten die Römer das.

| | 15. Juni 1846 | | | | 16. Juni 1846 | | | |
| | 1. Wahlgang | | 2. Wahlgang | | 3. Wahlgang | | 4. Wahlgang | |
	Direkte Stimmen	Akzess-stimmen	Direkte Stimmen	Akzess-stimmen	Direkte Stimmen	Akzess-stimmen	Direkte Stimmen	Akzess-stimmen
Luigi Lambruschini	9	6 (= 15)	8	5 (= 13)	7	4 (= 11)	8	2 (= 10)
Giovanni Maria Mastai Ferretti	8	5 (= 13)	12	5 (= 17)	18	9 (= 27)	27	9 (= 36)
Giovanni Soglia	4		2		2			
Chiarissimo Falconieri Mellini	4	1 (= 5)	4		5	2 (= 7)	3	1 (= 4)
Costantino Patrizi	3	1 (= 4)	3	1 (= 4)	2	1 (= 3)	1	2 (= 3)
Vincenzo Macchi	3		3	1 (= 4)	3	1 (= 4)	2	
Carlo Opizzoni	3				1			
Filippo De Angelis	3	1 (= 4)	4		3	2 (= 5)	4	2 (= 6)
Paolo Polidori	2		2					
Gabriele Della Genga	2		1	1 (= 2)				
Tommaso Pasquale Gizzi	2		2		2		1	
Giacomo Fransoni	1	2 (= 3)	1	2 (= 3)			1	
Angelo Mai	1		1		1			
Mario Mattei	1							
Gabriele Ferretti	1		1	1 (= 2)	1		1	
Gaspari Pianetti	1							
Antonio Orioli	1		1				1	
Ludovico Micara	1				2			
Giacomo Monico			1					
Charles Acton			2					
Ludovico Altieri			1		1		1	
Ludovico Alberghini			1					
Pietro Ostini					1			
Antonio Cadollini					1			
Keine Akzessstimmen		34		34		31		34
Insgesamt	**50**	**50**	**50**	**50**	**50**	**50**	**50**	**50**

Giovanni Maria Mastai Ferretti erreichte nach nur vier Wahlgängen die erforderliche Zweidrittelmehrheit und war damit seit dem 16. Juni 1846 Papst. Die Tabelle dokumentiert die Stimmen, die die einzelnen Kardinäle erhalten haben.

Da der vierte Wahlgang sehr spät am Abend zu Ende gegangen war, entschloss man sich, das «Habemus papam» auf den folgenden Morgen zu verschieben. In Rom ging aber das Gerücht um, das Konklave habe den liberalen und äußerst populären Kardinal Tommaso Pasquale Gizzi zum Papst gewählt. Es kam zu wahren Freudenkundgebungen. Daher war die Enttäuschung zunächst groß, als der Kardinaldiakon auf dem Balkon des Quirinalspalastes Kardinal Mastai Ferretti als neuen Papst präsentierte. «Die Masse blieb kalt und unbeweglich.» Erst als sich der neue Papst auf der Loggia zeigte, vierundfünfzig Jahre jung, «von schöner Gestalt, mit tragender Stimme», verringerte sich die Kälte auf der Piazza wenigstens etwas. Aber den «fehlenden Enthusiasmus des Volkes» konnte man verkraften, nachdem sich die europäischen Mächte, allen voran Frankreich und Österreich, zufrieden mit der Wahl Mastais gezeigt hatten. Er galt als Garant für «Klugheit und Mäßigung».[19] Man glaubte, die restaurativen Zeiten eines Gregor XVI. gehörten endgültig der Vergangenheit an.

Am 21. Juni fand die feierliche Krönung mit der Tiara, der dreifachen päpstlichen Krone, in Sankt Peter statt, und ein knappes halbes Jahr später, am 8. November, ergriff Pius IX. Besitz vom Lateranpalast, der seinen weltlichen Herrschaftsanspruch über Rom und den Kirchenstaat symbolisierte, und von der Lateranbasilika, der eigentlichen Bischofskirche des Papstes. Dabei zog der Papst mit großem Gefolge zu Pferd vom Vatikan durch die Stadt Rom zum Lateran, wo an verschiedenen Stellen Triumphbögen aufgerichtet und Girlanden aufgehängt worden waren, um den neuen Pontifex zu ehren. Diese Cavalcata sollte die letzte in der Geschichte der Kirche sein – ab 1870 verfügte der Papst nicht mehr über einen eigenen Staat und die Herrschaft in der Stadt Rom.

Der Beginn einer neuen Ära?

Durch seine ersten Maßnahmen schien der neue Papst die Hoffnungen auf Erneuerung zu bestätigen. Er ernannte den als Reformer bekannten Kardinal Tommaso Pasquale Gizzi zu seinem Staatssekretär und den liberalen Konklavesekretär Giovanni Corboli Bussi zu dessen Stellvertreter.[20] Bald nach Amtsantritt bemühte er sich, die darniederliegende

Wirtschaft in Rom und im Kirchenstaat anzukurbeln, startete den Bau von neuen Straßen und Eisenbahnen und ließ eine Reihe von Manufakturen gründen. Zu einem Fanal wurde ein Amnestiedekret, das er einen Monat nach seiner Wahl verkündete.[21] Pius IX. begnadigte mit Reskript vom 16. Juli 1846 alle wegen politischer Verbrechen in den Kerkern Roms und des Kirchenstaats einsitzenden Gefangenen. Die Zahlen schwanken zwischen vier- und fünfzehnhundert.[22] Dabei handelte es sich vor allem um Jakobiner, die unter Gregor XVI. wegen Revolution und versuchten Umsturzes verurteilt worden waren. «Aus Mitleid für die verführte Jugend und ihre trauernden Familien» wollte der Papst Gnade vor Recht ergehen lassen.[23] Die einzige Bedingung, die er stellte, war eine Loyalitätserklärung, die die Freigelassenen zu unterzeichnen hatten.

Im Grunde genommen war ein solcher Gnadenakt beim Herrschaftsantritt eines Königs oder auch eines Papstes nichts Ungewöhnliches. Er gehörte vielmehr seit vielen Jahrhunderten «zum festen Riten-Repertoire des Papsttums».[24] Normalerweise wurde ein solcher Schritt ganz selbstverständlich zur Kenntnis genommen, ohne dass sich die Öffentlichkeit besonders darüber erregt hätte. Das war aber in der aufgeregten Stimmung des Jahres 1846 in Rom ganz anders. Die Stadt glich einem Dampfkochtopf, auf den der verhasste Gregor XVI. fünfzehn Jahre mit österreichischer Unterstützung den Deckel gehalten hatte. Durch die Amnestie öffnete Pius IX. das Ventil – und der Dampf suchte sich seinen Weg nach außen. Pius IX. setzte sich bewusst mit einem starken Zeichen von der Restaurationspolitik seines Vorgängers ab. So interpretierten es die Römer. Ein ungeheurer Enthusiasmus war die Folge. Am Abend des 17. Juli kam es zu Freudenkundgebungen in der Ewigen Stadt, als das Edikt angeschlagen und verlesen wurde. Endlich würde Rom zur Stadt der Freiheit werden und der Papst zu ihrem Freudenboten. Tausende zogen in einem Fackelzug zum Quirinalspalast und brachten ein Vivat auf Pius IX. aus. Der Papst musste sich nicht weniger als dreimal auf dem Balkon zeigen, um den Segen zu spenden.[25]

Der berühmte Dichter Gabriele Rossetti schrieb ein Gedicht mit dem Refrain: «Es lebe Italien, es lebe Pius IX., es lebe die Einheit, es lebe die Freiheit.»[26] An der Piazza del Popolo wurde ein Triumphbogen zu Ehren des Papstes errichtet. Volker Reinhardt ist zuzustimmen: «Solche Hoffnungen und Prophezeiungen beruhten auf einer eigentümlichen Mischung aus Missverständnissen, Manipulationen und Manifestationen aller politischen Strömungen. Das Ergebnis war eine zwei Jahre dauernde Zeit kollektiver Euphorie, ja Hysterie um den neuen Papst.»[27]

Pius IX. genoss die Zuwendung seiner Untertanen in vollen Zügen. Er wollte geliebt werden und ließ sich gerne auf den liberalen und nationalen Wogen der Euphorie tragen. Auch wenn hier sicher viel Übertreibung im Spiel war, schienen seine ersten Maßnahmen und Personalentscheidungen auf einen radikalen Kurswechsel hinzudeuten. Deshalb durfte man auf die Antrittsenzyklika des neuen Papstes besonders gespannt sein. Denn in den ersten feierlichen Schreiben, die meistens ein halbes Jahr nach der Wahl erschienen, legten die Päpste in der Regel so etwas wie eine Regierungserklärung vor. Sie analysierten den Zustand von Kirche und Welt und kündigten an, welche Maßnahmen sie zum Heil der ihnen anvertrauten Gläubigen ergreifen würden.

Die Antrittsenzyklika Pius' IX. erschien am 9. November 1846 unter dem Titel *Qui pluribus*.[28] Wenn man nicht wirklich wüsste, dass sie von dem Papst stammt, der in zahlreichen zeitgenössischen Gedichten als Hort der Freiheit und der Reform gefeiert wurde, würde man diesen Text kaum mit diesem in Verbindung bringen. Von einer Hochschätzung der Werte der Moderne, von Menschenrechten und Freiheiten, von einem produktiven Dialog von Glauben und Vernunft, von Fortschrittsoptimismus und Reformbereitschaft, ist keine Rede. Hier wird eine ganz andere Agenda des neuen Pontifikats geschildert.

Die ganze Welt, so der Befund des Papstes, befinde sich in einem «schrecklichen Krieg gegen die katholische Kirche». Alle Kräfte der Finsternis vereinigten sich zum Kampf gegen die Wahrheit und die gesunde katholische Lehre. «Mit Schrecken und furchtbarem Schmerz» sei eine wahrhafte «Monstrosität des Irrtums» festzustellen: Die Rationalisten glauben, sich allein «auf die Kraft und die Vorzüglichkeit der menschlichen Vernunft» stützen zu können. Diese ausgemachten Feinde des christlichen Glaubens behaupteten, «die hochheiligen Geheimnisse unserer Religion seien Erdichtungen und Erfindungen der Menschen, und die Lehre der katholischen Kirche widerstreite dem Wohl und den Vorteilen der menschlichen Gesellschaft». Deshalb wollten diese «erbärmlich Daherfaselnden» auch die Kategorie des Fortschritts in die katholische Kirche einführen. Zudem leugneten sie prinzipiell die göttliche Offenbarung, obwohl doch Gott selbst durch zahlreiche «wunderbare, wie glänzende Beweise» die Wahrheit der Offenbarung erwiesen habe.

In einem Rundumschlag werden sodann weitere Zeitirrtümer verdammt: Der Indifferentismus mache keinen Unterschied zwischen den
einzelnen Religionen, betrachte alle als Heilswege und erkläre damit den
Exklusivitätsanspruch der katholischen Kirche für obsolet. Der Kommunismus wolle durch die Sozialisierung von Besitz und Eigentum die
«menschliche Gesellschaft selbst von Grund auf» umstürzen. Die «geheimen Gesellschaften» führten zum Untergang des kirchlichen und des
staatlichen Gemeinwesens. Wahrscheinlich hatte der Papst vor allem die
Freimaurer im Blick, die damals nicht selten als treibende Kräfte des Risorgimento angesehen wurden. Die Bibelgesellschaften schließlich über-
setzten nach dem Vorbild der reformatorischen Häretiker die Bibel in die
Volkssprachen und stellten so die alleinige Auslegungskompetenz der
katholischen Kirche über die Heilige Schrift infrage.

Die erste Enzyklika Pius' IX. gipfelt bezeichnenderweise in der Behauptung der Unfehlbarkeit der Päpste. Alle genannten Irrtümer schreien
geradezu nach einer unangreifbaren «lebenden Autorität», die «den wahren und rechtmäßigen Sinn» der «himmlischen Offenbarung lehren, fest-
legen und alle Streitfragen im Bereich des Glaubens und der Sitten mit
unfehlbarem Urteil entscheiden» könne. Diese «lebendige und unfehlbare Autorität waltet nun in jener Kirche, die von Christus, dem Herrn,
auf Petrus, das Haupt», gegründet worden sei, und in seinen legitimen
Nachfolgern, den römischen Päpsten.

Von liberalem Gedankengut, auch nur von einer gewissen Sympathie
für die Anliegen der Moderne, ist in der Regierungserklärung nichts zu
spüren. Im Gegenteil: Es handelt sich um ein intransigentes Programm,
wie es Pius IX. in seinem Pontifikat später tatsächlich umsetzen sollte.
Der Rundumschlag gegen die Moderne und ihre Werte, den er 1864 im
Syllabus errorum im großen Stil verkünden sollte, wurde somit 1846
schon angedeutet. Und die Dogmatisierung der päpstlichen Unfehlbarkeit, die 1870 auf dem Ersten Vatikanischen Konzil erfolgen sollte, wird
in *Qui pluribus* bereits vorausgesetzt.[29]

Wie kann man diesen offenkundigen Widerspruch zwischen dem
öffentlich gefeierten Liberalen und der harten Antrittsenzyklika, die
damals interessanterweise kaum Aufmerksamkeit fand, erklären? War es
eine grundsätzliche Unentschiedenheit im Wesen Pius' IX., wie Giacomo
Martina vermutet hat?[30] Oder zeigt sich in *Qui pluribus* der wahre Papst,
während die liberalen Anwandlungen ihm unberechtigt zugeschrieben

wurden, wie Yves Chiron annimmt?[31] Oder machte der neue Pontifex einen prinzipiellen Unterschied zwischen einer notwendigen Bewahrung der katholischen Lehre und einer möglichen Flexibilität auf dem Feld der Politik? Oder hing schließlich alles davon ab, wer gerade das Ohr des Papstes hatte?

Ein Blick auf die Entstehungsgeschichte der Antrittsenzyklika scheint für Letzteres zu sprechen. Tatsächlich stammt der Text zum Großteil aus der Feder des im Konklave gegen Mastai unterlegenen Hardliners Lambruschini. Diesen hatte Pius IX. nach seiner Thronbesteigung zwar politisch entmachtet und als Kardinalstaatssekretär abgesetzt. Als Sekretär der päpstlichen Breven war er aber für die Endfassung der schriftlichen Äußerungen des Papstes zuständig. Mastais eigener Entwurf hatte hingegen ganz anders ausgesehen: Es war dem neuen Papst vor allem um praktische Fragen der Klerusbildung und der katholischen Schulen gegangen.[32] Davon blieb in der schließlich publizierten Enzyklika jedoch nicht viel übrig.

Die Stunde der Wahrheit

Zunächst einmal gingen die politischen und administrativen Reformen auch nach dem Erscheinen der Antrittsenzyklika ungehindert weiter.[33] Ein Plan oder gar ein ausgefeiltes Konzept steckte auf Seiten des neuen Papstes jedoch nicht hinter den Maßnahmen, so dass man von einer Art «Schluckauf-Reformen» sprechen kann.[34] Jede neue Maßnahme wurde von den Massen gefeiert, um Pius IX. zu weiteren Reformen zu bewegen. Es kam eine regelrechte Spirale in Gang: Eine Reform wurde von unten gefordert, Pius IX. zögerte, der Druck der Basis wurde größer, der Papst gab nach, führte eine Änderung ein, und die Massen feierten enthusiastisch ihren liberalen Papst. «Brausender Beifall und ein wahrer Festrausch folgten jedem dieser Akte des vielfach als ‹Idol› verehrten Papstes, dessen liebesbedürftiges Gemüt in diesem bengalischen Feuer mitjubelte und alles gewähren ließ.»[35] Dann fing der Kreislauf von vorne an.

In Wien betrachtete man die Vorgänge in Rom äußerst skeptisch. Fürst Metternich befürchtete, dass die antirevolutionäre Achse Rom-

Wien, die unter Gregor XVI. so hervorragend funktioniert hatte, endgültig zerbrechen könnte. Aus seinen Äußerungen sprach ein tiefes Misstrauen gegen den neuen Papst, den er mehr und mehr als Sympathisanten Frankreichs betrachtete. Rudolf Graf von Lützow, der österreichische Botschafter beim Heiligen Stuhl, versuchte Metternich zu beruhigen. Mastai Ferretti sei kein Feind Habsburgs, als Politiker jedoch völlig unfähig. «Der größte Feind Pius' als Herrscher ist sein Herz.»[36] Dieser Ansicht schloss sich der Staatskanzler weitgehend an. Für ihn war Pius IX. rationalen Argumenten kaum zugänglich und ließ sich in seinem Handeln fast ausschließlich von Emotionen bestimmen – eine Eigenschaft, die Metternich für einen Staatsmann, der ein Papst damals auch sein musste, für äußerst gefährlich hielt. «Ich klage den Papst nicht eines schlechten Willens an, aber einer Unfähigkeit, das Gute zu tun», schrieb er an seinen Gesandten in Rom.[37]

Doch Pio Nono ließ sich von Lützow nicht aufhalten. Die Euphorie der Massen und die «Schluckauf-Reformen» gingen weiter. Zunächst setzte der Papst zu Jahresbeginn 1847 eine Kommission ein, die erstmals ein bürgerliches Strafgesetzbuch für den Kirchenstaat erarbeiten und so für mehr Rechtssicherheit sorgen sollte. Im Grunde kam Pius IX. damit aber nur einer alten Forderung der europäischen Regierungen nach, die schon am Rande des Wiener Kongresses erhoben worden war. Am 15. März 1847 verkündete er die Lockerung der rigiden Pressezensur. Veröffentlichungen aus den Bereichen Wissenschaft, Literatur, Kunst, Geschichte und öffentliche Verwaltung sollten leichter gedruckt werden können. Publikationen zum Thema Religion und Kirche sowie zur konkreten Politik im Kirchenstaat sollten aber weiter einer Kontrolle unterliegen. Das war in Sachen Publikationsfreiheit als Grundrecht prinzipiell wenig, für Rom aber ein gewaltiger Schritt.

Im Sommer wurde nach französischem Vorbild eine Zivilgarde gegründet, in der sich Bürger zwischen einundzwanzig und sechzig Jahren organisieren und bewaffnen durften. Im Herbst folgten die Aufhebung der geistlichen Gerichtsbarkeit und ihre Ersetzung durch Zivilgerichte, die Neuorganisation der kommunalen Verwaltungen in Rom und den Städten des Kirchenstaats sowie die Wahl von Gemeinderäten. Schließlich führte der Papst sogar ein Kabinett aus Laien für die weltliche Regierung des Kirchenstaats ein, das allerdings dem Kardinalstaatssekretär verantwortlich blieb.

Im März 1848 folgte sogar eine Verfassung für den päpstlichen Staat mit einem Parlament aus zwei Kammern. Die Mitglieder des Senats, der Ersten Kammer, wurden vom Papst ernannt, die Abgeordneten der Zweiten Kammer dagegen vom Volk gewählt. Die Gesetzgebungskompetenz dieser Volksvertretung war jedoch äußerst beschränkt, weil jeder Beschluss vom Papst abgesegnet werden musste, bevor er in Kraft treten konnte. Eine «Synthese von Gewaltenteilung und päpstlicher Machtvollkommenheit» erwies sich schlicht als unmöglich.[38]

Solange es sich nur um Reformen im Kirchenstaat handelte, schaukelten sich Reformen und Zustimmung gegenseitig auf. Aber zu Beginn des Jahres 1848 wurde eine andere Frage immer wichtiger, die sich nicht mehr nur innerhalb des päpstlichen Staats beantworten ließ. Die revolutionären Unruhen, die in zahlreichen europäischen Staaten ausbrachen, gingen auch an Italien nicht vorbei. Die Forderung nach bürgerlichen Freiheitsrechten und einer Verfassung verband sich hier wie auch in Deutschland mit der Forderung nach nationaler Einheit.[39] Seit Januar 1848 gingen Truppen des italienischen Risorgimento in Norditalien gegen die österreichische Herrschaft in der Toskana und im Veneto vor, in Süditalien bekämpfte man die spanischen Bourbonen.

Jetzt kam alles darauf an, wie sich der Papst zum Risorgimento stellen würde und welche Rolle der Kirchenstaat in einem vereinigten Italien spielen könnte.[40] Die gemäßigten Anhänger eines neuen italienischen Nationalstaats hofften darauf, Pius IX. für die Wiedergeburt Italiens begeistern zu können. Sie konnten sich den Papst sogar als Oberhaupt eines föderativen italienischen Staatenbundes vorstellen. Mit dem Pontifex maximus auf ihrer Seite glaubten sie, die militärische Vertreibung der «fremden» Besatzungsmächte Österreich und Spanien leichter rechtfertigen und letztlich auch die internationale Anerkennung für das neue Italien finden zu können.

Dafür gab es manche Anzeichen, denn als im Frühjahr 1847 österreichische Truppen Ferrara besetzten, hatte sich der Papst dazu hinreißen lassen, öffentlich Gottes Segen für Italien zu erbitten. Er konnte sich zwar nicht dazu durchringen, der antiösterreichischen Allianz beizutreten, päpstliche Truppen Richtung Norden in Marsch zu setzen oder sich gar an ihre Spitze zu stellen. Aber die jungen Männer aus Rom und dem Kirchenstaat, die sich dem antiösterreichischen Feldzug unter der Führung Piemont-Sardiniens anschlossen, wollte er auch nicht verurteilen.

Dem österreichischen Botschafter in Rom, Graf von Lützow, sagte Pius IX. deshalb am 12. April: «Als Italiener kann ich sie nicht verurteilen; als Souverän des Kirchenstaats wünsche ich eine gute Nachbarschaft mit Österreich.»[41]

Im Laufe des Frühjahrs 1848 spitzte sich die Situation im Zuge der revolutionären Euphorie immer mehr zu. Pius IX. wurde gezwungen, in der Frage des italienischen Nationalstaats endlich Farbe zu bekennen: «für die nationale Einigung und mit Waffengewalt gegen die katholische Vormacht Österreich oder für die Aufrechterhaltung der alten Ordnung und damit gegen die Kräfte des Risorgimento. Den Mittelweg, den der Papst im Auge gehabt hatte, gab es definitiv nicht mehr – wenn es ihn überhaupt jemals gegeben hatte.»[42]

Die Sache drängte. Am Abend des 17. April berief Pius IX. deshalb eine Kardinalskommission ein, der er drei Fragen vorlegte: «Erstens: Soll sich die päpstliche Regierung mit anderen in Italien vereinigen und an einem Krieg gegen Österreich teilnehmen, der in den Grenzprovinzen hochkocht? Zweitens im Falle einer zustimmenden Antwort: In welcher Weise kann das geschehen? Drittens im Falle einer negativen Antwort: Wie kann man sich vor den ruinösen Konsequenzen der Irritation schützen, in die sich die derzeit in Italien dominierende Partei hineinsteigern dürfte?» Die Antwort der Eminenzen fiel knapp und eindeutig aus: «Ad 1. negativ – ad 2. schon in 1 beantwortet – ad 3. auf Gottes Vorsehung vertrauen.»[43]

Aber Pius IX. schwankte immer noch, wie die Redaktionsgeschichte der päpstlichen Ansprache *Non semel* vom 29. April 1848 belegt. Im ersten, nicht publizierten Entwurf der Allokution, der wahrscheinlich auf den Papst selbst zurückgeht, ermahnt Pius IX. die Fürsten nachdrücklich, «sich dem Willen ihrer Völker zu fügen». Und weiter: «Wenn wir Italien aus eigenem Antrieb gesegnet haben, haben wir damit denn noch nicht zum Ausdruck gebracht, dass die glückliche und erfreuliche Einheit unser einziger Wunsch ist? ... Jeder von Euch weiß, mit wieviel Begeisterung und Eifer die Seelen der Italiener die Freiheit der Nation anstreben. Solange sich in italienischen Städten ausländische Truppen befinden», könne man tatsächlich von niemandem verlangen, zu schweigen.[44]

Im offiziellen Text der Allokution, wie sie schließlich publiziert wurde, hieß es dann aber sehr klar: «Aber wenn jetzt auch viele wünschen, dass

Wir ebenfalls mit den anderen Völkern und Fürsten Italiens einen Krieg gegen Österreich führen, haben Wir Uns entschieden, dass es zuletzt doch Unsere Pflicht ist, zu erklären, dass dieses Unseren Überlegungen gänzlich widerspricht.» Mit gleichem Nachdruck wies der Papst auch «die heimtückischen Pläne jener zurück, die wollen, dass der römische Papst einem aus allen italienischen Völkern zu bildenden Staate vorstehe».[45]

Pius IX. war weiter hin und her gerissen zwischen seinem persönlichen, italienisch-nationalen Empfinden und seiner universalen, supranationalen Verpflichtung als Oberhaupt aller Katholiken. Vor allem Kardinal Giacomo Antonelli, der immer mehr Einfluss gewann und später sogar zum Staatssekretär Pius' IX. avancieren sollte, wies den Papst wiederholt auf die absolut notwendige «Neutralität» des Padre commune der Katholiken hin, die es in allen Ländern und eben nicht nur in Italien gebe. Die Entscheidung vom 29. April, sich an der italienischen Einigungsbewegung nicht zu beteiligen und sich schon gar nicht an ihre Spitze zu stellen, war für viele Italiener und die meisten Römer eine herbe Enttäuschung. Zum ersten Mal hatte sich der geliebte Papst gegen ihre Wünsche gestellt.

Flucht vor der Revolution

Nach der Erklärung vom 29. April 1848 verlor Pius IX. mehr und mehr die Kontrolle über die Vorgänge im Kirchenstaat. Hatten die Reformer vorher versucht, gemeinsam mit dem Papst Änderungen zu erreichen und jeden Bruch mit dem Pontifex zu vermeiden, gingen die Revolutionäre nun an ihm vorbei und über ihn hinweg.[46] Als er im September den liberalen Grafen Pellegrino Rossi zum Ministerpräsidenten im Kirchenstaat ernannte, war es bereits zu spät. Die absolute Entfremdung von Pius IX. und der italienischen Einigungsbewegung ließ sich nicht mehr aufhalten. Rossi wurde als Verräter diffamiert und fiel am 15. November einem Attentat zum Opfer. Am folgenden Tag zog eine aufgebrachte Menge zum Quirinal, der Papstpalast wurde sogar beschossen. Eine Kugel durchschlug eine Scheibe der Residenz und tötete Giovanni Battista Palma, einen Vertrauten des Papstes, der als Indexgutachter tätig war.[47]

Nur mit diplomatischer Hilfe konnte Pius IX. inkognito vor der Revolution in Rom fliehen. Er zog dazu sein weißes Papstgewand aus.

Niemand konnte mehr für die Sicherheit Pius' IX. garantieren. Frankreich und Spanien boten an, dem Papst in ihren Ländern Asyl zu gewähren. Pius IX. wollte aber lieber in der Nähe seines Staats bleiben und entschloss sich, nach Gaeta im Königreich Neapel ins Exil zu gehen. Am späten Nachmittag des 24. November suchte der französische Botschafter Eugène d'Harcourt den Papst in Privataudienz auf.[48] Da man den päpstlichen Wachen nicht traute, zog er sich mit Pius IX. in dessen Privatkabinett zurück, wo d'Harcourt lange und ziemlich laut aus einem diplomatischen Schriftstück vorlas. Der Papst, in eine schlichte schwarze Soutane gehüllt, verließ unterdessen den Palast durch eine unbewachte Seitenpforte und ließ die Wachen in dem Glauben, er unterhalte sich immer noch mit dem Botschafter. Mit einer Kutsche fuhr er zur Kirche Santi Marcellino e Pietro nahe dem Lateran. Dort wartete bereits der bayerische Gesandte Graf Karl von Spaur in seiner Kutsche mit bayerischem Wappen, in der sich der Papst versteckte.

Am Stadttor bei San Giovanni in Laterano zeigte Spaur seinen Diplomatenpass vor, seine Karosse wurde deshalb nicht kontrolliert, sondern einfach durchgewinkt. Es ging die Via Appia antica entlang, wobei man

einen großen Bogen um Albano schlug. Bei Ariccia traf Graf Spaur auf
seine Ehefrau Teresa Giraud. Pius IX. stieg in deren Kutsche um und erreichte kurz nach Mitternacht neapolitanisches Staatsgebiet. Um die
Mittagszeit traf der Papst schließlich in Gaeta ein. Weil sich sowohl der
Bischof als auch der Kommandant der königlichen Festung weigerten,
den Flüchtling aufzunehmen, musste Pius IX. zunächst mit einem gewöhnlichen Gasthof vorliebnehmen, bis schließlich König Ferdinand
aus Neapel eintraf, den Pontifex maximus in seinen Landen willkommen
hieß und standesgemäß unterbringen ließ.

In einer Erklärung über seine Flucht hob der Papst hervor, nur die
brutale Gewalt habe ihn von seinen geliebten Kindern trennen können.
Die Angriffe auf seine Person interpretierte er als Angriffe auf Christus.
Er könne nicht, wie von den Revolutionären gefordert, auf seine Rechte
verzichten, weil diese Rechte göttlichen Ursprungs seien und nicht ihm
als Person, sondern der Kirche Jesu Christi zukämen. Eine Unterschei-
dung zwischen seinen geistlichen Vollmachten als Oberhaupt der Weltkirche und seinen Rechten als weltlicher Herrscher des Kirchenstaats
nahm Pius IX. dabei nicht vor. Auch war er nicht bereit, irgendwelche
Schritte zur Lösung des Konflikts zu unternehmen oder den Revolutionären gegenüber wenigstens ein Mindestmaß an Kompromissbereit-
schaft an den Tag zu legen.

Vielmehr zeigte sich in seiner Erklärung «ein gefährlicher Pseudo-
mystizismus», der die Zeit des Exils in Gaeta und den Pontifikat insgesamt fortan bestimmen sollte. Der Papst gab unverhohlen seiner Hoffnung Ausdruck, die göttliche Vorsehung werde auf wundersame Weise
in die politischen und militärischen Abläufe dieser Welt eingreifen, ihm
ohne menschliches Zutun seinen Staat wieder verschaffen und eine
Rückkehr nach Rom ermöglichen.[49]

Ein Kampf um Rom

In Rom nahmen die Dinge ihren Lauf. Noch im Dezember 1848 wurde
ein Wahlgesetz verabschiedet. Unter Androhung der Exkommunikation
verbot Pius IX. vom Exil aus seinen Untertanen die Teilnahme an den
geplanten Parlamentswahlen. Ohne Erfolg. Am 5. Februar 1849 konstitu-

ierte sich die Abgeordnetenversammlung und begann, über die künftige Verfassung des Staats zu diskutieren. Die Deputierten fackelten nicht lange und verabschiedeten bereits am 9. Februar mit hundertzweiundvierzig zu dreiundzwanzig Stimmen ein denkwürdiges Gesetz. Darin wurde die weltliche Herrschaft der römischen Päpste über den Kirchenstaat rechtlich und faktisch für beendet erklärt. Gleichzeitig gab die Kammer Pius IX. die Garantie, dass er seine geistliche Autorität über die katholische Weltkirche unbehelligt ausüben könne, wenn er nach Rom zurückkehre. Die Regierungsform des römischen Staats sollte künftig eine rein demokratische sein; dieser sollte den Namen «Römische Republik» tragen. Außerdem bekräftigten die Abgeordneten feierlich ihre Absicht, den neuen Römischen Staat so bald wie möglich mit dem übrigen Italien zu einem Nationalstaat zu vereinigen und so das Risorgimento zu vollenden.

Der Bruch zwischen dem Papst und seinem Staat war vollzogen.[50] Pius IX. protestierte vergeblich. Von den Römern, die ihn noch vor wenigen Monaten frenetisch gefeiert hatten, war keine Hilfe zu erwarten. Die öffentliche Meinung war gekippt: Aus der Lichtgestalt war ein Dunkelmann geworden.

Pius IX. war tief enttäuscht, er fühlte sich hintergangen und missbraucht, und machte seinem Ärger in einer Allokution vom 20. April 1849 Luft.[51] Zunächst ließ er die liberalen Maßnahmen seiner ersten beiden Pontifikatsjahre – die Amnestie und all die Reformen und politischen Zugeständnisse, mit denen er auf seine Untertanen zugegangen sei – Revue passieren. Diese Großzügigkeit sei aber nicht gewürdigt worden. Die radikalen Gruppen hätten immer noch mehr verlangt, was er am Ende aber nicht habe gewähren können. Die Verehrung für ihn sei in Hass umgeschlagen, so dass ihm nichts anderes übrigbleibe, als auswärtige Fürsten um ihren Schutz zu bitten.

«Wir richten uns aber in der Hoffnung auf», so fuhr Pius IX. fort, «dass, mit Gottes Hilfe, diese katholischen Nationen der Sache der Kirche und ihres Oberhauptes, des gemeinsamen Vaters aller Gläubigen, sich annehmen und sich beeilen werden, die weltliche Souveränität des Apostolischen Stuhles wiederherzustellen.» Dann kündigt der Papst ein radikales Restaurationsprogramm an, aus dem hervorgeht, dass es in seinem Pontifikat keine auch noch so kleine Nachgiebigkeit gegenüber Reformern oder Liberalen mehr geben werde.

«Sobald dies geschehen ist, wird es unsere Aufgabe sein, mit der
größten Wachsamkeit, mit der größten Sorgfalt, mit der größten Ent-
schiedenheit alle Irrtümer auszurotten und den Schändlichkeiten, die
Wir mit allen gut Gesinnten beweinen, ein Ende zu machen. Vor allem
wird es Not tun, mit den Strahlen der ewigen Wahrheit die Geister und
Herzen zu erleuchten, die durch die Kunstgriffe, Lügen und Umtriebe
der Gottlosen so elendiglich verführt worden sind, damit die Menschen
angesichts der vergifteten Früchte und Irrtümer und Laster mit allem
Eifer auf die Wege der Tugend und der Gerechtigkeit und der Religion
zurückkehren.»

Mit den «elendiglich Verführten» meinte Pius IX. zweifellos nicht
nur seine Untertanen im Kirchenstaat oder liberale Katholiken auf der
ganzen Welt, vielmehr dürfte er auch sich selbst im Blick gehabt haben.
Auch er hatte sich verführen lassen, vom Enthusiasmus der Massen und
von den Einflüsterungen falscher Ratgeber und Freunde.

Pius IX. steigerte sich in einen regelrechten Verfolgungswahn hinein.
«Falsche» Vertraute, so meinte er, hatten ihn in den ersten Jahren seines
Pontifikats hintergangen und zu liberalen Maßnahmen verführt. Wie er
nun gegen sie vorgehen wollte, zeigt exemplarisch der Fall Rosmini.[52]
Noch im Exil in Gaeta berief Pius IX. eine außerordentliche Sitzung der
Indexkongregation ein, die normalerweise nur in Rom tagte. In einem
Eilverfahren wurde am 30. Mai 1849 der Theologe Antonino Rosmini Ser-
batto, ein enger Freund, dem er 1848 noch das Kardinalat versprochen
und sogar den Posten des Kardinalstaatssekretärs in Aussicht gestellt
hatte, gleich mit zwei Werken auf den *Index der verbotenen Bücher* gesetzt. In den *Fünf Wundmalen der Heiligen Kirche* sah Pius IX. eine häre-
tische Auffassung von der katholischen Kirche am Werk, die sich der Moderne öffnen sollte, in der Schrift über *Die Verfassung nach den Gesetzen
der Gerechtigkeit* eine irrige Staatsauffassung, die Sympathien für Demokratie und die nationale Einigung Italiens zeige. Mit demselben Dekret
und ebenfalls ohne ausführliche Begutachtung und Beratung, wie sie von
der Verfahrensordnung der Indexkongregation eigentlich vorgeschrieben
gewesen wäre, wurden mit Vincenzo Gioberti und Giacinto Ventura zwei
weitere bekannte katholische Liberale indiziert.

Die Bitte an katholische Nationen um Beistand, von der Pius IX. in
seiner Allokution vom 20. April 1849 gesprochen hatte, richtete sich an
Österreich, Spanien, Frankreich und das Königreich Neapel.[53] Frank-

reich reagierte zuerst, wohl um einem österreichischen Alleingang zu-vorzukommen, und entsandte schon am 24. April ein Expeditionscorps von zehntausend Mann, die aber von Giuseppe Garibaldi am 30. April an der Porta San Pancrazio zurückgeschlagen wurden. Nach dieser Nieder-lage gingen die katholischen Mächte gemeinsam vor: Die neapolitani-schen Truppen marschierten von Süden Richtung Rom, die Österreicher besetzten Bologna und nahmen den Kirchenstaat vom Norden ein, die Spanier landeten bei Fiumicino und drangen von Westen kommend in Latium ein. Am 3. Juli konnten schließlich französische Verbände Rom einnehmen. Damit war die Zeit der Römischen Republik nach nur fünf Monaten zu Ende.

Vor allem Frankreich versuchte in langwierigen Verhandlungen in Gaeta, den Papst dazu zu bewegen, die Reformen der Jahre 1846 bis 1848 nicht ersatzlos zu streichen.[54] Präsident Napoléon, den Erzbischof Mastai Ferretti 1831 vor einer Verurteilung wegen Aufruhr durch Gregor XVI. gerettet hatte, verlangte sogar eine umfassende Amnestie für alle Aufrüh-rer und eine liberale Regierung. Dazu war Pius IX. jedoch nicht bereit. Er wollte jetzt die Reaktion, er wollte zurück in den Absolutismus des Ancien Régime, und er wollte das total. Und er musste seine tiefe persönliche Ent-täuschung über die Reformer verarbeiten. Deshalb hörte er gerne auf die «österreichischen Einflüsterungen», die ihm erklärten, die Menschen des neunzehnten Jahrhunderts seien den Versuchungen, die sich aus den revolutionären Freiheitsrechten ergaben, schlicht nicht gewachsen.[55]

Am 4. April 1850 verließ Pius IX. sein neapolitanisches Exil und betrat in Terracina wieder den Boden seines Staats. Über Anagni, Velletri, Gen-zano und Albano reiste er nach Rom, wo er am 12. April beim Lateran eintraf. Von dort ging es weiter zum Vatikan. Das Ganze wurde als feier-licher Adventus eines Herrschers inszeniert und mit einem Te Deum ab-geschlossen. Umgehend wurde die alte Ordnung wiederhergestellt, alle Liberalen aus der Römischen Kurie und den Verwaltungsstellen entfernt, die strikte Pressezensur wieder in Kraft gesetzt. Von den politischen Re-formen blieb so gut wie nichts übrig. Ein Parlament oder eine andere Volksvertretung gab es nicht mehr, vielmehr wurde ein Ministerrat aus fünf Ministerien für Inneres, Justiz, Finanzen, Handel und Verteidigung installiert, der jedoch keine eigenständigen Entscheidungen treffen konnte. Alle politische Macht lag damit in den Händes des Kardinal-staatssekretärs.

Bereits 1847 hatte Pius IX. Giacomo Antonelli zum Kardinal und Präsidenten des Staatsrats gemacht.[56] Im folgenden Jahr ernannte er ihn in
Gaeta zum Prosekretär im Staatssekretariat und im März 1852 zum Kardinalstaatssekretär – ein Amt, das Antonelli bis zu seinem Tod im Jahr 1879
innehaben sollte. Der am 2. April 1806 in Sonnino geborene und aus einer
bürgerlichen Familie stammende Jurist Antonelli hatte an der Kurie Gregors XVI. rasch Karriere gemacht, ohne jemals eine höhere Weihe empfangen zu haben. Antonelli galt als «leichtlebig, wendig und autoritär», als
«unehrenhaft» und nur auf den eigenen Vorteil bedacht.[57]

Während der Papst, gestützt auf eine Clique ultramontaner Kardinäle
wie Reisach und Costantino Patrizi, sich auf den Bereich der lehramtlichen Fragen und die Regelung innerkirchlicher Vorgänge konzentrierte,
hatte Antonelli in der Verwaltung freie Hand. Wer in der Kurie Karriere
machen wollte, musste sich mit Antonelli gut stellen, denn er bestimmte
die päpstliche Personalpolitik. Umgab sich Antonelli im Vatikan selbst
«mit tüchtigen, aber öfters nicht integeren Männern», bevorzugte er auf
dem Feld der päpstlichen Diplomatie dagegen meist «unselbständige
und unangreifbare Persönlichkeiten». Er schickte sogar «echte ‹Nullen›
auf die großen Nuntiaturen», um politisch alle Karten in der Hand zu
behalten und Kardinalstaatssekretär und Nuntius zugleich zu sein.[58]

Antonelli war für eine ganze Reihe als ungerecht und unangemessen
empfundener Maßnahmen des Papstes gegen verdiente Kirchenmänner
verantwortlich, vor allem für die Indizierung Rosminis 1850 und die
Kaltstellung des Geheimen Kammerherrn Frédéric-François-Xavier
Ghislain de Mérode. Der 1820 geborene Belgier de Mérode hatte sich
nach einer erfolgreichen militärischen Karriere entschieden, Priester zu
werden. Er studierte in Rom, wurde 1849 zum Priester geweiht und im
folgenden Jahr von Pius IX. zum Geheimen Kammerherrn gemacht. Damit hatte er unmittelbaren Zugang zum Papst. Der aufgeschlossene Corboli Bussi schätzte de Mérode wegen seiner Geradlinigkeit sehr. Nach
dem frühen Tod von Bussi im Juli 1850 geriet de Mérode mit Antonelli
immer mehr in Konflikt, vor allem im Hinblick auf die Frage der Verte-
digungsfähigkeit der päpstlichen Truppen. Antonelli sah zu, de Mérode
aus der unmittelbaren Umgebung des Papstes zu entfernen, was ihm
schließlich 1865 gelang.[59]

Kardinalstaatssekretär Antonelli wurde sowohl von «rechts» als auch
von «links» im Kardinalskollegium kritisiert. Zelanti wie Lambruschini

beschuldigten Antonelli einer unehelichen Tochter und eines unsitt-
lichen Lebenswandels. Darüber hinaus prangerten sie seine Vetternwirtschaft an, die die Kirche als Selbstbedienungsladen ansah. Die Liberalen
warfen ihm eine völlig verfehlte Außenpolitik vor und gaben ihm die
Schuld an der unflexiblen Haltung Pius' IX. den modernen Staaten und
der italienischen Einigungsbewegung gegenüber. Dabei hatte Antonelli
wie der Papst selbst vor der Flucht nach Gaeta als Reformer gegolten.

Alexander Freiherr von Bach, der österreichische Botschafter in
Rom, charakterisierte Antonelli am 14. Dezember 1861 als machtbewussten, mit allen Wassern gewaschenen Politiker, der in politischer Hinsicht
den Papst monopolisiere. Immer wieder gelang es ihm, Pius IX. erfolgreich von allen anderen abzuschotten und den Zugang zu ihm so zu kontrollieren, dass der Papst abweichende Meinungen gar nicht zu Gehör
bekam. Um die grenzenlose Förderung seiner Familie und Verwandten
zu illustrieren, wurde in der Öffentlichkeit Roms immer wieder der Satz
kolportiert: «An die Stelle des Nepotismus der Päpste ist der Nepotismus
des Kardinalstaatssekretärs getreten.» So hat er alle finanziell lukrativen
Posten im Kirchenstaat seiner Sippe zugeschustert: Ein Bruder steht an
der Spitze der Bank von Rom und missbraucht «diese bedeutende Position, um für sich ein Monopol des Warenverkehrs» aufzubauen. Ein anderer Bruder kontrolliert den Tabakhandel, ein dritter ist Vizepräsident
der römischen Stadtverwaltung geworden. Auch wenn manche der Vorwürfe vielleicht übertrieben sein könnten, steht doch eindeutig fest, dass
«der Wohlstand der Familie Antonelli rasend gewachsen sei und sie dies
dem Kardinalstaatssekretär» verdankt. Trotz all dieser Vorwürfe wird
Antonelli jedoch wegen seiner Macht und seiner faktischen Überlegenheit seinen Kardinalskollegen gegenüber in einem zukünftigen Konklave
über großen Einfluss verfügen. Er werde nur die Wahl eines solchen
Kandidaten zum Papst zulassen, der «seiner Politik und seiner Person
positiv gegenübersteht» oder ihn zumindest gewähren lässt – wie Pius IX.
dies immer getan hat.[60]

Giacomo Antonelli sollte zum dunklen Schatten Pius' IX. werden,
ohne dass dies dem Papst wirklich bewusst geworden sein dürfte. Er
dominierte die päpstliche Staats- und Außenpolitik total und legte so für
Jahrzehnte die strikt reaktionäre Richtung fest. Sogar im Seligsprechungsverfahren sollte die verhängnisvolle Abhängigkeit Pius' IX. von Antonelli
eine nicht unwichtige Rolle spielen.

Der liberale Papst: Ein Mythos wird gemacht

Tatsächlich gab es 1849/50 keinen grundsätzlichen Paradigmenwechsel von einem liberalen zu einem restaurativen Programm.[61] Denn Giovanni Maria Mastai Ferretti war nie ein Liberaler und Reformer im eigentlichen Sinn. Er war es nicht als junger Mann, er war es nicht als Erzbischof, und er war es nicht in den ersten Jahren seines Pontifikates.

Mastais Denkschrift über die öffentliche Verwaltung des Kirchenstaats aus dem Jahr 1845 gilt weithin als liberale Bewerbungsschrift für das Konklave, aber wenn man sie wie der Kirchenhistoriker Giacomo Martina genauer analysiert, kommt man zu dem ernüchternden Ergebnis: Die «Gedanken» des Kardinals von Imola legten zwar «die in das System eingedrungenen Missstände offen», aber sie beabsichtigten in keiner Weise, das System selbst «zur Diskussion zu stellen». Ihr Autor zeige «viel guten Willen» und habe das öffentliche Wohl und den gesellschaftlichen Frieden im Auge, es fehle ihm aber an «Tiefgang». Die von ihm vorgeschlagenen Lösungen seien häufig viel zu «simpel».[62]

Giovanni Maria Mastai Ferretti war von der Notwendigkeit maßvoller politischer und gesellschaftlicher Reformen im Kirchenstaat überzeugt, sie durften aber die weltliche Herrschaft des Papstes nicht infrage stellen. Im Gegenteil: Alle Reformen hatten für ihn im Grunde nur den Zweck, das System zu stabilisieren und dadurch den Druck im revolutionären Kessel so weit wie möglich zu senken. «Nicht seine ideenmäßige Nähe zu den Liberalen», sondern seine menschliche Güte ließen ihn als Bischof von Imola «vor Gewaltmaßnahmen und harten Sanktionen zurückschrecken», so der Frankfurter Jesuit und Kirchenhistoriker Klaus Schatz im Anschluss an Martina. Es «war menschlich-christliche Konzilianz und Versöhnungsbereitschaft, welche diese Politik der ‹christlichen Mitte› trug, nicht jedoch ein inhaltliches Programm».[63] Dies gilt unverkürzt auch für Mastai Ferrettis erste Jahre als Pontifex.

Zwei Faktoren haben Pius' Handeln als Papst besonders beeinflusst: Erstens war Mastai Ferretti eine schwache Persönlichkeit, die stark von ihrer unmittelbaren Umgebung und vor allem ihren Ratgebern abhängig war. Je nachdem, wer gerade sein Ohr hatte, fiel sein Verhalten aus. Das zeigt sich beispielhaft an seiner Politik Rom und dem Kirchenstaat gegenüber. Solange der gemäßigte Geistliche Corboli Bussi und der libe-

Im Zuge der Revolution von 1848 wurde Pius IX. als Befreier der Völker, Retter Italiens und Kämpfer für die italienische Einheit gefeiert. Diese Bilder sind Teil der Konstruktion des Mythos vom liberalen Papst.

rale Kardinalstaatssekretär Tommaso Pasquale Gizzi, den der Papst aber schon im Verlauf des Jahres 1847 entlassen hatte, das Vertrauen des Papstes besaßen, stellte Pius IX. seine Angst vor der bösen Welt im Allgemeinen und der schlimmen Moderne im Besonderen zurück. Er regierte relativ fortschrittlich und ließ gewisse Reformen zu. Sobald er aber dem Einfluss des Hardliners Antonelli ausgeliefert war und niemand mehr aus dem weiteren Umfeld zu ihm Zugang hatte, konnte der Kardinalstaatssekretär beim Papst auf der Klaviatur des Revolutionstraumas von 1848 spielen, wie er wollte, und den ängstlichen Pontifex dirigieren, wohin er wollte. Jetzt war alles Moderne vom Teufel. Die römischen Eiferer machten sich diese Schwäche Pius' IX. geschickt zu eigen. So redeten sie ihm seine Unfehlbarkeit so lange ein, bis er selbst begann, an sie zu glauben.

Zweitens aber war der auf Zuwendung und Liebe angewiesene Papst von den Liberalen tief enttäuscht. Er hatte sich ihnen wie ein Vater zugewandt, sie aber hatten ihm am Ende die kalte Schulter gezeigt. Er hatte in den ersten beiden Jahren seines Pontifikats Reformen im Kirchenstaat durchgeführt und Erwartungen geweckt, sie aber waren mit nichts zufrieden gewesen. Die bösen Liberalen hatten seine Liebe mit Aufruhr und Revolution enttäuscht. Pius IX. war gezwungen gewesen, zu fliehen und Rom zu verlassen. Eine Rückkehr aus dem Exil in Gaeta wurde nur mit militärischer Unterstützung ausländischer Truppen möglich. Daraus resultiert das, was man das «liberale Trauma» des Papstes nennen könnte. Alles, was irgendwie nach moderner Demokratie und Reform aussah, roch für ihn seit 1848 nach Schwefel. Rationalen Argumenten war der Traumatisierte nicht mehr zugänglich. Dadurch wurde der Papst noch leichter im Sinne der Intransigenten manipulierbar.

Einen liberalen Papst Pius IX. hat es nie gegeben. Er existierte allenfalls in den Wunschvorstellungen der Reformer, in den Wunschträumen der Kämpfer für die nationale Einigung Italiens und nicht zuletzt in den Texten und Liedern italienischer Dichter wie Massimo D'Azeglio, der im Herbst 1847 rühmte: «Siehe da, Pius IX., den Förderer einer jeglichen liberalen Bewegung, und das Papsttum an der Spitze des Jahrhunderts.»[64] Der liberale Papst ist eine Erfindung, ein Mythos der besonderen Art. Normalerweise bezieht sich ein Mythos auf eine Person oder ein Ereignis in dunkler Vorzeit, auf moralisch problematische «Erfindungen der Früheren», wie schon Xenophanes meinte. Es handelt sich mithin um «lächerliche Erzählungen», um Dichtungen, Fabeln, Kindermärchen, die historisch unwahr sind.[65] Dennoch: «Der Mythos erklärt die Welt oder stützt die Gesellschaft.» So wird aus einer Glaubensüberzeugung eine «sozial wirksame Größe».[66]

Die Ahnen der Vorzeit und längst vergangene Ereignisse können sich selbstredend nicht gegen ihre mythische Instrumentalisierung wehren. Und bei jeder Invention of Tradition spielen Mythen eine entscheidende Rolle, weil sie sich für Erfindungen, Konstruktionen von Wirklichkeit und Imaginationen geradezu idealtypisch anbieten. Die Erfindung des Tridentinums im neunzehnten Jahrhundert als Identitätspunkt der Ultramontanen hat dies deutlich vor Augen geführt. Dem historischen Konzil von Trient wurde der Mythos Tridentinum entgegengestellt, mit dem man einen papalen Einheitskatholizismus rechtfertigen konnte, den die Dekrete der Kirchenversammlung selbst nie hergegeben hätten.

Auch der liberale Papst Pius IX. war nichts anderes als ein Mythos, dessen Entstehung und Verbreitung man sehr genau nachvollziehen

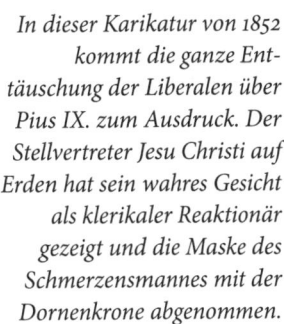

In dieser Karikatur von 1852 kommt die ganze Enttäuschung der Liberalen über Pius IX. zum Ausdruck. Der Stellvertreter Jesu Christi auf Erden hat sein wahres Gesicht als klerikaler Reaktionär gezeigt und die Maske des Schmerzensmannes mit der Dornenkrone abgenommen.

kann.[67] Die Liberalen in Rom und die Anhänger des Risorgimento im Kirchenstaat brauchten dringend eine Legitimation für die von ihnen angestrebten Reformen, die einen entscheidenden Bruch mit dem Herkommen darstellten. Die Erfindung der Nation Italien ließ sich zwar im Rückgriff auf die einstige Größe des Imperium Romanum irgendwie legitimieren, aber an die Stelle des Reichs und des Kaisers waren seit anderthalb Jahrtausenden die Kirche und der Papst getreten. Deshalb war der Pontifex maximus geradezu ideal für die Sanktionierung der geplanten Umgestaltungen.

Aber ein lebender Mythos, ein realer Heros, konnte nicht hinter den Nebeln der Vorzeit versteckt oder ohne sein Zutun beliebig aktualisiert und erfunden werden. Er wurde zur lebendigen Tradition, der man nur dann Erfindungen von Tradition unterschieben konnte, wenn er selber bei diesem Spiel mitmachte. Zumindest aber war seine «Fügsamkeit dem Mythos gegenüber» gefragt.[68] Und er durfte gegenüber seiner eigenen Erfindung als Liberaler und Reformer keinen aktiven Widerstand leisten.

Tatsächlich glich die Konstruktion des liberalen Papstes einem Doppel im Sport, in dem beide Spieler gut aufeinander abgestimmt sein müssen, um erfolgreich sein zu können. Die «Fabrikation des Mythos» folgte einem ziemlich genauen Spielplan, den seine Macher konsequent umsetzten.[69] Aus unscheinbaren Anfängen wurde der liberale Mythos Pius' IX. immer mehr aufgebaut und inszeniert. Die Amnestie zu Pontifikatsantritt war eigentlich ein ganz normaler Akt – die Vordenker des Risorgimento machten daraus eine Generalabrechnung mit dem reaktionären Vorgänger, verfassten Lobgedichte, organisierten Fackelzüge und Freudenfeuer.[70] Der Papst fühlte sich geehrt und widersprach dieser Interpretation nicht, die in Rom an jeder Hauswand zu lesen war. Jetzt konnte man die ganze Maschinerie der Druckgraphik, der Flugblätter, Gedichte und Lieder anwerfen, um ein ganz neues Bild von Giovanni Maria Mastai Ferretti, dem überzeugten Liberalen auf dem Papstthron, zu zeichnen, das mit der «realen Person aus Fleisch und Blut» nur bedingt etwas zu tun hatte.[71] Immer neue Forderungen wurden erhoben, versteckt hinter immer neuen Lobeshymnen auf den Papst, der sich schließlich in dem Bild, das von ihm entworfen wurde, selbst wiederfand und in weiteren Reformschritten das Bild bestätigte, für das er erneut enthusiastisch gefeiert wurde.

Der Mythos vom liberalen Pius IX. erfüllte aber nicht nur in Rom und im Kirchenstaat seinen Zweck, sondern auch in der Weltkirche. Sprechendes Beispiel dafür sind die «Pius-Vereine für religiöse Freiheit», die ausgerechnet von ultramontanen Katholiken 1848 im Zuge der deutschen Märzrevolution gegründet wurden. Den Machern in Mainz war völlig klar, dass Gregor XVI. noch wenige Jahre zuvor alle bürgerlichen Freiheiten, vor allem auch die Versammlungs- und Vereinsfreiheit, als «pesthaftesten Irrtum» verurteilt hatte. Deshalb bezogen sie sich geschickt auf Pius IX. und nahmen ihn sogar ausdrücklich in den Namen ihrer Gründung auf, bei der es sich nicht um eine kirchliche Bruderschaft, sondern einen bürgerlichen Verein handelte. Damit signalisierten sie allen Kritikern: Wir haben den Papst auf unserer Seite, er ist für katholische Vereine unter Führung von Laien.[72]

Doch die Seifenblase vom liberalen Papst musste irgendwann platzen. Als Pius sich weigerte, der nationalen Koalition gegen den Aggressor Österreich beizutreten, und sich auf seine Aufgaben als Vater aller Gläubigen aus allen Nationen besann, war es vorbei. Für die Menschen in Rom kam der wahre Mastai Ferretti zum Vorschein, der immer schon ein schlimmer Reaktionär gewesen sei, wie die liberalen Meinungsmacher unterstellten. Jetzt sorgten sie dafür, dass der negative Mythos des Papstes als Totengräber Italiens entstand. Pius IX. tat durch sein unversöhnliches und reaktionäres Handeln seinen Gegnern den Gefallen, dass er genau dem Bild entsprach, das sie von ihm zeichneten.[73] Dieser Gegenmythos beherrschte nicht nur in der Phase der unmittelbaren Enttäuschung der Jahre 1849/50 die öffentliche Meinung, sondern sollte die Wahrnehmung Pius' IX. und sein Selbstbild für den Rest seines Pontifikates bestimmen.[74] Für die liberalen Katholiken und vor allem die nichtkirchliche Öffentlichkeit blieb er der Erzreaktionär, der seine Kirche ins Mittelalter zurückversetzte, alle modernen Freiheiten als Teufelszeug verdammte und eine totalitäre Theokratie errichtete.

Der reaktionäre Papst: Der Fall Mortara und der Gegenmythos

Zum Kristallisationskern des Mythos vom reaktionären Pius IX. sollte der Fall des entführten jüdischen Kindes Edgardo Mortara werden, der einen Skandal ohnegleichen hervorrief und den internationalen Blätterwald zum Rauschen brachte.[75]

Die Familie Mortara gehörte zum gehobenen Bürgertum der Stadt und war jüdischen Glaubens. Im Frühjahr 1851 wurde als sechstes Kind der Eheleute Edgardo geboren, und, wie damals bei begüterten Familien üblich, vor allem von dem katholischen Kindermädchen Anna Morsi betreut. Als der kleine jüdische Junge im Sommer 1852 schwer erkrankte, entschloss sich das Kindermädchen, Edgardo im Geheimen die Nottaufe zu spenden. Sie hatte das Kleinkind offenbar ins Herz geschlossen und war in tiefer Sorge, dass Edgardo im Falle seines Todes nicht in den Himmel kommen würde.[76] Mit der Taufe war zwar kirchenrechtlich die Verpflichtung zur katholischen Erziehung des Täuflings verbunden, aber dieses Problem stellte sich in diesem Moment für Anna Morsi nicht. Es ging nur darum, das anscheinend sterbende Kind für die ewige Seligkeit zu retten.

Edgardo wurde aber überraschend gesund, niemand erfuhr etwas von der Taufe. Das Leben der Familie Mortara ging seinen gewohnten

Gang. Anna wechselte bald die Stelle. Erst sechs Jahre später, im Früh-jahr 1858, erzählte sie einer Bekannten von der Taufe des jüdischen Kin-des und ihren Gewissensbissen, weil Edgardo nicht katholisch erzogen würde. Von dieser Frau erfuhr Pier Gaetano Feletti, der Inquisitor von Bologna, von dem Fall, der umgehend das Heilige Offizium einschaltete. Die oberste Glaubensbehörde war auch für «jüdische Fragen» aller Art zuständig. Sie kam zu einem klaren Ergebnis: Die Taufe des kleinen Edgardo war gültig, eine katholische Erziehung nach der Lehre der Kir-che sicherzustellen. Der kleine Katholik wider Willen musste umgehend dem für sein Glaubensleben schändlichen Einfluss seiner jüdischen El-tern entzogen und in amtliche Obhut genommen werden. Pius IX. bestä-tigte diesen Beschluss und befahl am 23. Juni 1858 der päpstlichen Polizei in Bologna, das damals noch zum Kirchenstaat gehörte, den siebenjähri-gen Jungen in sicheren Gewahrsam zu bringen. Momolo Salomone und Marianna Mortara waren außer sich. Aber die Gendarmen des Papstes kannten kein Erbarmen. Sie gewährten den Eltern vierundzwanzig Stun-den, um sich von ihrem Sohn zu verabschieden. Am nächsten Tag nah-men sie den kleinen Edgardo trotz heftigen Protests einfach mit.

Momolo und Marianna Mortara durften ihren siebenjährigen Sohn noch zwei- oder dreimal im Herbst 1858 in Rom besuchen. Dann wurde der Kontakt durch kirchliche Stellen unterbunden. Die katholische Er-ziehung Edgardos sollte aus Sicht des Papstes äußerst erfolgreich verlau-fen: Mortara wurde 1865 Mitglied der Augustinerchorherren im Lateran und empfing 1873 sogar die Priesterweihe.

Für die liberale Presse war diese Kindesentführung der endgültige Beweis für die reaktionäre Gesinnung Pius' IX. Am Fall Mortara ließ sich wunderbar der unüberwindbare Gegensatz zwischen dem barbarischen menschenverachtenden katholischen Kirchenrecht und den bürger-lichen Grundrechten zelebrieren. Der Papst und sein reaktionäres Regi-ment wurden in der liberalen Presse als «theokratische Regierung» ge-geißelt, in der «die weltliche mit der geistlichen Ordnung vermengt» werde, «eine Regierung, die ein wahrer Anachronismus und eine Belei-digung für die Zivilisation des neunzehnten Jahrhunderts geworden» sei.[77]

Den skandalösen Fall Mortara instrumentalisierte auch der liberale Ministerpräsident des Königreichs Piemont-Sardinien, Camillo Cavour. Er nahm ihn als willkommenen Anlass, um der europäischen Öffent-

Pius IX. ließ Edgardo Mortara als Kind seinen jüdischen Eltern wegnehmen, weil seine katholische Amme ihn in Todesgefahr getauft hatte. Edgardo erhielt eine christliche Erziehung und wurde später sogar Priester.

lichkeit und Politik den Antisemitismus des Papstes vor Augen zu führen und zu demonstrieren, wie fundamentale Menschenrechte im mittelalterlichen Staat Pius' IX. mit Füßen getreten würden. Damit gelang es ihm vor allem in Frankreich, Sympathien für die italienische Einigung und für die Besetzung von Teilen des Kirchenstaats durch italienische Truppen zu wecken.[78]

Für Pius IX. ging es im Fall des getauften jüdischen Kindes ums Ganze, denn er wollte dem neuen Bild entsprechen, das er sich 1850 zu eigen gemacht hatte. Er durfte nicht weich werden oder gar umfallen. «Jedes Zugeständnis hätte für ihn den Sieg jener Prinzipien der Moderne bedeutet, gegen die er sich spätestens seit der Revolution von 1848 gestellt hatte.» Den «Handlungsspielraum», über den er in der Zeit des liberalen Mythos Pius' IX. ganz selbstverständlich verfügt hatte, gab es für ihn seit dem Exil in Gaeta nicht mehr. Jetzt hatte er «jede Bewegungs-

freiheit verloren».[79] Durch seine klare Entscheidung hatte er sich diese
Freiheit aber selbst genommen. Denn mit der entschiedenen Durch-
setzung eines reaktionären Regimes war der Weg zu einer gemäßigten
Politik ausgeschlossen. Der Mythos des reaktionären Papstes wurde zur
Realität.

Anstelle von Flexibilität stand jetzt katholischer Dogmatismus, anstelle von Werten der Moderne waren die ewigen Werte der Kirche und
des Glaubens getreten. Pius IX. wollte um jeden Preis dem Gegenmythos
entsprechen, den seine Gegner entworfen hatten. Zugleich wurde er
dadurch für die Ultramontanen zu einer idealen Projektionsfläche ihrer
Wünsche. Der Gegenmythos der Liberalen wurde zum neuen Mythos
der Intransigenten. Und Pius IX. wollte seine neuen Fans auf gar keinen
Fall enttäuschen. Sie brauchten für ihre Erfindung einer ultramontanen
Tradition nicht mehr den Umweg über den Mythos vom Trienter Konzil
zu gehen und konnten in Pius IX. selbst die lebendige Personifikation
ihrer Vorstellung von Tradition finden. Doch wie weit machte der Papst
das mit? War er nicht ein Stück weit selbst Schöpfer seines eigenen
Images? Gab es wie 1849 bei der Frage der italienischen Einigung auch
auf dem Weg der ultramontanen Traditionserfindung eine Grenze, die
Pius IX. nicht überschreiten würde – allen ultramontanen Triumphbögen und Lobeshymnen zum Trotz?

SECHSTES KAPITEL

Das Übernatürliche, hier wird's Ereignis

Das Dogma von der Unbefleckten Empfängnis Mariens

(1854)

Erster Akt: Der 8. Dezember 1854

Am Freitag, dem 8. Dezember 1854, öffneten sich die Pforten des Peters-doms früher als gewohnt.[1] Dreiundfünfzig Kardinäle, dreiundvierzig Erzbischöfe und neunundneunzig Bischöfe versammelten sich um Pius IX. – damals ein wahrhaft ungewöhnlicher Anblick. Um acht Uhr begann das feierliche Pontifikalamt. Nach dem Evangelium der Heiligen Messe war für die Öffentlichkeit klar, warum: Der Kardinaldekan des Heiligen Kollegiums, Vincenzo Macchi, bat den Papst im Namen aller Anwesenden um die Verkündigung des neuen Dogmas von der Unbe-fleckten Empfängnis Mariens. Daraufhin kniete Pius IX. nieder, und der Chor von Sankt Peter stimmte das «Veni creator spiritus» an – den Hymnus an den Heiligen Geist. Dann setzte man dem Papst die Mitra auf, und Pius IX. begann, den Text des neuen Glaubenssatzes zu ver-künden.

«Der Heilige Vater war von diesem feierlichen Akt so stark berührt, dass er mehrfach schluchzen musste und die Tränen nicht zurückhalten konnte; so fehlte seiner sonst so mächtigen Stimme zunächst die Kraft.» In dem Moment aber, als der Pontifex zu der Stelle kam, an der der eigentliche Wortlaut des Dogmas begann, «fiel ein Sonnenstrahl durch das große Fenster oberhalb der *Madonna della Colonna* und überflutete die Gestalt Pius' IX. sowie seinen Papstthron mit Licht. Einige sahen in dieser Begebenheit ein Zeichen vom Himmel, andere gingen noch weiter

*Am 8. Dezember 1854
definierte Pius IX. das
Dogma von der Unbefleck-
ten Empfängnis Mariens.
Die kirchliche Ikonographie
stellt den Papst dabei als
vom Licht des Heiligen
Geistes erleuchtet dar.*

und behaupteten, Pius IX. habe während der Definierung eine himmlische Vision gehabt.»

Der Papst selbst sagte später, er habe sich, während er das Dogma von
der Unbefleckten Empfängnis Mariens proklamierte, dieser großen Aufgabe für unwürdig erachtet und seine Stimme als erbärmlich empfunden.
Als er aber zur eigentlichen Glaubensformel gekommen sei, habe Gott
«seiner Stimme ein solch übernatürliches Volumen verliehen, dass sie das
ganze Gotteshaus erfüllte». Da habe er einen Moment innegehalten und
seinen Tränen freien Lauf gelassen. Überwältigt von der Wahrheit der
Immaculata Conceptio Mariae sei «seine Seele von einem unbeschreib-
lichen Entzücken erfüllt worden, das nicht irdisch, sondern einzig im
Himmel zu erfahren sei, da nichts auf der Welt ihm gleichkomme».

Nach Abschluss der Proklamation des neuen Dogmas dankte der
Kardinaldekan im Namen aller anwesenden Bischöfe und Kardinäle
dem Papst und bat ihn, die Bulle mit dem Text umgehend veröffent-
lichen und verteilen zu lassen, damit die Katholiken in aller Welt an dieser einmaligen Freude teilhaben könnten. Am Schluss der Messe gegen
Viertel nach Zwölf wurde das Te Deum – «Großer Gott wir loben
Dich» – gesungen, dann läuteten zur Ehre der Gottesmutter die Glocken
des Petersdoms und aller Kirchen Roms. Von der Engelsburg wurden
einhunderteins Kanonenschüsse Salut abgefeuert. Pius IX. selbst zog
sich nach der Anstrengung der vierstündigen Liturgie in seine Privat-
gemächer zurück.

Am 8. Dezember 1854 hatte sich der Papst einen lang gehegten Her-
zenswunsch erfüllt, als er im Petersdom in Rom feierlich das Dogma von
der Unbefleckten Empfängnis Mariens verkündete, das alle Katholiken
bei Strafe der Exkommunikation als unveränderlichen Glaubenssatz zu
glauben haben. Es bildet bis heute die theologische Grundlage des Hochfestes und seiner Liturgie. Seither feiert die katholische Kirche auf der
ganzen Welt Jahr für Jahr am 8. Dezember Mariä Empfängnis; jedenfalls
steht es so im liturgischen Kalender.[2]

«In Wahrheit ist es würdig und recht, dir, Vater im Himmel, zu danken und das Werk deiner Liebe zu rühmen. Denn du hast Maria vor der
Erbschuld bewahrt, du hast sie mit der Fülle der Gnade beschenkt, da sie
erwählt war, die Mutter deines Sohnes zu werden. In unversehrter Jungfräulichkeit hat sie Christus geboren, der als schuldloses Lamm die
Sünde der Welt hinwegnimmt. Sie ist Urbild und Anfang der Kirche, der
makellosen Braut deines Sohnes. Vor allen Heiligen ist sie ein Vorbild
der Heiligkeit, ihre Fürsprache erfleht uns deine Gnade durch unseren
Herrn Jesus Christus. Durch ihn preisen dich Himmel und Erde, Engel
und Menschen und singen wie aus einem Munde das Lob deiner Heiligkeit.»[3]

Diese feierliche Präfation wird am 8. Dezember in allen Heiligen
Messen vom Zelebranten gesungen oder zumindest gebetet. Dann folgt
das Sanctus, das «Heilig, Heilig, Heilig», das zum Hochgebet mit den
Einsetzungsworten der Eucharistie überleitet. Nur: Bei aller Feierlichkeit
der Liturgie des Hochfestes – kaum ein Katholik von heute dürfte in der
Lage sein, zu erklären, was er denn da mit der «Immaculata Conceptio
Mariae» – so der offizielle Titel des Festes – genau glaubt und liturgisch

feiert. Nicht wenige meinen, es handle sich um ein Synonym für die
Jungfrauengeburt Jesu. Die zitierte Präfation des Hochfestes könnte
diese Deutung tatsächlich nahelegen. Dann würde der Genitiv Mariae
bei Immaculata Conceptio bedeuten: Maria ist bei der Zeugung Jesu in
dem Sinne «unbefleckt» geblieben, dass es dabei nicht zu einem Bei-
schlaf mit Josef, ihrem Mann, und nicht zu einer entsprechenden Pene-
tration kam. Vielmehr sei der Gottessohn vom Heiligen Geist selbst
gezeugt worden, ohne dabei die Jungfräulichkeit der Gottesmutter zu
zerstören, die nach dem Glauben der Kirche übrigens auch durch die
Geburt Jesu selbst nicht angetastet wurde. Gemeint ist mit dem Dogma
von 1854 aber etwas ganz anderes:[4] Der Genitiv bei der Unbefleckten
Empfängnis Mariens bezieht sich auf die Empfängnis Mariens selbst im
Leib ihrer Mutter Anna, wobei sie von der Erbsünde, die alle anderen
Menschen befleckte, frei geblieben ist.

Aber nicht nur der Inhalt der Immaculata Conceptio hat es in sich.
Auch die Art und Weise, wie diese Definition zustande kam, und die
Frage, warum ausgerechnet 1854 die absolute und unaufschiebbare Notwendigkeit zur Dogmatisierung bestanden haben soll, verdienen besonderes Interesse. Vor allem kommt es auf die Argumente an, mit denen
Pius IX. und seine Berater diese ewige Glaubenswahrheit begründen zu
können glaubten. Dieses ganze Feld zu vermessen, ermöglicht höchst
spannende Einblicke nicht nur in die Denk- und Glaubenswelt Pius' IX.,
sondern auch in die Geschichte der katholischen Theologie und Frömmigkeit im neunzehnten Jahrhundert, die durchaus Züge einer Neuerfindung trägt.

Gianmaria und die Gottesmutter Maria

Das neue Dogma war ganz und gar das Kind Pius' IX. Er wollte die Gottesmutter unbedingt auf diese neue Weise ehren, er gab den Auftrag, die
Bischöfe nach ihrer Meinung zu fragen, er ließ Theologen zahllose Gutachten zum Thema ausarbeiten, er definierte den neuen Glaubenssatz
schließlich allein in seiner Autorität als Papst – erstmals in der Kirchengeschichte ohne Beschluss eines Ökumenischen Konzils als Legitimation.[5]

Schon die Kindheit und Jugend Giovanni Maria Mastai Ferrettis waren von einer intensiven Marienverehrung geprägt. Seine Mutter Caterina hatte dafür gesorgt, dass ihr jüngster Sohn die Gottesmutter Maria als seine besondere Fürsprecherin und mächtige himmlische Schutzpatronin verstand, an die er sich immer mit allen kleinen, aber auch mit den wirklich großen Sorgen wenden konnte. Jeden Morgen begleitete er die Mutter zur Heiligen Messe in die Kirche San Martino in Senigallia, wo ein Gnadenbild der Sieben Schmerzen Mariens hing, das Caterina besonders verehrte. Später spielte der Marienwallfahrtsort Loreto für ihn eine entscheidende Rolle. An diesen Ort in den italienischen Marken sollen Engel das Haus Mariens aus dem galiläischen Nazareth versetzt haben.

Die allerseligste Jungfrau wurde zum Stabilitätsanker im Leben des jungen Mannes, vor allem in der Phase schwerer epileptischer Anfälle.[6] Wenn alles schwankte in der Welt und bei ihm selbst, bei der Gottesmutter fand er Halt. Ihr – wem sonst? – schrieb er seine Rettung zu, als er als Kind nach einem Sturz in einen Brunnen, in dem er bewusstlos lag, gerettet wurde: Die Hand Mariens hatte ihn im wahrsten Sinn des Wortes herausgezogen. Auch als die Auswirkungen der Französischen Revolution Senigallia erreichten und die hergebrachte soziale und kirchliche Ordnung gefährdeten, intensivierte man im Hause Mastai Ferretti die Übungen in marianischer Frömmigkeit. Die Gottesmutter galt nicht nur als persönliche Schutzpatronin, sondern auch als Garantin von Recht und Ordnung und vor allem als Beschützerin vor Umsturz und Chaos. Dabei hatte die Zuflucht Mastais zu Maria auch Züge einer Flucht aus der harten Realität in übernatürliche Gefilde. Carlo Falconi, der Biograph des jungen Mastai, spricht deshalb etwas despektierlich von «tausend zwinkernden Madonnen», die den Weg des späteren Papstes begleitet hätten.[7]

Doch es waren nicht nur die persönlichen religiösen Vorlieben Pius' IX., die zum Dogma der Unbefleckten Empfängnis führten. Im neunzehnten Jahrhundert wurde vielmehr die Marienverehrung insgesamt noch einmal ganz neu erfunden. Eine intensivierte besondere Ergebenheit der Gläubigen gegenüber der Gottesmutter lag in der Luft. Nachdem im Zuge der katholischen Aufklärung über ein halbes Jahrhundert lang Christus als Erlöser und Heiland im Zentrum katholischer Frömmigkeit gestanden hatte, kam es in den romantischen Kreisen und verstärkt seit Beginn der 1830er Jahre auch gesamtkirchlich zu einer marianischen Wende. Für dieses neue «‹marianische Zeitalter› … war allerdings nicht einfach eine Reprise der voraufklärerischen barocken Frömmigkeit» kennzeichnend.[8] Es wurden nicht nur die klassischen Wallfahrten zu den althergebrachten Gnadenbildern der Gottesmutter wie etwa nach Altötting wieder intensiviert und Mariengebete wie der Rosenkranz oder die Lauretanische Litanei neu belebt, sondern es wurden auch neue populäre Frömmigkeitsformen – wie die Maiandacht in Deutschland – erfunden.

Es begann ein Jahrhundert voller Marienerscheinungen, die eine ganz neue Qualität hatten. War die Gottesmutter bisher in der Regel einer einzelnen Person erschienen und hatte sich dabei in Gesellschaft ihres Sohnes Jesus Christus befunden, so zeigte sie sich jetzt meistens allein ohne göttliche Begleitung und erschien in der Regel mehreren Visionären zugleich, und zwar vor allem Frauen oder Kindern. Dabei zeigte sich die Gottesmutter nicht selten genau so, «wie man sich für gewöhnlich die Unbefleckt Empfangene» vorstellte.[9]

Als Auslöser dieser Inflation von Marienerscheinungen gilt ein Ereignis, das in Paris am 17. November 1830 stattfand.[10] Wie ein Lauffeuer verbreitete sich damals in ganz Europa die Nachricht, der Ordensschwester Catherine Labouré sei während des Gebets die Gottesmutter erschienen. Diese habe sich eindeutig als die Immaculata vorgestellt, weil um die Gestalt der Jungfrau Maria in goldenen Lettern der Satz erschienen sei: «O Marie, conçue sans péché, priez pour nous, qui avons recours à vous» – «O Maria, ohne Sünde empfangen, bitte für uns, die wir unsere Zuflucht zu dir nehmen.»[11] Gleichzeitig habe die Allerseligste Jungfrau und Gottesmutter Catherine Labouré den Befehl erteilt, Medaillen von dieser Erscheinung prägen und weltweit verteilen zu lassen. Maria versprach allen, die diese Medaille um ihren Hals trugen, große göttliche Gnadengaben. Diese «Wunderbare Medaille» hatte einen einmaligen, geradezu wunderbaren Erfolg. In den knapp sieben Jahrzehnten von 1830 bis zum Ende des neunzehnten Jahrhunderts sollen nicht weniger als eine halbe Milliarde Exemplare hergestellt und getragen worden sein.[12] Auch Giovanni Maria Mastai Ferretti trug, seit es sie gab, die «Wunderbare Medaille» der unbefleckt empfangenen Gottesmutter in einer Kette um seinen Hals.

Infolge dieser Vision wurde in Paris 1836 die Herz-Mariä-Bruderschaft gegründet, die mithilfe des unbefleckten Herzens Mariens eine

Die Wunderbare Medaille wurde nach einer Erscheinung der Gottesmutter 1830 millionenfach geprägt. Auch Mastai trug sie ständig.

umfassende Bekehrung der modernen Welt anstrebte.[13] 1840 wandten sich schließlich einundfünfzig französische Bischöfe unter dem Eindruck der ungeheuren Wirkungsgeschichte der Erscheinung von 1830 mit der Bitte an Gregor XVI., die Lehre von der Unbefleckten Empfängnis Mariens, die ohnehin schon längst zum Glaubensgut der über den Erdkreis zerstreuten katholischen Kirche gehöre, feierlich als Dogma zu definieren. Doch der Papst zögerte, weil ihm diese Glaubenswahrheit zu wenig begründet erschien. Auch eine 1843 erschienene Streitschrift seines Kardinalstaatssekretärs Luigi Lambruschini, in der dieser mit allem Nachdruck für die Dogmatisierung eintrat, konnte Gregor XVI. nicht zu einem derart einschneidenden lehramtlichen Schritt bewegen.[14] Er hatte Bedenken, eine fromme Meinung, die im Laufe der Kirchengeschichte heftig umstritten war, zum verbindlichen Glaubenssatz zu erheben.

Unbefleckt empfangen, theologisch umstritten

Die Zurückhaltung Gregors XVI. war der theologischen Umstrittenheit der Frage mehr als angemessen.[15] Natürlich spielte seit den Anfängen des Christentums die Verehrung der Gottesmutter eine entscheidende Rolle in der christlichen Frömmigkeit. Im fünften Jahrhundert, auf dem Ökumenischen Konzil von Ephesus 431, wurde Maria sogar mit dem Titel «Gottesgebärerin» ausgezeichnet: Ohne das Ja dieser Frau aus dem Volke hätte Gott nicht Mensch werden können in Jesus Christus, ohne sie hätte der Gottessohn sein Erlösungswerk in dieser Welt nicht vollziehen können. Das war theologisch unumstritten.[16]

Aber die Vorstellung einer Unbefleckten Empfängnis Mariens, die im hohen Mittelalter mehr und mehr aufkam, galt den bedeutendsten theologischen Autoritäten, allen voran dem heiligen Thomas von Aquin, als eine *opinio nova*, eine unerhörte Neuerung, die der hergebrachten Lehre der Kirche widersprach. Für den Aquinaten musste auch Maria wie alle anderen Menschen in der Erbsünde empfangen worden sein. Aber sie wurde nach seiner Ansicht noch im Schoß ihrer Mutter Anna – wie übrigens auch der Prophet Jeremia und Johannes der Täufer bei der Beseelung – geheiligt und dadurch von der Erbsünde befreit. Die Argumentation des großen Dominikanertheologen aus dem dreizehnten Jahrhundert kann man nur vor dem Hintergrund der kirchlichen Erbsündenlehre, der damaligen Vorstellung der Entwicklung des Fötus im Mutterleib, und nicht zuletzt der theologischen Lehre von der sogenannten Sukzessivbeseelung verstehen.

Die Vorstellung von einer alle Menschen befleckenden Erbsünde knüpft an die biblische Sündenfallerzählung im Buch Genesis an: Adam und Eva hatten sich über Gottes Verbot hinweggesetzt und vom Baum der Erkenntnis gegessen. Als Strafe für diese Ursünde wurden sie aus dem Paradies vertrieben. Seither lebten die Menschen in Mühsal, bedroht durch Krankheit und Tod. Diesen beklagenswerten Zustand sahen die frühen Christen durch die Auferstehung Jesu Christi von den Toten überwunden. Faktisch sündigten die Menschen aber weiter, weshalb bereits der Apostel Paulus im Römerbrief einen Zusammenhang zwischen der Paradieserzählung und dem sündigen Menschen herstellte. Und hierbei kommt es auf die Übersetzung des zwölften Verses von Kapitel fünf des Römerbriefes an. Nach dem griechischen Wortlaut ist die Rede davon, dass der Tod alle Menschen traf, weil *seit* Adam alle Menschen in eigener Verantwortung gesündigt hätten. Der heilige Augustinus und mit ihm die Vulgata, die für Katholiken verbindliche lateinische Übersetzung der Heiligen Schrift, interpretierten die Stelle aber entgegen dem ursprünglichen Wortsinn so, dass der Tod zu allen Menschen gekommen sei, weil *in* Adam alle Menschen bereits gesündigt hätten.[17]

Im ersten Fall gibt es keine von Generation zu Generation vererbte Sünde. Vielmehr kommt jedem Menschen seit Anfang der Welt die Verantwortung für sein eigenes Tun zu, und faktisch hat jeder in eigener Freiheit Schuld und Sünde auf sich geladen. In der pessimistischen Sicht des Augustinus, die sich in der Kirchengeschichte durchsetzen sollte, ist der Mensch dagegen durch Adams und Evas Sündenfall wesensmäßig verderbt, so dass alle Nachfahren der ersten Menschen die Sünde von Generation zu Generation weitervererbt bekommen. Die kirchliche Lehre von der Erbsünde war entstanden – auf der Basis einer Fehlübersetzung oder zumindest einseitigen Interpretation des griechischen Textes der Heiligen Schrift.

Weil Thomas von Aquin die so entstandene kirchliche Erbsündendoktrin akzeptieren musste, wenn er sich nicht gegen die kirchliche Lehre stellen wollte, war er im Fall der Gottesmutter Maria zu einer äußerst gewundenen Argumentation gezwungen. Denn einerseits musste Maria ganz und gar Mensch sein mit allen Eigenschaften, die einen solchen ausmachen, um die vollständige menschliche Natur ihres Sohnes Jesus Christus nicht zu gefährden. Als ganzer Mensch ohne Wenn und Aber musste auch sie die Ursünde Adams vererbt bekommen haben, denn Jesus musste wirklich wahrer Mensch sein. Andererseits musste die Gottesmutter aber irgendwie von der auch bei ihr vorhandenen Urschuld gereinigt worden sein, denn sonst hätte sie diese der menschlichen Natur ihres Sohnes weitergeben müssen.

Der Aquinate fand für dieses schwierige Problem folgende Lösung, die zum Mainstream der kirchlichen Lehre wurde: Der Fötus wächst nach der Zeugung im Mutterleib heran, und Gott setzt ihm sukzessiv, in drei Schöpfungsakten, zuerst eine pflanzliche, dann eine tierische und schließlich eine menschliche Seele ein. Erst durch die letzte Beseelung wird der Fötus zur menschlichen Person. Und genau in dem Augenblick, in dem Gott die menschliche Seele Mariens im Leib ihrer Mutter Anna erschaffen hat, hat er sie von der durch ihre Zeugung vorhandenen Erbsünde befreit. «Wenn Maria mit der Erbsünde nicht empfangen worden wäre, müsste sie nicht durch Christus erlöst werden. Und so wäre Christus nicht der allgemeine Erlöser der Menschen» – schreibt Thomas von Aquin und fährt fort: «Was jedoch dem Vorläufer Christi und dem Propheten gewährt wurde, darf seiner Mutter nicht abgesprochen werden. Und deshalb wird geglaubt, dass sie im Mutterschoß geheiligt wurde.»[18] Damit gilt für Maria: wie alle Menschen befleckt mit der Erbsünde empfangen, aber im Mutterleib ab dem Moment «gereinigt» oder «geheiligt», in dem Gott durch einen eigenen Schöpfungsakt dem sich entwickelnden Fötus eine menschliche Seele eingehaucht hat. Diese Position wurde jahrhundertelang als kirchliche Lehre vertreten.

Bald aber traten vor allem die Franziskaner, allen voran der schottische Theologe Johannes Duns Scotus, mit einer «neuen Meinung» dieser klassischen scholastischen Position entgegen und vertraten die Unbefleckte Empfängnis Mariens, indem sie «deren Möglichkeit (*possibilitas*), Angemessenheit (*congruentia*) und Tatsächlichkeit (*actualitas*) aufzuzeigen» versuchten. Ohne dass sie einen Nachweis für die Immaculata Conceptio Mariae aus der Heiligen Schrift vorlegen konnten, unternahmen sie einen klassischen Dreischritt in der spekulativen Deduktion der Unbefleckten Empfängnis Mariens: «Das Privileg war Maria angemessen und gereichte ihr zur Zierde (*decuit*), Gott konnte es bewirken (*potuit*). Und aus beidem folgt: Er hat es deshalb auch getan (*ergo fecit*).»[19]

Mit einer solchen Argumentation konnte man im Grunde jeden Glaubenssatz zum Dogma erheben, auch wenn er in der Heiligen Schrift kein Fundament hatte. Dass die großen scholastischen Theologen wie Thomas von Aquin darin eine inakzeptable Neuerung und unzulässige Erfindung sahen, leuchtet unmittelbar ein. Duns Scotus wurde deshalb von weiten Kreisen lange Zeit als Irrlehrer angesehen. Trotz der Autorität großer Theologen wie Thomas von Aquin, Johannes de Torquemada oder Melchior Cano wollten die radikalen Marienverehrer jedoch von der Behauptung der Unbefleckten Empfängnis Mariens nicht ablassen.

Auf dem Basler Konzil, das sich vom Papst losgesagt hatte, wurde die Unbefleckte Empfängnis Mariens dann 1439 zum Glaubenssatz erhoben. Diese Definition konnte sich jedoch nicht durchsetzen, weil Rom dieses Konzil und all seine Beschlüsse als ungültig ansah.[20] Jahrhundertelang standen sich beide Richtungen unversöhnlich gegenüber. Vor allem zwischen den Orden der Dominikaner und der Franziskaner kam es in der Folgezeit zu heftigen Auseinandersetzungen über diese Frage. Angesichts dieser theologisch verfahrenen Situation versteht man die Zurückhaltung Gregors XVI. nur zu gut, denn wer die Unbefleckte Empfängnis Mariens zum Glaubenssatz erhob, musste auch den Kirchenlehrer Thomas von Aquin zum Ketzer stempeln.

Ein Jesuit macht den Weg frei

Nach dem Tod Gregors XVI. kam alles auf den neuen Papst an. Würde er sich die ultramontanen, von Norden über die Berge nach Rom kommenden Wünsche von Bischöfen und Gläubigen zu eigen machen und ein Dogma definieren, das nach weitverbreiteter Meinung nicht zu definieren war? Dass Pius IX. im Jahr seiner Papstwahl 1846 die «Wunderbare Medaille» der «Unbefleckten Empfängnis» schon seit über einem Jahrzehnt um den Hals trug, war ein erster Hinweis auf sein künftiges Verhalten in dieser Frage. Und tatsächlich griff er das Thema unmittelbar nach seinem Amtsantritt auf. Zunächst setzte er im September 1847 neue liturgische Texte, insbesondere ein Messformular, für das Fest der Unbefleckten Empfängnis Mariens in Kraft.[21]

Dann erhielt er Schützenhilfe vonseiten des Jesuitentheologen Giovanni Perrone, der in einem Buch die Frage, ob die Unbefleckte Empfängnis Mariens überhaupt zum Dogma erhoben werden könne, eindeutig positiv beantwortet hatte.[22] Das war ein äußerst schwieriges Unterfangen, denn nach der Lehre der Kirche und den Vorschriften des Konzils von Trient gab es nur zwei kirchliche Erkenntnisquellen: die Heilige Schrift und die kirchliche Tradition. Demnach konnte als Glaubenswahrheit nur gelten, was «in den geschriebenen Büchern und in den ungeschriebenen mündlichen Überlieferungen» enthalten ist.[23] Daher würde es nicht genügen, wenn die Unbefleckte Empfängnis nur in der kirchlichen Überlieferung, nicht aber zugleich in der Heiligen Schrift bezeugt wäre und umgekehrt.[24]

Da auch Perrone trotz allem gelehrten Aufwand keinen direkten Beleg in der Heiligen Schrift finden konnte, musste er sich an indirekten Ableitungen versuchen. So sah er beispielsweise in der Aussage der Sün-

denfallerzählung aus dem Buch Genesis einen klaren Schriftbeleg für die
Immaculata Conceptio: «Darauf sagte die Schlange zur Frau: Nein, ihr
werdet nicht sterben. Gott weiß vielmehr: Sobald ihr davon esst, gehen
euch die Augen auf; ihr werdet wie Gott und erkennt Gut und Böse.»[25]
Auch das sogenannte Protoevangelium führte der Jesuit ins Feld. «Und
Feindschaft setze ich zwischen dir und der Frau, zwischen deinem Nach-
kommen und ihrem Nachkommen. Er trifft dich am Kopf und du triffst
ihn an der Ferse.»[26] In einer allegorischen Deutung des Verses sah er eine
Vorausdeutung auf Maria als die zweite Eva, durch die das Heil in die
Welt kommt. Einen Schriftbeweis konnte Perrone nicht finden.[27]

Auch die Berufung auf eine einheitliche Tradition war angesichts
theologischer Kronzeugen gegen die Unbefleckte Empfängnis wie Thomas von Aquin nicht möglich. Aus Mangel an eindeutigen Belegen in
Schrift und Tradition musste der Jesuitentheologe auf schwammige, aber
für eine dogmatische Definition nach der bisherigen Lehre der Kirche
letztlich irrelevante Begriffe zurückgreifen, etwa das allgemeine «Bewusstsein der Kirche», das lebendige Lehramt des Papstes oder den
Glaubenssinn der einfachen Gläubigen, der sich in der praktischen Verehrung der Unbefleckt Empfangenen Jungfrau zeige.[28]

Dies stellt jedoch einen Bruch mit den Vorschriften des Tridentinums
dar und läuft auf die Erfindung einer neuen Tradition hinaus, indem behauptet wird, das Bewusstsein der Kirche oder der Gläubigen – das kaum
je einmal eindeutig und einmütig gewesen sein dürfte – habe immer
schon als Voraussetzung für die Verkündung eines Dogmas genügt. Dessen war sich auch Perrone bewusst; seine schwammige Zusammenfassung in *De immaculato Beatae Virginis conceptu* spricht Bände: Die
Wahrheit der Unbefleckten Empfängnis Mariens sei, «wenn auch verschlungen, beschränkt und etwas unverständlich, dennoch fast unmittelbar sowohl im geschriebenen Wort Gottes offenbart als auch in der
mündlichen Überlieferung weitergegeben» enthalten.[29]

Dennoch hatte der Jesuit damit die Unbefleckte Empfängnis für prinzipiell definierbar erklärt. Pius IX. erkannte dies sofort – und war überglücklich. Daher lobte er Perrone und sein Werk in einem eigenen Breve
über den grünen Klee. Dass ein Theologieprofessor für ein Buch in der-
artiger Weise von einem Papst gewürdigt wurde, war äußerst ungewöhnlich und zeigt, wie wichtig diese Frage für Pius IX. war. «Nichts ist Uns so
angenehm und erwünscht» – so schrieb der Papst – «als dass die gebüh-

rende Verehrung und Frömmigkeit gegen die Allerheiligste Gottesgebärerin und Allerliebevollste Mutter, die unbefleckte Jungfrau Maria,
von Tag zu Tag und an allen Orten mehr zunehme und ihr Lob von allen
gebührend verkündigt werde, woraus du schon ersehen kannst, geliebter
Sohn, mit welchem Vergnügen Wir deine vor kurzem in Rom erschienene und Uns gewidmete, in lateinischer Sprache abgefasste, theologische Untersuchung über die Unbefleckte Empfängnis der allerseligsten
Jungfrau Maria entgegengenommen haben.»[30]

Arbeit am Dogma

Nachdem der angesehene Jesuit theologisch den Weg frei gemacht hatte,
setzte Pius IX. am 1. Juni 1848 in Rom umgehend eine siebzehnköpfige
Theologenkommission ein, die Argumente für die Dogmatisierung der
Unbefleckten Empfängnis zusammentragen sollte.[31] Mitte November er-
reichten jedoch die ganz Europa in Unruhe versetzenden revolutionären
Bewegungen auch Rom und den Kirchenstaat und zwangen den Papst
zur Flucht nach Gaeta. Auf dieses politische Desaster fand der Papst
keine entsprechende Antwort. Stattdessen intensivierte er seine Bemü-
hungen um die Dogmatisierung der Unbefleckten Empfängnis Mariens.
Der Hang zum Mystizismus und zur Flucht aus den harten Realitäten ins
Übernatürliche übernahm erneut die Herrschaft in seinem Denken und
Handeln.

Eine der ersten Amtshandlungen im neapolitanischen Exil bestand
darin, dass Pius am 6. Dezember 1848 eine weitere Kommission aus Kardinälen zum Thema Immaculata Conceptio einsetzte. Diese riet dem
Papst, seine Pläne möglichst umgehend öffentlich zu machen und sich
vor allem der weltweiten Unterstützung der Bischöfe für die Dogmatisierung zu versichern. Die Not des Exils und die Hoffnung auf Rettung
durch die Gottesmutter könnten so geschickt verbunden und eine breite
Solidarisierung mit dem Papst erreicht werden.

Das Ergebnis war die Enzyklika *Ubi primum* vom 2. Februar 1849,
dem Fest Mariä Lichtmess.[32] Zunächst machte der Papst darin geschickt
deutlich, dass er nicht aus eigenem Antrieb handele, sondern einem
sehnlichen Wunsch der Gläubigen nachkomme. In «geradezu wunder-

barer Weise» habe sich «das Verlangen immer mehr gesteigert, es möchte doch endlich einmal vom Apostolischen Stuhl in einer feierlichen Lehrentscheidung» die Unbefleckte Empfängnis definiert werden. Gläubige und Bischöfe hätten ihn und seinen Vorgänger Gregor XVI. in dieser Sache geradezu «bestürmt». Nicht wenige hätten sogar «ihr Befremden» darüber geäußert, dass Papst und Kirche «der Heiligen Jungfrau diese Ehrung noch nicht zuerkannt» hätten. Pius IX. bat die Bischöfe, ihm zu schreiben, wie sie selbst, ihre Priester und Gläubigen zur Verehrung der Unbefleckten Empfängnis Mariens und der möglichen Dogmatisierung dieses Glaubenssatzes stünden.

Im zweiten Abschnitt des Schreibens wurde dann aber doch sehr deutlich, wie sehr dieses Dogma dem Papst persönlich am Herzen lag: «Diese Wünsche bedeuten eine außerordentliche Freude für Uns.» «Schon ganz früh», noch als Kind, «war Unser Sinnen nur darauf gerichtet, wie Wir die seligste Jungfrau besonders fromm und innig verehren … könnten» zu «ihrer größeren Ehre und Verherrlichung». Dann ging Pius IX. auf seine aktuelle Situation im Exil ein und bekräftigte: «Ganz fest aber bauen Wir Unsere Hoffnung auf die seligste Jungfrau selbst.» Durch ihre Verdienste über die Chöre der Engel gestellt, habe sie die Christenheit «den schlimmsten Verhängnissen, dem Ansturm und den listigen Tücken aller Feinde immer entrissen, ja sogar vor dem Untergang bewahrt. So möge sie denn auch Uns ganz nahe sein in den betrüblichen und leiderfüllten Schicksalsschlägen, in all den bitteren Nöten und kummervollen Bedrängnissen», und «die in wilden Aufruhr geratenen Wogen des Unheils» besänftigen.

Hier deutet sich ein Bruch mit der bisherigen Dogmengeschichte an. Wenn die Kirche sich gezwungen sah, einen Glaubenssatz als unveränderliche Wahrheit zu definieren, dann war dies bisher immer nur die Ultima Ratio, wenn alles andere gescheitert war. Zur Dogmatisierung durfte nur gegriffen werden, wenn eine zentrale Glaubenswahrheit des Christentums so massiv angegriffen wurde, dass der Fortbestand des Glaubens selbst gefährdet war. Eine ewige göttliche Wahrheit auf der Ebene menschlicher Sprache ein für alle Mal festzuschreiben war und ist schließlich problematisch, nicht zuletzt aufgrund der rasanten Veränderungen, denen Sprache unterworfen ist.[33]

Im Jahr 1848 standen aber weder der Kernbestand des Glaubens noch der Glaube an die Unbefleckte Empfängnis Mariens zur Disposition. Sogar die Dominikaner hatten ihre strikte Ablehnung im Gefolge ihres großen Ordenstheologen Thomas von Aquin seit Beginn des neunzehnten Jahrhunderts zusehends aufgegeben. Die unbefleckt empfangene Gottesmutter Maria konnte unbeschränkt verehrt werden, sowohl in der privaten Frömmigkeit, etwa indem man die «Wunderbare Medaille» um den Hals trug, als auch in der offiziellen Liturgie von Messe und Breviergebet.

Das wollte Pius IX. nun offenkundig ändern. Er wollte ohne theologische Infragestellung und ohne tiefe Glaubensnot die Unbefleckte Empfängnis dogmatisieren. Ihn leitete in «seiner ausweglosen politischen Lage» vielmehr die «Zuversicht», eine «so einzigartige Ehrung wie die Proklamation des Dogmas werde die Gottesmutter bewegen», ihm in dieser revolutionären Zeit beizustehen, die nicht nur die «gottgesetzte Ordnung» erschütterte, sondern auch «den Bestand des Kirchenstaats» gefährdete. Im Grunde hoffte der Papst darauf, Maria würde an der Spitze himmlischer Truppen dafür sorgen, dass Recht und Ordnung wiederhergestellt und Rom und der Kirchenstaat von den Revolutionären zurückerobert werden würden.[34]

Auf den engen Zusammenhang zwischen dem immer weiter gehenden Verlust des Kirchenstaats im Zuge der nationalen italienischen Einigungsbewegung und der immer stärker werdenden Marienverehrung, der daraus resultierenden Flucht des Papstes ins Übernatürliche und insbesondere seine Hoffnung auf ein Eingreifen der Gottesmutter in den politisch-militärischen Konflikt hat schon Ferdinand Gregorovius, der Geschichtsschreiber der Stadt Rom und Zeitgenosse des Papstes, in der ihm eigenen, durchaus bissigen Weise hingewiesen. Er sah darin sogar einen Grundzug des Pontifikates Pius' IX. In seinen *Römischen Tagebüchern* notierte er: «Pius IX. befindet sich in einem Labyrinth, dessen Ausgang er nicht sieht, nicht einmal zu suchen scheint. Seine Lage im verräterischen Schutze Frankreichs» – nur mithilfe französischer Besatzungstruppen konnte der Papst überhaupt Rom und Reste des Kirchenstaats halten –, «welches ihn immer hinhält, immer täuscht, ihn demütigt, ist Mitleid erregend. Aber dieser weichherzige Romantiker seufzt Gebete an die Madonna, und in seinen weibisch erschlafften Zügen prägt sich kein großes Gefühl, nur Ermüdung aus.»[35]

Während die Arbeit der päpstlichen Kommission in Rom wegen der Flucht Pius' IX. und der revolutionären Wirren zunächst stockte, wartete man in Gaeta auf die Rückmeldungen der Bischöfe. Das aber dauerte. Deshalb konnte das Thema erst nach der Rückkehr Pius' IX. aus dem neapolitanischen Exil in die Ewige Stadt am 12. April 1850 wieder richtig Fahrt aufnehmen. Das unterstreicht, dass ohne den Papst als treibende Kraft in Sachen Unbefleckte Empfängnis so gut wie nichts voranging.

Wie schwierig es war, ausreichend Argumente aus Schrift und Tradition für die Möglichkeit einer Dogmatisierung der Unbefleckten Empfängnis zusammenzubringen, zeigt die mehrfache Beauftragung von unterschiedlichen Gutachtergruppen, deren Tätigkeit sich mitunter sogar überschnitt, ohne dass sie voneinander Kenntnis erlangt hätten. In Rom waren am 1. Juni 1848 neunzehn Konsultoren ernannt worden, von denen schließlich immerhin dreizehn ihre Voten einreichten, in Gaeta wurde im Dezember ein halbes Dutzend Gutachter berufen, und nach seiner Rückkehr nach Rom setzte Pius IX. noch einmal drei weitere Konsultoren ein.[36] Obwohl alle diese Männer handverlesen waren, als Anhänger Pius' IX. und besondere Marienverehrer galten, fielen ihre Voten sehr unterschiedlich aus. Von Einmütigkeit kann keine Rede sein.[37] Das Spektrum reichte von vorbehaltloser Zustimmung bis zu grundsätzlicher Ablehnung der Dogmatisierung. Die Römische Kurie und ihre Mitarbeiter waren eben kein gleichgeschalteter Apparat des Papstes. Vielmehr spiegeln sich sogar in den von Pius IX. einseitig besetzten Kommissionen noch die unterschiedlichen Richtungen und Parteiungen der katholischen Kirche wider.[38]

Als euphorischer Unterstützer der Dogmatisierung tat sich Giovanni Battista Tonini hervor, der auch als Konsultor des Heiligen Offiziums tätig war.[39] Der Franziskaner bejahte zunächst die formale Frage, ob der Papst allein Dogmen definieren kann. Er brauche dazu nicht, wie bisher üblich, die Zustimmung eines Ökumenischen Konzils als Repräsentant der Gesamtkirche. Auch inhaltlich hielt Tonini die Immaculata für definierbar: Weil Schrift und Tradition hier nicht eindeutig sind, hält sich der Konsultor nicht lange mit der Diskussion einzelner Stellen der Bibel oder Nachweisen aus der kirchlichen Tradition auf. Völlig überraschend führt Tonini den Entwicklungsgedanken in die kirchliche Lehre ein. Während sonst immer die ununterbrochene Kontinuität des Lehramts beschworen wird – schließlich geht es um ewige Wahrheiten –, und ein- und derselbe Satz nicht jahrhundertelang falsch und dann plötzlich wahr sein kann, versucht Tonini die Ablehnung der Definierbarkeit der Immaculata Conceptio durch Thomas von Aquin, der Autorität im neu-scholastischen System Pius' IX., herunterzuspielen, mit dem Argument, «diese Wahrheit» sei damals eben «noch nicht voll entwickelt» gewesen. Die «letzte und volle Entwicklung» habe erst «in diesen letzten Jahren» stattgefunden.[40] Eindrücklicher kann man die Erfindung einer Glaubens-tradition kaum beschreiben.

Tonini geht noch einen Schritt weiter: Der Papst allein ist in der Lage, das gegenwärtige Glaubensbewusstsein der Kirche zu erkennen. Gerade weil die Bibel die Unbefleckte Empfängnis nicht direkt lehre und weil zahlreiche Kirchenväter und sogar Heilige die Immaculata Conceptio bestritten hätten, dürfe Pius IX. jetzt keine halben Sachen machen, nach dem Motto: nicht den Marienkult nur ein bisschen fördern, sondern klar und deutlich definieren und auch exkommunizieren.[41] Besonders deut-lich wird, wie sehr beide, Gutachter und Papst, gemeinsam davon über-zeugt sind, die Gottesmutter würde unmittelbar nach der Dogmatisie-rung Papst und Kirche ganz real beistehen. Tonini schreibt: «Wenn ihr die Jungfrau als unbefleckt definiert, werdet ihr sehen, dass sie sofort der Kirche zu Hilfe eilen und den Gefolgsleuten des bösen Engels auf den Kopf schlagen wird und uns von den vielen Monstern befreien wird, die uns auffressen wollen.» Mit den Mächten der Finsternis waren die Kir-chenfeinde, Freimaurer und Liberalen im Allgemeinen, aber vor allem die Anhänger der italienischen Einigung gemeint, die sich Rom und den Kirchenstaat im wahrsten Sinn des Wortes einverleiben wollten. Das müsse mit der politischen Hilfe der Gottesmutter unbedingt ver-hindert werden. «Das Dogma ist also nicht nur nützlich, sondern not-wendig.»[42]

Ganz ähnlich argumentierte Luigi Togni, wie Tonini Konsultor der obersten Glaubensbehörde.[43] Der Generalpräfekt des Krankenpflegeor-dens der Kamillianer stellte in seinem Votum vom 2. August 1848 jedoch ausdrücklich einen Zusammenhang zwischen der damaligen schwie-rigen politischen Lage in Rom und im Kirchenstaat und dem geplanten neuen Dogma her. Jeder, der die Dogmatisierung vorantreibe, dürfe – so schrieb er – von der Gottesmutter große Vorteile erwarten, insbesondere auch der Papst selbst. «Vielleicht würde Maria sogar Rom und der gan-zen Kirche den wahren Frieden wiederschenken.»[44] Andere Gutachter hielten die Unbefleckte Empfängnis trotz mancher Bedenken zwar theo-logisch für grundsätzlich definierbar, sprachen sich aber aus Gründen mangelnder Opportunität am Ende doch gegen einen solchen Schritt aus.

Für den Dogmatiker an der römischen Universität Gregoriana, Filippo Cossa, war es prinzipiell unmöglich, die Immaculata zum Dogma zu erheben.[45] Der Professor argumentierte ganz klassisch: Erstens gebe es in der gesamten Bibel keine einzige Stelle, aus der diese Glaubenswahrheit klar hervorgeht. Zweitens könne diese Lehre auch nicht aus den Zeugnissen der Tradition abgeleitet werden. Im Gegenteil: Zahlreiche und wichtige Kirchenväter hätten die Unbefleckte Empfängnis sogar wiederholt und mit Nachdruck abgelehnt. Irgendwelche indirekten und mittelbaren Zeugnisse lehnte der Dogmatiker ab. Was in den Erkenntnisquellen von Schrift und Tradition nicht eindeutig stehe, dürfe nicht in sie hineingelesen werden. Drittens führte Cossa das Verhalten der Päpste vor Pius IX. als Autoritätsargument gegen die geplante Dogmatisierung ins Feld. So habe Benedikt XIV. erklärt, dass die leibliche Aufnahme Mariens in den Himmel kein Dogma sein könne, weil diese in Schrift und Tradition nicht bezeugt sei. Nach dem Grundsatz des «Analogieschlusses» folgert der Dogmatikprofessor: Was Benedikt XIV. im achtzehnten Jahrhundert im Hinblick auf die Himmelfahrt Mariens für unmöglich erklärt hat, kann Pius IX. in der Mitte des neunzehnten Jahrhunderts für ihre Unbefleckte Empfängnis nicht für möglich erklären.[46]

Cossa war sich jedoch klar: Mit einer solchen Formulierung konnte er sein Votum nicht abschließen. Das würde ihn seine Professur kosten. Deshalb nahm er Zuflucht zu einem beliebten Stilmittel römischer Gutachter: Er habe hiermit natürlich nur seine unmaßgebliche persönliche Meinung dargelegt und überlasse selbstredend die endgültige Entscheidung höherer und größerer Weisheit. Wenn also der Heilige Vater in seiner Unfehlbarkeit die Unbefleckte Empfängnis als Glaubenssatz vorlegen sollte, würde er dieses Dogma ganz selbstverständlich glauben wie alle anderen Dogmen auch. Mit anderen Worten: «Die päpstliche Unfehlbarkeit kann den historisch-kritischen Befund unbeachtet lassen.»[47] Lehramt sticht Theologie.

Besonderes Interesse verdient das Votum Vincenzo Tizzanis.[48] Der Kirchenhistoriker war Konsultor der Indexkongregation und sollte später als Mitglied der zentralen Vorbereitungskommission des Ersten Vatikanischen Konzils eine wichtige Rolle spielen. Tizzani unterscheidet zunächst geschickt zwischen seiner eigenen Frömmigkeitspraxis und der wissenschaftlichen Aufgabe als Gutachter. Zwar glaube er persönlich an die Unbefleckte Empfängnis Mariens als «fromme Meinung», als Konsultor habe er aber Ergebnisse vorzulegen, die auf «kühlem und ruhigem Vernunftschluss» und nicht auf frommen Gefühlen beruhten. Gegen die von Pius IX. so enthusiastisch gelobten Ausführungen des Jesuiten Perrone hielt Tizzani als unverrückbare Bedingungen eines Dogmas fest: Es muss eindeutig in Schrift oder Tradition als den beiden verbindlichen kirchlichen Offenbarungsquellen enthalten sein. Er lehnte es ab, «schwache und sophistische Argumente ebenso wie eitle und erzwungene Vernunftschlüsse» anzuerkennen, denn dann könnten auch alle Irrlehren und Häresien für sich in Anspruch nehmen, irgendwie «in dem Worte Gottes implizit enthalten» zu sein, und verlangen, zum Glaubenssatz erhoben zu werden.

Von diesen Prämissen ausgehend, zerpflückte Tizzani genüsslich die Argumentation Perrones. In der Heiligen Schrift konnte er nicht nur keinerlei Hinweise auf die Immaculata Conceptio finden, vielmehr sprach seiner Ansicht nach die paulinische Erbsündenlehre sogar ausdrücklich gegen die Möglichkeit einer Unbefleckten Empfängnis Mariens. Für Paulus seien alle Menschen von der Erbsünde betroffen, seine Aussagen «sehen weder eine Ausnahme vor noch dulden sie eine solche». In der Heiligen Schrift «finde ich nicht nur kein Argument als Beweis der Unbefleckten Empfängnis der Jungfrau Maria, sondern ich finde sogar sehr triftige … Argumente, um sie auszuschließen».

In der kirchlichen Tradition werde diese Lehre bis ins elfte Jahrhundert ebenfalls nicht vertreten, auch nicht «implizit», wie Perrone behauptet hatte. Es gebe im Gegenteil zahlreiche Zeugen, die sie direkt ablehnten. Die Unbefleckte Empfängnis Mariens gehört für Tizzani nicht zur Offenbarung und kann deswegen grundsätzlich nicht zum Dogma erhoben werden. Auch den von einer Reihe von Konsultoren gewählten Umweg über die Liturgiegeschichte ließ Tizzani nicht gelten. Das Fest der Unbefleckten Empfängnis Mariens sei erst seit dem fünften Jahrhundert überliefert und habe damit keinen Ankerpunkt in der apostolischen Tradition selbst. Auch die Gläubigen hätten keine einhellige Meinung. Daher könne von einem Konsens in dieser Frage keine Rede sein. Mit einem Satz: Die «fromme Meinung» (*pia sentenza*) der Immaculata Conceptio ist schlicht nicht dogmatisierbar. Dem Wunsch vieler Bischöfe, so groß er auch immer sein mag, nach einem neuen Dogma und einer entsprechenden lehramtlichen Entscheidung Pius' IX. dürfe daher keinesfalls entsprochen werden.

Natürlich war auch Tizzani kein theologischer Selbstmörder. Nachdem er das von Pius IX. gewünschte Dogma so eindeutig für unmöglich erklärt hatte, folgte bei ihm die für einen erfahrenen Gutachter übliche Schlussformel, wenn auch nicht ohne die ihm eigene Ironie: «Wenn sich der Nachfolger Petri unter dem Beistand des Heiligen Geistes inspiriert fühlt, die fromme Meinung als Dogma zu definieren, werde ich der Erste sein, der sie als Glaubensartikel glaubt. Aber ich werde niemals unter denen sein, die ihn inspirieren, sie zu definieren.»[49]

Angesichts der uneinheitlichen Gutachten, von denen einige die Immaculata sogar definitiv für nicht dogmatisierbar erklärten, wurde die Kommission im Sommer 1851 noch einmal um sechs Konsultoren erweitert.[50] Trotz der klaren Erwartungshaltung des Papstes änderte sich dadurch aber nichts am Gesamtbefund. Das letzte Votum, das im Vatikan im Februar 1852 einging, stand den Absichten Pius' IX. sogar diametral entgegen. Es stammt von Andrea Maria Frattini, der bereits im Juni 1848 in die Kommission berufen worden war und damit fast vier Jahre für die Abfassung seines Gutachtens gebraucht hatte. Er kam zu dem Schluss: «Wenn ich auch von Herzen die Unbefleckte Empfängnis der Allerheiligsten Maria als fromme Meinung glaube, … so habe ich doch schwere Zweifel, ob man sie als Dogma erklären kann, weil sie nicht ausdrücklich in den heiligen Schriften mitgeteilt ist und weil sie in der wahren und sicheren Tradition fehlt, wie es sein muss, wenn man ein Dogma verkünden will, das nicht auf der offenbaren und sicheren Autorität der Heiligen Schrift beruht, und mehr noch, weil das Lehramt der Kirche sehr leiden würde, wenn man heute etwas als Dogma oder Glaubenswahrheit erklären würde, dessen … Gegenteil von mehreren Päpsten und einem Generalkonzil zu vertreten, aufrechtzuerhalten und zu verteidigen erlaubt wurde.»[51]

Frattini argumentierte hier geschickt mit der Kontinuitätsfiktion des kirchlichen Lehramts. Weil das Lehramt vorgibt, ewige Wahrheiten zu bezeugen, kann es nicht plötzlich das Gegenteil von dem lehren, was es vorher als unverrückbar zu glauben festgehalten hat. Ein und derselbe Satz kann eben nicht im dreizehnten Jahrhundert falsch und dann im neunzehnten Jahrhundert plötzlich wahr sein. Glaubensentscheidungen von Konzilien und Päpsten in der Vergangenheit engten die Möglichkeiten späterer Kirchenversammlungen und auch des päpstlichen Lehramtes entschieden ein.

Nebenbei bemerkt: Dieses Argument kann gegen jede Neuerung der kirchlichen Lehre ins Feld geführt werden. Das zeigt etwa die Positionierung von Alfredo Kardinal Ottaviani, dem Präfekten der Kongregation für die Glaubenslehre, gegen die Zulassung der Pille zur Empfängnisregelung im Kontext der Enzyklika Pauls VI. «Humanae vitae» im Jahr 1968. Es ging Ottaviani dabei nicht in erster Linie um die Sachfrage der moralischen Erlaubtheit der Pille als solcher, sondern eher um die formale Frage der Kontinuität des kirchlichen Lehramts. Wenn die katholische Kirche jetzt Kontrazeptiva zulasse, dann widerspreche das Lehramt sich selbst, weil es diese vorher verboten habe. Dann müsste die Kirche zugeben, dass sie in «ihrer ernsten Verantwortung der Seelenführung geirrt hätte, dann wäre das gleichbedeutend mit einer ernsthaften Unterstellung, ihr habe der Beistand des Heiligen Geistes gefehlt».[52] Im Falle der Dogmatisierung der Unbefleckten Empfängnis Mariens Mitte des neunzehnten Jahrhunderts galt in der Sicht Frattinis analog: Wenn Pius IX. diesen Schritt vollzieht, bricht er mit der Lehre seiner Vorgänger, stellt sich in eine offenkundige Diskontinuität und schädigt so die Autorität des kirchlichen Lehramtes nachdrücklich, weil es so aussähe, als ob diesem offenkundig der Beistand des Heiligen Geistes gefehlt hat.

Die Unbefleckte wird sich erkenntlich zeigen

Die durchaus gewichtigen Argumente der theologischen Gutachter prallten an Pius IX. wirkungslos ab. Er wollte zu einem Ende kommen und setzte am 8. Mai 1852 eine Spezialkommission ein, die einen Entwurf für eine feierliche päpstliche Bulle vorlegen sollte.[53] Der Papst wurde zu diesem Schritt vor allem durch die Antworten der Bischöfe auf die Fragen bestärkt, die er in der Enzyklika *Ubi primum* vom 22. Dezember 1848 zur Unbefleckten Empfängnis gestellt hatte. Von den sechshundertdrei Bischöfen, die sich gemeldet hatten, sprachen sich fünfhundertsechsundvierzig für eine Dogmatisierung aus, die übrigen lehnten sie als «nicht opportun», «überflüssig» und «aus inneren Gründen nicht definierbar» ab.[54] Zu den Gegenstimmen aus dem Gebiet des Deutschen Bundes gehörten die sechs Bischöfe der Kirchenprovinz Böhmen und Mähren, auch der Erzbischof von Bamberg, der Fürsterzbischof von Salzburg und die Bischöfe von Paderborn, Hildesheim und Breslau sprachen sich dagegen aus.

Die Arbeit am endgültigen Text der päpstlichen Konstitution wurde am 22. März 1854 in die Hände einer eigens errichteten Kardinalskongregation *per la redazione della Bolla* gelegt und zog sich über zwei Jahre hin. Der Text durchlief nicht weniger als acht Redaktionsstufen, bevor sich der Papst selbst an die Bearbeitung der Endversion machte. Die Vorlagen der Spezialkommission wurden von einer ganzen Reihe von Kardinälen gleich in der ersten Sitzung einer grundsätzlichen Kritik unterzogen. Es gehe nicht um ein theologisches Werk mit möglichst vielen Nachweisen und Zitaten, um die inhaltlichen Aussagen zu belegen. «Der Papst stütze sich vielmehr auf das Lehramt, nicht auf Beweise – mit anderen Worten: der Papst definiere, und damit sei die Frage entschieden; die Begründung – im Nachhinein – beizubringen bleibe dann den Theologen überlassen.»[55]

Das alles dauerte dem Papst aber zu lange: Deshalb lud er kurzerhand alle Bischöfe für den November 1854 nach Rom ein, um an der Feier der Verkündigung des neuen Dogmas teilzunehmen. Pius IX. verbot jedoch den angereisten Bischöfen ausdrücklich, sich an inhaltlichen Diskussionen der Kardinalskommission zu beteiligen. Der Wunsch des Bischofs von Grenoble, Jacques Ginoulhiac, in die Bulle den Zusatz aufzunehmen, der Episkopat habe der päpstlichen Entscheidung zugestimmt, wurde sogar zurückgewiesen: Der Papst allein verkündet das Dogma, ein *consensus ecclesiae* – eine Zustimmung der Bischöfe oder der Gesamtkirche – war nicht vorgesehen. Am 1. Dezember 1854 gab Pius IX. in einem Geheimen Konsistorium den 8. Dezember als das Datum bekannt, an dem die Unbefleckte Empfängnis Mariens «durch Unsere höchste Autorität entschieden werden sollte».[56]

Die dogmatische Bulle *Ineffabilis Deus,* mit der die Immaculata Conceptio zum verbindlichen Glaubenssatz erhoben wurde, zerfällt in fünf Teile: drei Kapitel, gerahmt von einer Einleitung und einem Schluss.[57] Im Proömium wird die Sonderstellung Marias in der gesamten christlichen Heilsgeschichte herausgestellt. Ihrer einmaligen Würde als Mutter des Gottessohnes entsprechend, begnadete sie – so lautet die zentrale Formulierung – Gott selbst «so wunderbar, dass sie allzeit frei

Mastai Ferretti liebte neben der Gottesmutter Maria Zeit seines Lebens den Schnupftabak. 1855 ließ er sich als Papst sogar mit einer Tabakdose fotografieren.

blieb von jedem Makel der Sünde, dass sie ganz schön und vollkommen wurde».

Das erste Kapitel wendet sich dem Versuch zu, die ununterbrochene und unangefochtene Lehre von der Unbefleckten Empfängnis Mariens seit den Anfängen der Kirche bis ins neunzehnte Jahrhundert nachzuweisen. Diese wird dabei als «eine von Gott mitgeteilte und im Glaubensgut der göttlichen Offenbarung enthaltene Lehre» bezeichnet, die die Kirche stets festgehalten hat. Anstatt hier jedoch eindeutige Schriftbelege zu liefern oder einen Traditionsbeweis zu führen, wird die Wahrheit der Immaculata einfach aus dem allgemeinen Glaubensbewusstsein der Kirche abgeleitet: «Die Kirche selbst hat diese Lehre ganz klar zum Ausdruck gebracht, als sie ohne Bedenken die Empfängnis der Jungfrau den Gläubigen zur öffentlichen Verehrung und Andacht vorlegte.» Unter anderem führt Pius IX. die von ihm selbst 1847 erneuerte Liturgie des Festes vom 8. Dezember als Beleg an.[58] Die Dogmatisierungsbulle versuchte, diese selbstreferentielle Begründung durch Pius IX. zu kaschieren, und behauptete gegen den kirchenhistorischen Befund eine vollständige Übereinstimmung aller Päpste in dieser Frage, eine einstimmige Lehre aller Theologen zu diesem Thema und eine einmütige Schriftauslegung der Kirchenväter in Bezug auf die Unbefleckte Empfängnis Mariens.

Im zweiten Kapitel rekapitulierte Pius IX. die Entstehungsgeschichte des neuen Dogmas. Er erinnerte an die einmütigen Bitten der Bischöfe und der Gläubigen an seinen Vorgänger Gregor XVI. und ihn selbst, die Unbefleckte Empfängnis endlich zum Dogma zu erheben, und hob eigens hervor, welche «besondere Freude» ihm dieser Wunsch bereitet habe. Deshalb «betrachten Wir es als Unsere heiligste Pflicht, entsprechend Unserer großen, von früher Kindheit an gehegten Verehrung, Andacht und Liebe zur allerseligsten Jungfrau und Gottesmutter Maria, alles durchzuführen, was die Kirche wünscht, damit die Ehre der allerseligsten Jungfrau vermehrt werde und deren Vorzüge in noch hellerem Lichte erglänzen». Ihm ging es somit um einen besonderen Akt der Verehrung der Gottesmutter, der eigentlich in den Bereich der persönlichen Frömmigkeit und kirchlichen Liturgie gehörte und im lehramtlichen Feld wenig verloren hat. Mit anderen Worten: Pius IX. erfand einen neuen, bislang unbekannten Typ von dogmatischer Definition: das Devotionsdogma.[59] «Mit gleichem Eifer» wie die Bischöfe, so heißt es weiter, hätten ihn die Gutachter «nach Abschluss ihrer sorgsamen Untersuchung … um die Definierung der Lehre von der Unbefleckten Empfängnis der Gottesmutter» gebeten – was schlicht nicht der Wahrheit entspricht. Dies macht deutlich: Bei der Erfindung einer imaginären Tradition werden alle Elemente der wirklichen Tradition, die nicht ins neue alte Bild passen, schlicht ausgeblendet oder unterdrückt.

Der entscheidende Punkt folgt am Ende des zweiten Kapitels, unmittelbar bevor in Teil drei der Text des eigentlichen Dogmas formuliert wird. Erstmals in der Kirchengeschichte beanspruchte der Papst «kraft Unserer höchsten Lehrvollmacht», einen Glaubenssatz im Alleingang unfehlbar und für alle Gläubigen verbindlich vorlegen zu können. Bisher hatten lediglich Ökumenische Konzilien das feierliche Lehramt der Kirche innegehabt. Nur sie konnten bis 1854 Dogmen formulieren. Jetzt übte diese Kompetenz plötzlich allein Pius IX. in eigener Machtvollkommenheit aus. Von einer Zustimmung der Kirche, der Bischöfe oder gar eines Konzils ist keine Rede.

Deshalb «erklären, verkünden und entscheiden Wir nun unter dem

Beistand des Heiligen Geistes zur Ehre der heiligen und ungeteilten Dreifaltigkeit, zum Ruhme und zur Verherrlichung der jungfräulichen Gottesmutter, zur Auszeichnung des katholischen Glaubens und zur Förderung der christlichen Religion, kraft der Autorität unseres Herrn Jesus Christus, der heiligen Apostel Petrus und Paulus und Unserer eigenen» – und jetzt folgt im dritten Kapitel nach dem Doppelpunkt der Wortlaut des eigentlichen Dogmas: «Die Lehre, dass die allerseligste Jungfrau Maria im ersten Augenblick ihrer Empfängnis aufgrund einer besonderen Gnade und Auszeichnung vonseiten des allmächtigen Gottes im Hinblick auf die Verdienste Jesu Christi, des Erlösers der ganzen Menschheit, von jedem Makel der Erbsünde bewahrt blieb, ist von Gott geoffenbart und muss deshalb von allen Gläubigen fest und unabänderlich geglaubt werden. Wenn also jemand, was Gott verhüten wolle, anders, als von uns entschieden, im Herzen zu denken wagt, der soll wissen und wohl bedenken, dass er sich selbst das Urteil gesprochen hat, dass er im Glauben Schiffbruch erlitten hat und von der Einheit der Kirche abgefallen ist.»

Nachdem so die Dogmatisierung mit dem üblichen Anathem abgeschlossen wurde – wer nicht glaubt, ist automatisch exkommuniziert –, gab Pius IX. abschließend im Sinne eines *Do ut des* der Hoffnung Ausdruck, die außergewöhnliche Ehrung der Gottesmutter werde diese gnädig stimmen und ihn selbst und die ganze Kirche aus allen drohenden Gefahren befreien.

Ein wichtiger Aspekt des neuen Dogmas wird nicht selten übersehen: Pius IX. bezeichnet Maria im Text der Definition als «unüberwindliche Schutzwehr» gegen alle Häresien und fährt fort: «Und so erwarten Wir denn von ihr, sie werde durch ihre mächtige Fürbitte bewirken, dass unsere heilige Mutter, die Kirche, nach Beseitigung aller Hindernisse, nach Überwindung aller Irrtümer unter allen Völkern und an allen Orten von Tag zu Tag an Kraft gewinne, blühe.» Von dem ursprünglichen Plan, das Dogma mit einer feierlichen Verurteilung der wichtigsten Zeitirrtümer zu verbinden, haben sich in der Bulle nur noch Reste erhalten. Die Gottesmutter als Garantin von Recht und Ordnung soll den Kampf des Papstes gegen alle modernen Prinzipien selbst anführen oder doch zumindest legitimieren.

Ein Dogma macht Geschichte

Im Letzten ging es bei der Dogmatisierung der Unbefleckten Empfängnis Mariens 1854 bei aller persönlichen Marienverehrung Pius' IX. nicht nur um die Unbefleckte Empfängnis. Sie war vielmehr das Fanal für eine neue Epoche der katholischen Kirchengeschichte, die dadurch vollständig zur Papstgeschichte werden sollte. Der Erzbischof von Paris, Auguste Sibour, der an der Messe im Petersdom am 8. Dezember teilgenommen hatte, goss diese Wende in einem Hirtenbrief an seine Gläubigen in treffende Formulierungen: Diese Dogmatisierung erscheine ihm als «Indiz für eine neue Phase der Kirche», in der die «Bande der römischen Einheit» des Katholizismus immer enger würden, weil «die päpstliche Autorität» stark gewachsen sei. Vor aller Augen sei das neue denkwürdige Lehramt des Papstes sichtbar geworden, nicht zuletzt durch die über zweihundert Bischöfe, die sich erstmals in dieser Weise um den Bischof von Rom versammelt hatten.[60]

Der päpstliche Geheimkämmerer Monsignore George Talbot wurde am 25. November 1854, also wenige Tage vor der Verkündung des neuen Dogmas, sogar noch deutlicher. Er äußerte sich gegenüber den Professoren Johann Baptist Balzer und Franz Peter Knoodt, die im Vorzimmer des Papstes auf eine Privataudienz warteten, um ihren in Rom angezeigten Lehrer Anton Günther zu verteidigen. Talbot habe sich über ihre «Einfalt, die nichts sah als eben das neue Dogma der Unbefleckten Empfängnis», lustig gemacht, so schrieb Knoodt Jahre später an Döllinger, und habe die beiden Theologen milde lächelnd belehrt: «Sehen Sie, dieses neue Dogma ist nicht die Hauptsache, sondern die Art und Weise der Proklamation desselben. Denn nicht wird der Heilige Vater in Vereinigung mit den Bischöfen der Kirche den Gläubigen erklären, was sie in Beziehung auf Mariä Empfängnis für wahr zu halten hätten, sondern es wird der Heilige Vater ganz allein sein», der dogmatisiert. «Damit» – und hier folgt die entscheidende Aussage des Geheimkämmerers Pius' IX. – «ist also die Unfehlbarkeit des Heiligen Vaters proklamiert, die der Heilige Vater nicht unmittelbar zum Dogma erheben kann. Und in dieser mittelbaren Erhebung des Heiligen Vaters liegt die eigentliche Bedeutung ... der bevorstehenden Festlichkeit.»[61]

Ebenso deutlich wurde der Wiener Jesuit und Theologieprofessor

Clemens Schrader in seiner Schrift *Pius IX. als Papst und König*, die er 1865 anonym publizierte.[62] Die dogmatische Entscheidung vom 8. Dezember 1854 sei «ein dem Pontifikat Pius' IX. ganz eigentümlicher Akt, wie ihn kein früheres Pontifikat aufzuweisen hat», denn «der Papst hat dieses Dogma selbständig und aus eigener Machtvollkommenheit ohne Mitwirkung eines Konzils definiert», und diese «selbständige Definition eines Dogmas schließt gleichzeitig zwar nicht ausdrücklich und förmlich, aber nichtsdestoweniger unzweifelhaft und tatsächlich eine andere dogmatische Entscheidung in sich: nämlich die Entscheidung der Streitfrage, ob der Papst in Glaubenssachen auch für seine Person unfehlbar sei, oder ob er diese Unfehlbarkeit nur an der Spitze eines Konzils anzusprechen habe». Pius IX. habe am 8. Dezember 1854 die Infallibilität des Papstes «zwar nicht theoretisch definiert, aber praktisch in Anspruch genommen».[63]

Pius IX. hatte mit dem Dogma von 1854 zwei Ziele erreicht, die beide eine kirchliche Tradition voraussetzen, die es so bis dahin nicht gegeben hatte: Er ehrte die Gottesmutter in einem Devotionsdogma, obwohl Schrift und Tradition als Glaubensquellen den Inhalt des Dogmas nicht hergaben. An ihre Stelle trat der schwammige Begriff des Glaubensbewusstseins der Kirche, das nur der Papst allein adäquat erfassen und ausdrücken konnte. Der Dogmatiker und Kurienkardinal Walter Kasper spricht in diesem Zusammenhang von einem «lehramtszentrierte[n], ja lehramtsmonopolistische[n] Traditionsverständnis» und hebt hervor: «Die Gefahr, dass dabei Schrift wie Tradition letztlich entmündigt werden, war in einer solchen Konzeption freilich nicht von der Hand zu weisen.» Im Grunde sei es nur darum gegangen, dem modernen Prinzip der Freiheit «das Prinzip der Autorität entgegenzusetzen».[64] Und der Papst konnte seine Unfehlbarkeit praktisch ausprobieren, die eineinhalb Jahrzehnte später auf dem Ersten Vatikanischen Konzil selbst zum Dogma erhoben werden sollte. An die Stelle von Schrift und Tradition trat der Papst. Er war von nun an die Kirche.

Trotz dieser Probleme gab es nach der Verkündigung des neuen Dogmas kaum kritische Stimmen in der katholischen Kirche.[65] Die vermeintlich uralte Tradition wurde «gekauft». Das katholische Selbstbewusstsein stieg in weiten Teilen der Welt, man hatte als Katholik das Gefühl, erstmals seit der Französischen Revolution aus der Defensive herauszukommen. Wann hatte man die katholische Kirche jemals so geschlossen erlebt wie bei der Verkündigung des Dogmas? Es war eine gelungene Inszenierung, eine Kunst, auf die sich die katholische Kirche immer schon bestens verstanden hatte. Die Marienverehrung als Identitätsmarker, der die Katholiken von den Protestanten abgrenzte, trat durch das Dogma besonders stark hervor. Und die Bischöfe als Vertreter der auf der Welt verstreuten Ortskirchen erfuhren erstmals so etwas wie Weltkirche, die freilich nichts anderes war als der Papst. Diese Erfahrung, dass Rom und vor allem der charismatische Pius IX. die Kirche waren, gaben die Hirten an ihre Gläubigen weiter durch Bilder, Predigten und Hirtenschreiben.[66]

Lourdes und anderswo: Schützenhilfe aus dem Himmel

Was aber hielt die Gottesmutter selbst von dem Dogma? Sie war offenbar zufrieden und bestätigte das Dogma. Jedenfalls wurden die zahlreichen Marienerscheinungen, die in den Jahrzehnten nach 1854 einen bislang unbekannten Boom erreichten, in diesem Sinne interpretiert. Die Gottesmutter selbst gab sich in zahlreichen Visionen und Auditionen immer wieder als die Immaculata Conceptio zu erkennen und verlieh so dem neuen Dogma eine himmlische Legitimation. Mehr an Beweisen war kaum zu erwarten.

Die Marienerscheinungen waren dem Historiker David Blackbourn zufolge «eines der großen kollektiven Dramen im Europa des neunzehnten Jahrhunderts. Sie lockten Zehntausende von Männern und Frauen in verlorene Täler und in ferne Gebirge, wo angeblich die Jungfrau Maria erschienen war, an Orte wie Lourdes zog es gar Hunderttausende. Die Erscheinungen waren der vielleicht spektakulärste Ausdruck jener religiösen Erneuerung, die zu den markantesten, freilich auch am wenigsten untersuchten Merkmalen des neunzehnten Jahrhunderts gehört. Sie bildeten auch einen vieldeutigen Kontrapunkt zu den besser bekannten sozialen und politischen Umwälzungen jenes Zeitalters.»[67]

Die wohl wichtigste himmlische Bestätigung des neuen Dogmas ereignete sich 1858 in den französischen Westpyrenäen im abgelegenen Tal des Gave de Pau in der Kleinstadt Lourdes.[68] Hatte Pius IX. schon die Marienerscheinung von La Salette im Jahr 1846 im Vorfeld der Dogmatisierung mit einer wahren Flut päpstlicher Schreiben – allein im Sommer

1852 waren es acht – intensiv genutzt, so war Lourdes für ihn das göttliche Zeichen schlechthin. Am 11. Februar erschien hier der vierzehnjährigen Bernadette Soubirous eine «weiße Dame». Diese war das älteste von sechs Kindern eines Müllers, dessen sozialer Abstieg sich immer rasanter vollzog. Er machte Bankrott, verlor die Mühle und war schließlich gezwungen, «unehrliche» Berufe auszuüben, wie Schrott- und Lumpensammeln. Schließlich wurde er wegen Diebstahls verhaftet und seine Familie im Armenhaus von Lourdes einquartiert.

Bernadette war seit frühester Kindheit kränklich und litt an schwerem Asthma. Sie musste ihren Vater oft beim Lumpensammeln begleiten und wurde wegen dieser Tätigkeit von Gleichaltrigen gehänselt und verspottet. Sie war gerade beim Holzsammeln im Wald, als ihr die Gottesmutter erschien. Die Visionen sollten sich bis zum 16. Juli noch siebzehn Mal wiederholen. Am 25. Februar zeigte die «weiße Dame» Bernadette in einer naheliegenden Grotte eine Stelle, unter der sich eine Quelle befand, die sie mit den Händen freilegen sollte. Dann gab sie dem Mädchen die Anweisung: Wasch Dich, tue Buße, bete für die Bekehrung der Sünder und sag den Priestern, sie sollen hier eine Kapelle bauen, damit man in Prozessionen hierherkommen kann.

Bernadette Soubirous war sich zunächst nicht sicher, wer ihr da genau erschien. Natürlich identifizierte sie die «weiße Dame» sofort mit der Gottesmutter Maria, fragte aber immer wieder nach: Wer bist du? Am 25. März gab die «weiße Dame» endlich Auskunft über ihre Identität. Sie sagte: «Ich bin die Unbefleckte Empfängnis.» Dass ein vierzehnjähriges Mädchen mit geringer Schulbildung mit dieser Selbstbezeichnung der Gottesmutter damals unmittelbar etwas anfangen konnte, zeigt: Die neue Lehre war über Predigt, Christenlehre und Religionsunterricht sogar in dem abgelegenen Pyrenäental angekommen.

Noch während der Erscheinungen kam es zu ersten Wallfahrten aus Lourdes selbst, aber auch von außerhalb zur Mariengrotte. Der Ortspfarrer unterstützte die Sache nachdrücklich, und der zuständige Bischof setzte bereits am 28. Juli 1858 eine Untersuchungskommission ein, die die Erscheinungen der Gottesmutter als echt klassifizierte. 1862 bestätigte Bischof Bertrand-Sévère Laurence schließlich auch die Wallfahrt nach Lourdes, und Pius IX. schloss sich diesem Schritt freudig an.

Lourdes blieb kein Einzelfall. Europaweit gab es zwischen 1803 und 1917 insgesamt einhundertfünfzehn Erscheinungen, die meisten bezeich-

nenderweise in den fünfziger, sechziger und siebziger Jahren.[69] In fünfzig Prozent der Fälle erschien die Gottesmutter in Frankreich, auf Italien
entfielen neunzehn Prozent der Erscheinungen, auf Deutschland immerhin sieben. Doch von den zahlreichen Marienerscheinungen erhielten nur acht die offizielle kirchliche Approbation: Paris 1830, Visionärin
Catherine Labouré, anerkannt 1832; La Salette 1846, Visionär Maximin
Giraud und Visionärin Mélanie Calvat, anerkannt 1851; Lourdes 1858,
Bernadette Soubirous, anerkannt 1862; Phillipsdorf 1866, Magdalena
Kade, noch im selben Jahr approbiert; Pontmain 1871, Eugène Barbedette
und zehn weitere Kinder, im folgenden Jahr kirchlich anerkannt; Diet-
richswalde 1877, Justina Schaffrinski, anerkannt erst 1977; Cnoc Mhuire
in Irland 1879, noch im folgenden Jahr positives Urteil einer kirchlichen
Kommission, und schließlich Fátima 1917, Lúcia dos Santos, anerkannt
1930.

Für diese geringe Anerkennungsquote dürften zwei Gründe aus-
schlaggebend gewesen sein: Erstens ging von den Erscheinungen eine
subversive Kraft aus. Visionärinnen mit der Gottesmutter im Rücken
konnten der Männerkirche und sogar dem Papst selbst gefährlich werden. Die meist jugendlichen Seherinnen ließen sich nicht vorschreiben,
was sie gesehen und gehört hatten. Manche Marienerscheinungen hatten
geradezu eine antiklerikale Komponente.[70] Deshalb machte man die
Visionärinnen gerne mundtot oder steckte sie hinter hohe Klostermauern. Der zweite Grund hängt mit dem theologischen Thema der
Privatoffenbarungen zusammen:[71] Wie kann die Gottesmutter in einer
Erscheinung des neunzehnten Jahrhunderts aus der himmlischen Sphäre
heraus etwas Neues und Besseres mitteilen als das, was der Sohn Gottes
Jesus Christus vor neunzehnhundert Jahren bereits verkündigt hat? Gott
teilte sich in seinem Sohn Jesus Christus selbst mit. Mehr als das, was die
Augen- und Ohrenzeugen der Verkündigung Jesu festgehalten hatten,
konnte es nicht geben. Mit dem Tod des letzten Apostels war deshalb die
Zeit der Offenbarung beendet. Nur diese Offenbarung ist für alle Gläubigen verbindlich, alle anderen sind allenfalls unverbindliche Privatoffenbarungen. Wenn die Kirche einzelne Erscheinungen als echt anerkannte,
dann ausdrücklich eben nur als solche Privatoffenbarungen, die für einzelne Katholiken zwar wichtig, nicht aber für die ganze Kirche verbindlich
sein konnten.

Lehramtlich war also klar: Ein Katholik braucht nicht an die Echtheit von Lourdes glauben, um katholisch zu sein. Für viele Gläubige und für Papst Pius IX. war es jedoch genau umgekehrt. Mit einer abstrakten Dogmatik, die auf von Gott geoffenbarten satzhaften Instruktionen beruhte, konnten sie wenig anfangen. In Lourdes dagegen gab es etwas zu sehen. Hier sprach wirklich der Himmel. Marienerscheinungen als Privatoffenbarungen wurden zumindest für den Papst und seine Anhänger wichtiger als die eigentliche, öffentliche und allein verbindliche Offenbarung der Kirche in Schrift und Tradition. Wer nicht an Lourdes glaubte, wurde von den Marienverehrern schnell als nicht katholisch gebrandmarkt, weil er damit indirekt auch das Dogma der Unbefleckten Empfängnis von 1854 leugnete.

Pius IX. gelang es, Mariendogma, Marienerscheinungen und Papsttum eng miteinander zu verbinden. Lourdes und Rom, Gottesmutter und Papst bestätigten einander gegenseitig. Der Papst ehrte die unbefleckt empfangene Gottesmutter mit einem Dogma, das durch zwei Erscheinungen der Unbefleckten Empfängnis 1830 in Paris und 1846 in La Salette vorbereitet und durch die Erscheinung 1858 in Lourdes bestätigt worden war. Damit war aber nicht nur der Inhalt des Dogmas von 1854 sanktioniert, sondern auch die Unfehlbarkeit des Papstes, denn er allein hatte kraft seiner Autorität das Dogma formuliert.

SIEBTES KAPITEL

Fels in der Brandung
Das ordentliche Lehramt des Papstes und die pesthaften Irrtümer der Zeit
(1858–1864)

Eine unglaubliche Anklage

Am 17. September 1859 empfing Pius IX. den Kommissar der Römischen Inquisition, Lorenzo Sallua, in Privataudienz.[1] Was der Dominikaner dem Papst zu berichten hatte, war unerhört. Ein Skandal erster Ordnung deutete sich an, in den enge Vertraute Pius' IX. wie die Kardinäle Reisach und Patrizi verwickelt waren. Denn Fürstin Katharina von Hohenlohe-Schillingsfürst hatte am 23. August 1859 bei der obersten römischen Glaubensbehörde Anzeige erhoben gegen die Nonnen von Sant'Ambrogio, vor allem aber gegen die Äbtissin, die Novizenmeisterin und die jesuitischen Beichtväter, nachdem ihr Cousin, Erzbischof Gustav Adolf von Hohenlohe, sie unter dramatischen Umständen aus dem Kloster gerettet hatte. Pius IX. kannte beide gut: Hohenlohe gehörte als Päpstlicher Geheimkämmerer zu seinem Haushalt und hatte Katharina mehrfach mit in den Quirinal gebracht. Und Pius IX. hatte bei diesen Gelegenheiten wiederholt über den gewaltigen Körperumfang der Fürstin gescherzt, die tatsächlich wie eine Matrone aussah. Mit päpstlicher Erlaubnis war Katharina auf Vorschlag Kardinal Reisachs und gegen den Widerstand ihres Vetters Hohenlohe in das strenge Klausurkloster inmitten der römischen Altstadt eingetreten.

Sallua brachte dem Papst die Anklageschrift mit, die Katharina auf Anweisung ihres Beichtvaters, des Benediktiners Maurus Wolter, für die Inquisition verfasst hatte. Was Pius IX. zu lesen bekam, war ein Klosterkrimi der schlimmsten Art, der, wenn er öffentlich werden sollte, dem Ansehen der katholischen Kirche schweren Schaden zufügen würde. Katharinas Bericht über die Vorgänge in Sant'Ambrogio begann mit der Schilderung ihrer dramatischen Rettung aus unmittelbarer Todesgefahr: «Schließlich kam zu mir am Montag, dem 25. Juli, kurz nach acht Uhr – gesandt vom Herrn – der Erzbischof von Edessa. Es gab keine andere Hoffnung mehr; das war die letzte Möglichkeit, mich zu retten. Ihm konnte ich alles enthüllen und ihn anflehen, mir zu helfen, so rasch wie möglich aus dem Kloster zu entkommen. Alles ging gut aus – ich wurde erhört und gerettet.»[2]

Fürstin Katharina erzählte eine geradezu unglaubliche Geschichte: Man hatte sie gedemütigt, man hatte sie von ihren Mitschwestern isoliert und von der Außenwelt abgeschnitten, man hatte versucht, sie als gefährliche Mitwisserin von Klostergeheimnissen zum Schweigen zu bringen. Man hatte sogar mehrfach Giftanschläge auf sie verübt. Es gab Tote im Kloster von Sant'Ambrogio. Auf die Nachfrage von Kommissar Sallua, dem sie ihre *Denuncia* persönlich übergeben hatte, was sie denn mit Klostergeheimnissen genau meine, warf Katharina den Nonnen einen falschen Mystizismus vor, der sich in der Verehrung von zwei lebenden Frauen als Heilige manifestiert habe: der Gründerin von Sant'Ambrogio, Maria Agnese Firrao, die von der Inquisition bereits Anfang des Jahrhunderts wegen angemaßter Heiligkeit verurteilt worden war, und der jungen Novizenmeisterin und Vikarin Maria Luisa. Ferner berichtete Katharina von lesbischen Praktiken im Noviziat, einer sexuellen Beziehung der Novizenmeisterin mit einem der Beichtväter und schließlich sogar vom Bruch des Beichtgeheimnisses. In ihrer Aussage wurde deutlich, wie schwer es ihr fiel, die Anzeige überhaupt zu erstatten, weil sie Sant'Ambrogio für die Erfüllung ihres Lebenstraumes gehalten hatte. Nur die von ihrem Beichtvater auferlegte Pflicht habe sie letztlich zu der Anzeige gebracht.

Fürstin Katharina von Hohenlohe-Waldenburg-Schillingsfürst war am 19. Januar 1817 geboren worden und hatte eine äußerst liberale Erziehung genossen. Religion und Frömmigkeit spielten dabei kaum eine Rolle. Eine Romreise, die sie 1834 zusammen mit ihrer Mutter unternahm, führte jedoch zu einer Art Damaskuserlebnis. Sie traf in der Ewigen Stadt auf den ebenfalls aus dem schwäbisch-fränkischen Adel stammenden August Graf von Reisach, der zu einem eifrigen Vorkämpfer einer auf den Papst zentrierten Kirche geworden war. Katharina war von Reisach fasziniert und erwählte sich ihn als Beichtvater und Seelenführer. Aus der freisinnigen, weltoffenen jungen Dame wurde eine streng ultramontane Katholikin, für die die strikte Orientierung an Rom und eine hymnische Verehrung des Papstes zum Identifikationspunkt ihres Lebens wurden.

Voll jugendlicher Begeisterung wäre sie am liebsten sofort in ein möglichst strenges römisches Kloster eingetreten. Das kam für eine Frau ihres Standes jedoch nicht infrage, ihre Aufgabe war es, Ehefrau und Mutter zu werden. Tatsächlich folgten zwei Ehen, die beide kinderlos blieben. Als sie durch den Tod ihres Gemahls Carl von Hohenzollern-Sigmaringen zum zweiten Mal verwitwet war, erfüllte sie sich 1853 ihren Klosterwunsch bei Schulschwestern im Elsass. Der Versuch scheiterte, Katharina fühlte sich für den Lehrerberuf nicht ausreichend vorbereitet. Sie erkrankte schwer und musste wieder austreten.

Nachdem sie sich einigermaßen erholt hatte, kam sie 1858 nach Rom, um sich hier endlich ihren Traum vom Klosterleben zu erfüllen. Inzwischen war auch Reisach, der sich als Erzbischof von München und Freising unmöglich gemacht hatte, als Kurienkardinal nach Rom befördert worden. Als einer der engsten Vertrauten Pius' IX. ging er im Quirinalspalast ein und aus. Mit dem Papst verband ihn ein Hang zum Mystizismus und eine Faszination für stigmatisierte Frauen. Kardinal Reisach machte Katharina auf die Gemeinschaft der regulierten Franziskanerinnen vom Dritten Orden von Sant'Ambrogio aufmerksam, deren Entwicklung er seit einigen Jahren mit besonderem Wohlwollen begleitete.

Zu Ostern 1858 begab sich die Fürstin mit Zustimmung des Papstes für eine längere Probezeit in das Kloster. Im Rückblick lobte sie die ersten Monate in den höchsten Tönen: «Das Klosterleben... ließ nichts zu wünschen übrig und erschien musterhaft.» Auch mit den «Personen, welche diesem stillen, wohlgeordneten, der Welt unbekannten Gemeinwesen vorstanden und es leiteten», war die Fürstin mehr als zufrieden. Insbesondere die Äbtissin Maria Veronica flößte ihr als «schönes Vorbild in Beobachtung der Heiligen Regel und als Frau von sanftem, stillem Charakter» von Anfang an großes Vertrauen ein. Es war leicht, «ihr kindlich zu gehorchen», und Katharina fühlte sich «herzlich zu ihr hingezogen». Noch stärker aber faszinierte sie die Novizenmeisterin und

Stellvertreterin der Äbtissin, die Madre Vicaria Schwester Maria Luisa. «Diese noch junge Nonne … besaß bei auffallender körperlicher Schönheit und Anmut eine so gewinnende Liebenswürdigkeit, dass sich alle Herzen bald von ihr angezogen fühlten.» Auch die Fürstin ließ sich gerne überwältigen vom «Zauber der Lieblichkeit, die ihr Wesen zeigte»; sie war wahrlich «entzückt von der liebenswürdigen Nonne».[3]

Doch Katharina wurde mehr und mehr klar: Sant'Ambrogio umgab ein Geheimnis. Zunächst hatte sie keine Ahnung, worum es sich dabei genau handelte. Immer wieder wurde vor ihr «etwas geheim gehalten, was die Gemeinschaft vielfach beschäftigte».[4] In den Unterhaltungen mit der Madre Vicaria Maria Luisa «wurde ich mir aber irgendeines Mysteriums, das vor mir verborgen wurde, bewusst, und sie gab mir zu verstehen, der Beichtvater habe bestimmt, es sei noch nicht an der Zeit, es mir zu offenbaren». Katharina schwante bald, dass es irgendetwas mit «Einflüssen übernatürlicher Art» zu tun haben musste. Sie tröstete sich jedoch mit der Überlegung, «solch einfältige Seelen» wie ihre Mitschwestern könnten sich an wunderbaren Geschichten halt leichter geistlich erbauen als an abstrakten theologischen Traktaten.

Dabei hätte sie gewarnt sein können, hätte sie die kryptischen Aussagen ihres Seelenführers Reisach richtig interpretiert. Er hatte ihr nämlich beim Eintritt in Sant'Ambrogio erläutert, im südlichen Milieu Italiens sei stets mit außergewöhnlichen und übersinnlichen Dingen zu rechnen. Es könne geschehen, dass «Fremdartiges und Auffälliges sich um sie herum ereignen» werde. Der lebhafte Charakter der Italiener werde für sie manches ganz anders erscheinen lassen, als sie es aus dem kühlen und rationalistischen Deutschland gewohnt sei. Wo aber wie in Rom «ein so lebendiger Glaube alles mit einer Frische und Festigkeit erfasse und festhalte, von der wir Deutschen kaum einen Begriff» hätten, würden auch «Kämpfe und Anfechtungen hervorgerufen, die unseren Erfahrungen und Vorstellungen ganz fremd seien». Reisach hatte Katharina ermahnt, sie solle sich «von solchen Dingen weder beunruhigen noch stören lassen». Damit beschrieb Reisach – wahrscheinlich ohne sich dessen bewusst zu sein – das Frömmigkeitsprofil Pius' IX. Auch der Papst rechnete ständig mit außergewöhnlichen und übersinnlichen Dingen, auch er hoffte auf das wunderbare Eingreifen der Gottesmutter in die Welt, auch er floh aus den Bedrängnissen der realen Welt in die heile Übernatur.

Die Fürstin dachte sich daher zunächst nichts dabei, dass bei den geistlichen Tischlesungen in Sant'Ambrogio immer wieder von «Ekstasen, Wundern und Erscheinungen» erzählt wurde. Sie kritisierte zwar, dass dadurch die «Phantasie» ihrer Mitschwestern über Gebühr angeregt würde, und wünschte sich stattdessen eine solide regelmäßige «Christenlehre», in der den Nonnen von Sant'Ambrogio die notwendigen religiösen Grundkenntnisse vermittelt werden sollten, die ihnen völlig abgingen. Ihrer eigenen gebildeten Frömmigkeit waren Erscheinungen und Wunder zuwider.

Eine gefährliche Häresie konnte sie darin zunächst aber nicht erkennen. Indes: Die Heimlichtuerei ging weiter, Gespräche von Mitschwestern endeten abrupt, wenn Katharina in die Nähe kam, man verfiel in einen für die Fürstin unverständlichen römischen Dialekt, dunkle Andeutungen wurden gemacht. Katharina wollte endlich in das Geheimnis eingeweiht werden. Doch erst nach ihrer Einkleidung als Novizin am 29. September 1858 waren die Beichtväter des Klosters, Giuseppe Leziroli und Giuseppe Peters, sowie Kardinal Reisach bereit, das Geheimnis zu lüften: Man hatte ihr verschwiegen, dass die Gründerin von Sant'Ambrogio, Mutter Agnese Firrao, von der Römischen Inquisition bereits 1816 als falsche Heilige verurteilt und ins Exil geschickt worden war. Offenbar befürchteten die Verantwortlichen, die Kenntnis dieses Umstands hätte die Fürstin von einem Eintritt in Sant'Ambrogio abgehalten.

In dem Moment, in dem Katharina nach ihrer dramatischen Flucht aus dem Kloster in ihrem Gespräch mit dem Inquisitor Sallua den Begriff der falschen Heiligkeit fallen ließ, war eigentlich ein Inquisitionsprozess unausweichlich, denn die Verfolgung der angemaßten Heiligkeit gehörte seit der Reformationszeit zu den Hauptaufgaben der obersten römischen Glaubensbehörde. Falso misticismo hatte sich mehr und mehr zu einem eigenen häretischen Delikt entwickelt. Echte Heilige hatten zwei Bedingungen zu erfüllen: Sie hatten tot zu sein – oder besser: im Himmel –, und sie mussten vom Papst heiliggesprochen sein. Lebende Heilige, vor allem wenn es sich um Frauen handelte, die vorgaben, regelmäßig Erscheinungen zu haben, oder gar tagtäglich in den Himmel entrückt zu werden, waren für die römischen Glaubenswächter ein Gräuel. Sie entzogen sich der Kontrolle der Hierarchie und konnten ein äußerst gefährliches Potential für die katholische Kirche entwickeln.

Sallua bat in der Privataudienz am 17. September 1859 den Papst um die Eröffnung eines Inquisitionsprozesses. Der Dominikaner war von der Stichhaltigkeit der Vorwürfe Katharinas «nicht nur wegen der delicatezza der Angelegenheit als solcher» überzeugt.[5] Pius IX. zeigte sich nach der Lektüre der Anklageschrift jedoch überaus skeptisch und hielt das Ganze für die Phantasie einer überspannten hochadeligen Dame. Von Glaubensverbrechen wie falscher Heiligkeit und *falso misticismo* könne in einem frommen Kloster wie Sant'Ambrogio keine Rede sein. Angesichts der Verwicklung hochangesehener Kardinäle wie seines Vertrauten Graf Reisach und jesuitischer Beichtväter, zu denen der Papst vollstes Vertrauen hatte, war er nicht bereit, den Inquisitor mit der Eröffnung eines Verfahrens zu beauftragen. Doch Sallua blieb hartnäckig und trotzte Pius IX. immerhin informelle Sondierungen ab, die jedoch mit größtem Fingerspitzengefühl und in strikter Geheimhaltung durchgeführt werden sollten, um das Ansehen der Kirche zu schützen.

Überirdische Vorgänge in einem römischen Kloster

Am 8. Dezember 1859 konnte Sallua Pius IX. «zu Füßen Seiner Heiligkeit liegend» die erdrückenden Ergebnisse seiner Voruntersuchungen präsentieren, die Katharinas Anschuldigungen bestätigten: Agnese Firrao und Maria Luisa wurden tatsächlich als Heilige verehrt; lesbische Initiationsriten für Novizinnen waren an der Tagesordnung; auf Katharina waren tatsächlich mehrere Mord- und Vergiftungsanschläge verübt worden; die Novizinnen mussten Zwangsbeichten bei der Novizenmeisterin ablegen; die beiden jesuitischen Beichtväter Leziroli und Peters hatten diesen falschen Kult nicht nur geduldet, sondern ihn befördert und sich überdies des Bruchs des Beichtgeheimnisses und der Verführung im Beichtstuhl schuldig gemacht.[6]

Die von Sallua vorgelegten Beweise waren erdrückend. Jetzt konnte der Papst nicht mehr anders: Zähneknirschend musste Pius IX. die Berechtigung der *Denunzia* Katharinas anerkennen und seinen Chefinquisitor autorisieren, einen formellen Prozess zu eröffnen. Dieser sollte von Dezember 1859 bis Februar 1862 dauern. Über sechzig Zeugen, vor allem die Nonnen, wurden verhört. Der Dominikaner war im Verlauf des Prozesses gezwungen, in menschliche Abgründe zu blicken, wie aus den Akten der Römischen Inquisition hervorgeht.

Vor allem die fatalen Zusammenhänge zwischen Mystizismus und Verbrechen, zwischen angemaßter Heiligkeit und Mordanschlägen, durchziehen das Verfahren wie ein roter Faden. Wenn die Angeklagten nicht mehr in der Lage gewesen waren, ihre Verbrechen zu vertuschen, schreckten sie nicht einmal davor zurück, die Gottesmutter selbst für einen Mord zu instrumentalisieren, wie die genaue Rekonstruktion der Chronologie der Vergiftungsanschläge auf Katharina von Hohenzollern und andere Nonnen im Zuge der Vernehmungen drastisch vor Augen führt. Die Fürstin war, nachdem ihr das Geheimnis von Sant'Ambrogio offenbart worden war, weiterhin äußerst skeptisch geblieben. An tagtägliche Entrückungen Maria Luisas in den Himmel und vor allem deren mystische Hochzeit mit Jesus Christus, bei der die Novizenmeisterin einen wunderbaren Ring als Zeichen der Vermählung durch Gott selbst geschenkt bekommen haben wollte, konnte die gebildete Adelige beim besten Willen nicht glauben. Sie begehrte auf und sprach mit ihrem Beichtvater Giuseppe Peters darüber, der ihre Bekenntnisse umgehend der Novizenmeisterin weitertrug, in die der Jesuit nicht nur unsterblich verliebt, sondern von deren Heiligkeit der gebildete Theologe auch zutiefst überzeugt war.

Katharina wurde von Reisach und ihrem Beichtvater gezwungen, an die Echtheit der Visionen Maria Luisas und ihre Heiligkeit zu glauben. Dazu konnte die Fürstin sich innerlich jedoch nicht durchringen. Sie wollte das Ganze aber äußerlich mit Schweigen übergehen, wie sie Sallua mitteilte. Da brachte ein seltsamer Brief das Fass zum Überlaufen. Maria Luisa zeigte Katharina ein auf Deutsch verfasstes Schreiben eines ominösen «Americano». Sie erzählte der Fürstin, dieser sei von mehreren Dämonen besessen und sie versuche, ihn von diesen durch Exorzismen zu befreien. Da sie nur Italienisch verstand, bat sie Katharina um eine Übersetzung. Die Fürstin war schockiert: Der Brief strotzte vor Obszönitäten und erotischen Anspielungen. Für Katharina war klar, dass die schöne Novizenmeisterin ein sexuelles Verhältnis mit dem Americano unterhielt. Besonders empört war Katharina darüber, dass deren Liebhaber auch ihr anbot, «Mutter ohne Gatte» werden zu können.[7]

Katharina stellte Maria Luisa umgehend zur Rede. Darauf leugnete diese, ihr den Brief gezeigt zu haben. Es sei nicht sie, sondern der Teufel in ihrer Gestalt gewesen, um ihr zu schaden. Die Fürstin betrachtete dies als billige Ausrede und sprach darüber mit den Beichtvätern. Diese schlossen sich aber vorbehaltlos Maria Luisas Interpretation an und verpflichteten Katharina in der Beichte, ihre Anschuldigungen gegen Maria Luisa zurückzunehmen.

Dazu war sie nicht bereit. Im Gegenteil: Am Morgen des Hochfestes der Unbefleckten Empfängnis Mariens, dem 8. Dezember 1858, kam es im Chor der Klosterkirche zu einer dramatischen Szene. Die Fürstin warf sich Maria Luisa zu Füßen und legte sich in einer Demutsgeste den Strick ihres Habits um den Hals, um so die Novizenmeisterin auffordern zu können, endlich die Wahrheit zu sagen und ihre Verfehlungen zu gestehen. Ansonsten sehe sie sich gezwungen, außerhalb der Klostermauern alles offenzulegen. Maria Luisa war dazu unter keinen Umständen bereit. Stattdessen schleuderte sie der Fürstin ins Gesicht: «Wer hätte jemals gedacht, dass unter einem Mantel an Gutmütigkeit eine solche Boshaftigkeit lauert?»[8]

Unmittelbar nach dieser missglückten Aussprache erkrankte Katharina plötzlich auf den Tod. Eine Tasse Tee, eine Fleischbrühe, irgendeine Medizin zogen heftige Magenschmerzen, Schwindel und Erbrechen bis hin zur Bewusstlosigkeit nach sich. Im Kloster ging das Gerücht um, sie stünde nach einem Schlaganfall kurz vor dem Tod. Die herbeigerufenen Ärzte gaben die Fürstin auf. Sie erhielt die Sterbesakramente und legte auf dem Totenbett die ewigen Gelübde ab.

Doch Katharina überlebte wider Erwarten. Die Vernehmungen Salluas ergaben, dass Maria Luisa wiederholt versucht hatte, Katharina zu töten, indem sie in ihre Mahlzeiten und Getränke zerstoßenes Glas, Terpentin, Lackfarbe, Opium, Belladonna oder Digitalis mischte. Doch offenbar hatte keine der Dosen für die füllige Matrone ausgereicht. Bei den Untersuchungen der Römischen Inquisition zeigte sich, dass die Mordanschläge auf ausdrücklichen Befehl der Gottesmutter verübt wurden. Bereits am Abend des 8. Dezember, unmittelbar nach der Szene im Chor, hatte die Allerseligste Jungfrau und Gottesmutter im Himmel einen Brief geschrieben, in dem der Tod der Fürstin angekündigt wurde, als Strafe dafür, dass sie nicht an die Heiligkeit Maria Luisas glauben wollte. Der Brief bestimmte sogar zwei Novizinnen als Helfershelferinnen für die konkrete Durchführung.

Dieser Brief materialisierte wie zahlreiche andere Schreiben der Gottesmutter in einem Kästchen, das in der Kirche auf dem Altar unter einem im Kloster verehrten Gnadenbild der Gottesmutter stand. Zu diesem Kästchen besaß angeblich nur einer der jesuitischen Beichtväter den

Schlüssel. Hatte man die himmlischen Anordnungen gelesen, deponierte man seine Antwortbriefe in dem Kästchen, die dann von dort wieder in den Himmel entrückt wurden.

Dass einfache Nonnen in einem römischen Frauenkloster in der zweiten Hälfte des neunzehnten Jahrhunderts an die Echtheit von Briefen der Gottesmutter glaubten, die vom Himmel auf die Erde fielen, konnte Sallua noch halbwegs verstehen. Aber hätten sie angesichts des mörderischen Inhalts der himmlischen Schreiben, die der Heilsbotschaft der christlichen Offenbarung widersprachen, nicht skeptisch werden müssen? Und wie konnten gebildete jesuitische Beichtväter, hochrangige Kurienkardinäle und womöglich sogar der Papst selbst von der Authentizität solcher Himmelsschreiben überzeugt sein, fragte sich der Inquisitor.

Sallua musste es deshalb darum gehen, die Himmelsschreiben als Beweismittel sicherzustellen. Er wurde aber nur in einem einzigen Fall fündig, weil die Angeklagten alle Unterlagen verbrannt hatten. Nach gründlichen Recherchen kam er dahinter, dass auch der General der Jesuiten, Petrus Beckx, einen himmlischen Marienbrief erhalten hatte, der ihm über die Beichtväter von Sant'Ambrogio zugestellt worden war. Für Sallua muss der Inhalt auf den ersten Blick nicht besonders sensationell erschienen sein, denn die Gottesmutter hatte geschrieben: «Paternité, mit der ganzen Inbrunst meines Herzens bitte ich Sie seitens Gottes, keinen Moment zu zögern, den unglückseligen Passaglia von seinem Mitbruder Schiader zu trennen; … Wehe Ihnen, wenn Sie das Kollegium nicht sofort von dem unglückseligen Passaglia befreien, und auch von denjenigen, die sich nicht gut benehmen, indem Sie sie in andere Häuser versetzen, … denn sonst werden Sie Gottes Zorn auf die Gesellschaft ziehen; … Wenn Sie wissen wollen, wer es ist, der Ihnen diese Warnung erteilt und Ihnen geschrieben hat, es ist Marie.»[9]

Das auf Französisch abgefasste Schreiben enthielt zahlreiche orthographische Fehler. Besonders bei der Schreibweise von Personennamen scheint «Marie» sich nicht ganz sicher gewesen zu sein. Bei dem von ihr genannten «Schiader» handelte es sich um keinen geringeren als Clemens Schrader, einen einflussreichen Jesuitentheologen. Der Jesuitengeneral Beckx kam der Forderung «Maries» nach und versetzte Schrader am 3. August 1857 von der römischen Gregoriana an die Universität Wien. Damit trennte er ihn, wie von der Gottesmutter gefordert, von seinem Lehrer, Kollegen und Freund Carlo Passaglia.

Sallua war, was die Echtheit der Marienbriefe angeht, äußerst skeptisch und bohrte an diesem Punkt intensiv nach. Der schön geschriebene Brief der Gottesmutter an Beckx schien ihm irdischen Ursprungs zu sein. Und tatsächlich: Der Dominikaner kam hinter das Geheimnis der Marienbriefe. Die dreiundzwanzigjährige Novizin Maria Francesca sagte dazu aus: «Ich war etwa einen Monat als Probandin im Kloster, als die Meisterin Maria Luisa wollte, dass ich einen Brief auf Französisch an den Pater General der Jesuiten schreibe, in dem schlecht über Pater Passaglia geschrieben wurde, wie von einem schlimmen Ordensmann, der auch die Gesellschaft Jesu verdorben hat. Er wurde angewiesen, diesen Pater zu überwachen, beziehungsweise erhielt den Befehl, ihn aus der Compagnia zu entfernen. Ich habe den Brief mit folgenden Worten beendet: ‹Wenn Ihr wissen wollt, wer Euch so geschrieben hat, es ist›, darauf hat sie mich gefragt, ohne dass sie mich etwas anderes schreiben ließ, wie man auf Französisch ‹Maria› schreibt. Und ich habe es ihr gesagt. Darauf nahm Maria Luisa den Brief und hat mich angewiesen, dass ich dort als Unterschrift schreiben sollte ‹Marie›. Schließlich hat Maria Luisa mir verboten, mit irgendjemandem über diese Sache zu reden oder jemandem zu sagen, dass ich etwas über die Entstehung des Briefes weiß.»[10]

Es blieb nicht bei diesem einen Brief, den Schwester Maria Francesca im Auftrag der Novizenmeisterin im Namen der Gottesmutter und anderer Himmelsmächte schreiben musste. Hunderte weitere folgten. Für Sallua war die Tatsache, dass sich die Zeugin an den Inhalt dieses einen Briefes so genau erinnerte, Grund für die Annahme, dass dies auch bei den übrigen himmlischen Schreiben der Fall sein dürfte. Tatsächlich konnte Maria Francesca dem Inquisitor einen differenzierten Einblick in die himmlische Fälscherwerkstatt geben.

Für den Inquisitor stand fest: Wenn schon der General des Jesuitenordens Petrus Beckx, der nicht gerade im Ruf eines für mystische Phänomene besonders anfälligen Theologen stand, den Inhalt eines Marienbriefes so ernst nahm, dass er die darin enthaltenen himmlischen Weisungen umgehend befolgte, dann konnte es auch nicht verwundern, dass die jesuitischen Beichtväter und eine ganze Anzahl von Kardinälen die Marienbriefe von Sant'Ambrogio für bare Münze nahmen. Dann war es vielleicht sogar auch möglich, dass die Nonnen und Beichtväter von Sant'Ambrogio, die fast täglich mit derartigen himmlischen Weisungen konfrontiert waren und ihr ganzes Leben danach ausrichteten, auch

Marienbriefe, die die Ermordung Katharinas von Hohenzollern anordneten, für echt hielten und die Anweisungen in die Tat umsetzten. Im Rom Pius' IX. war dies offenkundig möglich. Von der körperlichen Erscheinung der Allerseligsten Jungfrau zur Materialisation von Briefen, die im Himmel geschrieben wurden, war der Weg nicht weit.

Der Papst war sich der Sprengkraft des Prozesses bewusst und ließ sich regelmäßig über den Fortgang des Verfahrens informieren. Pius IX. suchte mit allen Mitteln zu verhindern, dass irgendetwas von dieser Geschichte an die Öffentlichkeit drang. Denn nicht nur Kardinal Reisach, sondern auch der ebenfalls eng mit ihm befreundete Generalvikar von Rom, Costantino Patrizi, war als Protektor des Klosters in den Skandal verwickelt. Der Fall Sant'Ambrogio hatte das Potential, zu einem großen Stellvertreterkrieg zwischen den Liberalen um Kardinal Hohenlohe und den Benediktinern von Sankt Paul vor den Mauern sowie den Hardlinern um Reisach und den Jesuiten der Gregoriana zu werden. Da Pius IX. sich immer mehr der letzten Gruppe zugewandt hatte, musste er alles tun, um diese und sich selbst zu schützen.

Um den Prozessverlauf und vor allem die Urteilsverkündung kontrollieren zu können, machte Pius IX. einen der Beschuldigten, Kardinal Reisach, der ohnehin Mitglied des Sanctum Officium war, zum wichtigsten Richter. Damit war der Papst nicht nur auf offiziellem Wege über Sallua, sondern auch auf inoffiziellem Wege über seinen Vertrauten Reisach über den Stand des Prozesses und mögliche Gefahren, die sich aus ihm ergeben konnten, bestens informiert. Reisach seinerseits nutzte die unbeschränkte Akteneinsicht, die ihm zustand, zur Weitergabe vertraulicher Informationen an die beiden angeklagten jesuitischen Beichtväter, vor allem an den mit ihm eng verbundenen Giuseppe Peters, der so seine Verteidigungsstrategie wesentlich effizienter gestalten konnte. Denn hinter dem Beichtvater Peters, der in einer Klosterzelle regelmäßige überirdische Begegnungen mit der Novizenmeisterin hatte, steckte niemand anderes als Joseph Kleutgen, Jesuit und römischer Spitzentheologe, der bald als Vater der Neuscholastik gelten sollte.

Als Häretiker verurteilt, vom Papst gebraucht

Am Ende wurden nur vier Angeklagte verurteilt. Die Eminenzen, die ihre Aufsichtspflicht massiv vernachlässigt hatten und eigentlich schuldig waren, ließ der Papst laufen. Reisach und Patrizi kamen ungeschoren davon. Die Äbtissin Maria Veronica wurde zu einem Jahr Klosterhaft verurteilt, wie auch der Beichtvater Giuseppe Leziroli, dem zudem verboten wurde, weiter das Sakrament der Buße zu spenden. Die Novizenmeisterin und falsche Heilige Maria Luisa dagegen wurde zu zwanzig Jahren Haft verurteilt.[11]

Joseph Kleutgen, der unter dem Pseudonym Giuseppe Peters als Beichtvater gewirkt hatte, war zumindest genauso schuldig wie die Novizenmeisterin. Die Liste seiner Vergehen, die dem Urteil zugrunde lag, ist lang und schwerwiegend: Er habe nicht nur an die angemaßte Heiligkeit der Klostergründerin Agnese Firrao und Maria Luisas geglaubt, sondern auch die Himmelsbriefe für bare Münze genommen. Das wurde ihm als gebildetem Theologen besonders negativ angerechnet. Kleutgen sei mehrfach unerlaubt in die Klausur eingedrungen, habe eine unstatthafte sexuelle Beziehung mit Maria Luisa unterhalten und sich mit ihr und einer anderen Pönitentin des Delikts der Verführung im Beichtstuhl schuldig gemacht. Außerdem habe er mehrfach das Beichtgeheimnis gebrochen und damit für einen Priester ein unentschuldbares Sakrileg begangen.

Aus all diesen Vorwürfen zog die Inquisition den Schluss, dass Kleutgen sich der «formalen Häresie» schuldig gemacht habe. Das war die höchste Stufe im Verdammungsarsenal des Heiligen Offiziums für Theologen, die trotz besseren Wissens vom Glauben abgefallen waren. Darauf standen strengste Strafen. Schon der Bruch des Beichtgeheimnisses wäre nach dem üblichen Strafmaß der Inquisition mit mindestens zwölf Jahren Galeerenstrafe zu ahnden gewesen.

Die Kardinäle der Inquisition unter dem Vorsitz von Reisach verurteilten Kleutgen aber nur zu drei Jahren Kerkerhaft. Pius IX. bestätigte in der üblichen Privataudienz am 5. Februar 1862 das Strafmaß der Verurteilten im Wesentlichen. Dabei reduzierte er die zwanzig Jahre Haft für Kleutgens Geliebte Maria Luisa auf achtzehn. Das Urteil gegen den Spitzentheologen selbst wandelte er in zwei Jahre Aufenthalt in einem Haus des Jesuitenordens außerhalb Roms um. Tatsächlich begab sich der Jesuit in ein Erholungsheim seines Ordens nach Galloro am Nemisee. Doch Kleutgen sollte nicht einmal die ganzen zwei Jahre seiner Verbannung in den Albaner Bergen verbringen müssen. Wegen eines wichtigen Dienstes, den er Pius IX. in dieser Zeit leistete, wurde er vom Papst vorzeitig begnadigt. «Merkwürdigerweise», schrieb der Jesuit über die Zeit in Galloro, «haben mich jene nämlichen Kardinäle, die mich *ob formalem haeresim* wenige Tage zuvor verurteilt hatten, nachher gerade so behandelt, als wäre nichts geschehen.»[12] Insbesondere Kardinal Reisach besuchte Kleutgen in den Jahren 1862/63 mehrfach am Lago di Nemi. Offenbar benötigte der Kardinal die theologische Beratung durch den als Häretiker verurteilten Jesuiten dringend.

Als Reisach vom Papst beauftragt worden war, «über eine sehr wichtige Angelegenheit ein theologisches Gutachten zu besorgen», wandte er sich umgehend an ihn, berichtete Kleutgen dem damaligen Rektor des Germanicums, Andreas Steinhuber. Sein ohne Unterschrift anonym abgegebenes Votum habe der Kardinal umgehend Pius IX. und einer anderen hochstehenden kurialen Persönlichkeit gegeben. Beide seien über das Gutachten «höchst erstaunt» gewesen. Auf Nachfrage habe Reisach dann das Geheimnis gelüftet und der Papst habe ihn wegen der Tüchtigkeit, die aus seinem Votum sprach, umgehend begnadigt und ihm erlaubt, von Galloro nach Rom zurückzukehren.

Worum handelte es sich bei dieser «wichtigen Angelegenheit»? Kleutgen war vom März 1862 bis zum Beginn des Jahres 1864 in Galloro. In diesem Zeitraum fallen nur zwei lehramtliche Äußerungen Pius' IX., bezeichnenderweise zu wichtigen deutschen Angelegenheiten, in denen Kleutgen als kompetent gelten konnte: der Brief *Gravissimas inter* vom 11. Dezember 1862 über die «Irrtümer Frohschammers» und ein Jahr später das Breve *Tuas libenter* vom 21. Dezember 1863 im Gefolge der Münchener Gelehrtenversammlung.[13] Da aber Kleutgens Gutachten seine unmittelbare Begnadigung und Rückkehr nach Rom im Januar 1864 zur Folge hatte, kann es sich nur um das Votum zur Münchener Gelehrtenversammlung und die Vorbereitung der päpstlichen Reaktion darauf gehandelt haben.

Auf Einladung des Münchener Kirchenhistorikers Ignaz von Döllinger trafen sich vom 28. September bis zum 1. Oktober 1863 in der Abtei Sankt Bonifaz in München vierundachtzig katholische Gelehrte aus

Deutschland, Österreich und der Schweiz zu einem Kongress.[14] Da es in den vorangegangenen Jahren zu einer immer stärkeren Polarisierung der theologischen Landschaft in sogenannte «Romaner» und «Deutsche» gekommen war und vor allem die ultramontanen Gelehrten ihre liberalen Kollegen immer häufiger bei der Indexkongregation denunziert hatten, sollte auf der Versammlung der Versuch unternommen werden, die Gräben zu überbrücken, Missverständnisse auszuräumen, zumindest aber durch die persönliche Begegnung eine Atmosphäre kollegialen Vertrauens zu schaffen.

Aber Döllingers Eröffnungsansprache geriet zu einer Brandrede, mit der er die neuscholastischen Kollegen brüskierte. In Rom und den romanischen Ländern insgesamt sei die theologische Landschaft «düster und kirchhofartig». Es sei an der Zeit, den «Leuchter der theologischen Wissenschaft» an die deutschen Universitäten weiterzugeben, wo Theologie in einer einmaligen Gründlichkeit betrieben werde. Das «alte von der Scholastik gezimmerte Wohnhaus ist baufällig geworden». Mit Verve trat Döllinger für die Freiheit der theologischen Wissenschaft ein. Der Theologe sei bei seiner Arbeit nur durch ausdrücklich definierte Dogmen eingeschränkt, in allen anderen Fragen würden ausschließlich wissenschaftliche Argumente und nicht autoritäre Entscheidungen Roms zählen. Seinen ultramontanen Kollegen warf der Münchener Kirchenhistoriker vor, den «eigenmächtigen Versuch» zu unternehmen, «Meinungen einer Schule mit der Autorität kirchlicher Doktrin zu bekleiden».[15]

Döllinger und seine Mitstreiter wurden vonseiten der Neuscholastiker, wahrscheinlich durch den Eichstätter Regens Joseph Ernst, der an der Gelehrtenversammlung teilgenommen, sich dort aber zurückgehalten hatte, umgehend beim Münchener Nuntius Gaetano Aloisi Masella denunziert, der die Anzeige direkt nach Rom weiterleitete. Dort beauftragte Pius IX. Reisach mit der Vorbereitung einer Antwort an den Nuntius. Der Kardinal holte «verschiedene Gutachten» zur Gelehrtenversammlung ein, etwa von seinem alten Vertrauensmann in Deutschland, dem Regens des Eichstätter Priesterseminars Joseph Ernst. Er ließ sich aber auch die gedruckten Kongressakten vom Regens des Mainzer Priesterseminars Christoph Moufang schicken, der der Bitte des Kardinals am 27. November 1863 nachkam. Diese Unterlagen übergab Reisach Kleutgen.

Auf dieser Basis erstellte Joseph Kleutgen sein Gutachten, das er bereits Anfang Dezember einreichte.[16] In den acht Seiten umfassenden «Osservazioni» wurden die gedruckten Kongressakten tatsächlich mehrfach in den Fußnoten zitiert; Kleutgen begann sein Votum sogar mit dem Satz: «Nach eingehender Lektüre der *Akten der Versammlung von Theologen* …» Für ihn war völlig klar, dass das römische Lehramt Symposien wie die Münchener Gelehrtenversammlung künftig unbedingt verhindern müsse. Solche Kongresse seien eine beispiellose und gefährliche Neuerung und böten «aufrührerischen, skandalträchtigen, irrigen und häretischen Meinungen» ein gefährliches Forum. Dann brach der Jesuit eine Lanze für das segensreiche Wirken von Inquisition und Indexkongregation im Bereich der römischen Buchzensur. Damit würdigte Kleutgen – zumindest indirekt – auch sein eigenes, aus seiner Sicht äußerst erfolgreiches Wirken als Indexgutachter.

Die These Döllingers, der die Freiheit der katholischen Theologie nur durch ausdrücklich definierte Dogmen beschränkt sah, wies Kleutgen mit allem Nachdruck zurück. Für ihn war die Theologie nicht nur durch feierliche Lehrentscheidungen gebunden, sondern auch durch vielfältige Dekrete des Heiligen Stuhls aller Art, durch Entscheidungen der Römischen Kongregationen und von Provinzialsynoden, sofern sie vom Heiligen Stuhl approbiert wurden, und schließlich durch den einmütigen Konsens der rechtgläubigen Theologen darüber, was zum Bestand der geoffenbarten Wahrheit gehöre und was nicht. Damit trat neben das feierliche Lehramt von Konzilien und Päpsten ein zweites, alltägliches Lehramt.

Abschließend ging Kleutgen ziemlich unmotiviert und dafür umso ausführlicher auf seinen Lieblingsgegner ein, den Münchener Philosophen Jakob Frohschammer, der mit der Gelehrtenversammlung eigentlich nichts zu tun hatte und auch nicht Gegenstand des ursprünglichen Arbeitsauftrages gewesen war. Damit nahm Kleutgen eigenmächtig eine Ausweitung vor, die bei seinem Auftraggeber Reisach gut angekommen sein dürfte und vielleicht auch der eigentliche Grund für die Begeisterung des Papstes über sein Gutachten war, denn ein Jahr zuvor hatte die Indexkongregation Frohschammer und die falsche Freiheit der Philosophie verdammt. Der Münchener hatte sich nicht unterworfen. Jetzt wollten sich auch katholische Theologen ungebührliche Freiheiten herausnehmen. Beides hing für Kleutgen, Reisach und Pius IX. eng zusammen: Das eine war die Konsequenz des anderen.

Die Erfindung des ordentlichen Lehramts

Auch wenn Kleutgens Gutachten nicht die unmittelbare Textvorlage für das Breve *Tuas libenter* war, so finden sich in dem päpstlichen Schreiben doch seine wesentlichen Argumente wieder, denn das Breve führt tatsächlich eine neue Kategorie von kirchlichem Lehramt ein: das sogenannte «magisterium ordinarium».[17] Es geht dabei nach dem fast klassisch zu nennendem Muster römischer Dokumente jener Tage in fünf Schritten vor: Am Anfang steht die Feststellung einer (angeblich) ewigen göttlichen Wahrheit, die zweitens innerhalb oder außerhalb der Kirche – insbesondere von wissenschaftlicher Seite – grundsätzlich infrage gestellt werde. Drittens wird konstatiert, dass vor allem Deutschland ein Hort dieser «falschen», wenn nicht sogar «häretischen» Meinungen sei, weshalb sich der Papst zum entschiedenen Einschreiten gezwungen sieht. Als Legitimation für diese Maßnahmen weist Rom viertens alle Einschränkungen der angegriffenen ewigen Wahrheit zurück und stellt sie als vermeintlichen Teil eines ewig gültigen Traditionsbestandes in vollem Umfang wieder her, während man auf diese Weise fünftens faktisch eine erhebliche Ausweitung der damit verbundenen römischen Kompetenzen vornimmt. *Tuas libenter* argumentierte in genau diesen fünf Schritten.[18]

Erstens: die ewige Wahrheit. Das «authentische Lehramt» der Kirche ist göttlichen Rechts und kommt zuerst dem Papst als Inhaber der «Cathedra der Apostelfürsten» allein zu, dann auch den Bischöfen gemeinsam mit dem Papst, jedoch stets in strikter Unterordnung unter ihn. Die Aufgabe des Lehramtes ist es, die «Einheit und Integrität» der katholischen Glaubenslehre zu bewahren. Ihm ist jeder Katholik zu striktem Gehorsam verpflichtet.

Zweitens: die Infragestellung dieser Wahrheit. In «unseren Tagen» lassen es gerade die Vertreter der «ernsthaften Wissenschaften» – also nicht nur der Theologie, sondern auch der Philosophie – in allzu großem Vertrauen auf die Fähigkeiten des menschlichen Geistes und völliger Überschätzung der «trügerischen» Freiheit des Denkens am notwendigen Gehorsam gegenüber dem Lehramt der Kirche fehlen. Sie postulieren eine überzogene Wissenschaftsfreiheit und stellen die Vernunft über die «Wahrheiten und Geheimnisse unseres heiligsten Glaubens», zu denen nur das kirchliche Lehramt verlässlichen Zugang hat. Diese

Wissenschaftler «ereifern sich und plappern» gegen die Dekrete des Apostolischen Stuhles und «Unserer Kongregationen», die «von Gott selbst als Lehrer und Beschützer der Wahrheit gestiftet» wurden.

Drittens: die deutsche Wissenschaft als Bedrohung von außen. Gerade in Deutschland drohen der Unversehrtheit des katholischen Glaubens derzeit tödliche Gefahren, die den Heiligen Stuhl zum Einschreiten zwingen. Mehrfach sind daher bereits disziplinarische Maßnahmen ergriffen und auch Buchverbote gegen gefährliche Autoren ausgesprochen worden. Nicht nur in der Theologie, sondern auch in den Geisteswissenschaften insgesamt sind durch falsche wissenschaftliche Methoden und irrige philosophische Prinzipien, die den bewährten Grundsätzen der «alten Schule» widersprechen, unerhörte Neuerungen eingeführt worden. Sogar ein Kongress katholischer Gelehrter wurde selbständig und ohne hierarchische Leitung durchgeführt.

Viertens: die angebliche Wiederherstellung der Tradition. Der dem römischen Lehramt gegenüber geforderte Gehorsam bezieht sich nicht nur – wie von den Neuerern behauptet – auf die nach unfehlbarem Urteil der Kirche durch feierliche Beschlüsse von Ökumenischen Konzilien und des Papstes ausdrücklich definierten Dogmen. Und dieser Gehorsam bezieht sich auch nicht nur auf das Feld der Theologie. Vielmehr sind katholische Gelehrte – egal welches Fach sie betreiben – in ihrem Gewissen darüber hinaus verpflichtet, sich auch all dem zu unterwerfen, «was durch das *ordentliche Lehramt* der ganzen über die Erde verstreuten Kirche als von Gott geoffenbart gelehrt und deshalb in allgemeiner und beständiger Übereinstimmung von den katholischen Theologen als zum Glauben gehörend festgehalten wird».

Fünftens: die faktische Ausweitung der römischen Kompetenzen. Zu diesem «ordentlichen Lehramt» gehören nicht nur alle, in welcher Form auch immer abgegebenen Äußerungen der Päpste selbst, sondern – wie *Tuas libenter* ausdrücklich einschärft – auch alle «Entscheidungen» der päpstlichen Kongregationen sowie die «Lehrkapitel», die in «gemeinsamer und beständiger Übereinstimmung der Katholiken als theologische Wahrheiten … festgehalten werden».

Um sein Ziel zu erreichen, seine eigenen Kompetenzen maßgeblich auszuweiten und insbesondere die wissenschaftliche Freiheit in der Theologie und darüber hinaus in anderen Fächern nachdrücklich einzuschränken, betonte Pius IX. in seinem Schreiben, er stehe mit seinen

Forderungen in einer ununterbrochenen Lehrtradition, die bis zu den Anfängen der Kirche zurückreiche, und verlange daher nichts Neues. Nicht der Papst, sondern seine Gegner, die «modernen» Philosophen und Theologen, hätten die bisher unhinterfragte gemeinsame kirchliche Basis verlassen. Sie verträten eine Position, die grundsätzlich neu und bislang absolut ungebräuchlich in der Kirche sei und somit einen Bruch mit der kirchlichen Tradition darstelle.

Tatsächlich verhielt es sich genau andersherum: Der Papst erfand etwas Neues, und seine Gegner stützten sich auf die kirchliche Tradition, denn nur das feierliche «außerordentliche» Lehramt von Papst und Konzilien gehörte zur unumstrittenen Tradition der Kirche, das «ordentliche Lehramt» dagegen war eine Erfindung von *Tuas libenter*. Bis dahin war auch in römischen Dokumenten nie von solch einem doppelten Lehramt die Rede gewesen.

Dieses neue Konzept darf nicht mit der traditionellen Vorstellung von einem doppelten Lehramt gleichgesetzt werden, wie sie Thomas von Aquin in klassischer Weise umschrieben hat.[19] Der Aquinate spricht vom Lehramt der Hirten und dem der Theologen an der Universität. Beim Lehramt der Hirten geht es in erster Linie darum, das Depositum fidei, das überkommene Glaubensgut, zu bezeugen und zu bewahren. Dies geschieht im Sprechakt der Verkündigung. Wahr wird ein Glaubenssatz nicht dadurch, dass die Hirten ihn bezeugen, sie können ihn vielmehr nur deshalb bezeugen, weil er in der Tradition als wahr und von allen geglaubt vorliegt. Die intellektuelle Durchdringung des Glaubens und die aktive Fortentwicklung der kirchlichen Lehre gehörten für Thomas von Aquin jedoch eindeutig in die Kompetenz des Lehramts der Theologen.

Das eigenständige Lehramt der Theologie wurde im Laufe der Zeit immer stärker marginalisiert, während das Lehramt der Hirten immer mehr Kompetenzen an sich zog. Das Lehramt von Papst und Bischöfen wurde zunehmend mit dem lebendigen Lehramt gleichgesetzt. Aus dem zweifachen thomistischen Lehramt von Hirten und Magistern war ein einfaches Lehramt der Hirten und des römischen Oberhirten geworden.[20] Verbindliche Äußerungen zum Bestand des Glaubensgutes konnte das pastorale Lehramt bis dahin aber nur in der Form feierlicher Definitionen erlassen, die in der Regel auf Konzilien erfolgten. Eine Dogmatisierung durch den Papst allein, wie sie 1854 mit der Immaculata

Conceptio stattfand, stellte ebenfalls eine Neuerung des neunzehnten Jahrhunderts dar.

Das doppelte Lehramt von *Tuas libenter* meint nicht mehr das doppelte Lehramt der Hirten und Magister des heiligen Thomas, sondern das auf doppelte Weise, in zwei unterschiedlichen Modi – außerordentlich und ordentlich – ausgeübte pastorale Lehramt des Papstes. Von einem eigenständigen Lehramt der Theologen ist keine Rede mehr. Und auch die Bischöfe treten in den Hintergrund. Der Papst schaltet und waltet autark. Ein- und derselbe Begriff wurde für zwei ganz unterschiedliche Sachverhalte verwendet.

Abrechnung mit alten Feinden

Zu den Gegnern, die der Papst treffen wollte, zählten ohne Zweifel Ignaz von Döllinger und die Vertreter der deutschen Richtung auf der Münchener Gelehrtenversammlung. Sie war der unmittelbare Auslöser.[21] Aber in München war es nur um die Freiheit der Theologie als Glaubenswissenschaft gegangen, nicht um Philosophie und andere Geisteswissenschaften. Auch deren Unabhängigkeit vom römischen Lehramt wurde von dem Breve infrage gestellt. Darum war es in der Causa Frohschammer gegangen, die im Jahr zuvor, 1862, vor der Indexkongregation verhandelt wurde.[22] Gutachter war – wen verwundert es? – Joseph Kleutgen.

Im Fall Frohschammer wurde das ordentliche Lehramt erstmals praktisch durchexerziert, ohne dass es die Lehre oder die Theorie bereits gegeben hätte. Dabei hatte sich der Münchener Philosoph in seinen Ausführungen *Ueber den Ursprung der menschlichen Seelen* eng an die Lehre des heiligen Thomas von Aquin angelehnt, der bei den römischen Neuscholastikern als die unangreifbare Autorität schlechthin galt.[23] Für Thomas von Aquin entstand bei der Entwicklung des menschlichen Embryos erst eine pflanzliche, dann eine tierische und schließlich die menschliche Seele. Bei der Zeugung war demnach noch kein menschliches Wesen vorhanden.

Die unter den Theologen diskutierte Frage war, ob diese sogenannte Sukzessivbeseelung kreatianistisch oder generatianistisch zu denken sei, ob also Gott für jede der drei aufeinanderfolgenden Seelen einen eigenen

Schöpfungsakt setzen müsse oder ob die Sukzessivbeseelung im Fortgang der Entwicklung des Menschen durch das, was er von seinen Eltern
im Zeugungsakt mitbekommen hat, gleichsam «automatisch» erfolge.[24]
Eine generatianistische Position vertrat auch Frohschammer.

Nach einer Vorprüfung durch den Sekretär der Kongregation für die
Buchzensur wurde ein Verfahren eröffnet. Kleutgen als Gutachter
glaubte, mit der Generatianismus-Schrift des Münchener Philosophen
kurzen Prozess machen zu können, wie seine knapp acht Seiten umfassende Zensur zeigt. Dabei stand die Frage Generatianismus oder Kreatianismus gar nicht im Fokus des Interesses des Chefdenkers der römischen Neuscholastik. Ihm ging es vielmehr um die Prinzipienfrage, was
in der Kirche als verbindliche Lehre zu gelten habe und was nicht. Da
der Kreatianismus von der Kirche nie als Glaubenssatz definiert worden
war, konnte Frohschammer legitimerweise für sich in Anspruch nehmen, in diesem Bereich ein Alternativmodell zu vertreten. Deshalb griff
Kleutgen in seinem Votum auf das Konstrukt zurück, spätestens seit
dem siebten Jahrhundert sei es einhellige Lehre von Papst, Bischöfen
und Theologen gewesen, dass der Generatianismus als «einer Häresie
nahekommend», zumindest aber «als irrig und höchst waghalsig» angesehen worden sei. Wegen dieses angeblichen Konsenses in der kirchlichen Lehre müsse Frohschammers Werk verurteilt werden.[25]

Die Argumentation Kleutgens überzeugte weder die Konsultoren der
Indexkongregation in ihrer Versammlung vom 29. November 1855 noch
die Kardinäle am 6. Dezember. Jedenfalls reichte sie für eine Indizierung
Frohschammers und ein Verbot seiner Schrift nicht aus. In einer zweiten
Verfahrensrunde wurden daher zwei weitere Gutachter beauftragt: der
Franziskanerkonventuale Angelo Trullet und der Benediktiner Bernard
Smith.

Kleutgen war zu einer grundsätzlichen Positionierung gezwungen.
Dazu griff er auf Überlegungen zurück, die er in einer früheren Auseinandersetzung mit dem Moral- und Pastoraltheologen Johann Baptist
Hirscher entwickelt hatte.[26] Es sei ein Missverständnis und eine unerhörte Behauptung zu meinen, dass die Kirche nur dann etwas verbindlich zu glauben vorlege, wenn sie als höchste Richterin eine Glaubens-
streitigkeit feierlich entscheide, sprich ihr außerordentliches Lehramt,
etwa auf einem Konzil, ausübe. Vielmehr lege die Kirche auch dann allen
Gläubigen etwas als verbindlich zu glauben vor, wenn sie ihr ordent-

liches Lehramt ausübe. Damit verfüge die Kirche über ein «doppeltes Lehramt»: «Das … ordentliche und immerwährende … [Lehramt] besteht in eben jenem fortdauernden Apostolate der Kirche. Das andere ist außerordentlich, wird nur zu besonderen Zeiten, wenn nämlich Irrlehrer die Kirche beunruhigen, geübt, und ist nicht schlechtweg Lehramt, sondern zugleich Richteramt.»[27]

Was Kleutgen in seiner *Theologie der Vorzeit* bereits Hirscher entgegengehalten hatte, dass nämlich die Denk- und Lehrfreiheit nicht bloß durch das Dogma beschränkt sei, sondern auch durch das ordentliche Lehramt, das wiederholte er nun in seinem Gutachten über Frohschammer. Es dürfe keine «Zügellosigkeit des Meinens und Lehrens in der Kirche» geben bezüglich der Lehren, welche nicht explizit durch das außerordentliche Lehramt als Dogmen definiert worden seien.[28] Der Kreatianismus sei zwar nicht feierlich definiert, er stehe aber fest durch die stete Verkündigung des ordentlichen und dauernden Magisteriums. Dieses komme zuerst dem Papst in all seinen Äußerungen, dann aber auch den über den Erdkreis verstreuten, einmütig gemeinsam mit dem römischen Pontifex lehrenden Bischöfen und schließlich den römischen Kongregationen und allgemein «angesehenen» Theologen zu.[29]

Der zweite Gutachter Angelo Trullet warf Kleutgen daraufhin vor, völlig neue Kriterien und Bewertungsmaßstäbe für die katholische Theologie und kirchliche Buchzensur einzuführen. Hier werde gleichsam ein Gesetz nach dem Verbrechen verabschiedet, das nach bisheriger Rechtslage gar kein Verbrechen gewesen wäre.[30] Ein ordentliches Lehramt kenne die kirchliche Tradition überhaupt nicht, wetterte Trullet. Deshalb könne dieses schon formal gesehen nicht die Grundlage für eine Verurteilung Frohschammers bilden. Und inhaltlich gelte: Da der Kreatianismus nicht feierlich definiert sei, könne man als Theologe ganz selbstverständlich auch generatianistisch argumentieren.

Diese Position setzte sich in der Indexkongregation überraschenderweise nicht durch, weil sich der Drittgutachter Bernard Smith auf die Seite Kleutgens schlug und dessen Argumentation auf Basis des gerade «erfundenen» ordentlichen Lehramts anerkannte, ohne dafür überzeugende Belege aus der Tradition vorlegen zu können. Frohschammers Generatianismus-Schrift wurde am 9. Mai 1857 auf den *Index der verbotenen Bücher* gesetzt, weil sie dem ordentlichen Lehramt widersprach, von dem vorher nie jemand etwas gehört hatte.[31] Nach den bisher geltenden Prinzipien wäre dieses Buch rechtgläubig gewesen und sein Autor hätte sich im Rahmen katholischen Denkens bewegt.

Die Indizierung seines Buches und weitere Demütigungen durch die kirchlichen Autoritäten veranlassten Frohschammer dazu, in zwei programmatischen Schriften das Verhältnis von Vernunft und Gottesglaube, Wissenschaft und kirchlicher Autorität neu zu durchdenken und dabei auch die Praxis der Indexkongregation heftig zu kritisieren. Auch diese Schriften wurden in Rom denunziert und in der Indexkongregation verhandelt. Da Frohschammer darin erneut keine definierte kirchliche Lehre leugnete, erklärte der Konsultor Piotr Semenenko in seinem Gutachten, Frohschammers Theologie sei zwar ungewöhnlich, aber an sich völlig orthodox.[32]

Als die Indexkongregation sich daraufhin weigerte, diese Schriften Frohschammers ebenfalls zu verbieten, wandte Kleutgen erneut ein bereits andernorts erprobtes Verfahren an. Der offizielle Weg wurde verlassen und der informelle eingeschlagen. Über seinen kurialen Vertrauensmann Kardinal August Graf von Reisach, den Intimfeind Döllingers und aller modernen deutschen Theologen, erreichte er, dass die eigentlich zuständige Kongregation kaltgestellt wurde und Papst Pius IX. persönlich die Lehren Frohschammers durch das Breve *Gravissimas inter* vom 11. Dezember 1862 feierlich verurteilte.[33]

Die erstmalige lehramtliche Formulierung des ordentlichen Lehramts in *Tuas libenter* hätte kaum eine derartige Wirkungsgeschichte entwickeln können, wenn es bei dieser einmaligen Erwähnung 1863 geblieben wäre. Das Konzept des doppelten Lehramtes sollte aber wenige Jahre später auf dem Ersten Vatikanischen Konzil in der Konstitution *Dei filius* zum Dogma erhoben werden. Damit wurde die Erfindung eines Theologen, der wegen formaler Häresie verurteilt war, zum Glaubenssatz erklärt. Und schon ein Jahr nach dem Breve *Tuas libenter* und sechs Jahre vor der Dogmatisierung wurde das Konzept des ordentlichen Lehramts im *Syllabus errorum* praktisch angewandt.

Zweiter Akt: Der 8. Dezember 1864

Der 8. Dezember des Jahres 1864 fiel auf einen Donnerstag. Neben den üblichen Messen zum Hochfest der Unbefleckten Empfängnis Mariens im Petersdom und den anderen Kirchen der Stadt war in Rom nichts Besonderes los. Anders als ein Jahrzehnt zuvor bei der feierlichen Proklamation des neuen Dogmas, deren gekonnte Inszenierung die Massen angezogen und sogar gestandene Bischöfe und Kardinäle fasziniert hatte, erregte kein außergewöhnliches Ereignis öffentliche Aufmerksamkeit.

Dabei vollendete Pius IX. an eben jenem 8. Dezember 1864, was er mit der Dogmatisierung der Immaculata Conceptio ein Jahrzehnt zuvor begonnen hatte. Zunächst hatte er in einem positiven Akt seines Lehramts die Gottesmutter als Garantin der althergebrachten Ordnung theologisch hoch geehrt, jetzt zog er in einem Akt seines «negativen Lehramts» die Konsequenzen aus dem neuen Dogma und verdammte in seinem berühmt-berüchtigten *Syllabus errorum*, einem «Verzeichnis der Irrtümer», alle Feinde der traditionellen Ordnung, die nur durch die Jungfrau Maria geschützt werden könne und für die gesamte katholische Kirche verbindlich sei.[34]

Der unmittelbare Bezug des *Syllabus* von 1864 auf das Mariendogma von 1854 wurde schon durch das Datum hergestellt: Beide traten am 8. Dezember in Kraft. Beide Male ging es um den Kampf gegen die Moderne, die Pius IX. als ernste Bedrohung für den Bestand der Kirche ansah. «Wie die von jedem Makel der Sünde freie Immaculata, Urbild und Vorbild der Kirche, über Versuchung und Satan siegte, so sollten Kirche und Katholiken die verführende Vernunft und verlockende Freiheit abweisen und die Revolution besiegen.»[35] Das Dogma von der Unbefleckten Empfängnis Mariens war die theologische Grundlage für die kirchenpolitischen Bannstrahlen des *Syllabus*.

Ursprünglich hatte man sogar beabsichtigt, den *Syllabus* zusammen mit dem Dogma von der Unbefleckten Empfängnis zu publizieren. Da die Meinungen über den *Syllabus* in der Kurie jedoch zu weit auseinandergingen, wurde zunächst nur das Mariendogma publiziert. Die Jesuitenzeitschrift *Civiltà Cattolica* stellte jedoch klar, durch die Dogmatisierung der Unbefleckten Empfängnis sei «das Prinzip der Autorität in der Gesellschaft wiederhergestellt» worden, da damit das Verdammungs-

*Pius IX. im Kreis der Päpstlichen Kammerherren, die seinen Alltag orga-
nisierten.*

urteil gegen das «angebliche Recht der Volkssouveränität» ausgesprochen
worden sei.[36]

Angesichts der immer größer werdenden Bedrohung des Kirchenstaats durch die italienische Einigungsbewegung verwundert es nicht,
dass Pius IX. die für ihn gefährliche moderne Kultur und ihre Werte in
einer großen Aktion ein für alle Mal als mit dem wahren Katholizismus
unvereinbar verurteilte.[37] 1848 von der römischen Revolution ins Exil getrieben, war seine Rückkehr nach Rom 1850 nur unter dem Schutz französischer Truppen möglich gewesen. Die Aufstände im Jahr 1859 in der
Emilia Romagna und vor allem in den Marken, zu denen die Heimatstadt des Papstes Senigallia gehörte, gaben der sich eher lustlos hin-
ziehenden *Syllabus*-Causa einen neuen Impuls. Es entstand im Heiligen

Offizium eine erste, neunundsiebzig Thesen umfassende Irrtumsliste.[38]
Als sich seit 1860 immer größere Teile des Kirchenstaats dem neuen
italienischen Königreich anschlossen, stand die weltliche Herrschaft der
Päpste grundsätzlich zur Disposition. Schon in den Voten zur Vorbereitung des Dogmas der Unbefleckten Empfängnis Mariens war wiederholt
die Hoffnung geäußert worden, infolge dieser Dogmatisierung werde die
Gottesmutter eingreifen, um die weltliche Herrschaft des Papstes gegen
revolutionäre Umtriebe zu sichern. An diese übernatürliche Lösung
klammerte sich auch Pius IX. immer mehr.

In dieser Situation erhielt der Papst unerwartete Schützenhilfe aus
Frankreich. Der Bischof von Perpignan, Olympe-Philippe Gerbet, ver-
öffentlichte am 23. Juli 1860 einen Hirtenbrief, dem eine Liste mit fünfundachtzig der katholischen Lehre widersprechenden Thesen beige-
geben war. Pius IX. war begeistert. Die klare Verurteilung einzelner
Irrtümer oder Sätze lag ihm wesentlich mehr als tiefschürfende theologische Gesamtansichten oder eine detaillierte Prinzipienanalyse. Deshalb wurde die kuriale Fassung der neunundsiebzig Sätze fallengelassen.
Die Mehrheit der Kardinäle lehnte jedoch auch die neue Fassung des
Heiligen Offiziums als ungenügend ab. Trotzdem wollte Pius IX. unbedingt eine auf einundsechzig Sätze gekürzte Irrtumsliste publizieren. Als
diese der liberalen Presse zugespielt wurde und sich ein Sturm der
Entrüstung erhob, konnte der Papst von den gemäßigten Beratern und
politisch Denkenden in seinem Umfeld gerade noch von einer Veröffentlichung abgehalten werden. Vier Ereignisse des Jahres 1863/1864 bildeten dann die sprichwörtlichen Tropfen, die das Fass zum Überlaufen
brachten.

Im Juni 1863 erschien das Buch *La Vie de Jésus* von Ernest Renan.[39] In
diesem viel gelesenen Werk stellte der französische Religionswissen-
schaftler den Lesern einen verklärten Jesus vor, den er als großen Men-
schenfreund mit hehren moralischen Idealen zeichnet. Dem kirchlichen
Dogma widersprechend, war Jesus von Nazareth für Renan nur ein
Mensch und nicht Gottes Sohn. Die Wunder Jesu wurden geleugnet und
allenfalls «natürlich» erklärt. Renans *Leben Jesu* versuchte, die Ergebnisse
der evangelischen historisch-kritischen Bibelexegese für weite Kreise zu
popularisieren. Die Zielrichtung gegen dieses Buch ist in den ersten sieben verdammten Sätzen des *Syllabus* noch zu erkennen. Renans Werk
landete am 24. August 1863 auf dem *Index der verbotenen Bücher*.[40]

Einen zweiten Auslöser bildeten die Reden, die Charles de Montalembert im August 1863 auf dem Mechelner Katholikenkongress hielt.
Sie erschienen unter dem bezeichnenden Titel *L'Église libre dans l'État
libre* und bekannten sich zu den in der belgischen Verfassung von 1831
proklamierten liberalen Prinzipien, die die Freiheit der Religion schütz-
ten.[41] Freiheit entsprach für Montalembert grundsätzlich dem Wesen des
Christentums. Die Zukunft der modernen Gesellschaft hing für ihn
davon ab, den Katholizismus mit der Demokratie zu versöhnen. Ultramontane Katholiken publizierten umgehend eine Gegenschrift unter
dem sprechenden Titel *L'erreur libre dans l'état libre* und denunzierten
das Werk in Rom. Sie verlangten nachdrücklich eine Verurteilung dieses
falschen katholischen Liberalismus. Tatsächlich wurde Montalemberts
Schrift im Heiligen Offizium verhandelt. Man konnte sich aber nicht zu
einer Indizierung durchringen – vielleicht, weil inzwischen der *Syllabus*
erschienen war und man das Werk dadurch als verurteilt ansah.[42]

Neben den französischen und belgischen Ursachen kam in Deutschland mit der Münchener Gelehrtenversammlung vom September 1863
und der berühmten Rede Döllingers ein dritter Auslöser für den *Syllabus*
hinzu. Pius IX. hatte die Position des Münchener Kirchenhistorikers
bereits verurteilt, was ihm aber offenbar noch nicht genügte. Er wollte
den Liberalen und ihrer Theologie insgesamt einen Bannstrahl ent-
gegenschleudern.

Dazu kam viertens im September 1864 eine handfeste politische Bedrohung. In einem Abkommen mit Italien sagte Frankreich den Abzug
seiner Truppen aus dem Kirchenstaat binnen zweier Jahre zu, wodurch
der Papst dem italienischen Militär völlig schutzlos ausgeliefert gewesen
wäre. Das Ende der weltlichen Herrschaft des Papstes stand damit unmittelbar vor der Tür.[43]

Auf den ersten Blick unterschrieb der Papst am Hochfest der Gottesmutter nur eine weitere seiner zahlreichen Enzykliken. Es waren in zweiunddreißig Pontifikatsjahren immerhin schon dreiundvierzig. Diesen
Akt bekamen die Gläubigen unmittelbar überhaupt nicht mit, weil die
päpstliche Unterschrift nicht öffentlich inszeniert wurde. Auch ein offi-
zielles Publikationsorgan für päpstliche Schreiben und Erlasse existierte
damals noch nicht. Das päpstliche Amtsblatt, die *Acta Sanctae Sedis*,
wurde erst im folgenden Jahr gegründet, und überraschenderweise
brachte erst der dritte Jahrgang von 1867/68 den authentischen Text der

Enzyklika.[44] Die Gläubigen und die interessierte Öffentlichkeit waren auf private Nachdrucke des Textes in katholischen Zeitschriften und Zeitungen angewiesen. So erschien die Enzyklika in Deutschland 1865 im Frühjahrsheft der Zeitschrift *Der Katholik* – natürlich in lateinischer Sprache.[45]

Voll größter Sorge: Klagelied über die moderne Zeit

Die Enzyklika mit dem sprechenden Titel *Quanta cura* – voll größter Sorge – hatte es wirklich in sich. Sie wurde aber bald von ihrem Anhang, einer Liste von achtzig als irrig verurteilten Sätzen, dem *Syllabus errorum*, vollständig in den Schatten gestellt. In beiden Texten geht es um eine grundsätzliche Verdammung der Moderne und der sie tragenden liberalen Ideen. Eine systematische Gesamtanalyse des Liberalismus und eine konstruktive Auseinandersetzung mit seinen Grundprinzipien finden jedoch nicht statt. Pius IX. entfaltete die Lehre der Kirche nicht positiv, sondern verurteilte aus seiner Sicht falsche und gefährliche Aussagen seiner Gegner, also der Anhänger des modernen Zeitgeistes, die eher unsystematisch aneinandergereiht wurden. Der gläubige Katholik erfuhr vom Papst nicht, was richtig war und was er zu glauben hatte, sondern nur, was er als falsch anzusehen hatte. Der Papst sagte den Gläubigen nicht, was sie tun sollten, sondern nur, was sie auf keinen Fall tun durften.

Die Enzyklika *Quanta cura* stimmt ein einziges Klagelied über die moderne Zeit und ihren Unglauben an. Pius IX. sah sich wie seine Vorgänger gezwungen, die ihm anvertraute Herde Christi «mit heilsamer Lehre zu tränken, von vergifteten Weideplätzen fernzuhalten», «alle Ketzereien und Irrtümer aufzudecken und zu verwerfen» und «mit apostolischem Starkmut den verbrecherischen Unternehmungen ungerechter Menschen entgegenzutreten». Die falschen Propheten der Moderne könnten vor allem für «die noch unvorsichtige und unerfahrene Jugend» gefährlich werden. Mit ihren «verderblichen Schriften» suchten sie die jungen Katholiken vom rechten Weg, von Anstand und Sitte abzubringen und schließlich «vom Hort der katholischen Kirche» loszureißen.

Die Versuchungen der Moderne verhießen zwar Freiheit, führten aber zu nichts anderem als der Sklaverei des Verderbens. Das hatte für den Papst das «schreckliche Ungewitter» der Revolution von 1848 eindeutig gezeigt. Die Todsünde der «Liberalen» war für den Papst jedoch ihr Versuch, «jene heilsame Kraft zu behindern und aus der Welt zu schaffen, welche die katholische Kirche nach dem Gesetz und Auftrag ihres göttlichen Gründers bis zum Ende der Zeiten frei zur Auswirkung bringen soll» – der katholischen Kirche ein enges Korsett an Wirkungsmöglichkeiten aufzuerlegen und sie in ihre eigene Sphäre zurückzudrängen.

Nach dieser Einleitung zählt die Enzyklika sechzehn der verabscheuungswürdigsten, «entsetzlichen Meinungen» auf, die vom Papst allesamt feierlich verworfen werden. Unter diesen Irrtümern finden sich: die moderne säkulare Rechtsdoktrin, nach der Gesellschaft und Staat religionsneutral verfasst sein müssten; die Forderung nach einem staatlichen Unterrichtsmonopol verbunden mit dem Verbot kirchlicher Schulaufsicht; die sozialistische beziehungsweise kommunistische Verstaatlichung und Entkirchlichung von Ehe und Familie; die Absicht, die Kirche ganz auf den geistlichen Bereich zu beschränken und ihren Verordnungen und Strafen keine staatlich-öffentliche Wirkung mehr zuzubilligen.

Am meisten öffentliches Aufsehen erregte der dritte verurteilte Satz, den Pius IX. als «diliramentum», als «Wahnwitz», brandmarkte: «Die Freiheit des Gewissens und des Kultus ist das eigene Recht eines jeden Menschen, ein Recht, welches durch das Gesetz in jedem wohlkonstituierten Staate verkündigt und geschützt werden muss, und dass die Bürger das Recht besitzen, mit einer gänzlichen, weder durch die geistliche noch durch die bürgerliche Autorität zu beschränkenden Freiheit ihre Ansichten, welche sie auch seien, durch die Presse, oder durch andere Mittel kundzugeben und zu erklären.» Damit waren von der römischen Kirche Gewissens-, Meinungs- und Pressefreiheit unzweideutig verurteilt.

Wie sollten Katholiken, die in Staaten lebten, deren Verfassungen auf ebendiesen Grundrechten basierten, mit einem solchen päpstlichen Bannspruch umgehen? Konnten sie gute Katholiken und loyale Staatsbürger zugleich sein? Hier tun sich Abgründe auf, in welche die Enzyklika treue Katholiken stürzte. Dass überdies der Grundsatz der Volkssouveränität verworfen wurde, braucht nicht zu verwundern. Die Enzyklika schloss mit einer Beschwörung des Gottesgnadentums und einem Appell an die Fürsten, die Kirche gegen die modernen Irrtümer zu schützen. Sonst würden sie sich selbst die Grundlage ihrer Herrschaft entziehen.

Achtzig Sätze: Die Irrtümer unserer Zeit

An die Enzyklika war eine Liste mit achtzig irrigen Sätzen angehängt: der eigentliche *Syllabus errorum*.[46] Dieser Katalog der Zeitirrtümer brachte im Grunde nichts Neues. Vielmehr wurden aus zweiunddreißig Verlautbarungen Pius' IX. aus der Zeit von 1846 bis 1864 die dort bereits aus konkreten Anlässen verdammten Thesen zusammengestellt. In dieser geballten Form allerdings waren die Moderne und ihre Prinzipien von der katholischen Kirche noch nie verdammt worden.

Die Zeitirrtümer waren in zehn Paragraphen unterteilt:
1. Irrtümer über Pantheismus, Naturalismus und unbedingten Rationalismus
2. Irrtümer über gemäßigten Rationalismus
3. Irrtümer über Indifferentismus und eine falsche Toleranz[47]
4. Irrtümer über Sozialismus, Kommunismus, geheime, biblische und klerikal-liberale Gesellschaften
5. Irrtümer über die Kirche und ihre Rechte
6. Irrtümer über die bürgerliche Gesellschaft an sich und in ihren Beziehungen zur Kirche
7. Irrtümer über die natürliche und christliche Moral
8. Irrtümer über die christliche Ehe
9. Irrtümer über die weltliche Obergewalt des römischen Bischofs
10. Irrtümer, die sich auf den heutigen Liberalismus beziehen

Im ersten Paragraphen werden sieben Sätze verworfen, die die Substanz des christlichen Glaubens infrage stellen. Hier konnte sich Pius IX. großer Zustimmung sicher sein. Welcher Katholik musste nicht solche Behauptungen ganz selbstverständlich zurückweisen wie: «Es existiert kein höchstes, weisestes und vorhersehendes göttliches Wesen, das von diesem All der Dinge unterschieden ist» (Satz 1) oder «Der Glaube an

Christus widerspricht der menschlichen Vernunft» (Satz 6) oder in der Heiligen Schrift würden «Märchen von Dichtern» überliefert und Jesus Christus selbst sei «eine mystische Erdichtung» (Satz 7)?

Anders verhält es sich im zweiten Paragraphen, der sich mit dem gemäßigten Rationalismus auseinandersetzt. Hier wird etwa der Satz verworfen: «Die Dekrete des Apostolischen Stuhles und der römischen Kongregationen behindern den freien Fortschritt der Wissenschaft» (Satz 12). Dieser Satz wurde von einer Vielzahl durchaus rechtgläubiger katholischer Theologen des neunzehnten Jahrhunderts vertreten.

Beim Themenblock Indifferentismus, also der Gleichgültigkeit gegenüber religiösen und sittlichen Vorstellungen, dem dritten Paragraphen des *Syllabus*, gingen die Meinungen noch weiter auseinander. Der Ablehnung der Religionsfreiheit in Satz 15 und der Verurteilung der Behauptung, der Protestantismus sei nichts anderes «als eine unterschiedliche Form derselben wahren christlichen Religion», in Satz 18 stimmten Katholiken in großer Zahl zu, Liberale hingegen mussten die Bannung dieser Sätze zurückweisen.

Während der Papst bei der Verurteilung von Sozialismus und Kommunismus auf breite Zustimmung im katholischen Lager stieß, gingen die Meinungen zu den zahllosen Sätzen, die die Autonomie der katholischen Kirche gegenüber dem Staat infrage stellten, weit auseinander. So stieß die von Pius IX. geforderte Immunität von Klerikern, die nicht vor ein staatliches Gericht gestellt werden durften, auf ein geteiltes Echo.

Das Verhältnis von Staat und Kirche war überhaupt ein zentrales Thema des *Syllabus*. Nach der Französischen Revolution war die Zeit der katholischen Konfessionsstaaten endgültig vorbei, was Pius IX. einfach nicht akzeptieren wollte. Für ihn gründete der Staat in der Kirche und das Recht im Naturrecht. Daher verwarf er den Satz: «Die Staatsverfassung verfügt als Ursprung und Quelle aller Rechte über ein Recht, das von keinen Grenzen eingeschränkt ist» (Satz 39). Mit diesem Satz war auch die Zuständigkeit der Kirche für die Knotenpunkte menschlicher Existenz – Geburt, Hochzeit und Tod – grundsätzlich infrage gestellt, was der Papst ebenfalls verdammte (Satz 74).

Besonderes Interesse verdienen die im zehnten Paragraphen verurteilten Sätze, die sich auf den damaligen Liberalismus bezogen. Die vier Irrtümer lauten:

Satz 77: «In dieser unserer Zeit ist es nicht weiter dienlich, die katholische Religion als die einzige Staatsreligion zu haben und alle übrigen Formen der Gottesverehrung auszuschließen.»

Satz 78: «Daher wurde in bestimmten Gebieten katholischen Namens lobenswerterweise gesetzlich Vorsorge getroffen, dass es Menschen, die dorthin einwandern, erlaubt sei, ihren eigenen jeweiligen Kult öffentlich auszuüben.»

Satz 79: «Es ist nämlich falsch, dass die bürgerliche Freiheit, für jeden Kult und desgleichen die allen zugestandene volle Vollmacht, alle beliebigen Meinungen und Gedanken in aller Öffentlichkeit kundzutun, dazu beitrage, die Sitten und Herzen der Völker leicht zu verderben und die Pest des Indifferentismus zu verbreiten.»

Satz 80: «Der Römische Bischof kann und soll sich mit dem Fortschritt, mit dem Liberalismus und mit der modernen Kultur versöhnen und anfreunden.»

Vor allem die Verdammung dieses letzten Satzes bringt die Intentionen des *Syllabus* treffend auf den Punkt. Katholizismus und Moderne, Papsttum und Liberalismus sind definitiv nicht miteinander vereinbar. Wer für Gewissensfreiheit, Meinungsfreiheit, Pressefreiheit, Volkssouveränität, eine demokratische Staatsform und Religionsfreiheit eintritt, kann nicht katholisch sein. Der *Syllabus* macht keinen Unterschied zwischen zentralen Glaubensfragen und politischen und gesellschaftlichen Fragen, die dem kirchlichen Lehramt nicht unterstehen.[48] Angriffe auf zentrale Dogmen des christlichen Glaubens, Ablehnung des Gottesgnadentums als einzig legitimer Staatsform und Bekämpfung von Pressezensur werden wie Kraut und Rüben durcheinandergeworfen, so als ob sie in der Hierarchie der Glaubenswahrheiten auf einer Stufe stünden.

Ein Weltereignis von nicht zu berechnender Bedeutung

Die Dogmatisierung der Immaculata Conceptio war innerhalb der Kirche äußerst positiv aufgenommen worden, und außerhalb der Kirche war es nach dem 8. Dezember 1854 kaum zu Diskussionen über das neue Dogma gekommen. Das war mit dem *Syllabus* genau umgekehrt. Der Akt der Unterzeichnung der Enzyklika selbst ging weitgehend unter,

man konnte ihn eben nicht liturgisch inszenieren. Seine Publikation
schlug aber ein wie eine Bombe. Als seine Inhalte in der Öffentlichkeit
bekannt wurden, kam es zu einem wahren Sturm im Blätterwald. Wohl
kaum ein päpstliches Dokument wurde derart kontrovers diskutiert wie
die Enzyklika *Quanta cura* mit dem *Syllabus errorum*. Allerdings waren
die Reaktionen im deutschsprachigen Bereich besonders heftig. In Italien nahmen Anhänger des Risorgimento den *Syllabus* eher als politischen Angriff auf die italienische Einigung denn als allgemein lehramt-
liches Dokument wahr. Die belgischen Katholiken und Liberalen hielten
den Ball flach und wollten die Einheit ihres noch jungen Staats nicht gefährden. In Frankreich dauerten die Kontroversen nur wenige Wochen,
bis führende Katholiken wie Félix-Antoine Dupanloup und Henri-Louis
Charles Maret dafür sorgten, dass eine abgeschwächte Interpretation des
Syllabus sich in der öffentlichen Meinung durchsetzte.[49]

«Ein armer, wehrloser Greis, in seiner Wohnung selbst bewacht wie
ein Gefangener, schon hundert Mal als Toter ausgerufen, erhebt sich auf
dem Sitze Petri, um in das Chaos der modernen Verwirrung Worte der
Orientierung und Ordnung hineinzurufen für alle … Dieses Wort des
Papstes ist eine Tat, deren ungeheure Bedeutung sich zur Stunde gar
nicht berechnen lässt; es dringt tiefer, als die Feinde sich gestehen möch-
ten; es dringt in das aufwachende Gewissen des katholischen Volkes.»[50]
So kommentierten die *Tiroler Stimmen*.

Die Kirchenzeitung *Der christliche Pilger* rühmte die mutige, zeitge-
mäße Tat des «Heldengreises im Vatikan» in Versform:

> Die Kirche spricht – und nimmer
> Hat Lügengeist Gewalt,
> Es fällt der eitle Schimmer
> Des Trugs vor Goldgehalt.
> Und leichter atmen wieder,
> die kämpfen im Gewühl
> Des Streites, Christi Glieder
> Ergreift ein Hochgefühl.
> Es jubiliert die Wahrheit,
> Es freuet sich das Recht,
> Es steht in voller Klarheit,
> was Recht ist und was schlecht.
> So dank nun Gottes Gnaden,

Dass Katholik du bist.
Verhüt' der Seele Schaden!
Gelobt sei Jesus Christ![51]

Dagegen bezeichneten die *Münchener Neuesten Nachrichten aus dem Gebiet der Politik*, das Organ der freisinnigen Partei in Bayern, in einer ihrer ersten Nummern des Jahres 1865 die päpstlichen Äußerungen als «Fehdehandschuh an den modernen Staat und die moderne Gesellschaft».[52] «Die ganze Welt soll, so will es die Enzyklika, um fünf Jahrhunderte zurückversetzt werden; die moderne Staatsgesellschaft ist Teufelsspuk, es gibt in geistlichen und weltlichen Dingen nur *eine* Autorität, die *päpstliche*, und *ihr* sollen Fürsten und Völker untertan sein. Es gibt, so ruft man euch von Rom aus im neunzehnten Jahrhundert zu, keine Freiheit der Kultur und des Gewissens, verpönt ist jede Kundgebung des Volkswillens oder der öffentlichen Meinung.»[53] Es liegen Welten zwischen den Urteilen von katholischer und liberaler Seite, doch hinsichtlich der Grundintention des *Syllabus* waren sich das katholische Blatt und die liberale Zeitung völlig einig: Für beide waren durch diese päpstliche Verlautbarung Katholizismus und Moderne, katholische Kirche und neuzeitliche Kultur ein für alle Mal für unvereinbar erklärt worden.

Für die liberale Presse verabschiedete die katholische Kirche sich endgültig aus der Gegenwart und flüchtete ins Mittelalter zurück. «Ein solcher Schlag dem Jahrhundert ins Gesicht gegeben ist unerhört», formulierte die *Allgemeine Zeitung*.[54] Auch die *Wochenschrift des Nationalvereins* kam zu einem vernichtenden Ergebnis: «Was den edelsten Völkern für ein sittliches Heiligtum gilt, das wird in dem päpstlichen Rundschreiben vom 8. Dezember Pestilenz und Wahnsinn genannt; und Gedanken, welche den Stolz des Jahrhunderts ausmachen, stammen nach römischer Auffassung aus dem Geiste des Satans. Kaum einer und der andere unter den achtzig Sätzen, die vom Vatikan herab als Glaubensartikel verkündet werden, der nicht mit dem Wissen und dem Gewissen der Zeit ... im schreienden Widerspruche stände!»[55]

Auch für satirische Blätter wie den Berliner *Kladderadatsch* war der *Syllabus* ein gefundenes Fressen. In einer Persiflage unter dem Titel «Encyclopaedia, d. i. Encyklika wider die abscheulichen Irrtümer der Philosophen, Astronomen, Geo-, Philo-, Theo-, Zoo-, Minera-, Historio-, Kosmologen des neunzehnten Jahrhunderts» ließ man «Pio Nono» gegen die modernen Irrlehrer donnern: «Ihr Zungendreher und leeren Wäscher, ihr Frevel-Schwätzer und Schwefelketzer, genährt in Satans Refektorium, die ihr zu unserm Sturz euch einigt, und die nicht Seife noch Purgatorium von ihren schwarzen Lastern reinigt, ihr sollt im Pfuhl der Sünde ersaufen und braten auf wildem Scheiterhaufen, und euer Schmerzensgeschrei ersticke die Flamm' – in majorem Dei gloriam.»[56] Als die feudalkonservative evangelische *Preußische Kreuzzeitung* dem Papst für seinen Mut, den Umtrieben der Zeit entgegenzutreten, und die Hochschätzung des monarchischen Prinzips dankte, kommentierte der *Kladderradatsch*: «Sie stehn zu Rom, moralisch und politisch; / Sie führen nur den Namen Protestanten; / Von Herzen sind sie stets – gut jesuitisch.»[57]

Katholische Blätter reagierten im Allgemeinen mit einer gewissen Verzögerung von etwa drei Monaten auf das Erscheinen des *Syllabus*. Zumeist setzten sie sich weniger mit seinem Inhalt auseinander als vielmehr mit der heftigen liberalen Polemik gegen ihn. Allerdings ging es in den Stellungnahmen der strengkirchlichen Publizistik nicht nur um eine Auseinandersetzung mit den politischen Liberalen, sondern auch um die Abgrenzung von den lauen liberalen Katholiken, die sich um eine bewusste Versöhnung von katholischer Kirche und moderner Kultur bemühten. So rieb sich Constantin von Schäzler, ein ultramontaner Neuscholastiker, vergnügt die Hände, als er im Januar 1865 schrieb, mit dem Erscheinen des *Syllabus* seien «unsere liberalen Katholiken … ein für alle Mal aufs Haupt geschlagen».[58]

Schäzler hatte recht: Liberale Katholiken fühlten sich durch die Enzyklika in ihrem Bemühen, den Katholizismus in die neuzeitliche Gesellschaft, Kultur und Wissenschaft zu integrieren, um Jahrzehnte zurückgeworfen. Als Beispiel für viele sei hier nur der Freiburger Kirchenhistoriker Franz Xaver Kraus angeführt, der seinem Tagebuch am 1. Januar 1865 anvertraute: «Ich brauche kaum zu sagen, wie unendlich wehmütig und traurig mich diese Enzyklika gemacht hat, … sie ist zum Teil gegen alle diejenigen gerichtet, die seit einem halben Jahrhundert die moderne Welt mit der Kirche zu versöhnen strebten, … gegen alle, die an die Möglichkeit glaubten, das Europa des 19. Jahrhunderts könne wieder sich aussöhnen mit Rom. Die Enzyklika ist … ein Sieg der reaktionären, neuscholastischen Partei, aber ein Sieg, von dem man sagen wird: ‹Noch so ein Sieg, so ist alles verloren.› Die Feinde der Kirche triumphieren über diese Zensur; denn sie haben nun, was sie wollten: den Beweis, dass die katholische Kirche der Todfeind der *Freiheit, der Wissenschaft und des Fortschritts* ist.»[59]

Der Enttäuschung und Depression der liberalen Katholiken setzten die Ultramontanen Schadenfreude und Selbstbewusstsein entgegen, wie die einschlägigen Artikel in den beiden wichtigsten damaligen katholischen Zeitschriften zeigen. Josef Edmund Jörg sprach in den *Historisch-Politischen Blättern* sogar von einem «Wendepunkt der Weltgeschichte», den der «colossale Hirtenbrief» Pius' IX. markiere. Es handele sich um «ein prophetisches Wort ... zur rechten Zeit»: «Die Siegeslaufbahn der modernen Idee war nicht schon, wie ihre Herolde glaubten, vollendet, sondern der Kampf geht erst an. Das ist die Wahrheit. Die Kirche sammelt ihre Scharen zur apokalyptischen Schlacht, und es war höchste Zeit dazu.»[60]

In ähnlich «endzeitlicher» Weise argumentierte auch der in Mainz erscheinende *Katholik*: Die europäische Gesellschaft werde von einer schleichenden, trügerischen Krankheit heimgesucht, die ihre letzte Ursache in Revolution und napoleonischem Imperialismus habe. «Die Enzyklika bildet einen wunderbaren Kontrast zu dem verworrenen Dunkel, in dem sie unsere Gegenwart getroffen hat, und gerade dieser Kontrast ist es, welcher ihr eine so ganz ungewöhnliche Bedeutung gibt.»[61] Mit dem *Syllabus* sei die apokalyptische Posaune erschollen und zur Scheidung von Licht und Dunkel, von Erlösten und Verdammten aufgerufen. «Der Heldengreis im Vatikan hat dem ihn fragenden Jahrhundert, dem er das Gepräge seines Geistes aufdrückt, in der Enzyklika eine Antwort gegeben, welche seine Kinder mit Kraft erfüllt, die uns als Leitstern Gottes dient ... Nie erschien uns Pius IX. gewaltiger als jetzt nach ... diesem Weltereignis von nicht zu berechnender Bedeutung. Sie ist wohl das einschneidendste Aktenstück im Zeitalter der Revolution, und jeder Streiter der Kirche Gottes weiß nun, nach welchen Prinzipien er die Irrtümer und Verderbnisse dieses Zeitalters zu bekämpfen hat.»[62]

Die Kurie wurde von der Heftigkeit der Reaktionen überrascht und versuchte, den Schaden durch Herunterspielen der Bedeutung des *Syllabus* zu begrenzen. Zwei Fragen stellten sich: Wie verbindlich waren die Enzyklika *Quanta cura* und der *Syllabus errorum*? Und hatte der Papst die Werte der Moderne grundsätzlich und ein für alle Mal verworfen oder lediglich ihre gegenwärtigen praktischen Umsetzungen?

Bei der Beantwortung beider Fragen engagierten sich vor allem die deutschen Jesuiten und ihre Schüler. Die Gründung der *Stimmen aus Maria Laach*, des Vorgängerorgans der bekannten *Stimmen der Zeit*, zur Verteidigung des *Syllabus* steht in diesem Zusammenhang. Florian Rieß und Gerhard Schneeman taten sich hier hervor, aber auch Clemens Schrader und Louis Veuillot. Für sie war der *Syllabus* eine «Äußerung des unfehlbaren Lehramts des Papstes».[63] Für Rieß handelte es sich sogar um eine Ex-Cathedra-Entscheidung, da der Papst nicht als Privatperson, sondern als Statthalter Christi gesprochen habe. Daher verpflichte die Enzyklika «die Mitglieder der Kirche zum Gehorsam.»[64] Auch die Beantwortung der zweiten Frage fällt in den *Stimmen aus Maria Laach* eindeutig aus: Pius hat das, «was man den Geist der Neuzeit, die moderne Gesellschaft, die modernen Ideen und Errungenschaften nennt», grundsätzlich als unkatholisch verurteilt. «Sein Urteil lautet auf schuldig: schuldig des Irrtums, der Abweichung von der Wahrheit … und vom Wege der Seligkeit, schuldig der Feindseligkeit gegen die Kirche, ja gegen die menschliche Gesellschaft selber.»[65] Ein liberaler Katholik sei fortan ein «Unding».[66]

Der *Syllabus* als unfehlbare Äußerung des päpstlichen Lehramtes, durch den die Unvereinbarkeit von Katholizismus und Moderne zum Dogma erhoben worden wäre, hätte es Katholiken unmöglich gemacht, als loyale Staatsbürger und zugleich als treue Kirchenmitglieder zu leben. Der Text des *Syllabus* verlangte das apokalyptische «entweder Katholik oder Bürger». Diese Auslegung wurde vom Papst ausdrücklich gelobt. Als man in Rom aber an den heftigen öffentlichen Reaktionen die tatsächlichen Schwierigkeiten und Abgründe erkannte, beschwichtigte Kardinalstaatssekretär Giacomo Antonelli sofort. Er entpolitisierte den *Syllabus* umgehend, was den Staaten sehr gelegen kam. Félix-Antoine Dupanloup, der Bischof von Orléans und spätere Gegner des Unfehlbarkeitsdogmas, gab dem päpstlichen Dokument eine sophistische, abschwächende Interpretation – zur Erleichterung des Papstes, der ihn dafür lobte. Dupanloup argumentierte in einer Broschüre, die über hunderttausendmal gedruckt wurde, man müsse sich die Regeln der Interpretation römischer Dokumente klarmachen.[67] Die Verdammung eines Satzes bedeute nicht automatisch die Bestätigung der Gegenposition. Überdies müsse zwischen der «These» – als Ideal, als Gut an sich – und der «Hypothese» – als praktischer Umsetzung unter den konkreten Bedingungen der Zeit – unterschieden werden. Der Papst habe nur den religiösen Indifferentismus an sich verurteilt, nicht aber die Regierungen, die Religionsfreiheit in ihre Verfassungen geschrieben hatten. Diese Auslegung setzte sich unter dem Druck der Umstände durch und wurde zur quasi-offiziellen römischen Lesart. Mit ihr konnten Regierungen und Katholiken so lange halbwegs leben, bis die Frage virulent wurde, ob der *Syllabus* nicht doch auf dem Ersten Vatikanischen Konzil 1870 zum Dogma erhoben werden sollte.

ACHTES KAPITEL

Der Herr des Konzils
Unfehlbarkeit, Gefangenschaft, Tod
(1869–1878)

Blitz und Donner über Sankt Peter

Rom, Montag, 18. Juli 1870. Papst Pius IX. und fünfhundertfünfunddreißig Konzilsväter versammelten sich in der Petersbasilika.[1] Der Tag begann um 9 Uhr mit einer feierlichen Heiligen Messe, die von Kardinal Lorenzo Barili zelebriert wurde. Manche Konzilsväter waren schon auf dem Weg in die Kirche nass geworden, weil ein leichter Nieselregen eingesetzt hatte. Erst nach der Messe zog der Papst ein, die Allerheiligenlitanei und der Hymnus «Veni creator Spiritus» wurden gesungen. Dann folgte die feierliche namentliche Abstimmung über die Dogmatische Konstitution *Pastor aeternus*, die das Unfehlbarkeitsdogma und den Jurisdiktionsprimat des Papstes enthielt. Inzwischen war aus dem Nieselregen ein Gewitter geworden, so dass sich die Aula der Basilika zusehends verdunkelte und die Stimmabgabe der Kardinäle und Bischöfe von Blitz und Donner begleitet wurde. Bis auf zwei riefen alle anwesenden Väter einzeln nacheinander mit erhobener Stimme «Placet» – Ich stimme zu!

In den Worten des anwesenden Korrespondenten der *Times*, Thomas Mozley: «Und so kämpften sich die ‹Placets› der Väter durch den Sturm, während der Donner darüberhin krachte und der Blitz durch jedes Fenster hereinzuckte … ‹Placet› schrie Seine Eminenz oder Seine Gnaden, und ein lauter Donnerschlag folgte als Antwort, und dann flackerte der Blitz um den Baldachin und jeden Teil der Kirche und der Konzilshalle, als wollte er die Antwort weitertragen. So ging es fast eine Stunde und eine halbe fort …».[2]

Die kirchliche Ikonographie wollte aller Kritik zum Trotz zeigen, dass Pius IX.
bei der Verkündigung des Unfehlbarkeitsdogmas von göttlichen Mächten
erleuchtet war.

Gegen halb zwölf begann Pius IX. mit der Verlesung des Textes.
Inzwischen war aus dem Gewitter ein heftiges Unwetter geworden. Im
Innern des Petersdoms herrschte «dichte Finsternis».[3] Man sah kaum
noch die Hand vor den Augen. Als der Papst zum eigentlichen Dogma
kam, konnte er den Text nicht mehr erkennen und musste die Verlesung
unterbrechen. Es wurden Kerzen herbeigebracht. Erst im Kerzenschein
konnte Mastai Ferretti mit der Verkündigung des Dogmas fortfahren,
das mit dem Satz endete: «Wer sich aber vermessen sollte, was Gott ver-
hüte, dieser unserer Glaubensentscheidung zu widersprechen: Der sei
im Bann.»[4]

Das schwere Gewitter sorgte nicht nur in der Konzilsaula selbst, sondern auch in der Öffentlichkeit für heftige Kontroversen. Die Gegner der
päpstlichen Unfehlbarkeit deuteten die Finsternis im Petersdom als
«Zeichen des göttlichen Zorns gegen die Vergötzung eines Menschen».
Der Himmel habe die Proklamation des neuen Dogmas und damit sein
Inkrafttreten verhindern wollen. Die Anhänger Pius' IX. fühlten sich
dagegen auf den Sinai versetzt: So wie Gott Mose die Gesetzestafeln mit

den Zehn Geboten auf dem Berg unter Blitz und Donner übergeben und sie dadurch mit göttlicher Kraft bestätigt habe, so sei auch die päpstliche Unfehlbarkeit «wie *das Gesetz auf Sinai buchstäblich unter Blitz und Donner verkündet* worden».[5] Dadurch habe der Himmel die Wahrheit dieses Glaubenssatzes durch göttliche Zeichen bestätigt.

Auf dem Weg zum Konzil

Es war ein weiter Weg für Pius IX., bis er am 18. Juli 1870 am Ziel seiner Träume angekommen und der erste unfehlbare Papst der Kirchengeschichte geworden war. Zwar hatte er seine Unfehlbarkeit bereits 1854 bei der Verkündigung der Unbefleckten Empfängnis Mariens praktisch erprobt, indem er erstmals in der Geschichte einen Glaubenssatz ohne Zustimmung eines Ökumenischen Konzils erließ. Aber seine eigene Infallibilität konnte er selbst nicht definieren, dazu brauchte sogar ein Pius IX. ein Konzil.[6]

Erste Überlegungen, ein Konzil einzuberufen, reichen bis in die Zeit im Neapolitanischen Exil zurück.[7] Am 15. Mai 1849 schlug Kardinal Lambruschini dem Papst vor, ein «allgemeines Konzil einzuberufen, um die Irrtümer der jüngsten Zeit zu verurteilen».[8] Der Papst reagierte damals sehr zurückhaltend, und auch später war man in seinem Umfeld sehr skeptisch gegenüber der Idee einer solchen allgemeinen Synode. An der Kurie befürchtete man, unter den veränderten Bedingungen des neunzehnten Jahrhunderts wäre ein Konzil nur noch als parlamentarische Versammlung denkbar und würde fast zwangsläufig zu einer Demokratisierung der Kirche führen. Konservative Kardinäle mutmaßten sogar, ein Konzil werde zur Folge haben, dass die «französischen und deutschen Theologen ... unsere Kongregationen durcheinander» bringen.[9]

Pius IX. selbst scheint sich im Umfeld der Vorbereitung des *Syllabus errorum* immer mehr mit der Konzilsidee angefreundet zu haben. Am 6. Dezember 1864, also zwei Tage vor Erlass der Enzyklika *Quanta cura*, teilte er einigen Kurienkardinälen mit, der Gedanke an ein Ökumenisches Konzil treibe ihn schon länger um, «um mit diesem außergewöhnlichen Mittel den außergewöhnlichen Bedürfnissen der Herde

Christi vorzusorgen».[10] Ob er damals schon an eine Definition der päpstlichen Unfehlbarkeit dachte oder nur dem *Syllabus* durch einen Konzils-
beschluss höhere Geltung verschaffen wollte, ist in der Forschung umstritten. Jedenfalls ließ Pius IX. unter den Kardinälen und sechsunddreißig
ausgewählten, entschieden ultramontanen Diözesanbischöfen eine Um-
frage über die Opportunität eines Konzils abhalten. Die Reaktionen
waren überwiegend positiv, auch wenn die Sorge geäußert wurde, ein
Konzil würde den Rahmen für eine offene Diskussion in der Kirche und
so auch den Gegnern der päpstlichen Kirchenpolitik ein Forum bieten.
Die Bestätigung des *Syllabus* stand in den eingegangenen Voten eindeutig
im Vordergrund; ein knappes Viertel der Bischöfe sprach sich jedoch
auch für eine Dogmatisierung der Unfehlbarkeit aus.

Pius IX. blieb zunächst zögerlich. Am 26. Juni 1867 kündigte er aus
Anlass der Achtzehnhundertjahrfeier des Martyriums Petri und Pauli
ein Konzil im Vatikan an und setzte zu dessen Vorbereitung, insbesondere für die Ausarbeitung einer Geschäftsordnung, eine Reihe römischer
Kommissionen ein, die aber allesamt einseitig mit Papstfreunden besetzt
wurden. Fünf Sachkommissionen sollten Vorlagen für Beschlüsse ausarbeiten; neben der entscheidenden Dogmatischen Kommission wurden
Ausschüsse für Kirchenrecht, Orden, Missionen, unierte Ostkirchen und
Kirchenpolitik eingerichtet.[11]

Zu klären war auch die Frage, wer überhaupt teilnahmeberechtigt
sein sollte. Die Kirchengeschichte bot hier unterschiedliche Modelle an:
Neben den Bischöfen waren bislang auch immer Vertreter der katholischen Staatsoberhäupter und Theologen eingeladen gewesen. Die Teil-
nehmerzahl hatte sich jedoch jeweils im überschaubaren Rahmen
bewegt. Schließlich entschied man sich dafür, nur die Patriarchen, Erzbischöfe und Bischöfe einzuladen.[12] 1868 gab es in der katholischen
Kirche neben siebenhundertacht residierenden Diözesanbischöfen auch
etwa zweihundertdreißig Titularbischöfe. Dazu kamen fünfundfünfzig
Kardinäle und sechs orientalische Patriarchen, dreißig Äbte und neun-
undzwanzig Ordensgenerale. Tatsächlich sollte das Konzil rund siebenhundert ständige Teilnehmer zählen.

Die Stimmung unter den Bischöfen und Gläubigen angesichts der
Konzilsankündigung ist nur schwer greifbar. Sie war vor allem nicht ein-
heitlich. Die Liberalen schwankten zwischen Hoffen und Bangen. So war
der Bischof von Orléans, Félix-Antoine Dupanloup, davon überzeugt,

dass Pius IX. allein durch die Tatsache der Einberufung der «Generalstände der Kirche» ein deutliches Signal für die parlamentarische Begrenzung der absoluten Papstmonarchie gesetzt habe.[13] Andere dagegen
befürchteten eine Dogmatisierung der Verdammung der Werte der
Moderne, wie sie im *Syllabus* vorgelegt worden war. Genau das hofften
wiederum die Ultramontanen. Sie sparten deshalb nicht mit Lob für den
Papst. Viele waren aber auch verunsichert, weil Pius IX. die für sie entscheidende Frage nicht auf die Tagesordnung gesetzt hatte: die Unfehlbarkeit.

Die Unfehlbarkeit kommt auf die Tagesordnung

Am 1. Juni 1867 erschien in der römischen Jesuitenzeitschrift *Civiltà Cattolica* ein Artikel mit dem Titel «Un nuovo tributo a San Pietro», der von
den Gläubigen einen dreifachen Tribut für den heiligen Petrus verlangte.
Neben dem Tribut des Geldes, mit dem Katholiken durch den Peters-
pfennig den Papst finanziell unterstützten, und dem Tribut des Blutes,
den Freiwillige als Soldaten im Dienst des Papstes zur Verteidigung des
Kirchenstaats gegen das italienische Risorgimento aufbrachten, gelte es
nun, den Tribut des Verstandes zu entrichten, mit dem man sich ohne
Wenn und Aber der päpstlichen Unfehlbarkeit bis zur Selbstaufgabe op-
fere.[14] Und so legten am Vorabend der Ankündigung des Konzils Bischof
Ignatius von Senestrey aus Regensburg und Erzbischof Henry Edward
Manning von Westminster am Petrusgrab das Gelübde ab, bis zum letzten Blutstropfen dafür zu kämpfen, dass die Infallibilität auf dem kommenden Konzil zum Dogma erhoben werde.[15]

Aber anderthalb Jahre nach der Ankündigung des Konzils stand das
Thema immer noch nicht auf der Tagesordnung. Die Ultramontanen
wurden unruhig und ergriffen die Initiative. Sie lancierten in der Ausgabe der *Civiltà Cattolica* vom 6. Februar 1869 eine Zuschrift aus Frankreich, die allem Anschein nach von Pius IX. «vorhergesehen und approbiert» worden war.[16] In diesem Artikel hieß es ausdrücklich: «Besonders
glücklich werden die katholischen Christen sein, wenn das Konzil die
dogmatische Unfehlbarkeit des Papstes verkündet.» Man sei sich «jedoch
klar darüber, dass der Papst aus einer Anwandlung vornehmer Zurück-

haltung vielleicht nicht selbst die Initiative für einen Antrag ergreifen
wird, der scheinbar ihn persönlich betrifft. Aber man gibt sich der Hoffnung hin, dass ein einstimmiges Hervorbrechen des Heiligen Geistes
durch den Mund der Väter des kommenden Ökumenischen Konzils eine
Definition durch Akklamation bringen wird.»[17]

Der Artikel und vor allem die darin geäußerte Zuversicht, die Unfehlbarkeit des Papstes werde ohne jede Diskussion durch den Beistand
des Heiligen Geistes verabschiedet werden, schlug ein wie eine Bombe.
Die Ultramontanen frohlockten, die Liberalen waren schockiert. Aber
noch hätte sich das Konzil nicht unbedingt mit dem Thema beschäftigen und Pius IX. es nicht notwendig auf die Tagesordnung setzen müssen, denn nur, wenn ein Glaubenssatz massiv bestritten wurde, war das
Lehramt nach der Tradition der Kirche gezwungen, sich verbindlich zu
äußern.

Deshalb wäre es aus Sicht der Unfehlbarkeitsgegner taktisch gesehen
am besten gewesen, den Artikel mit Schweigen zu übergehen. Das Gegenteil war aber der Fall, denn jetzt bestritten liberale Theologen und
Bischöfe die päpstliche Infallibilität ausdrücklich und machten sie so erst
zum wirklichen Thema. So polemisierte der Münchener Kirchenhistoriker Ignaz von Döllinger in einer anonym erschienenen Artikelserie in
der *Augsburger Allgemeinen Zeitung* heftig gegen das geplante Dogma.
«Neben dem lebendigen, aus voller Inspiration redenden und stets an-
rufbaren Orakel am Tiber» – also dem unfehlbaren Pontifex – werde
«jede andere Autorität» in der Kirche «erblassen». Vor allem die theologische Arbeit werde überflüssig werden: «Wozu noch mühsames For-
schen in der Bibel, wozu das zeitraubende, an so schwierige Bedingungen und Vorkenntnisse geknüpfte Studium der Tradition, wenn ein
einziger Ausspruch des untrüglichen Papstes die gewissenhafte theologische Arbeit eines halben Menschenalters wie durch einen Hauch zu
zertrümmern vermag, und wenn auf eine telegraphische Anfrage in
Rom binnen weniger Stunden oder Tagen die sofort zum Glaubensartikel und dogmatischen Axiom sich gestaltende Antwort erfolgt?»[18]

In einem Hirtenbrief versuchten die deutschen Bischöfe, die Gläubigen und wohl auch sich selbst zu beruhigen: «Nie und nimmer wird und
kann ein allgemeines Konzil eine neue Lehre aussprechen, welche in der
Heiligen Schrift oder der apostolischen Überlieferung nicht enthalten
ist; wie denn überhaupt die Kirche, wenn sie in Glaubenssachen einen

Ausspruch tut, nicht neue Lehren verkündet, sondern die alte und ursprüngliche Wahrheit in klareres Licht stellt und gegen neue Irrtümer schützt.» Bei einem Konzil gehe es ohnehin nicht zu wie in einem Parlament, weil es in der katholischen Kirche ja auch keine Parteien gebe. Machtinteressen, Überredung und politischer Druck spielten hier keine Rolle.[19] Wirklich überzeugt von seiner Argumentation schien der Episkopat jedoch nicht gewesen zu sein. Anders ist nicht zu erklären, dass man den Papst in einer geheimen – aber bald in die Öffentlichkeit durchgestochenen – Eingabe bat, die Definition der Unfehlbarkeit nicht auf die Tagesordnung des Konzils zu setzen.[20]

Auch international schlugen die Wogen hoch. In Frankreich versuchten die Liberalen um Henri-Louis Charles Maret, Titularbischof und Dekan der theologischen Fakultät der Sorbonne, und Bischof Dupanloup eine Definition der Unfehlbarkeit mit allen Mitteln zu verhindern. Maret lehnte aus theologischen und kirchenhistorischen Gründen die Errichtung einer absoluten Monarchie innerhalb der Kirche und damit die Definition des päpstlichen Jurisdiktionsprimates und der Unfehlbarkeit mit Nachdruck ab. Er verstand die katholische Kirche als «konstitutionelle Monarchie», die den Papst als Monarchen an die im Konzil versammelten Bischöfe als kollegiale, wenn nicht gar parlamentarische Repräsentation der Kirche zurückband.[21]

Dupanloup lehnte das geplante Unfehlbarkeitsdogma aus inhaltlichen und Opportunitätsgründen prinzipiell ab, wie er am 11. November 1869 in einem Brief an seinen Klerus darlegte.[22] Eine solche Definition würde seiner Meinung nach Konzilien grundsätzlich überflüssig machen und die Bischöfe marginalisieren. Auch ausreichende Nachweise aus Schrift und Tradition ließen sich für die päpstliche Unfehlbarkeit nicht finden. Außerdem würde sich ein solches Dogma katastrophal auf das Ansehen der katholischen Kirche bei den Nichtkatholiken und den europäischen Regierungen auswirken.

Eine gemeinsame Initiative der europäischen Staaten gegen die Beratung der Infallibilität auf dem kommenden Konzil, wie sie vom bayerischen Ministerpräsidenten Chlodwig von Hohenlohe-Schillingsfürst, dem Bruder des Kurienkardinals Gustav Adolf, angeregt worden war, kam nicht zustande. Zwar befürchteten zahlreiche Regierungsvertreter, dass der *Syllabus* für unfehlbar erklärt werden könnte, was Katholiken eine Mitarbeit in modernen Staaten endgültig unmöglich gemacht hätte.

Die politischen Gegensätze zwischen den einzelnen Ländern machten ein gemeinsames Vorgehen in dieser Sache aber unmöglich.[23]

Die Anhänger der Unfehlbarkeit waren überglücklich. Jetzt – unmittelbar vor dem Zusammentreten des Konzils – war dieser Glaubenssatz nicht nur zum Gegenstand heftiger Kontroversen geworden, er war sogar ausdrücklich bestritten worden. Nun müsse sich das Vatikanische Konzil unbedingt mit dieser Thematik beschäftigen und über diese Glaubenswahrheit eine endgültige Entscheidung herbeiführen. Der Bischof von Angoulême, Charles Antoine Cosseau, brachte diese für die Unfehlbarkeitsenthusiasten ideale Situation treffend mit einer Formulierung auf den Punkt, die bald zum geflügelten Wort werden sollte, das auch Pius IX. bei jeder passenden und unpassenden Gelegenheit wiederholte: «Quod inopportunum dixerunt, neccesarium fecerunt» – «Was sie als unangebracht bezeichnet haben, haben sie genau dadurch notwendig gemacht»: die Entscheidung über die päpstliche Unfehlbarkeit.[24]

Dritter Akt: Der 8. Dezember 1869

Am 8. Dezember 1854 hatte Pius IX. das Dogma der Unbefleckten Empfängnis Mariens verkündet, und zehn Jahre später, genau am selben Tag, den *Syllabus* erlassen. Wieder an einem 8. Dezember, dem Hochfest der Immaculata Conceptio Mariae, begann fünf Jahre später 1869 das Erste Vatikanische Konzil.[25] In Rom schüttete es wie aus Kübeln, als über siebenhundert Väter gegen halb acht am Morgen zur Petersbasilika eilten. Die feierliche Eröffnung dauerte rund sieben Stunden bis gegen drei Uhr am Nachmittag und war für die meist älteren Herren sehr anstrengend. Sie waren per Kutsche, Dampfschiff oder Eisenbahn in die Hauptstadt des Kirchenstaats gereist, die damals gerade einmal zweihunderttausend Einwohner zählte. Von den eintausendundsechsundfünfzig teilnahmeberechtigten Bischöfen und Äbten waren rund siebenhundert anwesend, davon allein sechsunddreißig Prozent Italiener, siebzehn Prozent Franzosen und elf Prozent Spanier oder spanischsprachige Väter. Die Bischöfe aus Deutschland und Österreich-Ungarn stellten mit sechsundsiebzig Vertretern rund acht Prozent der Konzilsväter.

Das rechte Querschiff der Petersbasilika war als Konzilsaula hergerichtet worden.[26] Wie in einem riesigen Chorgestühl waren rechts und links sieben bis acht aufsteigende Sitzreihen montiert, die Rednerbühne befand sich in der Mitte. Die Akustik erwies sich als katastrophal: Die Väter konnten den Reden ihrer Kollegen kaum einmal folgen, geschweige denn, in eine gepflegte theologische Diskussion mit ihnen eintreten. Der Abt der Benediktinerabtei Metten, Utto Lang, notierte in sein Konzilstagebuch: «Heute habe ich ganz wenig verstanden. Es ist eine wahre Qual, drei bis vier Stunden zuhören zu müssen, ohne dass man etwas versteht.»[27] Schon die rein technischen Voraussetzungen für einen gründlichen Austausch der Argumente pro und contra Unfehlbarkeit – was doch eine notwendige Bedingung für eine verantwortete Entscheidung dieser Glaubensfrage sein musste – waren somit nicht gegeben.

Auch wenn das Thema am 8. Dezember 1869 immer noch nicht auf der Tagesordnung stand, wurde die immer stärker werdende Polarisierung der Konzilsväter in Unfehlbarkeitsanhänger und Unfehlbarkeitsgegner bereits vom ersten Tag an greifbar. Die Protagonisten der Infallibilität brachten bis Mitte Januar 1870 eine Unterschriftenliste mit dreihundertzweiundsiebzig Namen zustande, mit der sie Pius IX. baten, das Dogma auf die Agenda des Konzils zu setzen.[28] Dieser Majoritätsadresse stand eine Eingabe der Minorität gegenüber, die den Papst mit einhundertsechsunddreißig Unterschriften aufforderte, eine Diskussion über die Unfehlbarkeit erst gar nicht zu erlauben.

Pius IX. stimmte dem Vorschlag der Majorität zu, was kaum jemanden wirklich überraschte. Es gab aber noch keinen einschlägigen Text zur Infallibilität. Deshalb wurde kurzerhand entschieden, an das Schema «Über die Kirche», das aus elf Kapiteln bestand und im letzten Abschnitt bereits Aussagen über den Jurisdiktionsprimat des Papstes enthielt, ein zwölftes Kapitel «Über die päpstliche Unfehlbarkeit» anzuhängen.[29] Dieses wurde am 6. März 1870 an die Konzilsväter verteilt.

Die Diskussionen auf dem Konzil verliefen kontrovers.[30] Die Unfehlbarkeitsenthusiasten wollten eine möglichst weitreichende Formulierung der Infallibilität durchsetzen. Die Minorität wollte die Dogmatisierung im Grunde ganz verhindern, weil es dafür in Schrift und Tradition keinen Beleg gab. Als sich zeigte, dass es dafür zu spät war, versuchte man, die Unfehlbarkeit des Papstes an die Zustimmung der Kirche zurückzubinden. Die andere Taktik der Minorität ging dahin, jedes einzelne der zwölf Kapitel der Kirchenkonstitution so lange zu diskutieren, bis eine Ermüdung der Konzilsteilnehmer eintreten und die übliche römische Sommerhitze des Ferragosto eine Vertagung der Synode notwendig machen würde.

Dieser Absicht machte die Majorität rasch einen Strich durch die Rechnung. In gewohnter Weise veranstaltete sie eine Unterschriftenaktion, in der der Papst gebeten wurde, die Kapitel elf und zwölf aus der Dogmatischen Konstitution über die Kirche herauszulösen, daraus eine eigene, dem Papst gewidmete Erste Kirchenkonstitution zu machen und die Diskussion über den Primat vorzuziehen. Sie brachten Anfang April aber nur noch einhundertfünfundsiebzig Unterschriften zusammen, zudem lehnten drei der fünf vom Papst ernannten Konzilspräsidenten den Antrag ab. Pius IX. stimmte am 27. April aber erneut der Petition der Infallibilitätsvorkämpfer zu, und am 9. Mai wurde der Text der neuen Kirchenkonstitution an die Konzilsväter verteilt. Er stand unter der Überschrift «De Romani Pontificis infallibilitate» und bestand aus vier Kapiteln.[31]

Der kroatische Bischof von Diakovo, Josip Stroßmayer, einer der profiliertesten Köpfe der Minorität, beklagte sich öffentlich, hier würden «Dogmen auf eine neue und in der Kirche Gottes bisher unerhörte Weise» geschaffen.[32] «Es war mit einem Wort die nackteste und grässlichste Ausübung der päpstlichen Infallibilität notwendig, um die Infallibilität zum Dogma erheben zu können.»[33] Und in einem Privatbrief vom 8. März 1870 schrieb Stroßmayer: «Die römischen Kaiser wurden durch einen servilen Senat zum Gott erhoben; heute macht jemand sich selbst zum Gott, und wir sollen es unterschreiben.»[34] Doch die Minorität hatte keine Chance, denn die Anhänger der Unfehlbarkeit hatten den kurialen Machtapparat und den Papst selbst hinter sich, der immer wieder offen für seine eigene Unfehlbarkeit Partei nahm. «Die Kampfmittel der Infallibilisten» waren zahlreich, und sie wurden ohne Rücksicht eingesetzt.[35]

Am 13. Mai sollte die Generaldebatte beginnen, die gegen den Willen der Minderheit durch Mehrheitsbeschluss bereits am 3. Juni vorzeitig beendet wurde. Daran schloss sich die Spezialdebatte der vier Kapitel der Dogmatischen Konstitution *Pastor aeternus* an. Hier wurden die Argumente für und gegen die Definition der päpstlichen Unfehlbarkeit noch einmal gebündelt vorgetragen. Vor allem ging es um die Frage, ob das Konzil überhaupt und – falls ja – unter welchen Bedingungen über diesen Glaubenssatz entscheiden konnte. Damit stand das zentrale Thema «Entscheiden über die Wahrheit» auf der Agenda.

Wie wird entschieden? Die Geschäftsordnungen

Für die Legitimation von Entscheidungen durch Verfahren spielt die Geschäftsordnung eine zentrale Rolle.[36] Mit ihr wird entschieden, wie entschieden wird. Auf dem Konzil lautete die strittige Frage daher zunächst: Wer hat die Kompetenz, die Verfahrensordnung zu erlassen? Muss sich nicht das Konzil als Repräsentation der Gesamtkirche selbst ein Regolamento geben? Oder steht dieses Recht dem Papst zu, der das Konzil einberufen hat?

Diesem Konflikt lag eine Grundfrage der katholischen Ekklesiologie zugrunde: Entschied der Papst allein über die Geschäftsordnung, dann setzte er sein monarchisches Kirchenbild bereits durch, bevor die Kirchenversammlung überhaupt begonnen hatte. Gab sich jedoch das Konzil selber eine Verfahrensordnung, dann sprach das für ein eher kollegiales Kirchenbild. Im ersten Fall repräsentierte allein der Papst Christus und hatte die Entscheidungskompetenz, im zweiten waren es die versammelten Bischöfe.

Beide Modelle waren in der Kirchengeschichte mehrfach praktiziert worden: Die «päpstlichen Haussynoden» des Mittelalters standen ganz unter der Regie des Papstes, erhoben aber den Anspruch, Ökumenische Konzilien zu sein. Die Reformkonzilien von Konstanz und Basel am Beginn des fünfzehnten Jahrhunderts hingegen leiteten ihre Gewalt «unmittelbar von Christus» ab und gaben sich ohne Zustimmung des Papstes selbständig eine Geschäftsordnung. Ein Kompromiss lag mit dem Fünften Laterankonzil von 1515 und dem Konzil von Trient bereit: Der Papst unterbreitete einen Vorschlag, und nach einigen Modifikationen verabschiedete das Konzil die Geschäftsordnung. Auch dieser «tridentinische» Mittelweg wurde auf dem Ersten Vatikanum bewusst nicht gegangen, sondern Pius IX. gab die Geschäftsordnung vor.[37]

Damit war der Entscheidungsfindungsprozess auf dem Vatikanum von oben reglementiert. Von Beginn an kontrollierten der Papst und die von ihm ernannten fünf Konzilspräsidenten strikt den Diskussionsverlauf. Sie konnten Rednern jederzeit das Wort entziehen und eine Aussprache über ein bestimmtes Dekret einfach für beendet erklären. Für große Aufregung sorgte die Regelung des Propositionsrechtes. Die Tagesordnung zu genehmigen und selbständig Tagesordnungspunkte vorzu-

schlagen, gehört zu den vornehmsten Rechten eines Entscheidungs-
gremiums. Die Konzilsväter hatten es nicht.

So erließ Pius IX. am 27. November 1869 die Geschäftsordnung «Multiplices inter».[38] Die Minorität war düpiert, sah die Freiheit des Konzils
maßgeblich beeinträchtigt und gab zu bedenken, dass ohne ausreichende
Freiheit nach katholischem Kirchenrecht keine gültigen Entscheidungen
zustande kommen könnten. Die Majorität behauptete hingegen, das Pro-
positionsrecht komme aufgrund des Primats des Papstes wesensmäßig
nur diesem zu. Es sei schon ein großes Entgegenkommen Pius' IX., dass
er den Bischöfen überhaupt die Möglichkeit eingeräumt habe, eigene
Vorschläge zu machen. Im Grunde ist aber auch das nichts anderes als
eine Invention of Tradition, denn eine derartige Einflussmöglichkeit des
Papstes auf Konzilien hatte es bisher nicht gegeben. Auf dem Tridentinum etwa besaß der Papst nach Verabschiedung der Geschäftsordnung
keine derart weitreichenden Interventionsrechte mehr.

Solche Propositionen mussten allerdings einer Postulatenkommission
vorgelegt werden, die ihre Berechtigung prüfte und mit einem Votum zur
endgültigen Entscheidung an den Papst weiterreichte. Diese Kommission
wurde nicht vom Konzil gewählt, sondern wiederum eigenmächtig von
Pius IX. ernannt. Der Konzilsverlauf sollte zeigen, dass damit alle Initiativen der Minorität, auf den Entscheidungsprozess Einfluss zu nehmen,
von vornherein zum Scheitern verurteilt waren.

Zahlreiche Vertreter der Minorität klagten denn auch über die man-
gelnde Freiheit des Konzils. Sie bemängelten nicht nur die Geschäftsordnung, sondern fühlten sich auch persönlich massivem päpstlichen Druck
ausgesetzt. So konnten sich Bischöfe aus ärmeren Ländern den Aufenthalt in Rom eigentlich nicht leisten und waren auf die finanzielle Unterstützung des Papstes angewiesen. Pius IX. machte seine Zuwendungen
jedoch von ihrem Wohlverhalten abhängig. Als Einschränkung ihrer
Freiheit empfanden viele Väter auch Rom als Konzilsort. Rom war eben
keine Reichsstadt wie Konstanz oder Trient, wo der Kaiser Landesherr
war und die oberste Polizeigewalt innehatte.[39] Die Konzilsväter waren in
Rom durch keinen König oder Kaiser vor päpstlicher Willkür geschützt.
Das Erste Vatikanum war letztlich eine päpstliche Haussynode wie die
fünf Laterankonzilien – nur weltkirchlich besetzt. Der Papst machte die
Weltkirche damit zu seinem päpstlichen Hof.

Die Geschäftsordnung «Multiplices inter» sah als notwendiges Quorum für eine Entscheidung in Glaubensfragen Einstimmigkeit vor, zumindest aber moralische Einmütigkeit, die sogenannte Unanimitas. Eintracht galt als Indiz göttlichen Wirkens. Als sich aber zeigte, dass sich ein gutes Fünftel der Konzilsväter gegen die Definition der päpstlichen Unfehlbarkeit aussprechen würde, erließ der Papst am 20. Februar 1870 eine neue Geschäftsordnung, die das Prinzip der Einmütigkeit aufgab.[40] Für die Definition einer Glaubenswahrheit war jetzt nur noch eine absolute Mehrheit erforderlich.

Diese Entscheidung löste heftige Debatten aus. Die Minorität bestand auf der «absoluten Notwendigkeit der moralischen Einstimmigkeit bei dogmatischen Konzilsentscheidungen».[41] Nur bei einem einmütigen Hervorbrechen des Heiligen Geistes aus dem Mund der Konzilsväter könne man sicher sein, dass eine Entscheidung über eine ewige Wahrheit wirklich von Gott selbst gefällt oder zumindest gutgeheißen werde.

Manche Vertreter der Minderheit gingen sogar noch weiter und argumentierten, «bei dogmatischen Definitionen ‹entscheide› die Kirche nicht zwischen verschiedenen prinzipiell möglichen Alternativen. … Vielmehr gebe sie Zeugnis vom überlieferten Glauben, dessen Unverfügbarkeit und Vorgegebenheit im wenigstens moralischen Konsens zum Ausdruck komme.»[42] Über den Glauben könne man eigentlich überhaupt nicht abstimmen, sondern ihn nur bezeugen, wie schon Vinzenz von Lérins treffend festgestellt habe: «quod semper, quod ubique, quod ab omnibus», was schon immer, überall und von allen geglaubt worden ist. Denn «die kirchliche Lehrautorität ist» – wie der Tübinger Dogmatiker Johannes Evangelist Kuhn es 1870 im Anschluss an das Tridentinum treffend formulieren sollte – «keine konstituierende».[43]

Die Majorität setzte dagegen auf klare Entscheidungen. Gerade die Herausforderungen der Moderne und die grundsätzlichen Infragestellungen der katholischen Wahrheit zwängen dazu, den Irrtum durch klare Entscheidungen einer möglichst unangreifbaren Autorität zurückzuweisen. «Nur die restlose Klärung der Frage, wer letztlich entscheidet, ob der überlieferte Glaube richtig interpretiert wird, gibt der Kirche Sicherheit.»[44] Das Prinzip der moralischen Einmütigkeit, so glaubten viele Katholiken im neunzehnten Jahrhundert, würde die Kirche in modernen Krisenzeiten lahmlegen, da der Teufel Teile des Episkopats bereits unter seine Gewalt gebracht und zur Häresie verführt habe. Diese würden daher immer gegen die Wahrheit stimmen.

Beide Seiten versuchten, die Tradition beziehungsweise die bisherige Praxis konziliarer Entscheidungen für ihre Position zu reklamieren. Die Minorität argumentierte, alle Glaubensentscheidungen durch Konzilien in der Kirchengeschichte seien mit moralischer Einstimmigkeit gefallen. Wie anders als einmütig hätte man das Glaubensbekenntnis verabschieden können? Sie führten als Beleg das Konzil von Chalkedon von 451 an, auf dem die Konzilsväter den sogenannten Horos, also die Glaubensentscheidung über das christologische Bekenntnis zum einen Christus «in zwei Naturen unvermischt, unverändert, ungeteilt und ungetrennt» so einleiteten: «Wir folgen also den heiligen Vätern und lehren alle übereinstimmend ...».[45] Oder man verwies auf die Instruktion Pius' IV. von 1562 an die Konzilslegaten, auf dem Tridentinum dürfe nur definiert werden, was den einstimmigen Konsens der Väter finde.[46]

Die Majorität konnte jedoch ebenfalls Beispiele aus der Konziliengeschichte anführen, bei denen sich die Unanimitas als Ammenmärchen erwiesen hatte. Auf dem Konzil von Konstantinopel 381 etwa, auf dem über den Heiligen Geist als dritte Person der göttlichen Dreifaltigkeit entschieden wurde, konnte die Einmütigkeit der einhundertfünfzig Väter nur dadurch erreicht werden, dass die Opposition der sechsunddreißig makedonischen Bischöfe nicht zur Abstimmung zugelassen wurde.[47]

Die historischen Argumente aus der Konziliengeschichte pro und contra Einmütigkeit hielten sich auf dem Ersten Vatikanum weitgehend die Waage. Für den Wahrheitsanspruch des Verfahrensergebnisses waren aber einmütige Entscheidungen sicher überzeugender als bloße Mehrheitsentscheidungen. Genau aus diesem Grund war für die Majorität die Unfehlbarkeit des Papstes für künftige Entscheidungen von großer Bedeutung, denn jetzt galt tatsächlich das Prinzip der Einstimmigkeit im wahrsten Sinn des Wortes.

Vom Sinn und Unsinn eines Dogmas

Die erste inhaltliche Frage, die in der Petersbasilika diskutiert wurde, führte umgehend die Spaltung des Konzils vor Augen.[48] Warum die Entscheidung über die päpstliche Unfehlbarkeit ausgerechnet im Jahr 1870 unverzichtbar sein sollte, leuchtete nicht nur den Anhängern der Minorität, sondern auch einer Reihe von grundsätzlichen Sympathisanten der päpstlichen Unfehlbarkeit auf Seiten der Majorität nicht unmittelbar ein, da es eben nicht um die Verteidigung einer akut gefährdeten Glaubenswahrheit ging. Auch die Autorität des Papstes war nicht in Gefahr, sondern so groß wie nie zuvor. Kardinal Friedrich Johann Joseph Fürst zu Schwarzenberg brachte diese Überzeugung einer ganzen Reihe von Konzilsteilnehmern so auf den Punkt: «Gehen Sie, verehrte Väter, die Jahrhunderte der Kirche durch: Zu welcher Zeit, so frage ich, bestand in der Kirche eine allgemeinere Bereitschaft zum prompten Gehorsam gegenüber dem Apostolischen Stuhl?» Wenn es in der letzten Zeit zu Zweifeln am Ansehen des Pontifex maximus gekommen sei, dann trügen all diejenigen die Schuld daran, die in unkluger Weise die überflüssige Frage der Unfehlbarkeit propagiert hätten, die «schon vor ihrer Lösung als fruchtbare Mutter von Übeln erscheint, die die Liebe in Furcht und innere Bedrückung verwandelt».[49]

Die Minorität hielt jedoch die Definition der päpstlichen Unfehlbarkeit nicht nur aus innerkirchlichen Gründen für unangemessen, sondern stellte ihre Opportunität vor allem auch angesichts der schwierigen Lage der Katholiken in der damaligen weltpolitischen Großwetterlage infrage. Was würden Regierungen, Protestanten und überhaupt gebildete Menschen in Europa, Amerika und anderswo zu einem solchen Akt sagen, der einem sterblichen Menschen Unfehlbarkeit zusprach, die eigentlich nur Gott zukam? Würde sich die katholische Kirche durch eine derartige Definition nicht endgültig diskreditieren? Eine Entscheidung für die Unfehlbarkeit würde – so befürchteten diese Bischöfe – eine Verständigung mit pluralistischen Staaten, Menschen anderer Religionen und vor allem auch mit evangelischen und orthodoxen Christen unnötig erschweren, wenn nicht völlig unmöglich machen und die katholische Kirche, ja viele gute Katholiken für viele Jahrzehnte in ein ausweglosen Ghetto führen. Zudem bahnte sich in Deutschland bereits der Kulturkampf an. In den Augen Bismarcks und seiner liberalen Bündnispartner waren die deutschen Katholiken Anhänger einer ausländischen Macht und deshalb national unzuverlässig. Wenn ihr Oberhaupt nun auch noch unfehlbar werden und den *Syllabus* von 1864 zum Dogma erheben würde, dann wäre es für Katholiken bei Verlust des ewigen Seelenheiles unmöglich, gute Katholiken und gute Deutsche zugleich zu sein. Gleiches galt auch für Italien und Frankreich.

Die Protagonisten einer Definition sahen dagegen den Zeitpunkt für äußerst opportun an, ja er schien von der göttlichen Vorsehung geradezu gewollt zu sein. Ihre Blickrichtung war dabei eindeutig nach innen auf die katholische Kirche gerichtet, eine wie auch immer geartete Rücksichtnahme auf die «böse» moderne Welt galt ihnen schlicht als unkatholisch. In einer Situation, in der nichts mehr sicher und wahr sein durfte sowie alles einem ständigen Wandel unterworfen war, tat – so argumentierten sie – der Petrusfelsen dringend not, der unverrückt in der Ewigkeit gründete und an den man sich in der Brandung der Moderne festklammern konnte. Die katholische Kirche sollte durch die Entscheidung für die Unfehlbarkeit mit dem Papst als Hort der Sicherheit, Verlässlichkeit und Wahrheit als Gegenwelt zur modernen Zeit neu erfunden werden. Die spätestens seit dem Artikel in der *Civiltà Cattolica* entstandene Diskussion über die päpstliche Unfehlbarkeit verlange das neue Dogma geradezu. Der Bischof von Saluzzo, Lorenzo Gastaldi, sah in den Oppositionsbischöfen sogar den Satan selbst am Werk, dem nur der unfehlbare Stellvertreter Jesu Christi auf Erden den Kopf abschlagen könne. Auch die profane Gesellschaft und der moderne Staat würden von dem neuen Dogma profitieren. «Jede Autorität ist heute überall in Misskredit geraten», so führte Gastaldi aus, «nicht nur die königliche, sondern auch die väterliche. Bewahren wir daher die erste Autorität, welche die Kraft hat, jede andere Autorität zu bewahren, nämlich die Autorität des Papstes.»[50]

Diese Sicht der Dinge widersprach offen liberalen Grundüberzeugungen. Für Ferdinand Gregorovius beabsichtigte man in Rom, das Mittelalter «frank und frei» wieder einzuführen. Die geplante Dogmatisierung bot für ihn «das Schauspiel einer bis zum Wahnsinn sich steigernden Vergöttlichung der Despotie». Ja, er sah sogar eine jesuitische Verschwörung am Werk und bediente damit ein gängiges Klischee liberaler Kreise. Mithilfe der päpstlichen Unfehlbarkeit glaubten sie, «ihrem Ziele nahegekommen zu sein, und das ist die Leitung der ganzen Kirche durch sie selbst». Der Papst sei durch die Jesuiten von seiner Infallibilität dermaßen überzeugt worden, «dass er sie schon mit Händen greifen kann». Pius IX. habe gesagt: «Früher, ehe ich Papst war, glaubte ich an die Unfehlbarkeit, jetzt aber fühle ich sie.» Die «Vergötterung, die er erfahren hat, ist ihm zu Kopf gestiegen». Dabei konnte Gregorovius wie so viele andere liberale Zeitgenossen nichts Unfehlbares an Pius IX. feststellen.

Er begegnete dem Papst am Corso, und dabei kam er ihm doch «sehr fallibel» vor, «sein Gang wackelnd, seine Gesichtsfarbe fahl. Dass solche schon begrabene Menschen noch fortdauern müssen, die Welt zu verfinstern!»[51]

Mit der Opportunitätsfrage hing ein zweites Argument eng zusammen: die Frage nach der prinzipiellen Möglichkeit, ewig geltende letztverbindliche dogmatische Entscheidungen zu treffen.[52] Bisher hatte auf allgemeinen Konzilien bei der Diskussion von Glaubensfragen der Grundsatz gegolten, dass es prinzipiell schwierig sei, eine göttliche Wahrheit auf der Ebene menschlicher Sprache festzuhalten, da die Sprache selbst einem ständigen Wandel unterworfen war. Glaubensentscheidungen – so der Konsens der kirchlichen Tradition – durften deshalb nur in äußersten Notsituationen getroffen werden, wenn es überhaupt keinen anderen Ausweg mehr gab oder wenn eine zentrale Wahrheit des christlichen Glaubens so massiv angegriffen wurde, dass sich die Frage von Sein oder Nichtsein stellte. Als Beispiel wurde immer wieder auf das Konzil von Nizäa 325 verwiesen. Arius hatte die Göttlichkeit Jesu Christi massiv geleugnet und ihn zu einem bloßen, wenn auch herausragenden Geschöpf Gottes erklärt. Deshalb sah sich das Konzil gezwungen, zu definieren, Christus sei *homoousios,* «eines Wesens mit dem Vater».[53] Doch diese dogmatische Festlegung brachte keine Einigkeit, sondern mindestens fünf Jahrhunderte Streit, weil erklärungsbedürftig blieb, was der Begriff *homoousios* überhaupt bedeutete.

Eine dritte grundsätzliche Frage lautete schließlich: Waren der päpstliche Jurisdiktionsprimat und seine Unfehlbarkeit überhaupt eindeutig in Schrift und Tradition enthalten? Was sich hier nicht eindeutig bezeugt fand, konnte nach der Lehre des Konzils von Trient auch nicht zum Dogma erhoben werden.

Argumente aus der Heiligen Schrift

Die Vorgaben des Konzils von Trient waren klar: In der Heiligen Schrift mussten sich eindeutige Belege für die Unfehlbarkeit des Papstes finden lassen. Da der Begriff «unfehlbar» aber weder im Alten noch im Neuen Testament vorkommt, galt es, Belege zu finden, in denen wenigstens die

Sache genannt wurde. Auch hier wurde man indes nicht so richtig fündig.[54] Die biblische Beweisführung basiert im Grunde nur auf drei Stellen.[55]

Zunächst auf dem Felsenwort Jesu in Kapitel 16 des Matthäusevangeliums: Auf das Bekenntnis des Petrus, «Du bist Christus, der Sohn des lebendigen Gottes!» antwortete Jesus: «Ich aber sage dir: Du bist Petrus und auf diesen Felsen werde ich meine Kirche bauen, und die Pforten der Unterwelt werden sie nicht überwältigen. Ich werde dir die Schlüssel des Himmelreichs geben; was du auf Erden binden wirst, das wird im Himmel gebunden sein, und was du auf Erden lösen wirst, das wird im Himmel gelöst sein.»[56]

Die zweite Stelle ist die denkwürdige Szene aus der Passionsgeschichte des Evangelisten Lukas: «Simon, Simon, siehe, der Satan hat verlangt, dass er euch wie Weizen sieben darf. Ich aber habe für dich gebetet, dass dein Glaube nicht erlischt. Und wenn du wieder umgekehrt bist, dann stärke deine Brüder! Darauf sagte Petrus zu ihm: Herr, ich bin bereit, mit dir sogar ins Gefängnis und in den Tod zu gehen. Jesus aber sagte: Ich sage dir, Petrus, ehe heute der Hahn kräht, wirst du dreimal leugnen, mich zu kennen.»[57]

Die dritte Stelle steht im Nachtragskapitel zum Johannesevangelium, in dem der auferstandene Jesus am See von Tiberias Petrus dreimal fragt, ob er ihn liebt, und Jesus ihm dreimal den Auftrag gibt, seine Schafe zu weiden.[58]

Diese drei Bibelstellen waren für die Anhänger des neuen Dogmas der eindeutige Schriftbeweis für die Unfehlbarkeit der Päpste und ihren Jurisdiktionsprimat. Die Gegner sahen in diesen Stellen jedoch allenfalls Aussagen Jesu Christi über den persönlichen Glauben des Petrus. Eine Übertragung auf irgendwelche amtlichen Kompetenzen seiner Nachfolger lehnten sie ab.

Wenn man aus der Schrift aber schon für heute geltende Vollmachten ableiten wolle, dann müssten diese für das Kollektiv aller Apostel und nicht den Papst allein gelten. Da das «Neue Testament alle Aussagen und Bilder, die es für Petrus gebrauche, an anderer Stelle auch für alle anderen Apostel zusammen» verwende, werde dem Apostelkollegium als Ganzem und nicht dem Petrus als Einzelperson Binde- und Lösegewalt zugesprochen.[59] Als Belegstelle für ihre Ansicht führten die Minoritätsbischöfe insbesondere Kapitel 18 Vers 18 aus dem Matthäusevangelium an, in dem Jesus seinen Jüngern zuspricht: «Amen, ich sage euch: Alles, was *ihr* auf Erden binden werdet, das wird auch im Himmel gebunden sein, und alles, was ihr auf Erden lösen werdet, das wird auch im Himmel gelöst sein.»[60]

Daraus resultieren zwei einander widersprechende Kirchenbilder: Für die Majorität war die Kirche eine Monarchie mit dem Papst als theokratischem Herrscher an der Spitze, für die Minderheit dagegen ergab sich aus der Heiligen Schrift eine kollegiale Ekklesiologie mit dem Bischofskollegium als entscheidendem Organ. Für die Konzeption der Unfehlbarkeit bedeutete das: Im ersten Fall entschied der Papst allein über Glaubenswahrheiten, ohne vorher die Zustimmung der Kirche einholen zu müssen, im zweiten Fall war er an das einmütige Votum der Bischöfe gebunden.

Es fällt auf, dass, wie Klaus Schatz treffend resümiert, «die Heilige Schrift ein eher sekundäres Kampffeld» in den Auseinandersetzungen auf dem Konzil blieb.[61] Das verwundert im Hinblick auf die Majorität nicht, weil die Bibel als Beweis für die päpstliche Unfehlbarkeit ausfällt. Die Minorität hätte sich die bibeltheologische Schwäche der Argumentation der Majorität jedoch zunutze machen können. Dies zeigt, dass in der katholischen Kirche des neunzehnten Jahrhunderts trotz der eindeutigen Formulierungen des Konzils von Trient zur Gleichwertigkeit von Schrift und Tradition biblischen Begründungen kaum noch eine wirkliche Bedeutung zukam.

Argumente aus der Tradition zum Ersten: Der fehlbare Papst

Viel heftiger als um die Schriftbeweise pro und contra Unfehlbarkeit wurde um Belege aus der Tradition gestritten, vor allem darüber, wie man der Zeugnisse aus der Tradition überhaupt habhaft werden konnte.[62] Kirchliche Tradition schlug sich zunächst in «ungeschriebenen Überlieferungen» nieder, die später verschriftlicht wurden.[63] Im Grunde verbirgt sich hinter der Vorstellung von einer «lebendigen Tradition» die Idee, dass die biblische Botschaft immer wieder neu aktualisiert wird.

Während die Anhänger der Minorität die ganze Kirchengeschichte und ihre quellenfundierte wissenschaftliche Erforschung als entscheiden-

«Ich bin unfehlbar» – «Ich bin nicht unfehlbar» – «Ich bin unfehlbar» … In dieser Karikatur sucht Pius IX. wie ein Kind in den Blättern des Gänseblümchens eine Antwort.

den theologischen Erkenntnisort für die Erhebung der Zeugnisse aus der Tradition ansahen, verabsolutierten die Unfehlbarkeitsprotagonisten die «Zeugnisse des Lehramtes» und setzten diese mit der «Tradition schlechthin» gleich.[64] Vor allem im Papst sahen sie das entscheidende Depot der kirchlichen Überlieferung. «Wozu so viel Umwege und Mühen» durch historische Forschung, fragte der Wiener Erzbischof Othmar Kardinal Rauscher, und konstatierte: «Befragen wir einfach den Papst – sein Urteil gibt uns die Lösung auf leichterem und schnellerem Wege.»[65]

Hinter diesen gegensätzlichen Traditionsverständnissen standen zwei ganz unterschiedliche Wissenskulturen: die kirchenhistorische Wissenschaft, die versuchte, methodisch und inhaltlich den Anschluss an die moderne profane Historiographie zu halten, auf der einen Seite, und die kirchliche Dogmatik, die im Laufe des neunzehnten Jahrhunderts vor allem in Rom zur starren ahistorischen Neuscholastik geworden war, auf der anderen.[66] Dieser Grundkonflikt lässt sich exemplarisch an den Auseinandersetzungen zwischen dem Rottenburger Bischof und ehemaligen Tübinger Kirchenhistoriker Carl Joseph von Hefele und dem Erzbischof von Westminster Henry Edward Manning zeigen.

«Es ist Zeit, dass die Anmaßungen der ‹historischen Wissenschaft› und der ‹wissenschaftlichen Historiker› auf ihre eigene Sphäre und in ihre Grenzen verwiesen werden» – ereiferte sich Manning.[67] Hefele hielt dagegen: Gerade im Streit um die Unfehlbarkeit müsse man auf die Geschichtswissenschaft hören. Seine Verantwortung als Kirchenhistoriker und der wissenschaftlich gewonnene historische Befund verlangten von ihm geradezu, entschieden Widerspruch gegen das geplante Infallibilitätsdogma einzulegen. Denn der Papst an sich könne nicht unfehlbar sein, da historisch feststehe, dass zumindest ein Papst in der Geschichte in einer zentralen Glaubensfrage geirrt habe. Hefele spielte damit auf Honorius I. an, der von 625 bis 638 auf dem Stuhl Petri saß und im Lauf seines Pontifikats in die nicht enden wollenden Streitigkeiten um das rechte Verständnis der Person Jesu Christi verwickelt wurde.[68]

Von Anfang an stand die christliche Lehre vor dem Problem, irgendwie plausibel zu erklären, wie der historische Mensch Jesus von Nazareth zugleich der ewige Sohn Gottes und damit die zweite Person der göttlichen Dreifaltigkeit sein konnte. Hier gab es im Laufe der Jahrhunderte zahlreiche Ansichten, die sich zwischen zwei Extrempositionen bewegten. Anhänger der einen Richtung – meistens verkürzt «Monophysiten» oder «Miaphysiten» (griechisch «moné physis» für «eine einzige Natur») genannt – favorisierten eine eindeutige Dominanz der göttlichen Komponente in Jesus Christus, während die menschliche Seite keine Rolle spielte. Der Mensch Jesus war in dieser Vorstellung lediglich die sichtbare Hülle für den unsichtbaren Gott. Die andere Richtung – nicht selten nach ihrem Begründer unter dem problematischen Oberbegriff «Nestorianer» zusammengefasst – sah in Christus dagegen «zwei Söhne» am Werk, den göttlichen Logos und den Menschen Jesus, die nur äußerlich miteinander verbunden sind.

Nach langen theologischen und kirchenpolitischen Auseinandersetzungen glaubte man, auf dem Konzil von Chalkedon 451 eine Formel gefunden zu haben: «In der Nachfolge der heiligen Väter also lehren wir alle übereinstimmend, unseren Herrn Jesus Christus als ein und denselben Sohn zu bekennen, derselbe ist vollkommen in der Gottheit und derselbe ist vollkommen in der Menschheit; … derselbe ist Christus … der in zwei Naturen unvermischt, unveränderlich» – gegen die Monophysiten formuliert «ungetrennt und unteilbar» – gegen die Nestorianer – «erkannt wird und sich in einer Person und einer Hypostase vereinigt.»[69]

Durch diese Formel der zwei Naturen in der einen Person Christi sollte eine Dominanz der göttlichen Komponente gegenüber der menschlichen genauso ausgeschlossen werden wie ein Auseinanderbrechen des einen Christus in den Menschen und den göttlichen Logos. Aber dieses Ziel wurde nur bedingt erreicht, denn die anderen Auffassungen bestanden weiter, teils innerhalb der römischen Kirche, teils als Glaubensgrundlage der miaphysitischen und nestorianischen Kirchen. Die Theologen und Bischöfe, die mit der Gleichordnung der menschlichen mit der göttlichen Natur nicht einverstanden waren, wiederholten zwar die Formel von Chalkedon von den zwei Naturen in der einen Person, verlagerten die Frage aber von der Ebene der Natur auf die Ebene des Willens beziehungsweise der Energien. Sie behaupteten, in Christus handle nur der göttliche Wille und werde nur die göttliche Energie wirksam, während der menschliche Wille passiv bleiben müsse.

Auf diese Weise versuchte auch der Patriarch von Konstantinopel, Sergius I., im Jahr 633 den Monophysiten, die sich von der katholischen Kirche abgespalten hatten, eine Brücke zur Rückkehr in die Kirche zu bauen. Er lehrte zwar – wie von Chalkedon vorgeschrieben – zwei Naturen, aber nur eine in Christus wirkende Energie oder einen Willen. Dieser Monotheletismus (griechisch «monos telos» für «ein einziger Wille») war aber im Grunde nichts anderes als ein verkappter Monophysitismus.

Diese dem Konzil von Chalkedon widersprechende monotheletische Lehre hatte Hefele zufolge auch Papst Honorius I. vertreten. Auf jeden Fall wies Honorius die Position des Sergius nicht zurück, sondern schrieb ihm vielmehr: «Deshalb bekennen wir auch *einen* Willen unseres Herrn Jesus Christus.»[70] Der Konzilienhistoriker wies darüber hinaus nach, dass das Sechste Ökumenische Konzil von Konstantinopel genau deswegen Honorius 681 als Häretiker verurteilte. Seine Nachfolger auf dem Stuhl Petri waren mehrere Jahrhunderte lang gezwungen, bei ihrem Amtsantritt der Irrlehre ihres Vorgängers Honorius I. feierlich abzuschwören.

Wenn aber, so Hefele, ein Papst in einer zentralen Glaubenswahrheit wie der Christologie lehramtlich geirrt hat, können die Päpste nicht schlechthin unfehlbar sein. Erzbischof Manning hielt Hefele entgegen: «Wir sind hier doch nicht in der Schule, sondern auf einem Ökumenischen Konzil. Nicht die Historiker … sind zu befragen, sondern das lebende Orakel der Kirche.» Und selbst wenn er hundertmal historisch recht habe, sei dies für die Kirche und die geplante Definition bedeutungslos. Denn dann müsse halt das «Dogma die Geschichte besiegen».[71]

Argumente aus der Tradition zum Zweiten: Das Konzil von Konstanz

Interessanterweise wurde ein zweites entscheidendes historisches Argument gegen den Universalen Jurisdiktionsprimat und die Unfehlbarkeit auf dem Ersten Vatikanum nicht in die Diskussion eingebracht. Es handelt sich um die Dekrete des Konzils von Konstanz von 1414 bis 1418, die dem geplanten neuen Dogma diametral widersprachen. Es lag nahe, dass der Kirchenhistoriker Hefele damit argumentierte, hatte er sich doch so intensiv wie kein anderer Konzilsvater mit den Konzilien beschäftigt. Dazu hätte er aber offen seine frühere Position revidieren müssen, denn als überzeugter Ultramontaner und Papstanhänger hatte er 1855 in seiner berühmten *Conciliengeschichte. Nach den Quellen bearbeitet* die Gültigkeit der Konstanzer Dekrete wegen der fehlenden Bestätigung durch den Papst bestritten. Auf dem Konzil selbst konnte und wollte er die ursprüngliche Position seines zum Standardwerk avancierten Opus magnum offenbar noch nicht korrigieren. Erst nach den ernüchternden Erfahrungen auf dem Ersten Vatikanischen Konzil sollte sich Hefele 1873 in der zweiten Auflage seiner *Conciliengeschichte* für die umfassende Geltung aller Beschlüsse des Konstanzer Konzils aussprechen.[72] Bezeichnenderweise kam es erst infolge des Zweiten Vatikanischen Konzils seit den 1960er-Jahren zu teils heftigen Debatten über diese Thematik.

Das Konstanzer Konzil hatte vor einer riesigen Aufgabe gestanden: Es musste das Große Abendländische Schisma, in dem seit 1378 zunächst zwei und seit 1409 drei Päpste miteinander konkurrierten, beenden und einen allgemein anerkannten Papst wählen.[73] Um überhaupt die Kompetenz zu haben, Päpste absetzen und einen neuen Pontifex wählen zu können, musste das Konzil jedoch zuerst seine eigene Superiorität über den Papst definieren und sich zur obersten Instanz der katholischen Kirche erklären. Das geschah im berühmten Dekret *Haec sancta* vom 6. April 1415: «Die im Heiligen Geist rechtmäßig versammelte Synode ... hat ihre Gewalt unmittelbar von Christus. Ihr ist jeder, unabhängig von

Stand oder Würde, wäre sie auch päpstlich, in dem, was den Glauben
und die Ausrottung des besagten Schismas und die allgemeine Reform
der Kirche Gottes an Haupt und Gliedern betrifft, zum Gehorsam verpflichtet.»[74] Weiter wurde festgelegt, dass jeder, der sich den Beschlüssen
des Konzils widersetzt, mit dem Anathem belegt wird. Bei umstrittenen
Entscheidungen des Papstes sollte es außerdem jederzeit möglich sein,
ein Konzil als Berufungsinstanz anzurufen. Um eine neue päpstliche
Willkürherrschaft und ein neues Schisma zu verhindern, sollte durch
das Dekret *Frequens* vom 9. Oktober 1417 das Konzil als ständige Kon-
trollinstanz des Papstes und seiner Kurie etabliert werden. Das nächste
Konzil sollte nach fünf und das übernächste nach sieben Jahren stattfinden. Von da an sollte alle zehn Jahre ein Konzil tagen.[75]

Damit beendete das Konzil von Konstanz die vier Jahrzehnte dauernde Kirchenspaltung, setzte die drei konkurrierenden Päpste ab und
wählte 1417 mit Martin V. einen allgemein anerkannten Papst, auf den
sich die Päpste bis heute zurückführen. Eine umfassende Reform der
Kirche war jedoch zum Scheitern verurteilt, weil die Päpste seitdem die
Konzilien fürchteten wie der Teufel das Weihwasser, deren Einberufung
erfolgreich verhinderten und die Appellation an ein allgemeines Konzil
sogar mit schweren Kirchenstrafen belegten.[76]

Argumente aus der Tradition zum Dritten: Der Konsens der Bischöfe

Ein ganz anderes Argument schöpfte Kardinal Filippo Maria Guidi aus
der Tradition.[77] Der Redebeitrag des Dominikaners am 18. Juni 1870
wurde in weiten Kreisen des Konzils als Sensation gewertet, da Guidi als
treuer Gefolgsmann des Papstes bekannt war. Er verstand seinen Vorschlag als einen Kompromiss, auf den sich – wie er hoffte – Majorität
und Minorität würden verständigen können. Guidi unterstützte einerseits die geplante Definition der päpstlichen Unfehlbarkeit. Sie sei zwar
nicht von der ganzen Tradition gedeckt, habe in letzter Zeit aber immer
mehr Gewicht bekommen. Andererseits nahm er die Bedenken der
Minorität auf, indem er zwei Begrenzungen der Infallibilität vorschlug.
Zum Ersten kam die Qualität der Unfehlbarkeit für Guidi nicht dem
Papst als Person zu. Sie sei ihm «nicht habituell als inhärierende Qualität

gegeben», sondern komme nur «jeweils aktuell dem Akt beziehungsweise der Definition zu». Deshalb – so Guidis zweite Begrenzung – sei
der Papst bei unfehlbaren Definitionen vom Rat der Bischöfe abhängig,
die für die Traditionen der über die Welt verstreuten Ortskirchen stünden. Diese müsse er befragen, bevor er ein Dogma verkünden könne,
denn, so Guidi wörtlich, der Papst handele nicht «nach Willkür und aus
sich selbst, unabhängig von der Kirche, das heißt getrennt von ihr», sondern gestützt auf den «Rat der Bischöfe, die die Tradition ihrer Kirchen
vorlegen».[78] Wie zu erwarten, konnte Pius IX. dem Vorschlag Guidis
nichts Positives abgewinnen und sorgte dafür, dass er im endgültigen
Text ausdrücklich verworfen wurde.

Auf der Überholspur zur Unfehlbarkeit

Die römische Sommerhitze wurde für die meist betagteren Kardinäle
und Bischöfe immer unerträglicher. Wurde die Generaldebatte über *Pastor aeternus* in nur drei Wochen – vom 14. Mai bis zum 3. Juni – durch-
gepeitscht, sollte für die Spezialdebatte der ersten drei Kapitel gerade mal
eine Woche zur Verfügung stehen. Bereits am 15. Juni folgte die Diskussion über das vierte Kapitel, das die Dogmatisierung der Unfehlbarkeit
des Papstes enthielt.[79]

Bischof Dupanloup von Orléans brachte in einem Brief den «allgemeinen Schrei» der Konzilsteilnehmer auf den Punkt: «Es ist unmöglich,
dass man uns noch länger in Rom zurückhält, in diesem Augenblick, in
den Bedingungen, in denen wir sind: erschöpft, leidend, krank, ohne
Schlaf, die meisten miserabel untergebracht und versorgt, schlecht
ernährt, von einem Tag auf den anderen den Fiebern ausgeliefert. Das
heißt wirklich mit der Gesundheit und dem Leben von Menschen spielen.» Tatsächlich war Rom damals ein Malaria-Gebiet. Dupanloup sah
darin ein «Kalkül» des Papstes und der Majorität, die Minorität zu zer-
mürben und zum Aufgeben zu bewegen. Unter diesen Bedingungen eine
derart wichtige Frage entscheiden zu müssen, «überstürzt, gewaltsam,
innerlich am Ende», sei «eine Gemeinheit, die keinen Namen hat».[80]

Kurienerzbischof Vincenzo Tizzani vertraute seinem Konzilstagebuch an, unter den Teilnehmern habe ein «allgemeines Lamentieren»

geherrscht – wegen der mörderischen Temperaturen, aber vor allem auch, weil «man ohne Rücksicht auf die Bischöfe das Konzil durchzieht, nur um dem Willen des Papstes zu gefallen, der um jeden Preis will, dass die Definition seiner Unfehlbarkeit so schnell als möglich geschieht». Die Bischöfe sah Tizzani als «Opfer in physischer und moralischer Beziehung».[81]

Die Zermürbungstaktik von Papst und Kurie hatte schließlich Erfolg: Am 4. Juli zogen alle noch auf der Liste stehenden vierzig Redner aus Erschöpfung ihre Wortmeldungen zum Unfehlbarkeitskapitel zurück, um irgendwie zu einem Ende zu kommen. Bei der Probeabstimmung über die Konstitution *Pastor aeternus* gab es vierhunderteinundfünfzig Mal «Placet», also Zustimmung ohne Einschränkung, zweiundsechzig Mal «Placet iuxta modum», also Zustimmung unter Bedingung der Veränderung einzelner Passagen des Textes, und achtundachtzig Mal «Non Placet».

Die Minderheit sah dieses Ergebnis als großen Erfolg an. Sie hoffte, Pius IX. würde es angesichts der fehlenden moralischen Einmütigkeit nicht wagen, die Konstitution zur feierlichen Endabstimmung vorzulegen. Aber der Papst war wütend über den Widerstand und bereit, das Dogma auch gemäß der abgeänderten Geschäftsordnung mit einfacher Mehrheit zum Abschluss zu bringen. Zudem ordnete er eine weitere Verschärfung der Formulierung des Dogmas an.

Davon ahnten die Vertreter der Minderheit jedoch nichts, als sie am 15. Juli eine Delegation zum Papst schickten, um ihn zu bitten, die Formel einzufügen, der Papst verkünde unfehlbare Wahrheiten «gestützt auf das Zeugnis der Kirche». Pius IX. gab sich charmant und unverbindlich. Die Minorität schöpfte Hoffnung – und wurde am folgenden Tag im Plenum bitter enttäuscht, als sie erfahren musste, dass der Papst genau die gegenteilige Formel hatte einfügen lassen, nämlich dass der Papst unfehlbare Wahrheiten verkünde «aus sich heraus und nicht aus der Zustimmung der Kirche». Die Minoritätsbischöfe erkannten, dass sie hinters Licht geführt worden waren. Sie waren nicht nur enttäuscht, sondern wütend. Wenn sie in Rom blieben, mussten sie auch beim finalen feierlichen Akt gegen den Papst stimmen. Oder sie mussten wider besseres Wissen dem Dogma zustimmen und würden öffentlich als Umfaller dastehen. Nach einigen Überlegungen beschlossen die Bischöfe der Minorität, am 17. Juli abzureisen, um bei der feierlichen Schlussabstimmung nicht dabei sein zu müssen. Diese fand am 18. Juli unter Blitz und Donner statt und er-brachte eine Mehrheit von fünfhundertdreiunddreißig zu zwei Stimmen für das neue Dogma.

Ein neues Dogma

«Pastor aeternus et episcopus animarum nostrarum ...», «Der ewige Hirte und Bischof unserer Seelen hat die Errichtung der heiligen Kirche beschlossen, um so das heilbringende Werk der Erlösung auf Dauer zu gewährleisten.» Mit diesem Satz beginnt die «Erste Dogmatische Konsti-tution über die Kirche Christi» *Pastor aeternus* vom 18. Juli 1870.[82] Sie ist in ein Proömium und vier Kapitel gegliedert.

Die Einleitung ruft nicht nur die Gründung der Kirche durch Jesus Christus selbst in Erinnerung, sondern auch die Berufung der Apostel als Hirten und Lehrer der Gläubigen. Um aber die Einheit seiner Kirche für immer zu gewährleisten, «hat Christus den seligen Petrus an die Spitze der übrigen Apostel gestellt». Dann versucht die Konstitution, den Vor-wurf der Minorität, das Unfehlbarkeitsdogma sei überflüssig, weil die innerkirchliche Autorität des Papstes in keiner Weise angegriffen worden sei, mit einer überaus pessimistischen Weltdeutung zu widerlegen: «Und da sich die Pforten der Unterwelt von Tag zu Tag mit größerem Hass und von überall her gegen das von Gott gelegte Fundament erheben, um die Kirche – wenn möglich – bis auf den Grund zu zerstören», erachtet es Pius IX. mit «Billigung des heiligen Konzils» für notwendig, die «Lehre von der Einsetzung, Fortdauer und Natur des heiligen apostolischen Pri-mats, in dem die Festigkeit und Stärke der ganzen Kirche besteht», den Gläubigen als Glaubenssatz «gemäß dem alten und beständigen Glauben der Universalkirche» vorzulegen. Trotz aller Rede von der Einsetzung des Bischofsamts und des Kollegiums der Apostel durch Christus sieht die Konstitution in Petrus das einzig maßgebliche Fundament der Kirche. Diese monarchische Konzentration auf den «Felsenmann» allein hatte bei den Beratungen in der Konzilsaula heftige Kritik der Bischöfe hervor-gerufen, die für ein eher kollegiales Kirchenbild standen.[83]

Das erste Kapitel handelt von der Einsetzung des Primats in Petrus und hat keinerlei Diskussionen hervorgerufen. «Deshalb lehren und er-

Pius IX. auf dem Höhepunkt seiner geistlichen Macht kurz nach der Verkündigung des Unfehlbarkeitsdogmas. Gemälde von George Peter Alexander Healy.

klären wir: Nach den Zeugnissen des Evangeliums ist der Jurisdiktions-primat über die gesamte Kirche Gottes von Christus dem Herrn unmittelbar und direkt dem seligen Apostel Petrus verheißen und übertragen worden.»[84] Wie bei dogmatischen Entscheidungen auf Konzilien üblich, folgt der positiven Darlegung der Lehre der Kirche das sogenannte Anathem: Wer die Einsetzung des petrinischen Primats durch Jesus Christus leugnet oder ihm nur einen Ehrenprimat unter den übrigen Aposteln zubilligt, der ist nicht mehr katholisch und wird exkommuniziert.

Im zweiten Kapitel geht es um die Fortdauer des Primats des Petrus in den römischen Bischöfen.[85] Hier wird die Lehre von der Sicherung der Tradition durch ununterbrochene Sukzession auf dem römischen Bischofsstuhl in Anlehnung an Irenäus von Lyon entfaltet. Dieser hatte im Jahr 185 gegen die Gnostiker, die für sich ein exklusives theologisches Spezialwissen beanspruchten, das Argument der sicheren Weitergabe des Glaubens von den Aposteln über deren Schüler zu den Bischöfen angeführt und sich dabei vor allem auf die römische Kirche gestützt, der er eine ununterbrochene Liste von Bischöfen, angefangen bei Petrus über Linus und Anaklet bis zu Pius I., bescheinigte.[86]

Diese Liste hält allerdings einer kirchengeschichtlichen Überprüfung nicht stand, denn bis zur Mitte des zweiten Jahrhunderts gab es in Rom und der katholischen Kirche insgesamt noch keinen Monepiskopat. Statt dem Prinzip «eine Gemeinde – ein Bischof» zu folgen, wurden die Ortskirchen damals von kleinen Teams geführt. Die Sukzession eines Bischofs auf einen anderen war daher ausgeschlossen. Außerdem lassen sich die neun römischen Bischöfe, die auf Petrus gefolgt sein sollen, historisch nicht belegen. Es gibt keinerlei Quellen zu diesen Vorstehern der römischen Gemeinde. Hier wurde ein wackeliges Traditionsargument angeführt. Die Minorität machte sich diese Schwäche jedoch nicht zunutze und akzeptierte die Formulierung ohne jede Diskussion: «Deshalb gilt: Wer immer Petrus auf diesem Stuhl folgt, erhält gemäß der Stiftung Christi den Primat des Petrus über die gesamte Kirche.»

Das dritte Kapitel ist mit «Bedeutung und Wesen des Primats des römischen Bischofs» überschrieben.[87] Der «heilige Apostolische Stuhl und der römische Bischof hat über den gesamten Erdkreis den Primat inne», weil der Papst als Nachfolger des Apostels Petrus auch der «wahre Stellvertreter Christi» ist. Seine Jurisdiktionsgewalt wird als «wirklich bischöfliche» und unmittelbare beschrieben, was im Klartext heißt, dass der Papst unter Umgehung des zuständigen Bischofs in jede Diözese direkt hineinregieren kann. Gegenüber dem Jurisdiktionsprimat des römischen Bischofs «sind die Hirten und Gläubigen unabhängig von Rang und Ritus, je einzeln und in ihrer Gesamtheit, zur hierarchischen Unterordnung und zu echtem Gehorsam verpflichtet. Dies gilt nicht nur in Fragen des Glaubens und der Sitten, sondern auch in Disziplinar- und Leitungsfragen.»

Es überrascht, dass es über das dritte Kapitel kaum Streit gab. Auch Anhänger der Minorität, die entschiedene Gegner der päpstlichen Unfehlbarkeit waren, stimmten diesem Universalen Jurisdiktionsprimat zu. Im Regierungshandeln sollte der Papst die uneingeschränkte Souveränität haben, bei Lehraussagen dagegen auf den Konsens der Kirche angewiesen bleiben. Dabei übersahen die Bischöfe, dass der Jurisdiktionsprimat sie endgültig zu Oberministranten des Papstes degradierte. Tatsächlich hat das dritte Kapitel von *Pastor aeternus* eine viel größere Wirkungsgeschichte entfaltet als das Unfehlbarkeitsdogma. Denn von der Vollmacht, unfehlbar dogmatisch zu lehren, haben die Päpste seit 1870 nur ein einziges Mal Gebrauch gemacht: 1950, als Pius XII. das

Dogma von der leiblichen Aufnahme Mariens in den Himmel verkündete.[88] Der Jurisdiktionsprimat dagegen gehört zum Alltagsgeschäft des Papstes. Fast jeden Tag gibt er Bischöfen und Gläubigen Anweisungen, die sie zu befolgen haben und meistens auch befolgen.[89] Eine der ganz seltenen Ausnahmen war die Weigerung des Limburger Bischofs Franz Kamphaus, einem Befehl Johannes Pauls II. zum Ausstieg der katholischen Kirche aus der Schwangerschaftskonfliktberatung und zur Schließung katholischer Beratungsstellen zu folgen. Durchsetzen konnte er sich letztlich auch nicht.

Auch wenn über die päpstliche Unfehlbarkeit viel mehr diskutiert wird, ist der Jurisdiktionsprimat «nach kirchlichem Selbstverständnis eine unfehlbar gelehrte Glaubenswahrheit, die nicht geändert werden kann». Selbst kritische Katholiken, die für die Kirche Reformen fordern, haben dieses Dogma «weitgehend internalisiert», denn «jedes Mal, wenn Gläubige über innerkirchliche Weichenstellungen diskutieren, wenn sie Wünsche formulieren oder Forderungen erheben, richtet sich ihr Blick, sofern sie überhaupt noch mit Veränderungen rechnen, nach ‹Rom› und auf den Papst».[90]

Pastor aeternus stellt den Gläubigen ihren obersten Hirten als absoluten Monarchen vor Augen. Es handelt sich um eine unumschränkte Vollmacht, die sich manche Päpste des Hochmittelalters wie Gregor VII. oder Innozenz III. gewünscht, faktisch aber nie besessen hatten. Eine Gewaltenteilung in der katholischen Kirche ist nach diesem Dogma schlicht unmöglich. Die Konstitution schließt selbst die Möglichkeit einer Appellation gegen die Entscheidungen des Papstes ausdrücklich aus: «Darum irrt vom rechten Weg der Wahrheit ab, wer behauptet, es sei erlaubt, gegen Urteile der römischen Bischöfe bei einem Ökumenischen Konzil als der dem römischen Bischof übergeordneten Autorität Berufung einzulegen.»[91] Damit wird die kollegiale Auffassung des Konstanzer Konzils zurückgewiesen, obwohl diese in der Argumentation der Minorität gar keine entscheidende Rolle gespielt hatte. Wahrscheinlich sollte so der alte Streit um das Verhältnis von Konzil und Papst definitiv entschieden werden.

Das vierte Kapitel enthält schließlich das eigentliche Unfehlbarkeitsdogma.[92] Einleitend wird ausdrücklich festgehalten, im apostolischen Primat des Papstes sei «auch die höchste Lehrgewalt eingeschlossen». Die «Gnadengabe der Wahrheit und des niemals wankenden Glaubens» ist «dem Petrus und dessen Nachfolgern ... von Gott ... übertragen worden». Wenn diese Glaubenswahrheit so klar war, warum musste man sie dann ausgerechnet 1870 feierlich definieren? Die Antwort, die *Pastor aeternus* gibt, überrascht nicht. Sie besteht in dem üblichen Topos: massive Angriffe auf den Heiligen Stuhl und die Person des Papstes. «Nun gibt es gerade in der Gegenwart ... viele Leute, die seine Autorität herabsetzen.» Deshalb «halten Wir es für unbedingt notwendig, die einzigartige Stellung, die der eingeborene Sohn Gottes mit dem höchsten Hirtenamt verbinden wollte, feierlich zu bekräftigen».

Die feierliche Eingangsformel des Unfehlbarkeitsdogmas lautet: «Im getreuen Festhalten an der Überlieferung, die wir vom Anfang des christlichen Glaubens her empfangen haben, lehren Wir deshalb mit Billigung des Heiligen Konzils.» Damit wird zweierlei behauptet: Erstens lehre die Kirche nur das, was von Anfang an bereits gelehrt wurde, nämlich dass der Papst immer schon unfehlbar war. Zweitens hebt die Eingangsformel hervor, wer das Dogma von der päpstlichen Unfehlbarkeit eigentlich definiert: Es ist der Papst selbst, wenn auch mit Zustimmung des Konzils. Dem schließt sich der dreifache theologische, ekklesiologische und soteriologische Zweck der Dogmatisierung an; sie dient nämlich der «Ehre unseres Gottes und Erlösers», der «Erhöhung der christlichen Religion» und dem «Heil der christlichen Völker». Erst nach dieser langen Hinführung folgt der Wortlaut des «von Gott geoffenbarten Dogmas», also das, was die Gläubigen bis heute zu glauben haben, wenn sie katholisch sein wollen:

«Wenn der römische Bischof *ex cathedra* spricht, das heißt, wenn er in Ausübung seines Amtes als Hirte und Lehrer aller Christen kraft seiner höchsten apostolischen Autorität entscheidet, eine Glaubens- oder Sittenlehre sei von der ganzen Kirche festzuhalten, dann vermag er dies durch göttlichen Beistand, der ihm im seligen Petrus verheißen ist, mit jener Unfehlbarkeit, mit der der göttliche Erlöser seine Kirche bei der Entscheidung einer Glaubens- oder Sittenlehre ausgestattet haben wollte. Und deshalb sind solche Entscheidungen des römischen Bischofs aus sich, nicht aber aufgrund der Zustimmung der Kirche – *ex sese non autem ex consensu ecclesiae* – unabänderlich. Wenn also jemand – was Gott verhüten möge – sich herausnehmen sollte, dieser unserer Entscheidung zu widersprechen, gelte das Anathem.»

Nach dem Text von *Pastor aeternus* kommt die Unfehlbarkeit dem

Papst allein zu, ohne dass er an den Konsens der Kirche gebunden wäre. Alle Versuche, den Papst wieder an die Kirche zurückzubinden, wie sie 1870 und danach immer wieder bei der Auslegung des Unfehlbarkeitsdogmas unternommen wurden, mögen zwar «pastoral» verständlich sein, um mit der Härte des Dogmas wenigstens halbwegs zurechtzukommen und es für Katholiken handhabbar zu machen. Sie können aber angesichts der ausdrücklichen Zurückweisung einer notwendigen Zustimmung der Kirche nicht überzeugen.

Eine überraschend unumstrittene Dogmatische Konstitution: *Dei filius*

Bei all den heftigen Auseinandersetzungen um *Pastor aeternus* und das Unfehlbarkeitsdogma gerät die zweite Dogmatische Konstitution des Ersten Vatikanischen Konzils, die bereits am Weißen Sonntag, dem 24. April 1870, einstimmig von sechshundertsiebenundsechzig anwesenden Konzilsteilnehmern verabschiedet worden war, nicht selten in Vergessenheit.[93] Die Konstitution *Dei filius* «Über den katholischen Glauben» besteht aus einem umfangreichen Vorwort, vier Kapiteln, in denen die Lehre der Kirche entfaltet wird, und sogenannte Kanones, in denen abweichende Meinungen als Irrlehren verurteilt werden.[94]

Dabei hat es *Dei filius* durchaus in sich, auch wenn manche Konzilsbeobachter hier nur einige «dunkle Feststellungen aus dem Bereich der Metaphysik» und eine «recht hausbackene Theologie» zu finden glaubten.[95] Bereits hier wurde eine wesentliche Grundlage für das spätere Unfehlbarkeitsdogma gelegt. Wenn dies den Konzilsvätern bewusst gewesen wäre, hätte es sicher umfassendere Diskussionen gegeben. Die Infallibilität des Papstes, die das Konzil erst drei Monate später dogmatisieren sollte, wurde in ihr nämlich «bereits vorausgesetzt».[96] Pius IX. erließ diese Dogmatische Konstitution kraft seines «höchsten apostolischen Amtes», in dessen Ausübung er «niemals nachgelassen» habe, «die katholische Wahrheit zu lehren und zu schützen und falsche Lehren zu verwerfen». *Dei filius* ist deshalb eine souveräne Entscheidung des Papstes, die Bischöfe sind lediglich Staffage. In den Worten der Konstitution: «Nun aber sind die Bischöfe des gesamten Erdkreises kraft Unserer Vollmacht im Heiligen Geist zu dieser ökumenischen Synode versammelt und fällen in gemeinsamen Sitzungen mit Uns das Urteil.»

Einstimmig hatten die Konzilsväter damit beschlossen, dass das Erste Vatikanische Konzil kein konziliares, sondern ein monarchisches Konzil war. Sie hatten einstimmig ihre bischöfliche Würde und Potestas als Nachfolger der Apostel auf dem Altar des Papstes geopfert. Das Konzil gab es nur kraft seiner Vollmacht, Pius IX. befahl, und seine Kinder, die Bischöfe, folgten dem Vater.

Am Beginn des Proömiums versuchte *Dei filius,* diesen Bruch mit der konziliaren Tradition zu kaschieren, indem es sich auf das Konzil von Trient bezog. Dadurch sollte eine Kontinuität des Ersten Vatikanischen Konzils zum letzten Ökumenischen Konzil suggeriert werden. Wie im sechzehnten Jahrhundert die Kirche von den Protestanten bedroht war, so war sie es im neunzehnten Jahrhundert durch den schlimmen Zeitgeist. Wie das Tridentinum die Angriffe der Häretiker zurückgewiesen hatte, so musste es das Vatikanum heute tun.

Welcher Heilmittel hatte das Konzil von Trient sich damals bedient? Die Antwort von *Dei filius* war klar: Zunächst wurden die «heiligen Dogmen … genauer definiert», Irrtümer verurteilt und die Ordnung und Disziplin in der Kirche wiederhergestellt. Insbesondere habe das Tridentinum dafür gesorgt, durch die Errichtung von Tridentinischen Seminaren die Priesterausbildung wieder auf ein höheres Niveau zu bringen und das sittliche Leben der Gläubigen durch den regelmäßigeren Empfang der Sakramente zu erneuern. Am wichtigsten für Pius IX. war sicher die Behauptung, das Tridentinum habe für «eine engere Gemeinschaft der Glieder mit dem sichtbaren Haupt» der Kirche gesorgt.[97] Hier wurde dem Konzil von Trient eine Intention untergeschoben, die es nachweislich so nicht verfolgt hatte: Denn es verzichtete ja bewusst auf eine Definition des päpstlichen Primats und eine genaue Verhältnisbestimmung von Papst und Bischöfen. Der Mythos Trient und die Erfindung einer pseudotridentinischen Tradition spiegelte sich somit auch in dieser Dogmatischen Konstitution wider. Die Beschlüsse des Tridentinums seien jedoch – wie es im Text weiter heißt – weitgehend verachtet und das «göttliche Lehramt der Kirche» abgelehnt worden, weil man Entscheidungen über Fragen der Religion dem «Urteil einer jeden Privatperson» überlassen habe. Rationalismus, Naturalismus, Pantheismus, Materialismus, Atheismus und die «Herrschaft der reinen Vernunft» seien die schlimme Folge gewesen.

Kapitel eins von *Dei filius* lehrt die Existenz und absolute Transzendenz Gottes und hebt die göttliche Schöpfung der Welt aus dem Nichts hervor.[98] Atheismus, Materialismus und jede Form von Pantheismus werden in den angehängten Kanones verurteilt.

In Kapitel zwei geht es um das komplexe Thema der Offenbarung.[99] Die Konstitution hält fest, dass Gott zwar «mit dem natürlichen Licht der Vernunft aus den geschaffenen Dingen sicher erkannt werden» könne, der Mensch aber trotzdem der übernatürlichen Offenbarung bedürfe. Die Bestreitung der sogenannten natürlichen Theologie, deistische Positionen und die rationalistische Bibelkritik werden in den Kanones verdammt. Implizit werden aber auch der Fideismus, der den Glauben über die Vernunft stellt, und der Traditionalismus, der Wahrheit allein aus der Tradition gewinnen zu können glaubt, verworfen. Offenbarung versteht die Konstitution nicht als Selbstmitteilung Gottes in Jesus Christus, sondern als göttliche Instruktion: Gott teilt dem Menschen Sätze mit, die übernatürlichen Ursprungs sind, deshalb von der Vernunft nicht überprüft werden können und schlicht geglaubt werden müssen. Damit die Gläubigen auch sicher sein können, dass ein Glaubenssatz tatsächlich von Gott stammt, braucht man einen authentischen Interpreten der göttlichen Instruktionen. Dieser Interpret ist der unfehlbare Papst. Aus der Begegnung mit dem lebendigen Gott wurde ein Katechismusunterricht gemacht.

Auf dem Konzil selbst war dieses sogenannte instruktionstheoretische Offenbarungsverständnis nicht umstritten, während es außerhalb der katholischen Kirche massiven Widerspruch hervorrief. Ein derartiges Verständnis von Wahrheit, die sich der Überprüfung durch die menschliche Vernunft entzog, widersprach allen Prinzipien aufgeklärten Denkens. Es sollte bis zum Zweiten Vatikanischen Konzil dauern, bis die katholische Kirche ihr Offenbarungsverständnis, nicht zuletzt bedingt durch eine späte Rezeption dieser Kritik, ändern sollte. An die Stelle von Instruktion und blindem Gehorsam traten Kommunikation und Diskussion – wenigstens in der Theorie.

In Bezug auf die Frage, wer die Offenbarungsquellen verbindlich auslegen könne, nahm die Konstitution eine maßgebliche Ausweitung der päpstlichen Kompetenzen vor. Anders als vom Konzil von Trient vorgesehen, beurteilte das päpstliche Lehramt nicht mehr nur die Auslegung der Bibel durch einzelne Theologen, sondern der Papst schrieb sich selbst die alleinige Auslegungskompetenz der Heiligen Schrift zu. «Nach dem Tridentinum ist es die Aufgabe der Amtsträger, darüber zu urteilen, *ob* eine Interpretation dem sensus ecclesiae nicht widerspricht; das Vaticanum betrachtet es als die Aufgabe des (zentralen) Lehramtes, zu entscheiden, *wie* die Schrift und einzelne Stellen zu interpretieren sind.»[100]

Kapitel drei handelt vom Glauben als der einzig angemessenen Reaktion der Menschen auf die göttlichen Instruktionen, die ihnen in der Offenbarung zuteilgeworden sind.[101] Sie haben sie im strikten Gehorsam zu glauben, nicht zuletzt, weil Gott selbst durch Wunder und Weissagungen äußere Beweise für die Echtheit seiner Offenbarung geliefert hat. Glaube hat also nichts mit der Einsicht in die Inhalte des Glaubens zu tun, er ist vielmehr Gehorsam des Willens und des Verstandes gegenüber der Autorität Gottes.[102]

Versteckt im dritten Kapitel über den Glauben findet sich die vielleicht wichtigste Bestimmung der ganzen Konstitution, die dogmatische Definition des 1863 durch Joseph Kleutgen erfundenen ordentlichen Lehramts: «Mit göttlichem und katholischem Glauben ist ferner all das zu glauben, was im geschriebenen oder überlieferten Wort Gottes enthalten ist und von der Kirche – sei es in feierlicher Entscheidung oder kraft ihres gewöhnlichen und allgemeinen Lehramtes – als von Gott geoffenbart vorgelegt wird.»

Das vierte Kapitel wendet sich schließlich dem Verhältnis von Glauben und Vernunft zu, die sich im Letzten nicht widersprechen könnten, da beide Gott selbst als Urheber hätten.[103] Aber die Vernunft allein reiche nicht aus, sie müsse vom Glauben erleuchtet sein, weil «die übernatürlichen Wahrheiten den geschaffenen Verstand» absolut übersteigen. Zwar bekenne sich die katholische Kirche grundsätzlich zur Wissenschaftsfreiheit und erlaube, dass die einzelnen Disziplinen «in ihrem jeweiligen Bereich ihre eigenen Prinzipien und ihre eigenen Methoden anwenden». Diese Freiheit finde ihre Grenze jedoch in den Inhalten der Offenbarung, die vom Lehramt der Kirche authentisch ausgelegt würden.

Bereits in der Offenbarungskonstitution wurde die Grundtendenz des Ersten Vatikanums deutlich, die im Unfehlbarkeitsdogma gipfeln sollte. «‹Autorität› gegen ‹Autonomie› ist das grundlegende Leitmotiv des Konzils. Der päpstlichen Autorität, auf die sich alles in *Pastor aeternus* konzentriert, entspricht die ‹Autorität des offenbarenden Gottes› als eigentlicher Grund des Glaubens.»[104] So wie im Unfehlbarkeitsdogma jeder Konsens der Kirche als notwendige Bedingung für ein vom Papst allein verkündetes Dogma ausgeschlossen wird, so ist in der Offenbarungskonstitution eine innere vernünftige Zustimmung der Katholiken zu ihrem Glauben nicht vorgesehen. Der Papst interpretiert letztverbindlich, was Gott geoffenbart hat. Ende der Diskussion und Gehorsam.

Unfehlbar gefangen

Am 18. Juli 1870 wurde die geistliche Autorität des Papstes ins Unermessliche gesteigert, aber schon einen Tag später begann das Ende seiner weltlichen Herrschaft, als der Deutsch-Französische Krieg ausbrach und die französischen Schutztruppen aus Rom und dem Kirchenstaat abgezogen wurden.[105] Damit wurde der Weg frei für die Besetzung Roms durch italienische Verbände. Bereits 1859 hatten sich mit der Romagna und 1860 mit Umbrien und den Marken – und damit auch Senigallia, die Heimatstadt Pius' IX. – große Teile des päpstlichen Staats Italien angeschlossen. Der Papst hoffte wie immer auf Hilfe von oben und leistete, als es ernst wurde, im Sommer 1870 allenfalls symbolischen Widerstand gegen die Besetzung Roms durch italienische Truppen.[106] Knapp neuntausend Verteidigern innerhalb der Mauern standen rund achtzigtausend Angreifer entgegen. Die Römer selbst sympathisierten ohnehin zum großen Teil mit dem Risorgimento. Am Morgen des 20. Septembers begann gegen halb fünf Uhr morgens der Sturm auf die Stadttore und Mauern, die mit Kanonen sturmreif geschossen wurden. Nach knapp zweieinhalb Stunden Feuergefecht gab es eine Bresche, und die Truppen des Königs Vittorio Emanuele begannen in die Stadt einzudringen. Bereits um zehn Uhr kapitulierte Rom. Auf der Seite der päpstlichen Truppen gab es sechzehn Tote und achtundfünfzig Verletzte. Umgehend wurde Rom zur Hauptstadt Italiens proklamiert. Der Papst hatte sich nie in Gefahr befunden: Pius IX. erklärte sich selbst zum «Gefangenen im eigenen Hause».[107] In einer Ansprache an die Kardinäle vom 29. September beklagte er sich darüber, dass er infolge der Besetzung Roms die Freiheit verloren habe, die absolut notwendig sei, um die Kirche Gottes regieren und ihre Rechte verteidigen zu können.[108]

*Zum letzten Mal ein päpstlicher Segen Richtung Petersplatz und Stadt: Pius IX.
segnete am 25. April 1870 seine Truppen. Nach der Besetzung Roms durch die
Italiener wird es einen solchen Segen ein halbes Jahrhundert lang nicht mehr
geben.*

Einen Monat später am 20. Oktober 1870 vertagte der Papst das Konzil auf unbestimmte Zeit; es sollte nie mehr einberufen werden.[109] Die
entscheidende Frage lautete: Wie würden sich die Bischöfe der Minorität, die vor der Abstimmung aus Rom abgereist waren, verhalten? Würden sie bei ihrer Opposition bleiben oder sich dem neuen Dogma unterwerfen? Die deutschen Minoritätsbischöfe verabredeten, dass sie sich
von Rom nicht auseinanderdividieren lassen und nur gemeinsam weitere Schritte unternehmen würden.[110] Diese Treueschwüre hielten aber
nicht lange. Die Oberhirten gerieten von Rom wie auch von der Basis
her zusehends unter Druck: Nuntius Pier Francesco Meglia in München
verweigerte im Auftrag Roms die Vollmacht zur Erteilung von Dispensen etwa bei Ehehindernissen, die ultramontane Presse stellte die Abweichler als Ketzer dar. Einer nach dem anderen fiel um und unterwarf
sich, als letzter von ihnen der Rottenburger Oberhirte Hefele, der
diesen Schritt ausdrücklich als «sacrificium intellectus», als Opfer des
Verstandes, bezeichnete.[111] Auch die französischen Bischöfe unterwarfen
sich alle bis zum Sommer 1871, am schwersten taten sich Dupanloup,
Maret und der Erzbischof von Paris, Georges Darboy. In der Habsburger

Monarchie hatten Kardinal Schwarzenberg von Prag und Bischof Stroßmayer von Diakovo ihre liebe Not mit dem neuen Dogma. Nachdem der
Kardinal noch im Herbst 1870 formell gegen die Gültigkeit des neuen
Dogmas hatte protestieren wollen, musste er um die Jahreswende feststellen, dass es keine Minorität mehr gab. Deshalb resignierte er und ver-
öffentlichte die Konzilsdekrete am 11. Januar 1871 ohne weitere Kommentare. Stroßmayer publizierte das Dogma erst im Januar 1873, ohne es
persönlich anzuerkennen. Seine formelle Unterwerfung dauerte bis 1881,
als er, wohl auf Initiative des neuen Papstes Leo XIII., einen entsprechenden Hirtenbrief publizierte. In den übrigen Ländern gab es auf der Ebene
des Episkopats dagegen so gut wie keine Probleme.[112]

Einen nennenswerten Widerstand vonseiten der Theologen gab es
nur dort, wo Theologie als Wissenschaft an staatlichen Universitäten betrieben werden konnte.[113] Lehrer an Priesterseminaren und Kollegien,
die von ihren Bischöfen und letztlich dem Papst abhängig waren, konnten sich eine Opposition ohnehin nicht leisten. Besonders heftig fiel die
Ablehnung des neuen Dogmas an den deutschen Katholisch-Theologischen Fakultäten aus. Daniel Bonifatius von Haneberg, der Abt des
Benediktinerklosters Sankt Bonifaz in München und spätere Bischof von
Speyer, traf die Stimmung der Mehrzahl seiner Kollegen, indem er fragte:
«Ist es möglich, bis zum 18. Juli etwas für unwahr und ab dann für wahr
zu halten?»[114]

Anders als die für sie zuständigen Bischöfe waren die meisten Theologieprofessoren nicht zum Einlenken bereit. Vor allem an den Fakultäten in Bonn, München und Breslau schlossen sich viele Ordinarien
zum Protest zusammen. Die Tübinger Theologen ließen sich dagegen
vom Senior ihrer Fakultät, Johannes Evangelist Kuhn, sowie von ihrem
ehemaligen Kollegen und jetzigen Bischof Hefele einen Maulkorb verordnen und äußerten sich prinzipiell nicht zum Unfehlbarkeitsdogma.
Deshalb musste Hefele sie auch nicht fragen, ob sie daran glaubten oder
nicht. Diese Strategie wurde von den Ultramontanen genau beobachtet,
sie konnten aber nicht dagegen vorgehen, weil die Tübinger, indem sie
schwiegen, das Dogma zumindest nicht direkt leugneten. Die streng
kirchliche Presse spottete deshalb über das abseits der großen Verkehrs-
wege gelegene und von der Welt abgeschnittene Tübingen als einzigen
Ort auf der Welt, zu dem die frohe Kunde von der päpstlichen Unfehlbarkeit noch nicht gedrungen sei.[115]

Nachdem alle Bischöfe umgefallen waren, stand der sich formieren-
den Protestbewegung aus Theologieprofessoren, gebildeten katholischen
Laien und Intellektuellen kein kirchlicher Amtsträger mehr zur Verfügung. Da jeder Katholik, der das Dogma öffentlich ablehnte und nach
Aufforderung durch den zuständigen Bischof nicht zum Widerruf bereit
war, der Strafe der Exkommunikation verfiel, mussten die Opponenten
sich zwangsläufig fragen, wie sie ihren Glauben künftig leben sollten. Ein
Übertritt zu einer evangelischen Landeskirche kam für sie nicht infrage.
Sie wollten katholisch bleiben, und zwar beim althergebrachten katholischen Glauben, weil sie die Neuerfindung der katholischen Kirche, wie
sie auf dem Ersten Vatikanischen Konzil zementiert worden war, ablehnten. Sie sollten schließlich den Namen «Altkatholiken» bekommen.[116]

Im September 1871 fanden sich rund dreihundert Delegierte aus
Deutschland, Österreich und der Schweiz zu einem Kongress in München
ein, um sich über das weitere Vorgehen abzustimmen. Nach heftigen Diskussionen beschloss man schließlich gegen den massiven Widerstand des
Münchener Kirchenhistorikers Ignaz Döllinger, der eine Kirchenspaltung
unbedingt verhindern wollte, den Aufbau einer Art Notkirchengemein-
schaft. Zunächst sollten auf Ortsebene altkatholische Vereine nach bürgerlichem Recht gegründet werden, die auf rund sechzigtausend Mitglieder kamen. Am 14. Juni 1873 wurde Joseph Hubert Reinkens zum ersten
altkatholischen Bischof gewählt und von einem Bischof der Utrechter
Jansenisten-Kirche geweiht. Dadurch wurde eine auch nach römischem
Verständnis anerkannte apostolische Sukzession hergestellt, weshalb die
altkatholischen Weihen bis heute gültig sind.[117] In Frankreich und den
anderen europäischen Ländern gab es mit Ausnahme Englands auf der
Ebene der Gläubigen dagegen keine derartigen Probleme mit der Akzep-
tanz des Unfehlbarkeitsdogmas.[118]

Zwei Jahre nach Ende des Konzils war Pius IX. zwar politisch absolut entmachtet, innerkirchlich konnte er aber mehr als zufrieden sein.
Vielleicht tröstete ihn seine unbeschränkte geistliche Vollmacht ein
wenig über den Verlust des Kirchenstaats hinweg? Auf jeden Fall hatten
sich mit Ausnahme des Kroaten Stroßmayer alle Bischöfe unterworfen,
die Gläubigen hingen dem Dogma fast einmütig an, und die Opposition
einiger Intellektueller und Theologieprofessoren aus dem rationalistischen und ohnehin protestantischen Deutschland konnte man verkraften. Dass Bismarck den 1870 definierten Universalen Primat und die

päpstliche Unfehlbarkeit dazu benutzte, den Kulturkampf vom Zaun zu brechen und die deutschen Katholiken als fünfte Kolonne Roms und vaterlandslose Gesellen zu diffamieren, tangierte den Papst nicht wirklich. Guter Katholik und guter Bürger eines liberalen Nationalstaats wie des Deutschen Reichs oder des Königreichs Italien zu sein, galt für ihn als unmöglich. Vielleicht machte auch seine angeschlagene Gesundheit einem intensiven Engagement Pius' IX. einen Strich durch die Rechnung.[119] Die besonders heftige deutsche Auseinandersetzung zwischen Staat und katholischer Kirche sollte rund ein Jahrzehnt dauern und erst ab 1878 beendet werden, als Leo XIII. Papst wurde und sich Bismarck für die Sozialistengesetze den Rücken freihalten wollte.[120] Kulturkämpfe zwischen Staat und Kirche gab es in fast allen Staaten Europas. Für zahlreiche Regierungen war das Dogma der Beweis dafür, dass der Katholizismus nicht in einen modernen pluralistischen Staat passte. Die Auseinandersetzungen wurden auf verschiedenen Ebenen und mit unterschiedlicher Intensität geführt und gehören zur Signatur des neunzehnten Jahrhunderts.[121]

Auch eine Versöhnung mit dem neuen Königreich Italien kam nicht zustande.[122] Der Papst lehnte alle Angebote von König und Regierung ab, den Verlust des Kirchenstaats irgendwie zu kompensieren. Das sogenannte Garantiegesetz vom 21. März 1871, mit dem der italienische Staat die geistliche Souveränität des Papstes gewährleistet, seine Person für unverletzlich erklärt und eine jährliche Garantiezahlung von 3,225 Millionen Lire geleistet hätte, lehnte der Papst in Bausch und Bogen ab. Stattdessen exkommunizierte Pius IX. den italienischen König Vittorio Emanuele und alle Anhänger des italienischen Nationalstaats als Feinde der Kirche. Die Entfremdung zwischen dem Papsttum und Italien erschien zementiert. Der Segen Urbi et Orbi, der Stadt und dem Erdkreis, wurde an hohen Feiertagen nicht mehr von der äußeren Loggia der Petersbasilika gespendet, sondern auf dem Balkon nach innen, damit die Räuber des Kirchenstaats dieser Benediktion nicht teilhaftig würden.

Große Ereignisse, die den Alltag unterbrochen hätten, gab es für Pius IX. in der Zeit von 1870 bis zu seinem Tod 1878 so gut wie nicht mehr. Und so setzte der Gefangene im Vatikan seinen normalen Tagesrhythmus auch angesichts steigender Anfeindungen und zunehmender Isolation unbeirrt fort: Aufstehen gegen halb fünf, dann eineinhalb Stunden Gebet, Heilige Messe, Frühstück mit Kaffee und Bouillon, daran anschließend tägliche Privataudienz mit dem Kardinalstaatssekretär und anderen Prälaten, weitere Audienzen und einstündiger Spaziergang in den vatikanischen Gärten, Mittagessen mit Suppe, Fleisch, Gemüse und Kartoffeln und einem halben Glas Wein, ab fünf Uhr weitere Unterredungen, ein bescheidenes Abendessen und um zehn Uhr Bettruhe.[123]

Einheit statt Vielfalt im Kirchenrecht

Mit dem Kirchenstaat verlor Pius IX. nach anderthalb Jahrtausenden die weltliche Herrschaft der römischen Päpste, erfand aber zur gleichen Zeit die geistliche Herrschaft ganz neu. Die Ekklesiologie, die Lehre von der Kirche, wurde immer mehr zum Mittelpunkt der katholischen Dogmatik. Man konstruierte die katholische Glaubenslehre jetzt weniger von der Gotteslehre oder der Christologie her, sondern vom Glauben an die eine heilige und apostolische katholische Kirche.[124] Eine Folge davon war, dass die Sammlung kirchenrechtlicher Regelungen, das *Corpus Iuris Canonici*, erstmals vereinheitlicht und kodifiziert wurde. Mit dem *Codex Iuris Canonici*, der 1917 erschien, wurde die katholische Kirche im Sinne des Ersten Vatikanischen Konzils und Pius' IX. rechtlich umgestaltet und damit auch juristisch neu erfunden.[125] Im Grunde hatte der Papst den Anstoß zur grundlegenden Neufassung des Kirchenrechts bereits vor Ende des Konzils gegeben. In der Bulle *Apostolicae sedis moderationi* vom 12. Oktober 1869 erteilte er den Kardinälen der Römischen Inquisition den Auftrag, Grundlagen für eine neue Verfassung der Kirche zu erarbeiten.[126]

Die Beschlüsse vom 18. Juli 1870 waren nämlich auch in rechtlicher Hinsicht eindeutig: «Wenn also jemand sagt, der römische Bischof bekleide nur ein Aufsichts- oder Leitungsamt, habe aber nicht die volle und höchste Jurisdiktionsgewalt über die universale Kirche, und zwar nicht nur in Fragen des Glaubens und der Sitten, sondern auch in Disziplinar- und Leitungsfragen der über die ganze Erde ausgebreiteten Kirche; oder er habe nur den gewichtigeren Teil, nicht aber die gesamte Fülle dieser höchsten Gewalt; oder diese seine Gewalt sei keine ordentliche und unmittelbare oder erstrecke sich nicht auf alle und jede einzelne Kirche oder auf alle und jeden einzelnen Hirten und Gläubigen, der sei verflucht.»[127]

Wann hat man je die Macht eines Herrschers weitreichender definiert? Die Papstgewalt ist unüberbietbar und letztverbindlich, sie ist umfassend und ermöglicht den rechtlichen Zugriff bis zum letzten Gläubigen. Sie ist auch territorial unbegrenzt; der Papst kann in jede Diözese und jede Ordensgemeinschaft hineinregieren. Und er kann nach Gutdünken handeln. Der Papst ist damit auch der Herr des Kirchenrechts. Er ist der alleinige Gesetzgeber der katholischen Kirche und der oberste Richter in einer Person. Er ist zudem letztlich der einzige authentische Interpret des kirchlichen Rechts. Einen Grundrechtskatalog sucht man im *Codex* genauso vergeblich wie eine Verwaltungsgerichtsbarkeit. «Einfache» Katholiken und sogar die Bischöfe müssen also, wenn sie sich vom Papst ungerecht behandelt fühlen, diesen beim Papst selbst anzeigen, weil der Angeklagte zugleich der allzuständige Richter ist. Das klingt verrückt, ist aber die 1870 dogmatisch festgezurrte, nicht veränderbare Situation der katholischen Kirche als absoluter Papstmonarchie.

Der *Codex Iuris Canonici* gab sich genauso wie das Dogma von 1870 den Anschein, in einer ununterbrochenen Tradition zu stehen.[128] Tatsächlich aber vollzog das katholische Kirchenrecht einen grundsätzlichen Systemwechsel.[129] Denn vor 1917 dominierte ein dynamisches Fallrecht die kirchliche Rechtsprechung, dem es im Interesse des Seelenheils des einzelnen Gläubigen in erster Linie darum ging, jeder noch so komplexen Einzelsituation gerecht werden zu können. Rechtsprechung und Kirchenrechtswissenschaft verfügten über viel Interpretationsspielraum, ihre Aufgabe wurde vor allem pastoral definiert. Da ein starres, ein für alle Mal gültiges Gesetzbuch mit generellen Regelungen nicht existierte, waren die Richter auf Einzelfallentscheidungen und deren Sammlungen angewiesen, die sehr unterschiedlich ausfallen konnten. Die wichtigste dieser meist privat, nicht kirchenamtlich zusammengestellten Sammlungen war das *Corpus Iuris Canonici*, wobei allerdings nie eindeutig geklärt werden konnte, welches Material dazugehörte und welches nicht.

Auch wenn diese Vielfalt ein gewisses Maß an Rechtsunsicherheit und Abhängigkeit vom individuellen Wohlwollen der Richter beinhalten konnte, wie es oft dem angelsächsischen Case law vorgeworfen wird, ermöglichte sie dem Einzelfall angemessene Lösungen. Lehrbücher des Kirchenrechts vor 1917 boten ein breites Panorama von Quellen.[130] Während nach dem Ersten Vatikanum nur der *Codex Iuris Canonici* und seine authentische Auslegung durch den obersten Gesetzgeber stehen, wurden vor 1917 als materielle Quellen neben Naturrecht, Heiliger Schrift und Tradition der Kirche die Ökumenischen Konzilien, die Päpste und die kurialen Behörden, das Gewohnheitsrecht und schließlich auch die Bischöfe und die Partikularsynoden genannt.[131]

Die Aufzählung der formellen Quellen des Kirchenrechts begann bei den pseudoapostolischen Rechtssammlungen aus der Spätantike und ging über pseudo-isidorische Dekretalien, eine Rechtssammlung aus dem neunten Jahrhundert, die Isidor von Sevilla zugeschrieben wurde, bis Gratian.[132] Dieser fasste Mitte des zwölften Jahrhunderts wichtiges kirchenrechtliches Material im *Decretum Gratiani* zusammen und versuchte, die Belegstellen aus der Tradition, die sich teils diametral widersprachen, irgendwie miteinander in Einklang zu bringen – weswegen sein Werk den treffenden Titel *Concordia discordantium canonum*, «Eintracht der Zwietracht der Paragraphen», trägt. Sein Vorhaben gelang jedoch nur bedingt, denn die Widersprüche und Unstimmigkeiten ließen sich nicht zum Verschwinden bringen, solange man daran festhielt, dass das gesamte Material aus der Tradition relevant war. Die Arbeitsweise Gratians und des gesamten *Corpus* war von dynamischer Vielgestaltigkeit statt von starrer Einheitlichkeit bestimmt, ja, das gesamte Kirchenrecht vor 1870 beziehungsweise 1917 zeichnete sich durch eine bedeutende Ambiguitätstoleranz aus, denn hier ging es nicht um Rechtsdogmatik und eine allgemeingültige, letztverbindliche Normsetzung bis ins kleinste Detail.

Das führt jedes einzelne der im *Corpus* verhandelten Beispiele plastisch vor Augen. So ging es etwa in einer umstrittenen Rechtsfrage um die Möglichkeit der Wiederheirat eines Mannes, der seine Ehefrau wegen Ehebruchs oder Unfruchtbarkeit verstoßen hatte. Hier führte Gratian zunächst eine ganze Reihe von Belegstellen an, die von einer prinzipiellen Unauflöslichkeit der Ehe ausgingen. Augustinus, Hieronymus und die Synode von Elvira im Jahr 306 bestanden darauf, dass auch Ehebruch das sakramentale Eheband nicht zu trennen vermag.[133] Dem stand der Satz Jesu aus der Bergpredigt im Matthäusevangelium entgegen: «Wer seine Frau entlässt, obwohl kein Fall von Unzucht vorliegt, liefert sie dem Ehebruch aus.»[134]

Das bedeutet im Umkehrschluss: Im Fall von Unzucht ist eine Scheidung möglich – und damit auch eine Wiederverheiratung. Gratian zitierte aber auch aus einem Brief Gregors II. an Bonifatius aus dem Jahr

726, in dem der Papst festgestellt hatte: Wenn eine Frau aufgrund einer körperlichen Erkrankung ihrer ehelichen Pflicht nicht mehr nachkommen kann, darf sich der Mann von ihr scheiden lassen und kirchlich wieder heiraten. Und die Synode von Compiègne hatte bestimmt, dass eine kirchliche Scheidung und Wiederheirat eines Mannes dann möglich sein sollte, wenn die Ehefrau Ehebruch mit einem Verwandten ihres Mannes begangen hatte. Gratian ließ die divergierenden Belegstellen kirchlicher Autoritäten einfach nebeneinanderstehen und versuchte erst gar nicht, sie in eine Harmonie zu bringen. Der Seelsorger und der kirchliche Richter gewannen so viel Spielraum für eine Entscheidung, die dem Einzelfall gerecht zu werden vermochte.

Doch damit nicht genug. Der Spielraum wurde noch größer, indem die sogenannten Dekretisten umfassende und teils voneinander divergente Kommentare zum ohnehin schon vielstimmigen *Decretum Gratiani* vorlegten. Durch weitere Rechtssetzungen der Päpste, die wiederum vielfältig kommentiert wurden, wurde das Dekret weiter fortgeschrieben. Dazu kamen später noch Sammlungen der Beschlüsse der Konzilien – insbesondere des Tridentinums –, der päpstlichen Bullen und von Erlassen der Kurialbehörden in der Frühen Neuzeit.

In der zentralistischen römischen Kirche gibt es diese vielfältigen rechtlichen Traditionen und Freiheiten nicht mehr. Auch dafür ist letztlich Pius IX. verantwortlich. Der *Codex Iuris Canonici* von 1917 stellt sich in der Tat als «das Werk der durch das Vatikanum zu höchster Machtfülle gesteigerten Primatialgewalt dar».[135] Dieses zentralistisch-papale Kirchenbild Pius' IX. wurde auch in den neuen *Codex Iuris Canonici* von 1983 übernommen, trotz aller pastoralen Umschreibungen der Kirche als Gemeinschaft und pilgerndes Gottesvolk auf dem Weg durch die Zeit, die das Zweite Vatikanische Konzil vornahm. Der Papst ist weiterhin der absolutistische Hirte der Gesamtkirche, «deshalb verfügt er kraft seines Amtes in der Kirche über die höchste, volle, unmittelbare und universale ordentliche Gewalt, die er immer frei ausüben kann».[136]

Giovanni Maria Mastai Ferretti wäre wohl hochzufrieden gewesen, hätte er den *Codex* von 1917 und sogar den von 1983 in Händen halten und aufschlagen können, entsprach er doch in allem dem von ihm propagierten Kirchenbild. Der Papst wäre mit dem *Codex* unter dem Kopfkissen sicher beruhigt eingeschlafen, wenn er sich abends gegen zehn Uhr in seine Gemächer im Apostolischen Palast zurückzog.

Die hier dargestellte Versöhnung zwischen Pius IX. und Vittorio Emanuele blieb Wunschdenken. Italien und der Vatikan blieben erbitterte Feinde.

Kein Recht auf einen eigenen Tod

Die letzten Lebensjahre Pius' IX. waren von einer gewissen Resignation geprägt. Schon in der Allokution vom 17. Juni 1871 aus Anlass des fünfundzwanzigsten Jahrestages seiner Wahl zum Papst hatte er klargemacht, dass er seinen Pontifikat nicht mit der gewohnten Energie werde fortführen können, da seine nachlassenden Kräfte und sein Alter dies unmöglich machten. Gerade einmal neunundsechzig Jahre alt, war Giovanni Maria Mastai Ferretti zumindest körperlich schwer angeschlagen. Seit 1868 wurde er von einer Gesichtsrose geplagt; ein Tumor verursachte ihm am Bein so starke Beschwerden, dass sein Gesicht häufig vor Schmerzen verzerrt war, wie eine ganze Reihe von Besuchern berichtete. Konnte er zunächst mit einem Stock noch mühsam gehen, brauchte er bald zwei Krücken und war schließlich auf einen Rollstuhl angewiesen. Neben diesem Tumor hatte Pius IX. zudem eine ganze Reihe von eiternden Geschwüren an den Armen, die aber erst nach seinem Tod entdeckt wurden.[137]

Die Themen, die den Papst noch beschäftigten, blieben deshalb überschaubar: Da ist zunächst die zusehende Entfremdung von Kirche und

Staat in Deutschland, aber auch in Österreich, wo es sogar zur Kündigung
des Konkordats von 1855 kam, und in der Schweiz, der Pius IX. weitgehend hilflos zusehen musste. Kirchliche Bannstrahlen halfen hier nicht.
Auch der Kampf gegen die Freimaurer in Europa und Brasilien, dem der
Papst viel von seiner letzten Kraft widmete, glich einem Kampf gegen
Windmühlen. Natürlich gab es damals zahlreiche einflussreiche Logen,
aber nicht jeder liberale Politiker war automatisch ein Freimaurer, wie
Pius IX. glaubte. Für die großen gesellschaftlichen und politischen Entwicklungen des neunzehnten Jahrhunderts konnte der Papst auch in den
letzten Jahren seines Lebens kein Verständnis aufbringen.[138] Insbesondere
blieb ihm die zentrale Herausforderung des Zeitalters der Industrialisie-
rung völlig fremd: Die «Soziale Frage» kam in seinem Denken überhaupt
nicht vor. Erst sein Nachfolger Leo XIII. sollte dazu in *Rerum novarum*
Stellung beziehen – in der ersten Sozialenzyklika überhaupt.[139]

Als Pius IX. am 3. Juni 1877 sein Goldenes Bischofsjubiläum feierte,
kam es zu einer wahren Völkerwanderung von Bischöfen, Priestern und
Gläubigen nach Rom. Pilgerzüge aus ganz Italien, Deutschland, Frankreich und dem übrigen Europa, aber auch Gruppen aus den USA, Kanada
und Südamerika erreichten die Ewige Stadt. Menschen aus aller Welt
wollten den Papst sehen. Die modernen Verkehrsmittel wie Eisenbahnen
und Dampfschiffe machten die Erfahrung des Katholizismus als Weltkirche, die sich um ihren Oberhirten scharte, erstmals möglich.

Seine Verehrung in der katholischen Welt als Märtyrer um Christi
willen erreichte dadurch einen neuen Höhepunkt: Wie einst Petrus
schmachtete der Gefangene in den Ketten des römischen Staats. Da der
erste Papst der Legende nach knapp über zweiunddreißig Jahre regiert
und damit das längste Pontifikat der ganzen Kirchengeschichte hingelegt
hatte, wurden überall Wetten abgeschlossen, ob Pius IX. den Apostelfürsten nicht nur in Bezug auf die Jurisdiktionsvollmacht und Unfehlbarkeit, sondern auch im Hinblick auf die Zahl der Regierungsjahre
übertrumpfen würde.

Es sollte am Ende nicht ganz reichen. Einen Sieg konnte Pius IX. aber
doch für sich verbuchen. Denn am 9. Januar 1878 starb sein großer politischer Widersacher, Vittorio Emanuele, der erste König Italiens, und
wurde im Pantheon beigesetzt. Gegen die Übernahme des Königstitels
durch dessen Sohn Umberto legte Pio Nono zwar noch umgehend
Protest ein. Als sich der Pontifex in diesen Tagen aber eine schwere Er-

Pius IX. im Jahr 1877 aus
Anlass seines fünfzigjährigen
Bischofsjubiläums.

kältung zuzog, die sich zu einer Bronchitis mit hohem Fieber auswuchs, kam ein schnelles Ende: Pius IX., der erste unfehlbare Papst der Kirchengeschichte, starb im Alter von fünfundachtzig Jahren und nach zweiunddreißig Pontifikatsjahren am 7. Februar 1878.[140]

Die Rituale, die sein Sterben und seinen Tod begleiteten, folgten einem althergebrachten Zeremoniell.[141] Dazu gehörten die drei sanften Schläge mit einem silbernen Hämmerchen auf die Stirn des Toten genauso wie das Zerbrechen des Fischerringes und die Einbalsamierung des Leichnams. Aber etwas war dieses Mal dennoch ganz anders: Es war der erste öffentliche Papsttod der Geschichte.[142] Die Gläubigen konnten den Tod ihres Oberhauptes live miterleben, die Reporter blickten den Kardinälen und ihren Ritualen im Sterbezimmer gleichsam über die Schulter. Ihre Berichte wurden weltweit per Telegraph aktuell verbreitet.

Von Pius IX. existiert auch das erste Foto eines toten Papstes überhaupt. Auch insofern wurde das Papsttum gerade am Ende seines Pontifikates neu erfunden. Der römische Korrespondent der *Frankfurter Zeitung* brachte diese Ritualisierung und Medialisierung seiner Todesstunde so auf den Punkt: «Hat jedes frei atmende Menschenkind das unveräußerliche Recht, zu sterben, wie es will und kann, so ist der Mann auf dem Stuhle Petri, der ‹Knecht der Knechte Gottes›, in dieser Hinsicht in

der Tat sklavischen Vorschriften unterworfen. Der Papst kann nicht sterben, wie er will: seine Scheidestunde ist an eine ganz besonders strenge
Etikette gebunden» – und die Welt schaut zu.[143]

NEUNTES KAPITEL

Che bello Papa!

Die Erfindung der charismatischen Papstherrschaft

Das Seligsprechungsverfahren für Pius IX.

Der Leichnam Pius' IX. wurde vom 10. bis zum 13. Februar 1878 im Petersdom aufgebahrt. Die Gläubigen konnten dem toten Papst zum letzten Mal per Fußkuss die Ehre erweisen. Am Nachmittag des 13. Februar wurde die Öffentlichkeit ausgeschlossen und Pius IX. in einem dreifachen Sarg aus Zypressenholz, Blei und Ulmenholz in dem Steinsarkophag beigesetzt, der in der Peterskirche gegenüber dem Grabmal von Innozenz VIII. steht und schon vielen Päpsten als «provisorische Papstgruft» bis zur Fertigstellung ihres endgültigen Grabmales gedient hatte.[1]

Erst über drei Jahre später traute sich sein Nachfolger Leo XIII. in der Nacht vom 12. auf den 13. Juni 1881, dem Wunsch des Verstorbenen zu entsprechen, in der Basilika San Lorenzo fuori le Mura, eine der sieben Pilgerkirchen Roms, beigesetzt zu werden. Der Sarg wurde mit einem vierspännigen Trauerwagen von Sankt Peter über die Engelsbrücke durch die Altstadt nach San Lorenzo außerhalb der Stadtmauer verbracht. Die Hoffnung, die ganze Umbettung könnte mitten in der Nacht ohne großes Aufsehen über die Bühne gehen, erfüllte sich nicht. Kaum hatte der Zug den Petersplatz verlassen, begann sich eine Volksmenge zu versammeln, die skandierte: «Viva l'Italia! Morte al Papa! Morte ai Preti! Al fiume il Porco! Al Tevere la carogna!» – «Es lebe Italien! Tod dem Papst! Tod den Priestern! In den Fluß mit dem Schwein! In den Tiber mit dem Kadaver!»[2] Der Leichenwagen wurde mit Steinen beworfen, und eine Gruppe Demonstranten versuchte, den Sarg in den Tiber zu stürzen. Doch allen Widrigkeiten zum Trotz erhielt Pius IX. seinen letzten Willen und wurde am 13. Juni in der Krypta von San Lorenzo beigesetzt.

Dieser Hass der Italiener und vor allem der Römer beruhte darauf, dass der Papst ihren Sehnsüchten nach einer nationalen Einigung jahrzehntelang im Wege gestanden war, die Moderne in Bausch und Bogen verdammt und die Gründer des Königreichs Italien exkommuniziert hatte. Aber das ist nur die eine Seite. Auf der anderen Seite baten eine ganze Reihe von Katholiken bereits unmittelbar nach dem Tod Pius' IX. den Heiligen Stuhl, ein Seligsprechungsverfahren zu eröffnen. Diese Initiativen erreichten zum hundertsten Geburtstag des Papstes im Jahr 1892 einen ersten Höhepunkt und steigerten sich zum fünfzigjährigen Jubiläum der Dogmatisierung der Unbefleckten Empfängnis Mariens im Jahr 1904 weiter. Während Leo XIII. einem solchen Verfahren gegenüber äußerst skeptisch blieb, kam der Prozess unter Pius X. seit 1907 in Gang. Er erlaubte die Eröffnung von «Tugendprozessen» in den Diözesen Rom, Neapel, Senigallia, Imola und Spoleto, also an all den Orten, an denen Mastai Ferretti gelebt und gewirkt hatte.[3]

Ein Seligsprechungsverfahren gliedert sich in zwei Teile: einen Tugend- und einen Wunderprozess.[4] Der erste wird in der Regel zunächst nicht in Rom, sondern in der Diözese geführt, in der der «Diener Gottes» den größten Teil seines Lebens verbracht hat. In dieser Erhebung, auch Informativprozess genannt, soll der heroische Tugendgrad festgestellt und der Kandidat als Vorbild im Glauben erwiesen werden. Dass im Falle Pius' IX. gleich fünf dezentrale Untersuchungen in Auftrag gegeben wurden, ist ungewöhnlich.

Nach Abschluss dieser lokalen Informativprozesse kam es zu einem abschließenden Verfahren in der römischen Zentrale. Hier wurde das gesammelte Material für die Ritenkongregation, die zu dieser Zeit für Selig- und Heiligsprechungen zuständig war, in sogenannten Positiones im Geheimdruck vorgelegt. Wenn dort der heroische Tugendgrad festgestellt wurde, konnte ein Märtyrer sofort seliggesprochen werden. Für alle anderen Diener Gottes begann dann der Wunderprozess, in dem für die Seligsprechung mindestens eine medizinisch nachgewiesene Heilung, die auf Fürsprache des Kandidaten erfolgt war, vorgelegt werden musste. Erst dann konnte der Papst eine Beatifikation aussprechen. Für eine Heiligsprechung musste dieses ganze Verfahren noch einmal wiederholt

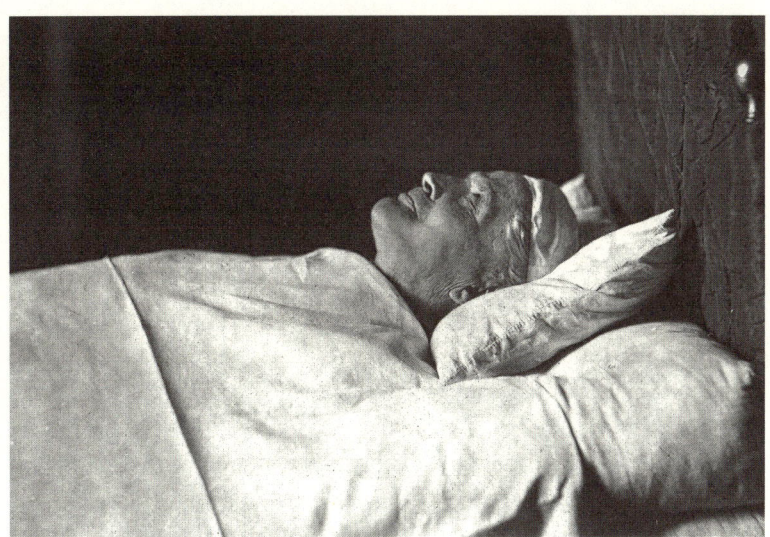

Die im Apostolischen Palast aufgebarte Leiche Pius' IX. Es handelt sich bei dieser Aufnahme um die erste Fotografie überhaupt, die es von einem toten Papst gibt. Sie unterstreicht die ganz neue Bedeutung der Medien für diesen Pontifikat eindrücklich.

werden, wobei es jetzt darum ging, den Heiligen zum Vorbild für die ganze Weltkirche zu erklären, während ein Seliger nur in einer bestimmten Teilkirche als Beispiel vor Augen gestellt werden sollte.

Die ersten beiden Bände mit Dokumenten zur Eröffnung des Verfahrens wurden 1954 für den internen Gebrauch gedruckt.[5] In den Jahren 1961/1962 folgten drei weitere umfangreiche Bände zum Tugendgrad.[6] 1984 schließlich wurde eine *Novissima Positio* vorgelegt.[7] Die Kongregation für die Selig- und Heiligsprechungsprozesse, die 1969 aus der Ritenkongregation hervorgegangen war, konnte sich aber nicht auf ein positives Votum in der Causa Mastai Ferretti einigen.

Dies sollte sich erst während des Pontifikats Johannes Pauls II. ändern, der diesen unbedingt in die Schar der neuen Heiligen aufgenommen wissen wollte. Tatsächlich sprach der Wojtyła-Papst am 3. September des Heiligen Jahres 2000 seinen Vorgänger Pius IX. selig, obwohl erneut eine heftige Diskussion um Persönlichkeit und Pontifikat dieses Papstes entbrannt war.[8]

Kaum ein Nachfolger des heiligen Petrus wurde und wird derart zwiespältig beurteilt wie der Mastai-Papst. Glühende Papstverehrung und ätzende Papstkritik prallen aufeinander. Im Zusammenhang mit dem Ersten Vatikanischen Konzil und seinen Dogmen von der Unfehlbarkeit des Papstes und seinem Universalen Jurisdiktionsprimat, die bis heute umstritten sind und zahlreiche Reformen in der Kirche unmöglich erscheinen lassen, stand bei dieser Kontroverse vor allem die Frage im Vordergrund, ob der Papst während des Konzils voll zurechnungsfähig war oder nicht.

Wenn man von der geltenden römischen Doktrin ausgeht, dann leuchtet unmittelbar ein, dass dieser Frage fundamentale Bedeutung zukommt. Wenn Pius IX. 1870 nicht Herr seiner Sinne gewesen sein oder an einer schweren Geisteskrankheit gelitten haben sollte, hätte er kaum gültige Rechtsakte setzen und schon gar kein Dogma verkünden können.[9] Die Autorität eines Papstes hängt nicht nur von seinem Amt, sondern ebenso sehr von seiner Person ab. Eine Amtsheiligkeit allein, die sich aus der legitimen Nachfolge des Petrus als erstem Papst ergibt, genügt nicht für die Gültigkeit seiner Handlungen.

Damit bekommt die Frage nach der Persönlichkeit, dem Charakter und der geistigen Gesundheit Pius' IX. kirchenpolitisch, herrschaftslegitimatorisch und theologisch eine ganz zentrale Bedeutung. Es überrascht nicht, dass sowohl die Zeitgenossen des Papstes und die Kongregation für die Selig- und Heiligsprechungsprozesse als auch die historische Forschung ganz unterschiedliche Antworten darauf gegeben haben. Im Wesentlichen lassen sich diese auf zwei grundsätzliche Typen zurückführen.

Beatologie oder Pathologie?

Die erste Antwort auf die Frage nach der Persönlichkeit des Papstes geht davon aus, dass Pius IX. ein idealer, ja sogar heiligmäßiger Papst war, der von Gott zur rechten Zeit gesandte Stellvertreter seines Sohnes Jesus Christus auf Erden. Er hat die Kirche, die von allen Seiten bedroht war, aus den Gefahren gerettet und in eine neue Zukunft geführt. Die Anhänger des Papstes heben vor allem seine besondere Herzensgüte, sein Charisma und seine Spontaneität hervor.[10] Nach dem weltfremden strengen Mönch Gregor XVI. auf dem Stuhl Petri war Giovanni Maria Mastai Ferretti in der Tat ein sympathisch wirkender Papst, geprägt von Herzlichkeit und starkem menschlichem Kontaktbedürfnis. Auch sein Humor und Witz werden immer wieder hervorgehoben. Zwar war er gewiss nicht der große Kirchenpolitiker und gewiefte Stratege auf der Cathedra Petri, aber ein Papst, dessen Frömmigkeit, insbesondere auch seine mystische Marienverehrung, zahlreiche Gläubige faszinierte, die ihm persönlich begegneten. Manche Audienzbesucher waren von seiner Persönlichkeit derartig innerlich angerührt, dass sie in Tränen ausbrachen oder sogar in Ohnmacht fielen.[11]

Papst Johannes Paul II. führte in seiner Predigt zur Seligsprechung Pius' IX. am 3. September 2000 aus: «Mit der Seligsprechung eines ihrer Kinder *möchte die Kirche nicht dessen besondere historische Entscheidungen rühmen*, sondern es *wegen seiner Tugenden* zur Nachahmung und Verehrung herausstellen, zum Lobe der göttlichen Gnade, die in ihm erstrahlt.» Pius IX. sei «inmitten der turbulenten Ereignisse seiner Zeit» ein «Vorbild für das bedingungslose Festhalten am unveränderlichen Erbe der offenbarten Glaubenswahrheiten». «Er blieb in jeder Situation den Verpflichtungen seines Amtes treu und *wusste Gott und den spirituellen Werten immer den absoluten Primat einzuräumen*. Sein außerordentlich langes Pontifikat war alles andere als einfach, und er hatte bei der Erfüllung seiner Sendung im Dienst des Evangeliums nicht wenig zu leiden. Er wurde von vielen geliebt, von anderen aber wurde er gehasst und verleumdet.» Insbesondere sei er sich stets der Unterstützung durch die Heilige Jungfrau Maria bewusst gewesen. Nur deshalb hätten sich auf dem Ersten Vatikanischen Konzil die entscheidenden Fragen von Glauben und Wissen klären lassen.[12]

Auch Walter Kardinal Brandmüller, ehemals Kirchenhistoriker in Augsburg, Präsident des päpstlichen Komitees für die Geschichtswissenschaften in Rom, verteidigte die Seligsprechung Pius' IX. mit allem Nachdruck. So sei der *Syllabus errorum* von 1864 mit seinem Rundumschlag gegen die Moderne absolut notwendig gewesen, um die Kirche gegen unmäßige Angriffe der Liberalen zu verteidigen. Brandmüller sah auch keinen grundsätzlichen Widerspruch zwischen der wiederholten Verurteilung der Menschenrechte und Grundfreiheiten durch Pius IX. sowie der grundsätzlichen Bejahung der Religionsfreiheit in der Erklärung *Dignitatis humanae* des Zweiten Vatikanischen Konzils von 1965. Der einzige Widerspruch bestehe lediglich zwischen dem ewigen Wahrheitsanspruch der katholischen Kirche, den Pius IX. heroisch verteidigt habe, und der heute gültigen «Political Correctness», die diesen kirchlichen Anspruch als anmaßend und unsittlich diffamiere.[13]

Die zweite Antwort auf die Frage nach der Persönlichkeit Pius' IX. sieht ihn als krank an, wenn nicht sogar als geistig unzurechnungsfähig. Insbesondere August Bernhard Hasler hat in seinem zweibändigen Werk *Pius IX. (1846–1878). Päpstliche Unfehlbarkeit und I. Vatikanisches Konzil. Dogmatisierung und Durchsetzung einer Ideologie* eine entsprechende Pathologie Pius' IX. vorgelegt, die er in der populären Ausgabe seiner Studie unter dem Titel *Wie der Papst unfehlbar wurde* noch einmal verschärfte.[14] Haslers Argumentation setzt bei der in der Forschung unbestrittenen Epilepsie Mastai Ferrettis an. Bei einem solchen Anfall soll der Fünfjährige in den Brunnen gefallen sein, aus dem er im letzten Moment herausgezogen werden konnte. In der späteren hagiographischen Ausschmückung dieser Episode wurden aus dem Brunnen zunächst ein Goldfischbassin, dann ein See, dann ein Bach und schließlich ein reißender Fluss mit einer sich immer dramatischer gestaltenden Rettung. Wahrscheinlich holte ihn schlicht und ergreifend seine Amme Marianna Chiarini auf dem Landgut der Familie in Roncotelli aus dem Brunnen heraus; er selbst schrieb später seine Rettung dem unmittelbaren Eingreifen der Gottesmutter zu, die ihn mit eigener Hand aus dem reißenden Fluss gezogen habe. In manchen Quellen ist sogar von einer Reanimation des kleinen Jungen die Rede. Auch hier half die Gottesmutter in wunderbarer Weise.[15]

Eigentlich hätte Mastai Ferretti die geistliche Laufbahn überhaupt nicht einschlagen können, weil Epilepsie ein Weihehindernis war. Wenn er aber nicht hätte Priester werden können, dann wäre ihm auch der Weg zum Papstthron verschlossen geblieben. Dann hätte es auch das Unfehlbarkeitsdogma nicht gegeben – so folgerte Hasler. Außerdem wurden dem Papst allenfalls oberflächliche Kenntnisse auf dem Gebiet der Theologie und des Kirchenrechts vorgeworfen. Der Schweizer Historiker und Theologe konstatierte ernste und fortdauernde Nachwirkungen der epileptischen Anfälle und dieses Vorfalles auf die Psyche des Papstes. Nach Hasler war Pius IX. «leicht zu beeindrucken, launenhaft, impulsiv und unberechenbar». Er konstatierte bei ihm eine «an Aberglauben grenzende Wundergläubigkeit». So behauptete der Papst mehrfach, Visionen der Jungfrau Maria gehabt zu haben, in denen er als Werkzeug der göttlichen Vorsehung proklamiert worden sei. Von der Forschung wird darüber hinaus fast unisono ein Zug zum Mirakulösen festgestellt. Auf Schwierigkeiten und Probleme angesprochen, soll Pius IX. mehrfach geantwortet haben: «Ich habe die Mutter Gottes auf meiner Seite, ich werde vorangehen.» Kommentar Hasler: «An die Stelle eines gesunden Realismus trat immer mehr ein gefährlicher ungesunder Mystizismus.»[16]

Insbesondere Pius' Verhalten auf dem Ersten Vatikanischen Konzil wurde von zeitgenössischen Beobachtern als pathologisch wahrgenommen. Der österreichische Botschafter beim Heiligen Stuhl, Ferdinand Graf von Trauttmansdorff, sprach wiederholt von Bewusstseinsstörungen Pius' IX. Verschiedene Bischöfe bemerkten an ihm ungesunden Illuminismus, also einen übersteigerten Hang zu übernatürlichen Phänomenen, Despotismus, «fiebernde Ungeduld», «Eigensinn», «blinden Fanatismus» und sogar mentale Verrücktheit. Manche Konzilsteilnehmer konstatierten eine starke Fixierung auf sich selbst, verbunden mit krankhafter Eitelkeit. So soll er bei Audienzen während des Konzils mehrfach Minoritätsbischöfe schwer beleidigt und sie als «Esel» oder «Verräter» bezeichnet haben.[17]

Beim obligatorischen «Fußkuss» – der Papst sitzt auf seinem Thron, die Bischöfe treten heran, knien nieder und verehren die Füße des Papstes – hat er offenbar mehrfach seinen Fuß auf den Kopf eines Bischofs gestellt und ihn niedergedrückt. Bischof Dupanloup sprach in diesem Zusammenhang von einem «Herz aus Stein» und nannte ihn einen notorischen Täuscher und sogar Lügner.[18] Kurienkardinal Gustav Adolf von Hohenlohe-Schillingsfürst äußerte, ihm sei in seinem «ganzen Leben kein Mensch vorgekommen», der «es mit der Wahrheit weniger genau nahm als gerade Pius IX.».[19]

In anderen Quellen ist nicht selten von geistiger Bedürfnislosigkeit, Verstiegenheiten und sogar von Absencen des Papstes die Rede. Es habe peinlich wirkende Ansprachen gegeben; Pius IX. sei sprunghaft und unkonzentriert in Gesprächen gewesen. Manche Teilnehmer an Audienzen berichten sogar davon, seine Reden hätten irr gewirkt. Auf andere Besucher machte er den Eindruck von Größenwahn. Einige hielten ihn schlicht für verrückt.

Auf der Grundlage dieser Indizien diagnostizierte Hasler bei Pius IX.

eine Paranoia. Er stützte sich dabei vor allem auf zwei psychiatrische
Gutachten, die aufgrund des historischen Materials über dessen Persönlichkeit angefertigt worden waren. Im ersten Gutachten ist von einer
«abnormen Persönlichkeit» des Papstes die Rede, ohne dass sich der
Gutachter festlegte, «ob die abnormen Züge mit dem Krampfleiden
(Epilepsie?) oder anderen mehr psychogenen Ursachen zusammenhän-
gen». Einen derartigen Zusammenhang zwischen unterschiedlichen
psychischen Erkrankungen und Epilepsie würde heutzutage allerdings
kaum ein Mediziner herstellen. Das zweite Gutachten konstatierte eine
«Krankheit», die sich «so vielfältig in der Symptomatik» darstelle, dass
es «schwerfalle, sie in das übliche Klassifikationsschema einzuordnen».
Zum Teil dürfte es sich um Folgeerscheinungen der Epilepsie handeln;
«andere Symptome würde man unter den schizophrenen Formenkreis
rubrizieren».[20]

Für Hasler stand damit fest: Pius IX. war zumindest während des
Konzils nicht voll zurechnungsfähig. Deshalb seien auch die Beschlüsse
des Ersten Vatikanums infrage zu stellen. Selbst wenn man diesen harten
Schluss nicht ziehen will, so sprechen doch die Fakten, wie sie sich aus
zahlreichen Konzilstagebüchern der teilnehmenden Bischöfe und aus
dem großen dreibändigen Lebenswerk des Jesuiten Giacomo Martina
Pio IX erheben lassen, eine eindeutige Sprache. Sie lassen im besten Fall
auf eine sehr eigenwillige Persönlichkeitsstruktur des Papstes schließen.

Die Arbeitsgemeinschaft der katholischen Kirchenhistorikerinnen
und Kirchenhistoriker im deutschen Sprachraum sprach sich am 13. Juni
2000 einstimmig gegen die Seligsprechung Pius' IX. aus.[21] Neben inhaltlichen Bedenken etwa zum Thema Antisemitismus ging es vor allem um
seinen problematischen Charakter. Ob Pius IX. den für eine Seligsprechung notwendigen heroischen Tugendgrad besessen habe, sei im
Hinblick auf sein konkretes, oft unbeherrschtes Verhalten zumindest
fraglich. All diese Einwände konnten die Seligsprechung jedoch nicht
verhindern.

Der Anwalt des Teufels und der Anwalt Gottes

Die Mitglieder der Kongregation für die Selig- und Heiligsprechungsprozesse brauchten von 1907 bis 2000, also fast ein Jahrhundert, um sich über die Person Pius' IX. klar zu werden. Als Paul VI. nach Ende des Zweiten Vatikanischen Konzils die Causa wieder aufnahm, war nach bald sechs Jahrzehnten Beschäftigung mit Pius IX. immer noch nichts entschieden. Der vom Papst bestellte Advocatus Diaboli, Pater Raffaelo Perez, stellte in seinem Votum vom 19. April 1974, das im internen Geheimdruck verteilt wurde, die wichtigsten «Schwierigkeiten, die während der Erörterungen über die Tugenden aufgetaucht» waren, zusammen.[22] Seine ausführliche Liste führt jeweils eine Tugend auf, die Pius zugeschrieben wurde, und vermerkt die Bedenken der Konsultoren. Erhebliche Zweifel gab es im Hinblick auf die Milde und Sanftmut. Die Mitglieder der Kongregation stellten bei Giovanni Maria Mastai Ferretti eine rasche Erregbarkeit und unkontrollierte Impulsivität fest, die sich in «Tobsuchtsanfällen» und unkontrollierten Wutausbrüchen gezeigt habe. Schon in seiner Zeit als Bischof von Imola waren diese Eruptionen bei seinen Mitarbeitern gefürchtet und berüchtigt; sie erhielten den bezeichnenden Namen «Mastaina». «Darin scheint er sich auch in den Jahren seines Pontifikates nicht gebessert zu haben.» Pius IX. redete oft ohne nachzudenken, konnte die Wirkungen seiner Äußerungen nicht abschätzen, und «fiel ihm ein Witz ein, konnte er diesen nicht zurückhalten».

Auch die Tugend der Nächstenliebe sahen die Konsultoren bei Pius IX. nur sehr schwach ausgeprägt. Er neigte dazu, die Schwächen von Menschen hemmungslos bloßzustellen und der Lächerlichkeit preiszugeben. Er war ein «ätzender und bissiger Geist», der sich oft zu verletzenden Witzen und ausfallenden Bezeichnungen von Menschen und Einrichtungen hinreißen ließ, die «nicht selten einen sehr schlechten Eindruck auf die Zuhörer machten und mitunter tiefen Gram bei den Betroffenen hinterließen».

Bei einer Vielzahl von Vorkommnissen «fragt man sich, ob der Diener Gottes die Grundnorm der evangelischen Liebe angewandt hat: ‹Was du nicht willst, das man dir tut, das füg auch keinem anderen zu.›» Dass der Papst das Gnadengesuch für die beiden zum Tode Verurteilten Giuseppe Monti und Gaetano Tognetti abgelehnt hatte, «ist ein Ereignis, das von vielen Zeitgenossen, besonders bei einem Herrscher, der auch der ‹Vicarius amoris Christi› sein will, als besonders schwerwiegend beurteilt» wurde.[23] Sogar Pius X., der die Seligsprechung seines Vorvorgängers intensiv förderte, hatte sich, wie Pater Perez unterstreicht, skeptisch geäußert: «Es könnte sein, dass dieses Ereignis ausreicht, um die Kanonisation des Dieners Gottes zu unterbinden.»

In anderen Fällen wurden verdiente Mitarbeiter «malo modo», ohne überhaupt angehört zu werden, von Pius IX. ihres Amtes enthoben, weil der Papst ihren Anklägern viel zu schnell und zu leichtgläubig glaubte. Der amtlich bestellte Advocatus Diaboli resümierte für die Kardinäle und Konsultoren der Kongregation: «Also einerseits wenig Sanftmut bei der Vergebung und andererseits fehlende Angemessenheit.»

Auch im Hinblick auf Umsicht und Klugheit des päpstlichen Regierungshandelns kam Perez zu einem vernichtenden Urteil, vor allem, was die Personalentscheidungen Pius’ IX. anging. Er konstatierte einen «schwerwiegenden Mangel an Vorsicht» bei der Auswahl von Kandidaten, die der Papst zum Kardinalat erhoben hatte. Personen, die «alles andere als verdienstvoll waren», wie etwa Antonio Matteucci, Pietro Marini oder Girolamo D'Andrea, hätten den Purpur empfangen. Mit Sanmichele Zabarella und Casale del Grado seien zwei Männer zum Päpstlichen Almosenier beziehungsweise Geheimkämmerer befördert worden, deren «extreme Unwissenheit» geradezu sprichwörtlich war.

Insbesondere die Tatsache, dass Pius IX. an die Spitze der Verwaltung der Provinzen des Kirchenstaats schlicht «unfähige Personen» befördert habe, die «ihrem Amt nicht gewachsen waren», machte die päpstliche Administration in den Augen der Bevölkerung der Marken, Umbriens und der Romagna geradezu «verabscheuungswürdig». Auch das Verhalten des Papstes während des Krieges zwischen Piemont und Österreich im Jahr 1848 wird heftig kritisiert. Pius IX. habe das Gebot der Neutralität, zu dem er als Vater aller Gläubigen verpflichtet gewesen sei, sträflich verletzt. So erlaubte er neapolitanischen Truppen den Durchmarsch durch den Kirchenstaat und sandte eigene Truppen an die Grenze zu Österreich.

Diese fehlende politische Klugheit zeigte sich besonders im Verhalten Pius’ IX. im Kontext des Risorgimento. Perez notierte einen «grellen Kontrast zwischen seinem anfänglichen Verhalten zugunsten einer Einigung und einer Unabhängigkeit Italiens und der späteren intransigenten Opposition». Dabei sei die italienische Einigungsbewegung «von der Natur der Sache selbst» legitim gewesen und von «jedermann» – außer dem Papst – für «irreversibel» angesehen worden. Perez spricht von einer geradezu «kollektiven Kurzsichtigkeit» in dieser Frage an der Kurie Pius' IX. Besonders «unglückliche Auswirkungen» habe die berühmte Formel «né eletti né elettori» – «weder Wähler noch Gewählte» – gehabt, mit der der Papst den Katholiken Italiens verbot, aktiv oder passiv an staatlichen Wahlen teilzunehmen. Damit seien die Katholiken über Jahrzehnte vom politischen Leben des neuen italienischen Nationalstaats ausgeschlossen gewesen.

Eine Hauptschuld an der mangelnden politischen Klugheit Pius' IX. wird seinem korrupten Kardinalstaatssekretär Antonelli angelastet, von dem der Papst nahezu vollständig abhängig gewesen sei und der die Politik fast während des gesamten Pontifikates maßgeblich dominiert habe. Perez stellt resignierend fest: Immer noch «sind nicht alle dunklen Seiten seiner Persönlichkeit, besonders im Hinblick auf sein Privatleben, ausreichend beleuchtet worden». Während Pius IX. an dem Finstermann Antonelli unbeirrt festhielt, waren äußerst «würdige und fähige» Mitarbeiter wie etwa Frédéric-François-Xavier Ghislain de Mérode ohne «ausreichende und eindeutige Begründung» ihrer Ämter enthoben worden.

Während der Revolution von 1848 und der überstürzten Flucht nach Gaeta ließ es Pius IX., wie Pater Perez festhielt, an der notwendigen Seelenstärke fehlen. Statt der «fortezza d'animo», die eines Dieners Gottes würdig gewesen wäre, dominierten Angst und mangelndes Gottvertrauen. Die Flucht aus Rom «bleibt daher eines der schmerzhaftesten und am wenigsten glorreichen Ereignisse seines Pontifikats». Aber auch in Bezug auf den *Syllabus* von 1864 fehlte dem Papst nach Meinung vieler Konsultoren das rechte Augenmaß. Und mit der immer drängender werdenden «Sozialen Frage» habe Pius IX. so gut wie nichts anfangen können. Sie «schien seiner Zuwendung und pastoralen Sorge fremd zu sein».

Besonderes Augenmerk richtete die Kongregation für die Selig- und Heiligsprechungsprozesse auf das Verhalten Pius' IX. während des Ersten Vatikanischen Konzils. «Grund der Ratlosigkeit mancher Väter war die Frage der Freiheit» der Konzilsteilnehmer, namentlich «in der Phase der Definition der päpstlichen Unfehlbarkeit.» «Zu fragen ist, ob der Papst den Vätern volle Freiheit ließ, das Thema zu analysieren und darüber zu entscheiden; ebenso, ob er sich auch gegenüber jenen Vätern respektvoll und ehrerbietig gezeigt hat, die dagegen waren; oder ob er nach dem Konzil immer noch ein gewisses Ressentiment gegenüber den besagten Vätern an den Tag gelegt hat, ungeachtet der Tatsache, dass sie die Definition angenommen haben?»

Auch die Frage, ob nun der richtige Zeitpunkt für eine Seligsprechung sei, wurde breit diskutiert. Viele Kardinäle hielten zu Beginn der siebziger Jahre die Zeit für eine Seligsprechung Pius' IX. schlicht nicht für reif. Sie befürchteten, eine «Glorifizierung» des Mastai-Papstes könnte «eine neue Kampagne der Liberalen und Antiklerikalen» gegen die katholische Kirche auslösen. Eine andere Gruppe von Eminenzen verlieh ihrer Sorge Ausdruck, eine Erhebung Pius' IX. zur Ehre der Altäre könnte «wie eine Rüge der später eingeleiteten und geförderten richtigen Linie wirken, die nicht immer den Vorstellungen und Handlungen Pius' IX. entsprach». Ihre Sorge war: Wer Pius IX. seligsprach, der kritisierte damit zumindest indirekt die «richtigen» und notwendigen Reformen des Zweiten Vatikanischen Konzils, das von diesem propagierte neue Kirchenbild und vor allem die Konzilspäpste Johannes XXIII. und Paul VI. Fundamentalistische Kreise würden dies zumindest umgehend so interpretieren.

Abschließend hielt Pater Perez fest, dass eine Reihe der «schwierigsten und heikelsten Fragen» der Causa historischer Art seien und nur auf geschichtswissenschaftlichem Weg einer Lösung nähergebracht werden könnten. Deshalb plädierten zahlreiche Mitglieder der Kongregation für die «Einschaltung oder zumindest die Mithilfe des Uffizio Storico della Santa Congregazione». Das hieß im Klartext: Ohne eine weitere gründliche historische Aufarbeitung des Lebens und Wirkens Pius' IX. kam eine Seligsprechung nicht infrage.

Der Schweizer Kirchenrechtler Carlo Snider erhielt 1975 von Paul VI. den Auftrag, auf die Einwände des Advocatus Diaboli Raffaelo Perez zu antworten. Er ließ sich mit seiner Stellungnahme viel Zeit: rund neun Jahre. Sein Votum datiert vom 7. Oktober 1984 und umfasst einhundertzweiundachtzig Seiten, die ebenfalls im internen Geheimdruck der Kongregation zugänglich gemacht wurden.[24]

Wer vermutet, Snider habe deshalb so lange für sein Votum gebraucht, weil er selbst intensive historische Nachforschungen in den Vatikanischen

Archiven unternahm, oder – wie von Perez vorgeschlagen – dem historischen Büro der Heiligsprechungskongregation entsprechende Aufträge erteilte, sieht sich enttäuscht. Vielmehr spielte Snider auf Zeit und wartete ab, bis sich die kirchenpolitische Großwetterlage durch den Amtsantritt von Johannes Paul II. grundsätzlich geändert hatte. Jetzt konnte er sich auf den Standpunkt stellen, historische Argumente würden im Fall der Seligsprechung Pius' IX. ohnehin nicht weiterhelfen, vielmehr seien theologische und moralische Erwägungen gefragt. Mit historischen Methoden könne man die Pläne der göttlichen Vorsehung und die besondere Rolle, die Pius IX. im Heilsplan Gottes gespielt habe, nicht erheben.[25]

Zunächst gab Snider einen ausführlichen Überblick über die Einwände und Probleme der Causa im Hinblick auf den heroischen Tugendgrad Pius' IX. Alle bisherigen historischen Untersuchungen hätten «keinen wesentlichen Beitrag» geliefert, die tiefen Meinungsverschiedenheiten innerhalb und außerhalb der Kongregation über die inhaltliche Begründung und Opportunität einer Seligsprechung dieses Papstes beizulegen.

Denn «einerseits wurde jede – wahre oder vermutete – negative Obergrenze der menschlichen und geistigen Qualitäten des Papstes für ausreichend gehalten, um jedes endgültige positive Urteil über seine historische und spirituelle Figur zu bestreiten und zu verneinen» und um «folgerichtig die Unmöglichkeit und Unangemessenheit des Seligsprechungsverfahrens zu behaupten». Andererseits sei aber die «Feststellung seiner positiven Qualitäten» sowie seiner «menschlichen und religiösen Tugenden» als «ausreichender Grund» für eine Beatifikation angesehen worden. Beide mit historischen Methoden untermauerten Ansichten folgten im Grunde jedoch entweder einem «hagiographischen und apologetischen» oder aber einem polemischen Interesse.

Deshalb lenkte nach Ansicht Sniders eine auch noch so intensive historische Arbeit immer mehr vom eigentlichen «Zentralpunkt» des Seligsprechungsverfahrens ab. «Um es ganz offen zu sagen: Die immer weitere Lieferung neuer Dokumente ... würde ohne Zweifel zu einer immer perfekteren Kenntnis der historischen Person und der Umstände seines Lebens und Handelns» führen. Aber: Kann es überhaupt eine historische Quelle geben, «so wichtig und folgenschwer ihr Inhalt auch sein mag», die für die Feststellung der «moralischen Beurteilung des Papstes und seiner pastoralen Leitung der Kirche unentbehrlich erscheinen würde?» So fragte Snider, und seine Antwort lautete eindeutig: Nein.[26]

Deshalb machte sich der Advokat auch nicht die Mühe, auf historische Argumente im Einzelnen einzugehen. Vielmehr sprang er auf eine übernatürliche Ebene. Er äußerte seine feste Überzeugung, dass die göttliche Vorsehung Pius IX. mit einem besonderen Charisma zur Leitung der Kirche in gefahrvoller Zeit ausgestattet habe. Auch persönliche Schwächen und charakterliche Defizite Mastai Ferrettis hätten dieses Charisma nicht abschwächen oder einschränken können. Im Mittelpunkt der Betrachtung müsse «die tägliche Seelenqual Pius' IX.» stehen, die er «zur Erfüllung seiner Mission als Oberhaupt der universellen Kirche und als Schiedsrichter der apostolischen Gemeinschaft in einer für den Apostolischen Stuhl schweren Zeit» auf sich genommen habe.[27]

Die von der historischen Forschung immer wieder «behaupteten Unvollkommenheiten» hätten Mastai Ferretti «nicht gehindert, sich dem Priesteramt hinzugeben, um sich dem Seelenheil ganz und gar zu widmen und um sich Gott mit dem ganzen Wesen und der ganzen Seele hinzugeben. Dem Ruf Gottes unaufhörlich, bis zum letzten Tag des Lebens zu folgen, setzt die ununterbrochene Ausübung der Tugenden und der göttlichen Gaben voraus. Der Geist Gottes hört nie auf, zu den Menschen herabzusteigen.»[28] Genau das machte Pius IX. für Snider zu einem Heiligen, denn dieser Papst «verfügte über die Intelligenz, Dinge und Menschen auf Gottes Art zu sehen, das heißt, in gewisser Weise an den Horizonten Gottes teilzunehmen».[29]

Der Anwalt stellte klar: «Wer immer diesen Fall begutachtet, ja, wer immer auch das Urteil fällt, muss sich darauf verstehen, Papa Mastais Standort im Rahmen der Kirchengeschichte sowie der Weltgeschichte seiner Zeit präzise herauszuarbeiten. Wem diese Aufgabe zufällt, der muss die Denkweise des Papstes in Bezug auf die Realität der Zeit, in der er lebte, und somit auch in Bezug auf die wahren Bedürfnisse von Kirche und Gesellschaft verstehen, mit der er seine Mission als Oberhirte der Kirche versah, eine Aufgabe, die auf sein besonderes Charisma (als Papst und oberster Glaubenslehrer der Kirche) zugeschnitten war, das Gott ihm in seiner Weisheit verliehen hatte, ein Charisma, das uns die übernatürlichen Gründe für seinen Pontifikat enthüllt. Wir dürfen nicht vergessen, dass sich der Sinn eines jeden Pontifikats nicht in menschlichen Beweggründen erschöpft. Ein Pontifikat muss im Licht der göttlichen Vorsehung gesehen werden, und zu diesem Zweck ist es notwendig, soweit uns das mit unserer beschränkten Intelligenz möglich ist, Gottes

Plan zu verstehen, entworfen zum Wohl der Kirche und der Gesellschaft, in Angriff genommen mit Beginn des Pontifikats Pius' IX. und zum Ausdruck gebracht in den Beschlüssen des Lehr- und Hirtenamts.»[30]

Mit diesen Worten umriss der Schweizer Kirchenrechtler Carlo Snider seine Aufgabe, die von außerhalb, aber auch innerhalb der Kongregation für die Heiligsprechung vorgebrachten Einwände gegen eine Seligsprechung Pius' IX. zu entkräften. Historische Argumente wollte er künftig nicht mehr gelten lassen. Deshalb nahm er auch die mehrfach angebotene Hilfe der Historiker der Kongregation nicht in Anspruch.

Damit wurde eine übernatürliche Heilsgeschichte an die Stelle der historischen Fakten gesetzt. Das widerspricht letztlich der Prozessordnung für einen Tugendprozess. Wie soll man adäquat über den Tugendgrad entscheiden, wenn das historisch belegte Verhalten einer Person überhaupt nicht ins Gewicht fällt? Dann braucht es keine Seligsprechungsprozesse mehr, in denen mühsam Material und Aussagen gesammelt werden. Mit der Argumentation Sniders lässt sich jede Seligsprechung problemlos begründen, denn was historisch als Fehler oder gar als Verbrechen erscheint, gehört vielleicht zum göttlichen Heilsplan, den der Historiker nicht erkennen kann.

Für die Selig- und Heiligsprechung Pius' IX. kam für Snider ein zweiter entscheidender Aspekt hinzu. Dieser Papst verfügte über ein besonderes Charisma. «Er hatte stets das Bedürfnis, sich von dem Charisma leiten zu lassen, das er, wie er wusste, als Papst besaß.»[31] Und da die Gläubigen in ihrer großen Mehrheit in der Leitung der Kirche durch Pius IX. Christus selbst am Werk sahen, hätten sie dadurch seinen charismatischen Herrschaftsanspruch bestätigt. Weil Christus nicht irren kann, hat auch der Papst nicht geirrt. Allen Anfeindungen zum Trotz hat er Gottes Heilsplan umgesetzt. Deshalb ist er ein Seliger. Auch ein Wunder, das auf eine Anrufung Pius' IX. hin geschehen sein soll, wurde schließlich gefunden. Es sei zur angeblich spontanen Heilung eines Tumors gekommen, wie medizinische Gutachter feststellten.[32] Ohne ein solches Wunder können nach katholischem Kirchenrecht nur Märtyrer, die wegen ihrer Glaubensüberzeugung ermordet wurden, selig- oder heiliggesprochen werden.

Tradition, Amt, Charisma: Drei Herrschaftstypen

Alles steht und fällt also mit dem Charisma des Papstes. Sniders Deutung kommt nicht von ungefähr. Gerade im Pontifikat Pius' IX. lässt sich nämlich eine spannende Entwicklung feststellen, die mithilfe der von Max Weber entwickelten Typologie von Herrschaftslegitimationen nachgezeichnet werden kann, die Günther Wassilowsky auf die Papstgeschichte angewandt hat.[33] Max Weber unterscheidet drei Typen von Herrschaft, die sich in der Realität vielfach überlagern.

Der erste Typ ist die traditional-formale Autorität, bei der ein Amtsträger seinen Herrschaftsanspruch legitimiert, indem er sich auf eine lange Traditionslinie von Vorgängern beruft.[34] Dies ist die «historisch ursprünglichste Legitimierung päpstlicher Autorität».[35] Die Päpste leiten ihren Herrschaftsanspruch in der Tat daraus ab, dass sie sich in einer ununterbrochenen Reihe von Nachfolgern des heiligen Petrus, dem Jesus die Schlüssel des Himmelreiches übergeben und den der Herr zum Fundament und Felsen seiner Kirche erwählt hat, stehend betrachten. Man kann diese Art von Autorität durch Sukzession auch als «institutionelle Heiligkeit» bezeichnen: Die individuelle Persönlichkeit eines Papstes tritt dabei fast völlig hinter das Amt zurück. Der einzelne Pontifex ist nur ein austauschbares Glied in einer langen Kette von Päpsten.

Der zweite Typus der Herrschaftslegitimation gründet sich nach Weber auf eine legal-funktionale Autorität.[36] Hier geht es um die Rechtmäßigkeit und vor allem auch um die Nützlichkeit des Amtsinhabers. Im Hinblick auf die Geschichte des Papsttums zeigt sich, dass auf diese Legitimationsweise erst seit Beginn der Frühen Neuzeit verstärkt gesetzt wurde. Seit die Reformatoren die Autorität der Päpste bestritten hatten – Luther bezeichnete den Papst sogar als Antichrist –, genügte eine Berufung auf die Petrustradition nicht mehr. Wirkliche Autorität konnten die Nachfolger Petri in dieser Situation nur gewinnen, wenn es ihnen gelang, ihre Rechtmäßigkeit durch ihren unbestreitbaren Nutzen für Kirche und Christentum nachzuweisen.

Jetzt begann man, die Päpste am Bischofsideal des Konzils von Trient zu messen: Waren sie gute Hirten, wie der Herr selbst es gewesen war, der sein Leben für seine Schafe eingesetzt hatte, kam ihnen Autorität zu; waren sie dagegen nur Mietlinge, die ihren eigenen Vorteil suchten, dann waren die Päpste nutzlos und die Reformatoren hatten Recht. Gleichzeitig sahen sich die Päpste dieser Zeit mehr und mehr gezwungen, ihre Größe auch nach außen hin sichtbar darzustellen: in prunkvollen Bauten, beeindruckenden Zeremonien und Riten, die alle als großartige Inszenierungen der Legalität ihrer Herrschaft gelten können. «Dass es nach der Fundamentalkrise der Reformation ... zu jenem historisch faszinierenden Erstarken der Institution Papsttum gekommen ist, hat mit der neuartigen, funktional-zweckrationalen Generierung von Amtsautorität zu tun.»[37]

Webers dritter Typus ist die charismatisch-personale Autoritätsbegründung, bei der Charakter, persönliche Eigenschaften und vor allem die außergewöhnliche Begabung des Herrschers die entscheidende Rolle spielen.[38] Hier tritt die Person vor das Amt und überlagert es weitgehend. Versuche, das Individuum vor die Institution zu stellen, hat es in der Papstgeschichte immer wieder gegeben, wie etwa die großen mittelalterlichen Papstpersönlichkeiten Gregor VII., Innozenz III. oder Bonifaz VIII. belegen. Es war aber Pius IX. vorbehalten, durch «eine ungehemmte Fixierung» auf seine eigene Person und «seine individuellen Eigenschaften» erstmals ein fast rein charismatisches Papstamt zu zelebrieren. Es kam in seinem Pontifikat zu einer «Charismatisierung der Papstfigur, hinter der die überkommenen formal-traditionellen Autoritätserzeugungen und die funktionalen Herrschaftslegitimationen weitgehend verschwinden».[39] Dazu passt am Ende auch seine Selig- und Heiligsprechung. Nicht der Papst als Pius IX. wurde zur Ehre der Altäre erhoben, sondern Pius IX. als Papst.

Es ist bei dem persönlichen Charisma nicht erheblich, ob die Autorität tatsächlich über die außergewöhnlichen Eigenschaften verfügt. Es genügt schon, wenn sie ihr zugeschrieben, wenn sie auf ihn projiziert werden, wie etwa Ian Kershaw in seiner Hitlerbiographie gezeigt hat.[40] Im Fall von Pius IX. spielte die katholische Publizistik eine besondere Rolle. Gläubige und kirchliche Propaganda schrieben ihrem Papst zahlreiche ungewöhnliche Fähigkeiten zu. Erst auf der Basis der tatsächlichen und der von den Journalisten konstruierten und verbreiteten Erfahrungen von einzelnen Gläubigen bei ihren Begegnungen mit diesem besonderen Menschen auf dem Papstthron entstanden die Zuschreibungen von Kompetenzen, die eine wesentliche Voraussetzung für das Funktionieren der charismatischen Herrschaft darstellten. Am wichtigsten war dabei die feste Überzeugung, er könne ihnen irdisches Glück und ewiges Heil garantieren. Dafür nahmen die Gläubigen zahlreiche Zumutungen in Kauf, wie den Rückzug ins katholische Ghetto, den Verzicht auf Karrieren in Staat und Gesellschaft, den Glauben an seine Unfehlbarkeit oder die Ablehnung aller Errungenschaften der Moderne.

Absoluter Herrscher über die Kirche und unfehlbarer Interpret des Willens Gottes sein zu wollen, ist ein sehr hoher Anspruch, der nur dann anerkannt wurde, wenn die Gläubigen dies ihrem Papst wirklich zutrauten. So «erfanden» Pius IX. und seine begeisterten Anhänger gemeinsam die charismatische Herrschaft der Päpste. Der Papst als Person wurde zur großen Projektionsfläche aller kirchlichen Hoffnungen. Jetzt brauchte man die erfundene Tradition des Tridentinums für die katholische Identitätssicherung nach der Katastrophe von 1789 und der dadurch ausgelösten Säkularisierung nur noch mit der Papstbewunderung zu kombinieren. Jetzt stand die lebendige Tradition zur Verfügung, verkörpert im Papst und seinem Charisma, der daher von sich sagen konnte: La tradizione sono io – und die Katholiken glaubten in ihrer Papstverehrung diese Anmaßung auch noch voller Enthusiasmus.

Bezeichnend für die charismatische Herrschaftslegitimation durch Pius IX. sind die Titel und Attribute, die die Gläubigen ihrem Papst während seiner Amtszeit zuschrieben.[41] Zunächst verdient die Wahrnehmung der äußeren Erscheinung des Mastai-Papstes besonderes Interesse. So soll eine alte Frau beim Anblick Pius' IX. jubelnd ausgerufen haben: «O che bello Papa, il mondo non a veduto mai un Papa così bello.» Also in etwa: Oh was für ein schöner Papst, die Welt hat noch nie einen so schönen Papst gesehen.[42] Und bei einer Audienz sagte ein Teilnehmer: «Gott! Was er für ein gutes Gesicht hat! Wie schön er ist! Gott segne ihn! Gott erhalte ihn uns noch lange.»[43] Auch sein sonniges Gemüt, seine Sanftmut und die «unbefleckte Reinheit seines Charakters» wurden immer wieder betont: «Seine Stirn ist heiter wie der Abend eines schönen Herbsttages.»[44] Mit einem Satz: Dieser Papst hat Charisma und eine besondere Ausstrahlung.

Von zentraler Bedeutung für die Zuschreibung von Autorität war die häufige Charakterisierung Pius' IX. als Vater, wobei es interessanterweise nicht in erster Linie um die sich aus der Petrusnachfolge ergebende traditionelle Amtsautorität als Heiliger Vater ging. Vielmehr haben viele Gläubige das so verstanden: Er ist der Vater, und ich bin sein unmündiges Kind, dem ich gehorche wie ein braver Sohn oder eine brave Tochter.

So berichtete der französische Journalist Louis Veuillot über eine Privataudienz bei Pius IX.: «Ich warf mich vor dem Unsterblichen, vor dem Statthalter Jesu Christi, vor dem Statthalter der Liebe nieder und nannte ihn meinen Vater. Und er neigte sich, um mich zu segnen, und sagte zu mir: ‹Figliuolo, mein Kind.›»[45]

Ein Soldat erzählte über seine Begegnung mit dem Papst: «Er blieb bei mir stehen, liebkoste mich, wie eine Mutter ihr Kind liebkost.»[46] Und ein anderer Mann, der an einer Privataudienz teilnahm, hielt fest: «Als der Heilige Vater dies sagte, legte er die Hand auf mein Haupt und klopfte mir von Zeit zu Zeit auf meine Wange. Ich war vor Freude außer mir. Mit aller Liebe ergriff ich die Hand, die er mir darbot. Er schenkte mir eine Medaille und sprach: ‹Mut mein Kind! Sei ein gutes und tugendhaftes Kind.›»[47]

Als eine Witwe dem Papst ein Geschenk überreichte, sagte sie zu Pius IX.: «Meine Augen sind auf Sie gerichtet, o Stellvertreter des lebendigen Gottes! Segnen Sie mich! – Ich bin nur ein kleines Kind, aber was ich von meinem Vater bekomme, das gebe ich Ihnen, o heiliger Papst.»[48] Diese Vaterschaft war charismatische Herrschaft par excellence.[49] Wer sich selbst zum unmündigen Kind macht, verspricht dem Vater Verehrung und Unterwerfung. Kindlicher Gehorsam gegenüber dem Heiligen Vater sollte seit Pius IX. zu einem gängigen Topos für das Verhältnis zwischen Papst und katholischen Gläubigen werden.

Pius IX. wurde von den Katholiken seiner Zeit aber auch explizit der Titel Herrscher zugeschrieben. Als Synonyme finden sich Fürst, König des Kirchenstaats, Souverän, Cäsar, erhabener König, Geliebtester unter den Königen, herrlichster Fürst, erhabener Regent, höchster Herrscher der Welt, König der Könige. Diese vorbehaltlose Anerkennung als oberster Herrscher wurde vor allem durch die Zeremonie des Fußkusses anschaulich inszeniert, mit der alle Katholiken vom Kardinal bis zum einfachen Gläubigen den Papst zu ehren hatten.

Als Pius IX. das französische Schiff Meteor besuchte, wurde er vom Kapitän und den Offizieren wie üblich durch den Fußkuss begrüßt. «Sogar die Heizer wollten dieses Glückes nicht beraubt sein, sie erschienen, mit ihren von Kohlen geschwärzten Gesichtern, über welche der Schweiß herabrann, und küssten inbrünstig den Fuß des Papstes.» Der Saum des weißen Gewandes Pius' IX. soll hinterher nicht mehr ganz rein gewesen sein.[50] Über eine Fronleichnamsprozession mit dem Papst berichtete ein

Teilnehmer: «Ich sah ihn allmählich sich entfernen und sehnlichst folgten ihm meine Blicke; die Säulen verbargen ihn vor mir auf einen Augenblick und ich war betrübt; bald erschien er wieder und mein Herz klopfte aufs Neue vor Freude; endlich verschwand diese Vision in der Tiefe der unermesslichen Basilika.»[51] Der Betrachter konzentrierte sich offenkundig nicht auf das für Katholiken eigentlich Wesentliche der Prozession, den in der Hostie gegenwärtigen Herrn der Welt Jesus Christus, der in der prächtigen Monstranz unter dem Baldachin durch die Straßen Roms getragen wurde. Christus kam in seiner Beschreibung gar nicht vor, an seine Stelle als Herrscher der Welt war der Papst getreten.

Als eine französische Schulklasse einen Brief des Papstes erhielt, weinten die Schüler «Tränen der Freude und zitterten vor unaussprechlicher Fröhlichkeit. Das Breve ging von Hand zu Hand, das päpstliche Siegel wurde mit Liebe und Ehrfurcht geküsst. Dann warfen sie sich auf die Knie nieder, um dem Himmel zu danken und den Heiligen Geist vor der Heiligen Lesung anzurufen.»[52] Das Wort Pius' IX. war an die Stelle des Wortes der Heiligen Schrift getreten. Für die Schüler, die für eine Vielzahl katholischer Gläubigen stehen, galt nicht nur der Satz Pius' IX. «la tradizione sono io», sondern auch «la bibbia sono io».

In einem zeitgenössischen deutschen Hymnus auf den Papst wurde das Herrscherlob eindrücklich gesungen:

> Pius! Pius! laut erschallen,
> Tausendfältig widerhallen,
> Hört man's auf dem Erdenrund:
> Und auch wir auf deutscher Erde,
> Dass sein Preis erhöhet werde,
> Stimmen ein mit Herz und Mund.
> Pius, Herr auf Christi Throne,
> Mit der dreifach lichten Krone,
> Schau Dein Volk, wie groß, wie weit!
> Sieh auch uns zu Deinen Füßen,
> Lass auch uns Dich jubelnd grüßen,
> Stern voll Glanz in düst'rer Zeit.[53]

Die katholischen Gläubigen stilisierten Pius IX. sogar zum erfolgreichen Kriegsherrn, der er – objektiv gesehen – niemals war. Den Hintergrund bildeten die italienische Einigungsbewegung, der drohende Verlust Roms und des Kirchenstaats sowie die militärischen Auseinandersetzungen mit dem entstehenden italienischen Nationalstaat. Zahlreiche junge katholische Männer aus ganz unterschiedlichen Ländern wollten in den 1850er und 1860er Jahren ihrem Papst als Soldaten zu Hilfe eilen, um seine Herrschaft mit der Waffe in der Hand zu verteidigen. Die Begeisterung dieser Männer, die für Pius IX. in den Krieg zogen, wurde in der katholischen Publizistik mit bewegten Worten geschildert: «Die jungen Leute aus den besten Familien verzichteten gerne auf die schönste Laufbahn, um sich als gemeine Soldaten unter die päpstliche Miliz einreihen zu lassen.»[54] Und von einem tödlich verwundeten päpstlichen Freiwilligen wurde berichtet, er habe zur Jungfrau Maria gebetet: «Meine gute Mutter! Ich sterbe gerne für die Verteidigung des Statthalters Jesu Christi, und ich freue mich, der Erste zu sein, der sein Blut für eine so heilige Sache vergießt.»[55]

Der Papst auf dem Altar: Die Christificatio Pius' IX.

Neben dem persönlichen Charisma des Mastai-Papstes wurde in der Publizistik auch seine besondere geistliche Autorität hervorgehoben. Vor allem die Unfehlbarkeit sprachen breite Kreise weniger dem päpstlichen Amt als solchem, sondern mehr und mehr ihm als Person zu. Ein Besuch bei Pius IX. verschaffte, so hieß es, dem Besucher den vollkommenen Anblick der Wahrheit. Jede Enzyklika des Papstes sei unmittelbar vom Heiligen Geist inspiriert. Und wenn der Papst denke, dann denke Gott in ihm. Obwohl der Papst bereits den Amtstitel «Heiliger Vater» führte, wurde Pius IX. als Person zusätzlich das Attribut «heilig» zugesprochen. So notierte etwa ein Soldat nach einer Audienz: «Wie heilig er aussieht, ... wenn man ihn nur anschaut, wird man ordentlich ein besserer Mensch!»[56] Und ein anderer schrieb: «Wenn Sie wüssten, wie heilig der Papst ist, welch eine englische Natur er besitzt.»[57]

Selbstverständlich durften bei einem Charismatiker auch Wunder nicht fehlen. Die katholische Publizistik berichtete regelmäßig von Krankenheilungen, die Pius IX. bewirkt haben sollte. Ein Strumpf des Papstes, der unter Gebeten einem schwerkranken Jungen als «kostbare Reliquie» aufgelegt wurde, führte zur Heilung.[58] Selbst ein nur telegraphisch über-

sandter Papstsegen brachte einem nicht näher bekannten Mann namens
Albanese Arcuri «völlige Genesung von seinem Blutbrechen».[59]

Die Amtsheiligkeit eines Papstes speiste sich traditionell vor allem aus
seiner Rolle als Vicarius Christi. Bei Pius IX. kam aber eine ganz neue
Dimension hinzu: Er war als Giovanni Maria Mastai Ferretti jenseits des
Amtes als Person der Stellvertreter Jesu Christi auf Erden. Er verkörperte
Christus idealtypisch, so wie er musste ein Papst sein – jedenfalls sahen
das zahlreiche Gläubige und auch höhere Geistliche so.

Der Apostolische Vikar von Nanking in China, der Jesuit Adrien-Hip-
polyte Languillat, fiel bei einer Audienz auf die Knie. Pius IX. forderte ihn
auf, sich zu erheben und zu ihm zu kommen. Der Bischof «schleppte
sich» jedoch «auf den Knien zu den Füßen des Stellvertreters Jesu Christi
hin», wobei er mehrfach die Worte wiederholte: «Tu es Petrus.» Der
Papst, «ebenso bewegt wie der Bischof», hob ihn auf, drückte ihn an sein
Herz und vermischte «seine Tränen mit den Tränen des Bischofs».[60] Und
anlässlich einer Waffensegnung am 18. April 1850 hieß es über Pius IX.:
«Dieser Mann ist der Stellvertreter Jesu Christi, es ist das lebendige Eben-
bild Gottes, es ist der Papst, es ist Pius IX., es ist die Religion.»[61]

Kein anderer Papst zuvor hatte als Person Christus derart ideal
verkörpert wie Pius IX., so dass der Linzer Kirchenhistoriker Rudolf
Zinnhobler von einer «Christificatio» Mastai Ferrettis spricht.[62] Aus der
Schilderung einer römischen Fronleichnamsprozession wird dies schön
deutlich: «‹Ich wagte beim Anblick dieses unbestreitbar großartigen
Schauspieles kaum Atem zu holen; ich fühlte mich unbeschreiblich ergriffen. Dabei verzehrte mich aber eine Art ungeduldiger Erwartung; ich
konnte es kaum erwarten, Pius IX. zu sehen.› Endlich trug man den Papst
heran. ‹Sein Haupt war entblößt, in seinen Händen glänzte die anbe-
tungswürdige Eucharistie. Großer Gott, wie schön war da Pius IX.! Er
war wahrhaft verklärt! Die Heilige Hostie entsendete göttliche Strahlen
auf das Antlitz des Papstes, Jesus Christus und sein Statthalter schienen
eins zu sein.›»[63]

Die meisten der zitierten Charakterisierungen Pius’ IX. finden sich
nicht in autobiographischen Aufzeichnungen oder Privatbriefen, sondern wurden in der populären katholischen Publizistik vom katholischen Volks- und Hauskalender über die Sonntagsblätter und Kirchen-
zeitungen bis hin zu Devotionsschriften für den Papst hunderttausendfach
vervielfältigt unter das gläubige Volk gebracht. Ausgerechnet die von

Pius IX. verdammte Revolution von 1848 und ihre teuflischen Freiheiten gaben der katholischen Publizistik zum ersten Mal überhaupt die Mittel in die Hand, populäre Druckschriften in großem Umfang zu verbreiten und den Massen weltweit den Papst nahezubringen. Das unterstreicht die fundamentale Bedeutung von Medien für die Ausprägung charismatischer Herrschaft in der Neuzeit.

Am besten war es natürlich, den Papst von Angesicht zu Angesicht zu erleben, idealerweise in einer Privataudienz. Dazu musste man aber nach Rom. Der Ausbau des Eisenbahnnetzes in der Mitte des neunzehnten Jahrhunderts machte dies immerhin für die solventeren Katholiken in Europa möglich. Pauschalangebote für Romreisen mit Papstaudienzen wurden eifrig genutzt. Ansonsten konnte man sich den Papst aber auch ins Wohnzimmer holen und eine Fotografie oder einen Stich Pius' IX. zum Beispiel in den Herrgottswinkel neben das Kreuz hängen.

Die katholische Papstpropaganda arbeitete gerne mit «*Übertreibungen und Verallgemeinerungen*» und einer ausgesprochenen «*Schwarz-Weiß-Malerei*», um die «Unvergleichlichkeit Pius' IX. zum Ausdruck» zu bringen.[64] «In dieser tiefen Nacht strahlt mit mildem Lichte ein Stern, und je schwärzer sich das Sturmgewölke zusammenballt, umso heller, umso milder strahlt dieser Stern, eine unverrückbare Leuchte für den Schiffer, dessen schwankender Kahn auf der See umhergeworfen wird, Pius IX.»[65] Der Erzbischof von Reims, Jean Landriot, sprach von einer bislang nie dagewesenen «idolatrie de la papauté».[66] Tatsächlich wurde der Papst im Verlauf des Pontifikats Pius' IX. erstmals als Person zum Gegenstand der Frömmigkeit.[67] Gerade in Frankreich kann man von einer ausdrücklichen «dévotion au pape» sprechen, obwohl die «Anbetung» bis dahin ausschließlich Gott und Jesus Christus vorbehalten war. Auch wenn sich der Begriff erstmals 1877 findet, so lässt sich der Sachverhalt spätestens seit der Rückkehr Pius' IX. aus dem neapolitanischen Exil im Jahr 1850 feststellen. Der Generalsuperior der Maristen, Julien Favre, sprach von «drei großen Devotionen unserer Epoche: der des Heiligsten Herzens Jesu, der der unbefleckt empfangenen Jungfrau und der der Kirche in der heiligen Person des souveränen Pontifex und Vicarius Jesu Christi auf Erden».[68]

Hinter der charismatischen Neuerfindung des Papsttums verschwanden die traditionale und die funktionale Legitimation der päpstlichen Autorität zwar nicht völlig, aber den «Höhepunkt dieser charismatischen

Aufladung» des Papstamtes bildete das Pontifikat Pius' IX. Der ultramontane Katholizismus war ohne die große Projektionsfläche des
schönen und makellosen Mastai-Papstes nicht denkbar.[69]

In der Krise des neunzehnten Jahrhunderts und den Herausforderungen der Moderne, die den Katholizismus als überholt und ewig-
gestrig erscheinen ließen, brauchten die verunsicherten Gläubigen einen
neuen Identitätspunkt, der ihnen in den Irrungen und Wirrungen der
neuen Zeit Orientierung und Sicherheit verlieh. Und sie fanden diesen
im Papst, der nicht mehr nur der legitime Nachfolger des Petrus war,
sondern jetzt wirklich als Person der *alter Christus*, der neue Christus,
sein musste. Er selbst stand jetzt auf dem Altar und wurde verehrt wie
Christus selbst. Er war der Heilsbringer in Person.

Pius IX. und seine Gefolgsleute haben das Papsttum durch die extreme Personalisierung und die Konzentration auf charismatische Herrschaft bis heute nachhaltig verändert. Was Charisma im Papstamt bewirken kann, hat das Pontifikat Johannes Pauls II. mit seiner ganz eigenen
Papstperformance und medialen Vermarktung vor Augen geführt.[70] Auf
Weltjugendtagen als Megaevents feiern und verehren hunderttausende
junger Menschen den Papst als Person, freilich ohne sich unbedingt an
seine rigiden Vorschriften in der Sexualmoral und seine äußerst traditionelle Glaubensverkündung zu halten. Personales Charisma und daraus resultierende Papstdevotion auf der einen Seite und Rezeption der
Inhalte der päpstlichen Lehre auf der anderen Seite bedingen sich nicht
unbedingt.

Ein Zurück in die rein traditionale oder rein funktionale Herrschafts-
begründung ist heutzutage für keinen Papst mehr möglich, auch wenn
konservative Denker wie Martin Mosebach dies behauptet haben. Mosebach feierte die charismatisch aufgeladene Superkompetenz Johannes
Pauls II. und Benedikts XVI. geradezu hymnisch, solange es in sein
kirchenpolitisches Konzept passte. Wo diese nicht zu seinen traditiona-
listischen Vorstellungen passte, wie bei Paul VI. oder Papst Franziskus,
lehnte er ein charismatisches Papsttum mit Nachdruck ab. «Es ist eine
passive Kompetenz. Das Amt eines Vicarius Christi wäre eine vollständige Überforderung, für jeden, der es als aktives Amt begreifen würde …
Nicht Paulus, sondern Petrus wurde der erste Papst. Käme es auf Genie
und Charisma an, wäre das Amt ein Irrsinn.» Die Person des Papstes
müsse völlig hinter seinem Amt zurücktreten, was der alte barocke Pomp

des Papstzeremoniells gelungen in Szene gesetzt habe: «Wenn der Papst einzog, sah man den kleinen alten Mann gar nicht mehr, weil er unter einem Haufen Brokat versteckt war.»[71] Der Schriftsteller und Philosoph vergleicht den charismatischen Franziskus und die Inszenierung seines öffentlichen Auftretens als Papst zumindest indirekt mit Hitler: «Das Küssen der Kinder, das Liebkosen der Kranken, der Besuch im Lazarett und so weiter. Seitdem es eine Öffentlichkeit gibt, seitdem wir eine Propaganda haben, setzten sich die Herrschenden in dieser Weise in Szene.» Das gehöre eben «zum Ritual der modernen Diktatoren».[72]

Während in früheren Jahrhunderten die Amtsheiligkeit des Pontifex maximus und die Rechtmäßigkeit seiner Wahl genügten, um persönliche Defizite des konkreten Amtsinhabers zu überdecken, kommt seit Pius IX. fast alles auf die Person des Papstes an, der sich vor allem als Projektionsfläche der Wünsche der Gläubigen eignen muss. Man folgt als Katholik dem Papst nicht mehr automatisch wegen seines Amtes, sondern wenn einen seine Person überzeugt und einen sein Charisma gefangen nimmt. Franziskus schlug nach seiner Wahl so viel Sympathie entgegen, weil sein einfacher Lebensstil in der Nachfolge des armen Jesus und des Poverello aus Assisi viele überzeugte. Wegen dieses besonderen Charismas traten damals trotz zahlreicher Skandale viele Katholiken nicht aus ihrer Kirche aus. Aber in dem Moment, in dem Franziskus' persönliche Aura Risse bekam, weil er in der Missbrauchsaffäre nicht sofort hart durchgriff, in theologischen und kirchenpolitischen Streitfragen wie der Zulassung von wiederverheirateten Geschiedenen oder evangelischen Christen zur Kommunion missverständlich agierte, das Thema der Diakoninnenweihe für Frauen durch die Einsetzung einer Kommission auf die lange Bank schob, schwand seine Autorität auf drastische Weise. Vom Hoffnungsträger wurde er zum «Ankündigungspolitiker».[73] Das zeigt, wie riskant charismatische Herrschaft ist: Sobald die Gläubigen Zweifel am subjektiven Charisma des Papstes bekommen, können traditionelle Herrschaftstitel wie «Nachfolger des Apostelfürsten Petrus» oder «Stellvertreter Jesu Christi auf Erden» oder funktionale Beschreibungen wie «Diener der Diener Gottes» die Defizite nicht mehr kompensieren.

Pius IX. hat das charismatische Papsttum erfunden und Johannes Paul II. hat es zur Vollkommenheit geführt. Dadurch haben beide einer persönlichen Überforderung des Papstes Tür und Tor geöffnet. Hierin besteht die Tragik der neueren Kirchengeschichte: Ausgerechnet die Päpste, die dem Papsttum durch das Charisma ihrer Person seine höchste Autorität verliehen, haben es dadurch an seine Grenze geführt. Die Vorstellung von den «beiden Körpern» des Papsttums, dem ewigen der Institution und dem zeitlichen des jeweiligen Amtsinhabers, weicht immer mehr dem Konzept des einen Körpers, dem des aktuellen Papstes.[74] Er trägt als Person die ganze Last des Papsttums. Fehlt ihm das Charisma oder wird es ihm nicht ausreichend zugeschrieben, dann fehlt ihm letztlich die Autorität zu einer erfolgreichen Amtsführung. Die absolute Verzauberung der Person des Papstes unter Pius IX. hat so zugleich einer Entzauberung des Papsttums den Weg bereitet.

Man hat in Rom eine neue Kirche gemacht

Der Erzbischof von München und Freising, Gregor von Scherr, gehörte wie vier Fünftel der deutschen Bischöfe zu den Gegnern einer Definition der päpstlichen Unfehlbarkeit auf dem Ersten Vatikanischen Konzil und kämpfte bis zum Schluss gegen das neue Dogma. Vergebens. Um bei der Schlussabstimmung in der Aula der Petersbasilika sein negatives Votum nicht öffentlich abgeben und damit Pius IX. brüskieren zu müssen, reiste er mit seinen Kollegen von der Minorität zwei Tage vor dem entscheidenden 18. Juli 1870 aus Rom ab. Scherr kam, wie der Konzilstheologe Kardinal Hohenlohes und Münchener Professor Johann Friedrich in seinem Tagebuch festhielt, «still und ohne Sang und Klang» am 19. Juli um Mitternacht am Münchener Hauptbahnhof an. Niemand habe eine Ahnung von «seiner bevorstehenden Ankunft» gehabt, denn sonst hätten die liberalen Katholiken Münchens ihrem Oberhirten sicherlich einen feierlichen Empfang bereitet, hatte sich Scherr doch «durch seine Haltung beim Konzil eine Achtung erworben», wie er sie vorher nie besessen hatte. Friedrich äußerte aber Verständnis für die klammheimliche Rückkehr des Erzbischofs, da «Ovationen» von «Fortschrittlern» dessen «ohnehin sehr schwierige Stellung» noch weiter verkompliziert hätten.[1]

Die Professoren der Münchener Katholisch-Theologischen Fakultät waren voller Hoffnung, mit dem Erzbischof an ihrer Seite ihre Ablehnung des Unfehlbarkeitsdogmas gegenüber römischen Repressionen leichter durchhalten zu können. Doch die Hoffnung währte kaum achtundvierzig Stunden. Bereits am Morgen des 21. Juli verbreitete sich nämlich in der Stadt an der Isar wie ein Lauffeuer das Gerücht, Bischof «Gregorius habe sich dem Papst hinsichtlich der Unfehlbarkeit unterworfen».

Der Kirchenhistoriker Ignaz von Döllinger, der Kopf der Fakultät, und seine Kollegen wollten an dieses Umfallen Scherrs zunächst nicht so

Inszenierung eines Gottkönigs im Jahr 1870. Pius IX. auf der Sedia gestatoria mit Pfauenfedern und Garden.

recht glauben, erhielten jedoch bald Klarheit. Noch am 21. Juli morgens um zehn Uhr wurden sie zum Bischof bestellt.[2] Es kam zum Showdown. Der Erzbischof erklärte ohne viel Federlesens: «Roma locuta est, die Folgen kennen die Herren selbst. Wir können nichts anderes tun, als uns darein ergeben.» Döllinger kochte vor Wut, konnte sich aber zunächst noch beherrschen. Am Ende des Treffens wandte sich Scherr direkt an den Kirchenhistoriker und forderte ihn auf: «Wollen wir also aufs Neue für die heilige Kirche zu arbeiten anfangen.» Da brach es aus Döllinger heraus: «Ja für die *alte* Kirche.» Darauf der Erzbischof: «Es gibt nur *eine* Kirche, keine neue und keine alte.» Da fiel das Haupt der Münchener Fakultät Scherr ins Wort und rief: «Man hat eine neue gemacht.»[3]

Anhang

Dank

Dreimal schon war ich drauf und dran, dieses Buch zu schreiben: Zum ersten Mal unmittelbar nach meiner Doktorarbeit über den Tübinger Dogmatiker Johannes Evangelist von Kuhn im Jahr 1990, als mir die einmalige Bedeutung Pius' IX. für die Kirchengeschichte des neunzehnten Jahrhunderts aufging. Zum zweiten Mal, nachdem die Arbeitsgemeinschaft der deutschsprachigen Kirchenhistorikerinnen und Kirchenhistoriker durch den damaligen Nuntius aufgefordert worden war, sich eingehender mit dem Leben und Wirken von Papst Pius IX. zu beschäftigten. Die Arbeitsgemeinschaft hatte sich nämlich erlaubt, im Jahr 2000 massive historische Bedenken gegen die anstehende Seligsprechung des Mastai-Papstes ins Feld zu führen. Und zum dritten Mal nach dem Erfolg meiner *Nonnen von Sant'Ambrogio*, die nach ihrem Erscheinen 2013 eine wahre Flut von Anfragen zur Rolle Pius' IX. in diesem Klosterskandal auslösten.

Im vierten Anlauf ist es nun also gelungen. Und das verdanke ich vor allem meiner langjährigen Mitarbeiterin Dr. Barbara Schüler. Sie hat nicht nur dafür gesorgt, dass immer wieder überraschend Zeitfenster für den «Pio Nono» im Terminkalender auftauchten, sondern auch dafür, dass dann auch wirklich am Manuskript gearbeitet wurde. Sie hat alle Gliederungsvorschläge kritisch hinterfragt und den Text stilsicher und mit dem Blick fürs Ganze fertiggestellt. Kurz: Ohne sie gäbe es dieses Buch nicht. Ihr zur Seite stand Verena Bäumer, die geduldig meine handschriftlichen Entwürfe erfasst, Bilder zusammengetragen und bei der Erstellung des Registers mitgearbeitet hat. Und Dr. Holger Arning hat in gewohnter Weise akribisch korrigiert und auf einen lesbaren Text geachtet. Dr. Maria Pia Lorenz-Filograno und Hedwig Rosenmöller haben für geschliffene Übersetzungen aus italienischen Quellen gesorgt. Die Studentischen Hilfskräfte Christian Middendorf und Robert Renner haben sich um die Bibliographie verdient gemacht und das erste Mal Korrektur gelesen. Eine gemeinsame Redaktionskonferenz, an der auch Matthias Daufratshofer, Michael Neumann und Michael Pfister teilnahmen, überzeugte mich davon, den biographischen Erzählstrang in dem Buch über die Erfindung des Katholizismus im neunzehnten Jahrhundert noch stärker zu machen. Zwei externe Test- und Korrekturleserinnen, Christiane Richter und Christa Schütte, haben durch ihre Eindrücke und Anregungen das Manuskript weiter abgerundet.

Besonders hervorheben möchte ich meine persönlichen «Agenten» in der direkten Heimat von Pius IX., in Senigallia. Für die vielen Hinweise und historischen Reminiszenzen über die Stadt möchte ich ganz herzlich Dr. Fabrizio Chiappetti danken. Ohne meinen Leibniz-Preis hätte er übrigens seine Frau, meine Schülerin Dr. Judith Schepers, nicht kennengelernt, denn dann hätte es die wichtige Tagung, auf der beide sich trafen, nie gegeben. Judith Schepers hat die zum Teil schwer zugängliche italienische Literatur zu Pius IX. einer ersten Sichtung unterzogen und viele Seiten Scans besorgt. So gilt es auch, der Biblioteca Diocesana Mastai Ferretti und dem Museo Pio IX im Palazzo Mastai in Senigallia, namentlich dem Direktor Don Alfredo Pasquali, ganz herzlich zu danken, die eine einzigartige Sammlung zu Leben und Wirken ihres großen Sohnes ihr Eigen nennen.

Und schließlich: Ohne einen guten Verlag kann kein Buch sein Publikum erreichen. Ohne den Verlag C.H.Beck und seinen Verleger Dr. Jonathan Beck wäre auch *Der Unfehlbare* nicht realisiert worden. Mein langjähriger Lektor Dr. Ulrich Nolte hat es verstanden, immer wieder nachzufragen, was denn nun mit dem Pio Nono sei und ob es ein Kapitel zu lesen gebe. Seine Kommentare waren manchmal protestantisch hart, aber immer punktgenau. Das so wichtige Korrektorat hat Hildegard Nusser übernommen; für die Durchsicht, Weiterverarbeitung und Kontrolle der Korrekturen war Gisela Muhn-Sorge in gewohnt umsichtiger Weise zuständig. Hervorheben möchte ich diesmal ganz besonders die Unterstützung von Dr. Anja Schoene bei den zahlreichen Präsentationen, die ich im Laufe der vergangenen Jahre mit meinen Büchern erleben durfte, und die ausgezeichnete Öffentlichkeitsarbeit von Katrin Dähn, die stets wunderbar funktioniert.

Im vierten Anlauf liegt dieses Buch nun endlich vor. Damit hat eine lange Geschichte ein hoffentlich gutes Ende genommen – aber Erfindungen brauchen manchmal auch bei Schwaben einfach ihre Zeit.

Im Mai 2020   Hubert Wolf

Zeittafel zum Leben von Pius IX.

1792

13. Mai — Giovanni Maria Giovanni Battista Pietro Pellegrino Isidoro Mastai Ferretti wird in Senigallia geboren.

1797

9. Februar — Napoleon Bonaparte marschiert in Senigallia ein.

Oktober — Giovanni Maria fällt auf dem Landgut in Roncotelli in einen Brunnen und wird gerettet. Zum ersten Mal tritt die Epilepsie bei ihm auf.

1799

6. Juni — Giovanni Maria empfängt die Firmung.

29. August — Pius VI. stirbt im Exil in Valence.

1800

14. März — In Venedig wird Pius VII. zum Papst gewählt.

21./22. Juni — Der neue Papst besucht Senigallia und trifft dort auf Giovanni Maria.

1803

2. Februar — Giovanni Maria empfängt die Heilige Kommunion.

Oktober — Im Piaristeninternat in Volterra häufen sich Giovanni Marias epileptische Anfälle.

1809

5./6. Juli — Gefangennahme Pius' VII. und Verschleppung nach Frankreich durch Napoleon.

Oktober — Abruptes Ende der Zeit im Piaristeninternat in Volterra: Wegen der schlimmen epileptischen Anfälle wird Giovanni Maria nach Senigallia zurückgebracht.

Dezember — Aufenthalt in Rom beim Onkel Paolino.

1810

Versuche, eine militärische Laufbahn einzuschlagen, scheitern wegen der Epilepsie.

Liebesgeschichte mit Giacinta Marchetti.

1814

10. März — Napoleon gibt dem Papst den Kirchenstaat zurück. Pius VII. wird freigelassen und zieht im Triumph nach Rom.

12. Mai	Mastai Ferretti begegnet dem Papst im Palazzo seiner Eltern in Senigallia und entschließt sich, mit nach Rom zu reisen, wo er für einige Zeit bleibt.
7. September	«Das Beste wäre, das Kollar zu nehmen.» Aber noch fehlt die Berufung.

1815

26. Februar	Während Napoleon aus dem Exil auf Elba an die Macht zurückkehrt, sein Schwager Murat gen Rom marschiert und Pius VII. nach Genua flieht, zieht sich Mastai Ferretti zu Exerzitien auf den römischen Monte Celio zurück.
9. Juni	Der seit September 1814 tagende Wiener Kongress endet, ohne dass eine einheitliche Lösung für die Neuorganisation der Kirche gefunden wird.
22. Juni	Endgültige Abdankung Napoleons.
November	Mastai Ferretti kehrt nach Senigallia zurück, nachdem er nicht in die Päpstlichen Garden aufgenommen worden ist.

1816

Februar	Mastai Ferretti zieht erneut nach Rom. Kardinal Della Genga, Bischof von Senigallia, unterstützt diesen Schritt.
30. März	Giovanni Maria Mastai Ferretti teilt Giacinta Marchetti seinen Entschluss mit, Priester werden zu wollen. Er beginnt ein Studium der Theologie und des Kirchenrechts am Collegium Romanum, wohnt in der Casa delle Missione und arbeitet caritativ im Ospizio Tata Giovanni.

1817

24. Februar	Ernennung zum Agenten der Stadt Senigallia in Rom. Mastai Ferretti wird Mitglied der restaurativen Società dell'Amicizia Cattolica.

1818

5. Januar	Empfang der niederen Weihen.

1819

19. Dezember	Subdiakonatsweihe. Die epileptischen Anfälle lassen in ihrer Heftigkeit nach.

1820

7. März	Diakonatsweihe.
10. April	Priesterweihe.
11. April	Feier der Primiz in der Kirche Sant'Anna dei Falegnami, die zum Ospizio Tata Giovanni gehört, in dem Mastai Ferretti nach seiner Weihe jetzt seelsorglich tätig ist.

1823

3. Juli	Aufbruch zur Chile-Reise. Mastai Ferretti lernt als Auditor die Schwierigkeiten kirchenpolitischer Missionen kennen.
20. August	Pius VII. stirbt.
28. September	Mastai Ferrettis Heimatbischof Della Genga wird zum neuen Papst gewählt. Er nennt sich Leo XII. Die Chile-Reise kann weitergehen.

1825

	Leo XII. ruft ein Heiliges Jahr aus.
20. November	Mastai Ferretti trifft nach zweijähriger Reise wieder in Rom ein. Leo XII. macht ihn zum Präsidenten des Hospizes von San Michele a Ripa.

1827

24. April	Mastai Ferretti wird zum Erzbischof von Spoleto ernannt und am 3. Juni zum Bischof geweiht. Er macht sich als energischer und volkstümlicher Bischof einen Namen.

1829

10. Februar	Leo XII. stirbt.
31. März	Pius VIII. tritt die Nachfolge an.

1830

27. Juli	Aufstände in Paris: die Julirevolution. Erste Unruhen im Kirchenstaat.
30. November	Nach nur eineinhalb Jahren Pontifikat stirbt Pius VIII.

1831

2. Februar	Aus einem langen und konfliktreichen Konklave geht Gregor XVI. als neuer Papst hervor.
3. Februar	Die Revolution erreicht endgültig den Kirchenstaat. Modena, Bologna und andere Städte erklären ihre Unabhängigkeit.
23. Februar	Unruhen in Spoleto zwingen Mastai Ferretti zur Flucht. Es gelingt ihm, eine militärische Eskalation zu vermeiden.

1832

19. November	Gregor XVI. macht Mastai Ferretti zum Bischof von Imola. Die Gründe dafür sind ungewiss.

1833

9. Februar	Der neue Bischof von Imola tritt sein Amt an, nachdem er eine Wallfahrt zum Marienheiligtum in Loreto unternommen hat, und macht durch seine vermittelnde Haltung erneut auf sich aufmerksam.

1839

23. Dezember	Mastai Ferretti wird zum Kardinal ernannt, zunächst «in pectore», ein Jahr später dann öffentlich.

1846

1. Juni	Gregor XVI. stirbt nach sechzehnjährigem Pontifikat.
16. Juni	Mastai Ferretti wird zum Papst gewählt und nennt sich Pius IX.
9. November	Antrittsenzyklika «Qui pluribus».

1848

Januar	Die revolutionären Unruhen schwappen nach Italien über. Truppen des Risorgimento erheben sich.
März	Eine Verfassung für den Kirchenstaat mit einem Parlament aus zwei Kammern tritt in Kraft.
29. April	Pius IX. spricht sich gegen die italienische Einigungsbewegung aus. Es kommt zu Aufständen im Kirchenstaat.
24. November	Der Papst flieht nach Gaeta.
6. Dezember	Pius IX. ernennt Giacomo Antonelli zunächst zum Prosekretär des Staatssekretariates im Exil und am 18. März 1852 zum Kardinalstaatssekretär.

1849

Februar	Die Römische Republik wird ausgerufen.
2. Februar	In der Enzyklika «Ubi primum» aus dem Exil vertraut der Papst auf Maria als Retterin aus allem Unheil.
3. Juli	Die Truppen Frankreichs und Spaniens beenden die Römische Republik.

1850

4. April	Pius IX. verlässt Gaeta und kehrt zurück nach Rom. Alle politischen Reformen werden rückgängig gemacht.

1854

8. Dezember	Verkündigung des Dogmas von der Unbefleckten Empfängnis Mariens.

1858

23. Juni	Entführung von Edgardo Mortara.

1859

8. Dezember	Der Papst muss einen Inquisitionsprozess zu den Vorgängen in Sant'Ambrogio eröffnen.

1862

11. Dezember	Pius IX. verurteilt im Breve «Gravissimas inter» die Lehren des Theologen Jakob Frohschammer.

1863

28. September	In München tagt die Gelehrtenversammlung.
21. Dezember	Das Breve «Tuas libenter» führt eine neue Kategorie des kirchlichen Lehramts ein.

1864

8. Dezember	Mit der Enzyklika «Quanta cura» und dem «Syllabus errorum» verdammt Pius IX. die Moderne und alle liberalen Ideen.

1867

26. Juni	Pius IX. kündigt ein Konzil im Vatikan an.

1869

8. Dezember	Das Erste Vatikanische Konzil wird feierlich eröffnet. Der Petersdom dient als Konzilsaula. Es kommt zu einer Spaltung in Unfehlbarkeitsgegner und -befürworter.

1870

24. April	Verabschiedung der Dogmatischen Konstitution «Dei filius».
18. Juni	Privataudienz von Filippo Guidi bei Pius IX.: «Ich, ich bin die Tradition, ich, ich bin die Kirche!»
17. Juli	Abreise der Minoritätsbischöfe aus Rom.
18. Juli	Verkündigung von Unfehlbarkeitsdogma und Universalem Jurisdiktionsprimat des Papstes durch die Dogmatische Konstitution «Pastor aeternus».
20. September	Italienische Truppen unter König Vittorio Emanuele nehmen Rom ein. Damit ist das Ende des Kirchenstaates besiegelt.
20. Oktober	Das Erste Vatikanische Konzil wird auf unbestimmte Zeit vertagt. Bis zum Sommer 1871 unterwerfen sich alle Bischöfe dem neuen Dogma.

1871

21. März	Pius IX. lehnt das von Italien als Ausgleich für das Ende des Kirchenstaates angebotene Garantiegesetz ab und exkommuniziert den König und alle Anhänger des italienischen Nationalstaats als Feinde der Kirche.

1873

14. Juni	Die altkatholische Kirche entsteht. Erster Bischof wird Joseph Hubert Reinkens.

1877

3. Juni	Pius IX. feiert sein Goldenes Bischofsjubiläum.

1878

7. Februar	Pius IX. stirbt fünfundachtzigjährig nach einem Pontifikat von fast zweiunddreißig Jahren.

Italien und der Kirchenstaat 1846

Anmerkungen

Zitate aus der lateinisch-, englisch-, italienisch- und französischsprachigen Literatur wurden übersetzt. Schreibweise und Interpunktion der zeitgenössischen Quellen und Literatur wurden der neuen Rechtschreibung angeglichen. In den Anmerkungen verwendete Kurztitel sind nach dem Quellen- und Literaturverzeichnis aufzulösen.

Prolog
La tradizione sono io

1 Die wichtigste Quelle zu dieser Szene ist das Diarium von Vincenzo Tizzani, Konsultor der Vorbereitungskongregation des Konzils und seit 1851 Titularerzbischof von Nisbis; vgl. Pásztor (Hg.), Diario Tizzani Bd. 2, S. 487 f. Zu Tizzani vgl. Wolf (Hg.), Prosopographie Bd. 2, S. 1472–1479. Zu dieser Szene vgl. grundsätzlich Horst, Kardinalerzbischof, S. 400–408; Meyer, Wort, S. 8–12; Schatz, Vaticanum I Bd. 3, S. 312–339; Weiss, Konzilstagebücher, S. 586 f. Die Stilisierung dieser Szene zu einem Vater-Sohn-Konflikt durch August Bernhard Hasler überzeugt nicht; Hasler, Pius IX. Bd. 1, S. 121–125. Die von Hasler angeführten Behauptungen Graf Ladislaus Kulczyckis, der in Guidi einen illegitimen Sohn des Papstes sieht, sind wenig plausibel und durch kein anderes Zeugnis belegt.

2 Guidi bezog sich hier auf Vinzenz von Lérins und den Kanon «quod ubique, quod semper, quod ab omnibus creditum est»; Vinzenz von Lérins, Commonitorium. Mit einer Studie zu Werk und Rezeption, herausgegeben und kommentiert von Michael Fiedrowicz, übersetzt von Claudia Barthold, Mülheim 2011, S. 186 f. Zur theologischen Einordnung vgl. ebd., S. 79–114; Horst, Kardinalerzbischof, S. 383–400; Schatz, Vaticanum I Bd. 3, S. 99–109.

3 Pásztor (Hg.), Diario Tizzani Bd. 2, S. 487.

4 Die Historizität dieser Äußerung war lange umstritten. Klaus Schatz hat nachgewiesen, dass diese «Ungeheuerlichkeit» wenigstens für den ersten Teil des Ausspruchs tatsächlich gefallen ist. Die Verlässlichkeit der Äußerung «io sono la chiesa» hält er dagegen für weniger wahrscheinlich; Schatz, Vaticanum I Bd. 3, S. 321.

5 Neben dem Diarium von Tizzani gibt es eine weitere Quelle zu der Szene,

deren Zuverlässigkeit allerdings umstritten ist. Der kroatische Publizist Imbro A. Tkalac war als inoffizieller Beobachter der italienischen Regierung beim Ersten Vatikanischen Konzil. In seinem Bericht an Außenminister Visconti Venosta vom 21. Juni 1870 kam er auf die Szene zwischen Guidi und Pius IX. zu sprechen, wobei er sich auf den Kardinal als Gewährsmann bezog; Tamborra, Tkalac, S. 313 f. Zu Tkalac vgl. Wolfgang Kessler, Art. Tkalac, Emmerich von, in: Mathias Bernath/Karl Nehring (Hg.), Biographisches Lexikon zur Geschichte Südosteuropas, Bd. 4, München 1981, S. 331–333, online unter https://www.biolex.ios-regensburg.de/BioLexViewview.php?ID=1789 (31. 12. 2019).

6 Pásztor (Hg.), Diario Tizzani Bd. 2, S. 488.

Erstes Kapitel
Generalangriff auf die Tradition

1 Zur Französischen Revolution allgemein vgl. Art. Französische Revolution, in: historicum.net, online unter https://langzeitarchivierung.bib-bvb.de/wayback/20190716080943/https://www.historicum.net/themen/franzoesische-revolution/ (30. 12. 2019); Lachenicht, Revolution; Schulin, Revolution; Thamer, Revolution; Willms, Tugend.

2 Vgl. etwa den entsprechenden Eintrag in: Duden. Das große Fremdwörterbuch, Mannheim ²2000, S. 1168.

3 Zum Revolutionskalender vgl. Maier, Zeitrechnung, S. 45–55; Meinzer, Revolutionskalender; Vogtherr, Zeitrechnung, S. 103–114.

4 Zur Zeitrechnung und ihrer Bedeutung für Staat, Religion und Kirche vgl. Maier, Zeitrechnung, S. 11–44; Thomas Vogtherr, Art. Zeitrechnung V. Kirchengeschichtlich, in: Theologische Realenzyklopädie 36 (2004), S. 606–615.

5 Zur Gregorianischen Kalenderreform vgl. Vogtherr, Zeitrechnung, S. 97–103.

6 Beschluss des Nationalkonvents vom 24. November 1793; französischer Text und deutsche Übersetzung: Maier, Zeitrechnung, S. 100–107.

7 Ebd., S. 46.

8 Zitiert nach ebd., S. 49.

9 Zu Senigallia Ende des achtzehnten Jahrhunderts vgl. Anselmi (Hg.), Marche; Mencucci, Senigallia; Polverari, Senigallia.

10 Zum Bistum Senigallia vgl. Wolfgang Herkel, Art. Senigallia, in: Lexikon für Theologie und Kirche³ 9 (2000), Sp. 462. Zum Kirchenstaat und seiner Entwicklung vgl. Thomas Frenz, Art. Kirchenstaat, in: Theologische Realenzyklopädie 19 (1990), S. 92–101; Hergenröther, Kirchenstaat. Die Zahl der Diözesen im Kirchenstaat (inklusive Benevent und ohne Avignon) beruht auf einer Auszählung der «Patriarchi, Arcivescovi e Vescovi per ordine d'Alfabeto ...», in: Notizie per l'anno 1793, Rom 1793, S. 58–129; für die Zeit nach 1848 spricht Maria Lupi von nur noch siebzig Diözesen; Maria Lupi, Art. Vescovi/1:

dal 1848 al fine del secolo, in: Christiani d'Italia (2011), online unter http://www.treccani.it/enciclopedia/vescovi-1-dal-1848-alla-fine-del-secolo_%28Cristiani-d%27Italia%29/ (26.03.2020).

11 Zur Familie Mastai Ferretti vgl. Chiron, Pie IX, S. 15–26; Falconi, Mastai, S. 11–38.

12 Eine wissenschaftlichen Ansprüchen genügende Kinder- und Jugendbiographie Giovanni Maria Mastai Ferrettis in deutscher Sprache existiert nicht. Die beste biographische Studie bis zu seiner Ernennung zum Erzbischof legte Carlo Falconi im Jahr 1981 in italienischer Sprache vor. In ihr sind die meisten zeitgenössischen Quellen, auch aus dem Seligsprechungsverfahren von Pius IX., sowie die wichtigste einschlägige Literatur verarbeitet. Auch wenn der Verfasser zum Teil zu etwas überkritischen Interpretationen neigt, handelt es sich in der Tat um «eine hervorragende Darstellung», wie Roger Aubert, einer der besten Kenner der Biographie Pius' IX., zu Recht festgestellt hat; vgl. Aubert, Pius IX., S. 666. Daher stützt sich die vorliegende Arbeit für diese Lebensphase Mastais vor allem auf diese Untersuchung. Ferner ist der erste Band der Biographie Pius' IX. aus der Feder des Erzpriesters der Kathedrale von Senigallia, Alberto Polverari, für die Kinder- und Jugendjahre Giovanni Marias durchaus hilfreich. Er erschien 1986 ebenfalls auf Italienisch und verarbeitete zahlreiche Quellen und lokalhistorische Überlieferungen aus der Heimatstadt des späteren Papstes. Man muss bei der Benutzung dieses Werkes allerdings die hagiographische Grundtendenz Polveraris berücksichtigen. Auch die Gesamtbiographie Pius' IX. von Yves Chiron, Pie IX, 1995 auf Französisch erschienen, bietet auf den Seiten 7–128 einen soliden Überblick über die Jahre bis zur Papstwahl. Allerdings ist auch diese Studie nicht frei von apologetischen Tendenzen und sollte offensichtlich damals die anstehende Seligsprechung des Papstes unterstützen. Alberto Serafini, Pio Nono, bietet zwar zahlreiche wichtige Dokumente zum Leben des jungen Mastai, es handelt sich aber um eine «naiv hagiographische Arbeit» (Aubert, Pius IX., S. 666). Auch zahlreiche andere Abhandlungen über die Kindheit und Jugend Giovanni Marias verfolgen meist apologetische Absichten und sind für eine historische Rekonstruktion dieser Lebensphase nur bedingt brauchbar. Als Beispiel sei hier nur auf die beiden Beiträge von Masetti Zannini, Pio IX und Spiritualità, verwiesen, der alle Suchprozesse und Irrwege des Jugendlichen Mastai leugnet und eine geradlinige Berufungsgeschichte zu Priestertum und Papstamt zu zeichnen versucht.

13 Zu diesen Angaben nach dem Taufbucheintrag vgl. Polverari, Vita Bd. 1, S. 14. Zum Stammbaum der Familie Mastai Ferretti mit den wichtigsten Lebensdaten vgl. Serafini, Pio Nono Bd. 1, S. 49.

14 Vgl. Taufbuch der Dompfarrei des heiligen Petrus zu Senigallia für die Jahre 1788–1794 (38° Libro dei Battesimi 1788–1794 Parocchia del Duomo San Pietro Apostolo Senigallia); zitiert nach Falconi, Mastai, S. 11 f.

15 Zitiert nach Polverari, Vita Bd. 1, S. 14 f.

16 Falconi, Mastai, S. 12.

17 Vgl. ebd., S. 25 und S. 639 f. Anm. 2.

18 Vgl. Chiron, Pie IX, S. 19.

19 «La madre Caterina Solazzi è religiosissima»; Polverari, Vita Bd. 1, S. 15.

20 Falconi, Mastai, S. 35. Falconi charakterisiert die damals 40 bis 45 Jahre alte
Mutter unter anderem anhand des Portraits, das sich im Museo del Risorgimento in Mailand befindet.

21 Den Begriff hat Eric Hobsbawm geprägt. Offen bleibt bei ihm der Beginn der
Periode, er spricht von «etwa 1776». Vgl. Hobsbawm, Jahrhundert Bd. 1–3,
und die Studien von Fritz J. Bauer, Jürgen Kocka, Jürgen Osterhammel,
Michael Stolleis und anderen.

22 Vgl. Falconi, Mastai, S. 39–41. Falconi informiert in Anmerkung 8 auf S. 647
darüber, dass es im Archivio Apostolico Vaticano einen Bestand über französische Migranten (Emigranti Francesi) sowie über die Charitas Sanctae Sedis
ihnen gegenüber gibt und einige dieser Dokumente (darunter verschiedene
Rundschreiben des Staatssekretärs an die Bischöfe der päpstlichen Staaten
zwischen dem 10. Oktober 1792 und 13. Januar 1896) publiziert vorliegen
würden; vgl. Georges Bourgin, La France et Rome de 1788–1797. Regeste des
dépêches du cardinal secrétaire d'état tirées du fonds des «Vescovi» des Archives secrètes du Vatican, Paris 1909.

23 Falconi, Mastai, S. 40.

24 Pernoud/Flaissier (Hg.), Revolution, S. 315–325, hier S. 319 f. und S. 323 f.

25 Zum Thema Französische Revolution und katholische Kirche vgl. Aubert,
Kirche, S. 13–59; Heyer, Kirche, S. 73–93; Holzem, Christentum, S. 853–877;
Krenz, Druckerschwärze, S. 77–140; Maier, Demokratie, S. 75–138 und
S. 326–330 (Lit.); Plongeron (Hg.), Aufklärung, S. 305–620 («Zweiter Teil: Die
Moderne – ein Kind der Revolution» von Bernard Plongeron und anderen);
Reichardt, Revolution, S. 401–417; Schlögl, Glaube, S. 109–125; Schulin, Re-
volution, S. 107–115, S. 161 f. und passim; Wolf, Kirchengeschichte, S. 94–99
und passim.

26 Beispiele finden sich in Charles-Louis Chassin, Les cahiers des cures. Etude
historique d'après les brochures, les cahiers imprimés et les procès-verbaux
manuscrits, Paris 1882. Zu den Beschwerdeheften vgl. Reichardt, Revolution,
S. 403; Schulin, Revolution, S. 42, S. 63 f., S. 192; Thamer, Revolution, S. 26.
Zur Wahrnehmungsgeschichte der Französischen Revolution in der Publizistik allgemein vgl. Krenz, Druckerschwärze, S. 188–568.

27 Fehrenbach, Ancien Régime, S. 248.

28 Die Erklärung der Menschenrechte in Frankreich vom 26. August 1789; Kir-
chen- und Theologiegeschichte in Quellen Bd. 4/1, S. 154 f. Zur Einordnung
und Entstehungsgeschichte vgl. Wolfgang Huber, Art. Menschenrechte/Men-
schenwürde, in: Theologische Realenzyklopädie 22 (1992), S. 577–602; Plongeron (Hg.), Aufklärung, S. 311–322 (Kapitel über «Die Missverständnisse
einer nationalen Religion»).

29 Erzbischof Joachim François Mamert de Conzié an Étienne Charles de Lomé-

nie de Brienne vom 7. Juni 1778; zitiert nach Lauster, Verzauberung, S. 448. Die Zitationsgeschichte dieser Passage ist uneindeutig: Lauster zitiert nach der deutschen Übersetzung von Albert Soboul, Die große Französische Revolution. Ein Abriß ihrer Geschichte (1789–1799), Frankfurt am Main ²1976, S. 17. Im französischen Original findet sich auch keine Quellenangabe; Albert Soboul, Précis de l'histoire de la révolution française, Paris 1962, S. 28. Leicht anders zitiert findet sich das Schreiben bei A. Rébillon, Un cordelier francmaçon en 1778, in: Annales de Bretagne 27/3 (1911), S. 447 f.

30 Zivilkonstitution des Klerus, am 12. Juli verabschiedet und am 24. August 1790 verkündet; Pfliegler (Hg.), Dokumente, S. 441 f. Zur Einordnung vgl. Art. Zivilkonstitution, in: Denzler/Andresen, Wörterbuch, S. 639; Aubert, Kirche, S. 30–34; Krenz, Druckerschwärze, S. 97–110 und S. 224–266; Maier, Demokratie, S. 122–126; Pelletier, Rome, S. 105–188; Plongeron (Hg.), Aufklärung, S. 328–348 (Kapitel über «Zwei Frankreiche»).

31 Zu Pius VI. und der Papstgeschichte im Angesicht der Revolution vgl. Aubert, Kirche, S. 3–58; Blet, Pie VI, S. 215–240; Pastor, Geschichte Bd. 16/3, S. 503–556; Pelletier, Rome, S. 105–188; Reinhardt, Pontifex, S. 722–742; Willms, Tugend, S. 229, S. 236.

32 Pius VI., Breve «Quod aliquantum» vom 10. März 1791; italienischer Text: http://www.vatican.va/content/pius-vi/it/documents/breve-quod-aliquantum-10-marzo-1791.html (29.01.2020), deutscher Text: Utz/Galen, Sozialdoktrin Bd. 3, S. 2652–2729. Zur differenzierten Beurteilung vgl. Aubert, Kirche, S. 30–34; Krenz, Druckerschwärze, S. 110–120; Maier, Freiheitsidee, S. 84–86; Pelletier, Rome, S. 163–190; Uertz, Gottesrecht, S. 38–49.

33 Zur Dechristianisierung vgl. Lehmann (Hg.), Säkularisierung, S. 9–16 und S. 314–325 (Hartmut Lehmanns Einführung und sein Beitrag über Forschungsperspektiven); Plongeron (Hg.), Aufklärung, S. 371–397 (Kapitel über die «Schreckensherrschaft und die Gesichter der Entchristlichung»); Reichardt, Revolution, S. 408–410; Schlögl, Glaube, S. 115–118.

34 Zur spezifischen Liturgie der Revolution vgl. Schlögl, Glaube, S. 118–125; Thamer, Bilder, S. 375–388.

35 Zu Napoleon in Italien vgl. Herre, Napoleon, S. 55–71; Hibbert, Rom, S. 253–271; Lill, Geschichte, S. 67–87; Reinhardt, Geschichte, S. 185–190; Zamoyski, Napoleon, S. 137–209 (ohne Berücksichtigung des Kirchenstaats).

36 Vgl. Chiron, Pie IX, S. 22 f.; Polverari, Vita Bd. 1, S. 18.

37 Falconi, Mastai, S. 26.

38 Zur Epilepsie Mastai Ferrettis vgl. Chiron, Pie IX, S. 22 f., S. 33–36; Falconi, Mastai, S. 104–113; Hasler, Papst, S. 73–75; Hasler, Pius IX. Bd. 1, S. 126–151; Polverari, Vita Bd. 1, S. 35–37.

39 Vgl. Polverari, Vita Bd. 1, S. 18.

40 Zur Verschleppung Pius' VI. vgl. Aubert, Kirche, S. 55 und S. 59; Krenz, Druckerschwärze, S. 132–134 und S. 188–223; Pastor, Geschichte Bd. 16/3, S. 588–632; Pelletier, Rome, S. 453–498; Reinhardt, Pontifex, S. 737–740.

41 Vgl. Chiron, Pie IX, S. 24.
42 Falconi, Mastai, S. 63.
43 Vgl. ebd., S. 53.
44 Vgl. ebd., S. 63 f.; Polverari, Vita Bd. 1, S. 17.
45 Zitiert nach Zamoyski, Napoleon, S. 356 f. Zu Napoleon und der veränderten
    Kirchenpolitik vgl. Aubert, Kirche, S. 62–91; Klinkhammer, Fahne, S. 157–
    177; Krenz, Druckerschwärze, S. 134–140; Plongeron (Hg.), Aufklärung,
    S. 621–648 (im Kapitel «Von Napoleon zu Metternich» den Abschnitt zur
    Neuorganisation).
46 General Bonaparte an die Mailänder Pfarrer vom 5. Juni 1800; Pfliegler,
    Dokumente, S. 444 f., hier S. 445.
47 Zitiert nach Heyer, Kirche, S. 83.
48 Zu Pius VII., den Konkordatsverhandlungen und seinem Verhältnis zu Napo-
    leon vgl. Aubert, Kirche, S. 67–73; Herre, Napoleon, S. 292 f.; Klinkhammer,
    Fahne, S. 157–177; Pelletier, Rome, S. 756 (Reg.); Reinhardt, Pontifex, S. 743–
    758; Schmidlin, Papstgeschichte Bd. 1, S. 17–366.
49 Konkordat vom 15. Juli 1801; Huber/Huber, Staat Bd. 1, S. 11–14; Kirchen-
    und Theologiegeschichte in Quellen Bd. 4/1, S. 157–159. Zum Konkordat vgl.
    Aubert, Kirche, S. 67–73; Roth, Konkordat, S. 103–124.
50 Organische Artikel vom 8. April 1802; deutsch-französischer Originaltext:
    Bulletin des Lois de la République 172 (1802), online unter http://legilux.pu
    blic.lu/eli/etat/leg/loi/1802/04/08/n1/jo (04.01.2020). Zur Bewertung der
    Organischen Artikel vgl. Aubert, Kirche, S. 71 f.; Schmidlin, Papstgeschichte
    Bd. 1, S. 52, S. 60–62; Wolf, Kirchengeschichte, S. 97–99.
51 Vgl. zum Beispiel die Landesherrliche Verordnung des Großherzogs Ludwig
    von Hessen, die Ausübung des oberhoheitlichen Schutz- und Aufsichts-Rechts
    über die katholische Landeskirche betreffend vom 30. Januar 1830; Huber/
    Huber, Staat Bd. 1, S. 280–284. Zur Einordnung vgl. Hubert Wolf, Die «Lan-
    desherrliche Verordnung» vom 30. Januar 1830. Ihre Anwendung im Bistum
    Rottenburg und in der Oberrheinischen Kirchenprovinz, in: Walter G. Rö-
    del/Regina E. Schwerdtfeger (Hg.), Zerfall und Wiederbeginn. Vom Erzbis-
    tum zum Bistum Mainz (1792/97–1830). Ein Vergleich. Festschrift für Fried-
    helm Jürgensmeier, Mainz 2002, S. 427–434.
52 Zur Reorganisation der katholischen Kirche in Frankreich vgl. Aubert, Kirche,
    S. 140–151; Wolf, Kirchengeschichte, S. 110 f.
53 Vgl. Meinzer, Revolutionskalender, S. 157–163.
54 Vgl. Chiron, Pie IX, S. 25 f.
55 Falconi, Mastai, S. 69 f. Hervorhebung im Original.
56 Die Regularkleriker des Ordens der Frommen Schulen des Instituts des heili-
    gen Giuseppe Calasanzios wurden am 30. Mai 1711 durch Bischof Ottavio del
    Rosso in Volterra etabliert. Aufgrund der Bulle Papst Clemens' XI. durften sie
    in Volterra ein Kolleg errichten und dieses mit der spätromanischen Kirche
    des heiligen Michaels verbinden. Diese wurde 1828 durch den Piaristenpater

Luigi Gheri renoviert und am 14. August 1828 durch den Bischof Volterras Gaetano Incontri geweiht. In den Vereinbarungen zwischen Stadt und Orden wurde festgelegt, dass diese gegen öffentliche Finanzierung junge Schüler in Grammatik, Geisteswissenschaften, Rhetorik, Kalligraphie und Mathematik ausbilden mussten. Später gründeten und verbanden die Piaristenpatres mit der Schule ein Internat für toskanische und auswärtige Jungen, in der auch Philosophie, Naturwissenschaft, Kunst und ritterliche beziehungsweise kavaliermäßige Übungen (Musik, Tanz, Fechten, Athletik) unterrichtet wurden. Vgl. [Anonym], Guida per la città di Volterra, Volterra 1832, S. 67–72; Art. Volterra, in: Emanuele Rapetti, Dizionario geografico fisico storico della Toscana contenente la descrizione di tutti i luoghi del Granducato, Ducato di Lucca, Garfagnana e Lunigiana, 5 Bde., Florenz 1833–1843, Bd. 5, S. 799–835, hier S. 819.

57 Zur Zeit Mastai Ferrettis am Piaristenkolleg in Volterra vgl. Carniello, Pio IX, S. 105–115; Chiron, Pie IX, S. 26–33; Falconi, Mastai, S. 71–99; Polverari, Vita Bd. 1, S. 22–31; Seifert, Pius IX., S. 117–121.

58 Falconi, Mastai, S. 86.

59 Vgl. Chiron, Pie IX, S. 43–45.

60 Falconi, Mastai, S. 91–96, hier S. 95. Die Begeisterung Mastai Ferrettis für Napoleon und den Krieg wird von den Apologeten nachdrücklich bestritten. Für sie war der junge Graf von Anfang an zum Priester berufen; vgl. Masetti Zannini, Pio IX, S. 5.

61 Fabrizio Testaferrata Sceberras an die Römische Sakramentenkongregation vom 4. November 1818; zitiert nach Falconi, Mastai, S. 105. Diese Kongregation war auch für die Erteilung von Dispensen bei der Priesterweihe zuständig.

62 Giovanni Maria Mastai Ferretti an Giacinta Marchetti vom 5. Mai 1814; zitiert nach Masetti Zannini, Pio IX, S. 51 f.

63 Mastai Ferretti an Carlo Odescalchi vom 25. November 1831; zitiert nach Serafini, Pio Nono, S. 523–525.

64 Falconi, Mastai, S. 101–113, hier S. 101.

65 Ebd., S. 108.

66 Vgl. Chiron, Pie IX, S. 33–36; Falconi, Mastai, S. 104–113. Zum Weihehindernis der Epilepsie, das «ex defectu corporis, wegen Mangels der körperlichen Tüchtigkeit» bestand, vgl. Sägmüller, Lehrbuch, S. 159.

67 Vgl. Chiron, Pie IX, S. 37.

68 Vgl. Falconi, Mastai, S. 114.

69 Ebd., S. 127.

70 Vgl. Chiron, Pie IX, S. 39.

71 «Giacinta, l'amore (proibito)» lautet dementsprechend eine Zwischenüberschrift seiner Biographie. Vgl. Falconi, Mastai, S. 138–145, hier S. 138.

72 Masetti Zannini, Pio IX, S. 12–32, hier S. 31.

73 Chiron, Pie IX, S. 46.

74 Hier steht im italienischen Original der poetisch starke Begriff «brama».
75 Giovanni Maria Mastai Ferretti an Giacinta Marchetti vom 28. März 1814;
   zitiert nach Masetti Zannini, Pio IX, S. 50 f.
76 «Un quinquennio di disorientamento»; Polverari, Vita Bd. 1, S. 34.
77 Giovanni Maria Mastai Ferretti an Giovanni Marchetti vom 7. September
   1814; zitiert nach Masetti Zannini, Pio IX, S. 53 f., hier S. 54.

Zweites Kapitel
Neue Ordnung in alten Bahnen

1 Zu Pius VII., seinem französischen Exil und der Rückkehr nach Rom vgl.
   Aubert, Kirche, S. 86–92; Plongeron (Hg.), Aufklärung, S. 625–665 (Kapitel
   über «Die Neuorganisation der Kirche nach dem Konkordat»); Raab, Zeitalter, S. 163–170; Reinhardt, Pontifex, S. 742–758; Schmidlin, Papstgeschichte
   Bd. 1, S. 81–130.
2 Breve «Quum memoranda» vom 10. Juni 1809; italienischer Text: https://w2.
   vatican.va/content/pius-vii/it/documents/breve-quum-memoranda-10-gi
   ugno-1809.html (10. 01. 2020). Zur Wahrnehmung Napoleons und seiner
   Kirchenpolitik in der Presse vgl. Schneider, Katholiken, S. 143–157.
3 Vgl. Chiron, Pie IX, S. 47 f.; Falconi, Mastai, S. 151–153; Polverari, Vita Bd. 1,
   S. 44 f.
4 Vgl. Chiron, Pie IX, S. 47 f.
5 Giovanni Maria Mastai Ferretti an Giacinta Marchetti vom 13. Juli 1814;
   zitiert nach Masetti Zannini, Pio IX, S. 53.
6 Giovanni Maria Mastai Ferretti an Giovanni Marchetti vom 7. September
   1814; zitiert nach ebd., S. 54.
7 Vgl. Chiron, Pie IX, S. 53.
8 Zu den Hundert Tagen vgl. Herre, Napoleon, S. 357–374; Müchler, Tage;
   Schmidlin, Papstgeschichte Bd. 1, S. 122–136.
9 Vgl. Chiron, Pie IX, S. 52; Falconi, Mastai, S. 177 f.; Polverari, Vita Bd. 1,
   S. 49 f.
10 Im deutschen Sprachgebrauch wird anders als im englischsprachigen Bereich
   zwischen einer ideengeschichtlichen und der realgeschichtlichen Säkularisation unterschieden. Zur Säkularisierung und ihren Begleit- und Gegenbewe-
   gungen wie Dechristianisierung und Resakralisierung vgl. Ulrich Barth, Art.
   Säkularisierung I, in: Theologische Realenzyklopädie 29 (1998), S. 603–634;
   Braun/Gräb/Zachhuber (Hg.), Säkularisierung; Gabriel, Jahrhundert, S. 417–
   438; Holzem, Christentum Bd. 2, S. 901–912; Lehmann (Hg.), Säkularisierung; Pollack, Säkularisierung.
11 Zu den Säkularisationsplänen vor 1803 vgl. Aretin, Heiliges Römisches Reich
   Bd. 1, S. 375–453.
12 Zu den Rechtsgrundlagen der Säkularisation von 1803 vgl. Decot (Hg.), Säku-

larisation; Holzem, Christentum Bd. 2, S. 877–890; Mempel, Vermögenssäkularisation Bd. 1 und 2; Wolf, Kirchengeschichte, S. 99–101.

13 Reichsdeputationshauptschluss vom 25. Februar 1803; http://www.document archiv.de/nzjh/rdhs1803.html (10.01.2020). Zum Hauptschluss und seinen Konsequenzen vgl. Fehrenbach, Ancien Régime, S. 68–78 und S. 170–177; Hufeld (Hg.), Reichsdeputationshauptschluss; Klueting (Hg.), Reichsdeputationshauptschluss (vor allem die beiden einleitenden Beiträge von Hartmut Lehmann und Harm Klueting).

14 Zum Summepiskopat, der obersten Kirchengewalt der Landesfürsten in den deutschen evangelischen Kirchen, die auch alle rechtlichen Regelungen umfasste, und der seit der Reformation in evangelischen Gebieten üblich war und nach 1803 von den protestantischen Landesherren auf ihre neuen katholischen Landeskirchen ausgeweitet wurde, vgl. Christoph Link, Art. Summepiskopat des Landesherren, in: Religion in Geschichte und Gegenwart[4] 7 (2004), Sp. 1866 f.; Wolf, Gründung, S. 459–523.

15 Zum neunzehnten Jahrhundert als zweitem konfessionellen Zeitalter vgl. Blaschke, 19. Jahrhundert, S. 38–75; Blaschke, Abschied. Olaf Blaschke widerspricht dem weitverbreiteten Säkularisierungsparadigma, bezeichnet es als Legende und setzt die Theorie vom zweiten konfessionellen Zeitalter als Kontrapunkt.

16 Zu den deutschen Konkordaten nach 1803 vgl. Burkard, Staatskirche, S. 502–540; Holzem, Christentum Bd. 2, S. 911–932; Huber/Huber, Staat Bd. 1, S. 169–308 (mit den einschlägigen Konkordatstexten); Wolf, Kirchengeschichte, S. 101–106.

17 Zum Wiener Kongress allgemein vgl. Fehrenbach, Ancien Régime, S. 122–132; Ewald Frie, Art. Wiener Kongress, in: Religion in Geschichte und Gegenwart[4] 8 (2005), Sp. 1540.

18 Zur Kirchenfrage auf dem Wiener Kongress vgl. Burkard, Staatskirche, S. 111–127; Huber/Huber, Staat Bd. 1, S. 104–117 (mit den einschlägigen Quellen).

19 Vgl. Bundesakte, verabschiedet am 8. Juni 1815, unterzeichnet am 10. Juni 1815; Huber/Huber, Staat Bd. 1, S. 115 (Artikel 16).

20 Vgl. Falconi, Mastai, S. 184 f.

21 Zur Reorganisation der Kurie und insbesondere der Gründung der Kongregation für die Außerordentlichen Kirchlichen Angelegenheiten vgl. Pásztor, Congregazione, S. 191–318; Reinhardt, Pontifex, S. 752–756.

22 Zu den Garden, ihrem Reglement und ihrer Bedeutung in der Kurie vgl. Martin Hülskamp, Art. Päpstliche Nobelgarde, in: Lexikon für Theologie und Kirche[3] 7 (1998), Sp. 1342; Gaetano Moroni, Art. Guardie nobili pontificie, in: Dizionario di erudizione storico-ecclesiastica da S. Pietro sino ai nostri giorni 33 (1845), S. 115–137; Ulrich Nersinger, Die Päpstliche Nobelgarde. 1801–1970, Bonn 2005.

23 Vgl. Polverari, Vita Bd. 1, S. 58.

24 Zitiert nach Chiron, Pie IX, S. 58. Zum Ganzen vgl. auch Falconi, Mastai, S. 184–188.

25 Vgl. Chiron, Pie IX, S. 58.

26 Zur Restitution des Kirchenstaats und den Reformen Consalvis vgl. Plongeron (Hg.), Aufklärung, S. 649–665 (Kapitel über die «Aufhebung der Blockade: Das Papsttum zur Zeit Consalvis»); Schmidlin, Papstgeschichte Bd. 1, S. 145–163.

27 Zum Rom dieser Zeit vgl. Gregorovius, Tagebücher, hier die Einführung von Walter Kruft und Markus Völkel, S. 21–50; Hergenröther, Kirchenstaat; Wolf, Nonnen, S. 18–22.

28 Vgl. Falconi, Mastai, S. 200–206.

29 Giovanni Maria Mastai Ferretti an Giacinta Marchetti vom 30. März 1816; zitiert nach Masetti Zannini, Pio IX, S. 56.

30 Vgl. Weber, Senatus, passim.

31 Vgl. Polverari, Vita Bd. 1, S. 49 f. und Falconi, Mastai, S. 208–213.

32 Falconi, Mastai, S. 211 f. Falconi bezieht sich in seiner Bewertung vor allem auf die Briefe Mastais an Giacinta vom 30. März und 20. April 1816; Masetti Zannini, Pio IX, S. 56 f.

33 Das Collegium Romanum wurde 1551 als zentrale Ausbildungsstätte der Jesuiten von Ignatius von Loyola in Rom gegründet. 1773 ging es nach der Aufhebung der Gesellschaft Jesu in die Hände von Weltpriestern über. 1824 wurde es von Leo XII. wieder den Jesuiten übergeben. Vgl. Ricardo García-Villoslada, Storia del Collegio Romano, Rom 1954; Benedetto Vetere/Alessandro Ippoliti (Hg.), Il Collegio Romano. Storia di una costruzione, Rom 2001. Die Sapienza, 1303 gegründet, war bis 1870 eine päpstliche Universität, die Priesteramtskandidaten in räumlicher Nähe zum Heiligen Stuhl ausbilden sollte. Vgl. Bartolomeo Azzaro (Hg.), L'Università di Roma La Sapienza e le Università italiane, Rom 2008; Mario Caravale, Per la storia dell'Università di Roma. La Sapienza, in: Le carte e la storia 9,2 (2003), S. 7–16; Marina Raffaeli, L'Università di Roma La Sapienza. La storia e gli studi. Dalle origini all'Unità d'Italia, in: Attilio De Luca (Hg.), Per la storia dell'Università degli studi di Roma di Filippo Maria Renazzi. Appendice alla ristampa anastatica. Indice e contributi, Rom 2011, S. 149–197; https://www.uniroma1.it/en/pagina/our history (11. 01. 2020).

34 Das Missionshaus der Vinzentiner oder Lazaristen auf der Piazza Montecitorio wurde 1642 errichtet und diente als Exerzitienhaus für Priesteramtskandidaten. Es gehörte der 1624 von Vinzenz von Paul gegründeten und hauptsächlich der Volksmission gewidmeten Kongregation der Mission. Vgl. Antonino Arata, Tre secoli di vita romana della Casa della Missione, Rom 1943; Maria Teresa Gigliozzi, La casa della Congregazione dei Padri della Missione (Lazzaristi) in Montecitorio, in: Elisa Debenedetti (Hg.), Roma borghese. Case e palazzetti d'affitto, 2 Bde., Rom 1994–1995, hier Bd. 1, S. 187–219; Luigi Mezzadri, Le missioni popolari della Congregazione della Missione

nello Stato della Chiesa (1642–1700), in: Rivista di storia della Chiesa in Italia 33 (1979), S. 12–44.

35 Vgl. Falconi, Mastai, S. 227–254.

36 Als Zuflucht sowie zur Aufnahme und christlichen Erziehung von Waisenkindern wurde das Hospiz dell'Assunta errichtet, auch «Tata Giovanni», nach dem Gründer, dem frommen Maurer mit dem Spitznamen «Tata» (Vater) Giovanni Borgi, genannt. Für die Beherbergung der Kinder spendete Papst Pius VI. 1786 den Palazzo Ruggia an der Via dei Catari. Nach dem Tod Borgis wechselte das Hospiz mehrmals den Sitz, bis es sich 1926 am Viale di Porta Ardeatina definitiv ansiedeln sollte. Das Hospiz konnte 130 bis 150 Waisenkinder aufnehmen, die ein Handwerk erlernten. Vgl. Giorgio De Gregori, Art. Tata Giovanni, in Enciclopedia Italiana 33 (1937), online unter http://www.treccani.it/enciclopedia/tata-giovanni_%28Enciclopedia-Italiana%29/ (10.01.2020).

37 Vgl. Chiron, Pie IX, S. 55–64.

38 Vgl. Polverari, Vita Bd. 1, S. 62. Zur Kaufkraft des Scudi vgl. Wolf, Nonnen, S. 22.

39 Zu den Verhandlungen um die Konkordate vgl. Wolf, Kirchengeschichte, S. 103–107 (knapper Überblick).

40 Vgl. Übereinkunft zwischen Bayern und dem Heiligen Stuhl vom 5. Juni 1817; Huber/Huber, Staat Bd. 1, S. 170–177. Zu den folgenden Auseinandersetzungen vgl. ebd., S. 178–198 (weitere Dokumente); Ammerich (Hg.), Konkordat; Hausberger, Neuorganisation, S. 11–43.

41 Kabinetts-Ordre König Friedrich Wilhelms III. an den Staatskanzler Fürst Hardenberg über die Sanktion der Bulle De salute animarum vom 23. August 1821; Huber/Huber, Staat Bd. 1, S. 204.

42 Vgl. «De salute animarum» vom 16. Juli 1821; Huber/Huber, Staat Bd. 1, S. 204–221. Zur Errichtung der jeweiligen Diözesen vgl. Gatz (Hg.), Bistümer, insbesondere Erwin Gatz, Erzbistum Köln, in: ebd., S. 377–403.

43 Vgl. «Quod de fidelium» vom 16. Juli 1821; Huber/Huber, Staat Bd. 1, S. 222 f.

44 Vgl. Zirkumskriptionsbulle «Impensa Romanorum Pontificum» vom 26. März 1824 und Patent König Georgs IV. über die Genehmigung der Bulle vom 20. Mai 1824; Huber/Huber, Staat Bd. 1, S. 298–308. Die Bistümer Hildesheim und Osnabrück blieben erhalten, wurden den neuen Landesgrenzen angepasst und unmittelbar Rom unterstellt. Die Bischofswahl war nach dem sogenannten «irischen Modus» geregelt. Das Domkapitel stellte eine Liste auf, die an das Ministerium ging. Die Regierung konnte weniger genehme Kandidaten streichen; es mussten jedoch mindestens zwei für die Wahl übrig bleiben, der dann die päpstliche Bestätigung folgen sollte. Falls diese wegen kanonischer Mängel nicht erteilt werden konnte, fiel das Wahlrecht an das Domkapitel zurück. Das Recht, die Domkapitel zu ergänzen, hatten die Bischöfe oder die Kapitel selbst. Diese mussten aber eine Liste mit vier Kandidaten der Regierung vorlegen, die wiederum minder Genehme streichen

konnte. Vgl. Hans-Georg Aschoff, Bistum Hildesheim, in: Gatz (Hg.), Bistümer, S. 351–365.

45 Zu den Frankfurter Konferenzen vgl. Huber/Huber, Staat Bd. 1, S. 227–291
(mit den einschlägigen Quellen); umfassend Burkard, Staatskirche.

46 Vgl. Gemeinsame Grundsätze des Staatskirchenrechts (Kirchenpragmatik)
vom 14. Juni 1820; Huber/Huber, Staat Bd. 1, S. 257–264.

47 Vgl. «Provida solersque» vom 16. August 1821; Huber/Huber, Staat Bd. 1,
S. 246–257. Diese Bulle war ein Kompromiss. Rom und die Mittelstaaten verzichteten – zumindest pro forma – auf ihre jeweiligen Maximalforderungen,
um wenigstens zu einer Neuumschreibung und -errichtung von Diözesen zu
kommen. Vgl. dazu Wolf, Gründung, S. 489–502.

48 Mastai Ferretti an Della Genga vom 29. Mai 1819; zitiert nach Falconi, Mastai,
S. 299 f.

49 Zur Chile-Reise vgl. Chiron, Pie IX, S. 65–83; Falconi, Mastai, S. 525–574;
Polverari, Vita Bd. 1, S. 72–85.

50 Zu Chile, der Unabhängigkeit von Spanien und der besonderen staatskirchlichen Struktur vgl. Elisabeth von Loe, Art. Chile, in: Lexikon für Theologie
und Kirche[3] 2 (1994), Sp. 1043–1045; Hans-Jürgen Prien, Art. Lateinamerika,
in: Theologische Realenzyklopädie 20 (1990), S. 451–480, hier S. 461–465;
Rinke, Geschichte, S. 26–38.

51 Zitiert nach Chiron, Pie IX, S. 72.

52 Über seine Chile-Reise verfasste Giovanni Maria Mastai Ferretti einen ausführlichen Bericht für den Kardinalstaatssekretär: «Breve relazione del viaggio
fatto al Cile dal Canonico Giovanni Maria Mastai Ferretti di Senigaglia». Eine
gedruckte Fassung findet sich in den Akten der Seligsprechungskongregation;
Roma seu Senigal. Spoletana Imolensis et Neapolitana beatificationis et cano-
nisationis Servi Dei Pii IX Summi Pontificis. Elenchus scriptorum, Vatikanstadt 1954, Nr. 84. Diese kann im Archiv der Seligsprechungskongregation
konsultiert werden. Ein handschriftliches Duplikat liegt in der Biblioteca
Apostolica Vaticana, Codices Latini 10190, S. 3–224, online unter https://
opac.vatlib.it/mss/detail/33567 (25.01.2020). Die wichtigsten Passagen liegen gedruckt vor; Serafini, Pio Nono, S. 242–405. Im Grunde handelt es sich
jedoch nicht um eine Relazione im eigentlichen Sinn, sondern um ein Tagebuch oder Diarium. Zur Chile-Reise vgl. Polverari, Vita Bd. 1, S. 72–81; Serafini, Pio Nono, S. 253–389.

53 Mastai Ferretti, Breve relazione del viaggio fatto al Cile vom 18. Februar 1824;
zitiert nach Serafini, Pio Nono, S. 365 f.

54 Mastai Ferretti, Breve relazione del viaggio fatto al Cile vom 4. Dezember
1824; zitiert nach ebd., S. 371.

55 Luigi Lambruschini an Giulio Maria Della Somaglia vom 2. April 1825; zitiert
nach Falconi, Mastai, S. 535. Zu Lambruschini vgl. Wolf (Hg.), Prosopographie Bd. 2, S. 823–828; zu Della Somaglia ebd., Bd. 1, S. 471–474.

56 Zum Streit um den Modus der und die Bischofsbesetzungen selbst vgl. Lan-

dersdorfer, Bestellung, S. 271–290; Feine, Rechtsgeschichte Bd. 1, S. 552–564; Gatz, Domkapitel, S. 101–126; Wolf, Krypta, S. 29–43. Verschiedene Modelle wurden diskutiert: freies Wahlrecht durch die Domkapitel, päpstliche Ernennung, staatliche Nomination und alle möglichen Kombinationen aus diesen Konzepten.

57 Bulle «Ad dominici gregis custodiam» vom 11. April 1827 und Breve «Re sacra» vom 28. Mai 1827; Huber/Huber, Staat Bd. 1, S. 267–273.

58 Zur Anfangsphase in Rottenburg vgl. Wolf, Gründung, S. 459–529.

59 Vgl. «Landesherrliche Verordnungen ... die Ausübung des oberhoheitlichen Schutz- und Aufsichts-Rechts über die katholische Landeskirche betreffend» vom 30. Januar 1830; Huber/Huber, Staat Bd. 1, S. 280–284.

60 Zu den Bischofseinsetzungen im Kirchenstaat vgl. Sägmüller, Lehrbuch Bd. 1, S. 251–258.

61 Zu Leo XII. und seinem Pontifikat vgl. Oskar Köhler, Art. Leo XII., in: Lexikon für Theologie und Kirche³ 6 (1997), Sp. 828–830; Schmidlin, Papstgeschichte Bd. 1, S. 367–474.

62 Das Collegium Germanicum ist ein von Jesuiten geführtes Priesterseminar, das 1552 von Papst Julius III. gegründet wurde. Die Alumnen studierten an der Gregoriana. 1580 wurde das Collegium Germanicum mit dem Collegium Hungaricum zusammengelegt. 1798 musste das Kolleg aufgrund der Besetzung des Kirchenstaats durch französische Truppen geschlossen werden. 1818 wurde es unter Pius VII. wiedereröffnet. Leo XII. reorganisierte 1824 das Kolleg, indem er es noch stärker an die Jesuiten band. Vgl. Schmidt, Collegium.

63 Vgl. Lill, Zeitalter, S. 171–183, hier S. 174.

64 Reinhardt, Pontifex, S. 761.

65 Vgl. Wolf, Nonnen, S. 127 f.

66 Die Gründung des Hospizes San Michele geht auf die Initiative von Tommaso Odescalchi zurück, ein Neffe von Papst Innozenz XI., der 1673 eine Stiftung für arme Kinder mit Sitz auf der Piazza Margana errichtete, die später nach Ripa Grande verlegt wurde. Hier entstand ab 1686 das Apostolische Hospiz San Michele. Nach dem Tod Odescalchis verlegte Papst Innozenz XII. auch die Kinder aus der Armenanstalt im Lateranpalast dorthin und setzte ein großes Bauprojekt in Gang, das erst nach 150 Jahren vollendet werden sollte. Clemens XI. verlegte auch alte Männer und Frauen in das Hospiz. Mit der Vereinigung Italiens begann für das Hospiz San Michele ein unvermeidlicher Niedergang, da es keine päpstlichen Leistungen mehr gab. Die Schulen für die handwerkliche Ausbildung wurden nach und nach geschlossen, und mit der Gründung des neuen römischen Instituts San Michele in Tormarancia im Jahr 1938 wurden die alten Räumlichkeiten endgültig aufgegeben. Vgl. Elena Andreozzi, San Michele a Ripa. Storia e restauro, Rom 1983; Francesco De Tomasso/Patrizia Marchetti, La fabbrica di San Michele a Ripa Grande, Rom 1987; Francesco Sisinni (Hg.), Il San Michele a Ripa Grande, Rom 1990; Antonio Tosti, Intorno la Origine e i progressi dell'ospizio apostolico di S. Michele,

Rom 1835; Pia Toscano, Roma produttiva tra Settecento e Ottocento. Il San Michele a Ripa Grande, Rom 1996.

67   Vgl. Chiron, Pie IX, S. 80–83.

68   Vgl. Alberti, Episcopato (terzo Convegno), S. 50 f. Zur Zeit Mastais in Spoleto vgl. auch Alberti, Episcopato (secondo Convegno).

69   Konsistorialansprache Leos XII. vom 21. Mai 1827; zitiert nach Chiron, Pie IX, S. 86.

70   Vgl. ebd., S. 85–93.

71   Vgl. Alberti, Episcopato (terzo Convegno), S. 56–62.

72   Vgl. Schmidlin, Papstgeschichte Bd. 2, S. 9.

73   Reinhardt, Pontifex, S. 763.

74   Zur Julirevolution 1830 vgl. Langewiesche, Europa, S. 48–54 und S. 153–159.

75   Schneider, Katholiken, S. 245–253, hier S. 245 und S. 247. Vgl. auch Julia A. Schmidt-Funke, Die 1830er Revolution als europäisches Medienereignis, in: Europäische Geschichte Online; https://d-nb.info/1031434747/34 (11. 01. 2020).

76   Zu den Auswirkungen der Julirevolution in Rom vgl. immer noch Schmidlin, Papstgeschichte Bd. 1, S. 520–528.

77   Zu Gregor XVI. vgl. Chadwick, History, S. 1–60; Lill, Kirche, S. 160–182; Schmidlin, Papstgeschichte Bd. 1, S. 511–687.

78   Vgl. Mauro Cappellari, Il trionfo della Sante Sede e della Chiesa contro gli assalti dei Novatori, Venedig 1799; deutsch: Der Triumph des Heiligen Stuhls und der Kirche über die Angriffe der mit ihren eigenen Waffen bekämpften und geschlagenen Neuerer, Augsburg 1833, ²1848.

79   Wolf/Burkard, Amboß, S. 28–35, hier S. 29.

80   Enzyklika «Mirari vos» vom 15. August 1832; lateinischer Text: Acta Sanctae Sedis 4 (1868), S. 336–345, hier S. 341, unvollständige deutsche Übersetzung: Denzinger/Hünermann (Hg.), Kompendium, Nr. 2730–2732, hier Nr. 2731. Enzyklika «Singulari nos» vom 25. Juni 1834; lateinischer Text: Acta Gregorii XVI., S. 433 f. Zu beiden Enzykliken vgl. Aubert, Phase, S. 342–347.

81   Zu den Vorgängen in Spoleto 1830/31 vgl. Alberti, Episcopato (terzo Convegno), S. 62–70; Chiron, Pie IX, S. 93–102; Polverari, Vita Bd. 1, S. 98–106.

82   Mastai Ferretti an Kardinalstaatssekretär Tommaso Bernetti vom 24. Februar 1831; zitiert nach Alberti, Episcopato (secondo Convegno), S. 139.

83   Vgl. Chiron, Pie IX, S. 95; Schmidlin, Papstgeschichte Bd. 1, S. 9.

84   Schmidlin, Papstgeschichte Bd. 2, S. 10.

85   Vgl. Alberti, Episcopato (terzo Convegno), S. 68–70; Chiron, Pie IX, S. 100–103.

86   Zur Zeit Mastais als Bischof von Imola vgl. Chiron, Pie IX, S. 103–129; Martelli, Pastoralità, S. 173–202; Polverari, Vita Bd. 1, S. 106–142.

87   Wie Giacomo Martina und Klaus Schatz gezeigt haben, wird man Mastai Ferretti nicht einfach einer dieser drei Parteien zuordnen können. Vgl. Martina, Pio IX Bd. 1, S. 49–80; Schatz, Pius IX., S. 184–187.

88   Schatz, Pius IX., S. 185.

89 Schmidlin, Papstgeschichte Bd. 2, S. 10.

90 Vgl. Chiron, Pie IX, S. 120; Schmidlin, Papstgeschichte Bd. 2, S. 11. Schmidlin zitiert überdies den offiziellen Text der Kardinalserhebung: «Wegen des einzigartigen und fortgesetzten Beispiels der Liebe hervorragend durch Sammlung, Bewahrung und Erziehung der ärmsten Knaben Roms in einem Hospiz, dazu als Adjunkt des apostolischen Legaten nach Chile durch vorzügliche Leistungen rühmlichst bekannt, durch Geburt, Wissen, Tugend, Frömmigkeit und Klugheit wie in der Treue und Ergebenheit gegen Unsere Person und diesen Heiligen Stuhl ausgezeichnet.»

Drittes Kapitel
Rom oder nicht Rom

1 Pius Bonifazius Gams, Geschichte der Kirche Christi im neunzehnten Jahrhundert mit besonderer Rücksicht auf Deutschland, Bd. 1, Innsbruck 1854, S. 1–3.

2 Ebd., S. 3.

3 Ebd., S. 4.

4 Zum Konfessionalisierungsparadigma vgl. Holzem, Christentum Bd. 1, S. 3–32; Reinhard, Konfession, S. 103–125; Reinhard, Zwang, S. 127–147; die verschiedenen Beiträge in: Reinhard/Schilling (Hg.), Konfessionalisierung; Schilling, Konfessionalisierung, S. 1–45. Zur Diskussion vgl. die einzelnen Beiträge in: Brockmann/Weiß (Hg.), Konfessionalisierungsparadigma.

5 Reinhard, Zwang, S. 129.

6 Zu den Merkmalen vgl. die gute Zusammenfassung von Thomas Brockmann/Dieter J. Weiß, «Konfessionsbildung» und «Konfessionalisierung» – Einleitung, in: Dies. (Hg.), Konfessionalisierungsparadigma, S. 1–22, hier S. 3 (Zitat); Reinhard, Konfession, S. 179–188; Reinhard, Zwang, S. 263–267.

7 Vgl. Ziegler, Territorien, S. 67–90.

8 Hersche, Muße Bd. 2, S. 794.

9 Vgl. Reinhardt, Katholizismus, S. 361–365.

10 Reinhardt, Kirche, S. 462 f.

11 Nicht umsonst hat Maurice Blondel bereits 1963 darauf hingewiesen, dass es innerhalb der einen Kirche ganz unterschiedliche Auffassungen der Katholiken zu theologischen, politischen und sozialen Fragen geben könne, aus denen sich sogar fast unüberwindbare Spannungen ergeben könnten. «Man möchte fast sagen, dass man … zwei ganz und gar unverträgliche ‹katholische Grundhaltungen› (‹mentalités›) antrifft.» Blondel, Geschichte, S. 1 f.

12 Vgl. Wolf, Aufklärung, S. 92 f.

13 Zur Rezeption des Tridentinums vgl. Ganzer, Kirche, passim; Holzem, Christentum Bd. 1, S. 143–188; Jedin, Papsttum, S. 521–560; Walter/Wassilowsky (Hg.), Konzil (verschiedene Beiträge).

14 Zur Entwicklung katholischer Frömmigkeit im Gefolge des Tridentinums vgl. Holzem, Christentum Bd. 1, S. 189–560; Jedin, Triebkräfte, S. 561–604.

15 Zu Bellarmins Konzilsdoktrin vgl. Sieben, Konzilsidee, S. 147–180.

16 Zum Romanismus und seinen unterschiedlichen Ausprägungen vgl. Art. Romideologie, in: Denzler/Andresen, Wörterbuch, S. 519 f.; Jedin, Papsttum, S. 521–560; Unterburger, Kirche, S. 165–181.

17 Zur Kurienreform Sixtus' V. und ihren Folgen vgl. Reinhardt, Pontifex, S. 582–591; Seppelt, Papsttum, S. 190–194; Wolf, Krypta, S. 98–101.

18 Typisch für den mehr und mehr universalistischen Anspruch Roms und der Päpste in der Weltkirche war die Gründung der Kongregation der Propaganda Fide 1622 durch Gregor XV. Vgl. Joseph Metzler, Sacrae Congregationis de Propaganda Fide memoria rerum. 350 anni a servizio delle missioni 1622–1972, 5 Bde., Rom 1971–1976.

19 Zum Gallikanismus vgl. Cognet, Leben, S. 64–80; Leo Just, Art. Gallikanismus, in: Lexikon für Theologie und Kirche² 4 (1960), Sp. 499–503; Reinhardt, Kirche, S. 467–469.

20 «Declaratio cleri Gallicani de ecclesiastica potestate» vom 19. März 1682; Kirchen- und Theologiegeschichte in Quellen Bd. 4/1, S. 49. Zur Declaratio vgl. Cognet, Leben, S. 74–80.

21 Zum Jansenismus vgl. Burkard/Thanner (Hg.), Jansenismus (v. a. die Beiträge von Dominik Burkard und Volker Reinhardt); Cognet, Leben, S. 26–64; Hersche, Spätjansenismus; Reinhardt, Kirche, S. 469–476.

22 Zum Febronianismus vgl. Aretin, Reich Bd. 3, S. 237–298; Drobner, Heimes, S. 107–194; Leo Just, Art. Febronianismus, in: Lexikon für Theologie und Kirche² 4 (1960), Sp. 46 f.

23 Zum Josephinismus vgl. Holzem, Christentum Bd. 1, S. 809–847; Klueting (Hg.), Josephinismus (insbesondere die Einleitung S. 1–16); Ferdinand Maaß, Der Josephinismus. Quellen zu seiner Geschichte. Österreich 1760–1850, 5 Bde., Wien 1951–1961 (das ultramontane Standardwerk); Reinalter (Hg.), Josephinismus (insbesondere die Einleitung des Herausgebers S. 9–16); Reinhardt, Kirche, S. 477–482; Winter, Josefinismus (immer noch unverzichtbar).

24 Zur Aufklärung vgl. Holzem, Christentum Bd. 1, S. 723–850; Krenz, Druckerschwärze, S. 12–76 und S. 410–470; Overhoff/Oberdorf (Hg.), Aufklärung (insbesondere die Einleitung von Jürgen Overhoff und die beiden Beiträge von Harm Klueting sowie Wolfgang Göderle und Thomas Wallnig über Forschungsgeschichte und Forschungsparadigma); Reinhardt, Kirche, S. 482–484; Wolf, Aufklärung, S. 81–95.

25 Raffaele Ciafardone, Art. Aufklärung, in: Lexikon für Theologie und Kirche³ 1 (1993), Sp. 1207–1211, hier Sp. 1207.

26 Reinhardt, Kirche, S. 483.

27 Reinhardt, Pontifex, S. 699.

28 Zur Papstgeschichte vor 1789 und ihrer Bewertung vgl. Reinhardt, Kirche, S. 454–462; Reinhardt, Pontifex, S. 603–742.

29 Zur Geschichte der Aufhebung der Jesuiten vgl. Müller, Aufhebung, S. 285–352; Schatz, Geschichte Bd. 1, S. 1–32.

30 In der «alten» Gesellschaft Jesu bis 1773 bezog sich der strenge Papstgehorsam vor allem auf die Aussendung in neue Einsatz- und Missionsgebiete. Der faktische Gehorsam richtete sich eher auf den «schwarzen Papst», der nicht selten selbst Ambitionen an der Römischen Kurie hatte. So waren etwa die Beichtväter der Fürsten nicht zwangsläufig Agenten des Papstes, sondern verfolgten ihre eigene Politik. Vgl. Miguel Coll, Crisi e riaffermazione identitaria della Compagnia di Gesù dopo il ristabilimento. Le prime difficoltà della Congregazione Generale XX (1820), in: Paul Oberholzer (Hg.), Die Wiederherstellung der Gesellschaft Jesu. Vorbereitung, Durchführung und Auswirkungen. Unter besonderer Berücksichtigung der Verhältnisse im Wallis (Studia Oecumenica Friburgensia 88), Münster 2019, S. 459–479; Markus Friedrich, Die Jesuiten. Aufstieg, Niedergang, Neubeginn, München 2016, S. 131–133 und S. 567–573; Schatz, Geschichte Bd. 1, S. 27–37.

31 Zum Laizismus als Alternative zur Kirchlichkeit vgl. Holzem, Christentum Bd. 1, S. 867–876 und passim; Nipperdey, Geschichte, S. 403–423.

32 Gründungserklärung der Heiligen Allianz vom 26. September 1815; französischer Text: Huber, Dokumente Bd. 1, S. 83 f., deutscher Text: Kirchen- und Theologiegeschichte in Quellen Bd. 4/1, S. 178 f.

33 Zur Restauration vgl. Holzem, Christentum Bd. 2, S. 911–929; Panayotis Kondylis, Art. Reaktion, Restauration, in: Geschichtliche Grundbegriffe 5 (1984), S. 179–230; Langewiesche, Europa, S. 45–48 und passim.

34 Gründungserklärung der Heiligen Allianz vom 26. September 1815; Kirchen- und Theologiegeschichte in Quellen Bd. 4/1, S. 179.

35 Carl Ludwig von Haller, Restauration der Staats-Wissenschaft oder Theorie des natürlich-geselligen Zustandes der Chimäre des künstlich-bürgerlichen entgegengesetzt, Bd. 1, Winterthur 1816.

36 Joseph von Eichendorff. Werke in sechs Bänden. Bd. 1: Gedichte, Versepen, hg. von Hartwig Schultz (Bibliothek deutscher Klassiker 21), Frankfurt am Main 1987, S. 452.

37 Zur Romantik vgl. Holzem, Christentum Bd. 2, S. 958–969; Osinski, Katholizismus, S. 139–205; Safranski, Romantik, S. 133–149.

38 Novalis, Die Christenheit oder Europa. Ein Fragment, 1799, in: Novalis, Europa oder die Christenheit. Utopie oder Wirklichkeit. Versuch einer Antwort von Ursula von Mangoldt, Kempten 1964, S. 43–70, hier S. 53.

39 Zu den verschiedenen katholischen romantischen Zirkeln vgl. Wolf, Kirchengeschichte, S. 112–114.

40 Zur Allgäuer Erweckungsbewegung Dussler, Feneberg, passim; Weiß, Kulturen, S. 95; Wolf, Sailer, S. 224 f. und passim. Auch im posthumen Inquisitionsverfahren gegen Johann Michael Sailer aus dem Jahr 1873 sollte der Vorwurf des falschen Mystizismus im Kontext mit der Allgäuer Erweckungsbewegung eine wichtige Rolle spielen.

41 Vgl. Joseph Görres, Die christliche Mystik, 4 Bde., Regensburg/Landshut
    1836–1842, bzw. 5 Bde., München/Regensburg ²1879. Zum Ganzen vgl. Weiß,
    Kulturen, S. 85–130.

42 Weiß, Kulturen, S. 53. Vgl. auch Bernhard Gajek/Jürg Mathes, Clemens Bren-
    tano. Sämtliche Werke und Briefe. Historisch-kritische Ausgabe, Bd. 24–28
    (Frankurter Brentano-Ausgabe), Stuttgart 1980–1985 (erste kritische Ausgabe
    von Brentanos Aufzeichnungen).

43 Vgl. Lauster, Verzauberung, S. 463–494.

44 Michael von Jung, Beim Grabe eines vom Blitz erschlagenen Jünglings; Franz
    Hammer (Hg.), Melpomene. Ausgewählte Grablieder des oberschwäbischen
    Pfarrers Michael Jung, München 1958, S. 139–142. Zu Michael von Jung und
    seiner Predigttätigkeit vgl. Ewald Gruber, Michael von Jung – ein ländlicher
    Spätaufklärer, in: Rottenburger Jahrbuch für Kirchengeschichte 3 (1984),
    S. 45–74.

45 Zur Rezeption aufklärerischen Gedankenguts vgl. Dieter Breuer, Katholische
    Aufklärung und Theologie, in: Rottenburger Jahrbuch für Kirchengeschichte
    23 (2004), S. 75–90, hier S. 77–79; Lauster, Verzauberung, S. 407–436; Wolf,
    Aufklärung, S. 81–95; Wolf, Licht, S. 17–34.

46 Zu Ignaz Freiherr von Wessenberg und seinem aufklärerischen Wirken vgl.
    Bischof, Ende, S. 251–314.

47 Eröffnungsrede des württembergischen Gesandten Freiherr von Wangenheim
    auf der Frankfurter Konferenz vom 24. März 1818; Huber/Huber, Staat Bd. 1,
    S. 238–241, hier S. 238 f.

48 Ebd., S. 239.

49 Zum staatskirchlichen Programm vgl. Burkard, Staatskirche, S. 161–255 und
    passim (in Bezug auf die oberrheinischen Staaten); Hagen, Aufklärung,
    S. 9–215 und S. 336–402 (zu Benedikt Maria von Werkmeister und Ignaz
    Jaumann als Protagonisten der staatskirchlichen Richtung); Weber, Politik,
    S. 20–32.

50 Joseph de Maistre, Brief an den Comte de Blacas vom 22. Mai 1814; Kirchen-
    und Theologiegeschichte in Quellen Bd. 4/1, S. 189.

51 Zum Ultramontanismus vgl. Blaschke, Aufstieg, S. 21–35; Victor Conzemius,
    Art. Ultramontanismus, in: Theologische Realenzyklopädie 34 (2002), S. 253–
    263; Fleckenstein/Schmiedl (Hg.), Ultramontanismus (vor allem die Einlei-
    tung der Herausgeber S. 7–22 und die Beiträge von Victor Conzemius und
    Otto Weiß); Valentin, Ultramontanisierung; Weber, Ultramontanismus, S. 20–
    45; Weiß, Kulturen, S. 509–534; Weiß, Redemptoristen, S. 54–99 und passim;
    Wolf, Ketzer, passim.

52 Joseph Marie de Maistre, Du Pape, 2 Bde., Lyon 1819. Deutsch: Vom Papst.
    Aus dem Französischen übersetzt von Moriz Lieber, 2 Bde., Frankfurt am
    Main 1822, hier Bd. 2, S. 278 f.

53 Alexis de Tocqueville an Henry Reeve vom 7. Oktober 1856; zitiert nach
    Alexis de Tocqueville. Œuvres completes. Bd. 6: Correspondance D'Alexis de

Tocqueville avec Henry Reeve et John Stuart Mill, Paris ²1954, S. 198–201. Das französische Zitat, allerdings im Passive Simple, und mit dem Datum 7. November, auch bei Émile Ollivier, L'Église et l'État au Concil du Vatican, Bd. 1, Paris 1879, S. 314.

54 Treffend Olaf Blaschke, der diesem endogenen Ultramontanismus einen exogenen zur Seite stellt; Blaschke, Aufstieg, S. 27.

55 Zur Polarisierung in zwei kirchenpolitische Richtungen und die Folgen vgl. Altermatt, Katholizismus, S. 97–216 (Beispiel Schweiz); Arnold, Geschichte, S. 11–16 (für die Zeit des Modernismus und Antimodernismus); Weber (Hg.), Katholizismus, S. VII–XXXV; Wolf, Ketzer, passim.

56 Schmidlin, Kirchengeschichte Bd. 2, S. 11. In Fußnote 24 schreibt Schmidlin lakonisch: «Von Veuillot bestritten, aber durch Rossi bezeugt für Gregor (Mourret VIII 337 n. 1).» Beim Priester und Historiker Fernand Mourret, Histoire générale de l'Eglise, Bd. 8, Paris 1928, S. 337 Anm. 1, finden sich zwei Angaben: Erstens der Verweis auf Louis Veuillot, der die Authentizität der Aussage bestritten hätte; Louis Veuillot, Pie IX., in: Georges Bertrin, Les grandes figures catholiques du temps présent. Biographies, Bd. 1, Paris 1895, S. 10–106, hier S. 29. Der Journalist Veuillot bezeichnete hier Aussagen zu «idées libérales» als «un propos fort invraisemblable», allerdings ohne Angabe von Gründen. Es passte eben nicht zu seinem ultramontanen Bild. Der Text in den «Grandes figures» ist übrigens weitgehend identisch mit der 1878 erschienenen Monographie über Pius IX.; Louis Veuillot, Pie IX, Paris 1878, die «liberalen Ideen» hier S. 26, 33, 36, 43. Zweitens verwies Mourret, leider ohne Angabe einer Quelle, auf Giovanni Bernardo De Rossi, der erklärt habe, diesen Satz von seinem Vater, einem Vertrauten Lambruschinis und damit Gregors XVI. selbst, gehört zu haben. François Jankowiak, La curie romaine de Pio IX à Pio X. Le gouvernement centrale de L'Église et la fin des États pontificaux 1846–1914, Rom 2007, S. 80, zitiert den Satz in der Variante: «Chez les Mastai, tous sont des *carbonari*, même le chat.» Der französische Rechtshistoriker Jankowiak führt in Anm. 2 als Nachweis Ernesto Masi, Nell'Ottocento, Idee e Figure del secolo XIX, Mailand 1905, S. 155 f. an. Hier findet sich die italienische Variante der Sentenz: «In casa Mastai è Carbonaro persino il gatto.»

57 Vgl. Falconi, Mastai, S. 91 f.

58 Die Accademia di Religione Cattolica wurde 1801 durch den Priester Giovanni Fortunato Zamboni in Rom gegründet. Pius VII. bestätigte die Stiftung und bestimmte für die Versammlungen einen Flügel der Sapienza. Ziel der Akademie war die Bekämpfung der Irrtümer durch die Wissenschaft und die gelehrte Verteidigung der Religion insbesondere in apologetischer Hinsicht. Die Vorträge wurden von Kardinälen, Prälaten und sogar Fürsten und Königen besucht, die sich auf der Durchreise in Rom aufhielten. Vier Promotoren sorgten dafür, dass angesehene Referenten und Gelehrte aus Rom und dem Ausland zur Mitgliedschaft in der Akademie angeworben wurden. 1934 vereinigte Papst Pius XI. sie mit der Römischen Akademie des heiligen Thomas

von Aquin. Vgl. Art. Päpstliche Akademie der Katholischen Religion, online unter www.pacelli-edition.de/Schlagwort/1483 (20. 01. 2020); Antonio Piolanti, L'Accademia di Religione Cattolica. Profilo della sua storia e del suo tomismo. Ricerca d'archivio, Vatikanstadt 1977.

59 Rede Polidoris vor der Accademia di Religione Cattolica vom 27. April 1837; zitiert nach Falconi, Mastai, S. 337.

60 Auch Anfossi war seit 1803 Mitglied der Accademia di Religione Cattolica und sollte sich in seinen Gutachten 1820 als Konsultor des Sanctum Officium mit der «Metaphysica» von Marco Mastrofini und den «Elementi di ottica e di astronomia» von Giuseppe Settele beschäftigen. Vgl. Mayaud, Condamnation, S. 236–270; Wolf (Hg.), Prospographie Bd. 1, S. 43–46.

61 Josua 10,12–14.

62 Zitiert nach Falconi, Mastai, S. 460.

63 Zitiert nach ebd., S. 148.

64 Die Accademia dell'Arcadia ist eine der ältesten und repräsentativsten Akademien Italiens, die am 15. Oktober 1690 anlässlich einer Versammlung von vierzehn Akademikern aus dem Kreis um die 1689 verstorbene Königin Christina von Schweden im Garten des Klosters San Pietro in Montorio gegründet wurde. Diese Akademie, deren Name vom Werk Jacopo Sannazaros «Arcadia» inspiriert wurde und auf die peloponnesische Landschaft Arkadien zurückging, beabsichtigte, sich von den extravaganten und pompösen Aspekten der Barockliteratur durch eine Rückkehr zum Klassizismus und zu den Gattungen der Antike zu distanzieren. Zu den Mitgliedern, die Schäfernamen trugen, zählten Persönlichkeiten der internationalen Kultur sowie Könige, hohe Prälaten und Naturwissenschaftler. In den folgenden Jahrhunderten erlebte die Arcadia je nach historischen Ereignissen lebhaftere und ruhigere Perioden, bis sie 1925 zur Accademia letteraria italiana umgewandelt wurde und bis heute das Ziel pflegt, die Literaturwissenschaft und das Studium der italienischen Kultur zu fördern. Vgl. Maria Teresa Acquaro Graziosi, L'Arcadia. Trecento anni di storia, Rom 1991; L'Arcadia tra innovazione e tradizione, online unter http://www.accademiadellarcadia.it/larcadia-tra-innovazione-e-tradizione.cfm (21. 01. 2020); Andrea Zanella (Hg.), III Centenario dell'Arcadia. Convegno di studi, 15–18 maggio 1991, Rom 1995.

65 Vgl. Falconi, Mastai, S. 396–431.

66 Vgl. Hasler, Pius IX., S. 130–135.

67 Vgl. Falconi, Mastai, S. 499 f.

68 Die Società dell'amicizia cattolica wurde 1817 in Turin von katholischen Aristokraten, zu denen auch der Philosoph und Aufklärungsgegner Joseph de Maistre zählte, mit dem Ziel gegründet, kirchen- und königsfeindliche Literatur zu bekämpfen und Werke über Religion und Moral zu publizieren. Obwohl ursprünglich vom König Sardiniens Karl Felix unterstützt, wurde sie aufgrund der Gerüchte, die Gesellschaft würde einen übermäßigen Einfluss ausüben, durch denselben aufgelöst. 1820 wurde mit der finanziellen Unter-

stützung Pius' VII. eine römische Zweigstelle der Gesellschaft etabliert. Vgl. Regolamenti della Società dell'amicizia cattolica, Turin 1819, Rom 1820; Guglielmo Costanzi, L'Osservatore di Roma in tutto ciò che riguarda il morale, il disciplinare, il letterario, il diplomatico il giudiziario etc. condotto a rilevarne le istituzioni di pietà e ad ammirare di essa i santuari, 2 Bde., Rom 1925, hier Bd. 1, S. 176–179.

69 Mastai Ferretti, Breve relazione del viaggio fatto al Cile vom 19. Juli 1824; zitiert nach Serafini, Pio Nono Bd. 1, S. 322.

70 Mastai Ferretti, Breve relazione del viaggio fatto al Cile vom 6. Januar 1824; zitiert nach ebd., S. 278.

71 Mastai Ferretti an Giulio Maria Della Somaglia vom 5. Mai 1852; zitiert nach ebd., S. 382–385, hier S. 384.

72 Vgl. Falconi, Mastai, S. 462–492.

73 Die Frage nach dem Liberalismus des Bischofs von Spoleto und Imola war in der Forschung lange heftig umstritten. Werke, die sich für eine Heiligsprechung Mastais einsetzten – wie die Biographie von Yves Chiron –, versuchten mit großem Aufwand nachzuweisen, dass der Heilige selbstverständlich weder von schlimmen liberalen Ideen im Allgemeinen noch von den Idealen der italienischen Einigungsbewegung im Besonderen in irgendeiner Weise angetan war: «Ni par sympathie pour les idées liberales»; Chiron, Pie IX, S. 97. Demgegenüber arbeitet Josef Schmidlin den Ruf Mastais als «eines eingefleischten ‹liberalen Bischofs›» heraus, der «von den Anhängern der festen Hand offen des neuerungssüchtigen Liberalismus beschuldigt» wurde, weil er «mit Vorliebe Gioberti, Balbo und Azeglio las und für ihre Reformvorschläge schwärmte»; Schmidlin, Papstgeschichte Bd. 2, S. 10.

74 Vgl. Chiron, Pie IX, S. 100–104. Wie aber passt die Aussage, in Imola sei gerade keine Erholung für Mastai zu erwarten gewesen, weil ausgerechnet dieses Bistum in der Romagna wegen der heftigen Nachwirkungen der Revolution von 1831 eine besonders schwierige Diözese gewesen sei, zu dieser Behauptung?

75 Während Josef Schmidlin eine gewisse Skepsis Gregors XVI. dem «liberalen» Bischof gegenüber als Grund für die Verzögerung vermutete, lehnte Chiron diese Deutung mit allem Nachdruck ab, nach dem Motto: Der reaktionäre Gregor XVI. hätte nie einen Mann zum Kardinal erhoben, der auch nur den geringsten Anschein eines Liberalen erweckte. Vgl. Schmidlin, Papstgeschichte Bd. 2, S. 11 und Chiron, Pie IX, S. 120.

76 Mastai Ferretti an Chiarissimo Falconieri Mellini vom 3. Juni 1833; zitiert nach Martina, Pio IX Bd. 1, S. 52; deutsche Übersetzung nach Schatz, Pius IX., S. 185. Falconieri sollte 1838 Kardinal werden und am Konklave, aus dem Mastai Ferretti als Papst hervorging, teilnehmen; vgl. Weber, Kardinäle Bd. 2, S. 461.

Viertes Kapitel
Bischof, Messe, Priesterseminar

1 Das Concil von Trient und die Bearbeiter seiner Geschichte, in: Der Katholik 80 (1841), S. 97–112 und Der Katholik 82 (1841), S. 227–245, hier 80 (1841), S. 97.

2 Zu Luther, der Reformation und den Konzilsplänen vgl. Schnabel-Schüle, Reformation, S. 159–215 und S. 255–260; Wolf, Reformkonzilien, S. 109–130.

3 Zum Konzil von Trient und zur Durchführung seiner Beschlüsse durch das Papsttum vgl. die 4 Bände von Jedin, Geschichte; Jedin, Papsttum, S. 521–560; Wassilowsky, Trient, S. 395–412; sowie die Beiträge in: Walter/Wassilowsky (Hg.), Konzil.

4 Das Concil von Trient und die Bearbeiter seiner Geschichte, in: Der Katholik 80 (1841), S. 97.

5 Wassilowsky, Trient, S. 410.

6 Das Concil von Trient und die Bearbeiter seiner Geschichte, in: Der Katholik 80 (1841), S. 98.

7 Das Concil von Trient und die Bearbeiter seiner Geschichte, in: Der Katholik 82 (1841), S. 228. Der Rezensent bezieht sich auf Ignaz Heinrich von Wessenberg, Die großen Kirchenversammlungen des 15ten und 16ten Jahrhunderts. In Beziehung auf Kirchenverbesserung geschichtlich und kritisch dargestellt mit einleitender Übersicht der frühern Kirchengeschichte, 4 Bde., Konstanz 1840.

8 Das Concil von Trient und die Bearbeiter seiner Geschichte, in: Der Katholik 82 (1841), S. 242.

9 Zur Priesterausbildung und den Konflikten im Laufe der Kirchengeschichte vgl. Garhammer, Seminaridee; Wolf, Emanzipation, S. 99–110; Wolf, Priesterausbildung, S. 218–236 (mit weiterführender Literatur); Wolf, Trient, S. 70–73.

10 Augustin Theiner, Geschichte der geistlichen Bildungsanstalten. Mit einem Vorworte, enthaltend: acht Tage im Seminar zu St. Euseb in Rom, Mainz 1835, S. 371.

11 Ebd., S. LIII f.

12 Ebd., S. 81 f.

13 Ebd., S. 371 f.

14 Zu den Konflikten in Bayern vgl. Garhammer, Seminaridee, S. 75–189.

15 Nach der Bildung der Kongregation der Propaganda Fide im Jahr 1622 durch Papst Gregor XV. gründete Urban VIII. 1627 das «Pontificio Collegio de Propaganda Fide» als Bildungs- und Vorbereitungsanstalt für Missionare aus verschiedenen Ländern und verschiedener Riten. Urban VIII. sprach dem Kolleg eine Steuerbefreiung und Privilegien analog der höheren Studienanstalten der Stadt Rom zu. In wenigen Jahrzehnten bekam das Kolleg die Gestalt eines all-

gemeinen Studiums, in dem Geisteswissenschaften, Rhetorik, Philosophie, Theologie und orientalische Sprachen als Fächer gelehrt wurden und der akademische Grad eines Doktors der Philosophie und der Theologie erlangt werden konnte. Bevorzugte Aufgaben waren die Sammlung von Informationen, das Lernen der weltlichen Sprachen sowie die Erlangung von Kenntnissen über die Völker und Kulturen. Die Kandidaten mussten sich einer strengen Zulassungsprüfung unterziehen, dem Rektor gegenüber zur vollen Gehorsamkeit verpflichtet sein und nach Prüfung der Berufung den päpstlichen Eid ablegen. Nach der Weihe durften sie im Kollegium nicht länger als einen Monat verbleiben, bevor sie in die Mission gesendet wurden. Im neunzehnten Jahrhundert wurde das Kollegium zu einem Zentrum der intellektuellen, missionarischen und interkulturellen Ausbildung. Vgl. Regole da osservarsi dal rettore, alunni, ministri, ed uffiziali del Collegio urbano de propaganda fide, Rom 1831; Art. Pontificio Collegio Urbano, online unter http://www.archi viostoricopropaganda.va/content/archiviostoricopropagandafide/it/la congregazione/collegio-urbano.html (20.01.2010); Gaetano Moroni, Art. Collegio Urbano de Propaganda Fide, in: Ders., Dizionario di erudizione storico-ecclesiastica 14 (1842), S. 215–235.

16 Vgl. Artikel 5 des Bayerischen Konkordates vom 5. Juni 1817; Huber/Huber, Staat Bd. 1, S. 170–177, hier S. 173 f.

17 Karl August von Reisach an Molitor vom 14. Januar 1865; zitiert nach Garhammer, Seminaridee, S. 181 und S. 297 f.

18 Ignaz von Döllinger, Die Speyrische Seminarfrage und der Syllabus (1865), in: Ders., Kleinere Schriften, gedruckte und ungedruckte, hg. von Franz Heinrich Reusch, Stuttgart 1890, S. 197–227, hier S. 199.

19 Zu den Konflikten in Württemberg vgl. August Hagen, Staat, Bischof und geistliche Erziehung in der Diözese Rottenburg (1812–1934), Rottenburg 1939; Reinhardt, Fakultät, S. 1–42; Wolf, Gründung, S. 469–481.

20 Zur Priesterausbildung und der Situation in Hessen-Darmstadt vgl. Scharfenecker, Fakultät, S. 17–354.

21 Die Begründung des Bischofs war genauso eindeutig wie sein Handeln. Er tue nichts anderes, als dem Tridentinum zu folgen: «Ich begreife nicht, wie man von gebührender Ehrfurcht gegen die Beschlüsse des heiligen Konzils zu Trient erfüllt sein und doch die Meinung festhalten kann, als genügten einige Monate im Seminar, um ein ungebundenes, oft ausschweifendes Studentenleben in die Form der kirchlichen Zucht umzugestalten.» Und weiter: «Wenn dennoch aus dieser an sich ganz verwerflichen Bildungsweise ausgezeichnete Priester hervorgegangen sind, so ist das nur durch außerordentliche Hilfe Gottes geschehen.» Sich auf diese jedoch weiter verlassen zu wollen, wäre «Vermessenheit». Das Tridentinum habe völlig recht, nur ein Seminar bringe rechte Priester hervor. Die Universität dagegen erzeuge nur «Burschen unter dem Schein von Priestern». Zitiert nach Johann Baptist Holzammer, Die Bildung des Klerus in kirchlichen Seminarien oder an Staatsuniversitäten. Histo-

rische Skizze eines hundertjährigen Kampfes in Deutschland, Mainz 1900,
S. 27 f.

22 Vgl. Mirbt, Fakultät, S. 220–224. Der Marburger evangelische Kirchenhistoriker folgerte daraus: «Der Protest gegen die Marburger Fakultät war mithin durch katholisch-kirchliche Interessen nur auf dem Wege zu begründen, dass dem Begriff ‹katholisch› ein anderer Inhalt gegeben wurde, als er damals sonst gang und gäbe war.» Ebd., S. 228.

23 Zum Konzil von Trient, seinen Überlegungen zur Bildung von Priestern und der Auslegungsgeschichte vgl. Merkle, Konzil, S. 357–370; Tüchle, Seminardekret, S. 522–539; Wolf, Priesterausbildung, S. 218–236.

24 Konzil von Trient, 23. Sessio, Kanon 18, vom 15. Juli 1563; lateinischer und deutscher Text: Dekrete Bd. 3, S. 750–753.

25 Ebd., S. 751.

26 Vgl. Merkle, Konzil, S. 258. In Anm. 53 der Verweis auf die entsprechenden Textstellen der Akten des Concilium Tridentinum.

27 Ebd., S. 257. Im Hintergrund stehen dabei unterschiedliche Wege der Priesterausbildung: die englischen Colleges von Reginald Kardinal Pole, die Akolythenschule an der Kathedrale von Verona und schließlich das Collegium Germanicum der Jesuiten in Rom, das aber ein Hochschulkonvikt ist, da die Studien außer Haus am Collegium Romanum absolviert werden.

28 Konzil von Trient, 22. Sessio, Kanon 2, vom 17. September 1562 und 24. Sessio, Kanon 12, vom 11. November 1563; lateinischer und deutscher Text: Dekrete Bd. 3, S. 738 und S. 766.

29 Konzil von Trient, 23. Sessio, Kanon 6, vom 15. Juli 1563; lateinischer und deutscher Text: Dekrete Bd. 3, S. 747.

30 Zitiert nach Heribert Raab, Karl Theodor von Dalberg. Das Ende der Reichskirche und das Ringen um den Wiederaufbau des kirchlichen Lebens 1803–1815, in: Archiv für Mittelrheinische Kirchengeschichte 18 (1966), S. 27–39, hier S. 32.

31 Zum Bischofsbild im Wandel der Zeiten vgl. Braun, Princeps; Wolf, Fürst-Bischof, S. 49–63; Wolf, Fürst und/oder Bischof, S. 301–306; Wolf, Rohrstengel, S. 109–134; Wolf, Trient, S. 73–77.

32 Otto von Bismarck, Vertrauliche Zirkulardepesche vom 14. Mai 1872; Oliver Rousseau, Der wahre Wert des Bischofsamtes in der Kirche nach wichtigen Dokumenten von 1875, in: Yves Congar (Hg.), Das Bischofsamt und die Weltkirche, Stuttgart 1964, S. 739–764, hier S. 750 f.

33 Zu den Fürstbischöfen und ihrem Selbstverständnis vgl. Braun, Princeps, S. 167–324; Cont, Chiesa, S. 1–18; Reinhardt, Dynastien, S. 152–203; Wolf, Pfründenjäger, S. 121–146. Zu Franz Ludwig vgl. Hubert Wolf, Menschenfischer – Pfründenjäger. Franz Ludwig von Pfalz-Neuburg (1664–1732), die Reichskirche und Ellwangen, in: Ellwanger Jahrbuch 37 (1997/98), S. 15–38.

34 Vgl. Lill, Bischof, S. 353 f.

35 Zum Bischofstyp der zweiten Generation vgl. Dominik Burkard, Staats-

knechte oder Kirchendiener? Diözesankonzeptionen und Bischofsbilder «aufgeklärter» Staaten, in: Römische Quartalschrift 95 (2000), S. 119–249, hier S. 226–239; Lill, Bischof, S. 349–396; Wolf, Pfründenjäger, S. 121–146.

36 Zitiert nach Alexander Schnütgen, Joseph Vitus Burg. Bischof von Mainz 1768–1833, in: Hessische Biographien, Bd. 2, Darmstadt 1927, S. 1–6, hier S. 5.

37 Zitiert nach Karl Rögele, Franz Josef Herr, Karlsruhe 1927, S. 130.

38 Zitiert nach Jakob Franz, Bischof Joseph Vitus Burg bis zum Antritt seines Mainzer Episkopates. Aufklärung und Restauration in der rheinischen Kirchengeschichte und Kirchenpolitik des Vormärz, Diss. phil. masch. Mainz 1949, S. 210.

39 Zitiert nach Bischof, Ende, S. 454.

40 «Seine Geschichte ist unter einer großen Schutthalde begraben, auf der die Disteln und Strohblumen der Parteifabel sich angesiedelt haben.» Heinrich Schrörs, Selbstdarstellung, in: Erich Stange (Hg.), Die Religionswissenschaft der Gegenwart in Selbstdarstellungen, Leipzig 1927, S. 193–238, hier S. 223. Burg wurde gerade für seine vermittelnde Haltung gebrandmarkt, die sich beispielhaft an seiner Zustimmung zum Studium der Mainzer Priesteramtskandidaten an der 1830 errichteten staatlichen Katholisch-Theologischen Fakultät in Gießen zeigt.

41 Zum «tridentinischen» Bischof vgl. Gatz, Bischofsideal, S. 204–228; Wolf, Rohrstengel, S. 127–133.

42 Zum «Mischehenstreit», den sogenannten «Kölner Wirren» und Droste-Vischering vgl. Markus Hänsel-Hohenhausen, Clemens August Freiherr Droste zu Vischering: Erzbischof von Köln 1773–1845. Die moderne Kirchenfreiheit im Konflikt mit dem Nationalstaat, Frankfurt am Main 1991; Heinrich Schroers, Die Kölner Wirren (1837). Studien zu ihrer Geschichte, Berlin 1927.

43 Joseph Görres, Athanasius, Regensburg ⁴1838, S. 162–164.

44 Vgl. Papenheim, Karrieren, S. 96–98.

45 Vgl. die verschiedenen Aussagen: Konzil von Trient, 23. Sessio vom 15. Juli 1563, zu den Bischöfen als Nachfolger der Apostel; Dekrete Bd. 3, S. 743; Reformdekrete Kanon 1 zur Residenzpflicht; ebd., S. 744–746; und zur Ordinationspflicht; ebd., S. 746. 24. Sessio vom 11. November 1563, über Voraussetzungen fürs Bischofsamt; ebd., S. 760 f.; zu Synoden und Visitationen; ebd., S. 761; zum Verkündigungsauftrag; ebd., S. 762; zur Sakramentenspendung und der Notwendigkeit des volkssprachlichen Kults; ebd., S. 764; und zum Kumulationsverbot; ebd., S. 768. 25. Sessio vom 3. bis 4. Dezember 1563, zu den Bischöfen als Vorbilder, die «nicht zu Reichtum und Luxus berufen sind, sondern zu harter Arbeit und gewissenhafter Pflichterfüllung»; ebd., S. 784; zu Synoden; ebd., S. 785; und zur Würde der Bischöfe weltlichen Würdenträgern gegenüber; ebd., S. 794.

46 Konzil von Trient, 23. Sessio vom 15. Juli 1563, Kapitel 4 über Ordo und Hierarchie; ebd., S. 743. Hervorhebung im Original.

47 So hat es der Papsthistoriker Ludwig von Pastor formuliert; Jedin, Papsttum,

S. 525. Zu Karl Borromäus vgl. Mariano Delgado/Markus Ries (Hg.), Karl Borromäus und die katholische Reform. Akten des Freiburger Symposions zur 400. Wiederkehr der Heiligsprechung des Schutzpatrons der katholischen Schweiz 24.–25. April 2009 (Studien zur christlichen Religions- und Kulturgeschichte 13), Stuttgart 2010.

48 Auf diese Paradoxie hat Erwin Gatz hingewiesen; vgl. Gatz, Bischofsideal, S. 207–213.

49 Ignaz Heinrich von Wessenberg, Die grossen Kirchenversammlungen des 15. und 16. Jahrhunderts in Beziehung auf Kirchenverbesserung geschichtlich und kritisch dargestellt, 4 Bde., Konstanz 1940, hier Bd. 4, S. 202 f. und S. 239–241.

50 Vgl. Weber, Senatus, passim.

51 Vgl. Weber, Kardinäle Bd. 1, S. 119–183.

52 Falconi, Mastai, S. 339.

53 Zu den Auseinandersetzungen um die «tridentinische» Liturgie vgl. Kranemann, Liturgiereform, S. 303–333.

54 Konzil von Trient, 4. Sessio vom 8. April 1546, erstes Dekret: Annahme der heiligen Bücher und der Überlieferungen der Apostel; lateinischer und deutscher Text: Dekrete Bd. 3, S. 663–665, hier S. 663.

55 Vgl. Jedin, Geschichte Bd. 2, S. 42–82.

56 Konzil von Trient, 25. Sessio vom 4. Dezember 1563, Kapitel über «Index der Bücher – Katechismus – Brevier und Missale»; Text in: Dekrete Bd. 3, S. 797.

57 Pastor, Geschichte Bd. 8, S. 143 f.

58 In seinem Überblick über das tradierte Bild geht Kranemann unter anderem auf die Liturgiegeschichten von Theodor Klauser und Herman A. J. Wegman ein; Kranemann, Liturgiereform, S. 304.

59 Ebd., S. 307.

60 Zum Missale von 1570 und seinen Modifikationen vgl. Angelus Häussling, Art. Missale, in: Lexikon für Theologie und Kirche[3] 7 (1998), Sp. 283–286. Beim Ordo Missae (1965) von Paul VI. handelt es sich um eine auf Grundlage der Liturgiekonstitution vollzogene Modifizierung des «Missale Romanum». Rückblickend wird es heute häufig auch als «Interims-Missale» bezeichnet. Es sollte bei Beibehaltung wesentlicher Elemente der Heiligen Messe die Konzilsbestimmungen umsetzen, veränderte moderat Elemente in der Messe und ordnete die Rubriken neu. Vgl. Hans-Jürgen Feulner, Der Ordo Missae von 1965 und das Missale Romanum von 1962, in: Helmut Hoping/Winfried Haunerland/Stephan Wahle (Hg.), Römische Messe und Liturgie in der Moderne, Freiburg im Breisgau 2016, S. 103–142.

61 Vgl. Klemens Richter, Missale Monasteriense. Die Feier der Eucharistie von den frühesten handschriftlichen Zeugnissen bis zum Missale von 1835, in: Benedikt Kranemann/Ders. (Hg.), Zwischen römischer Einheitsliturgie und diözesaner Eigenverantwortung. Gottesdienst im Bistum Münster, Altenberge 1997, S. 28–38.

62 Kranemann, Liturgiereform, S. 307.

63 Zum Problem der Ekklesiologie im Gefolge des Tridentinums vgl. Ganzer, Ekklesiologie, S. 266–281; Wolf, Trient, S. 77–79.

64 Wäre dies der Fall, dann wäre das Erste Vatikanische Konzil tatsächlich die «Wiederaufnahme und Vollendung des ‹Konzils der Gegenreformation›». Blaschke, 19. Jahrhundert, S. 52.

65 Schon Yves Congar bezeichnete es «als sonderbare Tatsache», dass das Konzil von Trient, «das auf die Reformation eine Antwort geben sollte, … das ekklesiologische Problem nicht behandelt» hat. Congar, Lehre, S. 48.

66 Das haben die beiden großen Erforscher des Tridentinums, Hubert Jedin und vor allem Klaus Ganzer, überzeugend nachgewiesen. Vgl. Ganzer, Ekklesiologie, S. 266–281; Jedin, Entwicklung, S. 7–16.

67 Konzil von Konstanz, Dekret «Haec sancta» vom 6. April 1415; lateinischer und deutscher Text: Dekrete Bd. 2, S. 409 f. Zur Geschichte des Dekrets und zur Diskussion um die Entwicklung des Konziliarismus vgl. Bäumer (Hg.), Entwicklung (immer noch lesenswert die Beiträge von August Franzen und Karl August Fink); Fink, Konzil, S. 545–572; Wolf, Zeremoniell, S. 23–36.

68 Klaus Ganzer sprach deshalb zu Recht von einer «einseitigen» Beantwortung der ekklesiologischen Fragen des Tridentinums «im neunzehnten Jahrhundert durch den Ultramontanismus und durch das Erste Vatikanische Konzil». Ganzer, Ekklesiologie, S. 279–281, hier S. 281.

69 Schatz, Vaticanum I Bd. 2, S. 143. Klaus Schatz hat in seiner dreibändigen Geschichte des Ersten Vatikanums überzeugend nachgewiesen, dass sich die Gegner der päpstlichen Unfehlbarkeit regelmäßig, ihre Anhänger dagegen so gut wie nie auf Trient als letztvergangenes Konzil beriefen.

70 Zum Mythos Trient vgl. Reinhard, Konzil, S. 23–42; Reinhard, Papstgeschichte, S. 353–371, treffend die Einschätzung auf S. 365: «Ohne den Mythos Trient hätte es keine Unfehlbarkeit und keinen Jurisdiktionsprimat gegeben, kein folgsames Vaticanum I und kein unbequemes, aber für das Papsttum inzwischen risikoloses Vaticanum II. Das Papsttum brauchte keinen Kirchenstaat mehr, denn die Kirche selber ist sein Staat geworden»; Walter/Wassilowsky (Hg.), Konzil (verschiedene Beiträge); Wassilowsky, Konzil, S. 1–8 und S. 22–26; Wassilowsky, Trient, S. 395–412.

71 Vgl. Hobsbawm/Ranger, Invention. Interessant wäre eine Historisierung des Konzepts, die in diesem Rahmen nicht geleistet werden kann.

72 Ganz im Sinne von Thomas Nipperdey, dass eine historische Aussage «besser als eine andere [ist], wenn sie von mehr Quellen, von unterschiedlichen Quellen bestätigt wird, wenn sie die Widersprüche zwischen den Quellen auflösen kann». Thomas Nipperdey, Kann Geschichte objektiv sein? In: Ders., Nachdenken über die deutsche Geschichte. Essays, München ²1986, S. 218–234, hier S. 230.

73 Zu diesem Ansatz vgl. Wolf, Krypta; Wolf, Plusquam, S. 23–43.

74 Vgl. Anderson, Communities.

75 Vgl. José Casanova, Civil society and religion: retrospective reflections on
    Catholicism and prospective reflections on Islam, in: Social resarch 68 (2001),
    S. 1041–1080.

76 «Ohne Traditionen sind Religionen eigentlich kaum vorstellbar, geht es doch
    immer wieder darum, in religiösen Narrativen den Bezug zu einem Ursprung,
    einer Herkunftserzählung, einem Stiftungsnarrativ oder einer grundlegenden
    Heiligen Schrift herzustellen.» Zusammenfassend Faschingeder, Traditiona-
    lismen, S. 38. Zur Traditionstheorie und ihrer Bedeutung für die katholische
    Theologie und Kirchengeschichtsschreibung allgemein vgl. Wiedenhofer,
    Stand, Sp. 443–468; Wolf, Erfindung, S. 37–50. Für den Exodus hat Jan Ass-
    mann überzeugend dargelegt, wie eine neue Gruppenidentität des jüdischen
    Volkes geschaffen werden sollte und durch die Berufung auf eine angeblich
    uralte Tradition Kontinuität konstruiert wurde; vgl. Assmann, Exodus. Zum
    Judentum vgl. die These von Shulamit Volkov, dass dieses erst im neunzehn-
    ten Jahrhundert als solches konzipiert worden ist; vgl. Volkov, Erfindung;
    Volkov, Projekt. Zum Thema Traditionskonstruktion im Islam vgl. Fasching-
    eder, Traditionalismen, S. 49–52. Und zum Hinduismus als nationaler Ideo-
    logie Indiens im Kampf gegen britische Kolonialpolitik vgl. Six, Hindunatio-
    nalismus, S. 79–100; Six, Fundamentalismen, S. 247–268.

77 Aus der (angeblichen) Größe des Volkes, der Ethnie oder Nation der Vergan-
    genheit soll Kraft für die Krise der Gegenwart gezogen werden. Die Entstehung
    des Wikingermythos mit den bärtigen, nordischen Helden und Raubeinen für
    die Konstruktion einer nationalen Identität Norwegens im neunzehnten Jahr-
    hundert, das von Schweden unabhängig werden wollte, ist dafür ein sprechen-
    des Beispiel. Vgl. Scheel, Wikinger, S. 65–92.

78 Als wesentliche alternative Traditionserfindungen für den Bereich der katho-
    lischen Kirche im neunzehnten Jahrhundert wären zu nennen: der Deutsch-
    katholizismus im Laufe des Vormärz, der deutsche Laienkatholizismus im
    Kontext der Revolution von 1848, und vor allem der Altkatholizismus im Ge-
    folge des Ersten Vatikanums.

79 Wassilowsky, Trient, S. 410.

80 Vgl. Reinhard, Gegenreformation, S. 226–251.

81 Zum Begriff der «kulturellen Ambiguität» vgl. Bauer, Kultur, S. 26–53.

82 Zur Forschungsgeschichte in Bezug auf das Tridentinum vgl. Hubert Jedin,
    Das Konzil von Trient. Ein Ueberblick ueber die Erforschung seiner Ge-
    schichte (Storia e Letteratura 19), Rom 1948 (immer noch aktuell).

83 Zu den Konzilsjubiläen vgl. Walter, Jubiläen, S. 521–541.

84 Hier ging es aber nicht um eine historische Festveranstaltung, sondern um die
    Hebung des kirchlichen Sinnes der Gegenwart: «Wir können aber nicht leicht
    begreifen, was mit einer Benützung und Beachtung derselben besonders Gu-
    tes bezweckt werden soll.» Anders als die Protestanten, die regelmäßig Luther-
    und Reformationsjubiläen feiern müssten, sei den Katholiken das Konzil von
    Trient als «höchste Großtat der Kirche» stets präsent; sie seien sich «der Sache

der Wahrheit so sicher und gewiss», dass sie diesen Triumph «nicht selbst-
süchtig» in einer Feier immer wieder neu darstellen müssten. «Deshalb
scheint uns ein ruhiges Festhalten des in Trient errungenen Sieges katholischer und kirchlicher, weil großartiger und ideeller als ein feierliches Begängnis dieses Sieges, das mit mannigfachen Schattenseiten gar wenig Licht aus-
strahlen dürfte.» Rezension zu «Beurtheilung der Controversen Sarpi's und
Pallavicini's in der Geschichte des Trienter Concils. Von Dr. Johann Nepomuk
Brischar», in: Historisch-Politische Blätter 15 (1845), S. 244–247, hier S. 245.

85 «Entscheidend war nicht das ‹wirkliche› Konzil von Trient, sondern das ‹erfundene› Konzil von Trient»; Reinhard, Konzil, S. 40 f. Günther Wassilowsky
betont, dass es nicht darum gehe, «inwiefern einzelne Bestimmungen aus den
Trienter Dekreten in der postkonziliaren Kirche faktisch umgesetzt wurden».
Vielmehr müsse man das Tridentinum als den «Referenzpunkt» für die «Formierung des neuzeitlichen Katholizismus» schlechthin ansehen, ganz unabhängig davon, «ob diese Berufung auf Trient durch den Wortlaut seiner Beschlüsse» gedeckt gewesen sei. Die «Grundformel Trient» habe vielmehr im
«komplexitätsreduzierenden ‹Mythos Trient›» bestanden. «Es ging um die
Schaffung von Einheitlichkeit und Einheit» durch die Konstruktion einer angeblich «einheitlichen, eindeutigen Basis», um der alten, durch die Angriffe
der Protestanten verunsicherten Kirche wieder ein festes Fundament zu verleihen. «Und letztlich diente der Einheitsmythos Trient – wie jede mythische
Rede – der Bewältigung von Angst, jener existenzbedrohenden Angst, in der
sich die Papstkirche befunden haben musste» nach der Generalattacke der Reformation; treffend Wassilowsky, Konzil, S. 22.

Fünftes Kapitel
Der liberale Papst

1 Schmidlin, Papstgeschichte Bd. 2, S. 11.
2 Martina, Pio IX Bd. 1, S. 82.
3 Zur Entwicklung des Konklaves und der Papstwahl insgesamt sowie den Kon-
klavereformen vgl. Wassilowsky, Konklavereform; Wolf, Konklave.
4 Zur Entwicklung der Exklusive und ihrer Abschaffung 1905 vgl. Hammecke,
Entscheidungsprozeß, passim.
5 Wassilowsky, Konklavereform, S. 132. Hervorhebung im Original.
6 Zum Konklave von 1799/1800 vgl. Bastgen/Tüchle, Pius VII., S. 146–174;
Pásztor, Consalvi, S. 99–187; Schmidlin, Papstgeschichte Bd. 1, S. 16–23.
7 Zur Spaltung des Kardinalskollegiums in Zelanti und Politicanti in der ersten
Hälfte des neunzehnten Jahrhunderts, die bis weit ins zwanzigste Jahrhundert
hinein Bestand haben sollte, vgl. Aubert, Kirche, S. 62–67 und passim; Klaus
Ganzer, Art. Zelanti, in: Lexikon für Theologie und Kirche³ 10 (2001), Sp. 1415;
Wolf, Geschick, S. 93 f.

8 Schmidlin, Papstgeschichte Bd. 1, S. 19.

9 Zur Form der Adorationswahl vgl. Wassilowsky, Konklavereform, S. 104–130;
   Wolf, Konklave, S. 87–90.

10 Zum Konklave von 1823 vgl. Schmidlin, Papstgeschichte Bd. 1, S. 367–376.
   Zur angeblichen Vorhersage der Wahl Della Gengas durch das Gnadenbild
   von Sant'Ambrogio im Jahr 1822 vgl. Wolf, Nonnen, S. 126–129.

11 Zum Konklave von 1829 vgl. Colapietra, Diario, S. 76–146; Schmidlin, Papstgeschichte Bd. 1, S. 474–480.

12 Zum Konklave von 1830/31 vgl. Schmidlin, Papstgeschichte Bd. 1, S. 511–
   520.

13 Weber, Kardinäle Bd. 1, S. 284–289, hier S. 288.

14 Zum Konklave von 1846 vgl. grundsätzlich Martina, Pio IX Bd. 1, S. 81–96,
   S. 539 f. Hierbei handelt es sich um die beste zusammenfassende Darstellung,
   die auf breiter Quellenbasis erarbeitet ist. Zur Edition der offiziellen Relation
   dieser Wahl mit den Quellen vgl. Martina/Gramatowski, Relazione, S. 159–
   212. Ferner Cittadini, Conclave (Sammlung von Quellentexten); Engel-Jánosi,
   Österreich Bd. 1, S. 4–19; Schmidlin, Papstgeschichte Bd. 2, S. 11–24. Als neueste Darstellung, die jedoch nicht über Martina hinauskommt, vgl. Kertzer,
   Pope, S. 3–20.

15 Vgl. Weber, Kardinäle Bd. 1, S. 288 f.

16 Ebd., S. 290.

17 Diese Annahme entbehrt «jeglichen Fundaments»; vgl. Martina, Pio IX Bd. 1,
   S. 87.

18 Vgl. Engel-Jánosi, Österreich Bd. 1, S. 15.

19 Martina, Pio IX Bd. 1, S. 93 f.

20 Gizzi wurde am 8. August 1846 zum Kardinalstaatssekretär ernannt, blieb
   aber nur kurz im Amt. Zu ihm vgl. Markus Ries, Art. Gizzi, Tommaso, in:
   Historisches Lexikon der Schweiz, online unter https://hls-dhs-dss.ch/de/ar
   ticles/026835/2006–11–13/. Gizzi folgte am 17. Juli 1847 Gabriele Ferretti, der
   nur bis zum 20. Januar 1848 Kardinalstaatssekretär blieb. Pius IX. hatte ihm
   das Vertrauen entzogen. Zu ihm vgl. Giuseppe Monsagrati, Art. Ferretti, Giuseppe, in: Dizionario Biografico degli Italiani 47 (1997), online unter http://
   www.treccani.it/enciclopedia/gabriele-ferretti_(Dizionario-Biografico)/.
   Vom 1. Februar 1848 bis zum 10. März 1848 war Giuseppe Bofondi als Kardinalstaatssekretär tätig. In der ganzen Zeit kam dem Prosekretär Corboli Bussi
   eine Schlüsselposition zu. Zu ihm vgl. Giacomo Martina, Art. Corboli Bussi,
   Giovanni, in: Dizionario Biografico degli Italiani 28 (1983), online unter
   http://www.treccani.it/enciclopedia/giovanni-corboli-bussi_(Dizionario-
   Biografico)/ (01. 04. 2020).

21 Zum Amnestiedekret vgl. Martina, Pio IX Bd. 1, S. 97–121; Veca, Mito, S. 23–
   56.

22 Vgl. Chiron, Pie IX, S. 148.

23 Schmidlin, Papstgeschichte Bd. 2, S. 25.

24 Reinhardt, Pontifex, S. 772.

25 Vgl. Schmidlin, Papstgeschichte Bd. 2, S. 25 f.

26 Zitiert nach Chiron, Pie IX, S. 149.

27 Reinhardt, Pontifex, S. 772.

28 Enzyklika «Qui pluribus» vom 9. November 1846; italienischer Text: http:// www.vatican.va/content/pius-ix/it/documents/enciclica-qui-pluribus-9-no vembre-1846.html (22. 01. 2020), lateinischer und deutscher Text in Auszügen: Denzinger/Hünermann (Hg.), Kompendium, Nr. 2775–2786. Darüber hinausgehende Übersetzungen von Hubert Wolf. Zur Einordnung vgl. Aubert, Jahre, S. 480 f.

29 Vgl. Veca, Syllabus, S. 245–273; Wolf, Kirchengeschichte, S. 139 f.

30 Vgl. Martina, Pio IX Bd. 1, S. 117 f.

31 Vgl. Chiron, Pie IX, S. 152 f.

32 Vgl. Martina, Pio IX Bd. 1, S. 120 f. Giacomo Martina hat die Entwürfe im Archivio Pio IX, das sich im Vatikanischen Archiv befindet, entdeckt und erstmals ausgewertet.

33 Zu den Reformen insgesamt vgl. Kertzer, Pope, S. 21–71; Martina, Pio IX Bd. 1, S. 97–141; Schmidlin, Papstgeschichte Bd. 2, S. 24–31; Veca, Mito, S. 23–56. Zur äußerst kritischen Perspektive Österreichs auf die Reformära bei Pius IX. vgl. Engel-Jánosi, Österreich Bd. 1, S. 20–31.

34 So treffend Schatz, Pius IX., S. 188.

35 Schmidlin, Papstgeschichte Bd. 2, S. 28.

36 Zitiert nach Engel-Jánosi, Österreich Bd. 1, S. 27.

37 Zitiert nach ebd., S. 31.

38 Reinhardt, Pontifex, S. 774.

39 Zum Risorgimento und der Revolution von 1848 in Rom vgl. Giuseppe Alberigo, Art. Italien, in: Theologische Realenzyklopädie 16 (1987), S. 393–421, hier S. 411–413; Art. Risorgimento, in: historicum.net, online unter https:// langzeitarchivierung.bib-bvb.de/wayback/20190716080953/https://www. historicum.net/themen/risorgimento/ (22. 01. 2020); Engel-Jánosi, Österreich Bd. 1, S. 85–180; Hibbert, Rom, S. 272–300; Kertzer, Pope, S. 142–157; Lill, Geschichte, S. 91–204; Reinhardt, Geschichte, S. 172–217; Soldani, Annäherung, S. 125–166.

40 Zur Stellung Pius' IX. zur italienischen Einigungsbewegung vgl. Kertzer, Pope, S. 37–102; Martina, Pio IX Bd. 1, S. 197–286; Schmidlin, Papstgeschichte Bd. 2, S. 27–36; Veca, Mito, S. 205–242 und passim.

41 Zitiert nach Martina, Pio IX Bd. 1, S. 152; vgl. auch Chiron, Pie IX, S. 177 f.

42 Reinhardt, Pontifex, S. 775.

43 Zitiert nach Martina, Pio IX Bd. 1, S. 238.

44 Text des Entwurfs bei Martina, Documenti sull'allocuzione, S. 566. Zur Redaktionsgeschichte vgl. Martina, Pio IX Bd. 1, S. 239–241.

45 Allokution «Non semel» vom 29. April 1848; italienischer Text: https://w2. vatican.va/content/pius-ix/it/documents/allocuzione-non-semel-29-ap

rile-1848.html (22.01.2020), lateinischer Text: Pii IX Acta Pars Prima Bd. 1, S. 92–98.

46 Zur Flucht Pius' IX. aus Rom, dem Exil in Gaeta und der Rückeroberung der Stadt vgl. Engel-Jánosi, Österreich Bd. 1, S. 38–60; Kertzer, Pope, S. 113–177; Martina, Pio IX Bd. 1, S. 255–349; Schmidlin, Papstgeschichte Bd. 2, S. 31–45.

47 Die Revolution machte Palma, der unter anderem über Heinrich Heine, Hugues Félicité de Lamennais und Gérard Ubaghs gegutachtet hatte, zum Märtyrer für die alte Ordnung. Vgl. Wolf/Burkard, Amboß, S. 113 f., S. 144–153 (Text des Gutachtens Palmas über Heine); Wolf (Hg.), Prosopographie Bd. 2, S. 1106–1110.

48 Zur genauen Beschreibung der Flucht nach Gaeta vgl. Martina, Pio IX Bd. 1, S. 302 f. Zur Perspektive von Spaur vgl. Gebhardt, Bayreuther, S. 359–365.

49 Die Erklärung hat Giacomo Martina im Privatnachlass Pius' IX. im Vatikanischen Archiv entdeckt; Martina, Pio IX Bd. 1, S. 301.

50 Vgl. ebd., S. 306–330.

51 Allokution «Quibus quantisque» vom 20. April 1849; italienischer Text: https://w2.vatican.va/content/pius-ix/it/documents/allocuzione-quibus-quantisque-20-aprile-1849.html (22.01.2020). Schmidlin bezeichnet diesen Text als «Konsistorialrückblick» Pius' IX. auf die Zeit der Revolution und sein Handeln in diesen Jahren; vgl. Schmidlin, Papstgeschichte Bd. 2, S. 26.

52 Zur Causa Rosmini vgl. Mellano, Anni, S. 86–97; Radice, Pio IX, S. 87–278; Wolf (Hg.), Repertorium Bd. 1: Indexkongregation, S. 271 f.

53 Vgl. Kertzer, Pope, S. 178–240.

54 Vgl. ebd., S. 287–294.

55 Schmidlin, Papstgeschichte Bd. 2, S. 41.

56 Zu Giacomo Antonelli vgl. Roger Aubert, Art. Antonelli, Giacomo, in: Dizionario Biografico degli Italiani 3 (1961), online unter http://www.treccani.it/enciclopedia/giacomo-antonelli_(Dizionario-Biografico)/ (24.03.2020); Weber, Kardinäle Bd. 1, S. 266–284.

57 Josef Gelmi, Art. Antonelli, Giacomo, in: Lexikon für Theologie und Kirche[3] 1 (1993), Sp. 780.

58 Treffend Weber, Kardinäle Bd. 1, S. 274 f.

59 Vgl. Sergio Pagano, Art: Mérode, Frédéric-François-Xavier de, in: Dizionario Biografico degli Italiani 73 (2009), online unter http://www.treccani.it/enciclopedia/frederic-francois-xavier-de-merode_(Dizionario-Biografico)/ (01.04.2020).

60 Baron von Bach, Tableau des Cardinaux vom 14. Dezember 1861; zitiert nach Weber, Kardinäle Bd. 2, S. 577–621, hier S. 613 f. Die Botschafter stellten ihren Regierungen in einem «Tableau des Cardinaux» alle Eminenzen vor, damit sie einen Überblick über die römische Situation und vor allem künftige Papabile bekamen.

61 Der Eindruck einer liberalen Phase im Pontifikat Pius' IX. und der radikalen Wende nach 1849/50 hat die Kirchengeschichtsschreibung nicht unbeein-

druckt gelassen. Josef Schmidlin überschrieb ein Kapitel seiner Darstellung sogar mit «Liberale Reformära (1846–1848)»; Schmidlin, Papstgeschichte Bd. 2, S. 24. Roger Aubert, einer der besten Kenner der neuzeitlichen Papstgeschichte, grenzte in seinem Artikel über Pius IX. in der «Theologischen Realenzyklopädie» eine «kurze ‹liberale› Idylle» klar von der folgenden Phase der Restauration ab; Aubert, Pius IX., S. 662. Auch Owen Chadwick bietet zum «Liberal Pope» einen knappen Überblick über die Zeit von 1846 bis 1848; Chadwick, History, S. 61–94.

62 Martina, Pio IX Bd. 1, S. 55.

63 Schatz, Pius IX., S. 185 f.

64 Zitiert nach Veca, Mito, S. 11.

65 Walter Burkert, Art. Mythos, Mythologie I., in: Historisches Wörterbuch der Philosophie 6 (1984), Sp. 281–283, hier Sp. 281.

66 Robert Alan Segal, Art. Mythos/Mythologie I., in: Religion in Geschichte und Gegenwart[4] 5 (2002), Sp. 1682–1687, hier Sp. 1682 f.

67 Zum Mythos des Mastai-Papstes vgl. Trinchese, Pius IX., S. 178–186; Veca, Mito (grundlegend).

68 Martina, Pio IX Bd. 1, S. 532.

69 Treffend Veca, Mito, S. 57.

70 Vgl. ebd., S. 23–56.

71 Ebd., S. 81.

72 Zur Instrumentalisierung des Mythos Pius' IX. bei der Gründung der Pius-Vereine vgl. Arning/Wolf, Katholikentage, S. 11–19; Wehler, Gesellschaftsgeschichte Bd. 2, S. 730 und passim; Wolf, Freiheit, S. 39–69.

73 Vgl. Veca, Mito, S. 243–271.

74 Vgl. Trinchese, Pius IX., S. 178–186.

75 Zum Fall Mortara vgl. Brechenmacher, Vatikan, S. 113–121; Dittrich, Antiklerikalismus, S. 148–181; Kertzer, Entführung, S. 13–27 und S. 64–76; Lüdecke, Kidnapping, S. 303–320; Miletto, Mortarafall, S. 1–17.

76 Der heilige Augustinus ging davon aus, dass Kinder, die sterben, ohne das Sakrament der Taufe empfangen zu haben, wegen der Erbsünde in der Hölle landen. Dagegen entwickelte sich die Lehre vom sogenannten Limbus puerorum, einem Randstreifen außerhalb der eigentlichen Hölle, in den ungetaufte Kinder gelangen. Diese «Vorhölle» wurde im Laufe der Zeit ganz unterschiedlich ausgelegt. Die Interpretationen reichten vom Ort schlimmer Strafen bis zu einem Ort natürlicher Seligkeit, freilich ohne die Anschauung Gottes. Pius VI. schärfte 1794 die Lehre vom Limbus puerorum als «Strafe der Verdammung ohne die Feuerstrafe» erneut ein. Diese Auffassung wurde bis ins zwanzigste Jahrhundert auch in der Verkündigung entschieden propagiert, um die rasche Taufe aller Kinder sicherzustellen. Vgl. Leo Scheffczyk, Art. Limbus, in: Lexikon für Theologie und Kirche[3] 6 (1997), Sp. 936 f.; Pius VI., Konstitution «Auctorem fidei» vom 28. August 1794; Denzinger/Hünermann (Hg.), Kompendium, Nr. 2600–2700, hier Nr. 2626.

77　Gazetta Piemontese vom 15. August 1858; zitiert nach Miletto, Mortarafall, S. 4.

78　Zu Cavour und seinem Versuch, den Mortarafall politisch für das Risorgimento zu nutzen, vgl. Miletto, Mortarafall, S. 2–8 und S. 12 f. Cavour versuchte vor allem, Napoleon III. und Frankreich auf seine Seite zu ziehen.

79　Brechenmacher, Vatikan, S. 115.

Sechstes Kapitel
Das Übernatürliche, hier wird's Ereignis

1　Zur Schilderung der Verkündigung des Mariendogmas vgl. Seifert, Pius IX., S. 411–419, hier S. 414–416. Hervorhebungen im Original. Seifert lässt die einschlägigen Zeitzeugenberichte und das Selbstzeugnis Pius' IX. ausführlich zu Wort kommen.

2　Zum Hochfest Mariä Empfängnis, das in Anlehnung an das ältere Fest Mariä Geburt entstanden ist, vgl. Franz Courth, Art. Unbefleckte Empfängnis Marias. I. Theologie- und dogmengeschichtlich, II. Systematisch-theologisch, in: Lexikon für Theologie und Kirche³ 10 (2001), Sp. 376–379; Bruno Kleinheyer, Maria in der Liturgie, in: Wolfgang Beinert/Heinrich Petri, Handbuch der Marienkunde. Bd. 1: Theologische Grundlegung, Geistliches Leben, Regensburg 1984, S. 469–525.

3　Präfation vom Hochfest der ohne Erbsünde empfangenen Jungfrau und Gottesmutter, in: Messbuch. Für die Bistümer des deutschen Sprachgebietes. Authentische Ausgabe für den liturgischen Gebrauch, Einsiedeln 1981, S. 861–863.

4　Zu den verschiedenen mariologischen Dogmen und ihrem Verhältnis zueinander vgl. Beinert, Dogmen, S. 232–314.

5　Zur Rolle Pius' IX. bei der Vorbereitung des Dogmas vgl. Horst, Dogma, S. 104–109; Martina, Pio IX Bd. 2, S. 261–275; Seifert, Pius IX., S. 329–350, S. 375–411.

6　Zur Marienverehrung Mastais vgl. Chiron, Pie IX, passim; Falconi, Mastai, passim; Seifert, Pius IX., S. 111–328, S. 351–374.

7　Falconi, Mastai, S. 39.

8　Schneider, Marienerscheinungen, S. 89. Zur Entwicklung einer neuen Marienfrömmigkeit im neunzehnten Jahrhundert vgl. ebd., S. 87–110; Schneider (Hg.), Maria; Schreiner, Maria; Söll, Maria, S. 209–227; Ziegenaus (Hg.), Zeitalter.

9　Weitlauff, Dogmatisierung, S. 440.

10　Zum Fall Labouré vgl. Bouflet/Boutry, Signe, S. 108–115; Laurentin, Leben; Laurentin, Marienerscheinungen, S. 530 f.

11　Zitiert nach Weitlauff, Dogmatisierung, S. 441.

12　Vgl. Bouflet/Boutry, Signe, S. 108–115; Durrer, Siegeszug, passim.

13 Zur Gründung der Herz-Mariä-Bruderschaft vgl. Busch, Frömmigkeit, S. 112–129.

14 Vgl. Luigi Lambruschini, Sull'immacolato concepimento di Maria. Dissertazione polemica, Rom 1843.

15 Zur kirchen- und theologiegeschichtlichen Einordnung der Vorstellung einer Unbefleckten Empfängnis Marias insbesondere im Kontext der Erbsündenlehre vgl. Horst, Dogma, S. 95–104; Georg Söll, Mariologie (Handbuch der Dogmengeschichte III/4), Freiburg im Breisgau 1978, S. 164–215.

16 In Ephesus ging es in erster Linie um Aussagen über Christus. Der Titel Gottesgebärerin (theotokos) für Maria bezieht sich auf das ganz Gott- und ganz Mensch-Sein Christi: «Da nun die heilige Jungfrau einen mit dem Fleisch hypostatisch geeinten Gott auf fleischliche Weise geboren hat, deshalb sagen wir auch, dass sie Gottesgebärerin ist. Nicht als hätte die Natur des Logos im Fleisch den Anfang ihrer Existenz genommen. … Weil ihn, den mit dem Fleisch Geeinten, eine Frau geboren hat, sollte der gegen das ganze Menschengeschlecht gerichtete Fluch, der unsere irdischen Leiber dem Tode anheimgibt, schließlich ein Ende nehmen.» Konzil von Ephesus, Dritter Brief Kyrills an Nestorius vom 22. Juni 431; Dekrete Bd. 1, S. 50–61, hier S. 58.

17 Vgl. Köster, Urstand, S. 122–191.

18 Horst, Dogma, S. 95–98, hier S. 96.

19 So fasst Ulrich Horst die Argumentation der franziskanischen Theologen um Duns Scotus treffend zusammen; ebd., S. 97.

20 Vgl. Johannes Helmrath, Das Basler Konzil 1431–1449. Forschungsstand und Probleme, Köln 1987, S. 383–394. Helmrath stellt fest, dass Pius IX. 415 Jahre nach der Publikation des Dekrets «Elucidantibus» vom 17. September 1439 auf dem Konzil von Basel die Immaculata Conceptio mit fast den gleichen Worten zum Dogma gemacht hat.

21 Dies geschah mit Dekret der Ritenkongregation vom 30. September 1847; vgl. Martina, Pio IX Bd. 2, S. 262 f.; Weitlauff, Dogmatisierung, S. 443.

22 Vgl. Perrone, Immaculato. Zum Ganzen vgl. Seifert, Pius IX., S. 359–369.

23 Konzil von Trient, 4. Sessio vom 8. April 1546, Dekret über die Annahme der Heiligen Bücher und der Überlieferungen der Apostel; Dekrete Bd. 3, S. 663 f.

24 Zum Verhältnis von Schrift und Tradition bei den Beratungen des Konzils von Trient und in seiner Wirkungsgeschichte vgl. Geiselmann, Schrift, S. 84–160; Jedin, Geschichte Bd. 2, S. 42–82; Kasper, Verhältnis, S. 335–370.

25 Genesis 3,4 f.

26 Genesis 3,15.

27 Vgl. Horst, Dogma, S. 109.

28 So treffend Weitlauff, Dogmatisierung, S. 442.

29 Perrone, Immaculato, S. 205.

30 Breve «Nihil certius nobis gratius» vom 25. Oktober 1847; Text des Breves im Anhang der 2. Auflage von Perrone, Immaculato, S. 275 f.

31 Zur ersten Phase der Vorbereitung der Dogmatisierung vgl. Martina, Pio IX
    Bd. 2, S. 261–282; Weitlauff, Dogmatisierung, S. 441–450.

32 Enzyklika «Ubi primum» vom 2. Februar 1849; italienischer Text: https://w2.
    vatican.va/content/pius-ix/it/documents/enciclica-ubi-primum-17-gi
    ugno-1847.html (23. 01. 2020), deutsch: Graber, Weltrundschreiben, S. 9–12.

33 Vgl. Küng, Unfehlbarkeit, S. 336–348.

34 Weitlauff, Dogmatisierung, S. 443 f.

35 Tagebucheintrag vom 7. November 1860; Gregorovius, Tagebücher, S. 113.

36 Zur zweiten Phase der Vorbereitung der Dogmatisierung vgl. Horst, Dogma,
    S. 104–109; Weitlauff, Dogmatisierung, S. 450–460.

37 Vgl. Müller, Empfängnis, S. 337; Müller, Immaculata, S. 46–70.

38 Die Originale der Voten finden sich allesamt im ersten der beiden vom Sekre-
    tär des Brevensekretariats, Vincenzo Sardi, herausgegebenen Bände; Sardi,
    Definizione Bd. 1. Exzellente Zusammenfassungen liefert Müller, Empfängnis,
    S. 303–335.

39 Lettera e Voto del P. Fr. G. B. Tonini, dei Minori Conventuali vom 17. Juli
    1848; zitiert nach Sardi, Definizione Bd. 1, S. 174–189. Zu Tonini vgl. Wolf
    (Hg.), Prosopographie Bd. 2, S. 1486–1489.

40 Voto Tonini; zitiert nach Sardi, Definizione Bd. 1, S. 181.

41 Vgl. Müller, Empfängnis, S. 308.

42 Voto Tonini; zitiert nach Sardi, Definizione Bd. 1, S. 186.

43 Lettera e Voto del P. Luigi Togni dei Ministri degli infermi vom 2. August
    1848; zitiert nach Sardi, Definizione Bd. 1, S. 215–242. Zu Togni vgl. Wolf
    (Hg.), Prosopographie Bd. 2, S. 1479–1481.

44 Sardi, Definizione Bd. 1, S. 242. Vgl. Müller, Empfängnis, S. 311.

45 Lettera e Voto del Prof. Filippo Cossa vom 18. August 1848; zitiert nach Sardi,
    Definizione Bd. 1, S. 243–270. Zu Cossa vgl. Wolf (Hg.), Prosopographie
    Bd. 1, S. 353–356.

46 Sardi, Definizione Bd. 1, S. 268. Vgl. Müller, Empfängnis, S. 313.

47 So fasst Müller die Schlusspointe des Votums treffend zusammen; Müller,
    Empfängnis, S. 314.

48 Voto di Mgr. Vincenzo Tizzani, già Vescovo di Terni, vom 20. Oktober 1850;
    zitiert nach Sardi, Definizione Bd. 1, S. 676–714. Zu Tizzani vgl. Wolf (Hg.),
    Prosopographie Bd. 2, S. 1472–1479.

49 Sardi, Definizione Bd. 1, S. 714. Deutsche Übersetzung zitiert nach Müller,
    Empfängnis, S. 327. Was der Herausgeber Sardi von den einzelnen Voten hält,
    macht er in einleitenden Fußnoten zu den Gutachten gelegentlich sehr deut-
    lich. Besonders Kritiker der Dogmatisierung bekommen seine Ablehnung zu
    spüren. Ein sprechendes Beispiel ist seine Bemerkung zum Gutachten Tizza-
    nis: «Mgr. Vincenzo Tizzani war ein Mann von großem Geist und sehr umfas-
    sender Gelehrsamkeit, wie viele seiner Schriften bezeugen, sowohl veröffent-
    lichte als auch unveröffentlichte. Doch sein Verstand hatte viel Spitzfindiges
    und man könnte auch sagen: Starrköpfiges und Seltsames. So wie er sehr stark

gegen die dogmatische Definition der Unbefleckten Empfängnis Mariens eingestellt war, so war er später im Vatikanischen Konzil einer der unnachgiebigsten Gegner der päpstlichen Unfehlbarkeit.» Sardi, Definizione Bd. 1, S. 676.

50 Vgl. Weitlauff, Dogmatisierung, S. 471.

51 Voto di Mgr. Frattini Promotore della Fede o. D. [vor dem 2. Januar 1852]; zitiert nach Sardi, Definizione Bd. 1, S. 532–543, hier S. 542. Deutsche Übersetzung zitiert nach Müller, Empfängnis, S. 334. Zu Frattini vgl. Wolf (Hg.), Prosopographie Bd. 1, S. 624 f.

52 Gutachten der Minderheit der päpstlichen Kommission, eingereicht von Kardinal Ottaviani, deutsche Übersetzung in: Herder-Korrespondenz 21 (1967), S. 429–438, hier S. 438. Zum Kontext vgl. Franz Xaver Bischof, Fünfzig Jahre nach dem Sturm – Ein historischer Rückblick auf die Enzyklika Humanae vitae, in: Münchener Theologische Zeitschrift 68 (2017), S. 336–354.

53 Zur Spezialkommission und der Redaktionskommission vgl. Martina, Pio IX Bd. 2, S. 269–275; Weitlauff, Dogmatisierung, S. 471–478.

54 Horst, Dogma, S. 107.

55 So fasst Manfred Weitlauff den Skopus der Diskussionen der Kardinäle treffend zusammen; Weitlauff, Dogmatisierung, S. 475.

56 Pius IX., Konsistorialansprache vom 1. Dezember 1854; zitiert nach Weitlauff, Dogmatisierung, S. 476 Anm. 118.

57 Pius IX., Bulle «Ineffabilis Deus» vom 8. Dezember 1854; lateinischer Text: Pii IX Acta Pars Prima Bd. 1, S. 597–619, deutscher Text: Rohrbasser, Heilslehre, S. 306–325, lateinischer und deutscher Text, aber nur in Auszügen: Denzinger/Hünermann (Hg.), Kompendium, Nr. 2800–2804.

58 Manfred Weitlauff hat die theologisch und lehramtlich problematische Argumentation Pius' IX. auf den Punkt gebracht: «Da die zu definierende Doktrin von der Immaculata Conceptio Mariae weder auf eine Aussage der Schrift noch auf eine von den Aposteln her weitergegebene Tradition zurückzuführen war, half Pius IX. ... diesem – nach den herkömmlichen Regeln der Theologie entscheidenden – Mangel ab, indem er kraft päpstlicher Autorität den Offenbarungscharakter der genannten Lehre aus dem Glaubensbewusstsein der gegenwärtigen Kirche begründete. Der ‹sensus ecclesiae›, sich selbst genügend, ersetzte den Nachweis aus den ‹Quellen der Offenbarung›, mehr noch: rückte an die Stelle der Tradition. Ein weites Feld dogmatischer Möglichkeiten öffnete sich.» Weitlauff, Dogmatisierung, S. 477.

59 Vgl. Hans Küng (Hg.), Papal Ministry in the Church, New York 1971, S. 81 f.

60 Hirtenbrief des Erzbischofs von Paris vom 8. Februar 1855; zitiert nach Sardi, Devozione Bd. 2, S. 535–550, hier S. 541 f. Gedruckte Fassung: Marie-Dominique-Auguste Sibour, Lettre Pastorale de Monseigneur l'Archevêque de Paris au retour d'un voyage ad Limina, portant publication du Décret dogmatique sur l'Immaculée Conception de la Sainte Vierge. Vgl. auch Martina, Pio IX Bd. 2, S. 283.

61 Peter Knoodt an Ignaz von Döllinger vom 10. Juli 1866; zitiert nach Friedrich, Döllinger Bd. 3, S. 146.

62 [Clemens Schrader], Pius IX. als Papst und Koenig. Dargestellt aus den Acten seines Pontificates von dem Verfasser der Broschüre «Der Papst und die modernen Ideen», Wien 1865. Zur Verfasserschaft Schraders vgl. Weitlauff, Dogmatisierung, S. 480.

63 Schrader, Pius IX., S. 12.

64 Kasper, Verhältnis, S. 325–370, hier S. 350 und S. 352.

65 Zur Rezeptionsgeschichte des Dogmas vgl. Horst, Dogma, S. 111; Martina, Pio IX Bd. 2, S. 275–286.

66 «Papstdevotion und Rompathos werden jetzt zu integralen, identitätskonstituierenden Bestandteilen einer spezifischen katholischen Volksfrömmigkeit.» Wassilowsky, Inszenierung, S. 26.

67 Blackbourn, Marienerscheinungen, S. 39.

68 Zu den Marienerscheinungen in Lourdes vgl. René Laurentin, L'histoire authentique des apparations, 4 Bde., Paris 1961–1964; Laurentin, Marienerscheinungen, S. 531 f.

69 Zu den Orten und der Statistik der Marienerscheinungen im neunzehnten Jahrhundert vgl. Schneider, Marienerscheinungen, S. 90–97.

70 Vgl. Blackbourn, Marienerscheinungen, S. 79: Pius IX. «schwamm mit dem Strom der religiösen Empfindung des Volkes» durchaus mit, aber «wie der Zauberlehrling lief die Kirche Gefahr, Kräfte freizusetzen oder zu billigen, die sie nicht beherrschen konnte». Die Marienerscheinungen «steigerten die Erwartungen des Volkes in einer Weise, die das Netzwerk klerikaler Autorität zu zerschneiden drohte».

71 Zum Offenbarungsbegriff und der Problematik von Privatoffenbarungen vgl. Pahud de Mortanges, Privatoffenbarungen, S. 127–148; Seckler, Begriff, S. 60–83.

Siebtes Kapitel
Fels in der Brandung

1 Zum Fall Sant'Ambrogio vgl. Wolf, Fall, S. 1–8; Wolf, Nonnen.

2 Fogli manoscritti consegnati in atti dalla Principessa Caterina de Hohenzollern il 15. settembre 1859. Sommario della Relazione informativa Nr. XXII; zitiert nach Wolf, Nonnen, S. 13.

3 Fogli manoscritti … dalla Principessa Caterina de Hohenzollern; zitiert nach ebd., S. 31.

4 Katharina von Hohenzollern, Erlebnisse von S. Ambrogio; zitiert nach ebd., S. 38 f. Danach das Folgende.

5 Relazione Salluas für die Congregazione Segreta am 16. November 1859; zitiert nach ebd., S. 64.

6 Vgl. ebd., S. 88–92.

7 Sommario della Relazione informativa, Nr. XXVI: Esame di Sr. Maria Giacinta vom 17. März 1860; zitiert nach ebd., S. 215.

8 Sommario della Relazione informativa, Nr. XXIII: Esame di Sr. Giuseppa Maria vom 2. April 1860; zitiert nach ebd., S. 213.

9 Lettera della Vergine Maria al Preposito Generale della Compagnia di Gesù; zitiert nach ebd., S. 174–176.

10 Esame di Sr. Maria Francesca vom 18. Februar 1860; zitiert nach ebd., S. 184 f.

11 Vgl. ebd., S. 385–391.

12 Kleutgen an den damaligen Rektor des Germanicums Andreas Steinhuber vom Mai 1883; zitiert nach ebd., S. 422 f.

13 Zur Rekonstruktion von Kleutgens Mitarbeit bei der Erfindung des ordentlichen Lehramts vgl. Wolf, Kleutgen, S. 49–69; Wolf, Nonnen, S. 421–431; Wolf, Wahr ist, S. 244–259.

14 Zur Münchener Gelehrtenversammlung vgl. Bischof, Theologie, S. 62–87.

15 Ignaz von Döllinger, Die Vergangenheit und Gegenwart der katholischen Theologie, in: Ders., Kleinere Schriften, gedruckte und ungedruckte, hg. von Franz Heinrich Reusch, Stuttgart 1890, S. 165–196; jetzt auch in: Bischof/Essen (Hg.), Theologie, S. 11–33. Zur Einordnung der Rede Döllingers vgl. Bischof, Theologie, S. 75–80.

16 [Joseph Kleutgen], Osservazioni sugli atti dei Teologi riunitisi a Monaco nel settembre 1863 [vom Dezember 1863]; Wolf, Kleutgen, S. 62–65 (lateinisch) und S. 65–69 (deutsch).

17 Zum Argumentationsgang und den Hintergründen vgl. Unterburger, Lehramt, S. 193–197; Wolf, Kleutgen, S. 49–54; Wolf, Wahr ist, S. 236–259.

18 Breve «Tuas libenter» an den Erzbischof von München und Freising vom 21. Dezember 1863; lateinischer und deutscher Text in Auszügen: Denzinger/Hünermann (Hg.), Kompendium, Nr. 2875–2880; vollständiger deutscher Text: Schreiben des heiligsten Vaters Papst Pius IX. an den Hochwürdigsten Herrn Erzbischof von München, bezüglich der katholischen Gelehrtenversammlung, in: Der Katholik 44/I [NF 2.11] (1864), S. 257–264. Danach das Folgende.

19 Zum Konzept des doppelten Lehramts bei Thomas von Aquin vgl. Unterburger, Lehramt, S. 102–115.

20 Zur fortschreitenden Reduktion des Lehramts der Theologen vgl. ebd., S. 179–199.

21 Zur Forschungskontroverse um die Hintergründe von «Tuas libenter» vgl. Pahud de Mortanges, Philosophie, S. 356–360; Wolf, Kleutgen, S. 53–56.

22 Zu den verschiedenen Etappen der Causa Frohschammer vgl. Pahud de Mortanges, Philosophie.

23 Vgl. Jakob Frohschammer, Ueber den Ursprung der menschlichen Seelen. Rechtfertigung des Generationismus, München 1854.

24 Zur Sukzessivbeseelung und den einzelnen Positionen vgl. Raphael Schulte,

Art. Generatianismus, in: Lexikon für Theologie und Kirche[3] 4 (1995),
Sp. 449 f.; Raphael Schulte, Art. Kreatianismus, in: Lexikon für Theologie und
Kirche[3] 6 (1997), Sp. 433 f.

25 Joseph Kleutgen, Gutachten zu Frohschammer, Ursprung, vom 19. November
1855; zitiert nach Pahud de Mortanges, Philosophie, S. 45.

26 Zur Causa Hirscher und ihrem Zusammenhang mit Kleutgen vgl. Köster, Fall,
S. 365–374.

27 Joseph Kleutgen, Zweites Gutachten zu Frohschammer, Ursprung, vom 7. Februar 1856; zitiert nach Pahud de Mortanges, Philosophie, S. 47–55, hier
S. 49.

28 Joseph Kleutgen, Die Theologie der Vorzeit, Münster 1853–1870, [2]1867–1874.
1. Teil: Die Lehre der Vorzeit; 2. Teil: Die Philosophie der Vorzeit, 2 Bde.,
Münster 1860–1863, [2]1878.

29 Joseph Kleutgen, Zweites Gutachten zu Frohschammer, Ursprung, vom 7. Februar 1856; zitiert nach Pahud de Mortanges, Philosophie, S. 49.

30 Angelo Trullet, Gutachten zu Frohschammer, Ursprung, vom 26. August
1856; vgl. Pahud de Mortanges, Philosophie, S. 55–58. Zu Trullet vgl. Wolf
(Hg.), Prosopographie Bd. 2, S. 1505–1508.

31 Dekret der Indexkongregation vom 9. Mai 1857; Wolf (Hg.), Bücherverbote,
S. 253 f.

32 Vgl. Pahud de Mortanges, Philosophie, S. 206–219. 1858 erschien Frohschammers Schrift «Einleitung in die Philosophie und Grundriss der Metaphysik. Zur Reform der Philosophie»; 1861 dann: «Ueber die Freiheit der
Wissenschaft». Zu beiden vgl. ebd., S. 72–140.

33 Pius IX., Breve «Gravissimas inter» vom 11. Dezember 1862; lateinischer Text:
https://w2.vatican.va/content/pius-ix/la/documents/litterae-apostolicae-
gravissimas-inter-11-decembris-1862.html (24.01.2020), lateinischer und
deutscher Text: Denzinger/Hünermann (Hg.), Kompendium, Nr. 2850–2861.

34 Zum «Syllabus errorum» und dem kirchenpolitischen Koordinatensystem des
Jahres 1864 vgl. Wolf, Syllabus, S. 115–139.

35 Schwedt, Döllinger, S. 133.

36 «Das Dogma und die Zivilisation», in: Civiltà Cattolica 1 (1855), deutsche
Ausgabe: Münster 1855, S. 204–229, hier S. 211 und S. 213 [der erste Jahrgang
ist nicht nach Einzeldaten strukturiert].

37 Vgl. Martina, Pio IX Bd. 2, S. 289–356; Schwedt, Döllinger, S. 130–147; Veca,
Syllabus, S. 245–272. Veca zieht die Linie von der Antrittsenzyklika «Qui pluribus» zum Syllabus und weist darauf hin, dass Pius IX. nicht Formulierungen
seiner Gegner für die Verurteilungen wählt, sondern Texte aus seinen eigenen
Enzykliken von 1846 bis 1862, was für ihn ein weiterer Beleg dafür ist, dass es
einen liberalen Papst nicht gegeben hat.

38 Zur Entstehungsgeschichte des Syllabus und seiner Einordnung vgl. Aubert,
Kontroversen, S. 738–760; Aubert, Réaction, S. 45–88; Aubert, Religionsfreiheit, S. 584–591; Christophe, Syllabus, S. 628–636 (Zusammenfassung mit

der wichtigsten weiterführenden Literatur); Martina, Osservazioni, S. 419–523; Martina, Documenti Sillabo, S. 319–369; Martina, Pio IX Bd. 2, S. 289–356; Wolf, Syllabus, S. 125–127.

39 Vgl. Ernest Renan, La Vie de Jésus, Paris 1863.

40 Dekret der Indexkongregation vom 24. August 1863; Wolf (Hg.), Bücherverbote, S. 297 f.

41 Vgl. Charles de Montalembert, L'Église libre dans L'État libre. Discours prononcé à l'Assemblée Générale des Catholiques à Malignes (18–22 août 1863), Brüssel 1863. Zur Einordnung vgl. Klaus Schatz, Art. Charles de Montalembert, in: Theologische Realenzyklopädie 23 (1994), S. 270 f.

42 Vgl. Wolf (Hg.), Repertorium Bd. 2: Inquisition, S. 895. Interessanterweise verfasste der Gutachter Luigi Bilio eine Zusammenfassung der Vorgeschichte, in der er sich einerseits auf Lamennais und andererseits auf «Mirari vos» bezieht.

43 In der «Septemberkonvention» von 1864 sagte Frankreich den Abzug seiner Truppen aus dem Kirchenstaat binnen zwei Jahren zu. Im Gegenzug verpflichtete sich Italien, den Fortbestand der weltlichen Herrschaft des Papstes zu garantieren und die Hauptstadt von Turin nach Florenz zu verlegen. Faktisch waren dadurch Rom und der Kirchenstaat vom italienischen Nationalstaat völlig abhängig geworden. Vgl. Lill, Geschichte, S. 180–187.

44 Pius IX., Enzyklika «Quanta cura» vom 8. Dezember 1864; lateinischer und italienischer Text: https://w2.vatican.va/content/pius-ix/it/documents/encyclica-quanta-cura-8-decembris-1864.html (24.01.2020), lateinischer und deutscher Text in Auszügen: Denzinger/Hünermann (Hg.), Kompendium, Nr. 2890–2896, vollständiger deutscher Text: Encyclica, S. 55–78. Danach das Folgende.

45 Der Katholik 45/I [NF 2.13] (1865), S. 13–26.

46 «Syllabus errorum» vom 8. Dezember 1864; lateinischer und italienischer Text: https://w2.vatican.va/content/pius-ix/it/documents/encyclica-quanta-cura-8-decembris-1864.html (26.01.2020); lateinischer und deutscher Text, fast vollständig: Denzinger/Hünermann (Hg.), Kompendium, Nr. 2901–2980, vollständiger deutscher Text: Encyclica, S. 79–106. Danach das Folgende.

47 Im Original steht hier der Begriff «Latitudinarismus», der im katholischen Kontext als Schimpfwort gegen konfessionelle Irenik und Toleranz gebraucht wurde und ursprünglich die Abkehr von der Kontroverstheologie im anglikanischen Denken des siebzehnten und achtzehnten Jahrhunderts meint. Vgl. John Spurr, Art. Latitudinarismus, in: Theologische Realenzyklopädie 20 (1977), S. 493–495.

48 Bei der generellen Beurteilung von «Quanta cura» und «Syllabus» wird man Rudolf Lill zustimmen dürfen: «Das legitime Anliegen des Papstes, christliche Grundwahrheiten gegenüber philosophischen Auflösungstendenzen und Ersatzideologien festzuhalten, wurde verdunkelt durch die Übergriffe in die dem kirchlichen Lehramt nicht unterstehenden Bereiche des politischen und

sozialen Lebens.» Lill, Sieg, S. 183. Dazu kommt ein weiteres Problem, auf das Klaus Schatz wiederholt aufmerksam gemacht hat: Die in beiden Dokumenten unterschiedslos verworfenen Ansichten stehen auf ganz unterschiedlichen Ebenen; sie reichen von der «Negierung der fundamentalsten Grundlagen der christlichen Religion», etwa der Leugnung der Existenz Gottes, «über bestimmte Axiome des damaligen kulturkämpferischen Liberalismus» wie der Ansicht, der Staat sei Quelle allen Rechts, «bis zu den Auffassungen liberaler Katholiken über Trennung von Kirche und Staat, Zeitbedingtheit des Kirchenstaats und Religionsfreiheit». Schatz, Kirchengeschichte, S. 83.

49 Zu der Vielzahl der Reaktionen, die der «Syllabus» in den unterschiedlichen Ländern hervorrief, vgl. Cárcel Ortí, Publicación, S. 139–155 (Spanien); McElrath, Syllabus (England); Papa, Sillabo (Frankreich, England, Italien); Port, Reaktion (die ungedruckte Dissertation ist eine Fundgrube für Deutschland); Ricci, Civiltà Cattolica, S. 3–31; Schneider, Syllabus, S. 371–392 (Deutschland, insbesondere bei den Jesuiten).

50 Tiroler Stimmen Nr. 298 von 1864.

51 Der christliche Pilger (Speyer) Nr. 43 von 1865, S. 337.

52 Münchener Neueste Nachrichten Nr. 5 von 1865.

53 Münchener Neueste Nachrichten Nr. 6 von 1865.

54 Allgemeine Zeitung Nr. 3 vom 3. Januar 1865, S. 45 (Beilage).

55 Wochenschrift des Nationalvereins vom 5. Januar 1865.

56 Kladderadatsch Nr. 2 vom 8. Januar 1865, S. 7.

57 Gedicht «Unerwartete Hilfe»; Kladderadatsch Nr. 4 vom 22. Januar 1865, S. 15.

58 Schreiben Constantin von Schäzlers an Josef Edmund Jörg vom 2. Januar 1865; zitiert nach Jörg, Briefwechsel, S. 269 f.

59 Tagebucheintrag zum 1. Januar 1865; zitiert nach Schiel (Hg.), Kraus, S. 208. Hervorhebung im Original.

60 [Jörg, Josef Edmund], Das päpstliche Rundschreiben vom 8. Dezember und die modernen Ideen, in: Historisch-Politische Blätter 55 (1865), S. 215–248, hier S. 215–217.

61 Das Jahr 1865 im Lichte der Encyclica, in: Der Katholik 45 [NF 2.13] (1865), S. 27–43, hier S. 31.

62 Kirchliche Rundschau, in: Der Katholik 55 [NF 2.13] (1865), S. 122–128, hier S. 126 f.

63 Schneider, Syllabus, S. 380. Zur Rolle der Jesuiten bei der Verteidigung des «Syllabus» vgl. auch Schatz, Zeichen, S. 162–170. Zur Geschichte der Zeitschrift vgl. Andrea Männer, Stimmen aus Maria Laach/Stimmen der Zeit. Die Jesuitenzeitschrift und ihre Redaktion vom Ersten Vatikanischen Konzil bis zum Zweiten Weltkrieg (Münchener Theologische Studien. I. Historische Abteilung 41), Sankt Ottilien 2019, hier S. 26–30 zu «Quanta cura» und dem «Syllabus».

64 Florian Rieß, Eine Vorfrage über die Verpflichtung (Stimmen aus Maria Laach 1), Maria Laach 1865, S. 85.

65 Ebd., S. 39.

66 Ebd., S. 75.

67 Felix Dupanloup, Die Convention vom 15. September und die Encyclica vom 8. Dezember. Aus dem Französischen übersetzt von Sincerus, Wien 1865. Vgl. dazu Christophe, Syllabus, S. 633 f.

Achtes Kapitel
Der Herr des Konzils

1 Zur Schilderung der Verkündigung des Unfehlbarkeitsdogmas vgl. im Wesentlichen Butler/Lang, Konzil, S. 365–368; vgl. ergänzend auch Granderath, Geschichte Bd. 3, S. 76 f.; Schatz, Vaticanum I Bd. 3, S. 164–167.

2 Zitiert nach Butler/Lang, Konzil, S. 366.

3 Schatz, Vaticanum I Bd. 3, S. 166.

4 Erstes Vatikanisches Konzil, Dogmatische Konstitution «Pastor aeternus» vom 18. Juli 1870; lateinischer und deutscher Text: Dekrete Bd. 3, S. 811–816, hier S. 816 in einer freieren Übersetzung.

5 Zitiert nach Schatz, Vaticanum I Bd. 3, S. 167. Hervorhebung im Original. Die Gegner sprachen sogar von einer «Autoapotheose des Papsttums»; Maron, Gespräch, S. 217.

6 Das Erste Vatikanische Konzil ist ein kirchenhistorischer Dauerbrenner. Kaum ein Ereignis der neueren Kirchengeschichte hat eine derartige Aufmerksamkeit auf sich gezogen und ist einerseits Gegenstand von zahlreichen Polemiken und Apologien sowie andererseits von wissenschaftlichen Darstellungen geworden. Bereits vor dem Zusammentritt des Konzils meldete sich Ignaz von Döllinger unter dem Pseudonym Janus in der «Augsburger Allgemeinen Zeitung» immer wieder kritisch zu Wort. Die Beiträge erschienen in einem eigenen Band; vgl. [Döllinger], Papst. Es folgten unter dem Pseudonym Quirinus während des Konzils «Römische Briefe», die sich durch einen hohen Informationswert auszeichnen. Döllinger hatte offenbar Zugang zu den Berichten des bayerischen Gesandten in Rom und über seinen Schüler Johann Friedrich, der der Konzilstheologe des liberalen Kardinals Gustav Hohenlohe war, auch zu den Vorgängen in der Konzilsaula; vgl. [Döllinger], Briefe. Friedrichs Konzilstagebuch, das unmittelbar nach Vertagung des Ersten Vatikanums erschien, besitzt einen hohen Informationswert, stellt aber eine äußerst kritische Stimme dar. Friedrich schloss sich bald der altkatholischen Kirche an; vgl. Friedrich, Tagebuch. Mit der offiziösen Gegendarstellung zu diesen liberalen Stimmen wurde der Jesuit Theodor Granderath beauftragt. Eine solche erschien jedoch erst in den Jahren 1903 bis 1906 in drei Bänden, «nach authentischen Dokumenten», wie es auf dem Titelblatt heißt. Der Jesuit hatte als Erster Zugang zu den originalen Konzilsdokumenten, die sonst der Forschung nicht zugänglich waren, und nutzte sie zu einer großen Apologie Pius' IX. und

seines Konzils; vgl. Granderath, Geschichte 3 Bde. In der Sammlung der Akten und Dekrete der neueren Konzilien, der sogenannten «Collectio Lacensis», erschien als siebter Band 1890 eine umfangreiche Quellensammlung zum Ersten Vatikanum mit den einschlägigen Konzilsreden, Dokumenten, Briefen usw., die bis heute unverzichtbar ist; vgl. Acta et Decreta Bd. 7. Im Jahr 1930 legte Cuthbert Butler auf der Basis der Konzilsbriefe von Bischof William Bernard Ullathorne eine sehr ausgewogene Darstellung des Konzils mit interessanten Innenperspektiven vor, die umgehend vom Benediktiner Hugo Lang ins Deutsche übersetzt wurde und lange als beste Darstellung galt; vgl. Butler/Lang, Konzil. Die erste umfassende wissenschaftliche Darstellung, die modernen Ansprüchen der Historiographie entspricht, stammt von Roger Aubert und erschien 1965 in der Reihe «Geschichte der Ökumenischen Konzilien». Erst die neue Offenheit des Zweiten Vatikanischen Konzils machte eine solche kritische Würdigung aus der Feder eines katholischen Theologen möglich; vgl. Aubert, Vaticanum I. 1977 legte August Bernhard Hasler seine zweibändige Studie über «Pius IX., die päpstliche Unfehlbarkeit und das Erste Vatikanum» vor, die heftige Diskussionen ausgelöst hat. Hasler bestritt die Freiheit des Konzils und betrachtete Pius IX. nur als bedingt zurechnungsfähig, weshalb die Gültigkeit der hier verabschiedeten Dogmen infrage zu stellen sei. Auch wer Haslers radikale Urteile nicht teilt, findet in dem Werk zahlreiche wichtige Quellen verarbeitet, was es nach wie vor hilfreich macht; vgl. Hasler, Pius IX. 2 Bde. Wichtige Rezensionen Schatz, Totalrevision, S. 248– 276; Martina, Hasler. Rilievi Critici, S. 341–369; Weitlauff, Pius IX., S. 94–105. Vor allem die populäre Ausgabe des Werkes, die 1979 mit einem Vorwort von Hans Küng unter dem Titel «Wie der Papst unfehlbar wurde» erschien, sorgte für neuen Zündstoff im Hinblick auf die Gültigkeit des Unfehlbarkeitsdogmas und war am Ende der Auslöser für den Entzug der Lehrerlaubnis für Hans Küng; vgl. Hasler, Papst. Giacomo Martina bietet im zweiten Band seiner dreibändigen Studie über den Pontifikat Pius' IX. aus dem Jahr 1990 eine knappe, sehr ausgewogene Darstellung des Ersten Vatikanums mit interessanten Details. Da das Konzil jedoch nicht zu Martinas Interessenschwerpunkten gehört, wird dieses Kapitel hier nur subsidiär herangezogen. Vgl. Martina, Pio IX Bd. 3, S. 111–232. Inzwischen ist auch eine ganze Reihe von Konzilstagebüchern von Bischöfen und anderen Beobachtern erschienen, die immer differenziertere Einblicke in das Geschehen ermöglichen. Hier seien beispielhaft genannt: das Diarium des eher liberalen Kurienbischofs Vincenzo Tizzani, eines genauen Beobachters, der durchaus auch über die Gabe der Ironie verfügt und etwa die Abstimmung durch Aufstehen, was manchen älteren Konzilsvätern schwerfiel, als «gymnastische Übung» des Heiligen Geistes verspottete; vgl. Pásztor (Hg.), Diario Tizzani 2 Bde. Das Konzilstagebuch des Regensburger Bischofs Ignatius von Senestrey, der einer der Hauptprotagonisten der Durchsetzung des neuen Dogmas war und daher die integralistische Perspektive bietet; vgl. Senestrey, Definition. Die Tagebücher des antiklerika-

len Protestanten und Geschichtsschreibers der Stadt Rom, Ferdinand Gregorovius, der von 1852 bis 1889 in Rom lebte, gibt äußerst kritische Einblicke in
den «Wahnsinn» der «Vergöttlichung der Despotie», wie er die Definition der
päpstlichen Unfehlbarkeit nennt. Da Gregorovius äußerst gut vernetzt war
und zahlreiche Konzilsteilnehmer – vor allem aus den Reihen der Minorität –
sowie Mitglieder des Diplomatischen Corps und stadtrömischer Adelsfamilien regelmäßig traf, stellen seine Tagebücher eine wichtige Quelle dar; vgl.
Gregorovius, Tagebücher. Die wichtigste, stets um Ausgewogenheit bemühte,
neuere wissenschaftliche Gesamtdarstellung des Konzils stammt aus der Feder des Frankfurter Jesuiten Klaus Schatz, der sich bereits in seiner exzellen-
ten Dissertation mit dem Kirchenbild der Minoritätsbischöfe auf dem Ersten
Vatikanum beschäftigt hatte; vgl. Schatz, Kirchenbild. So vorbereitet, konnte
er in den Jahren 1992 bis 1994 seine dreibändige Studie vorlegen, die inzwischen zum Standardwerk geworden ist; vgl. Schatz, Vaticanum I 3 Bde. Die
hier vorgelegte Darstellung folgt daher im Wesentlichen dieser Darstellung,
die sich durch eine umfassende Quellen- und Literaturauswertung auszeich-
net und die nicht zu übertreffen sein dürfte, weshalb sich auch alle neueren
seriösen Untersuchungen zum Thema auf den «Schatz», oder wenigstens die
Kurzfassung in dem UTB-Band über die Allgemeinen Konzilien stützen; vgl.
Schatz, Konzilien S. 215–262. Auch die bislang zum einhundertfünfzigjähri-
gen Konzilsjubiläum erschienenen Arbeiten basieren in historischer Hinsicht
ganz selbstverständlich auf dem «Schatz»; vgl. etwa Neuner, Schatten; Schmidt,
Geschichte. Systematisch orientierte Studien setzen das Werk des Frankfurter
Jesuiten zumindest implizit voraus, auch wenn es hier eher um die theologische Bedeutung des Ersten Vatikanums für heute geht; vgl. etwa die Beiträge
in: Knop/Seewald (Hg.), Konzil.

7 Zu den ersten Konzilsplänen Pius' IX. vgl. Aubert, Vaticanum I, S. 47–58;
   Schatz, Vaticanum I Bd. 1, S. 92–110.

8 Zitiert nach Aubert, Vaticanum I, S. 47.

9 Zitiert nach Schatz, Vaticanum I Bd. 1, S. 92 f.

10 Zitiert nach ebd., S. 93.

11 Zu den Kommissionen zur Vorbereitung des Ersten Vatikanums vgl. Schatz,
    Konzilien, S. 227.

12 Zu den Teilnehmern und der Struktur des Konzils vgl. Aubert, Vaticanum I,
    S. 118–123; Schatz, Vaticanum I Bd. 1, S. 117–121.

13 Zitiert nach Schatz, Vaticanum I Bd. 1, S. 205.

14 «Un nuovo tributo a S. Pietro», in: La Civiltà Cattolica vom 1. Juni 1867 [Se-
    rie VI Vol. 10 (1867)], S. 641–652.

15 Vgl. Schatz, Konzilien, S. 222.

16 Vgl. ebd., S. 228.

17 «Corrispondenza di Francia», in: La Civiltà Cattolica vom 6. Februar 1869
    [Serie VII Vol. 5 (1869)], S. 345–352, deutsche Übersetzung bei Aubert, Vati-
    canum I, S. 299–309, hier S. 308.

18 [Döllinger], Papst, S. 51 f.

19 Fuldaer Hirtenbrief vom 6. September 1869; Friedberg, Sammlung Bd. 1,
    S. 276–282, hier S. 278. Zur Diskussion um die Verfasserschaft, die erst Hefele,
    dann Ketteler zugeschrieben wurde, vgl. Schatz, Vaticanum I Bd. 1, S. 244 f.

20 Schreiben von vierzehn Bischöfen an den Papst vom 4. September 1969; Acta
    et Decreta Bd. 7, Sp. 1196 f.

21 So treffend Schatz, Vaticanum I Bd. 1, S. 250.

22 Observations von Dupanloup und Hirtenbrief vom 11. November 1869;
    Friedberg, Sammlung Bd. 1, S. 282–296.

23 Vgl. ebd., S. 275–286.

24 Zitiert nach Schatz, Vaticanum I Bd. 1, S. 272 f.

25 Zur Eröffnung und den ersten Tagen des Konzils vgl. Aubert, Vaticanum I,
    S. 122–129; Butler/Lang, Konzil, S. 107–124; Gregorovius, Tagebücher, S. 269–
    272.

26 Vgl. Schatz, Vaticanum I Bd. 2, S. 7–15; Schmidt, Geschichte, S. 165–173.

27 Zitiert nach Schatz, Vaticanum I Bd. 2, S. 9 f.

28 Die Zahlen der Unterzeichner von Majoritäts- und Minoritätsadressen
    schwanken in der Literatur; vgl. Schatz, Vaticanum I Bd. 2, S. 137–148.

29 Die Textgenese von «Pastor aeternus» lässt sich sehr gut anhand der von
    Aubert publizierten und übersetzten Schemata und Entwürfe nachvollziehen;
    vgl. Aubert, Vaticanum I, S. 340–356. Deutsche Übersetzung des Zusatzkapi-
    tels vom 6. März 1870; ebd., S. 341 f. Lateinischer Text des «Caput addendum
    decreto de Romani pontefice primutu»: Mansi. Sacrorum Conciliorum nova
    et amplissima collectio 51 (1926), Sp. 701 f., online unter https://archive.
    org/details/Mansi51/page/n361/mode/2up (26. 01. 2020).

30 Zu den Diskussionen vgl. Butler/Lang, Konzil, S. 148–160 und S. 255–294;
    Schatz, Vaticanum I Bd. 2, S. 178–215.

31 Caput IV «De Romani Pontificis infallibilitate» vom 9. Mai 1870; Mansi. Sac-
    rorum Conciliorum nova et amplissima collectio 52 (1927), Sp. 6–8, online
    unter https://gallica.bnf.fr/ark:/12148/bpt6k51639x/f14.item (26. 01. 2020),
    deutsch: Aubert, Vaticanum I, S. 344–354.

32 Zitiert nach Schatz, Vaticanum I Bd. 2, S. 193.

33 Zitiert nach Granderath, Geschichte Bd. 3, S. 581.

34 Zitiert nach Schatz, Vaticanum I Bd. 2, S. 181.

35 So die treffende Kapitelüberschrift bei Hasler, Pius IX. Bd. 1, S. 30–124, hier
    S. 30.

36 Zur Problematik der Geschäftsordnungen auf den Konzilien und den Pers-
    pektiven von Entscheidung vgl. Drews/Pfister/Wagner-Egelhaaf (Hg.), Reli-
    gion (v.a. die Einführung); Ganzer, Geschäftsordnungen, S. 538–565; Sieben,
    Konzilsgeschäftsordnungen, S. 123–152; Wolf, Dogma, S. 179–200.

37 Vgl. Schatz, Vaticanum I Bd. 1, S. 145: Das Erste Vatikanum war «päpstlicher
    als Lateran V», da es zu einer «Aufoktroyierung» der Geschäftsordnung durch
    Pius IX. kam.

38 «Multiplices inter» vom 27. November 1869; Mansi. Sacrorum Conciliorum nova et amplissima collectio 50 (1924), S. *215–*222 (S. 1271–1278 als Nachtrag zu Tomus 49 [1923]), online unter http://gallica.bnf.fr/ark:/12148/bpt6k 516377/f115.image (24.01.2020). Zur Entstehungsgeschichte vgl. Schatz, Vaticanum I Bd. 1, S. 132–145.

39 Vgl. Reinhardt, Vatikanum III, S. 149 f.

40 «Idem decretum a concilii praesidibus …» vom 20. Februar 1870; Mansi. Sacrorum Conciliorum nova et amplissima collectio 51 (1926), S. 13–15, online unter http://archive.org/stream/Mansi51#page/n17/mode/2up (24.01.2020). Zur Zuspitzung der Gegensätze vgl. Schatz, Vaticanum I Bd. 2, S. 137–177.

41 Schatz, Vaticanum I Bd. 2, S. 173.

42 Ebd., S. 174.

43 Johannes Evangelist Kuhn, Erklärung zu den Vatikanischen Beschlüssen [von einem Datum kurz nach dem 18. Juli 1870]; zitiert nach Wolf, 18. Juli, S. 114 f., hier S. 115.

44 Schatz, Vaticanum I Bd. 2, S. 175.

45 Konzil von Chalkedon, Glaubensentscheidung (Horos) von 451; Dekrete Bd. 1, S. 83–87, hier S. 86.

46 Adresse der französischen und österreichischen Bischöfe der Minorität gegen das Unfehlbarkeitsdogma vom Januar 1870; vgl. Schatz, Kirchenbild, S. 169–193, hier S. 176.

47 Vgl. Schatz, Vaticanum I Bd. 2, S. 176 f.

48 Vgl. Butler/Lang, Konzil, S. 267–294. Gute neue Zusammenfassung der komplexen Diskussion bei Schatz, Positionierung, S. 28–50.

49 Congregatio generalis vom 17. Mai 1870; Mansi. Sacrorum Conciliorum nova et amplissima collectio 52 (1927), Sp. 97c–98b, online unter https://gallica. bnf.fr/ark:/12148/bpt6k51639x/f60.image (24.01.2020).

50 Oratio reverendi patris domini Laurentis Gastaldi episcopi Salutiarum vom 11. Juni 1870; Mansi. Sacrorum Conciliorum nova et amplissima collectio 52 (1927), Sp. 607–617, hier Sp. 617b/c, online unter https://gallica.bnf.fr/ark:/1 2148/bpt6k51639x/f320.item (20.03.2020), deutsche Übersetzung: Schatz, Positionierung, S. 43 f.

51 Tagebucheinträge vom 26. Dezember 1869, 7. Januar, 29. Mai und 10. März 1870; Gregorovius, Tagebücher, S. 271, S. 274, S. 289 und S. 277.

52 Zur Diskussion über die Möglichkeit und den Nutzen letztverbindlicher Glaubensentscheidungen in der Kirchengeschichte vgl. Küng, Unfehlbarkeit, S. 336–352.

53 Konzil von Nizäa, Erklärung der 318 Väter; Dekrete Bd. 1, S. 5. Zur historischen und theologischen Bedeutung sowie der theologiegeschichtlichen Relevanz vgl. Charles Kannengießer/Gisbert Greshake, Art. Homo(o)usios, in: Lexikon für Theologie und Kirche³ 5 (1996), Sp. 252–254; zum Streit um die Formel von Nizäa vgl. Schatz, Konzilien, S. 36–44.

54 Eine Bibelkonkordanz der ersten Art mit Bibelstellen für Predigtstoffe wird

Antonius von Padua zugeschrieben. Die erste Konkordanz, in der die biblischen Wörter nach ihrem Sinnzusammenhang dargestellt wurden, schuf
Thomas Gallus im Mittelalter. Eine große Zahl ähnlicher Werke als Hilfsmittel
für Prediger entstand im siebzehnten und achtzehnten Jahrhundert. Vgl. Josef
Schmid, Art. Bibelkonkordanz, in: Lexikon für Theologie und Kirche[2] 2
(1958), Sp. 360–363. Das nicht biblische Wort «Unfehlbarkeit» findet sich
dementsprechend in keiner Konkordanz. Vgl. etwa Michael Bechis, Repertorium biblicum seu totius Sacrae Scripturae concordantiae juxta vulgatae editionis exemplar …, Turin 1887/1888; Etienne Peultier/Gantois Peutier, Con-
cordantiarum universae scripturae sacrae thesaurus …, Paris 1939; Franz
Joseph Schierse (Hg.), Neue Konkordanz zur Einheitsübersetzung der Bibel.
Neu bearbeitet von Winfried Bader, Düsseldorf [2]2001. In François Pascal
Dutripon, Concordantiae Bibliorum Sacrorum Vulgatae Editionis ad recogni-
tionem jussu Sixti V. Pontif. Max., Paris 1861, gibt es beim Stichwort «Petrus»
eine längere lateinische Einführung, die zumindest seine Sonderstellung unter
den Aposteln hervorhebt. In den einschlägigen theologischen Wörterbüchern
hängt es vom Zeitraum des Erscheinens und der kirchenpolitischen Ausrichtung ab, ob es einen Eintrag gibt. In der ersten Auflage des Kirchen-Lexikons
von Wetzer und Welte, die zwischen 1847 und 1860 erschien, wird beim
Stichwort «Infallibilität» auf das Stichwort «Kirche» verwiesen; vgl. Johann
Baptist von Drey, Art. Kirche, christliche, in: Wetzer und Weltes Kirchen-
Lexikon[1] 6 (1851), S. 97–110, hier S. 106 f. zur Frage, wer als Träger der Unfehlbarkeit zu betrachten ist. In der zweiten Auflage, die zwischen 1882 und
1903 erschien, gibt es einen Grundsatzeintrag; vgl. Joseph Pohle, Art. Unfehlbarkeit, in: Wetzer und Weltes Kirchen-Lexikon[2] 12 (1901), Sp. 240–268. Die
Stichprobe im «Kittel» ergibt einen längeren Artikel von Oscar Cullmann
beim Stichwort «Πέτρος» über dessen Sonderstellung unter den Aposteln und
seinen Leitungsauftrag; vgl. Gerhard Friedrich, Theologisches Wörterbuch
zum Neuen Testament. Begründet von Gerhard Kittel, Bd. 6, Stuttgart 1959,
S. 99–112. Im von Herbert Vorgrimler verantworteten dogmatischen Lexikon
findet sich sowohl zu «Papst» als auch zu «Unfehlbarkeit» ein Beitrag: «Es ist
heute Gemeingut der Theologie, daß die entsprechenden Texte des NT, die
sämtlich der nachösterlichen Tradition angehören, nicht als historische Zeugnisse im Sinn einer ‹Stiftung› des Papstamtes durch Jesus verstanden werden
können.» Herbert Vorgrimler, Neues Theologisches Wörterbuch, Freiburg im
Breisgau 2000, S. 475.

55 Zur Argumentation mit der Heiligen Schrift vgl. auch Hasler, Pius IX. Bd. 2,
S. 200–215.

56 Matthäus 16,18–19. Eine überwiegende Mehrheit der modernen Exegese hält
diese Stelle für einen nachösterlichen Zusatz. Dennoch betont sie die Vorrangstellung des Petrus für die Gesamtkirche. Ulrich Luz schreibt hierzu:
«Negativ heißt das: So etwas wie ein ‹Petrusamt› in seiner Kirche kennt Matthäus gerade nicht … Positiv heißt das: Eine sachliche Kontinuität, das heißt

ein Weitergehen des Petrusdienstes, fasst Matthäus durchaus ins Auge.»
Ulrich Luz, Das Evangelium nach Matthäus. 2. Teilband Mt 8–17 (Evange-
lisch-Katholischer Kommentar zum Neuen Testament), Zürich 1990, S. 452–
483, hier S. 472. Luz kommt zu dem Schluss: «Die Deutung von Mt 16,18 auf
den römischen Primat ist eine neue Auslegung aus dem 3. Jahrhundert.» Ebd.,
S. 475. Der evangelische Exeget Wolfgang Wiefel betont jedoch für diese Stelle
die «höchste Verbindlichkeit und unverbrüchliche Gültigkeit des Lehrens und
Entscheidens» des Petrus. Vgl. Wolfgang Wiefel, Das Evangelium nach Matthäus (Theologischer Handkommentar zum Neuen Testament), Leipzig 1998,
S. 293–301, hier S. 301. Vgl. allgemein auch Joachim Gnilka, Das Matthäusevangelium, Bd. 2, Darmstadt ²2000, S. 71–80, hier Exhorte zur Petrus-Ver-
heißung in Geschichte und Gegenwart.

57 Lukas 22,31–34. In der Exegese werden verschiedene Interpretationen zu die-
    ser Stelle diskutiert, zum Beispiel die Repräsentativität Petri für die Mensch-
    heit oder die Aufgabenverteilung innerhalb der Gemeinden. François Bavon
    spricht dabei Petrus die Hauptverantwortung für die Gemeinde als Primus
    inter pares zu. Damit widerspricht er dem italienischen Exegeten Benedetto
    Prete, der aus dieser Stelle einen Primat für Petrus herleitet. Die neuere Exe-
    gese kommt zu keiner eindeutigen Auslegung der Lukasstelle in Bezug auf
    einen Primat des Papstes. Vgl. François Bavon, Das Evangelium nach Lukas.
    4. Teilband Lk 19,28–24,53 (Evangelisch-Katholischer Kommentar zum
    Neuen Testament), Neukirchen-Vluyn 2009, S. 253–290, hier S. 274 f.

58 Johannes 21,15–17. Der evangelische Exeget Ulrich Wilckens sieht in diesem
    Hirtenauftrag einen Beleg für eine gesamtkirchliche Lehrautorität des Petrus.
    Vgl. Ulrich Wilckens, Das Evangelium nach Johannes. Übersetzt und erklärt
    von Ulrich Wilckens (Das Neue Testament Deutsch), Göttingen 1998, S. 325–
    331, hier S. 328.

59 Schatz, Vaticanum I Bd. 3, S. 49.

60 Matthäus 18,18. Hervorhebung Hubert Wolf. Die moderne Exegese bezieht
    diese Stelle auf die Disziplinargewalt in der Gemeinde und nicht auf die Lehr-
    autorität. Wolfgang Wiefel verweist allerdings darauf, dass diese Stelle auf-
    grund einer ähnlichen Wortwahl häufig auch als eine Ausweitung der Voll-
    macht des Petrus in Matthäus 16,19 auf die «Jüngerschaft» gedeutet wird, was
    seiner Ansicht nach jedoch eine Nivellierung der «Lehr- und Disziplinarge-
    walt» bedeutet. Vgl. Wolfgang Wiefel, Das Evangelium nach Matthäus (Theo-
    logischer Handkommentar zum Neuen Testament), Leipzig 1998, S. 322–326,
    hier S. 325; Ulrich Luz, Das Evangelium nach Matthäus. 3. Teilband Mt 18–25
    (Evangelisch-Katholischer Kommentar zum Neuen Testament), Zürich 1997,
    S. 38–60, hier S. 46 f. Vgl. auch Joachim Gnilka, Das Matthäusevangelium,
    Bd. 2, Darmstadt ²2000, S. 134–142.

61 Schatz, Vaticanum I Bd. 3, S. 47.

62 Zu den Belegen aus der Tradition beziehungsweise der Geschichte der Kirche
    vgl. Hasler, Pius IX. Bd. 1, S. 216–315 und S. 337–365.

63 Konzil von Trient, 4. Sitzung vom 8. April 1546, Erstes Dekret: Annahme der heiligen Bücher und der Überlieferungen der Apostel; Dekrete Bd. 3, S. 663.

64 Geiselmann, Schrift, S. 15.

65 Congregatio generalis vom 17. Mai 1870; Mansi. Sacrorum Conciliorum nova et amplissima collectio 52 (1927), Sp. 109a, online unter https://gallica.bnf.fr/ark:/12148/bpt6k51639x/f66.item (24.01.2020), deutsche Übersetzung: Schatz, Vaticanum I Bd. 3, S. 53.

66 Zum Konflikt Dogmatik-Kirchengeschichte auf und nach dem Ersten Vatikanum vgl. Wolf, Fakultät, S. 78–101; Wolf, Kirche, S. 15–35; Wolf, Plusquam, S. 25–34.

67 Edward Manning, [Private Aufzeichnungen während des Ersten Vatikanischen Konzils] «The Ecumenical Council» und «Notes on Vatican I»; zitiert nach Hasler, Pius IX. Bd. 1, S. 343.

68 Zum Streit um Honorius vgl. Hefele, Honorius; Kreuzer, Honoriusfrage.

69 Konzil von Chalkedon, Glaubensbekenntnis von 451; Denzinger/Hünermann (Hg.), Kompendium, Nr. 301 f.

70 Honorius I. an Patriarch Sergius von Konstantinopel im Jahr 634; Denzinger/Hünermann (Hg.), Kompendium, Nr. 487. Hervorhebung im Original. Vgl. dazu Georg Schwaiger, Art. Honorius I., in: Theologische Realenzyklopädie 15 (1986), S. 566–568.

71 Manning, Aufzeichnungen; zitiert nach Hasler, Pius IX. Bd. 1, S. 345 f. Die letzte Formulierung will Döllinger aus dem Munde Mannings gehört haben; vgl. Quirinus [Döllinger], Briefe, S. 61.

72 Carl Joseph von Hefele, Conciliengeschichte. Nach den Quellen bearbeitet, Freiburg im Breisgau 1855. Spätere Auflagen wurden von Alois Knöpfler besorgt, die Fortsetzung, die Bände 8 und 9, schrieb Joseph Hergenröther. Zur Publikationsgeschichte vgl. Arnold, Nachschlagebuch, S. 65–69.

73 Zum Konstanzer Konzil vgl. Brandmüller, Konzil, 2 Bde.; Fink, Konstanzer Konzil; Müller, Krise.

74 Konstanzer Konzil, Dekret «Haec Sancta» der 5. Sitzung vom 6. April 1415; Dekrete Bd. 2, S. 409.

75 Vgl. Konstanzer Konzil, Dekret «Frequens» der 39. Sitzung vom 9. Oktober 1417; Dekrete Bd. 2, S. 438 f.

76 Vgl. Schatz, Konzilien, S. 165.

77 Vgl. Horst, Kardinalerzbischof, S. 362–424; Meyer, Wort, S. 13–57; Schatz, Vaticanum I Bd. 3, S. 99–109.

78 Congregatio generalis vom 18. Juni 1870; Mansi. Sacrorum Conciliorum nova et amplissima collectio 52 (1927), Sp. 747b/c, online unter https://gallica.bnf.fr/ark:/12148/bpt6k51639x/f382.item (24.01.2020), deutsche Übersetzung: Schatz, Vaticanum I Bd. 3, S. 100–102.

79 Zur Spezialdebatte über «Pastor aeternus», den verschiedenen Beiträgen und dem Abstimmungsverhalten vgl. Aubert, Vaticanum I, S. 231–280; Butler/

Lang, Konzil, S. 295–368; Schatz, Vaticanum I Bd. 3, S. 91–167; Schmidt, Geschichte, S. 219–256.

80 Félix-Antoine Dupanloup an Alessandro Franchi vom 9. Juli 1870; zitiert nach Schatz, Vaticanum I Bd. 3, S. 125.

81 Pásztor (Hg.), Diario Tizzani Bd. 2, S. 496 Anm. 583.

82 Erstes Vatikanisches Konzil, Dogmatische Konstitution «Pastor aeternus» vom 18. Juli 1870; lateinischer und deutscher Text: Dekrete Bd. 3, S. 811–816. Zur Interpretation vgl. Aubert, Vaticanum I, S. 247–280; Höhn, Unfehlbarkeit, S. 137–154; Hasler, Pius IX., S. 366–400; Neuner, Schatten, S. 51–61.

83 Vgl. Schatz, Vaticanum I Bd. 3, S. 90–92.

84 Erstes Vatikanisches Konzil, Dogmatische Konstitution «Pastor aeternus» vom 18. Juli 1870, 1. Kapitel; lateinischer und deutscher Text: Dekrete Bd. 3, S. 811–816, hier S. 812. Als Schriftbelege werden im Text selbst Matthäus 16,16–19 und Johannes 21,15–17 zitiert.

85 Kapitel 2, ebd., S. 813.

86 Zur Papstliste, der apostolischen Sukzession und ihrer Problematik vgl. Georg Schwaiger, Art. Papstliste, in: Lexikon für Theologie und Kirche³ 7 (1998), Sp. 1345–1350; Wolf, Konklave, S. 25–30.

87 Erstes Vatikanisches Konzil, Dogmatische Konstitution «Pastor aeternus» vom 18. Juli 1870, 3. Kapitel; lateinischer und deutscher Text: Dekrete Bd. 3, S. 811–816, hier S. 813–815. Zur Diskussion vgl. Schatz, Vaticanum I Bd. 3, S. 592–599.

88 Zu Pius XII. und der Verkündigung des Dogmas von der leiblichen Aufnahme Mariens in den Himmel vgl. Federico Catani/Florian Kolfhaus, Il cuore che non ha mai smesso di battere. Perché la Madonna non è morta, Siena 2016; Johannes Filograssi, De definibilitate Assumptionis Beatae Mariae Virginis, in: Gregorianum 29 (1948), S. 7–41; Ulrich Horst, Martin Grabmann und die Dogmatisierung der Aufnahme Mariens in den Himmel, in: Münchener Theologische Zeitschrift 50 (1999), S. 133–144; Günter Zieberts, «Mit Seele und Leib in den Himmel aufgenommen.» Rückblick auf eine innerkirchliche Kontroverse anlässlich der Verkündigung des Mariendogmas vor 50 Jahren, in: Theologie und Glaube 90 (2000), S. 251–273.

89 Zum Jurisdiktionsprimat vgl. Bier, Zeichen, S. 137–171; Lüdecke/Bier, Kirchenrecht, S. 113–129; Schüller, Papst, S. 172–195.

90 Bier, Zeichen, S. 170 f.

91 Erstes Vatikanisches Konzil, Dogmatische Konstitution «Pastor aeternus» vom 18. Juli 1870; lateinischer und deutscher Text: Dekrete Bd. 3, S. 811–816, hier S. 814.

92 Kapitel 4, ebd., S. 815 f. Zur Spezialdiskussion um das Unfehlbarkeitskapitel vgl. Schatz, Vaticanum I Bd. 3, S. 109–164.

93 Zur Konstitution «Dei filius», ihrer Entstehungs- und Auslegungsgeschichte vgl. Aubert, Vaticanum I, S. 227–230; Neuner, Schatten, S. 40–51; Pottmeyer, Glaube; Schatz, Vaticanum I Bd. 2, S. 311–355; Schuhmacher, Ratio, S. 53–72.

94 Erstes Vatikanisches Konzil, Dogmatische Konstitution «Dei filius» vom

24. April 1870; lateinischer und deutscher Text: Dekrete Bd. 3, S. 804–811. «Dei filius» folgt dem klassischen Aufbau von Konzilsdekreten, die zunächst den Glauben positiv entfalten und dann in sogenannten Kanones abweichende Meinungen und Ansichten verwerfen. Dies wurde erst auf dem Zweiten Vatikanum geändert. Vgl. Josef Gehr, Art. Konzilsdekrete, in: Lexikon für Theologie und Kirche³ 6 (1997), Sp. 352.

95 Aubert, Vaticanum I, S. 227.

96 Neuner, Schatten, S. 42.

97 Erstes Vatikanisches Konzil, Dogmatische Konstitution «Dei filius» vom 24. April 1870; lateinischer und deutscher Text: Dekrete Bd. 3, S. 804–811, hier S. 804 f.

98 Kapitel 1, ebd., S. 805 f.

99 Kapitel 2, ebd., S. 806 f. Vgl. Fresacher, Kommunikation, S. 73–93; Seckler, Begriff, S. 60–83.

100 Kümmeringer, Sache, S. 295 f.

101 Kapitel 3, Dekrete Bd. 3, S. 807 f.

102 Vgl. Neuner, Schatten, S. 66: «Diese Konzeption, nach der die Glaubwürdigkeit nicht in der Botschaft selbst begründet ist, sondern ihr äußerlich bleibt, wurde … als Extrinsezismus bezeichnet.»

103 Erstes Vatikanisches Konzil, Dogmatische Konstitution «Dei filius» vom 24. April 1870; lateinischer und deutscher Text: Dekrete Bd. 3, S. 804–811, hier S. 808 f. Vgl. Schumacher, Ratio, S. 53–73.

104 Schatz, Vaticanum I Bd. 3, S. 303.

105 Zum Deutsch-Französischen Krieg und der Situation in Rom vgl. Bremm, Triumph, S. 30 f.; Schmidlin, Papstgeschichte Bd. 2, S. 86–93.

106 Vgl. Chiron, Pie IX, S. 448–453; Nersinger, Papst-König.

107 Schmidlin, Papstgeschichte Bd. 2, S. 93.

108 Vgl. Chiron, Pie IX, S. 454.

109 Zur Vertagung des Konzils vgl. Butler/Lang, Konzil, S. 368.

110 Zur Unterwerfung der Minoritätsbischöfe in Deutschland vgl. Hasler, Pius IX. Bd. 2, S. 401–504; Schulte, Altkatholizismus, S. 108–122 und S. 310–335.

111 Carl Joseph von Hefele an Joseph Feßler vom 20. April 1871; zitiert nach Brandmüller, Hefele, S. 109.

112 Zur Situation in Frankreich, Österreich und den anderen Ländern vgl. Schatz, Vaticanum I Bd. 3, S. 212–219 und S. 256–274.

113 Vgl. Hasler, Pius IX. Bd. 2, S. 505–512; Unterburger, Strömungen, S. 159–176.

114 Johannes Evangelist Kuhn, Erklärung zu den Vatikanischen Beschlüssen [von einem Datum kurz nach dem 18. Juli 1870]; zitiert nach Wolf, 18. Juli, S. 114 f., hier S. 115.

115 Zur Situation in Rottenburg und der Unterwerfung Hefeles vgl. Die Tübinger theologische Quartalschrift und das vaticanische Concil, in: Pastoralblatt für die Diöcese Augsburg 16 (1873), S. 7 f., S. 15 und S. 21–23; Schüler, Hefele, S. 146–180; Wolf, Fakultät, S. 87–95.

116 Zur Entstehung und Geschichte der Altkatholiken vgl. Eßer, Kirchen, S. 9–20; Schatz, Vaticanum I Bd. 3, S. 220–255; Schulte, Altkatholizismus (immer noch unverzichtbar).

117 Zur katholischen Gültigkeit der altkatholischen Weihen, die jedoch nach römisch-katholischem Kirchenrecht nicht erlaubt sind, vgl. Krebs, Verfassung, S. 288–303; Christian Oeyen, Art. Alt-Katholiken, in: Religion in Geschichte und Gegenwart[4] 1 (1998), Sp. 375–379.

118 Vgl. Schatz, Vaticanum I Bd. 3, S. 212–220 und S. 256–274.

119 Vgl. Chiron, Pie IX, S. 470–483; Martina, Pio IX Bd. 3, S. 367–410.

120 Zum Kulturkampf in Deutschland im Gefolge des Ersten Vatikanums vgl. Lill (Hg.), Kulturkampf (wichtige Quellen); Morsey, Kulturkampf, S. 163–185; Schmidt, Geschichte, S. 327–331; Weber, Politik.

121 Vgl. Olaf Blaschke, Art. Kulturkampf, in: Religion in Geschichte und Gegenwart[4] 4 (2001), Sp. 1838–1843; Clark, Kulturkampf, S. 23–65.

122 Zur Situation in Italien und dem Garantiegesetz vgl. Schmidlin, Papstgeschichte Bd. 2, S. 93–101; Wolf, Kirchengeschichte, S. 154–156.

123 Vgl. Schmidlin, Papstgeschichte Bd. 2, S. 94.

124 Vgl. Congar, Lehre, S. 81–113; Wiedenhofer, Kirchenverständnis, S. 159–162.

125 CIC 1917. Zu diesem und der rechtlichen Zentrierung der katholischen Kirche auf den Papst vgl. Eichmann/Mörsdorf, Lehrbuch Bd. 1, S. 71–94; Klaus Mörsdorf, Art. Codex Iuris Canonici, in: Lexikon für Theologie und Kirche[2] 2 (1958), Sp. 1244–1249.

126 Pius IX., «Apostolicae Sedis moderationi» vom 12. Oktober 1869; lateinischer Text: Acta Sanctae Sedis 5 (1869), S. 305–331, online unter http://www.vatican.va/archive/ass/documents/ASS-05-1869-70-ocr.pdf (31.03.2020). Zur Neufassung vgl. Fritz Fleiner, Ueber die Entwicklung des katholischen Kirchenrechts im 19. Jahrhundert, Tübingen 1902; Richard Puza, Kirchenrecht gestern und heute, in: Theologische Quartalschrift 182 (2002), S. 236–257.

127 Erstes Vatikanisches Konzil, Dogmatische Konstitution «Pastor aeternus» vom 18. Juli 1870; lateinischer und deutscher Text: Dekrete Bd. 3, S. 811–816, hier S. 814 f.

128 Vgl. Lüdecke/Bier, Kirchenrecht, S. 13–42 und S. 77–95. Hier werden die Prinzipien des katholischen Kirchenrechts, das auf 1870 zurückgeht, in bemerkenswerter Klarheit beschrieben. Zum Systemwechsel vgl. auch Hubert Wolf, Seid doch nicht so streng! In: Christ und Welt vom 6. Juli 2018, online unter https://www.zeit.de/2018/28/kirchenrecht-kommunion-anfaenge-streit-strenge (27.01.2020).

129 Der Nestor der Rechtsgeschichte, Ulrich Stutz, sollte mit seiner skeptischen Einschätzung Recht behalten: «Jede Kodifikation hat … unweigerlich ein Überwuchern der meist recht öden und inhaltsleeren Gesetzesjurisprudenz zur Folge. Alles stürzt sich auf das Gesetzbuch und meint mit ihm auszukommen. Buchstabeninterpretation und Paragraphenweisheit gelten allein. Das

ältere Recht und die Wissenschaft von ihm glaubt man entbehren und als überflüssigen Ballast über Bord werfen zu können.» Stutz, Codex, S. XIV.

130 Hans Erich Feine sprach in seiner zum Standardwerk avancierten Kirchlichen Rechtsgeschichte von der «wunderbaren Geschmeidigkeit und Anpassungsfähigkeit» des vorkodifikarischen Rechts. Feine, Rechtsgeschichte Bd. 1, S. 242.

131 Vgl. Sägmüller, Lehrbuch Bd. 1, S. 104–125.

132 Zum Decretum Gratiani und zum Corpus Iuris Canonici vgl. Feine, Rechtsgeschichte Bd. 1, S. 245–260 und S. 463–486; Sägmüller, Lehrbuch Bd. 1, S. 126–144.

133 Vgl. Decretum Gratiani, Causa XXXII, Quaestio I–VIII; Jean Werckmeister, Décret de Gratien. Causes 27 à 36: Le Mariage (Sources canoniques 3), Paris 2011.

134 Matthäus 5,32.

135 Stutz, Codex, S. VII f.

136 CIC 1983, Canon 331. Vgl. dazu Schüller, Papst, S. 175–178.

137 Vgl. Chiron, Pie IX, S. 488 f.

138 Vgl. Aubert, Pius IX., S. 499 f.; Chiron, Pie IX, S. 483–486; Martina, Pio IX Bd. 3, S. 369–456.

139 Vgl. Jörg Ernesti, Leo XIII. Papst und Staatsmann, Freiburg im Breisgau 2019; Sabine Schratz, Das Gift des alten Europa und die Arbeiter der neuen Welt. Zum amerikanischen Hintergrund der Enzyklika Rerum novarum (1891) (Römische Inquisition und Indexkongregation 15), Paderborn 2010.

140 Vgl. Schlott, Papsttod, S. 45–77; Schmidlin, Papstgeschichte Bd. 2, S. 101–104.

141 Vgl. Paravicini Bagliani, Leib, S. 105–166; Wolf, Konklave, S. 140 f.

142 Vgl. Schlott, Papsttod, S. 55–77; Schlott, Wettlauf, S. 57–65.

143 Frankfurter Zeitung vom 11. Februar 1878, Abendblatt S. 2; zitiert nach Schlott, Papsttod, S. 55.

Neuntes Kapitel
Che bello Papa!

1 Schmidlin, Papstgeschichte Bd. 2, S. 103. Vgl. generell Schlott, Papsttod, S. 58–61.

2 Schmidlin, Papstgeschichte Bd. 2, S. 104.

3 Zum Seligsprechungsverfahren für Pius IX. vgl. Martina, Pio IX Bd. 1, S. 16 f.; Mucci, Causa, S. 562–569.

4 Zum Prozess der Seligsprechung vgl. Gerard Oesterle, Art. Heiligsprechung, in: Lexikon für Theologie und Kirche[1] 4 (1932), Sp. 897 f.; Stefan Samerski, «Wie im Himmel so auf Erden»? Selig- und Heiligsprechung in der Katholischen Kirche 1740 bis 1870 (Münchener Kirchenhistorische Studien 10), Stuttgart 2002, S. 81 f.

5 Vgl. Beatificationis et canonizationis Servi Dei Pii IX. Positio super introductione causae, 2 Bde., Rom 1954.

6 Vgl. Positio super virtutibus, 3 Bde., Rom 1961–1962.

7 Vgl. Novissima Positio super virtutibus, Rom 1984.

8 Vgl. Schatz, Fragen, S. 507–516.

9 Vgl. Hasler, Pius IX. Bd. 1, S. 125–150.

10 Zu den zahlreichen euphorischen Äußerungen von ultramontanen Zeitgenossen vgl. Zinnhobler, Pius IX., S. 387–432. Eine typisch hagiographische Biographie hat Yves Chiron vorgelegt; vgl. Chiron, Pie IX, S. 499–505. Aber auch kritische Autoren wie Klaus Schatz sprechen bei allen Grenzen seines Charakters durchaus von einer «persönlichen Faszination», die Pius IX. auf seine Zeitgenossen ausgeübt habe. «Spontane Herzlichkeit, menschliche Wärme, Kontaktfähigkeit, gepaart mit Humor und Witz», seien seine hervorstechendsten Eigenschaften gewesen; Schatz, Fragen, S. 508.

11 Aus Anlass der Seligsprechung sind eine ganze Reihe beatologischer Werke erschienen, die historisch nur bedingt hilfreich sind. Dazu zählt auch das Buch des ehemaligen italienischen Ministerpräsidenten Giulio Andreotti, der ohne jeden Nachweis zahlreiche Anekdoten kolportiert; Andreotti, Segno. Auch das Werk von Roberto De Mattei ist eher als Sachbuch zur Seligsprechung konzipiert. Es beschränkt sich wie so viele Bücher über Pius IX. auf die Zeit des Pontifikats; De Mattei, Pio IX. Die beiden Bände von Pierre Fernessole verlieren sich in Einzelheiten; Fernessole, Pie IX, 2 Bde. Diese hagiographischen Tendenzen werden umso deutlicher, wenn man sie mit den Werken ausgewiesener Historiker vergleicht. Hier sei exemplarisch auf die Studien von Owen Chadwick verwiesen; Chadwick, History, S. 61–272.

12 Johannes Paul II., Seligsprechung. Hervorhebungen im Original. Zusammen mit Pius IX. wurden Papst Johannes XXIII., der Erzbischof von Genua Tommaso Reggio, der Diözesanpriester Guillaume-Joseph Chaminade und der Benediktinermönch Columba Marmion seliggesprochen.

13 Vgl. Walter Brandmüller, Zur Seligsprechung Papst Pius IX. Er hinterließ eine innerlich gefestigte Kirche, in: Die Tagespost vom 2. September 2000, S. 12.

14 Vgl. Hasler, Papst; Hasler, Pius IX. Zahlreiche Minoritätsbischöfe teilten diese Ansicht. Auch kritische katholische Kirchenhistoriker schlossen sich der Einschätzung Haslers weitgehend an; vgl. Weitlauff, Pius IX., S. 94–105, hier S. 103 f., der von «verhängnisvollen Auswirkungen» der «Schwankungen und Depressionen» bei Pius IX. und dem ständigen «Sprung ins Übernatürliche» spricht.

15 Vgl. Polverari, Vita Bd. 1, S. 18 mit Bezug auf die Seligsprechungsakten.

16 Hasler, Papst, S. 79.

17 Zitiert nach Hasler, Pius IX. Bd. 1, S. 111–120.

18 Zitiert nach ebd., S. 142.

19 Zitiert nach Hasler, Papst, S. 88.

20 Ebd., S. 94 f. Hasler konsultierte Prof. Dr. Dr. Paul Matussek, Leiter der Forschungsstelle für Psychopathologie und Psychotherapie in der Max-Planck-Gesellschaft in München und Prof. Dr. Ludwig J. Pongratz von der Universität Würzburg.

21 «Bezeichnend ist, dass die katholischen Kirchenhistoriker des deutschen
   Sprachraums auf ihrer Vollsammlung am 13. Juni dieses Jahres [2000] in
   Innsbruck einstimmig (!), ohne Gegenstimme oder auch nur eine Enthaltung,
   eine Resolution gegen sie [die Seligsprechung] verabschiedet haben.» Schatz,
   Fragen, S. 507.

22 Raffaelo Perez, Alcuni difficultà emerse nelle discussioni «super virtutibus»,
   in: Novissima Positio, S. 11–19. Danach das Folgende.

23 Vgl. Martina, Pio IX Bd. 3, S. 42–47.

24 Carlo Snider, Considerazioni sulle difficoltà emerse nelle discussioni «super
   virtutibus» vom 7. Oktober 1984, in: Novissima Positio, S. 19–201. Danach
   das Folgende. Snider selbst hat Pius IX. in einer posthum erschienenen Monographie noch einmal «im Licht seines Seligsprechungsverfahrens» dargestellt
   und sich dabei auf seine im Prozess selbst vorgebrachten Argumente bezogen;
   Snider, Pio IX.

25 Erste vorläufige Auswertung der Argumentation Sniders bei Woodward, Helfer, S. 399–404.

26 Snider, Considerazioni, in: Novissima Positio, S. 33.

27 Ebd., S. 55.

28 Ebd., S. 56.

29 Ebd., S. 57.

30 Ebd., S. 33 f.

31 Ebd., S. 62.

32 Vgl. dazu die Äußerung von Kardinal Walter Brandmüller auf der wissenschaftlichen Kriterien allenfalls bedingt genügenden «katholischen Informa-
   tionsseite der Gemeinschaft vom heiligen Josef»: «Sprechen sie den Ärzten der
   ‹Consulta medica› ihren Sachverstand ab, wenn diese eine auf Anrufen Pius' IX.
   geschehene augenblickliche Spontanheilung eines Tumors festgestellt, als
   natürlich nicht erklärbar und damit als Wunder bezeichnet haben?» Vgl.
   https://www.stjosef.at/dokumente/pius_IX_brandmueller.htm (31. 03. 2020).

33 Vgl. Weber, Wirtschaft, S. 122–176; Wassilowsky, Inszenierung, S. 15–36, hier
   S. 16 f.

34 Vgl. Weber, Wirtschaft, S. 130–140. Weber spricht von «traditionaler» Herrschaft.

35 Wassilowsky, Inszenierung, S. 17.

36 Vgl. Weber, Wirtschaft, S. 124–130. Weber spricht vom rationalen Charakter
   legaler Herrschaft.

37 Wassilowsky, Inszenierung, S. 21.

38 Vgl. Weber, Wirtschaft, S. 140–148.

39 Wassilowsky, Inszenierung, S. 26.

40 Vgl. etwa die Überlegungen Kershaws in seinem Vorwort zur Neuauflage der
   gekürzten Fassung seiner großen Biographie; Kershaw, Hitler, S. 8–11.

41 Der Linzer Kirchenhistoriker Rudolf Zinnhobler hat bereits vor über vier
   Jahrzehnten eine umfassende Dokumentation über das Bild von Pius IX. vor-

gelegt, in der sich reichlich Material dazu findet. Vgl. Zinnhobler, Pius IX.,
S. 387–432.

42 Ebd., S. 390, mit Bezug auf Hermann Joseph Schmitz, Pius IX. und die katholische Kirche. Rede, gehalten am 3. Juni 1877 in der zu Düsseldorf abgehalte-
nen Festversammlung zur Feier des 50-jährigen Bischofs-Jubiläums Pius IX.,
Würzburg 1877, S. 28.

43 Ebd., mit Bezug auf Paul Huguet, Der Geist Pius IX. oder die schönsten Züge
aus dem Leben dieses großen Papstes. Deutsch bearbeitet, mit Anmerkungen
und Zusätzen und mit einer historisch-politischen Skizze: Der Papst-König,
vermehrt von Sincerus, Wien 1866, S. 93.

44 Ebd., mit Bezug auf Philipp Laicus, Rosen und Dornen aus dem Leben Papst
Pius IX., Mainz 1868, S. 147, und Huguet, Geist, S. 185.

45 Ebd., S. 392, mit Bezug auf Huguet, Geist, S. 275.

46 Ebd., mit Bezug auf Victor Alfred Dumax, Charakteristische Züge aus dem
Leben Pius IX., Mainz 1860, S. 140.

47 Ebd., mit Bezug auf Paul Huguet, Die Herrlichkeiten Pius IX. und die großen
Feste in Rom im Jahre 1867, Schaffhausen 1868, S. 119.

48 Ebd., mit Bezug auf Huguet, Herrlichkeiten, S. 138.

49 Rudolf Zinnhobler hat das mit Fritz Leist völlig zu Recht so festgehalten:
«Diese Vaterschaft ist zugleich Herrschaft.» Ebd., S. 393, mit Bezug auf Fritz
Leist, Der Gefangene des Vatikans. Strukturen päpstlicher Herrschaft, Mün-
chen 1971, S. 72.

50 Ebd., S. 397, mit Bezug auf Huguet, Geist, S. 371.

51 Ebd., S. 398, mit Bezug auf Huguet, Geist, S. 15.

52 Ebd., mit Bezug auf Huguet, Herrlichkeiten, S. 99.

53 Ebd., S. 401, mit Bezug auf Andreas Niedermayer, Die Sekundiz Pius' IX. Ein
Gedenkbüchlein für das katholische Volk, Frankfurt am Main [3]1869, S. 2. Der
Hymnus selbst stammt Zinnhobler zufolge vom Westfalen Josef Pappe.

54 Ebd., S. 407, mit Bezug auf Huguet, Herrlichkeiten, S. 141.

55 Ebd., mit Bezug auf Paul Huguet, Der Triumph Pius' IX. in den Prüfungen
von 1848 bis 1867, Schaffhausen 1868, S. 118.

56 Ebd., S. 415, mit Bezug auf Huguet, Triumph, S. 376.

57 Ebd., mit Bezug auf Huguet, Triumph, S. 72.

58 Ebd., S. 418, mit Bezug auf Huguet, Herrlichkeiten, S. 197–206.

59 Ebd., mit Bezug auf Huguet, Geist, S. 405 f.

60 Ebd., S. 419, mit Bezug auf Huguet, Herrlichkeiten, S. 106.

61 Ebd., S. 420, mit Bezug auf Huguet, Triumph, S. 40.

62 Ebd., S. 424.

63 Ebd., S. 425, mit Bezug auf Huguet, Geist, S. 14.

64 Ebd., S. 431. Hervorhebung im Original.

65 Ebd., S. 430.

66 Aubert, Pontificat, S. 302.

67 Vgl. Horaist, Devotion.

68 Zitiert nach ebd., S. 3.
69 Vgl. Wassilowsky, Inszenierung, S. 26: «Papstdevotion und Rompathos werden jetzt zu integralen, identitätskonstituierenden Bestandteilen einer spezifisch katholischen Volksfrömmigkeit.»
70 Vgl. Wolf, Johannes Paul II., S. 257–268.
71 So Martin Mosebach, im Streitgespräch mit Thomas Sternberg, «Käme es auf Genie an, wäre dies Amt ein Irrsinn», in: Herder-Korrespondenz Spezial. Mythos Vatikan 2019, S. 4–9, hier S. 5.
72 Ebd., S. 9.
73 So Thomas Schüller in einem Interview mit Kirche und Leben vom 31. Juli 2019;   https://www.kirche-und-leben.de/artikel/kirchenrechtler-schueller-franziskus-ist-ein-ankuendigungspolitiker/ (13. 08. 2019).
74 Das Bild der «zwei Körper des Königs» stammt ursprünglich von Ernst Kantorowicz und wurde von Agostino Paravicini Bagliani auf das Papsttum übertragen; vgl. Paravicini Bagliani, Leib, S. 9–17.

Epilog
Man hat in Rom eine neue Kirche gemacht

1 Friedrich, Tagebuch, S. 408 f.
2 Zu dieser Szene vgl. Bischof, Theologie, S. 233–236.
3 Friedrich, Tagebuch, S. 410.

Literatur

Quellen

Acta et Decreta Sacrorum Conciliorum Recentiorum, hg. von Gerhard Schnee-mann/Theodor Granderath, Bd. 7 (Collectio Lacensis), Freiburg im Breisgau 1890.

Acta Gregorii XVI. Bd. 1: Canonica scilicet Constitutiones, Bullae, Litterae Apostolicae, hg. von Antonius Maria Bernasconi, Rom 1902, Reprint 2010.

Cecconi, Eugenio, Storia del Concilio Ecumenico Vaticano scritta sui documenti originali. Antecedenti del Concilio, 4 Bde., Rom 1873–1879.

Codex Iuris Canonici auctoritate Ioannis Pauli PP. II promulgatus, Vatikanstadt 1983; im Auftrag der Deutschen Bischofskonferenz übersetzt und hg. von Winfried Aymans und anderen, Kevelaer ²1984 [= CIC (1983)].

Codex Iuris Canonici Pii X Pontificis Maximi iussu digestus, Benedicti Papae XV auctoritate promulgatus, Rom 1917 [= CIC (1917)].

Dekrete der Ökumenischen Konzilien (Conciliorum Oecumenicorum Decreta), hg. von Josef Wohlmuth/Giuseppe Alberigo, 3 Bde., Paderborn 1998–2002.

Denzinger, Heinrich/Hünermann, Peter (Hg.), Kompendium der Glaubensbekenntnisse und kirchlichen Lehrentscheidungen (Enchiridion symbolorum definitionum et declarationum de rebus fidei et morum), Freiburg im Breisgau ⁴⁰2005.

Die Encyclica seiner Heiligkeit des Papstes Pius IX. vom 8. Dezember 1864, der Syllabus (die Zusammenstellung der 80 hauptsächlichsten Irrthümer unserer Zeit) und die wichtigsten darin angeführten Aktenstücke, Köln ³1874.

[Döllinger, Johann Joseph Ignaz von], Der Papst und das Concil von Janus. Eine weiter ausgeführte und mit dem Quellennachweis versehene Neubearbeitung der in der Augsburger Allgemeinen Zeitung erschienenen Artikel: Das Concil und die Civilta. Leipzig 1869. Reprint Frankfurt am Main 2005, London 2018.

[Döllinger, Johann Joseph Ignaz von] Quirinus, Römische Briefe vom Concil, München 1870.

Friedberg, Emil, Sammlung der Actenstücke zum ersten Vatikanischen Concil mit einem Grundriß der Geschichte desselben, 2 Bde., Tübingen 1872–1876.

Friedrich, Johann, Ignaz von Döllinger. Sein Leben auf Grund seines schriftlichen Nachlasses, Bd. 3, München 1901.

Friedrich, Johann, Tagebuch, während des vaticanischen Concils geführt, Nördlingen 1871.

Granderath, Theodor, Geschichte des Vatikanischen Konzils. Von seiner ersten Ankündigung bis zu seiner Vertagung. Nach den authentischen Dokumenten, 3 Bde., Freiburg im Breisgau 1903–1906.

Gregorovius, Ferdinand, Römische Tagebücher 1852–1889, hg. und kommentiert von Hanno-Walter Kruft/Markus Völkel, München 1991.

Hefele, Carl Joseph von, Honorius und das sechste allgemeine Concil, Tübingen 1870.

Huber, Ernst Rudolf, Dokumente zur deutschen Verfassungsgeschichte. Bd. 1: Deutsche Verfassungsdokumente 1803–1850, Stuttgart ³1978.

Huber, Ernst Rudolf/Huber, Wolfgang, Staat und Kirche im 19. und 20. Jahrhundert. Dokumente zur Geschichte des deutschen Staatskirchenrechts, 4 Bde., Berlin ²1990.

Johannes Paul II., Seligsprechung von 5 Dienern Gottes. Predigt vom 3. September 2000; http://w2.vatican.va/content/john-paul-ii/de/homilies/2000/docu ments/hf_jp-ii_hom_20000903_beatification.html (12. 08. 2019).

Jörg, Josef Edmund, Briefwechsel 1846–1901, bearbeitet von Dieter Albrecht (Veröffentlichungen der Kommission für Zeitgeschichte A 41), Mainz 1988.

Kirchen- und Theologiegeschichte in Quellen. Ein Arbeitsbuch, hg. von Heiko A. Oberman/Adolf Martin Ritter/Hans-Walter Krumwiede. Bd. 4: Neuzeit. 1. Teil: 17. Jahrhundert bis 1870, ausgewählt, übersetzt und kommentiert von Hans-Walter Krumwiede/Martin Greschat/Manfred Jacobs/Andreas Lindt, Neukirchen-Vluyn ³1989.

Klueting, Harm (Hg.), Der Josephinismus. Ausgewählte Quellen zur Geschichte der theresianisch-josephinischen Reformen (Ausgewählte Quellen zur deutschen Geschichte der Neuzeit. Freiherr vom Stein-Gedächtnisausgabe 12a), Darmstadt 1995.

Pastor, Ludwig von, Geschichte der Päpste seit dem Ausgang des Mittelalters. Bd. 8: Pius V. (1566–1572), Freiburg im Breisgau 1925; Bd. 16/3: Pius VI. (1755–1799), Freiburg im Breisgau 1933.

Pásztor, Lajos (Hg.), Il Concilio Vaticano I: Diario di Vincenzo Tizzani (1869–1870), 2 Bde. (Päpste und Papsttum 25, I und II), Stuttgart 1991 und 1992.

Perrone, Giovanni, De immaculato Beatae Virginis Conceptu an dogmatico decreto definire possit disquisitio theologica, Rom 1847, ²1848.

Pfliegler, Michael (Hg.), Dokumente zur Geschichte der Kirche, Innsbruck ²1957.

Pii IX Pontificis Maximi Acta. Pars Prima: 7 Bde., Pars seconda: 2 Bde., Graz 1971.

Rohrbasser, Anton, Heilslehre der Kirche. Dokumente von Pius IX. bis Pius XII. Deutsche Ausgabe des französischen Originals von Paul Cattin O. P. und Humbert Thomas Conus O. P., Freiburg/Schweiz 1953.

Sardi, Vincenzo, La solenne definizione del dogma dell'Immacolata Concepimento di Maria Santissima. Atti e documenti pubblicati nel cinquantesimo anniversario della stessa definizione, 2 Bde., Rom 1904 und 1905.

Schiel, Hubert (Hg.), Franz Xaver Kraus. Tagebücher, Köln 1957.

Senestrey, Ignatius von, Wie es zur Definition der päpstlichen Unfehlbarkeit kam.

Tagebuch zum 1. Vatikanischen Konzil, hg. von Klaus Schatz (Frankfurter Theologische Studien 24), Frankfurt am Main 1977.

Seligsprechungsakten Pius IX.:

Beatificationis et canonizationis Servi Dei Pii IX. Positio super introductione causae, 2 Bde., Rom 1954.

Positio super virtutibus, 3 Bde., Rom 1961–1962.

Novissima Positio super virtutibus, Rom 1984.

Utz, Arthur/Galen, Brigitta von, Die katholische Sozialdoktrin in ihrer geschichtlichen Entfaltung. Eine Sammlung päpstlicher Dokumente vom 15. Jahrhundert bis in die Gegenwart (Originaltexte mit Übersetzung), 4 Bde., Aachen 1976.

Literatur

Alberti, Ottorino Pietro, L'episcopato di G. M. Mastai Ferretti a Spoleto, in: Atti del secondo Convegno di ricerca storica sulla figura e sull'opera di papa Pio IX, 9–10–11 ottobre 1977, hg. vom Centro Studi Pio IX, Senigallia [1977], S. 117–172 und S. 173–220.

Alberti, Ottorino Pietro, L'episcopato di G. M. Mastai Ferretti a Spoleto, in: Pio IX, arcivescovo di Spoleto (1827–1832). Atti del terzo Convegno di studi storici ecclesiastici su «La figura e l'opera di Pio IX», Spoleto, 28–30 dicembre 1977, hg. vom Centro ricerche e studi, Florenz 1980, S. 49–94.

Altermatt, Urs, Katholizismus und Moderne. Zur Sozial- und Mentalitätsgeschichte der Schweizer Katholiken im 19. und 20. Jahrhundert, Zürich 1989.

Ammerich, Hans (Hg.), Das Bayerische Konkordat 1817, Weißenhorn 2000.

Anderson, Benedict, Imagined Communities. Reflections on the Origin and Spread of Nationalism, London 1983; deutsch: Die Erfindung der Nation. Zur Karriere eines folgenreichen Konzepts, Frankfurt am Main 1993.

Andreotti, Giulio, Sotto il segno di Pio IX, Mailand 2000.

Anselmi, Sergio (Hg.), Nelle Marche centrali. Territorio, Economia, Società tra Medioevo e Novecento: l'area esino-misena, Bd. 2, Jesi 1979.

Aretin, Karl Otmar von, Das Alte Reich 1648–1806. Bd. 3: Das Reich und der österreichisch-preußische Dualismus (1745–1806), Stuttgart 1997.

Aretin, Karl Otmar von, Heiliges Römisches Reich 1776–1806. Reichsverfassung und Staatssouveränität, Bd. 1, Wiesbaden 1967.

Arning, Holger/Wolf, Hubert, Hundert Katholikentage. Von Mainz 1848 bis Leipzig 2016, Darmstadt 2016.

Arnold, Claus, Kleine Geschichte des Modernismus, Freiburg im Breisgau 2007.

Arnold, Claus, «Nur ein Nachschlagebuch»? Zum kirchenhistorischen Profil der «Conciliengeschichte» Hefeles, in: Hubert Wolf (Hg.), Zwischen Wahrheit und Gehorsam. Carl Joseph von Hefele (1809–1893), Ostfildern 1994, S. 52–77.

Assmann, Jan, Exodus. Die Revolution der Alten Welt, München 2015.

Aubert, Roger, Art. Pius IX., in: Theologische Realenzyklopädie 26 (1996), S. 661–666.

Aubert, Roger, Die erste Phase des katholischen Liberalismus, in: Hubert Jedin (Hg.), Handbuch der Kirchengeschichte. Bd. 6/1: Die Kirche zwischen Revolution und Restauration, Freiburg im Breisgau 1978, S. 320–347.

Aubert, Roger, Die ersten Jahre des Pontifikats Pius' IX.: Vom Neoguelfischen Mythos zur römischen Revolution, in: Hubert Jedin (Hg.), Handbuch der Kirchengeschichte. Bd. 6/1: Die Kirche zwischen Revolution und Restauration, Freiburg im Breisgau 1978, S. 477–488.

Aubert, Roger, Die katholische Kirche und die Revolution, in: Hubert Jedin (Hg.), Handbuch der Kirchengeschichte. Bd. 6/1: Die Kirche zwischen Revolution und Restauration, Freiburg im Breisgau 1978, S. 3–104.

Aubert, Roger, Die Religionsfreiheit von Mirari vos bis zum Syllabus, in: Concilium 7 (1965), S. 584–591.

Aubert, Roger, Innerkatholische Kontroversen im Blick auf den Liberalismus, in: Hubert Jedin (Hg.), Handbuch der Kirchengeschichte. Bd. 6/1: Die Kirche zwischen Revolution und Restauration, Freiburg im Breisgau 1978, S. 738–760.

Aubert, Roger, La Réaction du Correspondant au Syllabus, in: Études de droit et d'histoire. Mélanges Mgr. H. Wagnon, Leuven 1976, S. 45–88.

Aubert, Roger, Le Pontificat de Pie IX (1846–1878) (Histoire de l'Église 21), Paris ¹1952 und ²1962.

Aubert, Roger, Vaticanum I (Geschichte der Ökumenischen Konzilien 12), Mainz 1965.

Bastgen, Beda/Tüchle, Hermann, Pius VII. und Consalvi. Zur Geschichte des Konklaves in Venedig, in: Historisches Jahrbuch 79 (1960), S. 146–174.

Bauer, Thomas, Die Kultur der Ambiguität. Eine andere Geschichte des Islams, Berlin 2011.

Bäumer, Remigius (Hg.), Die Entwicklung des Konziliarismus. Werden und Nachwirken der konziliaren Idee (Wege der Forschung 279), Darmstadt 1976.

Beinert, Wolfgang, Die mariologischen Dogmen und ihre Entfaltung, in: Ders./Heinrich Petri (Hg.), Handbuch der Marienkunde, Regensburg 1984, S. 232–314.

Bier, Georg, Im Zeichen des Jurisdiktionsprimats, in: Julia Knop/Michael Seewald (Hg.), Das Erste Vatikanische Konzil. Eine Zwischenbilanz 150 Jahre danach, Darmstadt 2019, S. 155–171.

Bischof, Franz Xaver, Das Ende des Bistums Konstanz. Hochstift und Bistum Konstanz im Spannungsfeld von Säkularisation und Suppression (1802/03–1821/27) (Münchener Kirchenhistorische Studien 1), Stuttgart 1989.

Bischof, Franz Xaver, Theologie und Geschichte. Ignaz von Döllinger (1799–1890) in der zweiten Hälfte seines Lebens (Münchener Kirchenhistorische Studien 9), Stuttgart 1997.

Bischof, Franz Xaver/Essen, Georg (Hg.), Theologie, kirchliches Lehramt und öffentliche Meinung. Die Münchener Gelehrtenversammlung von 1863 und ihre Folgen (Münchener Kirchenhistorische Studien. Neue Folge 4), Stuttgart 2015.

Blackbourn, David, Wenn ihr sie wieder seht, fragt wer sie sei. Marienerscheinungen in Marpingen – Aufstieg und Niedergang des deutschen Lourdes, Reinbek bei Hamburg 1997.

Blaschke, Olaf, Abschied von der Säkularisierungslegende. Daten zur Karrierekurve der Religion (1800–1970) im zweiten konfessionellen Zeitalter. Eine Parabel, in: Zeitenblicke 5 (2006), Nr. 1.

Blaschke, Olaf, Das 19. Jahrhundert. Ein zweites konfessionelles Zeitalter? In: Geschichte und Gesellschaft 26 (2000), S. 38–75.

Blaschke, Olaf, Der Aufstieg des Papsttums aus dem Antiklerikalismus. Zur Dialektik von endogenen und exogenen Kräften der transnationalen Ultramontanisierung, in: Römische Quartalschrift 112 (2017), S. 21–35.

Blet, Pierre, Pie VI et la Révolution française, in: Olivier de La Brosse (Hg.), La France et la Saint-Siège, Rom 1995, S. 215–240.

Blondel, Maurice, Geschichte und Dogma, Mainz 1963.

Bouflet, Joachim/Boutry, Philippe, Un signe dans le ciel. Les apparitions de la Vierge, Paris 1997.

Brandmüller, Walter, Das Konzil von Konstanz 1414–1418 (Konziliengeschichte. Reihe A: Darstellungen), 2 Bde., Paderborn 1991 und 1997.

Brandmüller, Walter, Karl Joseph (von) Hefele an Joseph (von) Feßler. Briefe aus den Jahren 1858–1871, in: Annuarium Historiae Conciliorum 34 (2002), S. 100–111.

Braun, Bettina, Princeps et episcopus. Studien zur Funktion und zum Selbstverständnis der nordwestdeutschen Fürstbischöfe nach dem Westfälischen Frieden (Veröffentlichungen des Instituts für Europäische Geschichte Mainz 230), Göttingen 2013.

Braun, Christina von/Gräb, Wilhelm/Zachhuber, Johannes (Hg.), Säkularisierung. Bilanz und Perspektiven einer umstrittenen These (Religion – Staat – Kultur 5), Berlin 2007.

Brechenmacher, Thomas, Der Vatikan und die Juden. Geschichte einer unheiligen Beziehung vom 16. Jahrhundert bis zur Gegenwart, München 2005.

Bremm, Klaus-Jürgen, 70/71. Preußens Triumph über Frankreich und die Folgen, Darmstadt 2019.

Brockmann, Thomas/Weiß, Dieter J. (Hg.), Das Konfessionalisierungsparadigma – Leistungen, Probleme, Grenzen (Bayreuther Historische Kolloquien 18), Münster 2013.

Burkard, Dominik, Staatskirche – Papstkirche – Bischofskirche. Die «Frankfurter Konferenzen» und die Neuordnung der Kirche in Deutschland nach der Säkularisation (Römische Quartalschrift. Supplementa 53), Rom 2000.

Burkard, Dominik/Thanner, Tanja (Hg.), Der Jansenismus – eine «katholische Häresie»? Das Ringen um Gnade, Rechtfertigung und die Autorität Augustins in der frühen Neuzeit (Reformationsgeschichtliche Studien und Texte 159), Münster 2014.

Busch, Norbert, Katholische Frömmigkeit und Moderne. Die Sozial- und Mentalitätsgeschichte des Herz-Jesu-Kultes in Deutschland zwischen Kulturkampf und Erstem Weltkrieg (Religiöse Kulturen der Moderne 6), Gütersloh 1997.

Butler, Cuthbert/Lang, Hugo, Das Vatikanische Konzil. Seine Geschichte von innen geschildert in Bischof Ullathornes Briefen, München ³1933.

Cárcel Ortí, Vicente, La publicación del «Syllabus» en España, in: Analecta Sacra Tarraconensia 57/58 (1984/85), S. 139–155.

Carniello, Roberto, Pio IX e il suo periodo giovanile a Volterra, in: Atti del secondo Convegno di ricerca storica sulla figura e sull'opera di papa Pio IX, 9–10–11 ottobre 1977, hg. vom Centro Studi Pio IX, Senigallia [1977], S. 105–115.

Chadwick, Owen, A History of the Popes 1830–1914 (The Oxford History of the Christian Church), Oxford 2003.

Chiron, Yves, Pie IX. Pape moderne, Bitche 1995.

Christophe, Paul, Syllabus, in: Catholicisme. Hier, aujourd'hui, demain 14 (1997), S. 628–636.

Cittadini, Giovanni, Il conclave dal quale uscì Giovanni M. Mastai-Ferretti papa, Neapel 1986.

Clark, Christopher, Kulturkampf und europäische Moderne, in: Astrid Reuter/ Hans G. Kippenberg (Hg.), Religionskonflikte im Verfassungsstaat, Göttingen 2010, S. 23–65.

Cognet, Louis, Das kirchliche Leben in Frankreich, in: Hubert Jedin (Hg.), Handbuch der Kirchengeschichte. Bd. 5: Die Kirche im Zeitalter des Absolutismus und der Aufklärung, Freiburg im Breisgau 1970, S. 3–119.

Colapietra, Raffaele, Il Diario Brunelli del Conclave del 1823, in: Archivio Storico Italiano 120 (1962), S. 76–146.

Congar, Yves M.-J., Die Lehre von der Kirche. Vom Abendländischen Schisma bis zur Gegenwart (Handbuch der Dogmengeschichte III Faszikel 3d), Freiburg im Breisgau 1971.

Cont, Alessandro, La Chiesa dei principi. Le relazioni tra Reichskirche, Dinastie sovrane tedesche e stati italiani (1688–1763) (Archivi del Trentino: fonti, strumenti di ricerca e studi 20), Trient 2018.

De Mattei, Roberto, Pio IX, Casale Monferrato 2000.

Decot, Rolf (Hg.), Säkularisation der Reichskirche 1803. Aspekte kirchlichen Umbruchs (Veröffentlichungen des Instituts für Europäische Geschichte Mainz. Beiheft 55), Mainz 2002.

Denzler, Georg/Andresen, Carl, Wörterbuch der Kirchengeschichte, München ¹1982.

Dittrich, Lisa, Antiklerikalismus in Europa. Öffentlichkeit und Säkularisierung in Frankreich, Spanien und Deutschland (1848–1914) (Religiöse Kulturen im Europa der Neuzeit 3), Göttingen 2014.

Drews, Wolfram/Pfister, Ulrich/Wagner-Egelhaaf, Martina (Hg.), Religion und Entscheiden. Historische und kulturwissenschaftliche Perspektiven (Religion und Politik 17), Baden-Baden 2018.

Drobner, Karl-Heinz, Johann Valentin Heimes (1741–1806). Weihbischof in Worms und Mainz, Politiker und Seelsorger des Alten Reiches (Paderborner Theologische Studien 18), Paderborn 1988.

Durrer, Werner (Hg.), Siegeszug der wunderbaren Medaille, Jestetten ⁷1980.

Dussler, Hildebrand, Johann Michael Feneberg und die Allgäuer Erweckungsbewegung. Ein kirchengeschichtlicher Beitrag aus den Quellen zur Heimatkunde des Allgäus, Nürnberg 1959.

Eichmann, Eduard/Mörsdorf, Klaus, Lehrbuch des Kirchenrechts auf Grund des Codex Iuris Canonici. Bd. 1: Einleitung, Allgemeiner Teil und Personenrecht, Paderborn ⁹1959.

Engel-Jánosi, Friedrich, Österreich und der Vatikan, 1846–1918, 2 Bde., Graz 1958 und 1960.

Eßer, Günter, Die Alt-Katholischen Kirchen. Die Kirchen der Gegenwart 5 (Bensheimer Hefte 116), Göttingen 2016.

Falconi, Carlo, Il Giovane Mastai. Il futuro Pio IX dall'infanzia a Senigallia alla Roma della Restaurazione 1792–1827, Mailand 1981.

Faraoni, Vincenzo, Der Papst der Immacolata. Leben und Werk Pius' IX., Stein am Rhein 1973.

Faschingeder, Gerald, Religiöse Traditionalismen. Die Fundamente des 19. Jahrhunderts, in: Hermann Mückler/Ders. (Hg.), Tradition und Traditionalismus. Zur Instrumentalisierung eines Identitätskonzepts (Historische Sozialkunde/Internationale Entwicklung 31), Wien 2012, S. 37–61.

Fehrenbach, Elisabeth, Vom Ancien Régime zum Wiener Kongress (Oldenbourg Grundriss der Geschichte 12), München ³1993.

Feine, Hans Erich, Kirchliche Rechtsgeschichte. Bd. 1: Die katholische Kirche, Weimar ³1955.

Fernessole, Pierre, Pie IX. Pape (1792–1878). Bd. 1: 1792–1855, Paris 1960; Bd. 2: 1855–1878, Paris 1963.

Fink, Karl August, Das Konstanzer Konzil. Umstrittene Rezeptionen, hg. mit einer Einführung von Joachim Köhler (Theologie. Forschung und Wissenschaft 52), Münster 2016.

Fink, Karl August, Das Konzil von Konstanz, Martin V., in: Hubert Jedin (Hg.), Handbuch der Kirchengeschichte. Bd. 3/2: Die mittelalterliche Kirche. Vom kirchlichen Hochmittelalter bis zum Vorabend der Reformation, Freiburg im Breisgau 1973, S. 545–572.

Fleckenstein, Gisela/Schmiedl, Joachim (Hg.), Ultramontanismus. Tendenzen der Forschung (Einblicke 8), Paderborn 2005.

Fresacher, Bernhard, Kommunikation der Offenbarung. Das revelatorische Prinzip von Dei filius (1870) im Vergleich zu Dei verbum (1965), in: Julia Knop/Michael Seewald (Hg.), Das Erste Vatikanische Konzil. Eine Zwischenbilanz 150 Jahre danach, Darmstadt 2019, S. 73–93.

Gabriel, Karl, Das 19. Jahrhundert: Zeitalter der Säkularisierung oder widersprüchlicher Entwicklungen? In: Ders./Christel Gärtner/Detlef Pollack, Umstrittene Säkularisierung. Soziologische und historische Analysen zur Differenzierung von Religion und Politik, Berlin 2012, S. 417–438.

Ganzer, Klaus, Die Ekklesiologie des Konzils von Trient, in: Heribert Smolinsky/

Johannes Meier (Hg.), Klaus Ganzer. Kirche auf dem Weg durch die Zeit. Institutionelles Werden und theologisches Ringen. Ausgewählte Aufsätze und Vorträge (Reformationsgeschichtliche Studien und Texte. Supplementband 4), Münster 1997, S. 266–281.

Ganzer, Klaus, Zu den Geschäftsordnungen der drei letzten allgemeinen Konzilien. Ekklesiologische Implikationen, in: Heribert Smolinsky/Johannes Meier (Hg.), Klaus Ganzer. Kirche auf dem Weg durch die Zeit. Institutionelles Werden und theologisches Ringen. Ausgewählte Aufsätze und Vorträge (Reformationsgeschichtliche Studien und Texte. Supplementband 4), Münster 1997, S. 538–565.

Garhammer, Erich, Seminaridee und Klerusbildung bei Karl August Graf von Reisach. Eine pastoralgeschichtliche Studie zum Ultramontanismus des 19. Jahrhunderts (Münchener Kirchenhistorische Studien 5), Stuttgart 1990.

Gatz, Erwin (Hg.), Die Bistümer der deutschsprachigen Länder. Von der Säkularisation bis zur Gegenwart. Ein historisches Lexikon. Unter Mitwirkung von Clemens Brodkorb und Rudolf Zinnhobler, Freiburg im Breisgau 2005.

Gatz, Erwin, Das Bischofsideal des Konzils von Trient und der deutschsprachige Episkopat des 19. Jahrhunderts, in: Römische Quartalschrift 77 (1982), S. 204–228.

Gatz, Erwin, Domkapitel und Bischofswahlen in Preußen von 1821 bis 1945, in: Römische Quartalschrift 78 (1983), S. 101–126.

Gebhardt, Helmut, Ein Bayreuther rettet den Papst – Karl Graf von Spaur, in: Einst und Jetzt 43 (1998), S. 359–365.

Geiselmann, Josef Rupert, Die Heilige Schrift und die Tradition. Zu den neueren Kontroversen über das Verhältnis der Heiligen Schrift zu den nichtgeschriebenen Traditionen (Quaestiones disputatae 18), Freiburg im Breisgau 1962.

Graber, Rudolf, Die marianischen Weltrundschreiben der Päpste in den letzten hundert Jahren, Würzburg 1954.

Hagen, August, Die kirchliche Aufklärung in der Diözese Rottenburg. Bildnisse aus einem Zeitalter des Übergangs, Stuttgart 1953.

Hagen, August, Geschichte der Diözese Rottenburg, Bd. 1, Stuttgart 1956.

Hammecke, Ralf, Der kuriale Entscheidungsprozeß zur Neuerung der Papstwahl unter Papst Pius X. Ein Beitrag zur Geschichte des Exklusivrechts, Münster 2010.

Hasler, August Bernhard, Pius IX. (1846–1878), päpstliche Unfehlbarkeit und I. Vatikanisches Konzil, 2 Bde. (Päpste und Papsttum 12), Stuttgart 1977.

Hasler, August Bernhard, Wie der Papst unfehlbar wurde. Macht und Ohnmacht eines Dogmas, München 1979.

Hausberger, Karl, Die Neuorganisation der Kirche in Bayern, in: Georg Schwaiger (Hg.), Das Erzbistum München und Freising im 19. und 20. Jahrhundert, München 1989, S. 11–43.

Hergenröther, Joseph, Der Kirchenstaat seit der Französischen Revolution. Historisch-statistische Studien und Skizzen, Freiburg im Breisgau 1860.

Herre, Franz, Napoleon Bonaparte. Eine Biographie, Regensburg 2003.

Hersche, Peter, Der Spätjansenismus in Österreich (Veröffentlichungen der Kommission für Geschichte Österreichs 7), Wien 1977.

Hersche, Peter, Muße und Verschwendung. Europäische Gesellschaft und Kultur im Barockzeitalter, 2 Bde., Freiburg im Breisgau 2006.

Heyer, Friedrich, Die Katholische Kirche vom Westfälischen Frieden bis zum Ersten Vatikanischen Konzil (Die Kirche in ihrer Geschichte 4 Lieferung N), Göttingen 1963.

Hibbert, Christopher, Rom. Biographie einer Stadt, München 1987.

Hobsbawm, Eric J., Das lange 19. Jahrhundert. Bd. 1: Europäische Revolutionen 1789–1848; Bd. 2: Die Blütezeit des Kapitals 1848–1875; Bd. 3: Das imperiale Zeitalter 1875–1914, Darmstadt 2017.

Hobsbawm, Eric J./Ranger, Terence, The Invention of Tradition, Cambridge 1983.

Höhn, Hans-Joachim, Päpstliche Unfehlbarkeit – oder: Dogmen als Machtworte? In: Julia Knop/Michael Seewald (Hg.), Das Erste Vatikanische Konzil. Eine Zwischenbilanz 150 Jahre danach, Darmstadt 2019, S. 137–154.

Holzem, Andreas, Christentum in Deutschland 1550–1850. Konfessionalisierung – Aufklärung – Pluralisierung, 2 Bde., Paderborn 2015.

Horaist, Bruno, La Dévotion au Pape et les Catholiques Français sous le Pontificat de Pie IX (1846–1878). D'après les Archives de la Bibliothèque Apostolique Vaticane (Collection de L'École Française de Rome 212), Rom 1995.

Horst, Ulrich, Das Dogma von der Unbefleckten Empfängnis Marias (1854). Vorgeschichte und Folgen, in: Manfred Weitlauff (Hg.), Kirche im 19. Jahrhundert, Regensburg 1998, S. 95–114.

Horst, Ulrich, Kardinalerzbischof Filippo Maria Guidi O. P. und das I. Vatikanische Konzil, in: Ders., Päpstliche Unfehlbarkeit wider konziliare Superiorität? Studien zur Geschichte eines (ekklesiologischen) Antagonismus vom 15. bis zum 19. Jahrhundert (Konziliengeschichte. Reihe B: Untersuchungen), Paderborn 2016, S. 361–424.

Hufeld, Ulrich (Hg.), Der Reichsdeputationshauptschluß von 1803. Eine Dokumentation zum Untergang des Alten Reiches (Uni-Taschenbücher 2387), Köln 2003.

Jedin, Hubert, Das Papsttum und die Durchführung des Tridentinums (1565–1605), in: Ders. (Hg.), Handbuch der Kirchengeschichte. Bd. 4: Reformation, Katholische Reform und Gegenreformation, Freiburg im Breisgau 1979, S. 521–560.

Jedin, Hubert, Geschichte des Konzils von Trient, 4 Bde., Darmstadt 2017.

Jedin, Hubert, Religiöse Triebkräfte und geistiger Gehalt der katholischen Erneuerung, in: Ders. (Hg.), Handbuch der Kirchengeschichte. Bd. 4: Reformation, Katholische Reform und Gegenreformation, Freiburg im Breisgau 1979, S. 561–604.

Jedin, Hubert, Zur Entwicklung des Kirchenbegriffs im 16. Jahrhundert, in: Ders., Kirche des Glaubens, Kirche der Geschichte. Bd. 2: Konzil und Kirchenreform, Freiburg im Breisgau 1966, S. 7–16.

Kasper, Walter, Das Verhältnis von Schrift und Tradition. Eine pneumatologische

Perspektive, in: Wolfhart Pannenberg/Theodor Schneider (Hg.), Verbindliches Zeugnis. Bd. 1: Kanon – Schrift – Tradition, Freiburg im Breisgau 1992, S. 335–370.

Kershaw, Ian, Hitler. 1889–1945, München ³2009.

Kertzer, David I., Die Entführung des Edgardo Mortara. Ein Kind in der Gewalt des Vatikans, München 1998.

Kertzer, David I., The Pope who would be King. The exile of Pius IX and the emergence of modern Europe, New York 2018.

Klinkhammer, Lutz, «Die Fahne des Kreuzes aufs Neue ausgebreitet.» Pius VII. zwischen Revolution, Reorganisation und Restauration, in: Michael Matheus/Ders. (Hg.), Eigenbild im Konflikt. Krisensituationen des Papsttums zwischen Gregor VII. und Benedikt XV., Darmstadt 2009, S. 157–177.

Klueting, Harm (Hg.), 200 Jahre Reichsdeputationshauptschluss. Säkularisation, Mediatisierung und Modernisierung zwischen Altem Reich und neuer Staatlichkeit. Tagung der Historischen Kommission für Westfalen vom 3.–5. April 2003 in Corvey, Münster 2005.

Knop, Julia/Seewald, Michael (Hg.), Das Erste Vatikanische Konzil. Eine Zwischenbilanz 150 Jahre danach, Darmstadt 2019.

Köster, Heinrich, Urstand, Fall und Erbsünde in der Scholastik (Handbuch der Dogmengeschichte II/3b), Freiburg im Breisgau 1979.

Köster, Norbert, Der Fall Hirscher. Ein «Spätaufklärer» im Konflikt mit Rom? (Römische Inquisition und Indexkongregation 8), Paderborn 2007.

Kranemann, Benedikt, Liturgiereform nach Trient. Dynamiken eines Erneuerungsprozesses, in: Peter Walter/Günther Wassilowsky (Hg.), Das Konzil von Trient und die katholische Konfessionskultur (1563–2013) (Reformationsgeschichtliche Studien und Texte 163), Münster 2016, S. 303–333.

Krebs, Andreas, «Wir halten fest an der alten Verfassung der Kirche.» Ein Blick auf das Erste Vatikanische Konzil und seine Folgen aus alt-katholischer Sicht, in: Julia Knop/Michael Seewald (Hg.), Das Erste Vatikanische Konzil. Eine Zwischenbilanz 150 Jahre danach, Darmstadt 2019, S. 288–303.

Krenz, Jochen, Druckerschwärze statt Schwarzpulver. Wie die Gegenaufklärung die Katholische Aufklärung nach 1789 mundtot machte. Die Perzeption der kirchenpolitischen Vorgänge der Französischen Revolution in der oberdeutschen theologischen Publizistik des Alten Reichs (Presse und Geschichte. Neue Beiträge 101), Bremen 2016.

Kreuzer, Georg, Die Honoriusfrage im Mittelalter und in der Neuzeit (Päpste und Papsttum 8), Stuttgart 1975.

Kümmeringer, Hans, Es ist Sache der Kirche, «iudicare de vero sensu et interpretatione scriptuarum sanctarum». Zum Verständnis dieses Satzes auf dem Tridentinum und Vaticanum I, in: Theologische Quartalschrift 149 (1969), S. 282–296.

Küng, Hans, Unfehlbarkeit (Sämtliche Werke 5), Freiburg im Breisgau 2016.

Lachenicht, Susanne, Die Französische Revolution. 1789–1795, Darmstadt ²2016.

Landersdorfer, Anton, Die Bestellung der Bischöfe in der Geschichte der katholischen Kirche, in: Münchener Theologische Zeitschrift 41 (1990), S. 271–290.

Langewiesche, Dieter, Europa zwischen Restauration und Revolution 1815–1849 (Oldenbourg Grundriss der Geschichte 13), München [5]2007.

Laurentin, René, Das Leben der heiligen Katharina Labouré, Bobingen 2007.

Laurentin, René, Marienerscheinungen, in: Wolfgang Beinert/Heinrich Petri (Hg.), Handbuch der Marienkunde, Regensburg 1984, S. 528–555.

Lauster, Jörg, Die Verzauberung der Welt. Eine Kulturgeschichte des Christentums, München 2014.

Lehmann, Hartmut (Hg.), Säkularisierung, Dechristianisierung, Rechristianisierung im neuzeitlichen Europa. Bilanz und Perspektiven der Forschung (Veröffentlichungen des Max-Planck-Instituts für Geschichte 130), Göttingen 1997.

Lill, Rudolf (Hg.), Der Kulturkampf. Unter Mitarbeit von Wolfgang Altgeld und Alexia K. Haus (Beiträge zur Katholizismusforschung A 10), Paderborn 1997.

Lill, Rudolf, Das Zeitalter der Restauration, in: Martin Greschat (Hg.), Das Papsttum II. Vom Großen Abendländischen Schisma bis zur Gegenwart (Gestalten der Kirchengeschichte 12), Stuttgart 1985, S. 171–183.

Lill, Rudolf, Der Bischof zwischen Säkularisation und Kulturkampf (1803–1885), in: Peter Berglar/Odilo Engels (Hg.), Der Bischof in seiner Zeit. Bischofstypus und Bischofsideal im Spiegel der Kölner Kirche. Festgabe Joseph Kardinal Höffner, Erzbischof von Köln, Köln 1986, S. 349–396.

Lill, Rudolf, Der Sieg des Ultramontanismus (1848–1878), in: Raymund Kottje/Bernd Moeller (Hg.), Ökumenische Kirchengeschichte, Bd. 3, Mainz [2]1979, S. 175–201.

Lill, Rudolf, Die katholische Kirche zwischen den Revolutionen von 1830 und 1848, in: Raymund Kottje/Bernd Moeller (Hg.), Ökumenische Kirchengeschichte, Bd. 3, Mainz [2]1979, S. 152–174.

Lill, Rudolf, Geschichte Italiens in der Neuzeit, Darmstadt 1986.

Lüdecke, Norbert, Kidnapping aus Heilssorge? Der lange Schatten des Edgardo Mortara, in: Reinhold Boschki/Albert Gerhards (Hg.), Erinnerungskultur in der pluralen Gesellschaft. Neue Perspektiven für den christlich-jüdischen Dialog (Studien zu Judentum und Christentum), Paderborn 2010, S. 303–320.

Lüdecke, Norbert/Bier, Georg, Das römisch-katholische Kirchenrecht. Eine Einführung. Unter Mitarbeit von Bernhard Sven Anuth, Stuttgart 2012.

Maier, Hans, Die christliche Zeitrechnung (Herder Spektrum 4018), Freiburg im Breisgau 1991.

Maier, Hans, Die Freiheitsidee der Aufklärung und die katholische Tradition, in: Krzysztof Michalski (Hg.), Aufklärung heute. Castelgandolfo-Gespräche 1996, Stuttgart 1997, S. 75–106.

Maier, Hans, Erster Teil: Demokratie und Kirche: der revolutionäre Verschmelzungsversuch (1789–1794), in: Ders., Revolution und Kirche. Zur Frühgeschichte der Christlichen Demokratie (Hans Maier. Gesammelte Schriften 1), München 2006, S. 75–138.

Maron, Gottfried, Zum Gespräch mit Rom. Beiträge aus evangelischer Sicht (Bensheimer Hefte 69), Göttingen 1988.

Martelli, Mino, Pastoralità di G. M Mastai-Ferretti vescovo e cardinale di Imola (1832–1846), in: Atti del secondo Convegno di ricerca storica sulla figura e sull'opera di papa Pio IX, 9-10-11 ottobre 1977, hg. vom Centro Studi Pio IX, Senigallia [1977], S. 173–202.

Martina, Giacomo, Nuovi documenti sull'allocuzione del 29 Aprile 1848, in: Rassegna storica del Risorgimento 53 (1966), S. 527–582.

Martina, Giacomo, Nuovi documenti sulla genesi del Sillabo, in: Archivum Historiae Pontificiae 6 (1968), S. 319–369.

Martina, Giacomo, Osservazioni sulle varie redazioni del Sillabo, in: Roger Aubert (Hg.), Chiesa e Stato nell'Ottocento, Padua 1962, S. 419–523.

Martina, Giacomo, Pio IX e il Vaticano I, di A. B. Hasler. Rilievi Critici, in: Archivum Historiae Pontificiae 16 (1978), S. 341–369.

Martina, Giacomo, Pio IX. Bd. 1: 1846–1850 (Miscellanea Historiae Pontificiae 38), Rom 1974; Bd. 2: 1851–1866 (Miscellanea Historiae Pontificiae 51), Rom 1986; Bd. 3: 1867–1878 (Miscellanea Historiae Pontificiae 58), Rom 1990.

Martina, Giacomo/Gramatowski, Wiktor, La relazione ufficiale sul conclave del 1846. Nel 150° anniversario dell'elezione di Pio IX, in: Archivum Historiae Pontificiae 34 (1996), S. 159–212.

Masetti Zannini, Gian Ludovico, La spiritualità di Pio IX prima del pontificato, in: Rivista di Storia della Chiesa in Italia 14 (1960), S. 283–298.

Masetti Zannini, Gian Ludovico, Pio IX e la sua Giovinezza, Bologna 1958.

Mayaud, Pierre-Noël, La Condamnation des Livres Coperniciens et sa Révocation à la lumière inédits des Congrégations de l'Index et de l'Inquisition (Miscellanea Historiae Pontificiae 64), Rom 1997.

McElrath, Damian, The Syllabus of Pius IX. Some Reactions in England, Louvain 1964.

Meinzer, Michael, Der französische Revolutionskalender (1792–1805). Planung, Durchführung und Scheitern einer politischen Zeitrechnung (Ancien Régime. Aufklärung und Revolution 20), München 1992.

Mellano, Maria Franca, Anni Decisivi nella Vita di A. Rosmini (1848–1854). Della testimonianza di Mons. V. Tizzani (Miscellanea Historiae Pontificiae 54), Rom 1988.

Mempel, Hans-Cristian, Die Vermögenssäkularisation 1803–1810. Verlauf und Folgen der Kirchengutsenteignung in verschiedenen deutschen Territorien, 2 Bde. (Tuduv-Studien Reihe Sozialwissenschaften 15), München 1979.

Mencucci, Angelo, Senigallia e la sua Diocesi. Storia, Fede, Arte, Bd. 2, Fano 1994.

Merkle, Sebastian, Das Konzil von Trient und die Universitäten, Würzburg 1905; wieder abgedruckt in: Sebastian Merkle, Ausgewählte Reden und Aufsätze. Anläßlich seines 100. Geburtstags in Verbindung mit dem Sebastian-Merkle-Institut der Universität Würzburg hg. von Theobald Freudenberger (Quellen und Forschungen zur Geschichte des Hochstifts Würzburg 17), Würzburg 1965, S. 244–270.

Meyer, Harding, Das Wort Pius' IX. «Die Tradition bin ich». Päpstliche Unfehlbarkeit und apostolische Tradition in den Debatten und Dekreten des Vatikanum I (Theologische Existenz heute NF 122), München 1965.

Miletto, Gianfranco, Der Mortarafall vor dem Beginn der Einheit Italiens. Neue Urkunden aus dem Vatikanischen Archiv, in: Zeitschrift für Religions- und Geistesgeschichte 45 (1993), S. 1–17.

Mirbt, Carl, Die Katholisch-Theologische Fakultät zu Marburg. Ein Beitrag zur Geschichte der katholischen Kirche in Kurhessen und Nassau, Marburg 1905.

Morsey, Rudolf, Der Kulturkampf. Bismarcks Präventivkrieg gegen das Zentrum und die katholische Kirche, in: Manfred Weitlauff (Hg.), Kirche im 19. Jahrhundert, Regensburg 1998, S. 163–185.

Mucci, Giandomenico, La Causa di Beatificazione di Pio IX, in: La Civiltà Cattolica 135 (1984), S. 562–569.

Müchler, Günter, Napoleons Hundert Tage. Eine Geschichte von Versuchung und Verrat, Darmstadt 2014.

Mückler, Hermann, Einführung: Tradition und Traditionalismus – Zur Rolle und Instrumentalisierung eines Identitätskonzepts, in: Ders./Gerald Faschingeder (Hg.), Tradition und Traditionalismus. Zur Instrumentalisierung eines Identitätskonzepts (Historische Sozialkunde/Internationale Entwicklung 31), Wien 2012, S. 7–24.

Müller, Gerhard, Die Immaculata Conceptio im Urteil der mitteleuropäischen Bischöfe. Zur Entstehung des mariologischen Dogmas von 1854, in: Kerygma und Dogma 14 (1968), S. 46–70.

Müller, Gerhard, Die unbefleckte Empfängnis Mariens im Urteil päpstlicher Ratgeber 1848–1852, in: Zeitschrift für Kirchengeschichte 78 (1967), S. 300–339.

Müller, Heribert, Die kirchliche Krise des Spätmittelalters. Schisma, Konziliarismus und Konzilien (Enzyklopädie deutscher Geschichte 90), München 2012.

Müller, Winfried, Die Aufhebung des Jesuitenordens in Bayern. Vorgeschichte, Durchführung, administrative Bewältigung, in: Zeitschrift für bayerische Landesgeschichte 48 (1985), S. 285–352.

Nersinger, Ulrich, Es lebe der Papst-König! Der militärische Kampf um den Kirchenstaat (1860–1870), Aachen 2019.

Neuner, Peter, Der lange Schatten des I. Vatikanums. Wie das Konzil die Kirche noch heute blockiert, Freiburg im Breisgau 2019.

Nipperdey, Thomas, Deutsche Geschichte 1800–1866. Bürgerwelt und starker Staat, München [6]1993.

Osinski, Jutta, Katholizismus und deutsche Literatur im 19. Jahrhundert, Paderborn 1993.

Overhoff, Jürgen/Oberdorf, Andreas (Hg.), Katholische Aufklärung in Europa und Nordamerika (Das achtzehnte Jahrhundert. Supplementa 25), Göttingen 2019.

Pahud de Mortanges, Elke, Philosophie und kirchliche Autorität. Der Fall Jakob

Frohschammer vor der römischen Indexkongregation (1855–1864) (Römische Inquisition und Indexkongregation 4), Paderborn 2005.

Pahud de Mortanges, Elke, «Wie halten Sie es mit Privatoffenbarungen?» Vermessungen im Geviert der theologischen Erkenntnislehre, in: Hubert Wolf (Hg.), «Wahre» und «falsche» Heiligkeit. Mystik, Macht und Geschlechterrollen im Katholizismus des 19. Jahrhunderts (Schriften des Historischen Kollegs. Kolloquien 90), München 2013, S. 127–148.

Papa, Egidio, Il Sillabo di Pio IX e la stampa francese, inglese e italiana, Rom 1968.

Papenheim, Martin, Karrieren in der Kirche. Bischöfe in Nord- und Süditalien 1676–1903 (Bibliothek des Deutschen Historischen Instituts in Rom 93), Tübingen 2001.

Paravicini Bagliani, Agostino, Der Leib des Papstes. Eine Theologie der Hinfälligkeit, München 1997.

Pásztor, Lajos, Ercole Consalvi, prosegretario del conclave di Venezia, in: Archivio della Società Romana di Storia Patria 83 (1960), S. 99–187.

Pásztor, Lajos, La Congregazione degli Affari Ecclesiastici Straordinari tra il 1814 e il 1850, in: Archivum Historiae Pontificiae 6 (1968), S. 191–318.

Pelletier, Gérard, Rome et la Révolution Française. La Théologie et la Politique du Saint-Siège devant la Révolution Française (Collection de l'École Française de Rome 319), Rom 2004.

Pernoud, Georges/Flaissier, Sabine (Hg.), Die Französische Revolution in Augenzeugenberichten, Düsseldorf [5]1962.

Plongeron, Bernard (Hg.), Aufklärung, Revolution, Restauration (1750–1830) (Geschichte des Christentums 10), Freiburg im Breisgau 2000.

Pollack, Detlef, Säkularisierung – ein moderner Mythos? Studien zum religiösen Wandel in Deutschland, Tübingen 2003.

Polverari, Alberto, Senigallia nella storia. Evo moderno, Senigallia 1981.

Polverari, Alberto, Vita di Pio IX. Bd. 1: Dalla nascita al 26 Novembre 1848 (Studi Piani 4), Vatikanstadt 1986; Bd. 2: Dall'esilio di Gaeta al regno d'Italia (Studi Piani 5), Vatikanstadt 1987; Bd. 3: Dal 1861 al 1878 (Studi Piani 6), Vatikanstadt 1988.

Port, Johannes, Die Reaktion auf den Syllabus Pius' IX. in den deutschsprachigen Ländern, 2 Bde. [theol. diss. masch.], Rom 1965.

Pottmeyer, Hermann-Josef, Der Glaube vor dem Anspruch der Wissenschaft. Die Konstitution über den katholischen Glauben «Dei Filius» des Ersten Vatikanischen Konzils und die unveröffentlichten Voten der vorbereitenden Kommission (Freiburger Theologische Studien 87), Freiburg im Breisgau 1968.

Raab, Heribert, Das Zeitalter der Revolution. Pius VI. und Pius VII., in: Martin Greschat (Hg.), Das Papsttum II. Vom Großen Abendländischen Schisma bis zur Gegenwart (Gestalten der Kirchengeschichte 12), Stuttgart 1985, S. 158–170.

Radice, Gianfranco, Pio IX e Antonio Rosmini (Studi Piani 1), Vatikanstadt 1974.

Reichardt, Rolf E., Art. Französische Revolution, in: Theologische Realenzyklopädie 11 (1983), S. 401–417.

Reinalter, Helmut (Hg.), Josephinismus als Aufgeklärter Absolutismus, Wien 2008.

Reinhard, Wolfgang, Das Konzil von Trient und die Modernisierung der Kirche. Einführung, in: Paolo Prodi/Ders. (Hg.), Das Konzil von Trient und die Moderne (Schriften des Italienisch-Deutschen Historischen Instituts in Trient 16), Berlin 2001, S. 23–42.

Reinhard, Wolfgang, Gegenreformation als Modernisierung? Prolegomena zu einer Theorie des konfessionellen Zeitalters, in: Archiv für Reformationsgeschichte 68 (1977), S. 226–251.

Reinhard, Wolfgang, Hat Papstgeschichte Zukunft? In: Quellen und Forschungen aus italienischen Archiven und Bibliotheken 97 (2017), S. 353–371.

Reinhard, Wolfgang, Konfession und Konfessionalisierung in Europa, in: Ders., Ausgewählte Abhandlungen (Historische Forschungen 60), Berlin 1997, S. 103–125.

Reinhard, Wolfgang, Zwang zur Konfessionalisierung? Prolegomena zu einer Theorie des konfessionellen Zeitalters, in: Ders., Ausgewählte Abhandlungen (Historische Forschungen 60), Berlin 1997, S. 127–147.

Reinhard, Wolfgang/Schilling, Heinz (Hg.), Die katholische Konfessionalisierung (Schriften des Vereins für Reformationsgeschichte 198), Gütersloh 1995.

Reinhardt, Rudolf, Die hochadeligen Dynastien in der Reichskirche des 17. und 18. Jahrhunderts, in: Hubert Wolf (Hg.), Rudolf Reinhardt. Reich – Kirche – Politik. Ausgewählte Beiträge zur Geschichte der Germania Sacra in der Frühen Neuzeit. Festgabe für Rudolf Reinhardt zum 70. Geburtstag, Ostfildern 1998, S. 152–203.

Reinhardt, Rudolf, Die katholische Kirche (1648–1789), in: Thomas Kaufmann/Raymund Kottje/Bernd Moeller/Hubert Wolf (Hg.), Ökumenische Kirchengeschichte. Bd. 2: Vom Hochmittelalter bis zur Frühen Neuzeit, Darmstadt 2008, S. 451–484.

Reinhardt, Rudolf, Die Katholisch-Theologische Fakultät Tübingen im ersten Jahrhundert ihres Bestehens. Faktoren und Phasen der Entwicklung, in: Ders. (Hg.), Tübinger Theologen und ihre Theologie. Quellen und Forschungen zur Geschichte der Katholisch-Theologischen Fakultät Tübingen (Contubernium 16), Tübingen 1977, S. 1–42.

Reinhardt, Rudolf, Katholizismus und Katholizismen. Zur Deutung der Kirchengeschichte des 17. und 18. Jahrhunderts, in: Zeitschrift für Kirchengeschichte 103 (1992/93), S. 361–365.

Reinhardt, Rudolf, Vatikanum III? In: Theologische Quartalschrift 159 (1979), S. 149 f.

Reinhardt, Volker, Geschichte Italiens von der Spätantike bis zur Gegenwart, München 2003.

Reinhardt, Volker, Pontifex. Die Geschichte der Päpste. Von Petrus bis Franziskus, München 2017.

Ricci, Aristide, La Civiltà Cattolica e il Sillabo, in: Rivista di Letteratura e di Storia Ecclesiastica 11 (1979), S. 3–31.

Rinke, Stefan, Kleine Geschichte Chiles (Beck'sche Reihe 1776), München 2007.

Roth, Andreas, Das Konkordat von 1801. Werden, Bedeutung und Auswirkungen, in: Walter G. Rödel/Barbara Schwerdtfeger (Hg.), Zerfall und Wiederbeginn. Vom Erzbistum zum Bistum Mainz (1792/97–1830). Ein Vergleich. Festschrift für Friedhelm Jürgensmeier (Beiträge zur Mainzer Kirchengeschichte 7), Würzburg 2002, S. 103–124.

Safranski, Rüdiger, Romantik. Eine deutsche Affäre, München 2007.

Sägmüller, Johann Baptist, Lehrbuch des katholischen Kirchenrechts. Bd. 1: Einleitung. Kirche und Kirchenpolitik. Die Quellen des Kirchenrechts, Freiburg im Breisgau 1900.

Scharfenecker, Uwe, Die Katholisch-Theologische Fakultät Gießen (1830–1859). Ereignisse, Strukturen, Personen (Veröffentlichungen der Kommission für Zeitgeschichte B 81), Paderborn 1998.

Schatz, Klaus, Allgemeine Konzilien – Brennpunkte der Kirchengeschichte (Uni-Taschenbücher 1976), Paderborn 1997.

Schatz, Klaus, Fragen zur Seligsprechung Pius' IX., in: Stimmen der Zeit 218 (2000), S. 507–516.

Schatz, Klaus, Geschichte der deutschen Jesuiten (1814–1893), 5 Bde., Münster 2013.

Schatz, Klaus, Im Zeichen des Syllabus und des I. Vatikanums: Jesuiten in Maria Laach (1863–1872), in: Emmanuel von Severus (Hg.), Ecclesia Lacensis (Beiträge zur Geschichte des alten Mönchtums und des Benediktinerordens. Supplementband 6), Münster 1993, S. 161–180.

Schatz, Klaus, Kirchenbild und päpstliche Unfehlbarkeit bei den deutschsprachigen Minoritätsbischöfen auf dem 1. Vatikanum (Miscellanea Historiae Pontificiae 40), Rom 1975.

Schatz, Klaus, Kirchengeschichte der Neuzeit II (Leitfaden Theologie 20), Düsseldorf 1989.

Schatz, Klaus, Pius IX., in: Martin Greschat (Hg.), Das Papsttum II. Vom Großen Abendländischen Schisma bis zur Gegenwart (Gestalten der Kirchengeschichte 12), Stuttgart 1985, S. 184–202.

Schatz, Klaus, Positionierung der Kirche in der Moderne. Hintergrund der Unfehlbarkeitsdiskussion, in: Julia Knop/Michael Seewald (Hg.), Das Erste Vatikanische Konzil. Eine Zwischenbilanz 150 Jahre danach, Darmstadt 2019, S. 28–50.

Schatz, Klaus, Totalrevision der Geschichte des I. Vatikanums? Zur Auseinandersetzung mit den Thesen von August B. Hasler, in: Theologie und Philosophie 53 (1978), S. 248–276.

Schatz, Klaus, Vaticanum I. 1869–1870, 3 Bde., Paderborn 1992.

Scheel, Roland, Wikinger und Wikingerzeit – Der vormittelalterliche Norden als Gegenstand europäischer Erinnerung? In: Gregor Feindt/Félix Krawatzek/Daniela Mehler/Friedemann Pestel/Rieke Trimçev (Hg.), Europäische Erinnerung als verflochtene Erinnerung. Vielstimmige und vielschichtige Vergangenheitsdeutungen jenseits der Nation, Göttingen 2014, S. 65–92.

Schilling, Heinz, Die Konfessionalisierung im Reich. Religiöser und gesellschaftlicher Wandel in Deutschland zwischen 1555 und 1620, in: Historische Zeitschrift 246 (1988), S. 1–45.

Schlögl, Rudolf, Alter Glaube und moderne Welt. Europäisches Christentum im Umbruch 1750–1850, Frankfurt am Main 2013.

Schlott, René, Papsttod und Weltöffentlichkeit seit 1878. Die Medialisierung eines Rituals (Veröffentlichungen der Kommission für Zeitgeschichte B 123), Paderborn 2013.

Schlott, René, Wettlauf um den Exitus. Die Inszenierung des Papsttodes am Beginn des massenmedialen Zeitalters: Pius IX. (1878) und Leo XIII. (1903), in: Rottenburger Jahrbuch für Kirchengeschichte 36 (2017), S. 57–72.

Schmidlin, Josef, Papstgeschichte der neuesten Zeit. Bd. 1: Papsttum und Päpste im Zeitalter der Restauration (1800–1846); Bd. 2: Papsttum und Päpste gegenüber den modernen Strömungen. Pius IX. und Leo XIII. (1846–1903), München 1933 und 1934.

Schmidt, Bernward, Kleine Geschichte des Ersten Vatikanischen Konzils, Freiburg im Breisgau 2019.

Schmidt, Peter, Das Collegium Germanicum in Rom und die Germaniker. Zur Funktion eines römischen Ausländerseminars (1552–1914), Tübingen 1984.

Schnabel-Schüle, Helga, Die Reformation 1495–1555. Politik mit Theologie und Religion, Stuttgart 2006.

Schneider, Bernhard (Hg.), Maria und Lourdes. Wunder und Marienerscheinungen in theologischer und kulturwissenschaftlicher Perspektive, Münster 2008.

Schneider, Bernhard, Katholiken auf die Barrikaden? Europäische Revolutionen und deutsche katholische Presse 1815–1848 (Veröffentlichungen der Kommission für Zeitgeschichte B 84), Paderborn 1998.

Schneider, Bernhard, Marienerscheinungen im 19. Jahrhundert. Ein Phänomen und seine Charakteristika, in: Hubert Wolf (Hg.), «Wahre» und «falsche» Heiligkeit. Mystik, Macht und Geschlechterrollen im Katholizismus des 19. Jahrhunderts (Schriften des Historischen Kollegs. Kolloquien 90), München 2013, S. 87–110.

Schneider, Burkhart, Der Syllabus Pius' IX. und die deutschen Jesuiten, in: Archivum Historiae Pontificiae 6 (1968), S. 371–392.

Schreiner, Klaus, Maria. Leben, Legenden, Symbole (Beck'sche Reihe 2313), München 2003.

Schüler, Barbara, Hefele im Lichte der nichtkirchlichen Presse in der Zeit von 1863–1893, in: Hubert Wolf (Hg.): Zwischen Wahrheit und Gehorsam. Carl Joseph von Hefele (1809–1893), Ostfildern 1994, S. 102–223.

Schulin, Ernst, Die Französische Revolution, München ⁵2013.

Schüller, Thomas, Der Papst – kirchenrechtlich ein absolutistischer Wahlmonarch, in: Julia Knop/Michael Seewald (Hg.), Das Erste Vatikanische Konzil. Eine Zwischenbilanz 150 Jahre danach, Darmstadt 2019, S. 172–195.

Schulte, Johann Friedrich von, Der Altkatholizismus. Geschichte seiner Entwicklung, inneren Gestaltung und rechtlichen Stellung, Gießen 1887, Aalen ²2002.

Schumacher, Ursula, Recta ratio fundamenta fidei demonstret? Das Spannungsverhältnis von Glaube und Vernunft in der Sicht des Ersten Vaticanums, in: Julia
Knop/Michael Seewald (Hg.), Das Erste Vatikanische Konzil. Eine Zwischenbilanz 150 Jahre danach, Darmstadt 2019, S. 53–72.

Schwedt, Herman H., Vom ultramontanen zum liberalen Döllinger, in: Georg
Denzler/Ernst Ludwig Grasmück (Hg.), Geschichtlichkeit und Glaube. Ge-
denkschrift zum 100. Todestag Ignaz von Döllingers (1799–1890), München
1990, S. 107–197.

Seckler, Max, Der Begriff der Offenbarung, in: Walter Kern/Hermann Josef Pott-
meyer/Ders. (Hg.), Handbuch der Fundamentaltheologie. Bd. 2: Traktat Offenbarung, Freiburg im Breisgau 1985, S. 60–83.

Seifert, Veronika Maria, Pius IX. – der Immaculata-Papst. Von der Marienverehrung Giovanni Maria Mastai Ferrettis zur Definierung des Immaculata-Dog-
mas, Göttingen 2013.

Seppelt, Franz Xaver, Das Papsttum im Kampf mit Staatsabsolutismus und Aufklärung von Paul III. bis zur Französischen Revolution. Neu bearbeitet von Georg
Schwaiger (Geschichte der Päpste 5), München ²1959.

Serafini, Alberto, Pio Nono. Giovanni Maria Mastai Ferretti dalla giovinezza alla
morte nei suoi scritti e discorsi editi e inediti. Bd. 1: Le vie della divina prov-
videnza (1792–1846), Vatikanstadt 1958.

Sieben, Hermann Josef, Die katholische Konzilsidee von der Reformation bis zur
Aufklärung (Konziliengeschichte. Reihe B: Untersuchungen), Paderborn 1988.

Sieben, Hermann Josef, Die Konzilsgeschäftsordnungen von Konstanz bis Vatikan II und ihre älteren Vorstufen. Ein Überblick, in: Ders., Studien zur Gestalt
und Überlieferung der Konzilien (Konziliengeschichte. Reihe B: Untersuchungen), Paderborn 2005, S. 123–152.

Six, Clemens, «Hinduise All Politics & Militarize Hindudom!!» Fundamentalismen
im Hinduismus, in: Ders./Martin Riesebrodt/Siegfried Haas (Hg.), Religiöser
Fundamentalismus. Vom Kolonialismus zur Globalisierung (Querschnitte 16),
Innsbruck 2004, S. 247–268.

Six, Clemens, Hindunationalismus als Counter-Culture. Die Ambivalenz der indi-
schen Moderne, in: Gerald Faschingeder/Franz Kolland/Franz Wimmer (Hg.),
Kultur als umkämpftes Terrain. Paradigmenwechsel in der Entwicklungspolitik?
(Historische Sozialkunde/Internationale Entwicklung 21), Wien 2003, S. 79–100.

Snider, Carlo, Pio IX nella luce dei processi canonici (Studi Piani 8), Vatikanstadt
1992.

Soldani, Simonetta, Annäherung an Europa im Namen der Nation. Die italienische
Revolution 1846–1849, in: Dieter Dowe/Heinz-Gerhard Haupt/Dieter Langewiesche (Hg.), Europa 1848. Revolution und Reform (Politik- und Gesellschaftsgeschichte 48), Bonn 1998, S. 125–166.

Söll, Georg, Maria in der Geschichte von Theologie und Frömmigkeit, in: Wolfgang
Beinert/Heinrich Petri (Hg.), Handbuch der Marienkunde, Regensburg 1984,
S. 93–231.

Stutz, Ulrich, Der Codex iuris canonici und die kirchliche Rechtsgeschichte, in: Zeitschrift der Savigny-Stiftung für Rechtsgeschichte. Kanonistische Abteilung 38 (1917), S. V–XVIII.

Tamborra, Angelo, Imbro I. Tkalac e l'Italia (Istituto per la Storia del Risorgimento Italiano. Biblioteca Scientifica. Serie 2: Memoria 24), Rom 1966.

Thamer, Hans-Ulrich, Bilder und Inszenierungen politisch-religiöser Feste in der Französischen Revolution, in: Barbara Stollberg-Rilinger/Thomas Weißbrich (Hg.), Die Bildlichkeit symbolischer Akte (Symbolische Kommunikation und gesellschaftliche Wertesysteme. Schriftenreihe 28), Münster 2010, S. 375–388.

Thamer, Hans-Ulrich, Die Französische Revolution, München ⁴2013.

Trinchese, Stefano, Pius IX. Mythos und Geschichtsschreibung, in: Michael Matheus/Lutz Klinkhammer (Hg.), Eigenbild im Konflikt. Krisensituationen des Papsttums zwischen Gregor VII. und Benedikt XV., Darmstadt 2009, S. 178–186.

Tüchle, Hermann, Das Seminardekret des Trienter Konzils und Formen seiner geschichtlichen Verwirklichung, in: Remigius Bäumer (Hg.), Concilium Tridentinum (Wege der Forschung 313), Darmstadt 1979, S. 522–539.

Uertz, Rudolf, Vom Gottesrecht zum Menschenrecht. Das katholische Staatsdenken in Deutschland von der Französischen Revolution bis zum II. Vatikanischen Konzil (1789–1965), Paderborn 2005.

Unterburger, Klaus, Kirche in Rom – Kirche vor Ort. Zur Rolle des Papsttums in der Religiosität der Frühen Neuzeit, in: Stefan Weinfurter/Volker Leppin/Christoph Strohm/Hubert Wolf/Alfred Wieczorek (Hg.), Die Päpste und ihr Amt zwischen Einheit und Vielfalt der Kirche. Theologische Fragen in historischer Perspektive (Die Päpste 4), Regensburg 2017, S. 165–181.

Unterburger, Klaus, Strömungen in der deutschen Theologie der Kulturkampfzeit, in: Archiv für Mittelrheinische Kirchengeschichte 71 (2019), S. 159–176.

Unterburger, Klaus, Vom Lehramt der Theologen zum Lehramt der Päpste? Pius XI., die Apostolische Konstitution «Deus scientarum Dominus» und die Reform der Universitätstheologie, Freiburg im Breisgau 2010.

Valentin, Christoph, Ultramontanisierung durch die päpstliche Diplomatie? Der Apostolische Nuntius Michele Viale Prelà in München (1838–1845) (Münchener Kirchenhistorische Studien. Neue Folge 9), Stuttgart 2020.

Veca, Ignazio, Il mito di Pio IX. Storia di un papa liberale e nazionale (I libri di Viella 296), Rom 2018.

Veca, Ignazio, Retour au Syllabus. Pie IX et les Erreurs de la Société moderne: Réexamen de la Genèse d'un Texte, in: Revue d'Histoire Ecclésiastique 113 (2018), S. 245–272.

Vogtherr, Thomas, Zeitrechnung. Von den Sumerern bis zur Swatch (Beck'sche Reihe 2163), München 2001.

Volkov, Shulamit, Das Jüdische Projekt der Moderne. Zehn Essays (Beck'sche Reihe 1421), München 2001.

Volkov, Shulamit, Die Erfindung einer Tradition. Zur Entstehung des modernen

Judentums in Deutschland (Schriften des Historischen Kollegs. Vorträge 29), München 1992.

Walter, Peter, Die Jubiläen des Konzils von Trient, in: Ders./Günther Wassilowsky (Hg.), Das Konzil von Trient und die katholische Konfessionskultur (1563–2013) (Reformationsgeschichtliche Studien und Texte 163), Münster 2016, S. 521–541.

Walter, Peter/Wassilowsky, Günther (Hg.), Das Konzil von Trient und die katholische Konfessionskultur (1563–2013) (Reformationsgeschichtliche Studien und Texte 163), Münster 2016.

Wassilowsky, Günther, Das Konzil von Trient und die katholische Konfessionskultur. Zur Einführung, in: Peter Walter/Ders. (Hg.), Das Konzil von Trient und die katholische Konfessionskultur (1563–2013) (Reformationsgeschichtliche Studien und Texte 163), Münster 2016, S. 1–29.

Wassilowsky, Günther, Die Konklavereform Gregors XV. (1621/22). Wertekonflikte, symbolische Inszenierung und Verfahrenswandel im posttridentinischen Papsttum (Päpste und Papsttum 38), Stuttgart 2010.

Wassilowsky, Günther, Symbolische Inszenierung päpstlicher Autorität in Vormoderne und Moderne, in: Rottenburger Jahrbuch für Kirchengeschichte 36 (2017), S. 15–36.

Wassilowsky, Günther, Trient, in: Christoph Markschies/Hubert Wolf (Hg.), Erinnerungsorte des Christentums, München 2010, S. 395–412.

Weber, Christoph (Hg.), Liberaler Katholizismus. Biographische und kirchenhistorische Essays von Franz Xaver Kraus (Bibliothek des Deutschen Historischen Instituts in Rom 57), Tübingen 1983.

Weber, Christoph, Kardinäle und Prälaten in den letzten Jahrzehnten des Kirchenstaates. Elite-Rekrutierung, Karriere-Muster und soziale Zusammensetzung der kurialen Führungsschicht zur Zeit Pius' IX. (1846–1878), 2 Bde. (Päpste und Papsttum 13), Stuttgart 1978.

Weber, Christoph, Kirchliche Politik zwischen Rom, Berlin und Trier 1876–1888. Die Beilegung des preußischen Kulturkampfes (Veröffentlichungen der Kommission für Zeitgeschichte B 7), Mainz 1970.

Weber, Christoph, Senatus Divinus. Verborgene Strukturen im Kardinalskollegium der frühen Neuzeit (1500–1800) (Beiträge zur Kirchen- und Kulturgeschichte 2), Frankfurt am Main 1996.

Weber, Christoph, Ultramontanismus als katholischer Fundamentalismus, in: Wilfried Loth (Hg.), Deutscher Katholizismus im Umbruch zur Moderne (Konfession und Gesellschaft 3), Stuttgart 1991, S. 20–45.

Weber, Max, Wirtschaft und Gesellschaft. Grundriss der verstehenden Soziologie, Tübingen 1922.

Wehler, Hans-Ulrich, Deutsche Gesellschaftsgeschichte. Bd. 2: Von der Reformära bis zur industriellen und politischen «Deutschen Doppelrevolution» 1815–1845/49, München ²1989.

Weiß, Otto, Die Redemptoristen in Bayern (1790–1909). Ein Beitrag zur Geschichte des Ultramontanismus (Münchener Theologische Studien. I. Historische Abteilung 22), Sankt Ottilien 1983.

Weiß, Otto, Kulturen, Mentalitäten, Mythen. Zur Theologie- und Kulturgeschichte des 19. und 20. Jahrhunderts, hg. von Manfred Weitlauff/Hubert Wolf/Claus Arnold, Paderborn 2004.

Weiß, Otto, Zur Veröffentlichung der Konzilstagebücher Vincenzo Tizzanis, in: Quellen und Forschungen aus italienischen Archiven und Bibliotheken 72 (1992), S. 572–588.

Weitlauff, Manfred, Die Dogmatisierung der Immaculata Conceptio (1854) und die Stellungnahme der Münchener Theologischen Fakultät, in: Georg Schwaiger (Hg.), Konzil und Papst. Historische Beiträge zur Frage der höchsten Gewalt in der Kirche. Festgabe für Hermann Tüchle, München 1975, S. 433–501.

Weitlauff, Manfred, Pius IX. und die Dogmatisierung der päpstlichen Unfehlbarkeit. Zu einer Neuerscheinung über die Unfehlbarkeitsdebatte auf dem Ersten Vatikanischen Konzil, in: Zeitschrift für Kirchengeschichte 91 (1980), S. 94–105.

Wiedenhofer, Siegfried, Das katholische Kirchenverständnis. Ein Lehrbuch der Ekklesiologie, Graz 1992.

Wiedenhofer, Siegfried, Zum gegenwärtigen Stand von Traditionstheorie und Traditionstheologie, in: Theologische Revue 93 (1997), Sp. 443–468.

Willms, Johannes, Tugend und Terror. Geschichte der Französischen Revolution, München 2014.

Winter, Eduard, Der Josefinismus und seine Geschichte. Beiträge zur Geistesgeschichte Österreichs 1740–1848 (Prager Studien und Dokumente zur Geistes- und Gesinnungsgeschichte Ostmitteleuropas 1), Brünn 1943.

Wolf, Hubert (Hg.), Prosopographie von Römischer Inquisition und Indexkongregation 1814–1917. Von Herman H. Schwedt unter Mitarbeit von Tobias Lagatz, 2 Bde. (Römische Inquisition und Indexkongregation. Grundlagenforschung 1814–1917), Paderborn 2005.

Wolf, Hubert (Hg.), Römische Bücherverbote. Edition der Bandi von Inquisition und Indexkongregation 1814–1917. Auf der Basis von Vorarbeiten von Herman H. Schwedt bearbeitet von Judith Schepers und Dominik Burkard (Römische Inquisition und Indexkongregation. Grundlagenforschung 1814–1917), Paderborn 2005.

Wolf, Hubert (Hg.), Systematisches Repertorium zur Buchzensur 1814–1917. Bd. 1: Indexkongregation; Bd. 2: Inquisition. Bearbeitet von Sabine Schratz, Jan Dirk Busemann und Andreas Pietsch (Römische Inquisition und Indexkongregation. Grundlagenforschung 1814–1917), Paderborn 2005.

Wolf, Hubert, «Ad dominici gregis custodiam …» Gründung und Formierung einer württembergischen Diözese, in: Andreas Holzem/Wolfgang Zimmermann (Hg.), Geschichte der Diözese Rottenburg-Stuttgart. Bd. 1: Christentum im Südwesten vor 1800. Das 19. Jahrhundert, Ostfildern 2019, S. 459–529.

Wolf, Hubert, «Dann muss halt das Dogma die Geschichte besiegen.» Unfehlbare Entscheidungen des kirchlichen Lehramtes, in: Wolfram Drews/Ulrich Pfister/Martina Wagner-Egelhaaf (Hg.), Religion und Entscheiden. Historische und kulturwissenschaftliche Perspektiven (Religion und Politik 17), Baden-Baden 2018, S. 179–200.

Wolf, Hubert, Der «Syllabus errorum» (1864). Oder: Sind katholische Kirche und Moderne unvereinbar? In: Manfred Weitlauff (Hg.), Kirche im 19. Jahrhundert, Regensburg 1998, S. 115–139.

Wolf, Hubert, Der Fall Sant'Ambrogio als Konflikt um «wahre» und «falsche» Heiligkeit. Eine Einführung, in: Ders. (Hg.), «Wahre» und «falsche» Heiligkeit. Mystik, Macht und Geschlechterrollen im Katholizismus des 19. Jahrhunderts (Schriften des Historischen Kollegs. Kolloquien 90), München 2013, S. 1–8.

Wolf, Hubert, Die Erfindung des Katholizismus? Vom Nutzen und Nachteil des historiographischen Konzepts der «invention of tradition» für die katholische Kirchengeschichtsschreibung, in: Katharina Krips/Stephan Mokry/Klaus Unterburger (Hg.), Aufbruch in der Zeit. Kirchenreform und europäischer Katholizismus (Münchener Kirchenhistorische Studien. Neue Folge 10), Stuttgart 2020, S. 37–50.

Wolf, Hubert, «Die Kirche fürchtet gewiss nicht die Wahrheit, die aus der Geschichte kommt.» (Johannes Paul II.) Zur Verantwortung der Kirchengeschichte, in: Gregor Maria Hoff (Hg.), Verantworten, im Auftrag des Direktoriums der Salzburger Hochschulwochen, Innsbruck 2012, S. 15–35.

Wolf, Hubert, Die Nonnen von Sant'Ambrogio. Eine wahre Geschichte, München 2013.

Wolf, Hubert, «… ein Rohrstengel statt des Szepters verlorener Landesherrlichkeit …» Die Entstehung eines neuen rom- bzw. papstorientierten Bischofstyps, in: Rolf Decot (Hg.), Kontinuität und Innovation um 1803. Säkularisation als Transformationsprozess. Kirche – Theologie – Kultur – Staat (Veröffentlichungen des Instituts für Europäische Geschichte. Beiheft 65), Mainz 2005, S. 109–134.

Wolf, Hubert, Emanzipation von der Staatsuniversität oder Emanzipation an der Staatsuniversität? Zum Streit um die Gründung einer katholischen Universität für Deutschland, in: Rottenburger Jahrbuch für Kirchengeschichte 10 (1991), S. 99–110.

Wolf, Hubert, Freiheit, 1848er Revolution und katholische Kirche. Eine kirchenhistorische Verortung, in: Ders. (Hg.), Freiheit und Katholizismus. Beiträge aus Exegese, Kirchengeschichte und Fundamentaltheologie, Ostfildern 1999, S. 39–69.

Wolf, Hubert, Fürst und/oder Bischof? Anmerkungen zum neuen Bischofslexikon (1648–1803), in: Rottenburger Jahrbuch für Kirchengeschichte 11 (1992), S. 301–306.

Wolf, Hubert, Indem sie schweigen, stimmen sie zu? Die Tübinger Katholisch-Theologische Fakultät und das Unfehlbarkeitsdogma, in: Ders. (Hg.), Zwischen Wahrheit und Gehorsam. Carl Joseph von Hefele (1809–1893), Ostfildern 1994, S. 78–101.

Wolf, Hubert, «Ist es möglich, bis zum 18. Juli etwas für unwahr und von da an für wahr zu halten?» Neue Quellen zur Rezeption des Unfehlbarkeitsdogmas in Württemberg, in: Zeitschrift für Neuere Theologiegeschichte 3 (1996), S. 88–115.

Wolf, Hubert, Johann Michael Sailer. Das posthume Inquisitionsverfahren (Römische Inquisition und Indexkongregation 2), Paderborn 2002.

Wolf, Hubert, Johannes Paul II. Religionsstiftung auf katholisch? In: Alf Christophersen/Friedemann Voigt (Hg.), Religionsstifter der Moderne. Von Karl Marx bis Johannes Paul II., München 2009, S. 257–268, S. 308 f.

Wolf, Hubert, Joseph Kleutgen, das Breve Tuas libenter (1863) und die Folgen für die katholische Theologie, in: Franz Xaver Bischof/Georg Essen (Hg.), Theologie, kirchliches Lehramt und öffentliche Meinung. Die Münchener Gelehrtenversammlung von 1863 und ihre Folgen (Münchener Kirchenhistorische Studien. Neue Folge 4), Stuttgart 2015, S. 49–69.

Wolf, Hubert, Katholische Aufklärung? In: Albrecht Beutel/Martha Nooke (Hg.), Religion und Aufklärung. Akten des Ersten Internationalen Kongresses zur Erforschung der Aufklärungstheologie (Münster, 30. März bis 2. April 2014) (Colloquia historica et theologica 2), Tübingen 2016, S. 81–95.

Wolf, Hubert, Katholische Kirchengeschichte im «langen» 19. Jahrhundert von 1789 bis 1918, in: Thomas Kaufmann/Raymund Kottje/Bernd Moeller/Ders. (Hg.), Ökumenische Kirchengeschichte. Bd. 3: Von der Französischen Revolution bis 1989, Darmstadt 2007, S. 91–177.

Wolf, Hubert, Ketzer oder Kirchenlehrer? Der Tübinger Theologe Johannes von Kuhn (1806–1887) in den kirchenpolitischen Auseinandersetzungen seiner Zeit (Veröffentlichungen der Kommission für Zeitgeschichte B 58), Mainz 1992.

Wolf, Hubert, Konklave. Die Geheimnisse der Papstwahl, München 2017.

Wolf, Hubert, Krypta. Unterdrückte Traditionen der Kirchengeschichte, München [1/2]2015.

Wolf, Hubert, Mit diplomatischem Geschick und priesterlicher Frömmigkeit. Nuntius Eugenio Pacelli als politischer Kleriker, in: Historisches Jahrbuch 132 (2012), S. 92–109.

Wolf, Hubert, Pfründenjäger, Dunkelmänner und Lichtgestalten. Deutsche Bischöfe im Kontext der Säkularisation, in: Rolf Decot (Hg.), Säkularisation der Reichskirche 1803. Aspekte kirchlichen Umbruchs (Veröffentlichungen des Instituts für Europäische Geschichte Mainz. Beiheft 55), Mainz 2002, S. 121–146.

Wolf, Hubert, Plusquam ancilla theologiae. Was die Kirchengeschichte zu aktuellen Reformdebatten beitragen kann, in: ET-Studies 10 (2019), S. 23–43.

Wolf, Hubert, Priesterausbildung zwischen Universität und Seminar. Zur Auslegungsgeschichte des Trienter Seminardekrets, in: Römische Quartalschrift 88 (1993), S. 218–236.

Wolf, Hubert, Reformkonzilien und Reformation, in: Ders./Hans-Georg Wehling/Reinhold Weber (Hg.), Staat und Kirche seit der Reformation (Schriften zur politischen Landeskunde Baden-Württembergs 47), Stuttgart 2017, S. 109–130.

Wolf, Hubert, Trient und «tridentinisch» im Katholizismus des 19. Jahrhunderts, in: Peter Walter/Günther Wassilowsky (Hg.), Das Konzil von Trient und die katholische Konfessionskultur (1563–2013) (Reformationsgeschichtliche Studien und Texte 163), Münster 2016, S. 67–82.

Wolf, Hubert, Universalem ecclesiam repraesentans? Zeremoniell und Verfahren monarchischer und kollegialer Ekklesiologien, in: Ders./Bernward Schmidt (Hg.), Ekklesiologische Alternativen? Monarchischer Papat und Formen kollegialer Kirchenleitung (15.–20. Jahrhundert) (Symbolische Kommunikation und gesellschaftliche Wertesysteme 42), Münster 2013, S. 23–36.

Wolf, Hubert, Verdammtes Licht. Der Katholizismus und die Aufklärung, München 2019.

Wolf, Hubert, Vom Fürst-Bischof zum Staats-Knecht. Ellwangen zwischen Reichskirche und Diözese Rottenburg, in: Ellwanger Jahrbuch 39 (2004), S. 49–63.

Wolf, Hubert, «Wahr ist, was gelehrt wird» statt «Gelehrt wird, was wahr ist»? Zur Erfindung des «ordentlichen» Lehramts, in: Thomas Schmeller/Martin Ebner/Rudolf Hoppe (Hg.), Neutestamentliche Ämtermodelle im Kontext (Quaestiones disputatae 239), Freiburg im Breisgau 2010, S. 236–259.

Wolf, Hubert/Burkard, Dominik, Zwischen Amboß und Hammer. Heinrich Heine unter staatlicher und kirchlicher Zensur, in: Hubert Wolf/Wolfgang Schopf/Dominik Burkard/Gisbert Lepper, Die Macht der Zensur. Heinrich Heine auf dem Index, Düsseldorf 1998, S. 11–143.

Woodward, Kenneth L., Die Helfer Gottes. Wie die katholische Kirche ihre Heiligen macht, München 1991.

Zamoyski, Adam, Napoleon. Ein Leben, München 2018.

Ziegenaus, Anton (Hg.), Das marianische Zeitalter. Entstehung – Gehalt – bleibende Bedeutung (Mariologische Studien 14), Regensburg 2002.

Ziegler, Walter, Altgläubige Territorien im Konfessionalisierungsprozeß, in: Anton Schindling/Ders. (Hg.), Die Territorien des Reichs im Zeitalter der Reformation und Konfessionalisierung. Land und Konfession 1500–1650. Bd. 7: Bilanz – Forschungsperspektiven – Register (Katholisches Leben und Kirchenreform im Zeitalter der Glaubensspaltung 57), Münster 1997, S. 67–90.

Zinnhobler, Rudolf, Pius IX. in der katholischen Literatur seiner Zeit, in: Georg Schwaiger (Hg.), Konzil und Papst. Historische Beiträge zur Frage der höchsten Gewalt in der Kirche, Paderborn 1975, S. 387–432.

Personenregister

Bildnachweis

S. 12: © bpk/adoc-photos | *S. 20:* Aus: Falconi, Mastai, nach S. 76 (Foto Leopoldi, Senigallia) | *S. 21:* Aus: Falconi, Mastai, nach S. 76 (Druck aus dem 18. Jahrhundert) | *S. 22:* Aus: Falconi, Mastai, nach S. 268 (Museo del Risorgimento, Mailand) | *S. 23:* Aus: Falconi, Mastai, nach S. 172 (Foto Leopoldi, Senigallia) | *S. 33:* Aus: Falconi, Mastai, nach S. 44 | *S. 45:* Aus: Falconi, Mastai, Umschlag (Foto Leopoldi, Senigallia, Collezione del Conte Augusto Arsilli) | *S. 50:* Aus: Veca, Mito, Bildteil nach S. 167 (Museo Centrale del Risorgimento, Rom) | *S. 76:* Aus: Falconi, Mastai, nach S. 460 | *S. 116:* Aus: Falconi, Mastai, nach S. 332 (aus einem Fotoalbum im Palazzo Mastai) | *S. 159:* Aus: Faraoni, Papst, S. 69 | *S. 161:* Tabelle nach: Martina, Pio IX Bd. 1, S. 539 | *S. 171:* © bpk/Scala | *S. 179:* Aus: Veca, Mito, Bildteil nach S. 167 (Civica Raccolta delle Stampe A. Bertarelli, Mailand) | *S. 181:* Aus: Veca, Mito, Bildteil nach S. 167 (British Museum, London) | *S. 185:* © Heritage Images/Fine Art Images/akg-images | *S. 188:* Aus: Faraoni, Papst, S. 90 | *S. 193:* https://de.wikipedia. org/wiki/Wundertätige_Medaille | *S. 209:* Aus: Hasler, Papst, S. 15 (Archivio Fotografico Comunale, Rom) | *S. 242:* © akg-images/Fototeca Gilardi | *S. 258:* Gemälde «Proclamazione del Dogma dell'Infallibilità Pontificia» von Michele Menghini im Palazzo Mastai, Senigallia | *S. 276:* Aus: La satira politica. Dall'Unità d'Italia alla Repubblica, Novara 1982, S. 10 («Il Fischietto» vom 8. Januar 1870) | *S. 284:* © akg-images/De Agostini Picture Library | *S. 293:* Privatarchiv der Familie Burzagli, Foto: Emiliano Burzagli, https://de.wikipedia.org/wiki/Kirchenstaat | *S. 301:* Aus: Hasler, Papst, S. 202 (Istituto per la Storia del Risorgimento Italiano, Rom) | *S. 303:* Aus: Hasler, Papst, S. 91 (Archivio Fotografico Comunale, Rom) | *S. 307:* © bpk/Coll. Casagrande/adoc-photos | *S. 332:* © akg-images/De Agostini/A. De Gregorio

Karte S. 342: © Peter Palm, München